Fachwörterbuch der EDV-Begriffe

Markt+Technik Verlag

Fachwörterbuch der EDV-Begriffe

Englisch-Deutsch/Deutsch-Englisch

Peter Winkler

Die Deutsche Bibliothek – CIP-Einheitsaufnahme

Ein Titeldatensatz für diese Publikation ist bei
Der Deutschen Bibliothek erhältlich.

Die Informationen in diesem Produkt werden ohne Rücksicht auf einen
eventuellen Patentschutz veröffentlicht. Warennamen werden ohne Gewährleistung
der freien Verwendbarkeit benutzt. Bei der Zusammenstellung von Texten und
Abbildungen wurde mit größter Sorgfalt vorgegangen. Trotzdem können Fehler
nicht vollständig ausgeschlossen werden. Verlag, Herausgeber und Autoren können
für fehlerhafte Angaben und deren Folgen weder eine juristische Verantwortung
noch irgendeine Haftung übernehmen. Für Verbesserungsvorschläge und
Hinweise auf Fehler sind Verlag und Herausgeber dankbar.

Alle Rechte vorbehalten, auch die der fotomechanischen Wiedergabe und
der Speicherung in elektronischen Medien. Die gewerbliche Nutzung der in
diesem Produkt gezeigten Modelle und Arbeiten ist nicht zulässig.

Fast alle Hardware- und Softwarebezeichnungen in diesem Buch sind gleichzeitig
auch eingetragene Warenzeichen oder sollten als solche betrachtet werden.

Umwelthinweis:
Dieses Buch wurde auf chlorfrei gebleichtem Papier gedruckt.

10 9 8 7 6 5 4 3 2 1

03 02 01 00

ISBN 3-8272-5932-0

© 2001 Markt und Technik Verlag,
ein Imprint der Pearson Education Deutschland GmbH
Martin-Kollar-Straße 10–12, D-81829 München/Germany
Alle Rechte vorbehalten
Einbandgestaltung: Grafikdesign Heinz H. Rauner, Gmund
Lektorat: Angelika Ritthaler, aritthaler@pearson.de
Herstellung: Martin Horngacher, mhorngacher@pearson.de
Satz: reemers publishing services gmbh, Krefeld
Druck und Verarbeitung: Nørhaven, Viborg (DK)
Printed in Denmark

Inhaltsverzeichnis

Vorwort	7
Englisch-Deutsch	9
Deutsch-Englisch	353
Abkürzungen	675
Dateiendungen	771

Vorwort

Wie oft haben Sie schon einen Zeitungsartikel, einen Bericht oder eine Installationsanleitung gelesen und sind dort auf Begrifflichkeiten aus der Computerwelt gestoßen, deren Sinn sich Ihnen nicht auf Anhieb erschlossen hat? Schon öfter? Dann brauchen Sie vielleicht ein Fachwörterbuch für EDV-Begriffe, so eines wie das, das Sie eben in der Hand halten. Dieses Buch übersetzt aber nicht nur insgesamt 30.000 englische und deutsche Begriffe in die jeweilige andere Sprache, sondern Sie finden auch detaillierte Listen gängiger Abkürzungen und Dateierweiterungen. Wir hoffen Ihnen damit einen nützlichen Helfer bei der alltäglichen Arbeit mit dem Computer an die Hand gegeben zu haben, der übrigens wunderbar von unserem Computerlexikon ergänzt wird, welches ebenfalls im Verlag Markt + Technik sowie bei Heyne erschienen ist (ISBN 3-8272-5929-0) und 7.500 Begriffe aus der IT-Welt ausführlich erläutert. Dort finden Sie die Erklärungen zu den Begriffen.

Wir wünschen Ihnen viel Spaß mit Ihrem Fachwörterbuch und freuen uns über jede Anregung und Kritik. Ihren Kommentar senden Sie bitte an fachwb@knowledgepool.de.

Peter Winkler
knowledge pool GmbH & Co. KG
Parsdorf, den 25.10.2000

Englisch-Deutsch

| ...less | ... frei, ... los |

A

a programming language	APL
abbreviate	abkürzen
abbreviated address	Kurzadresse
abbreviated addressing	Kurzadressierung
abbreviated dialing	Kurzwahl
abbreviation	Abkürzung, Akronym
ability to clientele processing	Mandantenfähigkeit
ability to information	Auskunftsbereitschaft
able to communication	kommunikationsfähig
abnormal system end	Systemzusammenbruch
absolute	absolut
absolute address	absolute Adresse
absolute addressing	absolute Adressierung
absolute branch	absoluter Sprung
absolute branch instruction	absoluter Sprungbefehl
absolute cell	absolutes Feld
absolute cell reference	absoluter Feldbezug
absolute coding	Programmierung mit festen Adressen
absolute command	absoluter Befehl
absolute error	absoluter Fehler
absolute expression	absoluter Ausdruck
absolute instruction	absoluter Befehl
absolute jump	absoluter Sprung
absolute jump instruction	absoluter Sprungbefehl
absolute loader	Absolutlader
absolute point	absoluter Punkt
absolute program	absolutes Programm
absolute term	absoluter Ausdruck
absolute track address	absolute Spuradresse
absolute value	Absolutwert
absolute zero	absoluter Nullpunkt

absorption	Absorption
abstract	Abstrakt, Kurzbeschreibung, Referat
abstract automaton	abstrakter Automat
abstract data type	abstrakter Datentyp
abstract machine	abstrakte Maschine
abstract number	unbenannte Zahl
abstract symbol	unbenanntes Symbol, unbenanntes Zeichen
abstraction	Abstraktion
abundance	Überfluss
abundant	redundant
abuse	Datenmissbrauch, unzulässige Verarbeitung
AC	Wechselspannung
ACAU	rechnergesteuerte Fernsprechvermittlung
accelerate	beschleunigen
acceleration	Beschleunigung
acceleration distance	Beschleunigungsweg
acceleration time	Anlaufzeit, Beschleunigungszeit, Startzeit
accelerator	Beschleuniger
accelerator board	Beschleunigerkarte
accelerator card	Beschleunigerkarte
accept	annehmen, empfangen
acceptable	annehmbar, zulässig
acceptable use policy	zulässige Benutzungsregel
acceptance	Annahme, Aufnahme
acceptance certificate	Abnahmeprotokoll
acceptance configuration	Abnahmekonfiguration
acceptance inspection	Übernahmeprüfung
acceptance test	Übernahmeprüfung
acceptance test procedure	Abnahmeprozedur
accepted for use in official documents	dokumentenecht
accepting station	empfangende Datenstation
acceptor	Abnehmer, Empfänger
access	zugreifen, Zugriff
access arm	Zugriffsarm
access authority	Zugriffsrecht
access code	Ordnungsbegriff, Passwort
access condition	Zugriffsbedingung
access control	Zugangskontrolle, Zugriffssteuerung
access control byte	Zugriffssteuerbyte
access control list	Zugriffsberechtigungsliste
access cycle	Zugriffszyklus
access duration	Zugriffsdauer
access environment	Zugriffsumgebung
access features	Anschlusseinrichtung

access hole	Kopffenster
access intent	Zugriffsabsicht
access key	Ordnungsbegriff, Passwort
access level	Zugriffsebene
access line	Anschlussleitung
access mechanism	Zugriffsmechanismus
access method	Zugriffsart, Zugriffsverfahren
access mode	Zugriffsart, Zugriffsmethode, Zugriffsverfahren
access motion	Zugriffsbewegung
access performance	Zugriffsverhalten
access time	Zugriffszeit
accessible	zugreifbar
accessories	Zubehör
accessories kit	Zubehörsatz
account	Guthaben, Konto
accounting	buchen, Buchung, Maschinenzeitabrechnung
accounting system	Buchungssystem
accumulate	akkumulieren
accumulated error	akkumulierter Fehler
accumulated value	Endwert
accumulating register	Additionsregister
accumulator	Akkumulator, Sammler
accumulator processor	Akkumulatorrechner
achieved reliability	tatsächliche Zuverlässigkeit
acitivity ratio	Bewegungshäufigkeit
acknowledge	bestätigen
acknowledge input	Eingabebestätigung
acknowledgement	Bestätigung, Rückmeldung
acknowledgement key	Bestätigungstaste
acquire	erfassen
acquisition	Erfassung
acronym	Abkürzung, Akronym
action	Aktion, Maßnahme, Tätigkeit
action error	Aktionsfehler
action period	Belegzeit, Funktionszeit
action point	Druckpunkt
action rule	Aktionsregel
activate	aktivieren, einschalten, starten
activate a file	Datei aufrufen
activate a macro	Makrobefehl aufrufen
activate button	Startknopf
activated	betätigt

activation	Aktivierung, Anschaltung, Einschaltung, Start
active	aktiv, eingeschaltet, in Betrieb, tätig
active box	aktiver Lautsprecher
active cell	aktives Feld
active circuit	aktive Schaltung
active computer	arbeitender Rechner
active data	aktive Daten
active database	aktive Datenbank
active display	Aktivbildschirm
active file	aktive Datei
active graphics	Grafikverarbeitung mit grafischer Ein- und Ausgabe
active hub	Konzentrator
active line	aktive Leitung
active matrix	Aktivmatrix-Bildschirm
active matrix display	Aktivmatrix-Bildschirm
active page	aktive Seite
active program	arbeitendes Programm, Arbeitsprogramm
active screen	Sensorbildschirm
active state	aktiver Zustand
active station	arbeitende Datenstation
active storage	aktiver Speicher
active vision	aktives Sehen
active window	aktives Bildschirmfenster
activity	Aktivität, Wirksamkeit
activity file	Änderungsdatei, Bewegungsdatei
activity light	Betriebsanzeige
activity log	Änderungsprotokoll
activity rate	Bewegungshäufigkeit
activity ratio	Bewegungshäufigkeit
activity state	Aktivierungszustand
actor	Effektor
actual	tatsächlich, wirklich
actual address	absolute Adresse, echte Adresse, Maschinenadresse
actual data	eigentliche Daten, Sachdaten
actual device	aktuelles Gerät
actual key	aktueller Schlüssel
actual size	Ist-Wert, tatsächliche Größe
actual state	Ist-Zustand
actual value	Direktwert, Ist-Wert, tatsächlicher Wert
actual-state analysis	Ist-Analyse
actual-state inventory	Ist-Aufnahme
actuate	auslösen, drücken

actuator	Auslöser, Effektor, Stellglied, Zugriffsarm
acyclic	aperiodisch, azyklisch
adapt	anpassen
adaptability	Anpassbarkeit, Lernfähigkeit
adaptation	Adaptierung
adapter	Adapter, Anpassungseinrichtung, Zwischenstecker
adapter base	Anschlussrahmen
adapter board	Anschlussbaugruppe
adapter card	Anschlusskarte
adapter facility	Anpassungseinrichtung
adapter plug	Zwischenstecker
adapter segment	oberer Speicherbereich
adapter unit	Anpassungseinrichtung
adapting program	Anpassungsprogramm
adaption	Anpassung
adaptive	lernfähig
adaptor	Anpassungseinheit
add	addieren, ergänzen
add carry	Additionsübertrag
add function	Addierfunktion
add instruction	Additionsbefehl
add key	Addiertaste
add statement	Additionsanweisung
addend	anhängen
adder	Addierwerk
adder-subtracter	Addier-Subtrahier-Werk
adding circuit	Addierschaltung
adding key	Addiertaste
adding machine	Addiermaschine
adding slip reader	Streifenleser
addition	Addition
addition sign	Additionszeichen
addition unit	Addierwerk
additional color representation	additive Farbdarstellung
add-on kit	Nachrüstbausatz
add-on memory	Erweiterungsspeicher
address adder	Adressaddierer
address bus	Adressbus
address call	Adressaufruf
address code	Adresscode
address error	Adressfehler
address field	Adressfeld
address file	Adressdatei
address form	Adressform

address format	Adressformat
address generation	Adressbildung
address generator	Speicheradressregister
address header	Adresskennsatz, Adresskopf
address increment	Adresserhöhung
address level	Adresspegel
address map	Adresstabelle
address mode	Adressiermethode
address modification	Adressmodifikation
address nesting	Adressverschachtelung
address number	Adressnummer
address part	Adressteil
address pattern	Adressstruktur
address pointer	Adresszeiger, Kettfeld
address range	Adressbereich, Adressraum
address reader	Anschriftenleser
address record	Adresssatz
address register	Adressregister
address resolution	Adressauflösung
address section	Adressteil
address selection	Adressauswahl
address sequence	Adressfolge
address sorting	Adresssortieren
address space	Adressbereich, Adressraum
address storage	Adressspeicher
address structure	Adressstruktur
address substitution	Adressersetzung
address table	Adressbuch
address technique	Adressiermethode
address trade	Adresshandel
address translation	Adressumrechnung
addressee	Adressat, Empfänger
addressing	Adressierung
addressing error	Adressierungsfehler
addressing machine	Adressiermaschine
addressing technique	Adressiermethode
addressless	adresslos
addressless program	verschiebbares Programm
addressless programming	symbolisches Programmieren
adhesive label	Klebeetikett
adjacent	Neben ...
adjacent channel	benachbarter Kanal
adjust	anpassen, berichtigen, einstellen, justieren
adjustability	Regulierbarkeit
adjustable	einstellbar, regulierbar

adjustable key touch	einstellbare Tastenanschlagstärke
adjustable margin	einstellbarer Rand
adjustable penetration control	einstellbare Anschlagstärke, steuerbare Anschlagstärke
adjustable point	einstellbares Komma
adjustment	Adaptierung, Anpassung, Justierung
adjustment instruction	Einstellvorschrift
adjustment knob	Einstellknopf
adjustment range	Anpassungsbereich, Einstellbereich
ADMIN	Systemverwalter
administrate	verwalten
administration	Administration, Verwaltung
administration and disposition system	Administrations- und Dispositionssystem
administrative	überwachend, verwaltend
administrative command	Systemverwaltungskommando
administrative data processing	administrative Datenverarbeitung
administrative domain	Verwaltungseinheit
administrator	Systemadministrator
admissibility	Zulässigkeit
admissible	zulässig
admissible mark	zulässiges Zeichen
admittance	Leitwert
advance	fortschreiten, vorschieben, Vorschub
advance after	Papiervorschub nach dem Drucken
advance before	Papiervorschub vor dem Drucken
advance control	Vorschubsteuerung
advance increment	Vorschubschritt
advanced	entwickelt, fortgeschritten
advanced arithmetic operation	höhere Rechenart
advanced Basic	fortgeschrittenes Basic
advanced language	höhere Programmiersprache
advanced peer-to-peer network	erweitertes Peer-to-Peer-Netz
advanced runlength limited	erweiterte begrenzte Lauflänge
advanced solid logic technology	ASLT
advanced technology	fortgeschrittene Technik
advanced training	Fort- und Weiterbildung
advancing	Fortschaltung, fortschreiten, fortschreitend
advantage	Nutzen
advertise	werben
aerial	Antenne
affiliate	verbinden
affinity	Ähnlichkeit
after-advancing option	Vorschubangabe

aftermarket	Folgemarkt
aged data	Altdaten, veraltete Daten
agent	Agent
aggregate function	Sammelfunktion
aggregation	Gruppierung
agreement	Abkommen
AI	Künstliche Intelligenz
aid	helfen, Hilfe
aid routine	Unterstützungsroutine
aided	gestützt
aim	Ziel
aiming symbol	Zielsymbol
air cooled	luftgekühlt
air duct	Lüftungskanal
air pollution	Luftverunreinigung
airborne computer	Bordcomputer, Bordrechner
airflow	Luftstrom
alarm	Alarm, Fehlersignal
alarm signal	Alarmsignal
alert	in Alarmbereitschaft versetzen, Warnsignal
alert box	Alarmbox, Hinweisbox
algebraic data type	algebraische Datentype
algebraic sign	Vorzeichen
algorithm	Algorithmus, Rechenanweisung
algorithmic	algorithmisch
algorithmic language	algorithmische Programmiersprache
algorithmic procedural language	APL
algorithmize	algorithmisieren
alias	Parallelbezeichnung, Pseudonym
aliasing	Treppenkurveneffekt
alien machine	Fremdgerät
align	ausrichten
aligned	ausgerichtet
alignment	Ausrichtung, Justierung
all digital	volldigital
all electronic	vollelektronisch
all numeric	vollnumerisch
all trunks busy	Besetztmeldung
allocatable	belegbar
allocate	reservieren, zuordnen
allocated	belegt
allocation	Belegung, Reservierung, Zuordnung
allocation counter	Zuordnungszähler
allocation problem	Zuordnungsproblem

allocation strategy	Zuordnungsstrategie
allocation table	Zuordnungstabelle
allocation unit	Zuordnungseinheit
allotment	Zuordnung, Zuteilung
allotter	Vorwähler
allow	zulassen
all-points addressable	punktadressierbar
all-purpose computer	Allzweckrechner, Universalrechner
all-purpose language	Allzwecksprache
all-transistor	volltransistorisiert
alpha data	Buchstabendaten
alpha geometry	Alphageometrie
alpha number	Alphanummer
alpha processing	Alphaverarbeitung
Alpha processor	Alphaprozessor
alpha processrng	Buchstabenverarbeitung
alpha release	Alphaversion
alpha test	Alphatest
alphabet	Alphabet, Zeichenvorrat
alphabet key	Buchstabentaste
alphabetic	alphabetisch
alphabetic accounting machine	Volltextbuchungsmaschine
alphabetic character	alphabetisches Zeichen, Alphazeichen, Buchstabe
alphabetic character set	Buchstabenvorrat
alphabetic coding	Buchstabenverschlüsselung
alphabetic key	Buchstabenschlüssel
alphabetic sorting	alphabetisches Sortieren
alphabetic telegraphy	fernschreiben
alphanumeric	alphanumerisch
alphanumeric address	alphanumerische Adresse
alphanumeric characters	alphanumerische Zeichen
alphanumeric code	alphanumerischer Code
alphanumeric data	alphanumerische Daten
alphanumeric data item	alphanumerisches Datenfeld
alphanumeric display	alphanumerischer Bildschirm
alphanumeric key	alphanumerischer Ordnungsbegriff
alphanumeric keyboard	alphabetische Tastatur
alphanumeric literal	alphabetisches Literal
alphanumeric representation	alphanumerische Darstellung
alphanumeric sorting	alphanumerisches Sortieren
alphanumeric variable	alphanumerische Variable
ALT GR key	alternative Grafik-Taste
ALT key	alternative Code-Taste
alter instruction	Änderungsbefehl

alterable read-only storage	änderbarer Festspeicher
alterable switch	Programmschalter
alteration	Änderung
alternable switch	Weiche
alternate	Zweit ...
alternate buffer	Reservepufferspeicher
alternate communication	Halbduplexbetrieb, Wechselbetrieb
alternate cylinder	Ersatzzylinder
alternate device capability	Geräteaustauschbarkeit
alternate function	Wechselfunktion
alternate function key	Wechselfunktionstaste
alternate graphics key	ALT-GR-Taste
alternate key	CTRL-ALT-DEL, Wechselschlüssel
alternate route	Ersatzweg
alternate routing	Umsteuerung
alternate track	Ersatzspur
alternate track area	Ersatzspurbereich
alternate track assignment	Ersatzspurzuweisung
alternating current	Wechselstrom
alternating current/direct current	Wechselstrom-/Gleichstrom- ...
alternating transmission	abwechselnde Übertragung
alternating voltage	Wechselspannung
alternation	Wechsel, Wechselbetrieb
alternative	abwechselnd, Mehrfachmöglichkeit
alternative address	Ausweichadresse
alternative channel	Ersatzkanal
alternative cylinder	Ersatzzylinder
alternative function	Wechselfunktion
alternative instruction	Sprungbefehl
alternative parameter	Wahlparameter
alternative track	Ersatzspur
ALU	Ganzzahlen- und Logik-Einheit einer CPU
AM	Amplitudenmodulation
amber screen	Bernstein-Bildschirm
ambient	umgebend
ambient condition	Umgebungsbedingung
ambient noise level	Raumgeräuschpegel
ambient temperature	Raumtemperatur, Umgebungstemperatur
ambiguity	Mehr-, Vieldeutigkeit
amendment	Änderung
amendment file	Änderungsdatei, Bewegungsdatei
amendment programmer	Änderungsprogrammierer
amendment record	Änderungssatz, Bewegungssatz, Transaktionssatz

American National Standard Institute (ANSI)	Amerikanisches Nationales Institut für Normung und Standardisierung
American standard code for information interchange	Amerikanischer Standardcode
American standard code for information interchange (ASCII)	ASCII-Code
ammonia process	Lichtpausverfahren
amount	Menge, Summe
amount field	Betragsfeld
amperage	Stromstärke
ampersand	kommerzielles Und-Zeichen (&)
amplification	Verstärkung
amplifier	Verstärker
amplifier module	Verstärkerbaugruppe
amplify	verstärken
amplifying equipment	Verstärkereinrichtung
amplitude	Schwingungsweite
amplitude-modulated screening	Raster-Amplitudenmodulation
analysis of communication processes	Kommunikationsprozessanalyse
anchored graphic	eingebundene Grafik
and	logisches UND, und
AND gate	UND-Gatter
angle	Winkel
angular	Winkel ...
angular function	Winkelfunktion
angular-section analysis	Winkelschnittverfahren
animate	anregen, bewegen
animation	Animation
animation computer	Animationsrechner
animation software	Animationsprogramme
anisochronous	zeittaktungleich
annex	Anhang
annotation	Anmerkung, Annotation
announcement	Verkaufsfreigabe
annunciator	Signaleinrichtung
anomalous	anomal, regelwidrig
anonymity	Anonymität
anonymizated data	anonymisierte Daten
anonymization	Anonymisierung
anonymous file transfer protocol	anonymes Dateiübertragungsprotokoll
anonymous post	anonyme Nachricht
anonymous server	anonyme Diensteinheit

ANS	Amerikanisches Standardisierungsinstitut
ANSI	Amerikanisches Standardisierungsinstitut
answer	Antwort, antworten
answer/originate	erhalten/senden
answer code	Kennung, Namengeberzeichen, Stationskennung
answer code request	Kennungsanforderung, Namengeberanforderung
answer generator	Kennungsgeber, Namengeber
answer mode	Antwortmodus
answer state	Antwortzustand
answerback	Antwort, antworten
answering	Anrufbeantwortung
answering machine	Anrufbeantworter
antenna	Antenne
anthropometry	Anthropometrie
antialiasing	Antialiasing
anticipate	erwarten
anticipation	Vorgriff
anticipator buffering	Vorpufferung
anticoincidence	Antivalenz, exklusives ODER, Kontravalenz
antiferromagnetic	antimagnetisch
antiglare coating	Antireflexionsbeschichtung
antimagnetic	antimagnetisch
antimony	Antimon
antistatic	antistatisch
antistatic coating	Antistatikbelag
antistatic device	Antistatikeinrichtung
antistatic spray	Antistatikspray
antistatic wiper	Antistatiktuch
antivirus program	Antivirenprogramm, Virenbekämpfungsprogramm
antonym	Gegenbegriff
aperiodic	aperiodisch, frequenzunabhängig
aperture	Blende, Punktform
aperture distorsion	Punktverzerrung
aperture distortion	Punktverzerrung
aperture grille	Punktgitter
apostrophe	Apostroph, Auslassungszeichen, Hochkomma
apparent power	Scheinleistung
apparent storage	Scheinspeicher
append	ergänzen
appendix	Anhang, Ergänzung
Apple key	Apfel-Taste

applet	Applet
application development programmer	Organisationsprogrammierer
application heap	Basisspeicher
application organization	Datenverarbeitungsorganisation
apply	anwenden
APPN	erweitertes Peer-to-Peer-Netzwerk
appointment book	Tageskalender
appointment scheduler	Terminkalender
apportion	aufschlüsseln, aufteilen
apportionment	Aufteilung
appraisal	Bewertung
appraise	bewerten, schätzen
approach	annähern, Annäherung, Lösung, Methode
approximate	annähern, ungefähr
approximate computation	Näherungsrechnung
approximate value	Näherungswert
approximation	Annäherung, Näherungsrechnung
approximation error	Näherungsfehler
apron	Schutzabdeckung
APS	Assembler
APT (automatically programmed tools)	automatisch erzeugte Werkzeuge
APU	Ganzzahlen-Recheneinheit einer CPU
arabic numeral	arabische Zahl
arbiter	Busverwalter
arbitrary	beliebig, willkürlich
arbitrary access	beliebiger Zugriff
arbitrary parameter	freier Parameter
arc	Bogen, Kante, Petrinetzpfeil, Petripfeil
arc measure	Bogenmaß
architecture	Architektur
archival backup	Gesamtsicherung
archival storage	Archivspeicher
archive	Archiv, archivieren, Langzeitspeicher
archive attribute	Archivattribut
archive data	Altdaten, Archivdaten
archive file	Altdatendatei, Archivdatei
archiving	Archivierung
area	Bereich, Speicherbereich
area address	Bereichsadresse
area boundary	Bereichsgrenze
area chart	Flächendiagramm
area code	Vorwahlnummer
area definition	Bereichsdefinition

area exceeding	Bereichsüberschreitung
area fill	Bereichsfüllmuster
area graph	Flächendiagramm
area name	Bereichsname
area protect feature	Speicherbereichsschutz, Speicherbereichsschutzeinrichtung
area protection	Speicherbereichsschutz
area variable	Bereichsvariable, lokale Variable
areal density	Flächendichte
argument	Argument, Parameter
argument byte	Argumentbyte
Arial	Arial
arithmetic	Rechen ...
arithmetic and logic unit	Recheneinheit, Rechenwerk
arithmetic array	arithmetische Datenanordnung
arithmetic check	arithmetische Prüfung
arithmetic comparison	arithmetischer Vergleich
arithmetic constant	arithmetische Konstante
arithmetic conversion	arithmetische Umwandlung
arithmetic co-processor	arithmetischer Koprozessor
arithmetic data	arithmetische Daten
arithmetic element	arithmetischer Elementarausdruck, Rechenwerk
arithmetic expression	arithmetischer Ausdruck
arithmetic game	Rechenspiel
arithmetic instruction	arithmetischer Befehl
arithmetic mean	arithmetisches Mittel
arithmetic operand	arithmetischer Operand
arithmetic operation	Rechenoperation
arithmetic operator	arithmetischer Operator, Rechenzeichen
arithmetic overflow	arithmetischer Überlauf
arithmetic process	Rechenvorgang
arithmetic processing unit	Rechenwerk
arithmetic processor	Rechenwerksprozessor
arithmetic register	Rechenregister
arithmetic shift	arithmetisches Schieben
arithmetic speed	Rechengeschwindigkeit
arithmetic unit	Rechenwerk
arithmetic-logic unit	arithmetisch-logische Einheit
armor	Kabelbewehrung, Panzerung
array	Bereich, Feld
array computer	Vektorrechner
array element	Bereichselement
array processor	Vektorrechner
arrest	ableiten, Ableitung

arrester	Ableiter
arrival sequence	Dateiordnung in Eingabe-Reihenfolge
arrow key	Cursortaste, Pfeiltaste
article	Artikel
artwork	Druckvorlage, Vorlage
artwork mask	Druckvorlage
ascender	Oberlänge
ascertain	feststellen
ascertainable	feststellbar
ascertainment	Ermittlung
ASCII	ASCII-Code
ASI	Synchronisations-Schnittstelle
ASIC	Anwendungsangepasster Computerchip
aspect	Gesichtspunkt
aspect ratio	Seitenverhältnis
ASR	automatisches Senden und Empfangen
assemble	assemblieren, zusammensetzen
assembler	Assembler
assembler instruction	Assemblerbefehl
assembler language	Assemblersprache
assembler listing	Assemblerprotokoll
assembler manual	Assemblerhandbuch
assembler run	Assemblierungslauf
assembling	Assemblierung
assembly	Assembler ..., Montage
assembly language	Assemblersprache
assembly level	Assemblerebene
assembly list	Assemblerliste
assembly programming system	Assembler
assembly system reference manual	Assemblerhandbuch
assertion	Aussage, Behauptung, Prüfbedingung
assess	schätzen
assessment	Einschätzung, Schätzung
assign	zuordnen, zuweisen
assign statement	Wertzuweisung, Zuordnungsanweisung
assignable	bestimmbar
assignment	Belegung, Zuordnung, Zuweisung
assignment problem	Zuordnungsproblem
associate	verbinden
associated	angeschlossen
association	Gedankenverbindung, Verband, Vereinigung
associative	assoziativ
associative address	inhaltsorientierte Adresse
associative computer	Assoziativrechner

associative memory	Assoziativspeicher
associative storage	Assoziativspeicher
associative storage register	Assoziativspeicherregister
assume	annehmen
assumed binary point	angenommenes Binärkomma
assumed decimal point	angenommenes Dezimalkomma
assumed mean life time	geschätzte mittlere Lebensdauer
assumption	Annahme
assurance	Zusicherung
assure	zusichern
astable	instabil, unstabil
asterisk	Stern, Sternzeichen (*)
asterisk address	Sternadresse
asterisk printing	Schutzsterndruck
asymmetric	asymmetrisch
at compile time	während der Übersetzung
at object time	während der Verarbeitung
at-end address	Endeadresse
at-end condition	Endebedingung
attachment	Verbindung
attachment identification	Anschlusskennung
attachment time	Anschlusszeit
attempt	Versuch, versuchen
attribute	Merkmal
attrition	Fluktuation
audio output	Akustikausgabe, Sprachausgabe
audio range	Tonfrequenzbereich
audio response	Sprachausgabe
audio tape	Tonband
audioconference	Fernsprechkonferenz
audio-visual	audiovisuell
audit	Anhörung, Bücher prüfen, revidieren, Revision
audit mode	Sprungfolgemodus
audit trail	Prüfspur
auditing	Revision
augment	erhöhen
AUP	Benutzungsregeln
AUP free	ohne Benutzungsregeln
authenticate	beglaubigen
authenticated	beglaubigt
authentification	Beglaubigung, Zugriffsberechtigungsprüfung
author	Autor, Programmautor
authoring	Verfassen
authoring language	Autorensprache

authoring software	Autorensystem
authority	Befugnis, Zugriffsberechtigung
authority check	Berechtigungsprüfung
authority code	Benutzercode
authorization	Berechtigung, Zugriffsberechtigung
authorization to access	Zugriffsberechtigung
authorize	berechtigen
authorized	berechtigt
authorized access	berechtigter Zugriff
authorized enduser	berechtigter Benutzer
authorized person	Befugter, Zugriffsberechtigter
auto answering	automatische Anrufbeantwortung
auto calling	automatischer Verbindungsaufbau
auto dialing	automatische Wahl
auto polling	automatischer Sendeabruf, automatischer Sendeaufruf, Umfragebetrieb
auto prompt	automatische Benutzerführung
auto switching	Selbstumschaltung
auto...	selbst ...
autoboot ROM	Festspeicher zum Urladen
autocoder	Programmwandler
autocorrection	Selbstkorrektur
autodecrement	selbstdekrementierend
autodecremental	selbstdekrementierend
auto-dial/answer modem	Modem für automatisches Wählen und Antworten
auto-extract	automatischer Extrakt
autofunction	automatische Funktion
autoincrement	selbstinkrementierend
autoincremental	selbstinkrementierend
autoindexed	selbstindizierend
autoloader	Selbstladeprogramm
autologic	selbstdokumentierend
autological	selbstdokumentierend
auto-logon	automatische Anmeldung
automat	Automat
automata theory	Automatentheorie
automate	automatisieren
automated	automatisiert, rechnererzeugt, rechnergesteuert
automated accounting system	automatisches Buchungssystem
automated answering equipment	automatische Rufbeantwortungseinrichtung
automated logic diagram	rechnererzeugter Ablaufplan
automated office	Büroautomation

automated production management	automatische Produktionssteuerung
automated typesetting	Lichtsatz
automated typesetting system	automatisiertes Satzsystem
automatic	automatisiert
automatic appointment book	automatischer Terminkalender
automatic call	automatischer Verbindungsaufbau
automatic callback	automatischer Rückruf
automatic calling	automatischer Wählvorgang
automatic calling equipment	automatische Wahleinrichtung
automatic cash dispenser	Geldausgabeautomat
automatic check	Selbstprüfung
automatic computer	automatische Rechenanlage
automatic connection setup	automatischer Verbindungsaufbau
automatic control	Selbststeuerung
automatic controller	Steuergerät
automatic cut sheet feeder	automatischer Einzelblatteinzug
automatic data entry	beleglose Datenerfassung
automatic data exchange	automatischer Datenaustausch
automatic data processing	automatisierte Datenverarbeitung
automatic data processing system	automatisiertes Datenverarbeitungssystem
automatic data protection feature	Datensicherungsautomatik
automatic data safeguarding	Datensicherungsautomatik
automatic data switch	automatischer Mehrfachschalter
automatic detector	automatischer Melder
automatic dial exchange	Selbstwähldienst
automatic dictionary	automatisches Wörterbuch
automatic floating-point feature	Gleitkommaautomatik
automatic head parking	automatisches Parken
automatic hold	automatischer Haltepunkt
automatic hyphenation	automatische Silbentrennung
automatic input	Betriebsdatenerfassung
automatic interrupt	automatische Programmunterbrechung
automatic language translation	automatische Sprachübersetzung
automatic library lookup	automatischer Suchlauf
automatic loader	Selbstladeprogramm
automatic machine	Automat
automatic mode	automatische Betriebsweise
automatic number identification	automatische Rufnummernerkennung
automatic operation	automatischer Betriebszustand
automatic pattern recognition	automatische Mustererkennung
automatic pilot	Selbststeuergerät

automatic procedure	automatisiertes Verfahren
automatic recalculation	automatische Neuberechnung
automatic reception	automatischer Empfang
automatic recovery	automatischer Wiederanlauf
automatic redialing	automatische Anrufwiederholung
automatic repeat key	Dauerfunktionstaste
automatic repeat request	automatische Anrufwiederholung
automatic reset	automatische Rücksetzung
automatic send and receive	Blattschreiber
automatic send-receive unit	automatische Sende- und Empfangseinrichtung
automatic speed sensing	automatische Geschwindigkeitsausnutzung
automatic switching	automatische Vermittlung
automatic switchon	Einschaltautomatik
automatic switchover	automatische Umschaltung
automatic test	Eigentest
automatic threading	automatische Einfädelung
automatic typewriter	Schreibautomat
automatic voltage regulator	automatischer Spannungsregler
automatic word processing	automatisierte Textverarbeitung
automatical programmed tools	APT
automation	Automation, Automatisierung
automation-oriented	automationsgerecht
automatit pilot	Selbststeuergerät
automaton	Automat
auto-monitor	Selbstüberwachungsprogamm
autonavigator	Selbststeuersystem, Selbststeuerungssystem
autonomous	selbständig
autonomous computer system	autonomes Rechnersystem
autopurge	automatisches Löschen
autorepeat	Dauertastenfunktion
autorepeat key	Dauerfunktionstaste
autosave	automatische Datensicherung
autosizing	automatische Bildgrößenanpassung
autostart routine	automatisches Startprogramm
autoswitching	Selbstumschaltung
availability	Verfügbarkeit
availability indicator	Verfügbarkeitsanzeiger
availability ratio	Verfügbarkeitsgrad
available	verfügbar
available ratio	Verfügbarkeitsgrad
avalanche	Stoßentladung
average	Durchschnitt, durchschnittlich
average operation time	durchschnittliche Operationszeit

average rotation decay	durchschnittliche Drehwartezeit
average seek time	durchschnittliche Suchzeit
average speed	Durchschnittsgeschwindigkeit
average value	Durchschnittswert
avoid	vermeiden
avoidance	Umgehung, Vermeidung
await	erwarten, warten
axle	Welle

B

babble	Interferenzgeräusch
back	Rückseite
back gluing	Rückenklebung
back off	zurückdrehen
back outt	zurücksetzen
back panel	Schnittstellenfeld
back transfer	Rückübertragung
back up	sichern, sicherstellen
background display	Anzeigehintergrund
background image	Anzeigehintergrund
background recalculation	Neuberechnung im Hintergrund
backlash	Hysterese-Effekt
backlighting	Hintergrundbeleuchtung
backlit display	Flüssigkristallbildschirm
backlock	Rückstand
backplane	Hauptplatine
backpropagation	Rückübertragung
backslash	negativer Schrägstrich (\)
backspace	Rückwärtsschritt, zurücksetzen
back-space	rücksetzen
backspace key	Rücksetztaste, Rücktaste
back-spacing	Rücksetzung
back-to-normal signal	Endezeichen, Schlusszeichen
backtracing	Rückverfolgung
backtracking	Rückverfolgung, Rückwärtsfolgerung
backup	sichern, Sicherstellung, Sicherung
backup computer	Ersatzrechner, Reserverechner
backup computer center	Ausweichrechenzentrum
backup copy	Sicherungskopie
backup data	Sicherungsdaten
backup disk	Sicherungsplatte
backup diskette	Sicherungsdiskette
backup file	Sicherungsdatei
backup floppy	Sicherungskopie

backup path	redundanter Verbindungsweg
backup procedure	Sicherungsprozedur
backup protocol	Sicherungsprotokoll
backup run	Sicherungslauf
backup server	Diensteinheit für Datensicherung
backup storage	peripherer Speicher
backup system	Ausweichsystem
backup tape	Sicherungsband
backup time	Sicherungszeit, Sicherungszeitraum
backup track	Ersatzspur
backup utility	Sicherungsprogramm
backward	rückwärts
backward chaining	Rückwärtsverkettung
backward channel	Rückkanal
backward compatible	rückwärtskompatibel
backward reading	Rückwärtslesen
backward search	Rückwärtssuchen
backward sorted	rückwärts sortiert
bad	fehlerhaft, schlecht
bad break	schlechter Umbruch
bad hyphenation	falsche Worttrennung
bad page break	schlechter Seitenumbruch
bad parity	Paritätsfehler
bad sector	defekter Sektor
bad track	Fehlerspur
bad track linking record	Ersatzspurverkettungssatz
bad track table	Fehlerspurverzeichnis
badge	Ausweis, Kennzeichen
badge card	Ausweiskarte
badge reader	Ausweisleser
bad-track table	Fehlerspurverzeichnis
baffle	drosseln
BAK file	Sicherungsdatei
balance	Symmetrie
balance control	Saldenprüfung
balanced	ausgeglichen, symmetrisch
balanced line	Zweileiterverbindung
balancing calculator	Saldiermaschine
ball	Kugel
ball bearing	Kugellager
band	Spurengruppe, Streifen, Wellenlängenbereich
band size	Streifenbreite
bandwidth	Streifenbreite
bank	Speicheradressbereich, Speicherbank

bank of buttons	Tastenreihe
bank switching	Bankauswahlverfahren
banner	Banner
bar	Streifen
bar code	Streifencode
bar code label	Streifenetikett
bar code printer	Streifenetikettdrucker
bar code reader	Streifenetikettleser
bar code scanner	Streifencodeabtaster
bar printer	Stabdrucker
bar scanner	Streifenetikettabtaster
barcode	Streifencode, Strichcode
barrel printer	Walzendrucker
barricade	Sperre
barrier	Sperre
barrier layer	Sperrschicht
base	basieren, Basis, Basiszahl
base address	Basisadresse, Segmentadresse
base address register	Basisadressregister
base addressing	Basisadressierung
base doping	Basisdotierung
base font	Basisschriftart
base function	Ausgangsfunktion
base number	Basiszahl
base of numbers	Zahlenbasis
base register	Basisregister
base relocation	Basisadressverschiebung
base terminal	Basisanschluss
base transformation	Basistransformation
baseband	Basisband
baseband transmission	Basisbandübertragung
based	relativ
BASIC	BASIC, grundlegend
basic application	Basisanwendung
basic arithmetic operations	Grundrechenarten
basic clock rate	Grundtakt
basic computer science	Kerninformatik
basic configuration	Grundausstattung
basic control mode	Basisbetrieb
basic data	Basisdaten
basic data processing	Basisdatenverarbeitung, Basis-DV
basic function of data processing	Grundfunktion der Datenverarbeitung
basic hardware	Grundausrüstung

basic indissoluble information unit	kleinste denkbare Informationseinheit
basic informatics	Kerninformatik
basic information	Basisinformation
basic input output system	Basis-Ein-/Ausgabe-System
basic module	Grundbaustein
basic noise	Grundgeräusch
basic number	Grundzahl
basic operating system	Grundbetriebssystem
basic pulse code	Grundtakt
basic software	Basissoftware
basic system	Basissystem
basis	Basis
BAT file	Stapelverarbeitungsdatei
batch	Serie, Stapel, stapelweise, stapelweise verarbeiten
batch application	Stapelanwendung
batch fabrication	Serienfertigung
batch file	Stapeldatei, Verarbeitungsstapel
batch input	Stapeleingabe
batch mode	Stapelbetrieb
batch output	Stapelausgabe
batch processing	Stapelverarbeitung
batch size	Losgröße
batch terminal	Stapelstation
batch total	Zwischensumme
batch transmission	Stapelübertragung
batched	aufeinander folgen, aufeinander folgend
batch-fabricated	in Losen gefertigt
battery	Batterie
battery backup	Notstromversorgung
battery operation	Batteriebetrieb
battery-operated	batteriebetrieben
battery-powered	batteriebetrieben
baud	Baud
baud rate	Übertragungsrate
baudot code	Baudot-Code
bay	Steckplatz
BBS	Mailbox-System
BCD	binär verschlüsselte Dezimalzahl
bd	Baud
beacon message	Fehlernachricht
beaconing	fortwährende Fehleranzeige
bead	Rechenperle
beam	Elektronenstrahl, Strahl, strahlen

beam deflection	Strahlenablenkung
beam storage	Strahlspeicher
bear	tragen
beat	Schwebung, Takt
beat frequency	Schwebungsfrequenz
bed	Transportbahn
beep	Kontrollton
before	vor
before image	Vorabbildung
before-advancing option	Vorschubangabe
before-image	Vorabbildung
begin	Anfang, Start, starten
begin column	Anfangsspalte
beginners all-purpose symbolic instruction code	Allzweckprogrammiersprache für Anfänger
beginning	Start
beginning of extent	Bereichsanfang
beginning of program	Programmanfang
beginning of track	Spuranfang
beginning routine	Anfangsroutine, Vorlauf
beginning-of	Anfangs ...
behave	sich verhalten
bell	Glocke, Klingel
bells and whistles	Glocken und Pfeifen
belt	Antriebsriemen, Gürtel, Treibriemen
benchmark	Bewertung, Bezugspunkt
benchmark program	Bewertungsprogramm
benchmark test	Bewertung
bend	verbiegen
benefit	Gewinn, Nutzen, Vorteil
beta release	Betaversion
beta site	Betatest-Unternehmen
beta test	Betatest
bevel wheel	Kegelrad
bi...	zweiseitig ...
bias address	Distanzadresse
bible paper	Dünndruckpapier
bichrome	zweifarbig
bidirectional	zweiseitig wirkend
bidirectional communication	zweiseitige Kommunikation
bidirectional printer	Zweirichtungsdrucker
bidirectional transistor	Zweirichtungstransistor
bifilar	zweiadrig
big red switch	großer roter Schalter
bilateral	zweiseitig

bill	Rechnung, Stückliste
bill explosion	Stücklistenauflösung
bill feed	Bandvorschub, Blattvorschub
bill of material	Stückliste
billion	Milliarde
billion (UK)	Billion
bimetal	Bimetall
bin	Behälter, binär, Magazin
binary	binär, dual, dyadisch
binary arithmetic	Binärarithmetik
binary carry	Binärübertrag
binary cell	Binärelement
binary character	Binärzeichen
binary circuit	binärer Schaltkreis
binary code	Binärcode
binary compatible	binärkompatibel
binary counter	Binärzähler
binary data	Binärdaten
binary digit	Binärstelle, Binärziffer
binary display	Binäranzeige
binary dump	binärer Speicherauszug
binary field	Binärfeld
binary file	Binärdatei
binary input	Binäreingabe
binary integer	Festkommazahl
binary item	Binärfeld
binary large object	binäres Großobjekt
binary large object (BLOB)	großes binäres Datenobjekt
binary newsgroup	binäre Nachrichtengruppe
binary notation	binäre Darstellung
binary number	Binärzahl
binary numerical system	binäres Zahlensystem
binary one	binäre Eins
binary operation	binäre Operation
binary output	Binärausgabe
binary pattern	Bitmuster
binary point	Binärkomma
binary quantity	binäre Größe
binary real number	Gleitkommazahl
binary representation	binäre Darstellung
binary search	binäre Suche, binäres Suchen
binary shift	binäres Schieben
binary signal	binäres Signal, digitales Signal
binary sorting	binäres Sortieren
binary to-decimal conversion	Binär-dezimal-Umwandlung

binary transfer	Binärtransfer
binary tree	binärer Baum
binary zero	binäre Null
binary-coded	binär verschlüsselt, dual verschlüsselt
binary-coded decimal digit	binär verschlüsselte Dezimalziffer
binary-coded decimal representation	binär verschlüsselte Dezimalzahlendarstellung
binary-coded decimal (BCD)	binär verschlüsselte Dezimalzahl
binary-coded decimals	Binärdezimalcode
binary-coded information	binär verschlüsselte Information
binary-to-decimal converter	Binär-dezimal-Wandler
binary-to-decimal...	binär-dezimal ...
bind	binden, verknüpfen
binder	Bindemittel, Binder
bindery	Buchbinderei
binding	binden
binding offset	Bindungseinzug, Bundsteg
biological circuit	Biochip
biological computer	Biocomputer
biological semiconductor	Biotransistor
bio-signal processing	Biosignalverarbeitung
bipolar	bipolar, zweipolig
bipolar semiconductor	bipolarer Halbleiter
bipolar transistor	bipolarer Transistor
bi-processor system	Doppelrechnersystem, Doppelsystem
biquinary	biquinär
biquinary code	Biquinärcode
bisect	halbieren
bistable	bistabil
bistable circuit	Flipflop-Register
bistable multivibrator	Flipflop-Register
bistable storage	bistabiler Speicher
bit	Bit
bit bender	Bitverbieger
bit block	Bitblock
bit by bit	bitseriell, bitweise
bit check	Bitprüfung
bit chip	Bitscheibe
bit combination	Bitmuster
bit count integrity	Bitzahlvollständigkeit
bit density	Bitdichte
bit error	Bitfehler
bit extraction	Extrahierung
bit falsification	Bitfehler
bit flipping	Bitinversion

bit frequency	Bitfrequenz
bit image mode	Bitabbildmodus
bit location	Bitadresse, Bitposition
bit manipulation	Bitverarbeitung
bit map	Bitmuster
bit mapping	Bitabbildung
bit parity	Bitparität
bit pattern	Maske
bit position	Bitadresse
bit rate	Bitrate
bit selection	Bitauswahl
bit slice	Bitscheibe
bit slicing	Bitscheibenkopplung
bit string	Bitfolge
bit timing	Bittakt
bit transmission	Bitübertragung
bit twiddler	Bitfummler
bit-error probability	Bitfehlerwahrscheinlichkeit
bit-error rate	Bitfehlerrate
bit-map graphic	Punktgrafik
bitmap graphics	Punktgrafik
bit-mapped display	Punktrasterbildschirm
bit-mapped font	Punktrasterschrift
bit-mapped graphic	Punktgrafik
bit-mapped graphics	Punktgrafik
bit-oriented	bitorientiert
bit-oriented instruction	bitorientierter Befehl
bit-parallel	bitparallel
bits per inch	Bits je Zoll
bits per pixel	Bits je Bildpunkt
bits per second	Bits je Sekunde
bit-serial	bitseriell
bit-slice	Scheibe
bivalent	zweiwertig
black box	Blackbox, Black-Box
black-and-white	Kontrast
black-and-white representation	Schwarzweißdarstellung
black-and-white...	Kontrast ..., Schwarzweiß ...
blackout	Ausfall, Zusammenbruch
blackout failure	Totalausfall
black-print technique	Schwarzdrucktechnik
blank	leer, leeren, Leerformular, Leerzeichen, löschen, unbeschriftet, Zwischenraum
blank address	Leeradresse
blank after	Löschen nach Ausgabe

blank cell	Leerfeld
blank character	Leerzeichen
blank entry	Leereintrag
blank line	Leerzeile
blank page	leere Seite, Leerseite
blank volume	leeres Laufwerk, Zwischenraum
blanked element	unsichtbares Element
blanking	Austastung, Dunkelsteuerung
blanking interval	Austastlücke
bleed	über den Satzspiegel hinaus drucken, verlaufen
bleed capability	Vollseiten-Druckfähigkeit
bleed off	ableiten
blemish	Fehler, Fehlerstelle
blessed folder	geschützter Ordner
blind courtesy copy	Gefälligkeitsnachricht
blind keyboard	Blindtastatur
blind out	ausblenden
blind search	blindes Suchen
blinker	Blinker, Schreibmarke
blinking	Blinken
blip	Leuchtzeichen, Markierung
blitter	Bitblocktransfer
bloatware	überladene Software
BLOB	großes binäres Datenobjekt
block	Block, blocken, Datenblock, Datenübertragungsblock, physischer Satz, sperren
block address	Blockadresse
block by block	blockweise
block check	Blockprüfung
block check character	Blockparitätszeichen
block count	Blockzählen
block counter	Blockzähler
block delete	Blocklöschung
block diagram	Blockdiagramm
block error	Blockfehler
block gap	Blocklücke
block graphics	Block-Grafikzeichen
block keyboard	Blocktastatur
block length	Blocklänge
block letters	Blockschrift
block marking	Blockmarkierung
block mode	Blockmodus
block model	Blockschema
block mosaic	Blockmosaik

block move	Abschneiden und Kleben, Blockverschiebung
block multiplexing	Blockmultiplexverarbeitung
block operation	Blockoperation
block parity	Blockparität
block prefix	Blockvorspann
block protection	Blockschutz
block redundancy check	Blockparitätsprüfung
block setting	Blocksatz
block size	Blocklänge
block sorting	Blocksortieren
block structure	Blockstruktur
block transfer	Blocktransfer
blocked	geblockt
blocked data	geblockte Daten
blocked input	geblockte Eingabe
blocked output	geblockte Ausgabe
blocked record	geblockter Satz
block-error probability	Blockfehlerwahrscheinlichkeit
blocking	Absperrung, Blockierung, Sperrung
blocking flag	Sperrkennzeichen
blocking state region	Sperrzone
block-length field	Blocklängenfeld
block-multiplex channel	Blockmultiplexkanal
block-multiplex operation	Blockmultiplexbetrieb
blockread	Blocklesen
blockwrite	Blockschreiben
blot	Schmutzfleck
blow	belüften, einbrennen
blower	Belüfter, Gebläse
blue print	Lichtpause
board	Leiterplatte, Platine, Schaltkarte
board cage	Platinenrahmen, Platinenträger
board design	Leiterplattenentwurf
body height	Versalhöhe
bold	fett, hervortretend
bold type	Drucktype mit Oberlänge
bold-face printing	Fettdruck
bomb	Systemzusammenbruch
bond	Pfandbrief
bonded	geklebt, verbunden
bonding	Verbindung
bonus-penalty contract	Bonus-Malus-Vertrag
book	anmelden, Buch, buchen, Liste
booking	Anmeldung, buchen, Buchung

booking entry	Buchung
booking terminal	Buchungsplatz
bookmark	Lesezeichen, Textmarke
bookmark list	Lesezeichenliste
bookshelf	Bücherregal
Boolean	aussagenlogisch, Boolsche
Boolean addition	logische Addition
Boolean algebra	Aussagenlogik, Boolsche Algebra, Schaltalgebra
Boolean complementation	logische Komplementierung
Boolean expression	Boolscher Ausdruck, logischer Ausdruck
Boolean function	Boolsche Funktion, logische Funktion
Boolean logic	Boolsche Logik
Boolean operation	Boolsche Operation, logische Operation
Boolean operation table	Boolsche Wahrheitstabelle
Boolean operator	Boolsches Verknüpfungszeichen
Boolean search	logische Suche, logisches Suchen
boost	verstärken
booster diode	Verstärkerdiode
boot	hochfahren, urladen, booten
boot block	Urladeblock (Bootsektor)
boot disk	Ladediskette, Startdiskette
boot record	Startprogramm
boot sector	Urladeblock (Bootsektor)
boot sequence	Bootsequenz
bootable	urladefähig (bootfähig)
boot-sector virus	Urladeblock-Virus (Bootsektorvirus)
bootstrap	hochfahren, laden, urladen, booten, Urladeprogramm (Bootprogramm)
bootstrap loader	Urladeprogramm (Bootprogramm)
border	Grenze, Randlinie
border line	Begrenzungslinie
border-punched card	Randlochkarte
borrow	Zehnervorgriff
bot	Funktionseinheit
both-way	beidseitig
bottleneck	Engpass
bottom	grundlegend, unten, Unterseite
bottom edge	Unterkante
bottom line	Fußzeile
bottom margin	unterer Rand
bottom section	Unterteil
bottom side	Unterseite
bottom-up	von unten nach oben
bottom-up method	Von-unten-nach-oben-Methode

bounce	prellen, zurücksenden
bounced message	Nachrichtenrücksendung
bouncing	prellen
bound	Grenze
bound pair	Grenzpaar
boundary	Grenze, Grenzfläche
boundary address	Grenzadresse
boundary value	Grenzwert
box	Briefkasten, Diagrammblock, Mailbox, Rahmen, Schaltfläche
box style	Rahmenart
branch	springen, Sprung, Verzeichniszweig, verzweigen, Verzweigung, Zweig
branch address	Sprungadresse
branch and link	Verzweigung mit Speicherung der Rücksprungadresse
branch circuit	Verzweigungsleitung
branch condition	Sprungbedingung, Verzweigungsbedingung
branch destination	Sprungziel
branch distance	Sprungdistanz
branch if...	springen wenn ..., verzweigen wenn ...
branch instruction	Sprungbefehl, Verzweigungsbefehl
branch line	Abzweigleitung
branch mark	Sprungmarke
branch on condition	bedingter Sprung
branch page	Abzweigseite
branch point	Verzweigungsstelle
branch statement	Sprunganweisung
branch table	Sprungtabelle, Verzweigungstabelle
branch target	Sprungziel
branch to	springen nach, verzweigen nach
branching	Verzweigung
breadboard construction	Versuchsaufbau
break	abschalten
break code	Unterbrechungscode
break in	einbrechen
break jack	Trennsteckerklinke
break jack block	Trennsteckverteiler
break key	Pausetaste, Unterbrechungstaste
break time	Brechzeit
breakdown	Ausfall, Durchbruch, Durchschlag
breakdown region	Durchbruchsbereich
breakdown temperature	Durchbruchstemperatur
breakdown voltage	Durchbruchsspannung
breaker	Knacker, Schalter, Trennschalter

break-in	einbrechen, Gegenschreiben
breakout box	Testgerät
breakover point	Kipppunkt
breakpoint	Anhaltepunkt, Fixpunkt, Programmstop
breakpoint method	Fixpunktverfahren
breakpoint record	Fixpunktsatz
brevier	Petit
bridge	Bridge (Netzwerkverteiler Schicht 2), Brücke, überbrücken, Überbrückung
bridge board	Brückenkarte
bridge circuit	Brückenschaltung
bridge driver	Brückentreiber
bridge-router	Brücken-Wegwähler
bridgeware	Brückenprogramme
bridging	Überbrückung
brighten	aufhellen
brightening	Aufhellung
brightness	Helligkeit
brightness control	Helligkeitssteuerung
bring-up	Rollung
broadband	Breitband
broadband network	Breitbandnetz
broadcast	rundsenden
broadcast message	Rundsendenachricht
broadcast videotex	Videotextsystem
broadcast videotex decoder	Videotext-Decoder
broadcast videotex page	Videotexttafel
broadcast videotext	Videotextsystem
broadcast videotext decoder	Videotext-Decoder
broadcast videotext page	Videotexttafel
broadcasting	Rundsendung
broaden	erweitern, verbreitern
broken line	punktierte Linie
brouter	Brücken-Wegwähler
brownout	Spannungsabfall
browse	durchblättern, durchsuchen
browse dialog box	Dateisuchfeld
browse mode	Suchmodus
browser	Suchprogramm
browsing	Grobrecherche
brush	Bürste, Pinsel
brush style	Pinselbild, Pinselgrafik
bubble chart	Blasendiagramm
bubble sort	Sortieren durch Vertauschen
bubblejet printer	Bubblejet-Drucker

bucket	Originalspeicherbereich
bucket store	Originalspeicherbereich
budget	Budget, Plan
budget planning	Budgetplanung
budgetary cost accounting	Plankostenrechnung
buffer	Puffer, puffern, Pufferspeicher
buffer circuit	Pufferschaltung
buffer length	Puffergröße
buffer management	Pufferverwaltung
buffer overflow	Pufferüberlauf
buffer register	Pufferregister
buffer time	Pufferzeit
buffer underrun	Lesezugriff auf leeren Puffer
buffering	Pufferung
bug	Fehler, Programmfehler
build	aufbauen, bilden
building block	Baustein
built-in	eingebaut
built-in check	automatische Prüfung
built-in font	Festspeicherschrift
built-in function	eingebaute Funktion
built-in pointing device	eingebauter Trackball
bulb	Glühbirne
bulk	Großmenge
bulk memory	Großspeicher, Massenspeicher
bulk processing	Stapelverarbeitung
bulk updating	Massenaufbereitung
bullet	Merkpunkt
bulleted list	Merkpunktliste
bulletin board system	Mailbox-System
bulletin box	Mailbox-Forum
bump	nicht adressierbarer Hilfsspeicher
bumper	Stoßstange
bundled software	Gratissoftware
buried layer	eingebettete Schicht
burn	einbrennen
burn in	einbrennen
burst	Signalfolge, Stoß
burst mode	Stoßbetrieb
bus	Datenweg, Kanal
bus bar	Sammelschiene
bus interface	Busschnittstelle
bus motherboard	Busplatine
bus mouse	Busmaus
bus network	Busnetz, Liniennetz

bus request	Busanforderung
bus topology	Busarchitektur, Bustopologie
bus width	Busbreite
business applications of computer science	Wirtschaftsinformatik
business graphics	Präsentationsgrafik
business information system	betriebliches Informationssystem
business machine	Büromaschine
business software	kaufmännische Programme
bus-oriented	busorientiert
bust	Bedienungsfehler, Operateurfehler
busy	belegt, beschäftigt, besetzt
busy signal	Besetztzeichen
busy state	Besetztzustand
busy tone	Besetztton
button	Knopf, Schaltfläche, Taste
button bar	Symbolleiste
button block	Tastengruppe
button release	Tastenfreigabe
by product	Nebenprodukt
byline	Verfasserangabe
bypass	überbrücken, Überbrückung, umgehen, Umgehung
bypass channel	Nebenkanal
by-product data collection	Synchrondatenerfassung
byte	Byte
byte address	Byteadresse
byte boundary	Bytegrenze
byte by byte	byteweise
byte code	Bytecode
byte computer	Bytemaschine
byte instruction	Bytebefehl
byte mode	Zeichenbetrieb
byte multiplexing	Bytemultiplexverarbeitung
byte operation	Bytebefehl
byte structure	Bytestruktur
byte-multiplex channel	Bytemultiplexkanal
byte-multiplex mode	Bytemultiplexbetrieb
byte-oriented	byteorientiert
byte-parallel	byteparallel
byte-serial	byteseriell

C

C	C
C++	C++
CA...	computerunterstützte ...
cabinet	Gehäuse
cable	Kabel, verkabeln
cable communication	Kabelkommunikation
cable conduct	Kabelkanal
cable conduit	Kabelrohr
cable connector	Kabelstecker
cable core	Kabelseele
cable duct	Kabelführung, Kabelschacht
cable entry point	Kabeleinführung
cable fanning	Kabelmontage
cable fanout	Kabelverzweigung
cable funnel	Kabelschacht
cable harness	Kabelbaum
cable junction	Kabelanschluss
cable laying	Kabelverlegung
cable loss	Signalverlust
cable matcher	Kabelstecker-Adapter
cable network	Kabelnetz
cable number	Kabelnummer
cable plug	Kabelstecker
cable pothead	Kabelendverteiler
cable reel	Kabeltrommel
cable route	Kabelführung
cable routing	Kabelführung
cable sheath	Kabelmantel
cable shielding	Kabelabschirmung
cable shoe	Kabelschuh
cable splicing	Kabelverbindung
cable support	Kabelhalter
cable throughput	Kabeldurchsatz
cache	Cache-Speicher, in einem schnellen Zwischenspeicher (Cache) lagern, verstecken
cache controller	Cache-Sensoreinheit
cache memory	Cache-Speicher
cache setting	Cache-Einstellung
caching	Cache-Verwendung
caddy	CD-ROM-Schutzhülle
calculability	Berechenbarkeit
calculable	berechenbar
calculate	berechnen, kalkulieren, rechnen

calculated field	Ergebnisfeld
calculating machine	Rechenmaschine
calculating rule	Rechenvorschrift
calculation	Berechnung, Kalkulation, rechnen
calculation specification	Rechenvorschrift
calculation speed	Rechengeschwindigkeit
calculator	Rechenmaschine
calculus	Infinitesimalrechnung
calculus of interest	Zinsrechnung
calendar	Kalender
calendar life	Lebensdauer
calendar program	Kalenderprogramm
calibrate	kalibrieren
call back	rückrufen
call for votes	Abstimmungsaufruf
call forwarding	Anrufumleitung
call identification	Anruferkennung
call instruction	Aufrufbefehl
call interfere	Aufrufschnittstelle
call not accepted	Rufabweisung
call number	Rufnummer
call number storage	Rufnummernspeicher
call pickup	Anrufübernahme
call record journaling	Gebührendatenerfassung, Rufdatenaufzeichnung
call repeater	Anrufwiederholer
call repeating	Anrufwiederholung
call repetition	Anrufwiederholung
call sequence	Anruffolge
call sign	Anrufsignal
call time	Aufrufzeit, Verbindungsdauer
call tracing	Anruffangschaltung, Fangschaltung
call unit	Gesprächseinheit
call waiting	Anklopfen
call word	Kennwort, Passwort
callback	Rückruf
callback modem	Rückrufmodem
called program	aufgerufenes Programm
caller	Anrufer
calling	Anruf, Aufruf
calling equipment	Wähleinrichtung
calling instruction	Aufrufbefehl
calling line identification	Anrufnummernerkennung
calling number	Rufnummer
calling program	aufrufendes Programm

calling sequence	Aufrufroutine
calling station	Sendestation
call-not-accepted signal	Rufabweisungssignal
callout	Erklärung
cam	computerunterstütztes Herstellen, Nocke
CAMAC	computerunterstützte Messungskontrolle
camp-on	warten
camp-on circuit	Warteschaltung
campus-wide information system	Universitäts-Informationssystem
can	Hülse, Metallmantel
cancel	abbrechen, annullieren, beenden, stornieren
cancel button	Abbruch-Schaltfeld
cancel character	Ungültigkeitszeichen
cancel key	Löschtaste
cancelation	Annullierung, Aufhebung, Stornierung
cancelbot	Nachrichten-Löscheinheit
canned	Fertig ..., vorgefertigt
canned cycle	Makrobefehl
canonical order	kanonische Ordnung
CAO	computerunterstütztes Büro
cap	computerunterstütztes Publizieren, Großbuchstabe, Kappe, Verschluss
capability	Leistungsfähigkeit, Möglichkeit
capability characteristics	Leistungsmerkmale
capacitance	Kapazität
capacitive	kapazitiv
capacitor	Kondensator
capacitor storage	Kondensatorspeicher
capacity	Fassungsvermögen
CAPI	allgemeine Anwendungsprogrammier-Schnittstelle zu ISDN-Karten
capital letter	Großbuchstabe
capital letters	Großbuchstaben, Versalien
capitalization	Großschreibung
capitalize	groß schreiben
caps lock key	Feststelltaste
capstan	Rollenantrieb
capstan drive	Magnetbandantrieb
capsule	Datenkapsel
caption	Titelzeile
capture	erfassen, Erfassung
car telefone	Autotelefon
carbon copy	Mailbox-Kopie
carbon ribbon	Carbonband

carbon set	Formularsatz
carbonless paper	kohlearmes Papier
card	Magnetkarte, Platine, Schaltkarte
card cage	Platinenrahmen, Platinenträger
card chassis	Platinenaufnahmerahmen
card module	Schaltkarte
card random-access memory	Magnetkartenspeicher
card slot	Einbauschlitz
card-size	Scheckkartengröße
carriage	Schreibwagen, Vorschub
carriage tape	Vorschubsteuerstreifen
carriage-return key	Eingabetaste, Zeilenauslösetaste
carrier hole	Führungsloch
carrier noise	Trägerstromrauschen
carrier storage time	Speicherzeit
carrier telefony	Trägerfrequenztelefonie
carrier transmission	Trägerfrequenzübertragung
carrier wave	Trägerschwingung, Trägerwelle
carrier-sense multiple access with collision detection (CSMA/CD)	CSMA/CD-Verfahren
carry	Übertrag, übertragen
carry bit	Übertragsbit
carry flag	Überlaufanzeige
carry look ahead	Vorschauübertrag
carry-out	Stellenübertrag
Cartesian coordinate	Kartesische Koordinate
cartography	Kartografie
cartridge	Kassette
cartridge font	Kassettenschrift
cartridge memory	Magnetstreifenspeicher
cartridge tape	Kassettenband
CAS	computerunterstützter Vertrieb
cascade	Kaskade, kaskadenförmig, Kaskadenschaltung, stufenförmig
cascade connection	Filter
cascade menu	Untermenü
cascade sorting	Kaskadensortierung
cascading	schräg hintereinander stellen
case	computerunterstützte Softwareentwicklung, Fach, Fall, Gehäuse
case sensitivity	Groß-/Kleinbuchstaben-Unterscheidung
case shift	Buchstaben-Ziffern-Umschaltung, Umschaltung
case study	Fallstudie

case-sensitive	Groß-/Kleinbuchstaben unterscheidend
cash dispenser	Geldausgabeautomat
cash management system	elektronischer Bankdienst
cassette	Kassette
cassette tape	Kassettenband
cast	umwandeln
caster	Laufrolle
casting-out-nines	Neunerprobe
casual	gelegentlich
CAT	computerunterstütztes Testen
catalog	Katalog, katalogisieren, Verzeichnis
catalog entry	Katalogeintrag
catalog management	Katalogverwaltung
catalog memory	Katalogspeicher
cataloged	katalogisiert
cataloged procedure	Makroprozedur
catalogue	Katalog
catch	Beute, Falle, Klinke, Riegel, Sperre, Täuschung
catch-up command	Schon-gelesen-Kommando
catchword	Schlagwort, Stichwort
catchword link	Schlagwortverknüpfung
category	Kategorie
catena	Befehlskette
catenary	Kettenlinie
catenate	verketten
catenation	Verkettung
catenet	verkettetes Netz
cathode	Kathode
cathode heating	Kathodenheizung
cathode ray tube	Kathodenstrahlröhre
cathode rays	Kathodenstrahlen
causal	kausal, ursächlich
causality	Kausalität
causative	ursächlich
cause	Ursache
caution	Vorsicht
cautious	vorsichtig
CD-R	Bildplatte für Aufzeichnungen
ceiling	Obergrenze
cell	Feld, Speicherelement, Speicherzelle, Tabellenfeld
cell address	Feldadresse
cell definition	Feldinhaltsfestlegung
cell format	Feldgröße

cell name	Tabellenfeldname
cell operand	Tabellenwert
cellar	Kellerspeicher
center	zentrieren, Zentrum
centered	zentriert
centering	Zentrierung
centering control	Bildlageregulierung
central processor time	Rechenzeit
central unit	ZE
Centronics interface	Centronics-Schnittstelle
ceramic	Keramik, keramisch
ceramic package	Keramikgehäuse
certainty factor	Wahrscheinlichkeitsfaktor
certificate	Bescheinigung, Urkunde
certification	Bescheinigung, Beurkundung
certify	bescheinigen
CGI	allgemeine Netzübergangs-Schnittstelle
chain	Befehlskette, verketten, Warteschlange
chain address	Kettadresse
chain instruction	Kettbefehl
chain of records	Datensatzkette
chain printer	Kettendrucker
chain printing	verkettetes Drucken
chained	gekettet, verkettet
chained addressing	gekettete Adressierung
chained data	gekettete Daten
chained database system	verkettete Datenbank
chained file	gekettete Datei, verkettete Datei
chained list	verkettete Liste
chained printing	verkettetes Drucken
chaining	Verkettung
chaining address	Folgeadresse
chaining field	Kettfeld
challenge	herausfordern, Herausforderung
change	Änderung, verändern, Veränderung, Wechsel, wechseln
change bit	Änderungsbit
change document	Änderungsbeleg
change file	Änderungsdatei
change level	Änderungsstand
change list	Änderungsliste
change over	umstellen
change program	Änderungsprogramm
change record	Änderungssatz

change recording	Änderungsaufzeichnung, Änderungsprotokoll
change routine	Änderungsprogramm, Änderungsroutine
change service	Änderungsdienst
change sign key	Vorzeichenwechseltaste
change tape	Änderungsband
change utility	Änderungsdienstprogramm
change voucher	Änderungsbeleg
changeable	veränderlich
changeover	Umschaltung, Umstellung
changeover facility	Umschalteinrichtung
channel	Kanal, Spur
channel access	Leitungszugriff
channel adapter	Kanalanschluss
channel address	Kanaladresse
channel address word	Kanaladresswort
channel buffer	Kanalspeicher
channel capacity	Kanalkapazität
channel command	Kanalbefehl
channel command word	Kanalbefehlswort
channel control	Kanalsteuerung
channel control unit	Kanalsteuereinheit
channel controller	Kanalsteuereinheit
channel decoding	Kanaldecodierung
channel encoding	Kanalcodierung
channel group	Kanalbündel
channel interface	Kanalanschluss
channel loading	Kanalbelegung
channel number	Kanaladresse, Kanalnummer
channel program	Kanalprogramm
channel scheduling	Kanalverwaltung
channel status	Kanalzustand
channel status character	Kanalzustandszeichen
channel status register	Kanalzustandsregister
channel status word	Kanalzustandswort
channel subdivision	Kanalteilung
channel switch	Kanalschalter
channel transfer rate	Kanalübertragungsrate
chaos theory	Chaostheorie
chapter	Abschnitt, Kapitel
character	Schriftzeichen
character by character	zeichenweise
character coding	Zeichenverschlüsselung
character compression	Zeichenverdichtung
character count	Zeichenzählung

character graphics	Block-Grafikzeichen
character handling	Zeichenverarbeitung
character height	Schrifthöhe
character inclination	Schriftneigung
character mode	zeichenweiser Betrieb
character position	Schreibstelle
character printer	serieller Drucker
character sensing	Schriftlesen
character set	Zeichenvorrat
character size	Schriftgrad
character standardization	Schriftnormierung
character subset	Zeichen-Untermenge
character suppression	Zeichenunterdrückung
characteristic	Gleitkommaexponent, Merkmal, typisch
characteristic curve	Kennlinie
characteristic frequency	Kennfrequenz
characteristics	Kenndaten
character-oriented	zeichenweise arbeitend
characters	Schrift
characters font	Schrift
charge	aufladen, belasten, Gebühr, laden, Ladung
charge carrier	Ladungsträger
charge off	abschreiben
charge-coupled	ladungsgekoppelt
charge-coupled device	ladungsgekoppelter Halbleiterbaustein
charge-coupled storage	Ladungsspeicher
charged	geladen
charger unit	Corona
chart	Diagramm, Grafik, grafisch darstellen
chart box	Diagrammbereich
chart name	Diagrammname
charter	Urkunde
chassis	Chassis, Einbaurahmen, Gestell, Rahmen
chat	plaudern
chat forum	Gesprächsforum
chatter	Störgeräusch
cheapernet	Billignetz
check	Kontrolle, kontrollieren, prüfen, Prüfung
check bit	Prüfbit
check box	Optionsschaltfeld
check byte	Prüfbyte
check card	Scheckkarte
check condition	Prüfbedingung
check cycle	Kontrollzyklus
check data	Kontrolldaten

check digit	Prüfziffer
check handler	Prüfroutine
check indicator	Prüfanzeige
check information	Kontrollinformation
check keying	Funktionstastensicherung
check lamp	Kontrolllampe
check message	Kontrollnachricht
check number	Prüfziffer
check symbol	Kontrollzeichen, Prüfziffer
checkdigit calculation	Prüfziffernverfahren
checked	kontrolliert
checking	Kontrolle, Prüfung
checking facility	Prüfeinrichtung
checking routine	Prüfroutine
checklist	Prüfliste
checkout	ausloggen, austesten, beenden, verlassen
checkpoint	Fixpunkt, Programmhaltepunkt
checkpoint restart	Fixpunktwiederanlauf
checksum	Kontrollsumme
checkup	Kontrolle, Prüfung
check-writing program	Scheckdruckprogramm
cheque card	Scheckkarte
chess computer	Schachcomputer
Chiclet keyboard	Kleintastatur
chief information manager	Informationsmanager
child	untergeordnetes Verzeichnis
chip	Chip, integrierter Schaltkreis, Mikrobaustein
chip card	Ausweiskarte
chip computer	Chiprechner
chip package	Chipgehäuse
chip set	Chipgruppe
chip topology	Chiptopologie
chip-card telefone	Kartentelefon
choice device	Auswahlgerät
choice point	Verzweigungsstelle
choose	auswählen
chooser	Auswähleinrichtung
chromatic	farbig
chromatic terminal	Farbbildschirm
chrome	Farbqualität
chrominance	Farbsignal
chronologic	chronologisch
chute	Transportschacht
cipher	chiffrieren, Geheimschrift
cipher machine	Chiffriermaschine

ciphering	Chiffrierung, Geheimverschlüsselung
ciphering equipment	Chiffriergerät
ciphony	Chiffrierung, Chiffrierverkehr
circle	Kreis
circuit	Schaltkreis, Schaltung
circuit board	Leiterplatte, Platine
circuit breaker	Schaltkreis-Sicherung
circuit layout	Schaltplan
circuit switching	Leitungsvermittlung
circuit switching network	leitungsvermitteltes Netz
circuit time	Schaltzeit
circuitry	Schaltung
circuitry logic	Schaltlogik
circular	kreisförmig
circular reference	Zirkelbezug
circulating storage	Laufzeitspeicher
circumference	Umfang
circunnference	Peripherie
clamping circuit	Blockierschaltung, Klemmschaltung
clause	Anweisung
claw	Klauenhalterung
clean	reinigen, sauber
clean room	Hochreinheitsraum
clear	aufheben, freigeben, löschen
clear area	freie Zone
clear band	freie Fläche
clear key	Löschtaste
clear screen key	Bildschirmlöschtaste
clearance	Berechtigung, Beseitigung, Freimachung, Klärung, Löschung, Räumung, Spielraum
cleardown	Auslösung
clearing	Abrechnung, Auslösung
clearing house	Dokumentationsstelle
clearing office	Dokumentationsstelle
clearing signal	Schlusszeichen
cleartext	Klartext
clerical work	Büroarbeit
clerical work-station	Schreibarbeitsplatz
click	klicken, Mausklicken
click function	Klickfunktion
clicking	Anklicken
clicking key	Klicktaste
clicking pip	Klickton
clicking tone	Klickton

client	Arbeitsstation, Benutzerrechner, Klient, Mandant, Programm, Programm das ein Objekt empfängt, System das Daten/Dienste von Servern verwendet
client application	Client-Anwendung
client station	Benutzerstation
client-based application	Benutzeranwendung
clientele system	Mandantensystem
client-server architecture	Client-Server-Architektur
client-server environment	Client-Server-Umgebung
client-server network	Client-Server-Netz, Client-Server-System
client-server system	Client-Server-System
clinical data	medizinische Daten
clip	abschneiden, festklammern, festklemmen
clip art	Clip-Art
clipboard	grafischer Zwischenspeicher
clipping	abschneiden
clobber	überschreiben
clock	Schrittimpuls, Takt, Takt geben, Taktgeber
clock battery	Taktgeberbatterie
clock cycle	Taktgeberzyklus
clock doubler	Taktverdoppler
clock frequency	Taktgeberfrequenz
clock generator	Taktgeber
clock input	Takteingang
clock marker	Taktspur
clock pulse	Takt, Taktimpuls
clock rate	Taktrate
clock speed	Taktgeschwindigkeit
clock-calendar board	Uhrzeit-Datums-Einrichtung
clocked pulse	Taktimpuls
clocking	Taktgeben
clockwise	im Uhrzeigersinn
clone	Klon
cloning	Klonen
close	abschließen, schließen
close box	Beendigungsschaltfläche
close button	Beendigungsschaltfläche
close instruction	Abschlussanweisung
close procedure	Abschlussprozedur
closed	beendet
closed architecture	proprietäre Architektur
closed circuit	geschlossener Kreislauf, geschlossener Stromkreis
closedown	Abschluss, Beendigung

cloth ribbon	Gewebefarbband
cluster	Speicherbereich
clutch	Kupplung
coalesce	vereinigen
coarse	grob
coarsing	Vergröberung
coating	Schicht, Umhüllung
coaxial cable	Koaxialkabel
coaxial connector	Koaxialstecker
co-channel	Zweitkanal
code	Code, Codieren
code digit	Kennziffer
code extension	Codeerweiterung
code extension character	Codeerweiterungszeichen
code generation	Codeerzeugung
code generator	Codeerzeuger, Textgeber
code independence	Codetransparenz
code independent	codeunabhängig, transparent
code key	Chiffreschlüssel
code optimizing	Codeoptimierung
code page	Codeseite
code pen	Handlesegerät
code pulse	Zeichenschritt
code recognition	Signalerkennung
code segment	Codesegment
code set	Codeliste
code sharing	gemeinsame Benutzung eines ablaufinvarianten Programms
code snippet	Codeschnipsel
code table	Codetabelle
code transformation	Codeumsetzung
code translation	Codeumsetzung
code translator	Codeumsetzer
code transparency	Codetransparenz
code value	Codeausdruck
code word	Kennwort
code-dependent	intransparent
code-independent	transparent
code-oriented	codeabhängig
coder	Codierer
codification	Chiffrierung
codify	chiffrieren
coding	Codierung, Programmiermethode
coding form	Codierblatt, Codierformular
coding line	Codierzeile

coding sheet	Codierblatt
coding tool	Codierwerkzeug
co-directional	gleichgerichtet
coefficient	Kennzahl, Koeffizient
coercion	Formatumwandlung
coercive force	Koerzitivkraft
coercivity	Sättigungskoerzitivkraft
cognition	Erkennung
cognition science	Kognitionswissenschaft
cognitive	erkennend
coherence	Zusammenhang
coherent	zusammenhängend
coherer	Fritter
coil	Spule
coin returner	Münzgeldrückgeber
coincidence	Gleichzeitigkeit, Übereinstimmung
coincident	gleichzeitig, übereinstimmend
COL	maschinenorientierte Programmiersprache
cold	spannungslos
cold boot	Kaltstart
cold computer center	Ausweichrechenzentrum
cold fault	Systemzusammenbruch
cold joint	Kaltlötung
cold link	statische Datenverknüpfung
cold restart	kalter Wiederanlauf
cold solder connection	Kaltlötung
cold start	Kaltstart
cold type	Photosatz
collaboratory	Gemeinschaftsarbeit
collapse	zusammenbrechen, Zusammenbruch
collate	abgleichen, mischen
collating sequence	Sortierfolge
collating sort	Mischsortieren
collect	erfassen, sammeln, zusammenfassen
collecting	erfassen, Erfassung
collector	Kollektor, Stromabnehmer
collision	Kollision
collision avoidance	Kollisionsvermeidung
colon	Doppelpunkt
colon equal	Ergibtzeichen (:=)
color	Farbe
color brightness	Farbhelligkeit
color chart	Farbtabelle
color cycling	Farbrotieren
color depth	Farbtiefe

color description word	Farbbeschreibungswort
color display	Farbbildschirm
color electron gun	Farb-Elektronenkanone
color fastness	Farbechtheit
color fringing	Farbverfälschung im Bildrandbereich
color graphics adapter (CGA)	Farbgrafik-Karte (CGA)
color information	Farbinformation
color inkjet printer	Farbtintenstrahldrucker
color instruction	Farbbefehl
color look-up table	Farbumsetztabelle
color management system	Farbmanagementsystem
color model	Farbmodell
color monitor	Farbbildschirm
color noise	Farbstörung
color palette	Farbpalette
color plotter	Farbplotter
color representation	Farbdarstellung
color saturation	Farbsättigung
color scale	Farbskala, Farbverlauf
color scanner	Farbscanner
color schema	Farbauswahlmenü
color screen	Farbbildschirm
color separation	Farbseparation
color shade	Farbton
color synchronization	Farbsynchronisierung
color table	Farbtafel
color terminal	Farbbildschirm
color value	Farbwert
coloration	Farbgebung
colorimetry	Farbmessung
colour	Farbe
COM recorder	COM-Recorder
comb printer	Kammdrucker
combined keyword	kombinierter Ordnungsbegriff
combo box	Dialogfeld
Comdex	Comdex
comforts	Komfort
comma	Komma
command	Steuerbefehl
command button	Befehlsschaltfläche, Kommandoschaltfläche
command chaining	Befehlskettung
command control	Kommandosteuerung
command control block	Befehlssteuerblock
command field	Kommandoschaltfläche
command interpreter	Kommandointerpretierer

command key	Programmsteuertaste
command key panel	Programmsteuertastenfeld
command language	Kommandosprache
command line	Kommandozeile
command menu	Befehlsmenü
command mode	Kommandozustand
command procedure	Kommandoprozedur
command processor	Befehlsprozessor, Kommandodatei
command state	Kommandozustand
command word	Kommandowort
COMMAND.COM	Kommandodatei
command-driven	kommandogesteuert
command-line operating system	kommandogesteuertes Betriebssystem
commence	starten
commencement	Inbetriebnahme, Start, Start ...
commensurable	messbar
comment	Bemerkung, Kommentar, kommentieren
comment line	Kommentarzeile
comment statement	Bemerkungsanweisung, Kommentaranweisung
commentary	Kommentar
commentation	Kommentierung
comments field	Bemerkungsfeld
comments statement	Bemerkungsanweisung
commercial	kommerziell
commercial a	@, Klammeraffe (@)
commercial data processing	kommerzielle Datenverarbeitung
commercial frequency	Netzfrequenz
Commercial Internet Exchange (CIX)	CIX
commercial power supply	Netzstromversorgung
commercial programming language	kaufmännische Programmiersprache
commercial usage	Handelsbrauch
commissioner for data protection	Datenschutzbeauftragter
commissioning	Inbetriebnahme
commissioning certificate	Inbetriebnahmeprotokoll
commit	übergeben
commitment	Übergabe
committed	gebunden
commodity	Artikel
common	gemeinsam

common application programing interface (CAPI)	allgemeine Anwendungsprogrammier-Schnittstelle zu ISDN-Karten
common area	allgemeiner Speicherbereich, öffentlicher Bereich, öffentlicher Speicherbereich
common business-oriented language (COBOL)	COBOL
common carrier	Netzbetreiber
common command language	allgemeine Kommandosprache
common command set	allgemeiner Befehlssatz
common file	allgemeine Datei, öffentliche Datei
common gateway interface	allgemeine Netzübergangs-Schnittstelle
common user access	allgemeiner Benutzerzugriff
communal computer	Gemeinschaftsrechner
communicate	kommunizieren, übertragen
communication	Kommunikation, Telematik
communication analysis	Kommunikationsanalyse
communication application	Kommunikationsanwendung
communication behaviour	Kommunikationsverhalten
communication buffer	Kommunikationspuffer
communication channel	Kommunikationskanal, Kommunikationsverbindung
communication computer	Knotenrechner, Kommunikationsrechner
communication control	Kommunikationssteuerung
communication device	Kommunikationseinrichtung
communication diagram	Kommunikationsdiagramm
communication equipment	Kommunikationseinrichtung
communication interface	Kommunikationsprotokoll
communication interlocking	Kommunikationsverbund
communication line	Kommunikationsleitung
communication matrix	Kommunikationsdiagramm
communication parameter	Kommunikationsparameter
communication process	Kommunikationsprozess
communication program	Kommunikationsprogramm
communication science	Kommunikationswissenschaft
communication security	Kommunikationssicherheit
communication server	Kommunikationsdiensteinheit
communication system	Kommunikationssystem
communication terminal	Datenstation
communication-oriented data processing	aktionsorientierte Datenverarbeitung
communications	Kommunikationstechnik
communications applications specification	Spezifikation für Kommunikationsanwendungen
communications executive	Kommunikations-Betriebssystem

communications mode	Kommunikationszustand
communications protocol	Kommunikationsprotokoll
communications technics	Kommunikationstechnik
commutability	Austauschbarkeit
commutator	Kommutator
commuter	Pendler
commuting	Pendeln
comp	Seitenmuster, Verbund ...
comp hierarchy	Computing-Nachrichtengruppe
comp. science	Informatik
compact	eng gepackt, kompakt, Komprimieren, verdichten
compact cassette	Kompaktkassette
compact computer	Bürocomputer, Kompaktrechner
compact data cartridge	Kompaktkassette
compact design	Kompaktbauweise
compact disc	Bildplatte, CDROM, CD-ROM
compact disc digital audio	Audio-Compact-Disc
compact disc erasable	CD-Rewriteable, wiederbeschreibbare CD
compact disc interactive	CDROM
compact disc read only memory	nicht überschreibbare CD-ROM
compact disc recordable	Bildplatte für Aufzeichnungen
compact disc write once	Bildplatte
compact disc writer	CD-Brenner
compact disc/write once	Bildplatte
compact floppy disk	Diskette, Mikrodiskette
compact office computer	Bürocomputer
compact telefone	Handfernsprecher
compact videodisc	CD-ROM
compaction	Verdichtung
compander	Kompander
companding	Komprimieren
company network	Firmennetz
comparable	vergleichbar
comparative	relativ, vergleichend, Vergleichs ...
comparator	Vergleichseinrichtung
comparator check	Vergleichsprüfung
compare	Vergleich, vergleichen
comparing instruction	Vergleichsbefehl
comparing statement	Vergleichsanweisung
comparison	Vergleich
comparison operator	Vergleichsoperator
compartmentation	Separierung
compatibility	Verträglichkeit

compatible	kompatibel, verträglich
compensation	Kompensation
competence	Zuständigkeit
competent	befugt, zuständig
competition	Wettbewerb
competitive	Wettbewerbs ...
compilate	zusammenstellen
compilation	Kompilierung, Übersetzung
compilation listing	Übersetzungsliste
compilation run	Übersetzungslauf
compilation time	Übersetzungszeit
compile	übersetzen
compile time	Übersetzungszeit
compiler	Kompilierer, Übersetzerprogramm, Übersetzungsprogramm
compiler/interpreter	Compiler/Interpreter
compiler language	Kompiliersprache
compiler program	Kompilierprogramm
compiling	Kompilierung
compiling program	Kompilierer
complement	Komplement, komplementieren, Komplementzahl
complement on nine	Neunerkomplement
complement on one	Einerkomplement
complement on ten	Zehnerkomplement
complement on two	Zweierkomplement
complementary	komplementär
complementary addition	komplementäre Addition
complete	vollständig
completeness	Vollständigkeit
completion	Abschluss, Vollendung
completion certificate	Übergabeprotokoll
component	Bestandteil
component side	Bestückungsseite
components layout	Bestückung
comprehensibility	Verständlichkeit
comprehensive	verständlich
compress	Komprimieren
computability	Berechenbarkeit
computable	berechenbar
computation	Berechnung
computational	rechnerbetont
computational item	Rechenfeld
computation-bound	rechenintensiv
compute	berechnen, rechnen

compute-bound	rechenintensiv
computer	Computer, Datenverarbeitungsanlage, Rechner
computer abuse	Computerkriminalität, Computermissbrauch
computer abuse insurance	Computermissbrauchsversicherung
computer addiction	Computersucht
computer aid	Computerunterstützung, Rechnerunterstützung
computer aided office	computerunterstütztes Büro
computer allocation	Rechnerbelegung
computer anxiety	Computerangst
computer application	Computeranwendung
computer architecture	Rechnerarchitektur
computer art	Computerkunst
computer camp	Computercamp, Computer-Camp
computer categories	Computergrößenklassen
computer center	Rechenzentrum
computer club	Computerclub
computer code	Maschinensprache
computer correspondence	Computerkorrespondenz
computer crime	Computerkriminalität, Computerverbrechen
computer criminality	Computerkriminalität
computer dactyloscopy	Computerdaktyloskopie
computer democracy	Computerdemokratie
computer dependency	Computerabhängigkeit
computer diagnosis	Computerdiagnose
computer engineering	Computerentwicklung
computer era	Computerzeitalter
computer evaluation	Rechnerbewertung
computer family	Systemfamilie
computer fascination	Computerfaszination
computer film	Computerfilm
computer fraud	Computerbetrug
Computer Fraud and Abuse Act	Computer-Betrugs- und Missbrauchsgesetz
computer freak	Computerbegeisterter, Computerfreak
computer generation	Computergeneration
computer graphics	Computergrafik
computer idiom	Computerfachsprache
computer jock	Computerbediener
computer journal	Computerzeitschrift
computer jurisdiction	Computerrechtsprechung
computer kid	computerbegeisterter Jugendlicher
computer kit	Computerbausatz
computer language	Maschinensprache
computer law	Computerrecht

computer leasing	Computerleasing
computer letter	Serienbrief
computer linguistics	Computerlinguistik
computer link interface	Computerverbindungs-Schnittstelle
computer literacy	Computerverstand
computer literature	Computerliteratur
computer magazine	Computermagazin, Computerzeitschrift
computer mail	Briefkasten, Mailbox
computer manipulation	Computermanipulation
computer manufacturer	Computerhersteller
computer market	Computermarkt
computer medicine	Computermedizin
computer music	Computermusik
computer nerd	Computertrottel
computer network	Rechnernetz
computer on the job	Computer am Arbeitsplatz
computer oriented language (COL)	maschinenorientierte Programmiersprache
computer output microfilm	Mikrofilmausgabe
computer periodical	Computerzeitschrift
computer personnel	Datenverarbeitungsmitarbeiter, Datenverarbeitungspersonal, DV-Mitarbeiter
computer power	Computerleistung, Computervermögen
computer program	Computerprogramm, Programm
computer programming	Computerprogrammierung, Programmierung
computer revolution	Computerrevolution
computer room	Rechnerraum
computer run	Rechnerlauf
computer sabotage	Computersabotage
computer satellite corporation	COMSAT
computer science	Informatik
computer scientist	Informatiker
computer security	Rechnersicherheit
computer service office	Computer-Dienstleistungsbüro
computer shop	Computerladen
computer simulation	Rechnersimulation
computer society	Computergesellschaft
computer sociology	Computersoziologie
computer staff	Computerpersonal
computer support	Computerunterstützung
computer system	Datenverarbeitungssystem, Rechnersystem
computer technology	Computertechnik, Rechnertechnik
computer throughput	Computerleistung, Durchsatz
computer tomography	Computertomographie

computer toy	Computerspielzeug
computer usage	Computernutzung
computer utility	Dienstprogramm
computer utilization	Computernutzung
computer velocity	Rechengeschwindigkeit
computer virus	Computervirus
computer vision	Computer-Vision
computer worm	Computerwurm
computer-addictive	computersüchtig
computer-aided	computerunterstützt, rechnerunterstützt
computer-aided anamnesis	computerunterstützte Anamnese
computer-aided crime	Computerkriminalität
computer-aided design	computerunterstützte Konstruktion, computerunterstütztes Entwerfen
computer-aided design and drafting	computerunterstütztes Konstruieren und Zeichnen
computer-aided diagnosis	computerunterstützte Diagnose
computer-aided engineering	computerunterstütztes Ingenieurwesen
computer-aided industry	computerunterstütztes Industriewesen
computer-aided information	computerunterstützte Information
computer-aided instruction	computerunterstützte Unterweisung
computer-aided learning	computerunterstütztes Lernen
computer-aided manufacturing	computerunterstützte Fertigung
computer-aided measurement and control	computerunterstütztes Messen und Regeln
computer-aided medicine	computerunterstützte Medizin
computer-aided office	computerunterstützte Verwaltung
computer-aided planning	computerunterstützte Planung
computer-aided publishing	computerunterstützte Publikationserstellung, computerunterstütztes Publizieren
computer-aided quality	computerunterstützte Qualitätssicherung
computer-aided retrieval	computerunterstützte Datenwiederfindung
computer-aided sales	computerunterstützter Vertrieb
computer-aided software engineering	computerunterstützte Softwareentwicklung
computer-aided system engineering	computerunterstützte Systementwicklung
computer-aided teaching	computerunterstütztes Lehren
computer-aided testing	computerunterstütztes Testen
computer-aided training	computerunterstützte Schulung
computer-aided translation	computerunterstützte Sprachübersetzung
computer-assisted	computerunterstützt
computer-based	computerbasiert, computergestützt
computer-controlled	computergesteuert, rechnergesteuert
computer-dependent	computerabhängig

computer-generated	rechnererzeugt
computer-guided dialog	rechnergeführter Dialog
computer-independent programming language	maschinenunabhängige Programmiersprache
computer-integrated	computerintegriert
computer-integrated manufacturing	computerintegrierte Fertigung
computer-internal	computerintern
computerization	Computerisierung
computerize	computerisieren
computerized	computerisiert
computerized dictionary	Computerwörterbuch
computerized numeric control	rechnerunterstützte numerische Werkzeugmaschinensteuerung
computerized private branch exchange	rechnergesteuerte Nebenstellenanlage
computer-managed	computergeregelt
computer-oriented	rechnerabhängig
computer-oriented language	maschinenorientierte Programmiersprache
computer-readable	computerlesbar, maschinell lesbar
computer-supported cooperative work	computerunterstützte Gruppenarbeit
computing	rechnen
computing capacity	Rechenkapazität
computing center	Rechenzentrum
computing hierarchy	Computing-Nachrichtengruppe
computing performance	Rechenleistung
computing speed	Rechengeschwindigkeit
computing time	Rechenzeit
comware	Kommunikationsmethoden
conclusion	logischer Schluss
concordance	Übereinstimmung
concurrency	Gleichzeitigkeit
concurrency control	Gleichzeitigkeitssteuerung
concurrent execution	gleichzeitige Ausführung
concurrent processing	gleichzeitige Verarbeitung
concurrent processor	Multiprozessrechner
condensed font	Schmalschrift
condensed type	Schmalschriftzeichen
condition	Bedingung
condition bit	Zustandsbit
condition code	Bedingungsschlüssel
condition code register	Bedingungsanzeigeregister
condition name	Bedingungsname
condition of truncation	Abbruchbedingung

conditional	bedingt
conditional branch	bedingte Verzweigung, bedingter Sprung
conditional branch instruction	bedingter Sprungbefehl
conditional breakpoint	bedingter Halt
conditional decision	bedingte Entscheidung
conditional expression	bedingter Ausdruck
conditional gate	Bedingungseingang
conditional instruction	bedingter Befehl
conditional jump	bedingter Sprung
conditional jump instruction	bedingter Sprungbefehl
conditional operand	bedingter Operand
conditional request	Bedingungsabfrage
conditional statement	bedingte Anweisung
conditional stop	bedingter Halt
conditional variable	Bedingungsvariable
conditioned	bedingt
conditioning	Bedingungs ...
conduct	leiten
conductance	Leitwert
conducting	durchlässig, leiten, leitfähig
conducting path	Leiterbahn
conducting state current	Durchlassstrom
conducting state region	Durchlassbereich
conducting state voltage	Durchlassspannung
conduction	Leitung
conduction band	Leitungsband
conductive	leitfähig
conductivity	Leitfähigkeit
conductor	Ader
conductor path	Leiterbahn
conduit	Rohr, Rohrleitung
conference	Konferenz
conference circuit	Konferenzschaltung
conference service	Konferenzschaltung
confidence	Geheimnis
confidential	vertraulich
confidentiality	Vertraulichkeit
confidentional	geheim
CONFIG.SYS	Konfigurationsdatei
configurable	konfigurierbar
configurate	ausstatten, konfigurieren
configuration	Ausstattung, Konfiguration
configuration description	Konfigurationsbeschreibung
configuration file	Konfigurationsdatei
confine	beschränken

confirm	bestätigen
confirmation	Bestätigung
confirmation message	Bestätigungsmeldung
conform	übereinstimmen
conformance	Übereinstimmung
conformity	Übereinstimmung
confusion	Verwechselung
congestion	Überlastung
congruence	Kongruenz, Übereinstimmung
congruent	kongruent
conjunction	Konjunktion, UND-Verknüpfung
connect	anschließen, verbinden
connect charge	Anschlussgebühr
connect through	durchkontaktieren, durchschalten
connected	verbunden
connected load	Anschlusswert
connecting unit	Anschlusseinheit
connection	Anschluss, Verbindung
connection cleardown	Verbindungsabbau
connection release	Verbindungsabbau
connection setup	Verbindungsaufbau
connectionless protocol	verbindungsfreies Netzprotokoll
connection-oriented protocol	verbindungsorientiertes Netzprotokoll
connectivity	Vernetzung
connector	Konnektor, Stecker, Übergangsstelle, Verbindungsstück
connector cable	Verbindungskabel
connector plug	Stecker, Verbindungsstecker
consecutive	aufeinander folgend
consecutive numbering	fortlaufende Nummerierung
consistence	Übereinstimmung
consistency	Übereinstimmung
consistent	folgerichtig
consolidated	gemeinsam
constancy	Stabilität
constant	Festwert, Konstante
constant angular velocity	konstante Winkelgeschwindigkeit
constant area	Konstantenbereich
constant data	Konstante
constant expression	Konstante
constant linear velocity	konstante Lineargeschwindigkeit
constellation	Anordnung
constraint	Randbedingung
construct	konstruieren, Konstrukt
construction	Gliederung

contact	Kontakt, verbinden, Verbindung
contact break time	Kontaktöffnungszeit
contact brush	Kontaktbürste
contact configuration	Kontaktanordnung
contact erosion	Kontakterosion
contact make time	Kontaktschließzeit
contact plug	Kontaktstecker
contact socket	Kontaktbuchse
contact stiffener	Kontaktverstärker
container computer center	Container-Rechenzentrum
contaminate	dotieren
contaminated	dotiert
contamination	Dotierung
content	Inhalt
content-addressable memory	inhaltsorientierter Speicher
content-addressed	inhaltsorientiert
content-addressed memory	inhaltsorientierter Speicher
content-oriented	inhaltsorientiert
contentoriented access	inhaltsorientierter Zugriff
content-oriented access	inhaltsorientierter Zugriff
context	Kontext
context of information	Informationszusammenhang
context switching	von Programm zu Programm schalten
context-dependent	kontextabhängig
context-independent	kontextunabhängig
context-sensitive help	umgebungsabhängige Hilfefunktion
contextual	textabhängig
contiguous	abhängig, zusammenhängend
contiguous item	benachbartes Datenfeld
contingency	Eventualfall
contingency interrupt	unvorhersehbare Unterbrechung
continuation	Fortsetzung
continuation address	Folgeadresse
continuation line	Fortsetzungszeile
continuation record	Folgesatz
continuation screen	Folgebild
continuation tape	Folgeband
continue	fortsetzen
continuity	Durchgang
continuous	beständig, kontinuierlich, stetig, ununterbrochen
continuous edge graphics	kontinuierliche Grenzlinien-Grafik
continuous form	Endlosformular
continuous form paper	Endlospapier
continuous operation	Dauerbetrieb

continuous paper	Endlospapier
continuous printed form	Endlosvordruck
continuous processing	Echtzeit-Verarbeitung
continuous text	Fließtext
continuous-tone image	Ton-in-Ton-Abbildung
continuous-tone printer	Ton-in-Ton-Drucker
contour	Umriss
contouring	Farbstufendarstellung
contra...	gegen ...
contradictory	widersprüchlich
contradirectional	gegenläufig
contrast	Bildschärfe, Kontrast, kontrastieren
contrast control	Bildschärferegulierung
contrast ratio	Kontrastverhältnis
control	leiten, Leitung, regeln, Regelung, steuern, Steuerung, überwachen, Überwachung
control algorithm	Steueralgorithmus
control arrow	Ablaufpfeil
control ball	Rollkugel
control bit	Steuerbit
control block	Kontrollblock, Steuerblock
control break	Gruppenwechsel, Steuerungsunterbrechung
control bus	Steuerbus
control byte	Steuerbyte
control character	Steuerzeichen
control circuit	Kontrollschaltkreis
control code	Steuercodezeichen
control command	Kommando, Steuerbefehl
control data	Ordnungsdaten, Steuerdaten
control desk	Bedientisch
control document	Kontrollbeleg
control element	Steuerelement
control engineering	Regeltechnik
control feature	Steuereinrichtung
control field	Steuerdatenfeld
control instruction	Steuerbefehl
control key	CTRL-ALT-DEL
control label	Steuerkennzeichen
control lever	Steuerhebel, Steuerknüppel
control loop	Regelkreis
control mark	Abschnittsmarke
control menu	Steuermenü
control mode	Steuermodus, Systemzustand
control paper tape	Steuerlochstreifen
Control process	Regelstrecke

control program	Organisationsprogramm
control program (CP)	Kontrollprogramm
control pulse	Steuerimpuls
control section	Regelstrecke
control signal	Steuerimpuls
control stack	Steuerkeller
control statement	Steueranweisung
control system	Regelsystem
control system call	Organisationsaufruf
control unit	Steuereinheit
control variable	Laufvariable
control wire	Steuerleitung
control word	Aufbereitungsmaske
controllability	Steuerbarkeit
controllable	regelbar, steuerbar
controlled	gesteuert
controlled system	Regelstrecke
controlled variable	Regelgröße
controller	Steuereinheit
controller card	Steuereinheit-Steckkarte
controlling chip	Steuerchip
controlling variable	Stellgröße
convenient	praktisch
conventions	Vereinbarung
convergence	automatische Router-Adressliste
conversation	Dialog
conversational	Dialog ...
conversational graphics	interaktive Bildverarbeitung
conversational mode	Dialogbetrieb
conversion instruction	Konvertierungsbefehl
conversion program	Umsetzprogramm
conversion table	Umsetztabelle
convert	umsetzen
converter	Umformer, Umsetzer
convertible	umsetzbar
convey	transportieren
cookbook	programmierte Unterweisung
cooling	Abkühlung
cooling plant	Kühlanlage
cooperative multitasking	kooperatives Multitasking
cooperative network	kooperatives Netz
cooperative processing	kooperative Verarbeitung
coordinate	Koordinate, koordinieren, zuordnen
coordinate graphics	Koordinatengrafik
coordinate storage	Koordinatenspeicher

coordinate system	Koordinatensystem
coordinating	abstimmend, koordinierend
coordination	Koordinierung, Zuordnung
coordinatograph	Koordinatenschreiber
coordinator	Koordinator
copies	Kopien
copper-pair wire	paarige Kupferleitung
coprocessor	Koprozessor
copy	abschreiben, Abschrift, Durchschlag, Kopie, kopieren, Nutzen
copy capability	Nutzenzahl
copy cycle	Bildübertragung
copy holder	Konzepthalter
copy modification	Kopiemodifikation
copy program	Kopierprogramm
copy protection	Kopierschutz
copy run	Kopierlauf
copy statement	Kopieranweisung
copying	kopieren
copy-protect	kopierschützen
copy-protected	kopiergeschützt
cord	Kabel, Litze
cordless	leitungslos
cordless communication	Funkkommunikation
core	Kern, Kernspeicher
core dump	Arbeitsspeicherauszug
core image	Speicherabbild
core image format	Speicherformat
core matrix	Speichermatrix
core memory	Kernspeicher
core program	ausführbares Programm im Arbeitsspeicher
core set of modulation protocols	Kernmenge von Modulationsprotokollen
co-resident	gleichzeitig befindlich
corona discharge	Glimmentladung
corona unit	Corona, Korona
corotron	Korona
coroutine	Koroutine
co-routine	Koroutine
corporate network	Betriebsnetz, Firmennetz
corporate secret	Betriebsgeheimnis
corporate secrecy	Betriebsgeheimnis
correct	korrigieren
correcting element	Auslöser, Stellglied
correcting feature	Korrektureinrichtung

correcting key	Korrekturtaste
correcting ribbon	Korrekturband
correction	Korrektur
correction memory	Korrekturspeicher
corrective	korrigierend
correlation	Korrelation
correlation analysis	Korrelationsanalyse
correlation coefficient	Korrelationskoeffizient
correspondence	Korrespondenz
correspondence center	Textverarbeitungscenter
correspondence quality	Korrespondenzqualität
corresponding data item	korrespondierendes Datenfeld
corrupt	verfälschen, verfälscht
corrupted	verfälscht
corrupted file	verfälschte Datei
corruption	Verfälschung
cosecant	Kosekans
cosine	Kosinus
cost	kosten
cost item	Kostenart
cost per page	Kosten je Seite
costs	kosten
costs of repair	Reparaturkosten
cost-saving	Kosteneinsparung
cotangent	Kotangens
count	Summe, zählen, Zählung
counter	Zähler
counter cycle	Zählschleife
counter preset	Zählervoreinstellung
counting	zählen
counting loop	Zählschleife
couple	Verbindung
coupled computer	Koppelrechner
coupling	Kopplung
coupling element	Koppelglied
Courier	Courierschrift
courseware	Courseware
cover	abdecken, Abdeckung, Deckel, Gehäuse, schützen
covert	heimlich, versteckt
cover-up correction	Korrektur durch Abdecken
CP	Kontrollprogramm
cpi	Zeichen pro Zoll
cpl	Zeichen pro Zeile
CPM	CPM, Methode der Netzplantechnik

cps	Zeichen pro Sekunde
CPU	Mikroprozessor
CPU fan	Mikroprozessorlüfter
CR	Wagenrücklauf
crack	brechen, Bruch, knacken, zerbrechen
cracker	Knacker
CRAM	Magnetkartenspeicher
crash	Absturz, abstürzen, Landen, zerbrechen, zusammenbrechen
crash recovery	Störungsbeseitigung
crash test	Destruktionstest
crasher	Programmzerstörer
CRC	Quersumme um Integrität von Dateien zu überprüfen
create	anlegen, erstellen
creation	Erstellung
creation date	Erstellungsdatum
creative office work	kreative Büroarbeit
creator	Dateierzeuger
credible	glaubwürdig
credit	Habenseite
creep	Schlupf
creeping featurism	schleichende Funktionsüberhäufung
crest	Gipfelpunkt, Scheitelpunkt
crimp	heften
cripple	lahmlegen, reduzieren
crippled version	reduzierte Version
crippleware	abgespeckte Software
criss-cross	gitterartige Störung
criteria	Kriterien, Merkmale
criterion	Kriterium, Merkmal
critical	kritisch
critical defect	kritischer Fehler
critical error	kritischer Fehler
critical event	kritisches Ereignis
critical path	kritischer Weg
critical path method (CPM)	CPM
crop	abschneiden
cropping	abschneiden
cross	durchlaufen
cross assembler	plattformübergreifender Assembler
cross checking	Überkreuzprüfung
cross compiler	plattformübergreifender Compiler
cross display	Kathodenstrahlanzeige
cross fade	Überblendung

cross section of a line	Leitungsquerschnitt
crossbar switch	Kreuzschienenverteiler
cryogenic	Tieftemperatur ...
cryogenic computer	Tieftemperaturrechner
cryogenics	Tieftemperaturtechnik
crypto...	Geheimschlüssel ...
cryptodata	Chiffrierdaten
cryptograph	Geheimschrift
CSO (computer service office)	Computer-Dienstleistungsbüro
cumulate	sammeln
currency sign	Währungssymbol
currency symbol	Währungszeichen
current	aktuell, laufend, Strom
current cell	aktuelle Zelle
current cell indicator	aktueller Zellenanzeiger, Aktuelle-Zellen-Anzeiger
current clock	Uhrzeit
current date	aktuelles Datum
current directory	aktuelles Dateiverzeichnis
current drive	aktuelles Laufwerk
current dump	Stromausfall
current line	aktuelle Zeile
current page	aktuelle Seite
current record	aktueller Satz
current time	Uhrzeit
current-carrying	stromführend
cursor	Cursor, Cursorzeichen, Positionsanzeiger, Positionsmarke, Schreibmarke
cursor control	Schreibmarkensteuerung
cursor control key	Schreibmarkensteuertaste
cursor control key field	Schreibmarkensteuertastenfeld
cursor control keypad	Schreibmarkensteuerungstastatur
cursor key	Cursortaste, Schreibmarkentaste
cursor keypad	Cursortastatur, Schreibmarkentastatur
cursor-movement keys	Schreibmarkensteuertasten
curvature	Krümmung, Kurve
curve	Krümmung, Kurve
curve chart	Kurvendiagramm
curve follower	Kurvenleser
curve generator	Kurvengenerator
curve graphics	Kurvengrafik
curve tracer	Kurvenabtaster
curvilinear	kurvenförmig
cusp	Scheitelpunkt, Spitze
custom	Handelsbrauch

custom form width	Sonderbreite
custom software	kundenspezifische Software
customer	Kunde
customer chip	Kundenchip
customization	Anpassung
customizing	Anwenderanpassung
cut	abschneiden, Schlitz, verringern
cut and paste	Abschneiden und Kleben, Blockverschiebung
cut form	Einzelformular
cut off	abschalten
cutoff	Abschaltung
cutoff current	Reststrom
cutoff value	Schwellenwert
cutout	Abschaltung, Sicherungsautomat
cut-sheet feeder	Einzelblattzuführung
cutter	Schneideeinrichtung
CWIS	Universitätsinternes Informationssystem
cyan magenta yellow	Cyan Magenta Gelb
cyan magenta yellow black	Cyan Magenta Gelb Schwarz
cybermall	Cyber-Warenhaus
cybernetic	kybernetisch
cybernetic model	Regelkreis
cybernetic system	Regelsystem
cyberneticist	Kybernetiker
cybernetics	Kybernetik
cyberphobia	Computerangst
cycle	Ablauf, periodisch ablaufen
cycle counter	Programmschleifenzähler
cyclic	periodisch
cyclic redundancy check	CRC
cyclic redundancy check (CRC)	Quersumme um Integrität von Dateien zu überprüfen
cycling	periodisches Durchlaufen
cycloid	Radlaufkurve
cylinder	Spurengruppe
cyrillic	kyrillisch

D

daemon	Geist
dark	dunkel
dark field	Dunkelfeld
data abuse	Datenmissbrauch, unzulässige Datenverarbeitung

data access	Datenzugriff
data accident	Datenunfall
data acquisition	Datenerfassung
data acquisition and monitoring	Datenerfassung und -anzeige
data address	Datenadresse
data address chaining	Datenadresskettung
data administration	Datenverwaltung
data administration language	Datenbankverwaltungssprache
data aggregate	Datenverbund
data aggregation	Datenverdichtung
data alert	Datenfehler
data alternation	Datenveränderung
data analysis	Datenanalyse
data archives	Datenarchiv
data area	Datenbereich
data attribute	Datenattribut
data bank	Datenbank
data bank system	Datenbanksystem
data batch	Datenstapel
data bit	Datenbit
data block	Datenblock
data boundary	Datengrenze
data box	Datenschließfach
data broadcast	Datenfunk
data buffer	Datenpuffer
data building block	Datenbaustein
data bus	Datenbus
data bus connector	Datenbusstecker
data capacity	Datenbreite
data capsule	Datenkapsel
data carrier	Datenträger
data carrier erasing device	Datenträgerlöschgerät
data carrier exchange	Datenträgeraustausch
data cartridge	Magnetkassette
data chain	Datenkette
data chaining	Datenkettung
data channel	Datenkanal
data ciphering	Datenverschlüsselung
data cleaning	Datenbereinigung
data coding	Datenverschlüsselung
data communication	Datenkommunikation
data communication protocol	Kommunikationsprotokoll
data compaction	Datenkomprimierung, Datenverdichtung
data compressing technology	Datenkomprimiertechnik

data compression	Datenkomprimierung, Datenverdichtung
data concentrator	Datenkonzentrator
data confidentiality	Datengeheimnis
data connection	Datenverbindung
data consistency	Datenkonsistenz
data constant	Datenkonstante
data contamination	Datenverletzung
data control	Datensteuerung
data conversion	Datenkonvertierung
data converter	Datenumsetzeinrichtung
data corruption	Datenverletzung
data crime	Datendelikt
data declaration	Datendefinition, Datendeklaration
data decompression	Datendekomprimierung
data defacing	Datenunkenntlichmachung
data definition	Datendefinition
data definition language (DDL)	Datendefinitionssprache
data definition statement	Datendefinitionsanweisung
data deletion	Datenlöschung
data delimiter	Datenbegrenzer
data dependence	Datenabhängigkeit
data description	Datenbeschreibung
data description language (DDL)	Datenbeschreibungssprache
data determination	Datenermittlung
data device	Datenendstation, Datengerät
data dictionary	Datenbankbeschreibung, Datenbeschreibungsverzeichnis
data dictionary system	Datenbankbeschreibungssystem
data directory	Datenverzeichnis
data disc	Daten-CD
data display	Datenanzeige
data dissemination	Datenweitergabe
data division	Datenabteilung, Datenaufteilung
data drain	Datensenke
data editing	Datenaufbereitung
data element	Datenelement
data encapsulation	Datenverkapselung
data enciphering	Datenverschlüsselung
data encoding	Datenverschlüsselung
data encoding scheme	Datenverschlüsselungstechnik
data encryption	Datengeheimverschlüsselung, Daten-Geheimverschlüsselung
data encryption key	Chiffrierschlüssel
data encryption standard (DES)	Blockchiffrierung

data enter key	Datenfreigabetaste, Freigabetaste
data entering	Datenfreigabe
data entry	Dateneingabe, Tastenerfassung
data entry form	Datenerfassungsmaske
data entry keyboard	Datentastatur
data entry station	Betriebsdatenstation, Datenerfassungsarbeitsplatz
data environment analysis	Datenumfeldanalyse
data erasure	Datenlöschung
data error	Datenfehler
data event	Datenereignis
data exchange	Datenaustausch, Datenvermittlung
data extraction	Datenentnahme
data falsification	Datenverfälschung
data fetch	Datenabruf
data field	Datenfeld
data file	Datendatei
data flow	Datenfluss
data flow analysis	Datenflussanalyse
data flow architecture	Datenflusskonzept
data flow computer	Datenflussrechner
data flow line	Datenflusslinie
data flowchart	Datenflussplan
data forgery	Datenfälschung
data format	Datenformat
data formatting	Datenformatierung
data forwarding	Datenweiterleitung
data frame	Datenblock
data gathering	Datenerfassung
data generator	Datengenerator
data glove	Datenhandschuh
data graveyard	Datenfriedhof
data group	Datengruppe
data group level	Datengruppenstufe
data handling	Datenbehandlung
data helmet	Datenhelm
data hierarchy	Datenhierarchie
data identification	Datenkennzeichnung
data inconsistency	Dateninkonsistenz
data inquiry system	Auskunftssystem
data integration	Datenintegration
data integrity	Datenintegrität
data interlocking	Datenverbund
data keeping	Datenhaltung
data key	Datentaste

data keyboard	Datentastatur
data library	Datenbibliothek
data line	Datenleitung
data link	Datenverknüpfung
data link program	Datenverknüpfungsprogramm
data linking	Datenvernetzung
data list	Parameterliste
data lock	Datensperre
data locking	Datensperrung
data logging	Messwerterfassung
data loss	Datenverlust
data maintenance	Änderungsdienst
data management	Datenverwaltung
data manipulation	Datenbearbeitung, Datenhandhabung, Datenmanipulation
data manipulation language	Datenhandhabungssprache
data manipulation language (DML)	Datenbearbeitungssprache
data mask	Datenhelm
data media administration	Datenträgerverwaltung
data medium	Datenträger
data memory	Datenspeicher
data migration	Datenfluss
data mode	Datenmodus
data model	Datenmodell
data modem	Datenmodem
data modification	Datenmodifizierung
data module	Datenmodul
data movement	Datenfluss
data multiplexer	Datenvervielfacher
data network	Datennetz
data networking	Datenvernetzung
data oasis	Datenoase
data object	Dateneinheit, Datenobjekt
data order	Datenordnung
data organization	Dateiorganisation, Datenorganisation
data origin	Datenquelle, Datenursprung
data output	Datenausgabe
data output station	Datenausgabestation
data owner	Dateneigentümer, Herr der Daten
data packet	Datenpaket
data packet switching	Datenpaketvermittlung
data pen	Handlesegerät
data poaching	Datenwilderei
data pool	Datenbasis, Datenpool

data preparation	Datenaufbereitung
data printer	Datendrucker
data privacy	Datenschutz
data processing	Datenverarbeitung
data processing association	Datenverarbeitungsorganisation
data processing auditing	Datenverarbeitungsrevision
data processing auditor	Datenverarbeitungsrevisor
data processing by machine	maschinelle Datenverarbeitung
data processing center	Rechenzentrum
data processing commercial clerk	Datenverarbeitungskaufmann
data processing contact person	Datenverarbeitungskontaktperson
data processing instructor	Datenverarbeitungsinstruktor, Datenverarbeitungslehrer
data processing job	Datenverarbeitungsberuf
data processing jurisdiction	Datenverarbeitungsrechtsprechung
data processing law	Datenverarbeitungsrecht
data processing manager	Datenverarbeitungsmanager
data processing network	Datenverarbeitungsnetz
data processing organization	Datenverarbeitungsorganisation
data processing organizer	Datenverarbeitungsorganisator
data processing personnel	Datenverarbeitungspersonal
data processing profession	Datenverarbeitungsberuf
data processing project	Datenverarbeitungsprojekt
data processing right	Datenverarbeitungsrecht
data processing specialist	Datenverarbeitungsspezialist
data processing staff	Datenverarbeitungspersonal
data processing system	Datenverarbeitungssystem
data processing teacher	Datenverarbeitungslehrer
data processing terminal	Datenendstation
data processing auditing	Datenverarbeitungsrevision
data processor	Datenverarbeiter, Rechner
data processor in charge	Datenverantwortlicher
data protection	Datenschutz, Datensicherung
data protection act	Datenschutzgesetz
data protection advisory board	Datenschutzbeirat
data protection announcement	Datenschutzveröffentlichung
data protection clause	Datenschutzklausel
data protection insurance	Datenschutzversicherung
data protection law	Datenschutzrecht
data protection penalty regulation	Datenschutzstrafvorschrift
data protection prescription	Datenschutzvorschrift
data protection register	Datenschutzregister
data purification	Datenbereinigung

data relation	Datenbeziehung
data reliability	Datenzuverlässigkeit
data representation	Datendarstellung
data retrieval	Datenwiedergewinnung
data safeguarding	Datensicherung
data scrubbing	Datenbereinigung
data searching	Datensuche
data secrecy	Datengeheimnis
data security	Datensicherheit, Datensicherung, Datensicherungs- und -schutzmaßnahmen
data security facility	Datensicherungseinrichtung
data security measure	Datensicherungsmaßnahme
data security officer	Datensicherungsbeauftragter
data segment	Datensegment
data sequence	Datenfolge
data series	Datenfolge
data set	Modem
data set ready (DSR)	Modem-Bereitmeldung, Signal, dass ein Modem bereit ist
data sharing	gemeinsame Datenbenutzung
data sheet	Datenblatt
data signal	Datensignal
data sink	Datensenke
data specification	Datenbeschreibung
data spying	Datenausspähung
data station	Datenstation
data stock	Datenbestand
data storage	Datenspeicher, Datenspeicherung
data storage and retrieval	Datenspeicherung und -wiedergewinnung
data storage surface	Speicherfläche
data storage unit	Datenspeichereinheit, Speichergerät
data stream	Datenstrom
data string	Datenkette
data striping	Datenverteilung
data structure	Datenstruktur
data subsequent treatment	Datennachbehandlung
data supervision	Datenkontrolle
data suppression	Datenunterdrückung
data switch	Datenschalter
data switching	Datenvermittlung
data system	Datensystem
data systems technolngy	Datentechnik
data systems technology	Datentechnik
data table	Datentabelle
data tablet	Datentablett

data tape	Datenband
data telecommunication	Datenfernübertragung
data telecommunication service	Datendienst
data telefone	Datentelefon
data terminal	Datenendgerät, Datenterminal, Terminal
data terminal equipment	Datenendeinrichtung
data terminal ready	Datenterminal-Bereitmeldung
data throughput	Datendurchsatz
data topicality	Datenaktualität
data track	Datenspur
data transceiving	Datenübertragung
data transfer	Datenübertragung
data transfer rate	Datenübertragungsrate
data transformation	Datentransformation, Datenumformung
data transmission	Datenaustausch, Datenübertragung
data transmission block	Datenübertragungsblock
data transmission line	Datenübertragungsleitung
data transmission rate	Datenübertragungsrate
data transparency	Datentransparenz
data transport	Datentransport
data type	Datenart, Datentyp
data typist	Datentypist/in
data unit	Dateneinheit
data unit of transmission	Datenübertragungseinheit
data updating	Datenaktualisierung
data validation	Datenprüfung
data value	Dateninhalt
data vector	Datenvektor
data view	Datensicht
data warehouse	Daten-Warenhaus
data word	Datenwort
data worth being protected	schutzwürdige Daten
data-addressed	inhaltsadressiert
data-addressed memory	inhaltsadressierter Speicher
database	Datenbank, Datenbasis, Datenbestand
database access	Datenbankzugriff
database administration language	Datenbankverwaltungssprache
database administrator	Datenbankverwalter
database carrier	Datenbankbetreiber
database computer	Datenbankrechner
database concepts	Datenbankbegriffe
database description	Datenbankbeschreibung
database description language	Datenbankbeschreibungssprache

database design	Datenbankentwurf
database diagram	Datenbankdiagramm
database driver	Datenbanktreiberprogramm
database engine	Datenbankzugriffssoftware
database format	Datenbankformat
database inquiry	Datenbankabfrage
database integrity	Datenbankintegrität
database language	Datenbanksprache
database linkage	Datenbankverbund
database machine	Datenbankmaschine
database maintenance	Datenbankverwaltung
database management	Datenbankverwaltung
database management system	Datenbankverwaltungssystem
database manager	Datenbankadministrator, Datenbankverwalter
database manipulation language (DML)	Datenbankmanipulationssprache
database model	Datenbankmodell
database object	Datenbankobjekt
database organization	Datenbankorganisation
database program	Datenbankprogramm, DB-Programm
database protocol	Datenbank-Benutzungsregeln
database recovery	Datenbankwiederherstellung
database schema	Datenbankschema
database scheme	Datenbankbeschreibung, Datenbankschema
database security	Datenbanksicherheit, Datenbanksicherung
database segment	Datenbanksegment
database server	Datenbank-Diensteinheit
database software	Datenbanksoftware, DB-Software
database structure	Datenbankstruktur
database system	Datenbanksystem
database table	Datenbanktabelle
database user	Datenbankbenutzer
data-compression protocol	Datenkomprimierprotokoll
data-controlled	datengesteuert
data-dependent	datenabhängig
data-directed	datengesteuert
data-driven	datengesteuert
data-grade line	datengerechte Telefonleitung
datagram	Datenpaket
data-logical	datenlogisch
data-oriented	datenorientiert
dataspeak	Sprachausgabe
date	datieren, Datum, Tagesdatum
date compiled	Übersetzungsdatum

date format	Datumsformat
date of preparation	Schreibdatum
date written	Schreibdatum
dated	datiert
DATEL	Datenübertragung per Telefon
datel service	Datenübertragungsdienstleistungen der Post
DATEX	Datenaustausch
datex access feature	Datexanschluss
datex line switching	Datex-L-Betrieb
datex network	Datexnetz
datex networx	Datexnetz
datex package switching	Datex-P-Betrieb
datex service	Datexdienst
datex user class	Datex-Benutzerklasse
datum	Datum
daughter board	Tochterkarte
day compiled	Übersetzungstermin
day written	Schreibtermin
DDL	Datendefinitionssprache
deactivate	abschalten
deactivation	Abschaltung
dead	außer Betrieb
dead halt	unbehebbarer Abbruch
deadlock	Blockierung
deallocate	Zuordnung aufheben
deblock	entblocken
deblocking	entblocken, Entblockung
debug	austesten, Fehler beseitigen
debugging	Fehlerbeseitigung
decade	Zehnergruppe
decade counter	Dezimalzähler
decadic	Zehner ...
decal	Abziehbild
decay time	Abklingzeit
decaying data	veraltete Daten
decelerate	verzögern
deceleration	Verzögerung
decentralization	Dezentralisierung
decentralize	dezentralisieren
decentralized	dezentralisiert
decentralized data acquisition	dezentrale Datenerfassung
decentralized data gathering	dezentrale Datenerfassung
deception	Manipulation
decided	endgültig, entschieden

decimal	dezimal
decimal arithmetic	Dezimalrechnung
decimal carry	Zehnerübertrag
decimal classification	Dezimalklassifikation
decimal code	Dezimalcode
decimal counter	Dezimalzähler
decimal instruction	Dezimalbefehl
decimal notation	Dezimaldarstellung
decimal number	Dezimalzahl
decimal number system	Dezimalzahlensystem
decimal place	Dezimalstelle
decimal point	Dezimalkomma
decimal point rule	Kommaregel
decimal power	Zehnerpotenz
decimal system	Dezimalsystem
decimal tab	Dezimaltabulator
decimal tabulator	Dezimaltabulator
decimal-packed number	dezimalgepackte Zahl, dezimal-gepackte Zahl
decimal-to-binary	dezimal-binär ...
decimal-to-binary...	dezimal-binär
decimal-unpacked number	dezimalungepackte Zahl, dezimal-ungepackte Zahl
decipher	dechiffrieren, entschlüsseln
deciphering	Dechiffrierung, Entschlüsselung
decision	Entscheidung
decision box	Auswahlblock
decision circuit	logischer Schaltkreis
decision instruction	Entscheidungsbefehl
decision level	Entscheidungsebene
decision model	Entscheidungsmodell
decision procedure	Entscheidungsprozess
decision rule	Entscheidungsregel
decision support system	Entscheidungssystem
decision table	Entscheidungstabelle
decision table program generator	Entscheidungstabellengenerator
decision theory	Entscheidungstheorie
decision tree	Entscheidungsbaum
deck	Laufwerk
declaration	Vereinbarung
declaration of commitment	Verpflichtungserklärung
declaration part	Vereinbarungsteil
declarative character	Vereinbarungszeichen

declarative language	nichtprozedurale Programmiersprache, Sprache der 4. Generation
declarative macro instruction	Beschreibungsmakro, Beschreibungsmakrobefehl
declarative programming language	deklarative Programmiersprache
declarative statement	Vereinbarungsanweisung
declaratives	Prozedurvereinbarung, Vereinbarungteil
declarator	Vereinbarungszeichen
declare	vereinbaren
declutch	auskuppeln
decode	decodieren, entschlüsseln
decoder	Decodiereinrichtung, Entschlüsselungseinrichtung
decoding	Decodierung, entschlüsseln
decoding matrix	Decodiermatrix
decoding network	Decodiernetzwerk
decoding phase	Decodierphase
decoding unit	Decodierwerk
decollate	trennen
decollator	Trennmaschine
decompiler	Dekompilierer
decompose	zergliedern, zerlegen
decomposition	Zerlegung
decompress	dekomprimieren
decompression	Dekomprimierung
decouple	entkoppeln
decoupler	Entkoppler
decoupling	entkoppeln
decrease	Abnahme, abnehmen, vermindern, Verminderung
decrement	vermindern
decrement counter	Abwärtszähler
dedicate	reservieren, zuordnen, zur Verfügung stellen
dedicated area	reservierter Bereich
dedicated channel	Spezialkanal
dedicated computer	Spezialrechner
dedicated connection	Standverbindung
dedicated line	Standleitung
dedicated server	Spezial-Diensteinheit
dedicated system	Spezialsystem
de-energize	abschalten
deep copy	vollständige Kopie
default directory	aktuelles Dateiverzeichnis
default value	Ausgangsparameter

defect	Störung
defer	verzögern
definite	bestimmt
deflect	ableiten
deflection	Ableitung
deflector	Ableiter
degradation	Absinken
degrade	absinken
degree	Grad
deinstaller	Deinstallationsprogramm
dejagging	Antialiasing
dejam	entstören
Del	löschen
DEL key	Entfernentaste
delay	verzögern, Verzögerung, Verzögerungszeit
delay circuit	Verzögerungsschaltung
delay time	Verzögerungszeit
delayed	verzögert
delay-time storage	Laufzeitspeicher
delete	löschen
delete character	Löschzeichen
delete key	CTRL-ALT-DEL, Löschtaste
deletion	Löschung, Tilgung
delimit	begrenzen
delimiter	Begrenzer
delimiting	Abgrenzung
delivery	Ausstoß
delta connection	Sternschaltung
delta tube	Deltaröhre
demagnetization	Entmagnetisierung
demagnetize	entmagnetisieren
demand	anfordern, Anforderung, Nachfrage
demand file	Abrufdatei
demand paging	Seitenaustausch auf Anforderung
demo	Demo-Programm
demo program	Demonstrationsprogramm
demodulate	demodulieren
demodulation	Demodulation
demodulator	Demodulator
demon	Hintergrundprozess
demoscopy	Demoskopie
demount	ausbauen, entnehmen, herausnehmen
demountable	herausnehmbar, zerlegbar
demoware	Demonstrationssoftware
demultiplex	entschachteln

demultiplexer	Demultiplexeinrichtung
denominator	Bezeichner, Nenner
dense	dicht
densitometer	Densitometer
density	Aufzeichnungsdichte, Dichte, Schwärzungsgrad, Spurdichte
depacketize	zerlegen
depacketizing	Paketauflösung
departure	Start
depend	abhängen
dependability	Zuverlässigkeit
dependable	zuverlässig
dependence	Abhängigkeit
dependent	abhängig
dependent variable	abhängige Variable
dependent worksheet	abhängiges Arbeitsblatt
depletion layer	Sperrschicht
depletion region	Randschicht
deposit	deponieren, Schicht
depreciate	abschreiben
depress	drücken
depth	Tiefe
depth-first search	Tiefensuche
dequalification	Dequalifikation
dequeue	entfernen
derate	herabsetzen
derivation	Ableitung
derivative	Ableitung
derive	ableiten
derived field	Ergebnisfeld
DES	Blockchiffrierung
descender	Unterlänge
description	Beschreibung
description language	Beschreibungssprache
description method	Beschreibungsmethode
descriptive model	Beschreibungsmodell
descriptor	Deskriptor
deserialize	parallelisieren
design	Entwurf, gestalten, Gestaltung, konstruieren, Konstruktion
design cycle	Entwicklungszyklus
design matrix	Entwurfsmatrix
design review	Entwurfskontrolle
design tool	Entwurfswerkzeug
designate	bestimmen, designiert

designation	Bestimmung
designation label	Beschriftungsschild
desk	Schreibtisch, Tisch
desk check	Schreibtischtest
desk test	Schreibtischtest
desk work	Büroarbeit
deskill	vereinfachen
desktop	Arbeitsfläche, Tischgerät
desktop calculating function	Tischrechnerfunktion
desktop calculator	Tischrechner
desktop computer	Tischrechner, Tischcomputer
desktop configuration	Tischkonfiguration
desktop device	Tischgerät
desktop model	Tischgerät
desktop plotter	Tischplotter
desktop printer	Tischdrucker
desktop publishing (DTP)	Publikationserstellung am Schreibtisch
desktop utility software	Schreibtischzubehör-Software
destination	Bestimmungsort, Ziel
destination document	Zieldokument
destination file	Zieldatei
destination network	Zielnetz
destroy	zerstören
destruction	Löschen, Zerstörung
destructive	löschend, zerstörend
destructive addition	löschende Addition
destructive read	löschendes Lesen
destructive subtraction	löschende Subtraktion
detach	abtrennen
detail diagram	Detaildiagramm
detail drawing	Detailskizze
detailed	ausführlich, detailliert
detect	erkennen
detection	Erkennung
detector	Anzeiger, Detektor, Fühler, Gleichrichter
detent	arretieren, Arretierung
determinable	bestimmbar
determinant	Determinante
determinate	bestimmt
determination	Determiniertheit
determine	bestimmen, verursachen
determined	bestimmt
determinism	Vorherbestimmbarkeit
develop	entwickeln
developer	Entwickler

developer's toolkit	Entwicklungswerkzeug
developing country	Entwicklungsland
developing system	Entwicklungssystem
development	Entwicklung
development backlog	Entwicklungsstau
development documentation	Entwicklungsdokumentation
development strategy	Entwicklungsstrategie
development system	Entwicklungssystem
development time	Entwicklungsdauer
deviate	abweichen
deviation	Abweichung
deviation ratio	Abweichungsgrad
device	Baustein, Gerät
device address	Geräteadresse, Gerätenummer
device allocation	Gerätebelegung
device assignment	Gerätezuordnung
device byte	Gerätebyte
device character	Gerätezeichen
device class	Geräteklasse
device compatibility	Gerätekompatibilität
device configuration	Geräteausstattung
device contention	Gerätekonkurrenz
device control	Gerätesteuerung
device control character	Gerätesteuerzeichen
device control panel	Gerätebedienungsfeld
device control unit	Gerätesteuereinheit
device controller	Gerätesteuereinheit
device deallocation	Gerätefreigabe
device dependence	Geräteabhängigkeit
device driver	Gerätesteuerprogramm
device error	Gerätefehler
device failure	Geräteausfall
device fault	Gerätefehler
device handling	Geräteverwaltung
device identification	Gerätekennzeichnung
device identifier	Gerätekennzeichen
device independence	Geräteunabhängigkeit
device interface	Geräteschnittstelle
device interlocking	Geräteverbund
device manufacturer	Gerätehersteller
device name	Gerätename
device number	Gerätenummer
device operation mode	Gerätebetriebsart
device plug	Gerätestecker
device processor	Gerätesteuereinheit

device selecting check	Geräteauswahlprüfung
device status	Gerätestatus
device status register	Gerätestatusregister
device table	Gerätetabelle
device-controlled	gerätegesteuert
device-dependent	geräteabhängig
device-dependent color	geräteabhängige Farbgebung
device-independent	geräteunabhängig
device-independent color	geräteunabhängige Farbgebung
device-oriented	geräteorientiert
diacritical mark	Lautwertzeichen
diaeresis	Tremazeichen
diagnose	diagnostizieren
diagnosis	Diagnose
diagnostic	diagnostisch
diagnostic computer	Diagnoserechner
diagnostic data	diagnostische Daten
diagnostic facility	Diagnoseeinrichtung
diagnostic program	Diagnoseprogramm
diagnostic system	Diagnosesystem
diagnostics	Diagnosewerkzeuge
diagonal	diagonal, Diagonale
diagram	Diagramm, Schaubild
dialect	Dialekt
dialog	Dialog
dialogue	Dialog
dialup access	Wählzugriff
dialup communication terminal	Datenstation für Wählverkehr
dibit	Zweibiteinheit
didactic	Lern ...
didot point	typografischer Punkt
die	Siliziumscheibe
differ	abweichen
difference	Differenz
differential	Differential, differenziert
differentiation	Differenzierung, Unterscheidung
diffract	beugen
diffraction	Beugung, Brechung
diffuse	diffundieren
diffusion	Diffusion
diffusion transistor	Diffusionstransistor
digest	Übersicht
digigraphic	Digigrafik
digiset	Satzrechner
digit	Stelle, Ziffer

digit error	Zeichenfehler
digit field	Ziffernfeld
digit item	Ziffernfeld
digit position	Stelle
digital	digital
digital audio file	digitale Klangdatei
digital camera	Digitalkamera
digital character	digitales Zeichen, Digitalzeichen
digital circuit	Digitalschaltung
digital computer	Digitalrechner
digital control	digitale Steuerung
digital data	digitale Daten
digital data processing	digitale Datenverarbeitung
digital display	Digitalanzeige
digital font	Digitalschrift
digital image	Digitalbild
digital input	Digitaleingabe
digital modem	Digitalmodem
digital monitor	Digitalbildschirm
digital network	Digitalnetz
digital optical recording	digitale Bildaufzeichnung
digital output	Digitalausgabe
digital plotter	digitales Zeichengerät
digital printer	Zifferndrucker
digital pulse	Digitalimpuls, Rechteckimpuls
digital representation	digitale Darstellung
digital signal	digitales Signal, Digitalsignal
digital signal processor	Digitalsignalerzeuger
digital sound processor	digitale Soundkarte
digital telefone network	digitales Fernsprechnetz
digital transmission	Digitalübertragung
digital transmitter	Digitalzeichengeber
digital video interactive	digitales interaktives Video
digital-analog	digital-analog, Digitalanalog ..., Digital-analog ...
digital-analog computer	Hybridrechner
digital-analog converter	Digital-analog Wandler, Digital-analog-Wandler
digitalization	Digitalisierung
digitalize	digitalisieren
digital-to-analog	digital-analog
digital-to-analog converter	Digital-analog-Wandler
digitization	Digitalisierung
digitize	digitalisieren
digitizer	Digitalumsetzer, Grafiktablett

digitizing	Digitalisierung
digitizing tablet	Digitalisiertablett, Grafiktablett
dim	Dimension, dimensionieren
dimension	Abmessung, Dimension, dimensionieren
dimension declaration	Dimensionsvereinbarung
dimensional	dimensional
dimensional information	Größenangabe
dimensioning	Bemaßung
dimmed command	vorübergehend nicht verfügbares Kommando
diode	Diode
diode breakdown	Diodendurchbruch
diode effect	Diodeneffekt
diploma	Urkunde
dipole recording	RZ-Aufzeichnung
direct	steuern
direct access volume	externer Direktzugriffsspeicher
direct dialing	Selbstwähldienst
direct end-user	Endbenutzer
direct inward dialing	Durchwahl
direct operand	Direktoperand
direct output	Direktausgabe
direct print	direkter Druck
direct process coupling	direkte Prozesskopplung
direct processing	Direktverarbeitung
direct read after write	Lesen nach dem Schreiben
direct read during write	Lesen während des Schreibens
direct reorganization	Direktumstellung
direct search	direktes Suchen
direct station-to-station connection	direkt durchgeschaltete Verbindung
direct view storage tube	Speicherbildschirm
direct-access mode	Direktzugriffsspeicherung, Direktzugriffsverfahren
direct-access storage device	Direktzugriffs-Speichergerät
directed	gerichtet
directed graph	gerichteter Graph
directed scanning	gerichtete Abtastung
directory	Dateiverzeichnis, Inhaltsverzeichnis, Programmverzeichnis
directory marker	Verzeichniskennzeichen
directory path	Verzeichnispfad
directory sorting	Verzeichnissortierung
directory title	Menüschaltfläche
directory tree	Verzeichnisbaum

dirty file	beschädigte Datei
dirty line	gestörte Leitung
dirty power	gestörter Netzstrom
disable	abschalten, ausschalten
disable pulse	Blockierimpuls
disabled	gesperrt
disabling signal	Sperrsignal
disambiguation	Eindeutigmachen
disassemble	ausbauen, zurückübersetzen
disassembler	Zurückübersetzer
disassembling	Zurückübersetzung
disassembly	Demontage
disaster dump	Katastrophen-Speicherauszug
disc	Bildplatte, optische Platte, Platte
discard	ablegen
discette	Datenträger, Diskette
discharge	entladen, Entladung
discharging	entladen
discipline	Wissenszweig
disclose	mitteilen
disconnect	trennen
disconnect request	Trennaufforderung
disconnected mode	Wartestatus
disconnection	Trennung
discontinuity	Unstetigkeit, Unterbrechung
discontinuous	diskontinuierlich, unstetig
discontinuous current flow	diskontinuierlicher Betrieb
discrete	digital, diskret, einzeln
discrete character	diskretes Zeichen
discrete circuit	diskreter Schaltkreis
discrete component	diskretes Bauelement
discrete representation	diskrete Darstellung
discrete semiconductor	diskreter Halbleiter
discrete signal	diskretes Signal
discretion	Verschwiegenheit
discretionary	verfügbar
discretionary hyphen	Bindestrich bei Silbentrennung, ungeschützter Bindestrich
discriminate	unterschiedlich behandeln
discrimination instruction	Entscheidungsbefehl
discriminator	Impulsunterscheider
disengage	auskuppeln
disjoint	zertrennen
disjunction	Disjunktion, ODER-Verknüpfung
disk	Diskette, Festplatte, Magnetplatte, Platte

disk access	Diskettenzugriff
disk accessing	Diskettenzugreifen
disk backup	Diskettensicherung, Plattensicherung
disk buffer	Diskettenpufferspeicher, Plattenpufferspeicher
disk cache	Disketten-Cachespeicher, Platten-Cachespeicher
disk capacity	Diskettenkapazität, Plattenkapazität
disk compare	Diskettenvergleich
disk control unit	Diskettensteuereinheit
disk controller	Diskettensteuereinheit
disk crash	Plattenlandung
disk directory	Platten-Dateiverzeichnis
disk drive	Diskettenlaufwerk, Plattenlaufwerk
disk formatting	Diskettenformatierung, Plattenformatierung
disk gauge	Diskettenpegel
disk interface	Plattenschnittstelle
disk jacket	Diskettenhülle
disk library	Plattenarchiv
disk operating system	Diskettenbetriebssystem, Plattenbetriebssystem
disk optimizer	Diskettenspeicheroptimierer
disk partition	Plattenbereich
disk partitioning	Plattenpartionierung
disk recording	Plattenaufzeichnung
disk sector	Diskettensektor, Plattensektor
disk server	Platten-Diensteinheit
disk speed	Diskettengeschwindigkeit, Plattengeschwindigkeit
disk storage	Diskettenspeicher
disk track	Diskettenspur
disk unit	Platteneinheit
diskette	Diskette
diskette label	Diskettenaufkleber
diskless workstation	plattenloser Arbeitsplatzrechner
disk-oriented	plattenorientiert
dispatcher	Rechenzeitverteiler
disperse	fein verteilen
dispersed	fein verteilt
dispersion	Feinverteilung, Streuung
displacement	Adressabstand, Distanz
displacement address	Distanzadresse
display	anzeigen, ausgeben
display adapter	Videokarte
display adapter slot	Videokarten-Steckplatz

display background	Bildhintergrund
display board	Videokarte
display buffer	Bildpuffer
display card	Videokarte
display control	Bildschirmsteuerung
display control unit	Bildschirmsteuereinheit
display controller	Bildschirmsteuereinheit
display cycle	Bildschirmzyklus
display data	Anzeigedaten
display device	Anzeigeeinheit, Sichtgerät
display driver	Bildschirmtreiber
display element	Darstellungselement
display field	Anzeigefeld
display file	Anzeigedatei
display font	Bildschirmschrift
display for call number	Rufnummernanzeige
display form	Bildschirmformular
display format	Anzeigeformat
display generator	Bildgenerator
display group	Anzeigegruppe
display height	Bildhöhe
display highlighting	Bildschirmhervorhebung
display image	Bildschirminhalt
display list	Bildvorrat
display map	Bildschirmmaske
display mapping	Bildschirmformatierung
display mask	Bildschirmmaske
display menu	Anzeigemenü
display mode	Bildschirmbetriebsart
display page	Bildschirmseite
display primitive	Bildschirm-Anzeigeelement
display regeneration	Bildwiederholung
display screen	Bildschirm
display space	Darstellungsbereich
display suppression	Anzeigeunterdrückung
display surface	Bildschirmoberfläche, Darstellungsbereich
display terminal	Bildschirmstation
display tube	Bildröhre
display type	Anzeigeschrift
display typewriter	Bildschirmschreibmaschine
display unit	Anzeigeeinheit
display width	Bildbreite
display-only unit	Nur-Anzeige-Einheit
display-oriented	bildschirmorientiert
dispose	verfügen, verwenden

disposition	Disposition, Verfügung, Verwendung
disposition system	Dispositionssystem
dissemination	Verbreitung
dissimilar	ungleichartig
dissimilarity	Verschiedenartigkeit
dissipate	verbrauchen
dissipation	Verlust
distance	Distanz, Entfernung
distant	entfernt
distant effect	Fernwirkung
distinct	ungleich, verschieden
distinguish	unterscheiden
distort	verfälschen
distortion	Verzerrung
distribute	dezentralisieren, verteilen
distributed	dezentralisiert, verteilt
distributed bulletin board	verteiltes Mailbox-Forum
distributed control	verteilte Steuerung
distributed data base system	verteilte Datenbank
distributed data processing	verteilte Datenverarbeitung
distributed database system	verteilte Datenbank
distributed file system	Netzdatei
distributed information system	verteiltes Informationssystem
distributed intelligence	verteilte Intelligenz
distributed network	verteiltes Netz
distributed processing	verteilte Verarbeitung
distributed system	verteiltes System
distribution	Dezentralisierung, Verteilung
distribution diskette	Originaldiskette
distribution list	Verteiler
distribution network	Verteilnetz
distributor	Verteiler
disturb	unterbrechen
disturbance	Störung
diverge	divergieren
divergence	Divergenz
divergency	Divergenz
divide	dividieren
dividend	Dividend
divider	Divisionswerk
division	Division
division by zero	Division durch null
division error	Divisionsfehler
division remainder	Divisionsrest
division sign	Divisionszeichen

division unit	Dividierwerk
division-remainder method	Divisionsrestverfahren
divisor	Divisor
DML	Datenbankmanipulationssprache, Datenbearbeitungssprache
DNS	Domänennamensauflösungsdienst
DO clause	Laufanweisung
DO instruction	Laufanweisung
DO statement	Laufanweisung
dock	andocken
docking station	Andockstation
document	Beleg, Dokument, Schriftstück, Urkunde
document feed	Belegvorschub
document format	Dokumentaufbau
document numbering	Belegnummerierung
document preparing	Dokumentbereitung
document reader	Belegleser, Dokumentenscanner
document reader form	Beleglesevordruck
document reference edge	Dokumentbezugskante
document retrieval	Dokumentenwiedergewinnung
document retrieval system	Dokumentendatenbanksystem
document sorter reader	Belegsortierleser
document sorter-reader	Belegsortierleser
document window	Dokumentfenster
documentary language	Dokumentationssprache
documentation	Dokumentation
documentation language	Dokumentationssprache
documentation program	Dokumentationsprogramm
documentor	Dokumentar
dog	Mitnehmer
dollar sign	Dollarzeichen ($)
domain	Bereich, Domäne, Landesnetz
domain name	Domänenname, Hauptname, Spezialname
domain name address	Spezialadresse
domain name service (DNS)	Domänennamensauflösungsdienst
dominant	beherrschend
dongle	Kopierschutzstecker
donor	Donator
do-nothing instruction	Nulloperation
dopant	Dotiersubstanz, Dotierungsstoff
dope	dotieren
dope additive	Dotiersubstanz
doped	dotiert
doping	Dotierung
doping material	Dotiersubstanz, Dotierungsstoff

DOR	digitales optisches Aufzeichnen
dormant	ruhend
DOS	Dateiverwaltungssystem
dot	Punkt, punktieren
dot address	Punktadresse
dot leader	Tabellen-Punktreihe
dot matrix	Punktraster
dot pitch	Punktabstand
dot printer	Rasterdrucker
dot-addressable	punktadressierbar
dot-matrix generator	Punktgenerator
dot-matrix printer	Matrixdrucker, Rasterdrucker
dots per inch	Punkte je Zoll
dot-scanning	Rasterpunktlesen
dotted	punktiert
dotted line	punktierte Linie
double	Doppel ..., doppelt
double assignment	Doppelbelegung
double buffering	Doppelpufferung
double bus	Doppelbus
double byte	Doppelbyte, Halbwort
double chaining	Doppelkettung
double click	Doppelklicken, Maus-Doppelklicken
double density	doppelte Dichte, doppelte Speicherdichte
double length	doppelte Länge
double precision	doppelte Genauigkeit
double programming	Zweiprogrammverarbeitung
double recording	Parallelaufzeichnung
double space	doppelter Zeilenabstand
double underline	Doppelunterstreichung
double-byte character set	Zweibyte-Zeichensatz
double-column	zweispaltig
double-edged triggering	Zweiflankensteuerung
double-ended queue	Doppelstapel
double-precision floating-point number	Gleitkommazahl mit doppelter Genauigkeit
doublescanned	doppelt aufgefrischt
double-sided	beidseitig
double-sided non-carbon paper	Zweischichtpapier
double-speed drive	CD-ROM-Laufwerk mit doppelter Geschwindigkeit
double-spin drive	CD-ROM-Laufwerk mit doppelter Geschwindigkeit
doublet	Zweibiteinheit
doubleword	Doppelwort

doubleword address	Doppelwortadresse
do-while loop	Solange-Schleife
down counter	Abwärtszähler
down-arrow key	Cursortaste nach unten
download	herunterladen
downloadable	herunterladbar
downloadable font	herunterladbare Schrift
downloading	herunterladen
downloading utility	Dienstprogramm zum Herunterladen
downsizing	Herunterrüsten
draft	Entwurf
draft sheet	Entwurfsblatt
drag	ziehen
drag and drop	Ziehen und Auslösen
drain	Filter, filtern, positive Transistorelektrode
draw	zeichnen
drawing	zeichnen, Zeichnung
drift	abweichen, Abweichung
drift error	Abweichungsfehler
drive	antreiben, Antrieb, Laufwerk
drive acitivity indicator	Laufwerks-Betriebsanzeige
drive activity indicator	Laufwerks-Betriebsanzeige
drive array	Plattengruppe
drive bay	Laufwerk-Einbauplatz
drive cluster	Laufwerks-Sektorengruppe
drive control	Antriebssteuerung
drive designator	Laufwerksbezeichner
drive name	Laufwerksbezeichner
drive number	Laufwerksbezeichner
drive process	Treiberprozess
drive program	Treiberprogramm
drive pulse	Treiberimpuls
drive size	Laufwerkskapazität
drive slot	Laufwerkssteckplatz
drive spindle hole	Spindelloch
driven	angetrieben, gesteuert
driver	Signalerzeuger, Treiber
driving mechanism	Laufwerk
drop	abfallen
drop cable	Anschlusskabel
drop cap	Anfangs-Großbuchstabe, Initial
drop folio	Seitenzahl am unteren Rand
drop shadow	Schlagschatten
drop-down list box	Pull-down-Menü
drop-down menu	Pull-down-Menü

dropin	Störsignal
dropout	Signalausfall
dropout type	Negativschrift
dropping resistor	Vorschaltwiderstand
drum	Druckwalze, Magnettrommel, Trommel
drum plotter	Trommelzeichengerät
drum printer	Trommeldrucker
drum storage	Trommelspeicher
dry battery	Trockenbatterie
dry joint	Kaltlötung
dry run	Probelauf, Schreibtischtest, Trockentest
dry toner	Tonerpulver
DSP	digitaler Audioprozessor
DSR	Modem-Bereitmeldung, Signal, dass ein Modem bereit ist
DTE	Hardware eines Datenterminals
DTP	Publikationserstellung am Schreibtisch
DTR	Datenterminal-Bereitmeldung
dual	binär, Doppel ..., doppelt, dual, dyadisch
dual binary	dual binär
dual boot feature	Einrichtung zum Laden zweier Betriebssysteme
dual carriage	Doppelvorschub
dual carriage print	Doppelvorschubdrucken
dual code	Dualcode
dual density	doppelte Dichte
dual disk drive	Disketten-Doppellaufwerk
dual encoded	dual verschlüsselt, binär verschlüsselt
dual floppy	Doppeldiskette
dual floppy drive	Doppeldiskettenlaufwerk
dual in-line package	Chipgehäuse mit zwei parallelen Kontaktreihen
dual layer CD-ROM	Zweischichten-CD-ROM
dual number	Dualzahl
dual system	Doppelsystem, Dualsystem
dual-actuator hard disk	Doppelkopffestplatte
dual-carriage print	Doppelvorschubdrucken
dual-channel unit	Zweikanaleinheit
dual-issue processor	Doppelprozessor
duality	Dualität
dual-ported	zweiseitig zugänglich
dual-scanned	doppelt aufgefrischt
dual-web	zweibahnig
ductus	Schriftcharakter
dumb terminal	unintelligente Datenstation

dummy	leer ...
dummy file	Pseudodatei
dummy page	Pseudoseite
dump	Speicherauszug
duodecimal	duodezimal
duplex	duplex
duplex computer	Doppelrechner
duplex copying	zweiseitiges Kopieren
duplex printing	zweiseitiges Drucken
duplication	Durchschreiben
duration	Dauer
duty	Betriebszeit
duty cycle	Arbeitszyklus
Dvorak keyboard	Dvorak-Tastatur
dyadic	binär, dyadisch
dynamic	dynamisch
dynamic area	dynamischer Bereich
dynamic array	dynamisches Variablenfeld
dynamic binding	dynamisches Binden
dynamic computer group	dynamische Computergruppe
dynamic data exchange	dynamischer Datenaustausch
dynamic image	Bildvordergrund
dynamic link	dynamische Verknüpfung
dynamic link library	dynamische Bibliothek
dynamic menu	dynamisches Menü
dynamic object	dynamisches Objekt
dynamic picture	Bildvordergrund
dynamic program relocation	dynamische Programmverschiebung
dynamic programming	dynamische Programmierung
dynamic random-access memory	dynamischer Speicher
dynamic storage	dynamischer Speicher
dynamic storage allocation	dynamische Speicherzuordnung
dynamic system architecture	dynamische Systemarchitektur
dynamic testing	dynamisches Testen
dynamic working-storage area	freier Arbeitsspeicherbereich
dynamicizer	Parallel-Serien-Umschalter

E

E	Exa ...
EAN	Europäisches Artikelnummernsystem
early	frühzeitig, vorzeitig
early failure period	Anfangsfehlerperiode
early warning system	Frühwarnsystem

earth	Erde, erden, Erdung, Masse
earth wire	Erdleiter
earthed	geerdet
earthing	Erdung
ease	Leichtigkeit
easiness of use	Benutzerfreundlichkeit
easter egg	Osterei
easy	einfach, leicht
easy to use	benutzerfreundlich
EB	Exabyte
EBAM	elektronenstrahladressierter Speicher
EBCDIC	erweiterter Dezimal-binär-Code
Ebyte	Exabyte
ECC	Fehlerkorrekturcode
ECD	wiederbeschreibbare CD
echelon	Ebene, Stufe
echo	Echo, Rückmeldesignal, Rückmeldung
echo check	Echoprüfung
echo suppression	Echounterdrückung
echoplex	Echoplex-Verfahren
echoprint	Eingabeanzeige
ECL	emittergekoppelte Schaltlogik
ECMA	europäische Computerherstellervereinigung
economic	wirtschaftlich
economic analysis	Wirtschaftlichkeitsanalyse
economic efficiency	Wirtschaftlichkeit
economical informatics	Wirtschaftsinformatik
economical obsolescence	wirtschaftliche Veraltung
economics	Wirtschaftswissenschaft
economy	Wirtschaftlichkeit
ECPA	Kommunikations- und Datenschutzgesetz
ED	extra hohe Datendichte
EDC (error detection code)	Code zur Fehlererkennung
eddy current	Wirbelstrom
edge	Kante, säumen
edge board	Platinenkante
edge connector	Randstecker
edge enhancement	Bildrandverbesserung
edgeboard	Platinenkante
edgeboard connection	Steckerleiste
edgeboard contact	Randkontakt
edit	aufbereiten
edit word	Aufbereitungsmaske
editing	Aufbereitung, redigieren
editing keyboard	Volltastatur

editing picture	Aufbereitungsmaske
educated language	Hochsprache
education	Ausbildung
educational computer	Lerncomputer
eeho	Rückmeldesignal
EEMS	verbessertes Erweiterungsspeicherkonzept
effective	tatsächlich, wirkungsvoll
effective address	absolute Adresse
effective instruction	endgültiger Befehl
effective resolution	tatsächliche Auflösung
effective speed	tatsächliche Geschwindigkeit
effective transmission rate	tatsächliche Übertragungsrate
efficiency	Durchsatz, Wirkungsgrad
efficiency analysis	Wirtschaftlichkeitsanalyse
efficient	wirkungsvoll
effort	Aufwand
eight-channel tape	Achtspurlochstreifen
eightfold-speed drive	CD-ROM-Laufwerk mit achtfacher Geschwindigkeit
eight-to-fourteen-mode code	Acht-zu-vierzehn-Code
EISA	EISA
EITHER-OR	Antivalenz
EITHER-OR operation	Antivalenz, exklusives ODER
either-way	duplex, wechselseitig
eject	ausstoßen, auswerfen
eject bay	Auswurfschacht
eject button	Auswurfknopf
eject key	Auswurftaste
ejecting	auswerfen
ejection	Ausstoß, Auswurf
ELAN	Programmiersprache für pädagogische Aufgaben
elapse time	Ablaufzeit, Laufzeit
elapsed-time multiprogramming factor	Multiprogrammverzögerungsfaktor
elastic	elastisch
elasticity	Anpassungsfähigkeit
electively	wahlweise
electric	elektrisch
electric charge	elektrische Ladung
electric circuit	Stromkreis
electric current	elektrischer Strom
electric field	elektrisches Feld

electrically alterable programmable read-only memory	elektrisch änderbarer programmierbarer Festspeicher
electrically alterable read-only memory	elektrisch änderbarer Festspeicher
electrically erasable programmable read-only memory (EAPROM)	elektrisch löschbarer programmierbarer Festspeicher
electrically erasable read-only memory (EAROM)	elektrisch löschbarer Festspeicher
electricity	Elektrizität
electroanalysis	Elektrolyse
electrode	Elektrode
electrographic pen	stromleitender Grafitstift
electroluminescent display	Elektrolumineszenzbildschirm
electrolysis	Elektrolyse
electrolyte	Elektrolyt
electrolytic capacitor	Elektrolytkondensator
electrolytic recording	elektrolytische Aufzeichnung
electromagn. printer	Magnetdrucker
electromagnet	Elektromagnet
electromagnetic	elektromagnetisch
electromagnetic inteference	elektromagnetische Überlagerung
electromagnetic interference	elektromagnetische Überlagerung
electromagnetic printer	Magnetdrucker
electromagnetic radiation	elektromagnetische Strahlung
electromagnetic spectrum	elektromagnetisches Spektrum
electromechanic	elektromechanisch
electron	Elektron
electron beam	Elektronenstrahl
electron beam lithography	Elektronenstrahl-Lithografie
electron beam memory	Elektronenstrahl-Speicher
electron discharge	Elektronenentladung
electron drift	Elektronenverschiebung
electron orbit	Elektronenschale
electron ray tube	Elektronenstrahlröhre
electron stream	Elektronenstrahl
electron tube	Elektronenröhre
electronic	elektronisch
electronic banking	elektronischer Bankdienst
electronic beam-addressed memory (EBAM)	elektronenstrahladressierter Speicher
electronic book	elektronisches Buch
electronic brain	Elektronengehirn
electronic bulletin board	elektronische Wandtafel
electronic calculator	elektronische Rechenmaschine

electronic calendar	elektronischer Kalender
electronic camera	elektronische Kamera
electronic circuit	elektronischer Schaltkreis
electronic communication privacy act	Kommunikations-Datenschutzgesetz
electronic data interchange	elektronischer Datenaustausch
electronic data processing	elektronische Datenverarbeitung
electronic data processing system	elektronische Datenverarbeitungsanlage, elektronisches Datenverarbeitungssystem
electronic data switching system	elektronisches Datenvermittlungssystem
electronic desk	elektronischer Schreibtisch
electronic disk	elektronischer Plattenspeicher
electronic filing	elektronische Ablage
electronic industry	Elektronikindustrie
electronic mail	elektronische Post, elektronischer Brief, Mailbox-Nachricht
electronic mail address	Mailbox-Adresse
electronic mailbox	elektronischer Briefkasten, Mailbox-System
electronic mailboxing	elektronische Briefübermittlung
electronic music	elektronische Musik
electronic office	elektronisches Büro
electronic publishing	elektronische Publikation
electronic semiconductor	Halbleiter
electronic spreadsheet	elektronisches Arbeitsblatt
electronic storage	elektronischer Speicher
electronic system	Elektronik
electronic tube	Elektronenröhre
electronic wastebasket	elektronischer Papierkorb
electronic wastepaper basket	elektronischer Papierkorb
electronics	Elektronik
electrophoresis	Elektrophorese
electrophotographic	elektrophotografisch, lichtelektronisch
electrophotographic printer	Laserdrucker
electrosatic	elektrostatisch
electrosensitive	elektrosensitiv
electrostatic adhesion	elektrostatische Anziehung
electrostatic charge	elektrostatische Aufladung
electrostatic memory	elektrostatischer Speicher
electrostatic plotter	elektrostatisches Zeichengerät
electrostatic printer	Laserdrucker
electrostatic shield	Elektrostatik-Abschirmung
elegant	gekonnt
element	Bauteil, Dokumentenelement, Element
element group	Elementgruppe, Gruppe

element of a list	Listenelement
elemental	elementar
elementary	einfach, elementar
elementary address	elementare Adresse
elementary block	Elementarblock
elementary file	Elementardatei
elementary function	Elementarfunktion
elementary operation	Elementaroperation
elevator	Aufzug
elevator seeking	Aufzug-Suchverfahren
eliminate	beseitigen, entfernen
elimination	Beseitigung
elite	Elite
ellipse	Ellipse
ellipsis	Auslassungszeichen
ELOD	wiederbeschreibbare Laserdisc
else	sonst
em	m-Distanz
em fraction	m-Bruch
e-mail	E-Mail, Mailbox-Nachricht
embed	einbetten
embedded	eingebettet
embedded chart	eingebettetes Diagramm
embedded command	eingebettetes Kommando
embedded computer	eingebetteter Computer
embedded formatting command	eingebettetes Formatierungskommando
embedded hyphen	geschützter Bindestrich
embedded instruction	eingebetteter Befehl
embedded object	eingebettetes Objekt
embedding	Einbettung
emboss	prägen
embossed printing	Blindenschrift
em-dash	m-Bindestrich
emergency	Notfall
emergency alarm	Notruf
emergency alarm box	Notrufmelder
emergency cutout	Notabschaltung
emergency maintenance	Störungsbeseitigung
emergency mode	Notbetrieb
emergency power supply	Notstromversorgung
emergency procedure	Notfallverfahren
emergency switch	Notschalter
emission	Aussendung, Ausstrahlung, Emission
emissivity	Emissionsvermögen

emit	aussenden, senden
emittance	Ausstrahlung
emitter	Emitter, Impulssender
emitter electrode	Emitteranschluss
emitter-coupled logic	emittergekoppelte Schaltlogik
emphasis	Hervorhebung
employees	Personal
empty	leer, unbeschriftet
emulate	emulieren
emulation	Emulation
emulator	Emulator
emulsion laser storage	Emulsions-Laserspeicher-Technik
enable	aktivieren, befähigen, einschalten
enameled wire	Lackdraht
encase	einbauen
encipher	chiffrieren
enciphering	Chiffrierung
encrypt	chiffrieren
encryption	Chiffrierung
end	beenden, Ende, Ziel
end address	Endadresse
end character	Endezeichen
end condition	Endebedingung
end criterion	Endekriterium
end date	Endtermin
end key	Endetaste
end message	Endemeldung
end of extent	Bereichsende
end of file	Dateiende
end of line	Zeilenende
end of program	Programmende
end of reel	Spulenende
end of tape	Bandende
end of text	Textende
end of transmission	Übertragungsende
end of transmission block	Ende des übertragenen Blockes
end of volume	Datenträgerende
end of...	Ende von ...
end printing	Randbeschriftung
end record	Enddatensatz
end scaning	Endeabfrage
end scanning	Endeabfrage
end sentinel	Endezeichen
end statement	Endeanweisung
end symbol	Endezeichen

end-around shift	logisches Schieben
ending	Beendigung
endless form	Endlosformular
endless loop	Endlosschleife
endnote	Endfußnote
end-of-file label	Dateiendekennzeichen
end-of-line warning	Zeilenendevorwarnung
end-of-program routine	Programmenderoutine
end-of-text label	Textendezeichen
end-of-transmission block	Ende des übertragenen Blockes
end-of-transmission label	Übertragungsendezeichen
end-of-volume label	Datenträgerendekennsatz
endpoint	Endpunkt
end-to-end transmission	Endpunktübertragung
end-user	Endbenutzer
end-user association	Benutzerverband
end-user department	Fachabteilung
end-user diskette	Benutzerdiskette
end-user request	Benutzeraufruf
end-user requirement	Benutzeranforderung
end-user system	Endbenutzersystem
energize	einschalten
energy	Energie, Kraft
energy band	Energieband
energy gap	Bandabstand
engage	einkuppeln
engine	Maschine
engineer	Ingenieur, konstruieren, Techniker
engineering	Entwicklung, Ingenieurwesen, Konstruktion, Technik
engineering change	technische Änderung
engrave	eingravieren
enhance	erweitern
enhanced expanded memory specification (EEMS)	verbessertes Erweiterungsspeicherkonzept
enhanced graphics adapter	EGA-Karte
enhanced integrated drive electronics	EIDE
enhanced small device interface	Festplatten-Schnittstelle
enhancement	Anreicherung, Erweiterung
enlarge	vergrößern
enlargement	Vergrößerung
enlarger	Vergrößerungseinrichtung
enqueue	einreihen

enqueuing	Aufbau
enquiry	Anfrage
enrich	anreichern
enrichment	Anreicherung
enrol	eintragen
ensue	folgen
enter	eingeben, eintreten
enter call	Eingabeaufruf
enter into	einspringen
enter key	Freigabetaste
enterprise	Betrieb, Unternehmen
enter-return key	Eingabe Taste
entity	Nicht-ASCII-Zeichen
entrance	Einsprungstelle
entry	Eingang, Einsprungstelle
entry data	Eingabedaten
entry line	Eingabezeile
entry point	Einsprungstelle
entry-level system	Einstiegssystem
entry-sequenced data set	Datenbestand in Zugangsfolge
enumerability	Aufzählbarkeit
enumerable	aufzählbar
enumerator	Zähler
envelop	umhüllen
envelope	Umhüllung
envelope printer	Kuvertdrucker
enveloping machine	Kuvertiermaschine
environment	Ausstattung, Umgebung
environment analysis	Umfeldanalyse
environment division	Maschinenteil
environmental	Umgebungs ...
environmental condition	Umgebungsbedingung
environmental influence	Umgebungseinfluss
environmental variable	Umgebungsvariable
epitaxial growth	Epitaxialwachstum
epitaxial layer	epitaxiale Schicht
epitaxial transistor	Epitaxialtransistor
EPROM	löschbarer programmierbarer Festspeicher
equalization	Entzerrung
equalize	entzerren
equalizer	Entzerrer
equilibrate	ausbalancieren
equip	ausstatten
equipment	Ausstattung
equipment failure	Gerätestörung

equipment manufacturer	Gerätehersteller
equipped	ausgestattet
equivalence	Äquivalenz
erasable programmable read-only memory (EPROM)	löschbarer programmierbarer Festspeicher
erasable storage	löschbarer Speicher
erase	löschen, radieren
erase head	Löschkopf
eraser	Radiereinrichtung
erasure	Löschung
ergonomic	ergonomisch
ergonomic keyboard	ergonomische Tastatur
erroneous	fehlerhaft
error	Fehler
error analysis	Fehleranalyse
error byte	Fehlerbyte
error calculation	Fehlerberechnung
error cause	Fehlerursache
error check	Fehlerkontrolle
error checking	Fehlerkontrolle, Fehlerprüfung
error code	Fehlerzeichen
error control	Fehlerkontrolle
error correction	Fehlerberichtigung
error detection	Fehlererkennung
error detection character	Prüfzeichen
error detection code	Code zur Fehlererkennung
error diagnosis	Fehlerdiagnose
error diagnostic	Fehlerdiagnostik
error extension	Fehlerverbreitung
error forms stacker	Fehlerablagefach
error handler	Fehlerbehandlungsroutine
error handling	Fehlerbehandlung
error interrupt	Fehlerunterbrechung
error list	Fehlerliste
error location	Fehleradresse
error message	Fehlermeldung
error printout	Fehlerausdruck
error probability	Fehlerwahrscheinlichkeit
error prompt	Fehlerhinweis
error range	Fehlerumfang
error rate	Fehlerhäufigkeit
error ratio	Fehlerverhältnis
error recovery	Fehlerbeseitigung
error register	Fehlerregister
error robustness	Fehlerrobustheit

error routine	Fehlerroutine
error span	Fehlerbereich
error statistic	Fehlerstatistik
error stop	Fehlerstop
error supervision	Fehlerüberwachung
error tolerance	Fehlerrobustheit, Fehlertoleranz
error tolerant	fehlertolerant
error tracing	Fehlerzurückverfolgung
error trapping	Fehlererkennung
error typeout	Fehlerausgabe
error value	Fehlergröße
error-checking code	Fehlererkennungscode
error-checking program	Fehlerprüfprogramm
error-correcting check method	fehlerkorrigierendes Prüfverfahren
error-correcting code	Fehlerkorrekturcode
error-correction protocol	Fehlerkorrektur-Protokoll
error-detecting check method	fehleranzeigendes Prüfverfahren
error-detecting code	Fehlererkennungscode
error-free	fehlerfrei
errors expected	Irrtum vorbehalten
error-tolerant	fehlertolerant
ESC	abbrechen, entkommen, verlassen
escape	Codeumschaltung, entweichen, unterbrechen
escape character	Unterbrechungszeichen
escape code	Esc-Code
escape key	Unterdrückungstaste
establish	aufbauen
estimate	erwarten, schätzen, Schätzung, Schätzwert
etched	geätzt
etched circuit	geätzte Schaltung
evaluate	bewerten
evaluation	Bewertung
evaporate	aufdampfen
evaporation	Aufdampfung
event	Ereignis
event handler	Ereignis-Behandlungsroutine
event-driven	ereignisgesteuert
evolution	Radizierung
evolve	entwickeln
example	Beispiel, Muster
exceed	übersteigen
excess	Überschuss
exchange	Austausch, austauschen, Vermittlungsamt, Verteilerknoten

exchange medium	Austauschdatenträger
exchange on	Anmeldung
exclamation mark	Ausrufungszeichen
exclude	ausschließen
exclusion	Ausschließung
exclusive	ausschließlich, exklusiv
exclusive OR	Antivalenz, exklusives ODER
excursion	Abweichung
excursive	kursorisch
EXE	ausführbar, ausführen
executable	ablauffähig, ausführbar
executable instruction	ausführbarer Befehl
executable program	ablauffähiges Programm, ausführbares Programm
execute cycle	Ausführungszyklus
execute phase	Ausführungsphase
execute statement	Ausführungsanweisung
executing	ausführen
execution	Ablauf, Ausführung
execution cycle	Ausführungsphase
execution time	Ausführungszeit
executive	Hauptsteuerprogramm, leitend
executive control program	Kontrollprogramm
executive function	Führungsaufgabe
executive instruction	privilegierter Befehl
executive program	Hauptsteuerprogramm
executive routine	Hauptsteuerprogramm
executive storage area	Programmkoordinierungsbereich
executive-secretary telefone	Chef-Sekretär-Anlage
exemplary	exemplarisch, musterhaft
exemplary contract	Mustervertrag
exemplification	Erläuterung
exemplify	erläutern
exemption from redundancy	Redundanzfreiheit
exercise	Übung
exhausted	ausgebraucht
exit	Ausgang, beenden, herausspringen
exit connector	Ausgangskonnektor
exit hub	Ausgangsbuchse
exit statement	Leeranweisung
expand	erweitern
expandability	Ausbaufähigkeit
expandable	ausbaufähig, erweiterungsfähig
expandable system	ausbaufähiges System
expanded memory	Erweiterungsspeicher

expanded memory board	Erweiterungsspeicherkarte
expanded memory manager (EMM)	Erweiterungsspeicher-Manager (EMM)
expanded memory specification	erweiterte Speicherbeschreibung, Erweiterungsspeicherkonzept
expanded type	Weitschrift
expander	Vervielfacher
expansion	Ausdehnung, Erweiterung
expansion board	Erweiterungskarte
expansion bus	Erweiterungsbus
expansion card	Erweiterungskarte
expansion slot	Erweiterungssteckplatz
expect	erwarten
expect statement	Frageanweisung
expend	ausgeben
expendable	Verbrauchsmaterial
expenditure	Aufwand
expense	Ausgabe
experience	Erfahrung
experiment	Versuch
expert	sachkundig
expert knowledge	Sachverstand
explorer	Entdecker
exponent	Potenz
exponentiate	potenzieren
exponentiation	potenzieren, Potenzierung
export	in ein anderes Programm übertragen
expose	aussetzen
exposure	Belichtung
express	eilige Nachricht
extend	erweitern
extend reference	externer Verweis
extended	erweitert
extended binary-coded decimal interchange code (EBCDIC)	erweiterter Dezimal-binär-Code
extended graphics array (EGA)	erweiterter Grafikstandard
extended technology	erweiterte Technik
extensibility	Dehnbarkeit
extensible	erweiterbar
extensible stack	Kellerspeicher
extension	Erweiterung, Namenssuffix, Nebenanschluss, Verlängerung
extension program	Erweiterungsprogramm
extent	Bereich, Speicherbereich
exterior	Außen ..., außerhalb

external	außen, äußere, äußerlich, extern
external address	äußere Adresse
external auditing	externe Revision
external bus	externer Bus
external cache	externer Cache-Speicher
external character	externes Zeichen
external character set	externer Zeichenvorrat
external command	externer Befehl
external communication	externe Kommunikation
external computer	externer Rechner
external control	externe Steuerung
external control unit	externe Steuereinheit
external controller	externe Steuereinheit
external data	externe Daten
external data bus	externer Datenbus
external data gathering	externe Datenerfassung
external data processing	externe Datenverarbeitung
external data protection officer	externer Datenschutzbeauftragter
external data safeguarding	externe Datensicherung
external data view	Benutzersicht, externe Datensicht
external file	externe Datei
external format	externes Format
external function	externe Funktion
external icon	externes Bildsymbol
external instruction	externer Befehl
external interrupt	externe Unterbrechung
external memory	externer Speicher, Externspeicher
external modem	externes Modem
external operation	externe Operation, externer Befehl
external point	Aussprungstelle
external processing	externe Verarbeitung
external processing speed	externe Verarbeitungsgeschwindigkeit
external program input	maschinelle Programmeingabe
external reference	externer Verweis
external reference formula	externe Bezugsformel
external representation	externe Darstellung
external runtime	externe Rechenzeit
external search	externes Suchen
external sorting	Externsortierung
external storage	externer Speicher, Externspeicher
external supervision	Fremdkontrolle
external table	externe Tabelle
external view	Benutzersicht
externally stored data	Vorratsdaten
extinction	Löschung

extinguish	abschalten, löschen
extra	besonders, Extra ..., zusätzlich
extra density (ED)	extra hohe Datendichte
extra...	Extra ...
extract	auswählen, Auszug, extrahieren
extract the root of	radizieren
extracting the root	radizieren
extraction	Auszug, Extrakt
extra-high density	besonders hohe Aufzeichnungsdichte
extraneous software	Fremdsoftware
extrapolate	extrapolieren
extrapolation	Extrapolation
extreme	äußerst, Extrem
extremely low-frequency	extreme Niederfrequenz
extricate	entwickeln
extrinsic	äußerlich

F

F2F	persönlich
fabless	ohne eigene Fabrikation
face	Oberfläche, Schriftseite
face down	Schriftseite nach unten
face up	Schriftseite nach oben
facsimile	Fax
facsimile radio	Bildfunk
facsimile receiver	Faxempfänger
facsimile transmission line	Faxanschluss
facsimile transmission service	Faxdienst
fact	Tatsache, wahre Aussage
fact retrieval	Datenwiedergewinnung
factual data	Sachdaten
fade	schwinden
fail	versagen
failure	Störung
failure cause	Fehlerursache
failure logging	Fehlerprotokollierung, Störungsaufzeichnung
failure prediction	Störungsprognose
failure rate	Fehlerhäufigkeit
failure safety	Ausfallsicherheit
failure time	Ausfallzeit
faked	gefälscht
fall	absinken
fall back	Übertragungsrate mindern

fall forward	Übertragungsrate erhöhen
fall time	Abfallzeit
fallback procedure	Rückfallprozedur
fallback system	Rückfallsystem, Sicherungssystem
false	falsch, gefälscht
falsification	Fälschung
falsification security	Fälschungssicherheit
falsify	verfälschen
familiarization	Schulung
family	Familie
fan	belüften, Belüfter, Ventilator
fanfold	zickzackgefaltet
fanfold form	Endlosformular, Leporellopapier
fanfold paper	Endlospapier, Leporellopapier
fanfolding	Leporellofalzung, Zickzackfaltung
fan-in-fan-out ratio	Lastfaktorverhältnis
FAQ	Katalog der häufigsten Fragen mit Antworten
farad	Farad
Faraday cage	Faradayscher Käfig
fast	schnell
fast access	Schnellzugriff, unmittelbarer Zugriff
fast memory	Schnellspeicher, Zwischenspeicher
fast motion	Zeitraffer
fast page mode	Seitenzugriffsmodus
fast storage	Schnellspeicher
fast-access memory	Schnellzugriffsspeicher
fastback	Schnellsicherung
FAT	Dateizuweisungstabelle (FAT)
fatal	schwer
fatal error	unbehebbarer Fehler
father file	Vaterdatei
father tape	Vaterband
father-son principle	Generationsprinzip
fatigue test	Dauertest
fatigue-proof	ermüdungssicher
fatware	funktionsüberhäuftes Programm
faucet	Flächenfüllfunktion
fault	Fehler, Störung
fault analysis	Fehleranalyse
fault avoidance	Fehlervermeidung
fault detection	Fehlererkennung
fault diagnosis	Fehlerdiagnose
fault indicator	Fehleranzeige
fault isolation	Fehleranalyse

fault liability	Störungsanfälligkeit
fault location	Fehlersuche
fault log	Störungsprotokoll
fault message	Störungsmeldung
fault recovery	Fehlerbeseitigung
fault time	Fehlerausfallzeit
fault tolerance	Fehlertoleranz
fault-prone	fehleranfällig
fault-tolerant computer	fehlertoleranter Rechner
fault-tolerant system	fehlertolerantes System
faulty	fehlerhaft
FAX	Fax
fax board	Faxkarte
fax machine	Faxgerät
fax modem	Faxmodem
feature	charakterisieren, Charakteristikum, kennzeichnen
feature recognition	Merkmalserkennung
Federal Law on Data Protection	Bundesdatenschutzgesetz
federated database	gemeinsame Forschungsdatenbank
feed	vorschieben, Vorschub
feed hole	Führungsloch
feed roll	Transportrolle
feedback	rückkoppeln, Rückkopplung, Rückmeldung
feedback control loop	Regelkreis
feedback control system	Regelkreis
felt	Filz
female connector	Buchsenstecker
fiber	Lichtwellenleiter
fiber communication	Lichtwellenleiterkommunikation
fiber optics	Lichtwellenleitertechnik
fiber-distributed data interface	verteilte Lichtwellenleiter-Netzschnittstelle
Fibonacci number	Fibonacci-Zahl
fiche	Mikroplanfilm
Fidonet	Fido-Netz
field	Feld, Kraftfeld
field address	Feldadresse
field attribute	Feldattribut
field boundary	Feldbegrenzung
field contents	Feldinhalt
field definition	Felddefinition
field expansion	nachträgliche Erweiterung
field experiment	Feldexperiment
field finding	Feldergebnis
field format	Feldformat, Zellenformat

field key	Feldschlüssel
field length	Feldlänge
field name	Feldname, Zellenname
field of view	Sichtfeld
field of vision	Sichtfeld
field overflow	Feldüberlauf
field privilege	Feld-Zugriffsrechtebestimmung
field selection	Feldauswahl
field separator	Feldteiler
field size	Feldgröße
field strength	Feldstärke
field template	Datenfeldmaske
field transport	Feldübertragung
field width	Feldlänge
fieldeffect transistor	Feldeffekttransistor
field-effect transistor	Feldeffekttransistor (FET)
field-length field	Feldlängenfeld
field-length specification	Feldlängenangabe
field-protected	feldgeschützt
field-tested	erprobt
FIFO	FIFO-Methode
fifth-generation computer	Rechner der 5. Generation
fifth-generation language	Programmiersprache der 5. Generation
figurative	bildlich
figurative constant	figurative Konstante
figure	berechnen, Gestalt, Zahlzeichen, Ziffer
figure analysis	Ziffernanalyse
figures keyboard	Zifferntastatur
figures shift	Ziffernumschaltung
filament	Heizfaden
filament current	Heizstrom
file	ablegen, Datei, Kartei, ordnen
file access	Dateizugriff
file access rate	Dateifrequentierung, Dateizugriffshäufigkeit
file addressing	Dateiadressierung
file allocation	Dateizuordnung
file allocation table	Dateibelegungstabelle
file allocation table (FAT)	Dateizuweisungstabelle (FAT)
file architecture	Dateiorganisation
file area	Dateibereich
file attribute	Dateiattribut
file backup	Dateisicherung
file beginning	Dateianfang
file boundary	Dateigrenze
file cache	Datei-Cache-Speicher

file card	Platten-Steckkarte
file catalog	Dateikatalog
file catalog system	Dateikatalogsystem
file catenation	Dateikettung
file change	Dateiänderung
file changeover	Dateiwechsel
file checkup	Dateiprüfung
file closing	Dateiabschluss
file closing statement	Dateiabschlussanweisung
file combination	Dateienverbund
file compression	Dateikomprimierung
file compression utility	Dateikomprimierungsprogramm
file control	Dateisteuerung
file control block	Dateisteuerblock
file control language	Dateisteuersprache
file control processor	Dateisteuerprogramm
file control table	Dateisteuertabelle
file conversion	Dateikonvertierung
file copy	Dateikopie
file creating	Dateierstellung
file creating date	Dateierstellungsdatum
file creation	Dateierstellung, Dateigenerierung
file creation date	Dateierstellungsdatum
file creator	Dateierzeuger
file definition	Dateidefinition
file definition block	Dateidefinitionsblock
file definition macro	Dateidefinitionsmakro
file definition statement	Dateidefinitionsanweisung
file defragmentation	Dateidefragmentierung, Dateiorganisation
file deletion	Dateilöschung
file extension	Dateinamenszusatz
file extent	Dateispeicherbereich
file family	Dateifamilie
file fluctuation	Dateifluktuation
file format	Dateiformat
file fragmentation	Dateifragmentierung
file gap	Dateiendelücke
file generation	Dateigeneration, Dateigenerierung
file handle	Dateibezeichner
file identification	Dateiname
file identifier	Dateikennung
file label	Dateikennsatz
file library	Dateibibliothek
file lock	Dateisperre
file locking	Dateisperrung

file maintenance	Dateipflege
file mode	Dateimodus
file name	Dateiname
file opening	Dateieröffnung
file opening statement	Dateieröffnungsanweisung
file organization	Dateiorganisation
file owner	Dateieigentümer
file parameter	Dateiparameter
file path	Dateipfad
file processor	Dateiprozessor
file profile	Dateiprofil
file protect mode	Dateischutzmodus
file protection	Dateischutz
file reorganization	Dateireorganisation
file security	Dateisicherheit
file security block	Dateisicherungsblock
file segment	Dateisegment
file sequence number	Dateifolgenummer
file server	Datei-Diensteinheit
file sharing	gemeinsame Dateinutzung
file size	Dateigröße
file specification	Dateikenndaten
file statistic	Dateistatistik
file storage	Dateispeicher
file structure	Dateiorganisation
file trailer label	Dateiendekennsatz
file transfer	Dateitransfer
file transfer protocol	Dateitransferprotokoll
file type	Dateiart, Dateiform
file type specification	Dateibestimmung
file updating	Dateiaktualisierung
file utility	Dateidienstprogramm
file-integrated processing	datei-integrierte Datenverarbeitung
file-oriented	dateigebunden
filing	Ablage, Archivierung
filing office	Registratur
filing system	Ablage, Ablagesystem
fill	füllen
fill area	Füllbereich
fill bucket	Füllbereich
fill character	Füllzeichen
fill out	eintragen
filler	Füllfeld
filler byte	Füllzeichen
filler character	Füllzeichen

filler item	Füllfeld, unbenanntes Datenfeld
filling level	Füllstand
filling level indicator	Füllstandsanzeiger
film	Film, Überzug
film resistor	Schichtwiderstand
film ribbon	Kohlefarbband
film setting	Lichtsatz
FILO	FILO-Methode
filter	Filter, filtern
filter command	Filterkommando
filter program	Filterprogramm
filtering	filtern
final	abschließend, endgültig
final copy	Dokument-Endform
final network node	Endknoten
final node	Blatt, Endknoten
final reflective spot	Schlussmarke
finality	Finalität
find	suchen
finder	Finder
find-out of m ways	m-Wege-Suchen
fine	fein, genau
fine coordination	Feinabstimmung
fine diagram	Feindiagramm
fine tuning	Feineinstellung
finger	Zeiger
fingerprint reader	Fingerabdruck-Erkennungsgerät
finish	Abschluss, aufhören, fertigstellen, Oberflächenbeschaffenheit
finished	abgeschlossen
finite	endlich, finit
finite algorithm	endlicher Algorithmus
finite automaton	endlicher Automat
fire	auslösen
firm	fest, Firma
firmware	Festprogramme, Firmware
first	erst, frühest, zuerst
first copy-out time	Erstkopiezeit
first in first out (FIFO)	FIFO-Methode
first in last out (FILO)	FILO-Methode
first out last in (LIFO)	LIFO-Methode, LIFO-Prinzip
first-generation computer	Rechner der 1. Generation
fit out	ausstatten
five-channel code	Fernschreibcode
fivechannel tape	Fernschreiblochstreifen

fivetrack tape	Fünfspur-Lochstreifen
five-unit code	Fünfschrittcode
fixed and removal disk	Fest-Wechsel-Platte
fixed area	reservierter Speicher
fixed image	Standbild
fixed storage	Festspeicher
fixed working-storage area	reservierter Arbeitsspeicherbereich
fix-length word	Wort mit fester Bitlänge
fix-programmed	festprogrammiert
flag	Kennzeichen, kennzeichnen
flag bit	Kennzeichnungsbit
flanged spool	Bandspule
flank	Seite
flap	klappen, Verschlussumschlag
flash	Blinken, Blinker, einblenden, Einblendung
flash card	Speicherkarte
flash frequency	Blinkfrequenz
flash memory	Flash-Kartenspeicher
flashing	Blinken
flashing cursor	blinkender Cursor
flashing display	Blinkanzeige
flat	flach
flat address space	flacher Adressraum
flat cathode ray display	Flachelektronenstrahlröhre
flat file	Einfachdatei
flat module	Flachbaugruppe
flat pack	Flachgehäuse
flat screen	Flachbildschirm
flatbed	Flachbett
flatbed plotter	Flachbettzeichengerät
flatbed scanner	Flachbettscanner
flat-panel display	Flachbildschirm
flaw	fehlerhafte Stelle, Schwachstelle
flawed	beschädigt
flex	Anschlussleitung, biegen
flexibility	Anpassungsfähigkeit, Elastizität
flexible	elastisch
flexible disk	Diskette
flexile	biegsam
flexion	Krümmung
flicker	flimmern
flickerfree	flimmerfrei
flickering	flimmern
flickerless	flimmerfrei
flickerlessness	Flimmerfreiheit

flight simulator	Flugsimulator
flight time	Bewegungszeit
flip chart	Schaubild
flip chip	Halbleiterchip
flip switch	Kippschalter
flipflop	Kippschaltung
flipflop circuit	Flipflop-Schaltung
flipflop register	Flipflop-Register
flippy-floppy	Diskette
flipside	Rückseite
float	gleiten
floating	fließend, gleiten, gleitend
floating graphic	gleitende Grafik
floating head	fliegender Magnetkopf
floating point	Gleitkomma
floating point operation	Gleitkommaoperation
floating replacement	gleitende Ersetzung
floating-point arithmetic	Gleitkommaarithmetik
floating-point calculation	Gleitkommarechnung
floating-point computation	Gleitkommaarithmetik
floating-point instruction	Gleitkommabefehl
floating-point notation	Gleitkommadarstellung
floating-point number	Gleitkommazahl
floating-point operation	Gleitkommaoperation
floating-point operations per second	Gleitkommaoperationen je Sekunde
floating-point representation	Gleitkommadarstellung
floating-point unit	Gleitkommaeinheit
floating replacement	gleitende Ersetzung
floppy disk	Diskette
floppy disk access	Magnetdiskettenzugriff
floppy disk controller	Magnetdiskettensteuereinheit
floppy disk data safeguarding	Magnetdiskettensicherung
floppy disk directory	Magnetdiskettenverzeichnis
floppy disk operating system	Diskettenbetriebssystem
floppy disk sector	Magnetdiskettensektor
floppy disk sectoring	Magnetdiskettensektorierung
floppy disk station	Magnetdiskettenstation
floppy disk storage	Magnetdiskettenspeicher
floppy disk transport	Magnetdiskettentransport
floppy disk unit	Magnetdiskettenstation
flow	Fluss, umfließen
flow analysis	Ablaufanalyse
flow control	Ablaufsteuerung
flow line	Flusslinie

flow rate	Flussrate
flowchart	Flussdiagramm
fluctuation	Änderungshäufigkeit, Fluktuation
fluid	flüssig, Flüssigkeit, Gas
fluoresce	fluoreszierend, glimmen
fluorescent	fluoreszierend
flush	bündig
flush justified margins	bündig ausgerichtete Ränder
flush left	linksbündig
flush right	rechtsbündig
flux	Fluss, magnetische Stromdichte
flux change	Flusswechsel
flux reversal	Flusswechsel
flying head	fliegender Magnetkopf
flying lead	freier Anschluss
flying spot	Lichtpunkt
flying-spot scanning	Lichtpunktabtastung
FM	Frequenzmodulation
focal	Brennpunkt ...
focus	Bildschärfe, Brennpunkt, scharfstellen
focusing	konzentrieren, Scharfeinstellung
fog	Schleier
foil	Folie
foil keyboard	Folientastatur
fold	Falte, falten, Falz, falzen
fold spacing	Falzabstand
folder	Ordner, Verzeichnis
folding perforation	Falzperforation
foldout keyboard	Klapptastatur
folio	Seitenzahl
folio format	Folioformat
follow	folgen, folgen auf, nachfolgen
follow up	verfolgen
following	folgend
follow-on post	Folgenachricht
follow-up	Terminüberwachung
font	Schrift, Schriftart
font card	Schriftkarte
font cartridge	Schriftkassette
font change character	Schriftänderungszeichen
font characteristics	Schriftcharakteristika
font downloader	Schriftherunterlader
font down-loader	Schriftherunterlader
font editor	Schrifteditor
font family	Schriftfamilie

font file	Schriftdatei
font generator	Schriftgenerator
font manager	Schrift-Verwaltungsprogramm
font metric	Schriftmetrik
font size	Schriftgrad, Schrifthöhe
font smoothing	Schriftglättung
font storage	Schriftspeicher
font substitution	Schriftersetzung
foot	Basis
footage	Länge
footer	Fußzeile
footnote	Fußnote
FOR clause	Laufklausel
FOR statement	Laufanweisung
forbidden	unzulässig, verboten
force	Druck, forcieren, Kraft, Zwang, zwingen
forced	erzwungen, vorverlegt, Zwangs ...
forced page break	erzwungener Seitenumbruch
forcing	Erzwingung
foreground	Bildvordergrund, Vordergrund, Vorrangigkeit
foreground display	Anzeigevordergrund, Bildvordergrund
foreground partition	Vordergrundbereich
foreground processing	Vordergrundverarbeitung
foreground program	Vordergrundprogramm
foreground task	Vordergrundprogramm
foreign	fremd
foreign format	Fremdformat
foreign language translation	Fremdsprachenübersetzung
fork	Verzweigung
form	bilden, Datenbankformular, Gestalt, gestalten
form body	Formularkörper
form depth	Formularhöhe
form factor	Größenfaktor
form feed	Formularvorschub
form feed control	Formularvorschubsteuerung
form generator	Maskengenerator
form heading	Formularkopf
form identifier	Formularkennzeichnung
form letter	Serienbrief
form overflow	Formularüberlauf
form set	Formularsatz
form width	Formularbreite
formal requirement	Formvorschrift

formation	Gestaltung, Gliederung, Herstellung
former	Spulenkörper
forms	Interaktions-Schaltflächen
forms carrier	Formularträger
forms design	Formularentwurf
forms format	Formular-, Papierformat
forms generator	Formulargenerator
forms guide	Formularführung
forms layout gage	Zeilenlineal
forms management	Formularverwaltung
forms position check hole	Formularpositionierungsmarkierung
forms printer	Formulardrucker
forms stacker	Formularablage
forms-capable browser	Interaktions-Schaltflächen-Suchprogramm
formula	Formel
formula bar	Formelbearbeitungszeile
formula setting	Formelsatz
formula translator (FORTRAN)	FORTRAN (Programmiersprache)
FORTRAN	FORTRAN (Programmiersprache)
forum	Diskussionsforum, Nachrichtenforum
forward	übermitteln, vorwärts
forward chaining	Vorwärtskettung
forward direction	Durchlassrichtung
forward pointer	Vorwärtszeiger
forward resistance	Vorwärtswiderstand
forward-compatible	vorwärtskompatibel
forwarding	Übermittlung, Weiterleitung
forwardspace	vorsetzen
forward-space	vorsetzen
forward-spacing	vorsetzen
forward-tracing	Vorwärtsfolgerung
found	gründen
fount	Schriftart
four-species calculator	Vierspezies-Rechenmaschine
fourth-generation computer	Rechner der 4. Generation
fourth-generation language	Programmiersprache der 4. Generation
four-wire circuit	Vierleiterschaltung
four-wire line	Vierdrahtleitung
FPM	Seitenzugriffsmodus
fractal	Fraktal
fractal geometry	Fraktalgeometrie
fraction	Bruch
fractional	gebrochen
fragile	zerbrechlich
fragment	fragmentieren

fragmentation	Fragmentierung
fragmented	fragmentiert
fragmented file	fragmentierte Datei
frame	aufstellen, bilden, einrahmen, Gestell, Gestellrahmen, Nachrichtenrahmen, Rahmen, Vollbild, Wissensrahmen
frame buffer	Bildwiederholspeicher
frame check sequence	Blockparitätszeichen
frame clock	Rahmentakt
frame grabber	Bilddigitalisierer
frame layout	Gestellbelegung
frame rate	Bildwiederholrate
framed	eingerahmt
fraud	Betrug
freak	Begeisterter
free	frei, freigeben
freestanding device	Standgerät
freeware	Gratissoftware
freeze image	Standbild
frequency	Frequenz, Häufigkeit
frequency accuracy	Frequenzgenauigkeit
frequency band	Frequenzband, Frequenzbereich
frequency counter	Frequenzzähler
frequency curve	Häufigkeitskurve
frequency deviation	Frequenzabweichung
frequency division	Frequenzteilung
frequency filter	Frequenzfilter
frequency hopping	Frequenzsprungverfahren
frequency modulation (FM)	Frequenzmodulation
frequency shift keying	Frequenzumschaltung
frequency-division multiplexing	Frequenzmultiplexverfahren
frequency-modulated screening	Raster-Frequenzmodulation
frequencey scanning	Frequenzabtastung
frequent	beständig, frequent
frequently asked questions	häufig gestellte Fragen
frequently asked questions (FAQ)	Katalog der häufigsten Fragen mit Antworten
friction drive	Friktionsantrieb
friction drive roller	Zugwalze
friction feed	Friktionsvorschub
fringing	Farbverfälschung im Bildrandbereich
front feeder	Fronteinzug
front-end computer	Knotenrechner, Vorrechner
front-end processor	Datenstationsrechner, Vorrechner

full	besetzt, voll, voll belegt
full adder	Volladdierer
full backup	Vollsicherung
full card	Vollplatz-Steckkarte
full graphic	Vollgrafik
full justification	Blocksatz
full screen	Vollbild
full stop	Punkt
full-duplex transmission	Vollduplexbetrieb
full-height drive	Normgrößenlaufwerk
full-height drive bay	Normgrößenlaufwerks-Einbauplatz
full-motion picture	Bewegtbild
full-motion video adapter	Bewegtbild-Videokarte
full-page display	Ganzseitenbildschirm
full-page make-up	Ganzseitenumbruch
full-page output	Ganzseitenausgabe
full-page pagination	Ganzseitendarstellung
full-scale	maßstäblich
full-screen display	Ganzseitendarstellung
full-text database system	Volltextdatenbank
full-text search	Volltextsuche
full-travel keyboard	Tastatur mit vollbeweglichen Tasten
full-video	Bewegtbild ...
fully automatic	vollautomatisch
fully formed character	Vollformzeichen
function	Aufgabe, Funktion, funktionieren
function argument	Funktionsargument
function assembly	Funktionsbaugruppe
function bit	Funktionsbit
function byte	Funktionsbyte
function call	Funktionsaufruf
function control	Funktionssteuerung
function element	Funktionselement
function generator	Funktionsgenerator
function key	Funktionstaste, Programmfunktionstaste
function keyboard	Funktionstastatur
function library	Funktionsbibliothek
function name	Funktionsname
function reference	Funktionsaufruf
function safeguarding	Funktionssicherung
function separation	Funktionstrennung
function specification	Funktionsbeschreibung
function statement	Funktionsanweisung
function switch	Funktionsschalter
function test	Funktionstest

function value	Funktionswert
functional	funktional, Funktions ..., funktionsgemäß
functional character	Funktionszeichen
functional decomposition	funktionale Auflösung
functional design	funktionaler Entwurf
functional diagram	Funktionsdiagramm
functional interleaving	funktionelle Parallelarbeit
functional interlocking	Funktionsverbund
functional language	funktionale Programmiersprache
functional macro instruction	Funktionsmakrobefehl
functional organization	funktionale Organisation
functional procedure	Funktionsprozedur
functional programming	funktionale Programmierung
functional programming language	funktionale Programmiersprache
functional routine	Funktionsablauf
functional test	Funktionstest
functional unit	Funktionseinheit
functionality	Funktionalität, Funktionsvielfalt
function-oriented programming	funktionale Programmierung
fund	Kapital
fundamental	Grundfrequenz, Grundlage, grundlegend
furnish	ausstatten
furnishing	Ausstattung
furthering	Förderung
fused	abgesichert
fusetron	Elektronensicherung
fusion	Fusion
future	Zukunft, zukünftig
future technology	Hochtechnologie, Zukunftstechnologie
fuzzy logic	Fuzzy-Logik

G

gadget	Vorrichtung
gage	kalibrieren, Spurweite
gain	Gewinn, Verstärkung, Vorteil
galley-proof	Korrekturfahne
gallium	Gallium
gallium arsenide	Gallium-Arsenid
galvanic-connected	galvanisch verbunden
galvanometer	Galvanometer
game	Spiel
game of roles	Rollenspiel
gang	abgleichen

gap character	Blocklückenzeichen
gap length	Lückenlänge
gapless	lückenlos
garamond	Garamond
garbage collection	Speicherbereinigung
garble	verstümmeln, Verstümmelung
garbling	Verstümmelung
garnish	ausstaffieren
gas	Gas
gas panel	Plasmabildschirm
gas plasma display	Plasmabildschirm
gasdischarge display	Plasmabildschirm
gas-discharge display	Gasentladungsbildschirm
gash	einschneiden, Einschnitt
gasification	Gasbildung
gas-tight	gasdicht
gate	ein Gatter durchfließen, Gatter, Gatterschaltung, Gitter, Schaltelement, Tor
gate array	anwendungsspezifischer integrierter Schaltkreis
gate array technique	kundenspezifische Halbleiterschalttechnik
gate circuit	Gatterschaltkreis
gate switching time	Gatterdurchlaufzeit
gate symbol	Schaltzeichen
gate voltage	Steuerspannung
gateway	Konzentrator, Netzverbindungsrechner
gateway exchange	Verteilerknoten
gather	erfassen, sammeln
gathering	erfassen, Erfassung
gating	Austastung, Signalauswertung
gauge	eichen, Eichmaß, kalibrieren, Spurweite
gauging	Eichung
Gaussian distribution	Gauss-Verteilung
GB	Gigabyte
GBit	Gigabit
GByte	Gigabyte
GCR	Gruppencode-Aufzeichnung
GDI	Grafikgeräte-Schnittstelle
gear	Antrieb, Getriebe, verzahnen
geminate	paarig, paarig anordnen
gender changer	Wechselsteckergerät
general	Haupt ..., üblich
general chart	Übersichtsdiagramm
general format	allgemeines Format
general interface	Mehrzweckschnittstelle

general storage	Hauptspeicher
general test	Gesamttest
generalization	Verallgemeinerung
generalize	verallgemeinern
generally accepted principles of computer security	Grundsätze ordnungsgemäßer Datensicherung
generally accepted principles of computerstored accounting	Grundsätze ordnungsgemäßer Speicherbuchhaltung
generally accepted principles of data privacy	Grundsätze ordnungsgemäßen Datenschutzes
generally accepted principles of data processing	Grundsätze ordnungsgemäßer Datenverarbeitung
generally accepted principles of data processing documentation	Grundsätze ordnungsgemäßer Datenverarbeitungsdokumentation
general-purpose	Mehrzweck ...
general-purpose computer	Mehrzweckrechner, Universalrechner
general-purpose interface bus	Mehrzweckbus
general-purpose language	Allzwecksprache
general-purpose register	Mehrzweckregister
generate	errechnen, erzeugen, generieren
generate statement	Erzeugungsanweisung
generated address	errechnete Adresse
generating	erzeugend
generating language	Generierungssprache
generating run	Generierungslauf
generation	Erzeugung, Generation, Generierung
generation data set	Dateigeneration
generation number	Versionsnummer
generation phase	Generierungsphase
generator	Geber
generic	auswählbar
generic attribute	Auswählbarkeitsattribut, Gattungsattribut
genuine	unverfälscht, wirklich
geosynchronous	erdsynchron
germane	nah verwandt
germanium	Germanium
germanium diode	Germaniumdiode
germanium transistor	Germaniumtransistor
gerrymander	manipulieren
gesture	Eingabebewegung
get	holen
ghost	Geist
ghost image	Geisterbild
ghosting	Bildeinbrennen

Giga..	G, Giga
gild	vergolden
gilt	vergoldet
gimbal	Tragrahmen
girdle	Gurt
giving of information	Auskunftserteilung
gland	Buchse
gleam	glimmen, Lichtstrahl
glimmer	flimmern
glimmerfree	flimmerfrei
global	global, umfassend, universell
global area	globaler Bereich
global backup	vollständige Sicherung
global operation	umfassende Operation
global replace	Vollersetzung
global variable	globale Variable
globule	Kügelchen
gloss	Fußnote
glossary	Glossar, Wörterverzeichnis
glossy finish	glänzende Oberflächenbeschaffenheit
glow	glimmen
glow lamp	Glimmröhre
glow-discharge lamp	Gasentladungsglimmlampe, Gasentladungslampe
glow-lamp	Gasentladungslampe
glue	kleben, Kleber
glue strip	Klebestreifen
gnomon	dreidimensionales Koordinatensystem
go	gehen, springen
go in	ankommen
go into	enthalten sein
go out	abgehen
go to	springen, springen nach, verzweigen, verzweigen nach
goal	Zielpunkt
goal-driven	zielgesteuert
going	funktionierend, in Betrieb
gold-bonded	goldgelötet, goldkontaktiert
gong	Alarmglocke
goods labeling	Warenauszeichnung
gopherspace	Gopherraum
go-to instruction	unbedingter Sprungbefehl
govern	regieren
government	Regierung
governor	Regler, Regulator

GPC	Universalrechner
GPIB	Mehrzweckbus
grabber	Bilddigitalisierer
grabber hand	Cursorzeichen in Form einer Hand
gradate	abstufen
gradation	Abstufung, Übergang
grade	einteilen, Grad, klassifizieren, Rang
graded-index fibre	Gradientenfaser
gradient	abfallend, ansteigend, Gefälle, Steigung
grading	Ordnung
gradual	graduell
graduate	einteilen
graduation	Einteilung
grammalogue	Kürzel
grammar	Grammatik
grammatic	grammatikalisch
grand total	Gesamtsumme
grandfather tape	Großvaterband
granularity of allocation	kleinste Zuordnungseinheit
graph	Graf, grafisch darstellen, grafische Darstellung, Schaubild
graph theory	Grafentheorie
graphic	grafisch, Grafik, grafisch
graphic data	Piktogramm
graphic display interface (GDI)	Grafikgeräte-Schnittstelle
graphic master	Vorlage
graphic paper	Millimeterpapier
graphical device	Grafikgerät
graphical device interface	Grafikgeräte-Schnittstelle
graphical input device	grafisches Eingabegerät
graphical interface	Grafikschnittstelle
graphical kernel system	grafisches Kernsystem
graphical output device	grafisches Ausgabegerät
graphics	Grafik
graphics application	Grafikanwendung
graphics controller	Bildsteuereinheit
graphics element	Bildelement
graphics limits	Bildgrenzen
graphics port	Grafikanschluss
graphics scanner	Bildeingabegerät, Bildscanner
graphics user interface (GUI)	grafische Benutzeroberfläche (GUI)
graticule	Raster
gratuitous	gratis, kostenlos
gratuity	Gratifikation
Gray code	Gray-Code

gray scale	Grautonskala
gray tone	Grauton, Grauwert
gray-scale display	Grautonbildschirm
gray-scale scanner	Grauton-Scanner
greater-or-equal symbol	Größer-gleich-Zeichen (>=)
Greek character	griechisches Schriftzeichen
Greek text	Pseudotext
greeking	Druckseiten-Layoutabbildung
green PC	umweltfreundlicher PC
grey	grau
grey tone	Grauton, Grauwert
grid	Gitter, Liniengitter, Raster, Stromnetz
grid voltage	Gitterspannung
grip	Griff
gripping device	Greifwerkzeug
gross error	absoluter Fehler
ground	Basis, Erde, erden
ground line	Grundlinie
ground radio network	Erdfunknetz
grounded	geerdet
grounding	Erdung, Masse
group	Gruppe, gruppieren, Symbolgruppe, Verbund
group code	Gruppencode
group control	Gruppenprüfung
group control change	Gruppenwechsel
group counter	Gruppenzähler
group icon	Gruppenikone, Gruppensymbol
group level	Gruppeneinstufung
group mark	Gruppensymbol
group processing	Gruppenverarbeitung
group-coded recording (GCR)	Gruppencode-Aufzeichnung
grouping	Bündelung, Gruppierung
groupware	Groupware
grow	zunehmen
grown transistor	gezogener Transistor
GS	Hauptspeicher
guarantee	gewährleisten
guard	beschützen, Schutzeinrichtung
guard band	Schutzbereich
guard bar	Schutzstreifen
guest computer	Gastcomputer
guest language	Gastsprache
GUI	grafische Benutzeroberfläche (GUI)
guidable	lenkbar

guidance	Anleitung, Führungsschiene
guide	anleiten, Einführung, führen
guide book	Betriebsanleitung, Einführung
guide edge	Führungskante
guide line	Richtlinie
gulp	Bytegruppe
guru	Experte
gyrate	rotieren
gyration	Rotation

H

hack	hacken
hacker	Hacker
hacker slang	Hackersprache
hairline	Haarlinie
half	halb
half adder	Halbaddierer, Halbaddierwerk
half-byte	Halbbyte
half-direct	halbdirekt
half-direct data acquisition	halbdirekte Datenerfassung
half-duplex	halbduplex
half-duplex communication	Halbduplexbetrieb
half-duplex intercommunication system	Wechselsprechanlage
half-duplex operation	Halbduplexbetrieb, Wechselverkehr
half-duplex transmission	Halbduplexübertragung
half-pulse	halber Impuls
halted	unterbrochen
halve	halbieren
hand feed	Handzuführung
hand over	übergeben
hand rest	Handauflage
hand set	Hörer
handheld computer	Handmikrorechner
handicraft	Handwerk
handiness	Handlichkeit
handle	Griff, verarbeiten
handler	Verarbeiter
handling equipment	Roboter
handling technology	Robotik
hand-operated	handbetrieben
handset	Handapparat
handset scanner	Handscanner

hands-free communication	Freisprechen
hand-shaking	Flussteuerung, Quittungsbetrieb
handshaking protocol	Flussteuerungsprotokoll
hands-on	praktisch
hands-on training	praktische Ausbildung
handwriting reader	Handschriftleser
handwriting recognition	Handschrifterkennung
handwritten	handgeschrieben
handwritten block letters	handgeschriebene Blockschrift, OCR-H-Schrift
handwritten document	Handschriftbeleg
handy	handlich
hang	hängen
hanging indent	Ausrückung
hang-up	Aufhängen
hard	dauerhaft, stabil
hard card	Platten-Steckkarte
hard copy	Hartkopie
hard disk	Festplatte, Magnetplatte
hard disk drive	Festplattenlaufwerk
hard drive	Magnetplattenlaufwerk
hard drop	RAM-Speicherfehler
hard error	Hardwarefehler, Hardware-Fehler
hard failure	Hardwarestörung, Hardware-Störung
hard font	Druckerschrift
hard hyphen	geschützter Bindestrich
hard page	erzwungener Seitenumbruch
hard return	erzwungener Zeilenumbruch
hard sector	Sektor mit fester Größe
hard space	geschütztes Leerzeichen
hardcopy	Hartkopie
hardcopy unit	Hartkopie-Gerät
hardhole	Hubring
hard-sectored	hartsektoriert (Sektoren haben feste Größe)
hard-sectoring	Hartsektorierung (Sektoren haben feste Größe)
hardware	Hardware, Maschinenausrüstung
hardware cache	Hardware-Cache-Speicher
hardware check	Hardwareprüfung, Hardware-Prüfung
hardware checking facility	Hardware-Prüfeinrichtung
hardware compatibility	Hardware-Kompatibilität
hardware configuration	Hardware-Konfiguration
hardware contract	Hardware-Vertrag
hardware control	Hardware-Steuerung
hardware costs	Hardware-Kosten

hardware defect	Hardware-Störung
hardware ergonomics	Hardware-Ergonomie
hardware failure	Hardware-Fehler
hardware function	Hardware-Funktion
hardware integrity	Hardware-Integrität
hardware interface	Hardware-Schnittstelle
hardware interrupt	Hardware-Unterbrechung
hardware key	Hardware-Schließsystem
hardware maintenance	Hardware-Wartung
hardware malfunction	Hardware-Störung
hardware manufacturer	Hardware-Hersteller
hardware monitor	Hardware-Monitor
hardware platform	Hardwarebasis
hardware reliability	Hardware-Zuverlässigkeit
hardware reset	Hardware-Rücksetzung
hardware-compatible	Hardware-kompatibel
hardware-programmed	Hardware-programmiert
hardwired	festverdrahtet
hardwired controller	festverdrahtete Steuerung
hardwired memory	Festspeicher, festverdrahteter Speicher
hardwired program	festverdrahtetes Programm
harmonic	Oberschwingung
harness	Kabelbaum
hash algorithm	Hash-Algorithmus, Hash-Code
hash code	Hash-Code
hashing	Hash-Code-Anwendung
haul	Transportweg
head	Magnetkopf
head card	Leitkarte
head field	Überschriftsleiste
head line	Titelzeile
head positioning	Kopfpositionierung
head seek time	Zugriffszeit
head selection	Kopfauswahl, Spurwahl
head slot	Kopffenster
head stack	Mehrspurkopf
head window	Kopffenster
header	Anfangsetikett
header card	Leitkarte
header label	Anfangsetikett
header record	Anfangskennsatz
heading	Überschrift
heading record	Anfangskennsatz
headline	Titelzeile, Überschrift
head-to-disk distance	Kopfabstand

heap	spezialisierter Speicherbereich
heap sort	Gruppensortieren
heat	erhitzen, erwärmen, heizen, Hitze, Wärme
heat dissipation	Wärmeabgabe
heat flash	Wärmeausstrahlung, Wärmestrahlung
heat sink	Wärmeableiter
heat up	Aufheizen
heating	Erwärmung, Heizung
heating up	Aufheizen
heating-up time	Aufheizzeit
heat-proof	hitzebeständig
heavy	schwer, stark
heavy print	Fettdruck
hectograph	Vervielfältiger
helical	schraubenförmig, spiralig
helical recording	Aufzeichnung in Schneckenform
heliographic printing	Lichtpausverfahren
helix	Spirale
helix printer	Helixdrucker, Spiraldrucker
help	helfen, Hilfe, Hilfefunktion, unterstützen, Unterstützung
help area	Hilfebereich
help button	Hilfeschaltfläche
help function	Hilfefunktion
help index	Hilfeglossar, Hilfeindex
help key	Hilfetaste
help mark	Hilfeschaltfläche
help menu	Hilfemenü
help page	Hilfeseite
help screen	Hilfebildschirm, Hilfemenü
help system	Hilfesystem
help text	Hilfetext
help wizard	Hilfeassistent
helper program	Helferprogramm
Helvetica	Helvetica
hermetic	hermetisch
hertz	Hertz
hesitation	Verarbeitungsunterbrechung, Verzögerung
heterodyn	überlagern, Überlagerungs ...
heterodyne	überlagern
heterogeneity	Verschiedenartigkeit
heterogeneous	heterogen, verschiedenartig
heteropolar	mehrpolig
heuristic	heuristisch
heuristic knowledge	heuristisches Wissen

heuristic programming	heuristische Programmierung
heuristic search	heuristische Suche
heuristics	Heuristik
hex	hexadezimal
hexadecimal	hexadezimal, sedezimal
hexadecimal digit	Hexadezimalziffer
hexadecimal number	Hexadezimalzahl
hexadecimal number system	Hexadezimalzahlensystem
hexadecimal representation	Hexadezimaldarstellung
hexadecimal system	Hexadezimalzahlensystem
hexagonal	sechsseitig
hidden	versteckt
hierarchic structure	Baumstruktur
hierarchy of objectives	Zielhierarchie
hi-fi	Höchstgenauigkeit
high	Höchst ...
high address	Endadresse
high byte	oberes Byte
high density	hohe Speicherdichte
high frequency	Hochfrequenz
high memory	oberer Speicher
high memory area (HMA)	oberer Speicherbereich
high noise immunity	Störunanfälligkeit
high resolution	hohe Auflösung
high speed	Hochgeschwindigkeit
high technology	Hochtechnologie
high-contrast	kontrastreich
higher service	höherer Dienst
higher-order	höherwertig
highest	Höchst ...
highest order	höchstwertig
highest-order address	höchste Adresse
highest-order bit	höchstwertiges Bit
highest-order group level	höchste Gruppenstufe
highest-order priority	höchste Priorität
high-frequency	Hochfrequenz ...
high-frequency engineering	Hochfrequenztechnik
high-frequency range	Ultrakurzwellenbereich
high-level	höhere Programmiersprache
high-level data link control	schnelle Datenverbindungs-Steuerung
high-level programming	höhere Programmiersprache
highlight	hervorheben
highlighting	Hervorhebung
high-performance	Hochleistungs ...
high-performance computer	Hochleistungsrechner

highspeed bus	Hochgeschwindigkeitsbus
high-speed bus	Hochgeschwindigkeitsbus
highspeed channel	Hochgeschwindigkeitskanal
high-speed channel	Hochgeschwindigkeitskanal
high-speed memory	Schnellspeicher
high-speed modem	Hochgeschwindigkeitsmodem
high-speed printer	sehr schneller Drucker
high-speed storage	Schnellspeicher
high-tec	Hochtechnologie
high-tech	Hochtechnologie
high-technology	Hochtechnologie ...
high-value	Höchstwert
highway	Autobahn, Datenschnellweg, Mehrfachleitung
HIMEM	hoher Speicherbereich
hinged	drehbar, klappbar
hint	Hinweis
hinting	Schriftverbesserung
hire	Miete, mieten
hi-res	hohe Auflösung
hissing	Rauschen
histogram	Balkendiagramm
historical	Stamm ...
historical data	Stammdaten
hit	Störung, treffen, Treffer
hit ratio	Trefferverhältnis
hit-on-the-fly print	fliegender Druck
HLL	höhere Programmiersprache
HMA	hoher Speicherbereich, oberer Speicherbereich
hobby computer	Hobbycomputer
hobby computing	Computerbasteln
hold	enthalten, Halt, halten, vorhalten
hold button	Unterbrechungstaste
hold down	festhalten
hold element	Halteglied
hold instruction	Wartebefehl
hold on	warten
hold-file	Wiedervorlage
holding circuit	Warteschaltung
hole conduction	Löcherleitung
hole current	Löcherstrom
hole density	Löcherdichte
hole mobility	Löcherbeweglichkeit
hole-storage effect	Trägerspeichereffekt

hologram	Hologramm
holographic	holografisch
holographic memory	holografischer Speicher
holography	Holografie
home	Ausgangsposition, Grundstellung
home address	Ausgangsadresse, Spuradresse
home banking	Telebanking-Verfahren
home computer	Heimcomputer, Hobbyrechner
home directory	persönliches Verzeichnis
home key	Hometaste (Pos1)
home page	Einstiegsseite
home position	Ausgangsstellung, Normalstellung
home shopping	Teleeinkauf
home terminal	Heimterminal
home working	Heimarbeit, Telearbeit
homegrown	selbst erstellt
homing	in Grundstellung bringen
homologous	übereinstimmend
hook	Haken
hook-up	Schaltung
hopper	Eingabemagazin
horizontal frequency	Zeilenfrequenz
horizontal skip	Zeilensprung
hospital information system	Krankenhausinformationssystem
host	Wirt
hot key	Taste für schnellen Befehlsgang
hot line	Schnellberatung
hot link	Schnellverknüpfung
hot standby computer	sofort einsetzbarer Ersatzrechner
hot-line service	Schnellberatung
hotspot	heißer Punkt, Zentrum
hour	Stunde
hour meter	Stundenzähler
hourly	stündlich
housekeeping	Organisation, organisieren
housekeeping computer	Haushaltsrechner
housekeeping routine	Eröffnungsroutine
housing	Gehäuse
HTML (hypertext markup language)	HTML (Sprache um WWW-Seiten zu erstellen)
HTTP (hypertext transfer protocol)	HTTP (Protokoll um WWW-Inhalte zu übertragen)
hub	Buchse, Netzknoten
hub ring	Verstärkerring
hue	Farbton

human intelligence	menschliche Intelligenz
human-computer interaction	Mensch-Computer-Dialog
human-machine interface	Mensch-Maschine-Schnittstelle
human-readable	visuell lesbar
humid	feucht
hump	Hindernis
hundred	hundert
hung system	abgestürztes System
hunt	suchen, verfolgen
hunting	Nachlauf, Pendeln
hybrid	digital und analog, Hybrid ..., Zwitter
hybrid circuit	Hybridschaltung
hybrid computer	Hybridrechner
hybrid design	Mischbauart
hybrid interface	Digital-analog Schnittstelle, Digital-analog-Schnittstelle
hybrid language	Hybridsprache
hybrid network	Kombinationsnetz
hybrid system	Groß-/Kleinrechner-Kombination, Groß-Kleinrechner-Kombination
hybrid technology	Hybridtechnik
hybrid topology	Kombinationsnetz
hybrid transmission	Kombinationsübertragung
hyper...	über ...
hyperbola	Hyperbel
hyperbolic	hyperbolisch
hyperlink	Hypertext-Verknüpfungswort
hypershow	interaktive Diaschau
hyperspace	Hyperraum
hypertext	Hypertext
hypertext system	Hypertext
hyperware	Hypertext-Software
hyphen	Silbentrennstrich
hyphenation	Silbentrennung
hyphenation help	Silbentrennungsprogramm
hyphenation program	Silbentrennungsprogramm
hyphenless justification	Blocksatz ohne Silbentrennung
hypothesis	Annahme, Hypothese
hypothetic	hypothetisch
hysteresis	Hysterese, magnetische Trägheit
hysteresis effect	Hysterese-Effekt
hysteresis loop	Hysterese-Schleife

I

I/O	Eingabe/Ausgabe
IBM-compatible	IBM-kompatibel
icecap	Mikroprozessor-Kühleinrichtung
icon	Bildsymbol, Ikone, Piktogramm
IDE drive	IDE-Laufwerk
ideal	vollkommen
idealized system	Idealsystem
identic	identisch
identifiable	identifizierbar
identification	Identifikation, Identifizierung, Kennzeichnung
identification character	Kennung
identification key	Kennungsschlüssel
identification mark	Identifikationsmerkmal
identification number	Identifikationsnummer, Ordnungsbegriff
identification request	Kennungsabfrage
identifier	Bezeichner, Feldname, Identifikationszeichen, Identifizierungszeichen
identifier list	Feldnamenverzeichnis
identify	identifizieren, kennzeichnen
identify sign	Identifikationszeichen, Identifizierungszeichen
identifying	bezeichnen, Erkennungsangaben
identifying signal	Kennsignal
identity	Gleichheit, Identität, Individualität
identity sign	Identitätszeichen (=)
ideography	Begriffsschrift
idle	frei, nicht in Betrieb, Ruhe ...
idle character	Leerzeichen
idle current	Blindstrom
idle interrupt	Ruhemeldung
idle time	Bereitschaftszeit, Brachzeit
idling	Leerlauf
IDN	integriertes digitales Netzwerk
IDP	integrierte Datenverarbeitung
IEC	IEC
IEEE	IEEE (Amerikanisches Normungsinstitut)
IEPG	Internet-Weiterentwicklungsgruppe
IETF	Internet-Technikplanungsgruppe, Internet-Techniksonderdezernat
if	falls, wenn
if instruction	Bedingungsbefehl
if statement	Bedingungsanweisung

if-then statement	Wenn-dann-Aussage
if-then-else	wenn-dann-anderenfalls
ignore	auslassen, ignorieren, überlesen
ignore character	Ignorierzeichen
ikon	Icon, Ikone, Piktogramm, Symbol
illegal	falsch, ungültig, unzulässig
illegal character	unzulässiges Zeichen
illegal code	unzulässiges Codezeichen
illegal instruction	unzulässiger Befehl
illegal operation	unzulässige Operation
illegal operation code	unzulässiger Operationsschlüssel
illegible	unlesbar
illimitable	unbeschränkt
illogical	unlogisch
illuminance	Illuminanz
illuminated	Leucht ...
illumination	Beleuchtungsstärke
illustrate	erklären, veranschaulichen
illustration	Abbildung, Veranschaulichung
image	abbilden, Abbildung, Bild
image analysis	Bildanalyse
image area	Bildbereich, Bildfeld
image background	Bildhintergrund
image backup	Bildsicherung
image buffer	Bildpufferspeicher
image changing	Bildveränderung
image communication	Bildkommunikation, Bildübertragung
image compression	Bildkomprimierung
image content	Bildinhalt
image contrast	Bildkontrast
image copy	Abbildkopie
image decompression	Bilddekomprimierung
image definition	Bildschärfe
image description language	Bildbeschreibungssprache
image digitizing	Bilddigitalisierung
image dissection	Bildzergliederung
image dissector	Bildzerleger
image editing	Bildaufbereitung, Bildbearbeitung
image editor	Bildaufbereiter, Bildbearbeitungsprogramm
image enhancement	Bilderweiterung
image file	Bilddatei
image foreground	Bildvordergrund
image format	Bildformat
image function	Bildfunktion
image generation	Bilderzeugung

image generator	Bildgenerator
image input	Bildeingabe
image light intensity	Bildhelligkeit
image magnifier	Bildvergrößerung, Lupe
image processing	Bildverarbeitung
image program	Bildverarbeitungsprogramm
image quality	Bildqualität
image recognition	Bilderkennung
image regeneration	Bildwiederholung
image scanner	Bildeingabegerät
image segmentation	Bildsegmentierung
image sensor	Lichtsensor
image set	Bildgerät
image setter	Bild-Druckmaschine
image space	Bildraum
image storage	Bildspeicher
image transformation	Bildveränderung
imaginary	imaginär
imaging	Bildverarbeitung
immanent	immanent
immune	immun
immunity	Unanfälligkeit
immunization	Immunisierung
immunize	immunisieren
impact of computers	Computerauswirkung
imparity	Imparität
impedance	Scheinwiderstand
impel	antreiben
impellent	Antrieb
impenetrable	unzugänglich
imperative	befehlend, unbedingt
imperative statement	Befehlsanweisung
imperceptible	nicht wahrnehmbar
imperfect	unvollständig
imperfection	Fehlerstelle
impermanent	unbeständig
implant	übertragen
implantation	Übertragung
implausible	unwahrscheinlich
implement	einführen, implementieren, realisieren
implementation	Einführung, Implementierung, Realisierung
implementing	Inbetriebnahme
implicate	zur Folge haben
implication	Folgerung
implicit	nicht ausdrücklich, unausgesprochen

implicit address	implizite Adresse
implicit addressing	implizite Adressierung
implied	nicht ausdrücklich
implode	implodieren
imply	einschließen, voraussetzen
imponderable	unwägbar
import	Import, importieren, übertragen, Übertragung
importability	Nichtübertragbarkeit
importable	nicht übertragbar
importance	Wichtigkeit
important	wichtig
impose	ausschießen
imposition	Ausschuss
impossibility	Unmöglichkeit
impossible	unmöglich
impracticability	Undurchführbarkeit
impracticable	undurchführbar
impress	einprägen
impression	Prägung
imprimatur	Druckfreigabe
imprint	Impressum
imprint position	Beschriftungsstelle
improbability	Unwahrscheinlichkeit
improbable	unwahrscheinlich
improper	falsch, ungeeignet, ungenau, unzulässig
improvable	verbesserungsfähig
improve	verbessern
improved	behelfsmäßig
improvement	Verbesserung
impulse	Impuls
impurity	Störstelle, Verunreinigung
IMR	Monatsnachrichten im Internet
inable	unfähig
inaccessible	gesperrt
inaccuracy	Ungenauigkeit
inaccurate	ungenau
inactive	inaktiv, untätig
inadmissibility	Unzulässigkeit
inadmissible	unzulässig
inalterable	unveränderlich
inapplicable	ungeeignet
inaudible	unhörbar
in-band signaling	Schmalbandübertragung
in-band signalling	Schmalbandübertragung

inboard	Innen ...
in-bound	ankommend
incandescent bulb	Glühlampe
incase	einbauen
incessant	ununterbrochen
inch	Zoll
inch per second	Zoll pro Sekunde
incident	Ereignis, Fehler, Vorfall
incidental	Neben ...
incipient	Anfangs ...
in-circuit	schaltungsintern
in-circuit emulator	integrierter Emulator
inclination	Neigungswinkel
inclination of font	Schriftneigung
include	einbeziehen
including	einschließlich
inclusive	einschließlich
inclusive OR	Disjunktion
incompatibility	Unverträglichkeit
incompatible	unverträglich
incompetent	unbefugt
incomplete	unvollständig
incomprehensible	unverständlich
inconsistence	Unvereinbarkeit
inconstancy	Unbeständigkeit
inconstant	unbeständig
incontestable	unwiderlegbar
increase	Anwachsen, zunehmen
increment	Zunahme
increment counter	Aufwärtszähler
incremental backup	fortlaufende Sicherung
indefinite	unbestimmt
indent	Einrückung
indentation	Einrückung
independence	Unabhängigkeit
independent	unabhängig
indeterminable	unbestimmbar, unbestimmt
index	indizieren
index address	indizierte Adresse
index entry	Indexeintrag
index file	Kartei
index function	Indexfunktion
index hole	Indexloch
index line	Kennlinie
index list	Indextabelle

index name	Indexname
index register	Indexregister, Modifikationsregister
index sensing	Indexlochabfühlung
index sorting	Indexsortieren
index table	Indextabelle
index value	Indexwert
index word	Indexwort
indexation	Indizierung
indexcd variable	indizierte Variable
index-chained access	indiziert-verketteter Zugriff
index-chained file	indiziert-verkettete Datei
index-chained organization	indiziert-verkettete Organisation
indexed	indiziert
indexed address	indizierte Adresse
indexed addressing	indizierte Adressierung
indexed branch instruction	indizierter Sprungbefehl
indexed data	indizierte Daten
indexed expression	Indexausdruck
indexed file	indizierte Datei
indexed game	verbotenes Computerspiel
indexed organization	indizierte Organisation
indexed variable	indizierte Variable, Laufvariable
indexed-sequential access	indexsequentieller Zugriff
indexed-sequential file	indexsequentielle Datei
indexed-sequential organization	indexsequentielle Organisation
indexing	Indexierung, Indizierung
index-rated	verboten
index-sequential	indexsequentiell
index-sequential access mode	indexsequentielle Speicherung
index-sequential organization	indexsequentielle Speicherung
Indiapaper	Dünndruckpapier
India-paper	Dünndruckpapier
indicate	anzeigen, hinweisen
indication	Kennzeichen
indicator	Anzeige
indicator panel	Anzeigefeld
indirect	indirekt, mittelbar
indirect access	indirekter Zugriff
indirect address	indirekte Adresse
indirect addressing	indirekte Adressierung
indirect data collection	indirekte Datenerfassung
indirect data gathering	indirekte Datenerfassung
indirect drive	indirekter Antrieb
indirect enduser	indirekter Benutzer

indirect input	indirekte Eingabe
indirect instruction	indirekter Befehl
indirect print	indirekter Druck
indium	Indium
indium antimonide	Indium-Antimonid
indium phosphide	Indium-Phosphid
individual	Einzel ..., einzeln, individuell, Individuum
individual communication	Individualkommunikation
individual data	Individualdaten
individual data privacy	Individueller Datenschutz
individual software	Individualsoftware
indivisible number	Primzahl
induce	induzieren
induced	induziert
inductance	Induktivität
induction	Induktion
inductive	induktiv
inductive proof	induktiver Beweis
inductivity	Induktivität
inductor	Induktor
industrial	Industrie ..., industriell
industrial automation	Prozessautomatisierung
industrial data capture	Betriebsdatenerfassung
industrial data processing	industrielle Datenverarbeitung
industrial electronics	Industrieelektronik
industrial output	Industrieproduktion
industrial robot	Industrieroboter
industrial standard	Industriestandard
industrialization	Industrialisierung
industry	Industrie
industry standard architecture	Industriestandardarchitektur
ineffective	erfolglos, unwirksam
inequality	Ungleichheit, Ungleichung
inequivalence	Antivalenz
inertia	Masseträgheit
inexecutable	unausführbar
infect	infizieren
infecting	infizieren
infection	Infizierung
infer	folgern
inference	Folgerung
inference engine	Inferenzmaschine
inference machine	Inferenzmaschine
inference system	Inferenzsystem
inferior	tiefgestellt

infinite loop	Endlosschleife
infinitesimal	infinitesimal
infinitesimal calculus	Infinitesimalrechnung
inflated	überhöht
inflexibility	Starrheit
inflexible	starr
infological model	infologisches Modell
inform	informieren
informal	formwidrig, informell
informality	Formwidrigkeit
informant	Informant
informatics	Informatik
information and communication technology	Informations- und Kommunikationstechnik
information and planning system	Informations- und Planungssystem
information balance	Informationsgleichgewicht
information barrier	Informationsbarriere
information base	Informationsbank, Informationsbasis
information bit	Datenbit
information broker	Informationshändler
information carrier	Informationsträger
information center	Informationszentrum
information compression	Informationsverdichtung
information content	Informationsgehalt
information demand	Informationsnachfrage
information department	Informationsstelle
information economy	Informationswirtschaft
information engineer	Informationsingenieur
information explosion	Informationsüberangebot
information flood	Informationsflut
information flow	Informationsfluss
information function	Informationsfunktion
information hiding	Informationsverheimlichung
information highway	Datenautobahn
information input	Informationseingabe
information kiosk	Informationskiosk
information larceny	Informationsdiebstahl
information logistics	Informationslogistik
information loss	Informationsverlust
information management	Informationsmanagement
information management system	Informationsmanagementsystem
information market	Informationsmarkt
information medium	Informationsmedium

information need	Informationsbedarf, Informationsbedürfnis
information network	Informationsnetz
information object	Informationszweck
information output	Informationsausgabe, Informationsausstoß
information overload	Informationsüberfrachtung
information page	Informationsseite
information pool	Informationsbank
information process	Informationsprozess
information processing	Informationsverarbeitung
information procurement	Informationsbeschaffung
information provider	Informationsanbieter
information provider identification	Anbieterkennzeichnung
information provider's connection	Anbieteranschluss
information provider's obligation	Anbieterpflicht
information representation	Informationsdarstellung
information requirement	Informationsbedarf, Informationsbedürfnis
information resource	Informationsquelle
information retrieval	Informationswiederfindung, Informationswiedergewinnung
information science	Informationswissenschaft
information scientist	Informatiker
information security	Informationssicherheit
information service	Informationsdienst
information society	Informationsgesellschaft
information sphere	Informationsbereich
information superhighway	Superdatenautobahn
information terminal	Auskunftsgerät
information transmission	Informationsweitergabe
information utility	Online-Dienst
information value	Informationswert
informatization	Informatisierung
informatory model	infologisches Modell
informed	informiert
informing	Informierung
infra...	Infra ...
infrared	Infrarot
infrared light	Infrarotlicht
infrared port	Infrarotanschluss
infrared-emitting diode	Infrarotlumineszenzdiode
infrastructure	Infrastruktur
ingot	Rohling
ingredient	Bestandteil

inherent	inhärent, innewohnend
inherent error	Anfangsfehler
inherit	vererben
inheritance	Vererbung
inherited error	vererbter Fehler
inhibit	sperren, verbieten
inhibit wire	Hemmdraht
inhibiting signal	Sperrsignal
inhibition	Sperrung
in-house network	lokales Netz, lokales Netzwerk
initial	abzeichnen, Anfangs ..., Anfangsbuchstabe, Start ...
initial call	Startaufruf
initial input	Ersteingabe
initial line	Kennlinie
initial loader	Anfangslader
initial loading address	Anfangsladeadresse
initial positioning	Anfangspositionierung
initial procedure	Anfangsprozedur
initial program loader	Anfangslader
initial state	Anfangsstatus
initial storage	erstmalige Einspeicherung
initialization	Initialisierung
initialization file	Initialisierungsdatei
initialization mode	Initialisierungsstatus
initialization string	Initialisierungs-Zeichenfolge
initialize	initialisieren
initialized	initialisiert
initializer	Initialisierungsprogramm
initiate	absenden, starten
initiation	Einleitung
initiator	Initiator
inject	injizieren
injection	Injektion
injure	beschädigen
injured	beschädigt
injury	Beschädigung
ink	Farbe, Tinte
ink bottle	Tintenbehälter
ink density	Farbdichte
ink ribbon	Farbband
ink-eraser	Tintenradiergummi
inking	Einschwärzung
inkjet printer	Tintenstrahldrucker
ink-jet printer	Tintenstrahldrucker

ink-pencil	Tintenstift
inlay	Einschluss
inlet	Eingang
inline	linear, Reihen ...
inline package	Reihengehäuse
inline tube	Reihenröhre
inner	innere
innominate	unbekannt, unbenannt
innovation	Innovation
innovative	innovativ
innovative advance	Innovationsschub
inofficial	inoffiziell
inoperability	Funktionsunfähigkeit
inoperable	funktionsunfähig
inoperative	funktionsunfähig
in-place activation	Vorortaktivierung
in-plane	auf gleicher Ebene
in-plant data communication	innerbetriebliche Datenübertragung
in-process	prozessintern
input	Eingabe, Eingangsleistung, eingeben, einlesen
input acknowledgement	Eingabebestätigung
input area	Eingabebereich
input buffer	Eingabepuffer
input control	Eingabesteuerung
input control program	Eingabesteuerprogramm
input controller	Eingabesteuerwerk
input current	Eingangsstrom
input data	Eingabedaten
input data stream	Eingabedatenstrom
input description	Eingabebeschreibung
input device	Eingabegerät
input editing	Eingabeaufbereitung
input equation	Eingangsgleichung
input facility	Eingabeeinrichtung
input field	Eingabefeld
input file	Eingabedatei
input format	Eingabeformat
input format specification	Eingabebestimmung
input instruction	Eingabebefehl
input interrupt	Eingabeunterbrechung
input magazine	Eingabefach
input mask	Eingabemaske
input media	Eingabedatenträger
input medium	Eingabedatenträger, Eingabemedium

input mode	Eingabemodus
input operation	Eingabeoperation
input primitive	Eingabeelement
input procedure	Eingabeprozedur
input program	Eingabeprogramm
input pulse	Eingangsimpuls
input record	Eingabesatz
input routine	Eingaberoutine
input section	Eingabeteil
input signal	Eingangssignal
input specification form	Eingabebestimmungsvorlage
input spooling	einspulen
input stage	Eingangsstufe
input storage	Eingabespeicher
input supervision	Eingabekontrolle
input terminal	Eingangsanschluss
input unit	Eingabeeinheit, Eingabegerät
input voltage	Eingangsspannung
input-bound	eingabeabhängig
input-output	Eingabe-Ausgabe ..., eingeben/ausgeben
input-output analysis	Eingabe-Ausgabe-Analyse
input-output area	Ein-/Ausgabe-Bereich
input-output buffer	Ein-/Ausgabe-Puffer
input-output bus	Ein-/Ausgabe-Bus
input-output channel	Ein-/Ausgabe-Kanal
input-output control	Ein-/Ausgabe-Steuerung
input-output control system	Ein-/Ausgabe-Steuersystem, Ein-/Ausgabe-System
input-output control unit	Ein-/Ausgabe-Steuerwerk
input-output description	Ein-/Ausgabe-Beschreibung
input-output device	Ein-/Ausgabe-Gerät, peripheres Gerät
input-output file	Ein-/Ausgabe-Datei
input-output format	Ein-/Ausgabe-Format, externes Format
input-output instruction	Ein-/Ausgabe-Befehl
input-output interface	Ein-/Ausgabe-Schnittstelle
input-output interrupt	Ein-/Ausgabe-Unterbrechung
input-output macro	Ein-/Ausgabe-Makrobefehl
input-output parameter	Ein-/Ausgabe-Parameter
input-output port	Ein-/Ausgabe-Anschluss
input-output processor	Ein-/Ausgabe-Prozessor
input-output program	Ein-/Ausgabe-Programm
input-output redirection	Ein-/Ausgabe-Umleitung
input-output section	Ein-/Ausgabe-Kapitel
input-output statement	Ein-/Ausgabe-Anweisung
input-output time	Ein-/Ausgabe-Zeit

input-output unit	Ein-/Ausgabe-Steuerwerk
input-processing-output loop	Eingabe-Verarbeitung-Ausgabe-Schleife
input-processing-output principle	Eingabe-Verarbeitung-Ausgabe-Prinzip
inquiry-response cycle	Frage-Antwort-Zyklus
inscribe	beschriften, einschreiben, widmen
inscription	Beschriftung
inspect statement	Suchanweisung
instability	Instabilität
instable	instabil, unbeständig
install	aufstellen, installieren
installation	Anlage, Aufstellung, Installation
installation manual	Installationshandbuch
installation program	Installationsprogramm
installation time	Installationszeit
installer	Installationsprogramm
instalment	Teilzahlung
instance	Instanz, Objekt
instancy	Dringlichkeit
instant	sofort, sofortig
instantiate	Instanz bilden
in-station	stationsintern
institute	einrichten, gründen, Institut
Institute of Electrical & Electronics Engineers (IEEE)	IEEE (Amerikanisches Normungsinstitut)
institution	Institut
instruction	Anweisung, Befehl, Schulung
instruction address	Befehlsadresse
instruction address register	Befehlsadressregister, Befehlszähler
instruction area	Prozedurteil
instruction byte	Befehlsbyte
instruction chain	Befehlskette
instruction chaining	Befehlskettung
instruction code	Befehlsschlüssel, Operationsteil
instruction control unit	Programmsteuerwerk
instruction counter	Befehlszähler
instruction cycle	Befehlszyklus
instruction decoder	Befehlsdecodierwerk
instruction decoding	Befehlsdecodierung
instruction execution	Befehlsausführung
instruction execution control	Befehlsablaufsteuerung
instruction execution rate	Befehlsverarbeitungsleistung
instruction fetch	Befehlsabruf
instruction field	Befehlsfeld
instruction format	Befehlsaufbau, Befehlsformat

instruction key	Programmsteuertaste
instruction key panel	Programmsteuertastenfeld
instruction length	Befehlslänge
instruction length code	Befehlslängenkennzeichen
instruction list	Befehlsliste
instruction mix	Befehlsmix
instruction mode	Befehlsmodus
instruction modification	Befehlsänderung
instruction name	Befehlsname
instruction operations	Befehlswirkungsweise
instruction part	Operationsteil
instruction period	Befehlsausführungszeit
instruction phase	Befehlsphase
instruction pointer	Befehlszähler
instruction processor	Befehlsprozessor
instruction queue	Befehlswarteschlange
instruction register	Befehlsregister
instruction repertoire	Befehlsvorrat
instruction sequence	Befehlsfolge
instruction set	Befehlsvorrat
instruction termination	Befehlsabschluss
instruction time	Befehlszeit
instruction trap	Befehlsfalle
instruction type	Befehlsart
instruction word	Befehlswort
instructional	Befehls ...
instructor	Ausbilder, Dozent, Lehrer
instrument	Gerät, Instrument
instrument panel	Armaturentafel
instrumentation	Ausstattung
instrumential	instrumentell
insufficient	ungenügend
insular solution	Insellösung
insulate	isolieren
insulating	isolierend, nichtleitend
insulation	Isolierung
insulator	Isolator, Nichtleiter
insure	gewährleisten
intaglio	Tiefdruck
intaglio printing	Tiefdruck
integer	Ganzzahl, ganzzahlig
integer quotient	ganzzahliger Quotient
integer remainder	ganzzahliger Rest
integer type	Ganzzahltyp
integral modem	eingebautes Modem

integrated accounting package	integriertes Rechnungswesen-Programmpaket
integrated circuit	Chip, integrierte Schaltung, integrierter Schaltkreis
integrated circuit design	Chipentwurf
integrated data network	integriertes Datennetz
integrated development environment	integrierte Entwicklungsumgebung
integrated device equipment	IDE-Festplattensteuerung
integrated digital network	integriertes Digitalnetz
integrated information system	integriertes Informationssystem
integrated injection logic	integrierte Injektionslogik
integrated microprocessor	integrierter Mikroprozessor
integrated optics	integrierte Optik
integrated semiconductor	integrierter Halbleiter
integrated services data network (ISDN)	ISDN (integriertes digitales Dienstenetz)
integrated software	integrierte Software
integrated software package	integriertes Software-Paket
integrated workstation	integrierter Arbeitsplatz
integration	Integrierung
integration of circuitry elements	Schaltintegration
intelligence	Intelligenz
intelligent	intelligent
intelligent character recognition	intelligente Zeichenerkennung
intelligent computer	intelligenter Rechner
intelligent hub	intelligenter Netzknoten
intelligent printer	intelligenter Drucker
intelligent terminal	intelligente Datenstation
intelligibility	Verständlichkeit
intelligible	verständlich
intensification	Intensivierung, Verstärkung
intensifier	Verstärker
intensify	intensivieren, verstärken
intensity	Intensität, Stärkegrad
inter...	Zwischen ...
interact	einen Dialog führen
interaction	Dialog, Dialogeingriff, Überlagerung, Wechselwirkung
interaction component	Dialogkomponente
interaction protocol	Dialogprotokoll
interaction run	Dialogablauf
interaction start	Dialogeröffnung

interaction stop	Dialogabschluss
interaction technique	Dialogtechnik
interactionable	dialogfähig
interactive	CDROM, interaktiv, wechselseitig beeinflussend
interactive application	Dialoganwendung
interactive bookkeeping	Dialogbuchhaltung
interactive computer	Dialogrechner
interactive data acquisition	Dialogdatenerfassung
interactive data processing	Dialogdatenverarbeitung
interactive facility	Dialogfähigkeit
interactive graphics	Dialog-Grafikverarbeitung
interactive image processing	Dialogbildverarbeitung
interactive interface	Dialogoberfläche, Dialogschnittstelle
interactive job entry	Dialog-Job-Verarbeitung
interactive language	Dialogsprache
interactive media	Dialogmedien
interactive mode	Dialogbetrieb
interactive multiprocessor system	interaktives Mehrprozessorsystem
interactive processing	Dialogverarbeitung
interactive program	Dialogprogramm
interactive programming	Dialogprogrammierung
interactive programming language	dialogorientierte Programmiersprache
interactive session	Dialogsitzung
interactive station	Dialogstation
interactive system	Dialogsystem
interactive terminal	Dialogstation
interactive videodisc	CDROM
interactive videodisc application	interaktive CDROM-Anwendung
interactive videotext	Bildschirmtext
interactive voice response system	Dialog-Sprachverarbeitungssystem
inter-application communication	anwendungsübergreifende Kommunikation, Mehranwendungs-Kommunikation
interblock gap	Blocklücke
intercalate	interpolieren
intercept	abhängen
interception	abhängen
interchange	Austausch, austauschen
interchangeability	Austauschbarkeit
interchangeable	austauschbar
intercom	interne Kommunikation

intercommunicate	in gegenseitiger Verbindung stehen
intercommunication	gegenseitige Verbindung
intercommunication switching system	Wechselsprechanlage
intercompany	zwischenbetrieblich
interconnect	durchschalten, koppeln, miteinander verbinden
interconnection	gegenseitige Verbindung, Kopplung, Querverbindung
interest	Zinsen
interface	Anschlussstelle, Schnittstelle, Übergangsstelle, verbinden
interface adapter	Schnittstellenanpassungseinrichtung
interface adaption	Schnittstellenanpassung
interface bus	Schnittstellenbus
interface card	Schnittstellenkarte
interface circuit	Schnittstellenleitung
interface connector	Schnittstellenstecker
interface control	Schnittstellensteuerung
interface module	Schnittstellenmodul
interface multiplier	Schnittstellenvervielfacher
interface standard	Schnittstellennorm
interfere	überlagern
interference	Interferenz, Störung
interior	Innen-, innerlich, intern, inwendig
interlace	verflechten, verschachteln
interlaced	verflochten, verschachtelt
interlacing	Verflechtung, Zeilensprung
interleaf	Durchschuss
interleave factor	Blockversatzfaktor, Interleave-Faktor
interleaving	Bankauswahl, Blockversatz
interlinking	Kopplung
interlock	ineinander greifen, sperren, verbinden, verriegeln
interlude	Vorprogramm
intermediate data carrier	Datenzwischenträger
intermesh	vermaschen
intermeshed	vermascht
intermit	aussetzen
intermittency	Periodizität
internal	maschinenintern
internal clock	Internzeitgeber
internal document	internes Dokument
internal file	interne Datei
internal font	druckerinterne Schriftart

internal format	internes Format
internal hard disk	eingebaute Festplatte
internal instruction	interner Befehl
internal interrupt	interne Unterbrechung
internal memory	Arbeitsspeicher
internal modem	eingebautes Modem
internal navigation aid	interne Navigationshilfe
internal operation	interne Operation
internal processing	interne Verarbeitung
internal processing speed	interne Rechengeschwindigkeit
internal programming	Eigenprogrammierung
internal representation	interne Darstellung
internal runtime	interne Rechenzeit
internal search	internes Suchen
internal sorting	Speichersortierung
internal storage	interner Speicher
internal time	interne Zeit
internal view	interne Datensicht, Systemsicht
international	Auslands ..., international
international article number	internationale Artikelnummer
International Electronical Commission (IEC)	IEC
international standard book number	internationale Standardbuchnummer
International Standard Organization (ISO)	Internationale Standard-Organisation (ISO)
International Telecommunication Union (ITU)	Internationale Telekommunikations-Union (ITO)
Internet	Internet
Internet architecture board	Internet-Entwicklungs-Ausschuss
Internet assigned numbers authority	Internet-Rufnummern-Zuordnungsdienststelle
Internet charges	Internet-Gebühren
Internet computer-network	Internet-Rechnerverbund
Internet connection	Internet-Anschluss
Internet e-mail	Internet-Mailbox-Nachricht
Internet encyclopedia	Internet-Enzyklopädie
Internet engineering and planning group (IEPG)	Internet-Weiterentwicklungsgruppe
internet engineering task force (IETF)	Internet-Technikplanungsgruppe, Internet-Techniksonderdezernat
Internet inquiry	Internet-Abfrage
Internet message	Internet-Mitteilung
Internet monthly report	Internet-Monatsnachrichten
Internet page	Internet-Seite

Internet page number	Internet-Seitennummer
Internet protocol	Internet-Adressierungs- und Paketierungsprotokoll
Internet relay chat	Internet-Echtzeitkonferenz
Internet service	Internet-Dienst
Internet Society	Internet-Gesellschaft
Internet software	Internet-Software
Internet subscriber's number	Internet-Adresse
Internet subscriber's station	Internet-Anschluss
Internet user	Internet-Benutzer
Internet-compatible	Internet-fähig
internetwork	Netzgruppe, Verbundnetz
interpiler	Interpreter/Compiler
interpolate	erweitern, interpolieren
interpolation	Erweiterung, Interpolation
interpolator	Interpoliereinrichtung
interpret	auslegen, interpretieren, übersetzen
interpretation	Interpretierung, Übersetzung
interpretative	interpretierend
interpretative execution	interpretative Ausführung
interpreted language	interpretierte Programmiersprache
interpreter	Interpreter, Interpretierer, Übersetzerprogramm, Übersetzungsprogramm
interpreter language	Interpretersprache
interpreter program	Interpreterprogramm
interpretive translation program	Interpreterprogramm
interprocess communication	Interprozesskommunikation
interrogation mark	Fragezeichen
interrogation point	Fragezeichen
interrupt	Verarbeitungsunterbrechung
interrupt condition	Unterbrechungsbedingung
interrupt control	Unterbrechungssteuerung
interrupt controller	Unterbrechungssteuerwerk
interrupt handler	Unterbrechungssteuerprogramm
interrupt handling	Unterbrechungsbehandlung
interrupt identification	Unterbrechungserkennung
interrupt level	Unterbrechungsebene
interrupt mask	Unterbrechungsmaske
interrupt mask register	Unterbrechungsmaskenregister
interrupt service routine	Unterbrechungssteuerprogramm
interrupt signal	Unterbrechungssignal
interrupt vector	Unterbrechungsvektor
interrupt-controlled	unterbrechungsgesteuert
interrupt-driven	unterbrechungsgesteuert

interrupted	unterbrochen
interruption insurance	Betriebsunterbrechungsversicherung
interruption-free	unterbrechungsfrei
intersect	zerlegen
intersection	Schnittmenge, Schnittpunkt
intersperse	einstreuen
interstage	Zwischenstufe
interstation	Zwischenstation
interval	Zwischenraum
intervene	eingreifen
intervention	Eingriff
intra...	Intern ...
intranet	Intranet
intrasystem	systemintern
intricate	kompliziert
intrinsic	eigenleitend, spezifisch, wirklich
intrinsic font	druckerinterne Bitmap-Schrift
introduce	einführen
introduction	Einführung, Einleitung
introspection	Selbstbeobachtung
intrude	eindringen
intrusion	Eindringen, Intrusion
intrusion protection	Intrusionsschutz
intrusion tone	Aufschaltton
invade	eindringen
invalid	formal falsch, ungültig
invalid address	unzulässige Adresse
invalidate	annullieren
invalidate. nullify	annullieren
invalidation	Annullierung
invalidity	Ungültigkeit
invariable	invariabel
invariant	invariant, Invariante
invasion	Eingriff
invent	erfinden
invention	Erfindung
inventive	erfinderisch
inventiveness	Erfindungsgabe
inventor	Erfinder
inventory	Bestand, Bestandsverzeichnis, Inventar
inventory data	Bestandsdaten
invers	Umkehrung
inverse	entgegengesetzt, Gegenteil, invers, umkehren, Umkehrung
inverse direction	Sperrrichtung

inverse font	Negativschrift
inverse representation	Negativdarstellung
inverse type	Negativschrift
inverse video	Negativdarstellung
inversed slant	inverser Schrägstrich (\)
inversion	Austausch, Inversion
invert	invertieren, umkehren, umstellen, wechselrichten
inverted comma	Apostroph, Hochkomma
inverted commas	Anführungszeichen
inverted file	invertierte Liste
inverter	Wechselrichter
investigate	erforschen, erheben
investigation	Erforschung, Erhebung
investigation method	Erhebungsmethode
invigilator	Überwachungseinrichtung
invisible	unsichtbar
invisible file	verborgene Datei
invoice	Rechnung
invoicing machine	Fakturiermaschine
invoicing program	Fakturierprogramm
invoke	aufrufen
involve	zur Folge haben
IOCS	Eingabe-Ausgabe-Steuerungssystem
ion	Ion
ion beam	Ionenstrahl
ion implantation	Ionenimplantation
ion-deposition printer	Ionenbeschuss-Drucker
ionic	Ionen ...
ionic migration	Ionenwanderung
ionizable	ionisierbar
ionization	Ionisierung
ionize	ionisieren
ionizing	Ionisierung
low voltage	Niederspannung
irradiance	Beleuchtungsdichte
irrecoverable	endgültig verloren, nicht behebbar
irrecoverable defect	nicht behebbare Störung
irrecoverable error	nicht behebbarer Fehler
irregular	unvorschriftsmäßig
irretrievable	nicht wiederfindbar
ISO	Internationale Standard-Organisation (ISO)
isolate	abgrenzen
issue	ausgeben
issue restriction	Befehlsausführungs-Restriktion

italic	kursiv
italicize	kursiv drucken
item	Feld
item line	Artikelzeile
item master file	Artikelstammdatei
item number	Artikelnummer, Sachnummer
item pricing	Artikelauszeichnung
item size	Feldgröße
item stock	Artikelbestand
item transaction	Artikelbewegung
item transaction file	Artikelbewegungsdatei
itemize	spezifizieren
iterate	wiederholen
iteration	Wiederholung
iterative	iterativ
iterative arithmetic operation	iterative Rechenoperation
iterative loop	Iterationsschleife
iterative statement	iterative Anweisung
ITU	Internationale Telekommunikations-Union (ITO)

J

jabber	Bitstrom
jack	Buchse
jack panel	Buchsenfeld
jacket	Diskettenhülle, Hülle, umhüllen
jacket panel	Buchsenfeld
jacketed	ummantelt
jag	Riss
jagged	gezackt
jagged line	Treppenkurve
jam	Papierstau
jamming	Papierstauung
Java	Java
Java data base connection (JDBC)	Java-Datenbank-Verbindung
JCL	Aufgabensteuerungssprache
JDBC	Java-Datenbank-Verbindung
jet	ausstoßen, Düsenjäger, Strahltriebwerk, Wasserstrahl
jewelled	spitzengelagert
jitter	Flattern, Signalverzerrung, Synchronisationsstörung
job	Arbeit, Arbeitsauftrag, Aufgabe, Auftrag, Job

job accounting	Rechenzeitabrechnung
job accounting routine	Abrechnungsprogramm
job control	Aufgabensteuerung
job control language	Aufgabensteuerungssprache, Auftragssteuersprache
job control statement	Aufgabensteueranweisung
job controlling	Auftragssteuerung
job description	Tätigkeitsbeschreibung
job killer	Jobkiller
job management	Aufgabenverwaltung
job preparation	Arbeitsvorbereitung
job processing	Stapelverarbeitung
job queue	Aufgabenfolge
job rotation	Aufgabenwechsel
job scheduler	Aufgabenauslöser
job sequence	Aufgabenablauffolge
job stream	Aufgabenablauffolge
job string	Aufgabenkette
job-control language	Aufgabensteuerungssprache
join	Datenbanktabellen-Verbindung, kombinieren, Verbindung
join condition	Bedingung der Datentabellen-Verbindung
joint	Verbindungsstelle, verbunden
joint data processrng	gemeinsame Datenverarbeitung
joker	Stellvertretersymbol, Stellvertreterzeichen
journal	Protokoll
journal reader	Streifenleser
journalize	in ein Tagebuch eintragen
joy-stick	Steuerhebel, Steuerknüppel
judge	beurteilen
jump	Sprung
jump into	einspringen
junction	Kontaktstelle, Übergangsfläche, Verbindung
junctor	Junktor
junior programmer	Programmieranfänger
junk	Störsignal
juridical informatics	Rechtsinformatik
justification	Justierung
justified	bündig ausgerichtet, justiert
justified output	Blocksatz
justified print	Blocksatz
justify	justieren

K

kernel	Kern
key assignment	Tastenzuordnung
key block	Tastengruppe
key bounce	Tastenprellen
key button	Taste
key clicking	Anschlagklicken
key code	Tastaturcode, Tastencode
key control	Tastensteuerung
key data	Ordnungsdaten
key dialing	Tastenwahl
key dialling	Tastenwahl
key disk	Schlüsseldiskette
key drop	Tastenhub
key field	Schlüsselfeld, Tastenfeld
key field length	Schlüssellänge
key for abbreviated dialing	Kurzwahltaste
key for direct call	Direktwahltaste
key in	eingeben
key legend	Tastenbeschriftung
key lock	Schließeinrichtung, Tastensperre
key map	Tastentabelle
key number	Ordnungsnummer
key panel	Tastenfeld
key repeat	Dauertastenfunktion
key row	Tastenreihe
key sort	Schlüsselsortierung
key status indicator	Tastenstatusanzeiger
key technology	Schlüsseltechnologie
key touch	Anschlagstärke
key touch control	Anschlagstärkeregulierung
key variable	Schlüsselvariable
keyboard field	Tastenfeld
keyboard inquiry	Tastaturabfrage
keyboard layout	Tastaturbelegung
keyboard lock	Tastaturschloss, Tastatursperre
keyboard macro	Tastaturmakrobefehl
keyboard printer	Terminaldrucker
keyboard processor	Tastatursteuereinheit
keyboard program input	manuelle Programmeingabe
keyboard repeat	Tastaturdauerfunktion
keyboard shortcut	Tastenkombination
keyboard signaling	Tastaturwahl
keyboard stroke	Tastenanschlag

keyboard template	Tastaturschablone
keyboard-driven	tastengesteuert
keyboard-operated	tastaturgesteuert, tastengesteuert
key-controlled	tastaturgesteuert, tastengesteuert
key-driven	tastaturgesteuert, tastengesteuert
keyed	verschlüsselt
keyed sequence	Dateiordnung in Schlüsselreihenfolge, Dateiordnung in Schlüssel-Reihenfolge
keying	Bildeinfügung, eingeben
keying speed	Eingabegeschwindigkeit
keymap	Tastentabelle
key-note	Grundgedanke
keypad	Fernbedienungsgerät, Kleintastatur
keypress	Tastenanschlag
key-sequenced data set	Datenbestand in Schlüsselfolge
key-stroke	Tastenanschlag
keystroke buffer	Tastenanschlagpuffer, Tastenanschlagpuffer
key-to-disk unit	Magnetplattenerfassungsstation
key-to-diskette unit	Magnetdiskettenerfassungsstation
key-to-print	direktes Schreiben
key-to-tape unit	Magnetbanderfassungsstation
keyword	Kennwort, Ordnungsbegriff, Schlüsselwort, Stichwort
keyword assignment	Stichwortzuordnung
keyword in context	Stichwortanalyse
keyword Index	Schlüsselwortindex
keyword macro	Kennwortmakrobefehl
keyword parameter	Kennwortparameter
keyword search	Schlüsselwortsuche
keyword system	Ordnungsbegriffssystem
kHz	Khz
kickstart	Systemstart von der Diskette
kill	abbrechen, Abbruch, löschen
kill file	Unterdrückungsliste
killer software	Killersoftware
kiosk	Auskunftscomputer
kiosk mode	Auskunftsmodus
knock	Anklopfen
knowbot	Agent
know-how	Erfahrung
knurled screw	Rändelschraube

L

label	Kennung, Kennzeichen, kennzeichnen
label alignment	Kennzeichenausrichtung
label name	Kennsatzname
label prefix	Kennzeichenvorsatz
label record	Kennsatz
label sector	Kennsatzsektor
labelled	beschriftet, gekennzeichnet
labelling	Beschriftung, Kennzeichnung
labile	unbeständig
laboratory	Entwicklungslabor, Forschungsstätte, Labor
laboratory stage	Versuchsstadium
labour	Arbeit, arbeiten
ladder network	Kettenschaltung
lag	verzögern, Verzögerung
laminate	Kunststoff, Kunststoffschicht, laminieren
lamination	Schichtung
lamp	Lampe
lamp panel	Leuchtfeld
LAN	lokales Netzwerk
LAN administrator	Lokalnetzverwalter, Lokalnetz-Verwaltungsprogramm
LAN backup program	Sicherungsprogramm für ein lokales Netz
LAN card	Netzwerkkarte
LAN manager	Netzwerk-Steuerprogramm, Ortsnetz-Steuerprogramm
LAN probe	Lokalnetz-Auslastungsmessprogramm
LAN server	Lokalnetz-Diensteinheit
LAN-aware program	lokalnetzfähiges Anwendungsprogramm
land	Leiterbahn
landing	Landen
landscape	Querformat
landscape display	Querformatbildschirm
landscape font	Querformatschrift
landscape format	Querformat
landscape mode	Querformatmodus
landscape orientation	Querformatausrichtung
landscape printing	Querformatdruck
language	Programmiersprache, Sprache
language architecture	Spracharchitektur
language board	Sprachplatine
language card	Sprachplatine
language generation	Programmsprachengeneration
language processor	Übersetzerprogramm
language translation	Sprachübersetzung

language translation program	Sprachübersetzungsprogramm
language translator	Übersetzerprogramm
LAN-ignorant program	lokalnetzunfähiges Anwendungsprogramm
lap	überlappen
LAP-M	Verbindungsaufbau bei Modems
lapping	Überlappung
lapse	verbrauchen
lap-top	tragbar
lap-top computer	tragbarer Rechner
large	groß, umfassend
large-scale	Groß ...
large-scale integration	Großintegration
large-sized	großformatig
laser	Laser, Lichtverstärker
laser beam	Laserstrahl
laser card	optische Speicherkarte
laser cartridge	Laser Tonerkassette, Laser-Tonerkassette
laser disc	Laser-Bildplatte
laser emitting diode (LED)	Laserlichtquelle, LED
laser flatbed scanner	Laserflachbettscanner
laser font	Umrisslinienschrift
laser optical memory (LOM)	laseroptischer Speicher
laser printer	Laserdrucker
laser scanner	Laserstrahlenabtastgerät
laser spooler board	Laserdrucker-Spulkarte
laser storage	Laserspeicher
laser technology	Lasertechnik
last	späteste
latch	Signalspeicher, sperren
latch circuit	Verriegelungsschaltung
latching current	Sperrstrom
latency	Latenzzeit, Wartezeit
latency time	Latenzzeit, Wartezeit
latent	latent
lateral	Seiten ...
Latin characters	lateinische Schrift
launch	in Gang setzen
law informatics	Rechtsinformatik
layer	Schicht
layering	Schichtung
layout	Anordnung, Ausstattung, Layout, Seitenansicht
layout diagram	Bestückungsplan
layout sheet	Entwurfsblatt
LCD printer	Flüssigkristallanzeige-Drucker

lead	Kabel, Leitung
leader	Tabellen-Punktreihe, Vorlauf
leader routine	Anfangsroutine
leadership	Führung
leading	Durchschuss, führend, Zeilenabstand
leading videotex page	Leitseite
leading zero	führende Null
leaflet	Werbeprospekt
leak	ableiten, Ableitung
leakage	Ableitung
leakage radiation	Streustrahlung
leap	überspringen
leap-frog test	Sprungtest
learn	lernen
learning	lernen
learning computer	lernender Rechner
learning machine	lernende Maschine
learning program	lernendes Programm
lease	leasen
lease contract	Leasingvertrag
lease rental charges	Mietkosten
leased	geleast
leased connection	Standverbindung
leased line	Mietleitung, Standleitung
leased line network	Direktrufnetz
lease-finance company	Mietfinanzierungsgesellschaft
leasing	Leasing, Miete
leasing contract	Leasingvertrag
leasing instalment	Leasingrate
least frequently used	am wenigsten benutzt
least recently used	am längsten nicht benutzt
least significant	niederstwertig
lecture	Vorlesung, Vortrag, vortragen
lecturer	Dozent
LED	Laserlichtquelle, LED
LED printer	Leuchtdioden-Drucker
ledger	Fixpunkt, Hauptbuch, Konto, Querbalken
left	links
left bracket	Klammer auf (' (')
left justification	Linksbündigkeit
left justified	linksbündig
left margin	linker Rand
left parenthesis	Klammer auf (' (')
left shift	Linksverschiebung
left-arrow key	Cursortaste nach links

left-hand margin	linker Rand
lefthand position	höchstwertige Stelle
left-hand zero	führende Null
leftmost	höchstwertig
leftmost position	höchstwertige Stelle
left-side justification	Linksbündigkeit
leg	Kathete, Zweig
legal	gültig, rechtmäßig
legal basis	Rechtsgrundlage
legal database system	juristisches Datenbanksystem
legal information system	juristisches Informationssystem
legal protection of software	Software-Rechtsschutz
legal year	Kalenderjahr
legend	Bilduntertext, Erklärung
legibility	Lesbarkeit
legible	lesbar
legitimacy	Legitimität, Zulässigkeit
legitimacy of data processing	Zulässigkeit der Datenverarbeitung
legitimate	gesetzmäßig
lemma	Kurztitel, Seitentitel
length	Länge
length attribute	Längenattribut
length error	Längenfehler
length field	Längenfeld
length of address part	Adresslänge
length of data block	Blocklänge, Datenblocklänge
length of data field	Datenfeldlänge, Feldlänge
length of data record	Datensatzlänge
length of operand	Operandenlänge
length register	Längenregister
length specification	Längenangabe
lengthwise	längsgerichtet
lens	Objektiv
less	kleiner, weniger
lessee	Mieter
lessor	Vermieter
less-or-equal symbol	Kleiner-gleich-Zeichen (<=)
less-than symbol	Kleiner-als-Zeichen (<)
let	vermieten, zulassen, zuweisen
let-in area	Eingabestauraum
letter	Buchstabe, Drucktype, Druckzeichen
letter code	Buchstabencode
letter key	Buchstabentaste
letter of attorney	Vollmacht
letter quality	Briefqualität

letter quality (LQ)	Schönschrift
letter shift	Buchstabenumschaltung
letter spacing	Sperrdruck
letter string	Buchstabenkette
letter-quality printer	Schönschriftdrucker
letter-quality printing	Schönschriftdruck
letters-figures shift	Buchstaben-Ziffern-Umschaltung
level	Kanal, Niveau
level of organization	Organisationsgrad
liability	Verantwortlichkeit
liable	verantwortlich
library	Programmbibliothek
library of data	Datenbibliothek
licence agreement	Nutzungsvertrag
life	Lebensdauer, Standzeit
life cycle	Lebensdauer
life data	Lebensdaten
life span	Lebensdauer
life time	Lebensdauer, Standzeit
life-cycle analysis	Lebensdaueranalyse
life-cycle estimate	Lebensdauerschätzung
lift-off correction	Korrektur durch Abheben
light	hell, Helligkeit
light beam	Lichtstrahl
light metal	Leichtmetall
light pen	Lichtstift
light pen tracking	Lichtstiftverfolgung
light pulse	Lichtimpuls
light reflexion	Lichtreflexion
light wave	Lichtwelle
light-emitting diode display	Leuchtdiodenanzeige
light-emitting diode printer	Leuchtdioden-Drucker
light-pen tracking	Lichtstiftverfolgung
light-powered	solarzellenbetrieben
light-sensitive	lichtempfindlich
light-sensitive collector	lichtempfindlicher Kollektor
light-wave	Lichtwelle
light-wave cable	Glasfaserkabel, Lichtwellenleiter
like	gleich
likely	wahrscheinlich
likeness	Ähnlichkeit
limit	begrenzen, Grenze, Grenzwert
limitation	Begrenzung, Einschränkung
limited	beschränkt
Limulator	Speichererweiterungs-Emulator

line

line	Anschluss, gerade, in Linie anordnen, Leitung, Linie, linieren, Produktlinie, Strich, Zeile
line adapter	Modem
line amplifier	Leitungsverstärker
line art	Liniengrafik
line band width	Leitungsbandbreite
line buffer	Leitungspuffer
line by line	zeilenweise
line capacity	Leitungskapazität
line charge	Leitungsgebühr
line chart	Liniendiagramm
line communication network	Liniennetz
line concentrator	Leitungskonzentrator
line connection	Durchschaltung, Leitungsverbindung
line control	Leitungssteuerung
line counter	Zeilenzähler
line current	Netzstrom
line display	Zeilenanzeige
line distance	Zeilenabstand
line draw mode	Zeichenmodus
line drawing	Linienzeichnung
line driver	Leitungsverstärker
line editor	Zeilenaufbereiter, Zeileneditor
line enable	Leitungsfreigabe
line fault	Leitungsstörung
line feed	Zeilenvorschub
line feed control	Zeilensteuerung
line for direct call	Direktrufleitung
line graph	Liniendiagramm
line group	Leitungsbündel
line height	Zeilenhöhe
line input	zeilenweise Eingabe
line interface	Leitungsschnittstelle
line justification	Zeilenausschluss
line leasing	Leitungsmiete
line length	Zeilenbreite, Zeilenlänge
line level	Leitungsniveau
line load	Leitungsbelastung
line loss	Leitungsdämpfung
line multiplexer	Leitungsmultiplexer
line noise	Leitungsgeräusch
line number	Zeilennummer
line numbering	Zeilennummerierung
line occupancy	Leitungsbelegung

line operation	Netzbetrieb
line pitch	Zeilenabstand
line printer	Zeilendrucker
line procedure	Leitungsprozedur
line rate	Zeilenfrequenz
line request	Leitungsabfrage
line scannrng	Leitungsabfrage
line section	Leitungsabschnitt
line segment	Zeilenabschnitt
line seizure	Leitungsbelegung
line skip	Zeilensprung, Zeilenvorschub
line space	Zeilenabstand
line spacing	Zeilenabstand
line speed	Leitungsgeschwindigkeit
line surge	Spannungsstoß
line switching	Durchschaltetechnik, Leitungsvermittlung, Selbstwähldienst
line system	Leitungssystem
line termination	Leitungsanschluss
line test program	Leitungsprüfprogramm
line throughput	Leitungsdurchsatz
line turnaround	Leitungsumschaltung
line utilization	Leitungsausnutzung
line utilization rate	Leitungsausnutzungsgrad
line voltage	Leitungsspannung
line width	Zeilenbreite
linear	linear
linear array	lineares Datenfeld
linear code	linearer Code
linear list	lineare Liste
linear network	Busnetz, Liniennetz
linear optimization	lineare Optimierung
linear order	lineare Ordnung
linear program	Geradeausprogramm
linear programming	lineare Optimierung, lineare Programmierung
linear search	lineares Suchen
linearity	Linearität
linearize	linearisieren
line-assembly	Fließband
line-at-a-time printer	Zeilendrucker
line-ata-time printer	Zeilendrucker
line-casting machine	Zeilensetzmaschine
line-holding time	Verbindungsdauer
line-operated	netzbetrieben

lines per inch	Zeilen pro Zoll
lines per minute	Zeilen pro Minute
lines per second	Zeilen pro Sekunde
linguistic informatics	linguistische Informatik
link	Verbindung
linotype	Zeilensetzmaschine
lip	Schnittkante
liquid	flüssig, Flüssigkeit
liquidate	auflösen, tilgen
liquidation	Tilgung
liquid-crystal display	Flüssigkristallanzeige
liquid-crystal display printer	Flüssigkristallanzeige-Drucker
liquid-crystal shutter printer	Flüssigkristallverschluss-Drucker
list	auflisten, Liste, Tabelle, Verzeichnis
list box	Menü
list format	Listenformat
list layout	Listenbild
list of descriptors	Deskriptorliste
list of names	Namensliste
list of parameters	Parameterliste
list of providers	Anbieterverzeichnis
list processing	Listenverarbeitung
listen	hören, zuhören
listener	Hörer
listing	Auflistung, Liste, Protokoll, Übersetzungsliste
list-oriented	listenorientiert
literal	buchstabengetreu, Literal, selbstdefinierender Wert
literal pool	Literalbereich
lithograph	Druckvorlage, Lithografie, lithografieren
lithography	Lithografie
live	leben, lebendig
live copy/paste	Schnellverknüpfung
live copy/paste	Schnellverknüpfung
live data	Echtzeitdaten
live test	Test unter Einsatzbedingungen
live wire	Draht unter Spannung
livestock	lebendes Inventar
liveware	Datenverarbeitungspersonal
living	lebend
load	laden, Ladung
load address	Ladeadresse
load and go	laden und starten
load instruction	Ladebefehl

load interlocking	Lastverbund
load mode	Lademodus
load module	Lademodul
load statement	Ladeanweisung
load time	Ladezeit
loadable	ablauffähig, ladbar, ladefähig
load-carrying capability	Belastbarkeit
loaded	geladen
loaded line	Verstärkerleitung
loader	Ladeprogramm
loader routine	Ladeprogramm
loading address	Ladeadresse
loading coil	Verstärkerspule
loading schedule	Auslastungsplan
loan	ausleihen
LOC	Programmzeilen
local	lokal, örtlich
local area	Nahbereichszone, Ortsbereich
local area network	lokales Netz, Ortsnetz
local bus	Internbus
local drive	örtliches Laufwerk
local exchange	Ortsvermittlung
local line	Ortsleitung
local loop	Ortsanschluss
local memory	örtlicher Speicher
local mode	Nahbetrieb, Ortsbetrieb
local network	lokales Netz, lokales Netzwerk, Ortsnetz
local printer	örtlicher Drucker
local storage	örtlicher Speicher
local variable	lokale Variable
local-area network	lokales Netz, lokales Netzwerk, Ortsnetz
local-area network manager	Ortsnetz-Steuerprogramm
local-area wireless network	lokales Funknetz
locale	Ländereinstellung
local-fee zone	Nahbereichszone
localize	dezentralisieren
location	Standort
location addressed memory	ortsadressierter Speicher
location chart	Speicherbelegungsplan
lock	Sperre, sperren
lock out	aussperren
locking	Sperrung
lockout	Aussperrung
lock-out	Sperre
log	aufzeichnen, Protokoll, protokollieren

log file	Protokolldatei
log in	anmelden
log off	abmelden
log on	anmelden
log sheet	Protokollblatt
log tape	Protokollband
logarithmic chart	Diagramm mit logarithmischem Maßstab
logarithmic graph	Diagramm mit logarithmischem Maßstab
logger	Protokolliereinrichtung
logging	Protokollierung
logging program	Protokollprogramm
logic	Logik
logic analysis	Logikanalyse
logic array	anwendungsspezifischer integrierter Schaltkreis
logic board	Hauptplatine
logic bomb	Logikbombe, logischer Programmfehler
logic calculus	Logikkalkül
logic card	Logik-Steckkarte
logic chip	integrierter Logikbaustein
logic circuit	logischer Schaltkreis
logic comparator	logische Vergleichseinheit
logic comparison	logischer Vergleich
logic design	Logikentwurf
logic diagram	Schaltplan
logic element	Schaltelement
logic error	logischer Fehler
logic flowchart	logisches Ablaufdiagramm
logic gate	Logikgatter
logic operation	Logikoperation
logic operator	logischer Operator
logic programming	logische Programmierung
logic symbol	Logikzeichen
logic tester	Logiktestprogramm
logic unit	Logikbaustein
logical AND	logisches UND
logical beginning	logischer Anfang
logical bomb	logischer Programmfehler
logical comparison	logischer Vergleich
logical connector	logischer Operator
logical device	logisches Gerät
logical device name	logischer Gerätename
logical device number	logische Gerätenummer
logical drive	logisches Laufwerk
logical end	logisches Ende

logical error	logischer Fehler
logical expression	logischer Ausdruck
logical function	logische Funktion
logical instruction	logischer Befehl
logical model	logisches Modell
logical multiplication	logische Multiplikation
logical name	logischer Gerätename
logical network	logisches Netz
logical NOT	logisches NICHT
logical operation	logische Operation
logical operator	logischer Operator
logical OR	logisches ODER
logical order	logische Ordnung
logical record	logischer Satz
logical search	logisches Suchen
logical sequence	logische Ordnung
logical shift	logisches Schieben
logical step	logischer Schritt
logical symbol	logisches Symbol
logical test	logischer Test
logical view	logische Sicht
logical workstation	logische Arbeitsstation
logics	Logik
login	Anmeldung
login file	Anmeldeprogrammdatei
login ID	Anmeldename
login identification	Anmeldename
login menu	Anmeldemenü
login message	Anmeldenachricht
login mode	Anmeldemodus
login name	Anmeldename
login procedure	Anmeldeprozedur
login request	Anmeldeanforderung, Anmeldeaufforderung
login script	Anmeldebeschreibungsliste
login security	Anmeldesicherheitsmaßnahme
login time	Anmeldezeit
logistic	logistisch, Versorgungs ...
logistics	Logistik
LOGO	Logogramm
logoff	Abmeldung
logogram	Logogramm
logon	Anmeldung
logon file	Anmeldeprogrammdatei
logon identification	Anmeldename
logon menu	Anmeldemenü

logon message	Anmeldenachricht
logon mode	Anmeldemodus
logon name	Anmeldename
logon procedure	Anmeldeprozedur
logon request	Anmeldeanforderung, Anmeldeaufforderung
logon time	Anmeldezeit
logout	Abmeldung, Fehlermeldung
LOM	laseroptischer Speicher
long	lang, weit
long filename	langer Dateiname
long instruction format	langes Befehlsformat
long integer	lange Festkommazahl
long precision	doppelte Genauigkeit
long-dated	langfristig
long-distance line	Fernleitung
longevity	Langlebigkeit
longitudinal strength	Ausdehnungsfähigkeit
long-range	weitreichend
long-range communication	Langstreckenkommunikation
look up	suchen
look-up table	Nachschlagtabelle
loom	undeutlich erkennen
loop	Programmschleife
lose	verlieren
loss	Verlust
loss factor	Verlustfaktor
lossless compression	verlustlose Datenkomprimierung
lossy compression	Datenkomprimierung mit Datenverlust
lost	verloren
lost chain	verlorene Verkettung
lost cluster	verlorener Speicherbereich
loudness	Lautstärke
loudspeaker	Lautsprecher
louver	Lüftungsschlitz
low	niedrig
low byte	unteres Byte
low end	unterer Bereich
low frequency	Niederfrequenz
low memory	unterer Speicherbereich
low resolution	geringe Auflösung
low savvy	beschränkt
low tension	Niederspannung
low voltage	Niederspannung
low-contrast	kontrastarm
low-end model	Einstiegsmodell

lower	niedriger, untere, verringern
lower bound	untere Grenze
lower case	untere Umschaltung
lower edge	Unterkante
lower-bound	Untergrenz ...
lowercase character	Kleinbuchstabe
lower-case letter	Kleinbuchstabe
lowering	Tiefstellung
lower-order	niederwertig
lowest priority	niedrigste Priorität
lowest-order	niedrigstwertig
lowest-order address	niedrigste Adresse
lowest-order bit	niedrigstwertiges Bit
lowest-order group level	niedrigste Gruppenstufe
lowest-order priority	niedrigste Priorität
low-level programming language	maschinenorientierte Programmiersprache
low-noise	störungsarm
low-order	niederwertig
low-profile keyboard	Flachtastatur
low-radiation	strahlungsarm
low-speed	langsam
low-value	Niedrigstwert ...
lozenge	Raute, Rautenzeichen
lpi	Zeilen pro Zoll
lpm	Zeilen pro Minute
lps	Zeilen pro Sekunde
LPT	Parallelport
LQ	Schönschrift
LQ (letter quality)	Briefqualität
LRC	Längssummenkontrolle
LSI	hohe Integration
lucency	Leuchtfähigkeit, Transparenz
lucent	leuchtend, transparent
luminance	Leuchtdichte
luminary	Leuchtkörper
luminesce	Nachleuchten
luminescence	Lumineszenz
luminosity	Lichtstärke
luminous	leuchtend
luminous efficiency	Lichtausbeute
luminous sensitivity	Lichtempfindlichkeit
lump sum	Pauschalbetrag
lumped	konzentriert
lump-sum	pauschal

lurking	passive Teilnahme
lux	Lux
Lynx	Lynx

M

M	M, Mega ...
m dash	m-Bindestrich
MA	Speicheradresse
Mac	Macintosh
machinable	automatisch
machine	Apparat, Maschine, maschinell bearbeiten, maschinell herstellen, Mechanismus, Roboter
machine address	Maschinenadresse
machine code	Maschinencode, maschineninterner Code
machine cycle	Maschinenzyklus
machine dependence	Maschinenabhängigkeit
machine employment	Maschineneinsatz
machine error	Hardwarefehler, Hardware-Fehler
machine failure	Maschinenausfall
machine format	Maschinenformat
machine identification	Maschinenkennzeichen
machine independence	Maschinenunabhängigkeit
machine instruction	Maschinenbefehl
machine language	Maschinensprache
machine protocol	Maschinenprotokoll
machine room	Maschinenraum
machine run	Maschinenlauf
machine test	Maschinentest
machine time	Maschinenzeit, Rechenzeit
machine tolerance	Maschinentoleranz
machine word	Maschinenwort
machine-aided	automatisch
machine-code instruction	Maschinenbefehl
machine-dependent	maschinenabhängig
machine-evaluable	maschinenauswertbar
machine-independent	maschinenunabhängig
machine-oriented	maschinennah, maschinenorientiert
machine-oriented programming language	maschinenorientierte Programmiersprache
machine-readable	maschinenlesbar
MacOS	Macintosh-Betriebssystem
macro	Makro, Makrobefehl
macro assembler	Makroassembler
macro call	Makroaufruf

macro command	Makrokommando
macro definition	Makrodefinition
macro directory	Makroverzeichnis
macro instruction	Makrobefehl
macro language	Makrosprache
macro library	Makrobibliothek
macro manual	Makrohandbuch
macro name	Makroname
macro procedure	Makroprozedur
macro processor	Makroprozessor
macro program	Makroprogramm
macro recorder	Makroaufzeichnungsprogramm
macro routine	Makroroutine
macro substitution	Makroersetzung
made	gemacht, hergestellt
magazine	Magazin
magenta	Magenta
magnet	Magnet
magnetic	Magnet ..., magnetisch
magnetic card	Magnetkarte
magnetic card storage	Magnetkartenspeicher
magnetic cartridge	Magnetkassette
magnetic cartridge drive	Magnetkassettenlaufwerk
magnetic cassette	Magnetkassette
magnetic core memory	Magnetkernspeicher
magnetic cycle	Magnetisierungszyklus
magnetic damping	magnetische Dämpfung
magnetic disk	Festplatte, Magnetplatte
magnetic disk address	Magnetplattenadresse
magnetic disk code	Magnetischer Plattenkode
magnetic disk computer	Magnetplattenrechner
magnetic disk control	Magnetplattensteuerung
magnetic disk control unit	Magnetplattensteuereinheit
magnetic disk controller	Magnetplattensteuereinheit
magnetic disk data safeguarding	Magnetplattensicherung
magnetic disk density	Magnetplattenaufzeichnungsdichte
magnetic disk drive	Magnetplattenantrieb, Magnetplattenlaufwerk
magnetic disk dump	Magnetplattenauszug
magnetic disk duplicate	Magnetplattenduplikat
magnetic disk file	Magnetplattendatei
magnetic disk filing	Magnetplattenarchivierung
magnetic disk input	Magnetplatteneingabe
magnetic disk label	Magnetplattenetikett

magnetic disk library	Magnetplattenarchiv
magnetic disk name	Magnetplattenname
magnetic disk operating system	Magnetplattenbetriebssystem
magnetic disk organization	Magnetplattenorganisation
magnetic disk output	Magnetplattenausgabe
magnetic disk pack	Magnetplattenstapel
magnetic disk positioning	Magnetplattenpositionierung
magnetic disk protection cover	Magnetplattenschutzhülle
magnetic disk recording	Magnetplattenaufzeichnung
magnetic disk sector	Magnetischer Plattensektor
magnetic disk serial number	Magnetplattenarchivnummer
magnetic disk storage	Magnetplattenspeicher
magnetic disk storage unit	Magnetplattenstation
magnetic disk system	Magnetplattensystem
magnetic disk transport	Magnetplattentransport
magnetic disk unit	Magnetplatteneinheit
magnetic diskette	Magnetdiskette
magnetic disk-pack access	Kammzugriff
magnetic disk-pack access-arm	Schreib-Lese-Kamm
magnetic drum	Magnettrommel
magnetic energy	magnetische Energie
magnetic ferrite	Ferrit
magnetic field	Magnetfeld
magnetic field strength	magnetische Feldstärke
magnetic film memory	Dünnschichtspeicher, Magnetschichtspeicher
magnetic head	Magnetkopf, Schreib-Lese-Kopf
magnetic hysteresis loop	Hysterese-Schleife
magnetic induction	magnetische Induktion
magnetic ink	Magnettinte
magnetic ink character reader	Magnetschriftleser
magnetic ink character recognition	Magnetschrifterkennung
magnetic ink characters	Magnetschrift
magnetic ink printer	Magnetschriftdrucker
magnetic ink reader	Magnetschriftleser
magnetic inscription	Magnetbeschriftung
magnetic layer	Magnetschicht
magnetic layer storage	Magnetschichtspeicher
magnetic ledger	Magnetkonto
magnetic ledger-card	Magnetkontenkarte
magnetic ledger-card computer	Magnetkontencomputer
magnetic particle	Magnetpartikel
magnetic reading	Magnetabtastung
magnetic recording	Magnetaufzeichnung

magnetic rigidity	magnetische Stabilität
magnetic saturation	magnetische Sättigung
magnetic scanner	Magnetabtaster
magnetic scanning	Magnetabtastung
magnetic tape	Magnetband
magnetic tape cartridge	Magnetbandkassette
magnetic tape cassette	Magnetbandkassette
magnetic tape code	Magnetbandkode
magnetic tape density	Magnetbandaufzeichnungsdichte
magnetic tape device	Magnetbandgerät
magnetic tape drive	Magnetbandantrieb
magnetic tape dump	Magnetbandauszug
magnetic tape duplicate	Magnetbandduplikat
magnetic tape edge	Magnetbandkante
magnetic tape file	Magnetbanddatei
magnetic tape filing	Magnetbandarchiv
magnetic tape input	Magnetbandeingabe
magnetic tape label	Magnetbandetikett
magnetic tape library	Magnetbandarchiv
magnetic tape output	Magnetbandausgabe
magnetic tape passage	Magnetbanddurchlauf
magnetic tape recording	Magnetbandaufzeichnung
magnetic tape speed	Magnetbandgeschwindigkeit
magnetic tape station	Magnetbandeinheit
magnetic tape thickness	Magnetbanddicke
magnetic tape threading	Magnetbandeinfädelung
magnetic tape unit	Magnetbandeinheit
magnetic tape width	Magnetbandbreite
magnetic thin film	magnetische Dünnschicht
magnetic ticket	Magnetetikett
magnetic wand reader	Magnetetikettleser
magnetic wire storage	Magnetdrahtspeicher
magnetism	Magnetismus
magnetization	Magnetisierung
magnetize	magnetisieren
magnetized	Magnet ..., magnetisiert
magnetizing	Magnetisierung
magnetizing force	Magnetfeldstärke
magneto-electric	magnetoelektrisch
magnetography	Magnetografie
magnetometer	Magnetfeldstärkenmessgerät
magneto-motoric	magnetomotorisch
magneto-optical	magnetooptisch
magneto-optical cartridge	magnetooptische Kassette
magneto-optical disc	magnetooptische Platte

magneto-optical drive	Laufwerk für magnetooptische Kassetten
magneto-resistance	Magnetwiderstand
magneto-resistive	magnetwiderstandsbeständig
magneto-resistor	Magnetwiderstand
magneto-striction	Magnetostriktion
magneto-strictive	magnetostriktiv
magnetron	Magnetfeldröhre
magnifier	Verstärker
magnify	vergrößern, verstärken
magnitude	Größe, Umfang
mail	Postsendung, versenden
mail bombing	Mailbox-Bombardement
mail boxing	Briefübermittlung
mail bridge	Mailbox-Brücke
mail exploder	Mailbox-Verteilungsprogramm
mail merge function	Serienbrieffunktion
mail package	Mailbox-Paketübertragung
mail server	Mail-Server
mailbox	Briefkasten, Mailbox
mailbox name	Mailbox-Name
mailbox network	Mailbox-Netz
mailbox operator	Mailbox-Systembediener
mailbox server	Mailbox-Hauptrechner
mailbox software	Mailbox-Software
mailbox system	Mailbox-System
mailgram	Telebrief
mailing	Postbeförderung
mailing list	Mailbox-Verteiler
mailing list manager	Mailbox-Verteilungsprogramm
mailing machine	Adressiermaschine
main	Haupt ...
main application	Hauptanwendung
main attachment	Hauptanschluss
main body	Hauptprogramm
main catalog	Hauptkatalog
main command menu	Hauptbefehlsmenü
main console	Hauptbedienungsplatz
main descriptor	Hauptdeskriptor
main directory	Hauptverzeichnis
main document	Hauptdokument
main file	Hauptdatei
main group	Hauptgruppe
main index	Hauptindex
main key	Hauptschlüssel
main line	Hauptanschluss

main loop	Hauptschleife
main memory	Hauptspeicher
main menu	Hauptmenü
main program	Hauptprogramm
main segment	Hauptsegment
main storage	Hauptspeicher
mainframe	Großrechner, Grundgerät, Universalrechner
mainframer	Großrechnerhersteller
mains	Hauptnetz, Netz
mains current	Netzstrom
mains supply	Netzstromversorgung
mains voltage	Netzspannung
maintain	pflegen, warten
maintainability	Wartbarkeit, Wartungsfreundlichkeit
maintenance	Pflege
maintenance programmer	Änderungsprogrammierer
maintenance programming	Änderungsprogrammierung
maintenance release	Programm-Revisions-Version
major control change	Übergruppenwechsel
make	Herstellung, machen
make up	umbrechen
make-up	Umbruch
making	Herstellung
malfunction routine	Störungsanalyseroutine
manageable	kontrollierbar
management	Leitung
management information system (MIS)	Management-Informationssystem
managing clerk	Disponent
mandate	Vollmacht
mandatory	zwingend
mangle	verstümmeln
manifold	Kopie, vervielfältigen, vielfältig
manifolder	Vervielfältiger
manifold-writer	Vervielfältiger
manipulate	bedienen
manipulating	Bedienung
manipulation	Bearbeitung, Manipulation
manipulation language	Handhabungssprache
manipulation technique	Benutzersteuerungstechnik
manipulation variable	Stellgröße
manipulative	manipulierend, manipuliert
man-machine communication	Mensch-Maschine-Kommunikation
man-machine interface	Mensch-Maschine-Schnittstelle
man-machine system	Mensch-Maschine-System

manner	Methode
mantissa	Mantissa, Mantisse
manual	Anleitung, Bedienungsanleitung, Hand ..., Handbuch, manuell
manual control device	Handsteuergerät
manual data acquisition	manuelle Datenerfassung
manual data input	manuelle Dateneingabe
manual data processing	manuelle Datenverarbeitung
manual exchange	Handvermittlung
manual input	manuelle Eingabe
manual input device	Handeingabegerät
manual operation	manueller Betrieb
manual recalculation	handgesteuerte Neuberechnung
manual switching position	Vermittlungsplatz
manufacture	herstellen, Herstellung
manufacturer	Hersteller
manufacturing automation	Fertigungsautomatisierung
manuscript	Manuskript
map	abbilden, Abbildung, Bildschirmmaske
MAPI	Mailbox-Anwendungsprogramm-Schnittstelle, Schnittstelle mit der Programme Nachrichten austauschen können
mapping	Abbildung, Konvertierung
margin	begrenzen, Begrenzung, Rand, Spielraum
margin alignment	Randausgleich
margin perforation	Randführungslochung
margin release	Randauslöser
margin stop	Randbegrenzer
marginal	Grenz ..., Grenzwert
marginal check	Grenzwertprüfung
marginal condition	Randbedingung
marginal notch	Randkerbung
marginal sharpness	Randschärfe
mark	Kennzeichen, kennzeichnen, Marke, markieren, Markierung, Strichmarkierung
mark detection	Markierabfühlung
mark of correction	Korrekturzeichen
mark page	Seitenmarkierbeleg
mark reader	Markierbelegleser
mark scanner	Markierbelegscanner, Markierbelegleser
marked sheet	Markierbeleg
marker	Marke, Markierung
market	Markt
marking	Markierung
mark-to-space ratio	Zeichen-Zwischenraum-Verhältnis

marquee	bewegliche Markierungslinie
mask	Maske, maskieren
mask bit	Maskenbit
mask design	Maskenentwurf
mask field	Maskenfeld
mask generator	Maskengenerator
mask-controlled	maskengesteuert
masking	Maskierung
mask-oriented	maskengesteuert
mask-programmed	maskenprogrammiert
masquerading	Maskerade
mass communication	Massenkommunikation
mass data	Massendaten
mass storage	Großspeicher, Massenspeicher, Sekundärspeicher
mass...	Groß ...
massively parallel computer	Massiv-Parallel-Rechner
master	Mutter ...
master boot record (MBR)	Partitionstabelle
master cartridge	Hauptsicherungskassette, Originalkassette
master disk	Erstplatte
master diskette	Originaldiskette
master document	Ursprungsbeleg
master file	Bestandsdatei
master software	Originalsoftware
master tape	Originalband
match	abgleichen, anpassen, übereinstimmen
match code	Abgleichcode, Matchcode
matching	Abgleichung, Anpassung
material	körperlich, Material, materiell
math coprocessor	mathematischer Koprozessor
mathematic	mathematisch
mathematical coprocessor	mathematischer Koprozessor
mathematical data processing	mathematisch-technische Datenverarbeitung
mathematical expression	mathematischer Ausdruck
mathematical function	mathematische Funktion
mathematical logics	mathematische Logik
mathematical model	mathematisches Modell
mathematical programming	mathematische Programmierung
mathematical programming language	mathematische Programmiersprache
mathematics	Mathematik
matrix	Rastermuster
matrix character	Matrixzeichen

matrix circuit	Matrixschaltung
matrix code	Matrixcode
matrix display	Matrixbildschirm
matrix dot	Rasterpunkt
matrix element	Matrixelement
matrix image	Rasterbild
matrix line printer	Matrixzeilendrucker
matrix memory	Bildspeicher
matrix printer	Matrixdrucker
matrix scanner	Matrixscanner
matrix storage	Matrixspeicher
matter	Gegenstand, Inhalt, Material
mattress wiring	direkte Verdrahtung
maxidisk	Maxidiskette
maximal	größtmöglich, maximal
maximization	Maximierung
maximize	maximieren
maximum	Höchstwert, Maximum
maximum configuration	Vollausbau
MB	Megabyte
MBit	Megabit
MBR	Partitionstabelle
MByte	Megabyte
MCA	Mikrokanalbus
MCGA	Vorgänger von VGA
MCI	Medien-Kontroll-Interface
MCU	Mikroprozessorsteuereinheit
MDA	Monochromgrafikkarte
MDI	Mehrdokumenten-Schnittstelle
mean	bedeuten, durchschnittlich, Mittel, Mittelwert, mittlere, wollen
mean access time	mittlere Zugriffszeit
mean life span	mittlere Lebensdauer
mean queue size	mittlere Warteschlangenlänge
mean repair time	mittlere Reparaturdauer
mean variation	Streuung
meantime between failures (MTBF)	mittlerer Abstand zwischen Störungen, mittlerer Störungsabstand, mittlerer zeitlicher Abstand zwischen Störungen
meantime to repair	mittlere Reparaturdauer
mean-time-to-repair (MTTR)	Reperaturdauer
measurability	Messbarkeit
measurable	messbar
measure	Maß, Maßeinheit, messen, Messung, Mittel, Spaltenbreite

measured data	Messwerte
measured data acquisition	Messwerterfassung
measured value	Messwert
measurement	Maßsystem, Messung
measuring	Mess ...
mechanic	mechanisch
mechanism	Schaltwerk
media control interface (MCI)	Medien-Kontroll-Interface
media eraser	Datenträgerlöscheinrichtung
medial	durchschnittlich
mediation	Interpolation
medium	Datenträger, durchschnittlich
meet	treffen
meeting	treffen
megabit	Megabit
megabit chip	Megabitchip
megabyte	Megabyte
megaflops	Megaflops
megahertz	Megahertz
megamini	Megamini
megapixel	Megapixel
megaword	Megawort
meliorate	verbessern
melioration	Verbesserung
member	Glied
member set	abhängiger Datensatz
membrane keyboard	Folientastatur
memorize	merken
memory	Hauptspeicher, Internspeicher, Speicher
memory access	Speicherzugriff
memory address	Speicheradresse
memory allocation	Speicherzuweisung
memory area	Speicherbereich
memory bank	Speicherbank
memory block	Speicherblock
memory bus	Speicherbus
memory check	Speichertest
memory chip	Speicherchip
memory chip density	Speicherchipdichte
memory contents	Speicherinhalt
memory control unit	Speichersteuerwerk
memory cycle	Speicherzyklus
memory cycle time	Speicherzykluszeit
memory diagnostic	Speicherprüfung
memory dump	Speicherauszug

memory element	Speicherelement
memory expansion	Arbeitsspeichererweiterung, Speichererweiterung
memory expansion board	Speichererweiterungskarte
memory interleave	Bankauswahlverfahren, Speicherverschränkung
memory interleaving	Bankauswahlverfahren, Speicherverschränkung
memory latency time	Speicherdrehwartezeit
memory location	Speicheradresse, Speicherstelle
memory management	Speicherverwaltung
memory management unit	Speicherverwaltungseinheit
memory manager	Speicherverwalter
memory map	Speichertabelle
memory mapping	Speicherabbildung
memory module	Speicherbaustein, Speichermodul
memory operation	Speicheroperation
memory organization	Speicherorganisation
memory overlay	Speicherüberlagerung
memory paging	Speicher-Seiteneinteilung
memory pointer	Basisadressregister, Basisregister
memory position	Speicherstelle
memory print	Speicherausdruck
memory protection	Speicherbereichsschutz, Speicherschutz
memory receive	Speicherempfang
memory refresh	Speicherauffrischung
memory register	Speicherregister
memory requirements	Speicherplatzbedarf
memory scan	Speicherdurchsuchung
memory scratchpad	schneller Zwischenspeicher
memory settlement	Speicherbereinigung
memory size	Speichergröße
memory stack	Speicherblock
memory structure	Speicherstruktur
memory technology	Speichertechnik
memory typewriter	Speicherschreibmaschine
memory unit	Speicherwerk
memory word	Speicherwort
memory-resident	arbeitsspeicherresident
mensurability	Messbarkeit
mensurable	messbar
mental	Kopf ..., Verstandes ...
menu	Menü
menu bar	Menübalken
menu control	Menüsteuerung

menu design	Menüentwurf
menu editor	Menübearbeiter
menu generator	Menügenerator
menu level	Menüebene, Menüpunkt
menu logic	Menütechnik
menu mask	Menümaske
menu name	Menüname
menu page	Auswahlseite
menu prompt	Benutzerführung durch Menü
menu prompting	Menüsteuerung
menu selection	Menüauswahl
menu standard	Menüstandard
menu tree	Menübaum
menu-driven	menügesteuert
mercantile	Handels ...
merchandise	Handel treiben
merchandising	Verkaufspolitik
merchant	Handels ...
mercury	Quecksilber
merge	mischen
merge printing	Serienbriefausdruck, Serienbriefdruck
merge program	Mischprogramm
merge sorting	Mischsortieren
mesh	einrücken, vermaschen
meshed	vermascht
message	melden, Meldung
message acknowledgement	Nachrichtenquittung
message control	Nachrichtensteuerung
message distribution	Nachrichtenverteilung
message frame	Nachrichtenrahmen
message line	Nachrichtenzeile
message package	Nachrichtenpaket
message queue	Nachrichtenwarteschlange
message routing	Nachrichten-Wegauswahl
message sink	Nachrichtensenke
message source	Nachrichtenquelle
message trailer	Nachrichtenschlussteil
message transmission	Nachrichtenübertragung
messaging application programming interface (MAPI)	Mailbox-Anwendungsprogramm-Schnittstelle
metadata	Metadaten
metafile	Metadatei
metal	Metall
meter	Messgerät
metering	zählen

metering pulse	Zählimpuls
method base	Methodenbank
method base system	Methodenbanksystem
method of changeover	Umstellungsverfahren
method of data collection	Datenerfassungsverfahren
method of estimate	Schätzverfahren
method of investigation	Erhebungsverfahren
methodic	systematisch
methodology	Methodik
metric	metrisch, metrisches System
metric system of measurement	metrisches Maßsystem
metropolitan area network	Stadtbereichsnetz
MFlops	Megaflops
MFM	modifizierte Frequenzmodulation
MGA	Mehrfarben-Grafikstandard
MHz	Megahertz, MHz
mica	Glimmer
mice	Maus
MICR	Magnetschrifterkennung
micro control unit (MCU)	Mikroprozessorsteuereinheit
micro...	Mikro ..., Mikrocomputer
micro-...	Mikro- ...
micro-assembly	montierter Mikrobaustein
micro assembler	Mikroassembler
micro channel	Microchannel
micro channel architecture	Microchannel-Architektur
micro channel bus architecture (MCA)	Microchannel-Bus
microchip	Mikroschaltbaustein
microcircuit	Mikroschaltkreis
microcode	Mikrocode
Microcom networking protocol	Microcom-Vernetzungsprotokoll
microcomputer	Mikrocomputer
microcomputer control system	Mikrocomputer-Steuersystem
microcomputer development system	Mikrorechner-Entwicklungssystem
microcomputer kit	Mikrocomputerbausatz
microcontrol	Mikrosteuerung
microdisk	Mikrodiskette
microdiskette	Mikrodiskette
microelectronics	Mikroelektronik
microfiche	Mikrofilmkarte, Mikroplanfilm
microfilm	Mikrofilm
microfilm camera	Mikrofilmkamera
microfilm reader	Mikrofilmlesegerät

microfilm retrieval unit	Mikrofilmarchivgerät
microfilm viewer	Mikrofilmbetrachter
microfilming	Mikroverfilmung
microfine toner	Mikrotoner
microfloppy	Diskette, Mikrodiskette
microfloppy disk	Mikrodiskette
microform	Mikrobildspeicher, Mikrodatenträger
micrographics	Mikrofilmtechnik
microimage	Mikrobild
microinstruction	Mikrobefehl
microjustification	Mikroausrichtung
micromemory	Mikrospeicher
micrometer	Mikrometer
microminiaturization	Mikrominiaturisierung
microminicomputer	kleiner Minicomputer
micromodule	Mikromodul
micromotion study	Bewegungsanalyse
micron	Mikron
microoperation	Mikrooperation
microperforation	Mikroperforation
microphone	Mikrophon
microprocessor	Mikroprozessor
microprocessor chip	Mikroprozessorchip
microprocessor unit	Mikroprozessoreinheit
microprogram	Mikroprogramm, mikroprogrammieren
microprogrammable	mikroprogrammierbar
microprogramming	Mikroprogrammierung
microscope	Mikroskop
microsecond	Mikrosekunde
Microsoft disk operating system (MSDOS)	MS-DOS (kommandozeilenbasiertes Microsoft Betriebssystem)
microspacing	Mikroleerzeicheneinschiebung
microstrip	Mikrofilmstreifen
microswitch	Mikroschalter
midget	Miniatur ...
MIDI	MIDI
midrange computer	Minicomputer
migrate	übergehen, wandern
migration	Ionenwanderung, Systemumstellung
military classification	Datenklassifikation
mill	Prägepresse
milli...	Milli ...
milliard	Milliarde
million instructions per second (MIPS)	Millionen Instruktionen je Sekunde

millth	Millionstel
miniaturization	Miniaturisierung
miniaturize	miniaturisieren
miniaturized	miniaturisiert
miniaturized circuit	integrierter Schaltkreis
minicartridge	Minikassette
minicassette	Minikassette
minicomputer	Minicomputer
minidiskette	Minidiskette
minifloppy	Diskette, Minidiskette
minifloppy disk	Minidiskette
minimal	kleinst, minimal
minimal configuration	Minimalkonfiguration
minimization	Minimierung
minimize	Fenster verkleinern, minimieren
minimum	Kleinstwert, Mindest ..., Minimal ..., Minimum
miniprocessor	Miniprozessor
minitower	Minitower
minor	Neben ..., Unterbegriff, Untergruppe, weniger bedeutend
minor control change	Untergruppenwechsel
minor group	Untergruppe
minor key	Nebenschlüssel, Sekundärschlüssel
minority	Minderheit
minuend	Minuend
minus	minus
minus sign	Minuszeichen
minute	Minute, protokollieren
minutely	genau
minuteness	Genauigkeit
minutes	Protokoll
MIPS	Millionen Instruktionen je Sekunde
mirror	Spiegel, spiegeln
mirror disk	Spiegelplatte
mirroring	spiegeln
MIS	Management-Informationssystem
mis...	falsch ..., miss ..., schlecht ...
misalignment	Ausrichtungsfehler, Falschausrichtung
misapplication	falsche Anwendung
misc	Vermischtes
miscalculation	Rechenfehler
miscellanea	Vermischtes
miscellaneous	verschiedenes
miscount	Rechenfehler, sich verrechnen

misdate	falsch datieren, falsches Datum
misdirect	falsch adressieren
misdirection	falsche Adresse
misentry	falsche Eingabe
misfeed	Zuführungsfehler
mishandle	falsch handhaben
misinformation	Fehlinformation
misinterpret	falsch auswerten
misinterpretation	Falschauswertung
mismanagement	Misswirtschaft
mismatch	Ungleichheit
mismatched	ungleich
misprint	Druckfehler, verdrucken
misrout	fehlleiten
misroute	fehlleiten
misrouted	fehlgeleitet
miss	verfehlen
missend	fehlleiten
missent	fehlgeleitet
missing	fehlend
mission	Sendung
misspelling	Schreibfehler
mistakable	missverständlich
mistake	Fehler, Irrtum, Missverständnis, missverstehen, verwechseln, Verwechselung
mix	Befehlsmix, Kombination, kombinieren, mischen, vermischen
mixed cell reference	kombinierter Feldverweis
mixed column/line chart	kombiniertes Säulen-Linien-Diagramm
mixed column/line graph	kombiniertes Säulen-Linien-Diagramm
mixed communication	Mischkommunikation
mixed hardware	Hardware-Kombination
mixed software	Software-Kombination
mixed system	gemischtes System
mnemonic	mnemotechnisch
mnemonic code	mnemonischer Code
mnemonic instruction code	mnemonischer Code
mnemonics	Mnemotechnik
mobile	beweglich, dünnflüssig, Handy
mobile data collection	mobile Datenerfassung
mobile data collection terminal	mobiles Datenerfassungsgerät
mobile data processing	mobile Datenverarbeitung
mobile microcomputer	mobiler Mikrorechner
mobile radio telefone	mobiles Funktelefon
mobile system	mobiles System

mobile telefone	Handy, Mobiltelefon
mobile telefone network	mobiles Fernsprechnetz
mod function	Modulo-n-Prüfziffernfunktion
mode	Verfahren
mode of recording	Aufzeichnungsverfahren
model	gestalten, Modell, Muster, Vorlage
model forming	Modellbildung
modeling	Modellbildung
modem	Modem
moderate	Vorsitz führen
moderated newsgroup	geleitetes Nachrichtenforum
moderation	Diskussionsleitung
moderator	Diskussionsleiter, Mailbox-Leiter
modern	neuzeitlich
modifiable	veränderbar
modification	Modifikation, Veränderung
modification instruction	Modifikationsbefehl
modification level	Veränderungsstufe
modification loop	Modifikationsschleife
modified	modifiziert
modified frequency modulation (MFM)	modifizierte Frequenzmodulation
modifier	Modifikator
modifier register	Modifikationsregister
modify	modifizieren, verändern
Modula-2	Modula-2-Programmiersprache
modular	modular
modular accounting package	modulares Programmpaket für kaufmännische Aufgaben
modular construction	modularer Aufbau
modular design	modularer Entwurf
modular jack	Modulanschlussdose
modular program	modulares Programm
modular programming	modulare Programmierung
modular system	Bausteinsystem, modulares System, Modulsystem
modularity	Bausteinprinzip, Modularität
modularization	Modularisierung
modularize	modularisieren
modularized	modularisiert
modulate	anpassen, einstellen, modulieren, regulieren
modulation	Anpassung, Einstellung, Modulation, Regulierung
modulation protocol	Modulationsprotokoll
modulator	Demodulator, Modulator, Regulator

modulatur	Modulator
module	Baustein, Modul, Programmbaustein, Programm-Modul
module board	Modulkarte
module library	Modulbibliothek
module test	Modultest
modulo-n function	Modulo-n-Prüfziffernfunktion
moiré effect	Moiréeffekt
moist	feucht
molecular	molekular
molecular computer	Molekularcomputer
molecular database object	elementares Datenbankobjekt
molecule	Molekül
moment	Zeitpunkt
momentary	vorübergehend
momentum	Kraftimpuls
monadic	einstellig
monetary	Geld ..., Währungs ...
money	Geld
money-order	Postanweisung
monitor	Bildschirmgerät, Steuerbildschirm, überwachen, Überwachungsbildschirm, Überwachungsprogramm, Überwachungssystem
monitor control	Monitorsteuerung
monitor program	Überwachungsprogramm
monitor state	Überwachungszustand
monitored	überwacht
monitoring	Überwachung
monitoring channel	Überwachungskanal
monitoring feedback	Kontrollrückkopplung
monitoring printer	Kontrollblattschreiber
mono...	ein ..., Einzel ...
monoboard computer	Einplatinenrechner
monochromatic	einfarbig
monochromaticity	Einfarbigkeit
monochrome	einfarbig, schwarzweiß
monochrome display adapter	Monochrom-Videokarte
monochrome monitor	Schwarzweißbildschirm
monochrome printer	Einfarbdrucker, Schwarzweißdrucker
monochrome screen	Schwarzweißbildschirm
monochromic	einfarbig
monospace font	Einschrittschrift
more	mehr
morph	umwandeln
morphing	Bildumwandlung

mosaic code	Rastercode
mosaic printer	Rasterdrucker
most	größt, Größt ..., höchst, Höchst ...
most frequently used	am häufigsten benutzt
most recently used	als letztes benutzt
most significant	höchstwertig
most significant bit	höchstwertiges Bit
most significant character	höchstwertiges Zeichen
most significant position	höchstwertige Stelle
motherboard	Hauptplatine
motion	Bewegung
motion study	Bewegungs-Zeit-Untersuchung
mould	Gestalt, Matrize, Muster
mountable	austauschbar
mounted	ausgerüstet
mounted board	Leiterplatte
mouse control	Rollkugelsteuerung
mouse double-clicking	Maus-Doppelklicken
mouse dragging	Maus bei gedrückter Taste bewegen
mouse elbow	Maus-Ellbogen
mouse pad	Mausunterlage
mouse pen	Mausstift
mouse port	Mausanschluss
mouse sensitivity	Mausempfindlichkeit
m-out-of-n code	m-aus-n-Code
movable	auswechselbar, beweglich
move	bewegen, transportieren, übertragen
move instruction	Transportbefehl
movement	Bewegung
movie compact disc	Video-CD-ROM
moving	beweglich
moving border	bewegliche Markierungslinie
moving image	Bewegtbild
moving picture experts group (MPEG)	MPEG-Standard
moving-head disk	Gleitkopfplatte
moving-head disk drive	Gleitkopflaufwerk
moving-image transmission	Bewegtbildübertragung
MPC	Multimedia-PC
MPEG	MPEG-Standard
MPR	MPR-Norm
MPU	Mikroprozessoreinheit
ms	Millisekunde
MS-DOS	MS-DOS (kommandozeilenbasiertes Microsoft Betriebssystem)

MSI	mittlere Integration
MTBF	mittlerer Abstand zwischen Störungen, mittlerer Störungsabstand, mittlerer zeitlicher Abstand zwischen Störungen
MTTR	Reparaturdauer
MUD	Online-Rollenspiele mit vielen Spielern, virtuelle Spielwelt für viele Benutzer
multi...	mehr ..., viel ...
multi-access	Mehrfachzugriff
multi-address	Mehradress ...
multi-address computer	Mehradressrechner
multi-address instruction	Mehradressbefehl
multi-address machine	Mehradressmaschine
multi-address operation	Mehradressoperation
multi-address system	Mehradresssystem
multi-address...	Mehradress ...
multi-addressing	Mehrfachadressierung
multibus	Mehrfachbus
multibyte instruction	Mehrwortbefehl
multicasting	Mehrfachsendung
multichannel	Mehrfachkanal, Multiplexkanal
multichannel system	Mehrkanalsystem
multi-chip	Großbaustein, Mehrfachchip
multichrome	mehrfarbig
multichrome screen	Farbbildschirm
multi-color	Mehrfarben ...
multicolor graphics array (MGA)	Mehrfarben-Grafikstandard
multi-colored	mehrfarbig
multi-computer system	Mehrrechnersystem
multi-core	mehradrig
multidimensional	mehrdimensional
multidimensional access	mehrdimensionaler Zugriff
multidimensional array	mehrdimensionales Feld
multidimensional measurement	mehrdimensionale Messung
multidimensional number	Tensor
multidimensional table	mehrdimensionale Tabelle
multifiber cable	Mehrfachglasfaserkabel
multifile processing	Mehrdateiverarbeitung
multifunction	Mehrfachfunktion
multi-line	Mehranschluss ...
multimedia card	Multimedia-Steckkarte
multimedia compact disc	Multimedia-CD-ROM
multimedia personal computer (MPC)	Multimedia-PC

multimedia programming	Multimediaprogrammierung
multimedia system	Multimediasystem
multimode fiber	Multimodefaser
multinedia database system	multimediales Datenbanksystem
multipart form	Durchschreibeformular
multipart form set	Schnelltrennsatz
multiplayer	Mehrfachabspiellaufwerk
multiple	mehrfach, Mehrfach ..., vielfach, Vielfach ...
multiple chaining	Mehrfachkettung
multiple communication	Mehrfachkommunikation
multiple condition	Mehrfachbedingung
multiple data stream	mehrere Befehls-/Datenströme
multiple document interface (MDI)	Mehrdokumenten-Schnittstelle
multiple evaluation	Mehrfachauswertung
multiple image	Geisterbild, Mehrfachbild
multiple instruction stream	mehrere Befehls-/Datenströme
multiple precision	mehrfache Genauigkeit
multiple selection	Mehrfachauswahl
multiple virtual system	Teilnehmerbetriebssystem
multiple zone recording	Mehrzonenaufzeichnung
multiple-address computer	Mehradressrechner
multiple-choice question	Auswahlfrage
multiplex	multiplex betreiben, vielfältig
multiplex access	Multiplexbetrieb
multiplex channel	Multiplexkanal
multiplex line	Multiplexverbindung
multiplex mode	Multiplexbetrieb
multiplex operation	Multiplexbetrieb
multiplexer	Multikanal, Multiplexkanal
multiplexing	Multiplexen
multiplexing equipment	Multiplexeinrichtung
multiplicand	Multiplikand
multiplicate	vielfach
multiplication	Multiplikation
multiplicity	Vielfalt
multiplier	Multiplikator, Verstärker, Vorwiderstand
multiplier unit	Multiplikationswerk
multiply	multiplizieren, vervielfachen
multipoint	Mehrpunkt ...
multipoint connection	Mehrpunktverbindung
multipoint operation	Mehrpunktbetrieb
multiport	Mehrfachanschluss
multi-position system	Mehrplatzsystem
multiprocessing	Mehrrechnerbetrieb

multiprocessing system	Multiprozessorsystem
multiprocessor conception	Multiprozessorkonzept
multiprocessor system	Mehrrechnersystem, Multiprozessorsystem
multiprogramming	Multiprogrammbetrieb
multiprogramming operation	Multiprogrammbetrieb
multi-purpose	Mehrzweck ...
multipurpose computer	Universalrechner
multipurpose register	Mehrzweckregister
multireel file	Mehrspulendatei
multiscan monitor	Mehrfrequenzbildschirm
multi-session compact disc	multisessionfähige CD-ROM
multispin	mehrfachumdrehend
multistable	multistabil
multistage	mehrstufig
multistation system	Mehrplatzsystem
multisync monitor	Mehrfrequenzbildschirm
multitasking	Multitaskbetrieb
multithread program	Mehrpfadprogramm
multithreaded	nebenläufig
multithreading	Nebenläufigkeit
multitrack recording	Mehrspuraufzeichnung
multiusable	mehrbenutzerfähig
multiuser computer	Mehrbenutzerrechner
multi-user computer	Mehrbenutzerrechner
multiuser dungeon (MUD)	virtuelle Spielwelt für viele Benutzer
multi-user dungeon (MUD)	Online-Rollenspiele mit vielen Spielern
multiuser game	Mehrbenutzerspiel
multi-user game	Mehrbenutzerspiel
multiuser operation	Mehrbenutzerbetrieb
multi-user operation	Mehrbenutzerbetrieb
multiuser system	Mehrbenutzersystem
multi-user system	Mehrbenutzersystem
multi-way	Mehrweg ...
multiweb print	mehrbahniger Druck
multiweb printer	mehrbahniger Drucker
multiwindowing	Mehrfensterbenutzung
multiwire	mehradrig
multiwired	mehradrig
multiword instruction	Mehrwortbefehl
multiword term	Mehrwortausdruck
municipal data processing center	kommunales Gemeinschaftsrechenzentrum
music generation	Musikerzeugung
music hold-on	Musikhintergrund

musical instrument digital interface (MIDI)	MIDI
musicassette	Musikkassette
mutilate	verstümmeln
mutilation	Verstümmelung

N

n dash	n-Bindestrich
n doping	n-Dotierung
n fraction	n-Bruch
name	Name, nennen
name catalog	Namenskatalog
name definition	Namensdefinition
name entry	Namenseintrag
name forming	Namensbildung
name server	Namens-Diensteinheit
native	systemeigen, ursprünglich
native application	systemeigene Anwendung
native code	systemeigener Code
native compiler	systemeigener Compiler
native file format	systemeigenes Dateiformat
native font	systemeigene Schriftart
native language	systemeigene Sprache
navigate	in einem Netz navigieren, in einer Datenbank arbeiten, navigieren, steuern
navigation	Navigation, navigieren
navigation button	Navigationsschaltfläche
navigation computer	Navigationsrechner
NC	Netzwerkterminal
near	beinahe, nahe
near letter quality (NLQ)	Korrespondenzfähigkeit eines Druckers
near-letter quality	Korrespondenzfähigkeit
necessary	erforderlich, notwendig
necessity	Notwendigkeit
needle drop	Nadelstückchen
needle printer	Nadeldrucker
negate	negieren, verneinen
negating	negieren
negation	Negation
negation ciruit	NICHT-Schaltung
negative	Minuszeichen, negativ, negative Größe
negative acknowledgement	negatives Quittungszeichen
negative booking	Rückbuchung, Stornobuchung

negative image	Negativbild
negative metal-oxide semiconductor	Negativhalbleiter
negative representation	Negativdarstellung
negative sign	Minuszeichen
negative type	Negativschrift
negative-channel metal-oxide semiconductor	Negativ-Kanal-Metalloxid-Halbleiter
negator	Negationsglied, NICHT-Schaltung
negotiate	handeln, verhandeln
negotiation	Verhandlung
neither ... nor	weder ...noch
NEITHER-NOR	logisches ODER-NICHT
nematic	fadenförmig
nest	verschachteln
nested	verschachtelt
nested structure	verschachtelte Struktur
nested subtotal	verschachtelte Zwischensumme
nesting	Verschachtelung
nesting level	Verschachtelungstiefe
nesting routine	geschachteltes Unterprogramm
net	netto, Netto ..., Netz, netzartig, Netzwerk, vernetzen
net abuse	Netzmissbrauch
net balance	direkte Saldierung
net capacity	Nettokapazität
net data throughput	Nettodurchsatz
net diagram	Netzdiagramm
net lag	Netzverzögerung
net surfer	Netzsurfer
net surfing	Netzsurfen
net throughput	Nettodurchsatz
NetBIOS	NetBIOS (einfaches Netzwerkprotokoll)
Netscape navigator	Netscape-Browser
nettiquette	Netz-Umgangsregeln
network	Kommunikationsnetz, Netz, Netzwerk, Stromnetz, vernetzen
network adapter	Netzadapter
network address	Netzadresse
network addressable unit	adressierbare Netzeinheit
network architecture	Netzarchitektur
network area	Netzbereich, Netzebene
network basic input/output system (NETBIOS)	NetBIOS (einfaches Netzwerkprotokoll)
network carrier	Netzbetreiber

network computer	Netzcomputer
network computer (NC)	Netzwerkterminal
network configuration	Netzarchitektur, Netzform
network data base system	vernetzte Datenbank
network data model	vernetztes Datenmodell
network dependence	Netzabhängigkeit
network failure	Netzausfall
network file	Netzdatei
network file server	Netz-Dateidiensteinheit
network interface card (NIC)	Netzwerkkarte
network level	Netzebene
network operating system	Netzbetriebssystem
network operating system (NOS)	Netzwerkbetriebssystem
network operations center	Netzbetriebszentrum
network printer	Netzdrucker
network scheduling	Netz-Arbeitsplanung
network server	Netz-Diensteinheit
network services	Netzdienste
network shell	Netz-Benutzeroberfläche
network structure	Netzarchitektur
network topology	Netztopologie
network user identification	Netzteilnehmerkennung
network-dependent	netzabhängig
networked	vernetzt
networking	Vernetzung
neural network	neuronales Netz
neuronal network	neuronales Netz
neutral	neutral, Null ..., Ruhe ...
neutral lead	Null-Leiter
neutral point	Nullpunkt
neutralization	Neutralisierung
neutralize	neutralisieren
new	neu, unerfahren
new line	neue Zeile
newcomer	Anfänger
new-line character	Zeilenvorschubzeichen
news	Nachrichten
news agency	Nachrichtenagentur
news feed	Nachrichtenversorgung
news hierarchy	Nachrichtenforen-Gruppe
news reader	Nachrichtenleseprogramm
news server	Nachrichten-Diensteinheit
newsgroup	Diskussionsforum, Forum, Nachrichtenforum

newsgroup hierarchy	Nachrichtenforen-Gruppe
newsgroup selector	Nachrichtenforum-Auswähler
newslet	Kurznachricht
newspaper columns	Mehrfachspalten
next	folgend, nächste
nib	Spitze, Stift
nibble	Halbbyte
NIC	Netzwerkkarte
nil	Null
nil byte	Nullbyte
nil return	Fehlanzeige
nine proof	Neunerprobe
nine's check	Neunerprobe
nine's complement	Neunerkomplement
nines check	Neunerprobe
nines complement	Neunerkomplement
nine-track recording	Neunspuraufzeichnung
nine-track tape	Neunspurband
NL	Zeilenvorschub
NLQ	Korrespondenzfähigkeit eines Druckers
n-material	n-leitendes Material
NMI	nicht deaktivierbare Unterbrechung
NMOS	Negativhalbleiter
no	nicht
no...	kein
no-...	...frei, kein, ohne
no-address operand	Direktoperand
nodal	Knoten ...
nodal switching center	Verteilerknoten
node	Knoten
node network	Knotennetz, Sternnetz
noise	Geräusch, Rauschen, Störung
noise factor	Rauschfaktor
noise generator	Rauschgenerator
noise immunity	Rauschunempfindlichkeit
noise level	Geräuschpegel
noise load	Geräuschbelastung
noise ratio	Rauschverhältnis
noise-absorbing	geräuschdämmend
noisefree	störfrei
noiseless	leise, störfrei
nomenclature	Namensverzeichnis
nominal	Nominal ..., nominell
nominal amount	Nennbetrag
non contiguous	nicht beieinander liegend

non...	... frei, nicht ...
nonaddressable memory	Schattenspeicher
non-adjacent selection	Mehrfachmarkierung
nonadvancing key	vorschubfreie Taste
no-name computer	markenloser Computer
nonbreaking hyphen	geschützter Bindestrich
non-carbon paper	kohlearmes Papier
noncontiguous data item	nichtbenachbartes Datenfeld
noncontiguous data structure	verteilte Datenstruktur
nondescript	unbestimmbar, unbestimmt
non-destructive	nicht zerstörend
nondisjunction	logisches ODER-NICHT
none	keine
non-effective	unwirksam
nonequivalence	Antivalenz, Kontravalenz
non-erasable storage	Festspeicher
nonescaping key	vorschubfreie Taste
nonexecutable	nicht ausführbar
non-ferrous metal	NE-Metall, nichtmagnetisches Metall
non-inductive	induktionsfrei
non-maskable interrupt (NMI)	nicht deaktivierbare Unterbrechung
nonoperable	nicht ausführbar
nonpageable	nicht auslagerbar
non-permanent	flüchtig
non-persistent	nicht andauernd
nonprintable character	nicht abdruckbares Zeichen
nonprinting	nicht abdruckbar, nicht bedruckbar
nonprinting area	druckfreier Bereich
non-procedural programming language	nichtprozedurale Programmiersprache
non-profit	gemeinnützig
non-proportional font	Einschrittschrift
nonreadable	nicht lesbar
non-recoverable	unbehebbar
non-rectifying	nicht gleichrichtend
non-redundant	redundanzfrei
non-reflecting	blendfrei
non-relocatable	unverschieblich
non-relocatable program	absolutes Programm
non-resident	nicht resident
non-return-to-zero recording	Wechselschrift
non-scheduled	außerplanmäßig
nonsense program	Scherzprogramm
non-sensitive	unempfindlich
non-smudge	wischfest

non-standard	nicht normgerecht, nicht standardisiert
non-stop	durchgehend
non-switched	fest verbunden
non-switched connection	Standverbindung
non-switched line	festgeschaltete Verbindung, Standleitung, Standverbindung
non-switched traffic	Direktrufverkehr
non-systematic	unsystematisch
non-transactional	nicht dialogfähig
non-transient	dauerhaft
non-transparent	codegebunden
nontrivial	nichttrivial
non-varying	fest, konstant
non-volatile	nichtflüchtig, permanent
non-volatile memory	nichtflüchtiger Speicher, Permanentspeicher
non-volatile storage	nichtflüchtiger Speicher, Permanentspeicher
non-warranty	Haftungsausschluss
NO-OP	Nulloperation
no-operating instruction	Nulloperation
no-operation	Nulloperation
NOP	Nulloperation
NOR	logisches ODER-NICHT
NOR circuit	ODER-NICHT-Schaltung
NOR function	ODER-NICHT-Funktion
norm	Norm, Regel, Typ
normal	gewöhnlich, Normalwert, normgerecht, Senkrechte, typisch
normal distribution	Normalverteilung
normal form	Normalform
normal response mode	Aufforderungsbetrieb
normality	Normalzustand
normalization	Normalisierung
normalize	normalisieren
normalized	normalisiert
normalized floating-point number	normalisierte Gleitkommazahl
normative	normativ
NOS	Netzwerkbetriebssystem
nose	Vorderteil
not	logisches NICHT, nicht
NOT circuit	NICHT-Schaltung
not equal	ungleich
NOT-AND	logisches NICHT-UND
NOT-AND circuit	NICHT-UND-Schaltung
NOT-AND function	NICHT-UND-Funktion

notation	Notation
note	Anmerkung, aufzeichnen, bezeichnen, Fußnote, Geldschein, Kommentar, notieren, Vermerk
notice	bemerken
nozzle	Düse, Öffnung
n-type	negativleitend, n-leitend
n-type conduction	n-Leitung
n-type region	n-leitender Halbleiterbereich
nuclear	Kern ...
nucleus	Kern
nuisance	Beeinträchtigung
nuke	Platte löschen, Verzeichnis löschen, zerstören
null	leer ...
nullification	Annullierung
nullify	ungültig machen
Num Lock Key	Zahlensperrtaste
number	Nummer, Zahl, zählen
number crunching	Zahlen schaufeln (Verarbeitung großer Mengen)
number display	Nummernanzeige
number field	Zahlenkörper
number format	Zahlendarstellung, Zahlenformat
number notation	Zahlendarstellung
number of revolutions	Drehzahl
number plate	Nummernschalter, Nummernscheibe
number presentation	Zahlendarstellung
number sign	Nummernzeichen
number system	Nummernsystem, Zahlensystem
numbering system	Zahlensystem
numeral	Zahlzeichen, Ziffer
numeral lock key	Zahlensperrtaste
numeral system	Zahlensystem
numeration	Zählung
numeration system	Zahlensystem
numeric	zahlenmäßig
numeric coding	numerische Verschlüsselung
numeric coprocessor	mathematischer Koprozessor
numeric format	numerisches Format
numeric keyboard	Zifferntastatur
numeric keypad	Zifferntastenfeld
numeric literal	numerisches Literal
numeric portion	Zifferntteil
numeric sort	numerische Sortierung

numerical code	numerischer Code, Zahlencode
numerical constant	numerische Konstante
numerical control	numerische Steuerung
numerical control computer	Prozessrechner
numerical data	numerische Daten
numerical data item	numerisches Datenfeld
numerical display	numerische Anzeige
numerical equivalence	numerische Äquivalenz
numerical expression	numerischer Ausdruck
numerical key	numerischer Ordnungsbegriff, Zifferntaste
numerical keyboard	Zifferntastatur
numerical keyword	numerischer Ordnungsbegriff
numerical literal	numerisches Literal
numerical mathematics	numerische Mathematik
numerical portion	Zifferteil
numerical representation	numerische Darstellung
numerical sorting	numerisches Sortieren
numerical system	Zahlensystem
numerical variable	numerische Variable
numerics	Ziffern
nut	Schraubenmutter
nybble	Halbbyte

O

OA	Büroautomatisierung
obey	ausführen
object	Bezugsgegenstand, Gegenstand, Objekt, Ziel, Zweck
object class	Objektklasse
object code	Maschinencode, Maschinenprogramm, Zielcode
object computer	Ablaufrechner
object embedding	Objekteinbettung
object file	Objektdatei
object group	Objektgruppe
object language	Zielsprache
object lens	Objektiv
object linking	Objektverknüpfung
object linking and embedding	Objektverknüpfung und -einbettung
object listing	Übersetzungsprotokoll
object manager	Objektverwalter
object menu	Kontextmenü
object module	Bindemodul
object name	Objektname

object oriented programming (OOP)	objektorientiertes Programmieren
object oriented (OO)	objektorientiert
object program	Maschinenprogramm, Programmphase
object run	Programmlauf
object time	Programmlaufdauer, Programmlaufzeit
objectionable	unzulässig
objective	Objektiv, sachlich, wirklich, Ziel, Ziel ...
objective function	Zielfunktion
objectives	Pflichtenheft, Ziele
object-oriented database system	objektorientiertes Datenbanksystem
obligate	verpflichten
obligation	Verbindlichkeit
obligation to blocking	Sperrungspflicht
obligation to information	Auskunftspflicht
obligatory	verbindlich
oblige	verpflichten, zwingen
oblique	verzerrt
oblivion	Nichtbeachtung
observation technique	Beobachtungsverfahren
obsolescence	Veralten
obsolete	veraltet
obvious	deutlich
obviousness	Deutlichkeit
occasion	Anlass, Ereignis, Gelegenheit
occasional	gelegentlich
occupancy	Belegung
occupied	belegt, besetzt
occurrence	Ereignis
occurrence network	Ereignisnetz
OCR	Online-Zeichenerkennung, optische Zeichenerkennung
octa...	acht ...
octal	oktal
octal number	Oktalzahl
octal number system	Oktalzahlensystem
octal numeral	Oktalzeichen
octal representation	Oktaldarstellung
octet	Achtbitzeichen
octo...	acht ...
ocular	Okular, unmittelbar
ODA	Dokumentenarchitektur
ODAPI	Schnittstelle von offenen Datenbanken zu Anwendungsprogrammen

ODBC	Schnittstelle für offene Datenbanken
odd	einzeln, ungerade
odd footer	Recto-Fußzeile
odd header	Recto-Kopfzeile
odd number	ungerade Zahl
odd page	ungerade Seite
odd parity	ungerade Bitzahl, ungerade Parität
ODDD	optische digitale Datendisk
odd-even check	Imparitätskontrolle
odd-even interleaving	Ungeradegerade-Verschränkung
odd-numbered	ungeradzahlig
ODIF	Dokumentenaustauschprotokoll
OEM	Originalhersteller
off	aus, ausgeschaltet, weit
off duty	dienstfrei
off emergency switch	Notausschalter
offering	Aufschalten
off-grade	von geringer Qualität
office	Büro
office application	Büroanwendung
office automation	Büroautomation, Büroautomatisierung
office communication	Bürokommunikation
office communication system	Bürokommunikationssystem
office communications	Bürokommunikationstechnik
office computer	Bürocomputer
office document architecture	Dokumentenarchitektur
office document interchange format	Dokumentaustauschprotokoll
office equipment	Bürogeräte
office equipment system	Bürosystem
office graphics	Bürografik
office information system	Büroinformationssystem
office machine	Büromaschine
office of the future	Büro der Zukunft
office organization	Büroorganisation
office package	Büroanwendungspaket
office printer	Bürodrucker
office printing	Bürodruck
office supply	Bürobedarf
office technology	Bürotechnik
office typewriter	Büroschreibmaschine
office work	Büroarbeit
office worker	Büroarbeitskraft
office workstation	Büroarbeitsplatz

off-line	nicht angeschlossen, nicht verbunden, off-line, rechnerunabhängig
off-line data gathering	rechnerunabhängige Datenerfassung
off-line data transmission	rechnerunabhängige Datenübertragung
off-line peripheral device	rechnerunabhängiges Gerät
off-line reader	Offline-Leseprogramm
offset	abzweigen, Knick, Offsetdruck, offsetdrucken, Versatz
offset account	Verrechnungskonto
offset address	Distanzadresse, Offsetadresse
offset printing	Offsetdruck
off-state	Sperrzustand
offtake	zurückziehen
off-the-shelf	serienmäßig produziert
off-time	Sperrzeit
ohm	Ohm
omission	Auslassung
omit	auslassen
onboard audio circuit	integrierte Soundkarte
onboard computer	Bordrechner
onboard modem	integriertes Modem
onboard speaker	integrierter Tongenerator
one	ein, eins
one...	ein ...
one-address computer	Einadressrechner
one-digit	einstellig
one-level	einstufig
one-sided	einseitig
on-hook	aufgelegt
on-line	online, Online-Betrieb, rechnerabhängig
on-line character recognition (OCR)	Online-Zeichenerkennung
online data acquisition	rechnerabhängige Datenerfassung
online data processing	rechnerabhängige Datenverarbeitung
on-line data transmission	Datendirektübertragung
on-line debugging	Fehlerbeseitigung im Onlinebetrieb
on-line decryption	Direktentschlüsselung
on-line encryption	Direktverschlüsselung
on-line help	Direkthilfe
on-line information service	Online-Dienst
online maintenance	unterbrechungsfreie Wartung
on-line maintenance	Fernwartung, unterbrechungsfreie Wartung
on-line peripheral device	rechnerabhängiges Gerät
on-line processing	online-Verarbeitung, rechnerabhängige Verarbeitung, rechnerabhängiger Betrieb

on-line service	Online-Dienst
on-line state	Online-Betrieb, rechnerabhängiger Betrieb
on-line storage	rechnerabhängiger Speicher
on-line system	rechnerabhängiges System, Teilhabersystem
on-line teleprocessing	rechnerabhängige Datenfernverarbeitung
on-line transaction	Online-Geldverkehr
only	ausschließlich, nur
on-off	Ein-Aus- ...
on-off key	Ein-Aus-Taste
on-off switch	Ein-Aus-Schalter, Netzschalter
on-screen formatting	sichtbare Formatierung
on-state	Durchlasszustand
on-the-fly data compression	fliegende Datenkomprimierung
on-the-fly print	fliegender Druck
onward	vorwärts
OO	objektorientiert
OOP	objektorientiertes Programmieren
opacity	Lichtundurchlässigkeit
opaque	dunkel
opcode	Befehls-Identifikator, Operationsteil
open	eröffnen, offen, öffnen
open architecture	offene Architektur
open bus	offener Bus
open database connectivity	Vernetzung für offene Datenbanken
open file	eröffnete Datei
open instruction	Eröffnungsanweisung
open listening	Lauthören
open loop	offene Schleife
open network	offenes Netz
open procedure	Eröffnungsprozedur
open process coupling	offene Prozesskopplung
open query	freie Abfrage
open shop	offener Rechenzentrumsbetrieb
Open Software Foundation (OSF)	Open-Software-Stiftung
open standard	systemfreier Standard
open system	offenes System
open systems interconnection	systemfreie Kommunikation
open-ended	offen
opening	Eröffnung, Öffnung
open-loop actuator	Plattenzugriffsarm ohne Positionsrückmeldung
open-loop control	Steuerung ohne Rückmeldung
open-plan office	Großraumbüro
operand	Operand

operand address	Operandenadresse
operand part	Operandenteil
operand register	Operandenregister
operate	arbeiten, bedienen
operating clock frequency	Betriebstakt
operating control language	Bedienungssteuersprache
operating control statement	Bedienungssteueranweisung
operating documents	Betriebsunterlagen
operating interrupt	Betriebsunterbrechung
operating organization	Rechenzentrumsorganisation
operating performance	Betriebsverhalten
operating state	Betriebszustand
operating supervision	Betriebsüberwachung
operating system	Betriebssystem
operating system residence	Betriebssystemresidenz
operating temperature	Betriebstemperatur
operating time	Betriebszeit
operation	Arbeitsgang, Befehl, Operation
operation analysis	Arbeitsanalyse
operation byte	Befehlsbyte
operation code	Operationsschlüssel, Operationsteil
operation control	Operationssteuerung
operation costs	Betriebskosten
operation counter	Befehlszähler
operation cycle	Befehlszyklus
operation decoder	Befehlsdecodiereinrichtung, Befehlsdecodierwerk
operation decoding	Befehlsdecodierung
operation flowchart	Arbeitsdiagramm
operation guide	Bedienungsanleitung
operation limiter	Befehlsabschlusssignal
operation manual	Bedienungshandbuch
operation memory	Operationsspeicher
operation mode	Betriebsart
operation mode indicator	Betriebsartanzeige
operation mode switch	Betriebsartschalter
operation of arithmetic	Rechenart
operation panel	Bedienungstafel
operation part	Operationsteil
operation register	Operationsregister
operation sequence	Arbeitsfolge
operation set	Befehlsvorrat
operation time	Betriebszeit
operation velocity	Operationsgeschwindigkeit
operational	operational

operational sign	Rechenvorzeichen, Rechenzeichen
operationality	Operationalität
operations personnel	Bedienungspersonal
operations research	Unternehmensforschung
operations scheduling	Arbeitsvorbereitung
operative	funktionsfähig, praktisch
operativeness	Funktionsfähigkeit
operator	Bediener, Operationszeichen, Operator, Telefonistin
operator action	Bedienungsmaßnahme
operator call	Bedieneraufruf
operator command	Bedieneranweisung
operator console	Bedienerkonsole
operator control	Bedienersteuerung
operator convenience	Bedienerfreundlichkeit
operator error	Operateurfehler
operator interrupt	Bedienerunterbrechung
operator intervention	Bedienereingriff
operator message	Bedienernachricht
operator panel	Schalttafel
operator precedence	Operatorvorrang
operator prompting	Bedienerführung
operator response	Bedienerantwort
operator's guide	Bedienungsanleitung
opinion	Gutachten
opponent	entgegengesetzt
oppose	entgegensetzen, gegenüberstellen
opposed	entgegengesetzt
opposite	entgegengesetzt
optic	Seh ...
optical badge card	optische Ausweiskarte
optical card	Laserspeicherkarte
optical character reader	optischer Leser
optical character recognition (OCR)	optische Zeichenerkennung
optical character sheet reader	optischer Seitenleser
optical communication	optische Datenübertragung
optical computer	optischer Computer
optical coupler	Optokoppler
optical digital data disc (ODDD)	optische digitale Datendisk
optical disc	Bildplatte, optische Speicherplatte
optical disc storage	optischer Plattenspeicher
optical disc unit	Bildplattengerät
optical display	optische Anzeige
optical fiber	Lichtwellenleiter

optical fibre	Lichtwellenleiter
optical font	optisch lesbare Schrift
optical line	optische Leitung
optical mark	Belegmarkierung
optical mark reader	Markierbelegleser
optical mark recognition	Markiererkennungsverfahren
optical medium	optischer Datenträger
optical read only memory (OROM)	optischer Nur-Lese-Speicher
optical read-only memory	nur-lesbare Bildplatte
optical sensor	Lichtsensor
optical videodisc	Bildplatte
optical waveguide	Lichtwellenleiter
optically readable characters	computerlesbare Schrift
optically readable font	computerlesbare Schrift
optimal	optimal
optimal program	Optimalprogramm
optimal recalculation	optimale Neuberechnung
optimalize	optimieren
optimally coded program	Optimalprogramm
optimation	Optimierung
optimization	Optimierung
optimize	optimieren
optimizing	optimierend
optimizing compiler	optimierender Compiler
optimum	Optimum
option	Option
option frame	Auswahlbild
optional	wahlweise
optional function	Ergänzungsfunktion
optionally signed	wahlweises Vorzeichen
OR	logisches ODER
orbit	Kreisbahn
orbital	Kreis ..., kreisförmig
order	anordnen, Rang
order form	Auftragsformular
order of rank	Rangfolge
order processing	Auftragsverarbeitung
orderliness	Regelmäßigkeit
orderly	systematisch
ordinance	Anordnung, Verordnung
ordinary	üblich
ordinate	y-Achse
organization chart	Organigramm, Organisationsdiagramm
organization instruction	Organisationsbefehl

organization of computing center	Rechenzentrumsorganisation
organization of computing centers	Rechenzentrumsorganisation
organization programmer	Organisationsprogrammierer
organization supervision	Organisationskontrolle
organizational analysis	Organisationsanalyse
organizational degree	Organisationsgrad
organizational design	Organisationsentwurf
organizational instruction	Organisationsauftrag, Organisationsbefehl
organizational interface	Organisationsschnittstelle
organizational model	Organisationsmodell
organizational resource	Organisationsmittel
organizational supervision	Organisationskontrolle
organizational support	Organisationsunterstützung
organizational theory	Organisationstheorie
organize	organisieren
organized	geordnet, organisiert
organizing	organisieren
orgware	Organisationsmethoden
orient	ausrichten, orientieren
orientation	Ausrichtung, Orientierung
oriented	ausgerichtet, orientiert
origin	Anfang, Nullpunkt, Ursprung
original	Anfangs ..., original, Original ..., ursprünglich
original document	Originalbeleg
original equipment manufacturer	Fremdgerätehersteller, Originalgerätehersteller
original position	Ausgangsstellung
original recording	Originalaufnahme
originality	Echtheit, Originalität
originate	verursachen
originate mode	Sendemodus
origination	Erfindung
originative	erfinderisch
originator	Ausgangspunkt, Erfinder
originator indicator	Absenderkennung
OROM	optischer Nur-Lese-Speicher
ortho...	ortho ...
orthochromatic	tonwertrichtig
orthographic	orthografisch
orthography	Rechtschreibung
OS	Betriebssystem
oscillate	schwingen
oscillating	Schwing ..., schwingend

oscillation	Schwingung
oscillator	Oszillator
oscillatory	periodisch, schwingend
oscillograph	Schwingungsschreiber
oscilloscope	Oszilloskop
osculant curve	Schmiegungskurve
OSF	Open-Software-Stiftung
OSI	systemübergreifendes Kommunikationsreferenzmodel
other	andere, zusätzlich
outage	Unterbrechung
outboard	Außen ...
out-bound	abgehend
outcome	Ergebnis
outdated	überholt
outer	äußere
outermost	äußerst
outfit	Ausstattung
outlay	Aufwand
outlet	Ausgang, Auslass
outline	Kontur, Übersicht
outline font	Konturschrift
outline mode	Überblicksmodus
outline view	Überblicksansicht
out-of-date	veraltet
out-of-work	arbeitslos
output	ausgeben, Ausstoß
output current	Ausgangsstrom
output pulse	Ausgangsimpuls
output signal	Ausgangssignal
output spooling	ausspulen
output spooling file	Ausspuldatei
output stage	Endstufe
output terminal	Ausgangsanschluss
output voltage	Ausgangsspannung
outright	vollständig
outside	Außenseite
outward	äußerlich
over	aus, beendet
over...	über ...
overall	Gesamt ..., umfassend
over-capacity	Überkapazität
over-current	Überstrom ...
overdrive	übersteuern
overdriving	Übersteuerung

overflow	Überlauf, Übertrag
overflow area	Überlaufbereich
overflow error	Überlauffehler
overflow indicator	Überlaufanzeige
overflow record	Überlaufsatz
overflow track	Überlaufspur
overhead	Aufwand, oberirdisch, zusätzliche systembedingte Verwaltungszeit, zusätzlicher systembedingter Verwaltungsbedarf
overhead costs	Gemeinkosten
overhead projector	Tageslichtprojektor
overhead slide	Tageslichtprojektorfolie
overheat	heißlaufen, überhitzen
overheated	überhitzt
overheating	Überhitzung
overlaid windows	überlappte Fenster
overlap	überlappen, Überlappung, überschneiden
overlapped keying	überlapptes Eintasten
overlapped processing	überlappte Verarbeitung
overlapping	überlappend, Überlappung
overlapping print	überlappender Druck
overlay	Aufdampfung, einblenden, Einblendung, Segment, überlagern, Überlagerung, Überzug
overlay board	Überlagerungskarte
overlay chart	überlapptes Diagramm
overlay region	Überlagerungsbereich
overlay technique	Überlagerungstechnik
overlay tile	Überlagerungsdatei
overlayable	überlagerbar
overlayed key	überlagerte Tastatur
overlayed keyboard	überlagerte Tastatur
overload	überlasten
overload capacity	Überlastbarkeit, Überlastkapazität
overloadable	überlastbar
overloading	Überlastung
overlook	prüfen, übersehen
overprinting	Doppeldruckverfahren
overrun	Datenverlust, überlaufen
overscanning	Überschreiten der Bildschirmgröße
overshoot	überschreiten
oversimplification	Vergröberung, Vergrößerung
overspeed	Übergeschwindigkeit
overstay	überschreiten
overstress	überlasten
overstrike mode	Überschreibmodus

oversupply	Überangebot
overtone	harmonische Oberschwingung
overturn	überdrehen
overtype mode	Überschreibmodus
overview	Überblick
overvoltage	Überspannung
overwrite	überschreiben
overwrite mode	Überschreibmodus
overwriting	überschreiben
own	eigen
owner	Besitzer, Eigentümer, Inhaber, Obersatz
ownership	Eigentum
oxidate	oxidieren
oxidation	Oxidation
oxide	Oxid, Oxid ...
oxidize	oxidieren

P

p doping	p-Dotierung
pace	Schritt
pack	Bündel, Stapel
pack serial number	Stapelarchivnummer
package	Kompaktbaugruppe, Programmpaket
packaged	eng zusammengepackt
packaged software	integriertes Software-Paket
pad	auffüllen, Unterlage
pad character	Auffüllzeichen
padding	auffüllen
paddlewheel	Stapelrad
page	Schriftseite, Seite
page address	Seitenadresse
page addressing	Seitenadressierung
page attribute	Seitenattribut
page demand	Seitenabruf
page down	Schriftseite nach unten
page format	Seitenformat
page frame	Kachel, Seitenrahmen
page heading	Seitenkopf
page layout	Seitenformat
page make-up	Seitenumbruch
page mode	Seitenmodus
page number	Seitennummer, Seitenzahl
page numbering	Seitennummerierung
page orientation	Seitenausrichtung

page printer	Blattschreiber, Seitendrucker
page reader	Blattleser
page replacement	Seitenersetzung
page replacement algorithm	Seitenersetzungsalgorithmus
page set-up	Seitenlayout
page table	Seitentabelle
page turning	Blättern
page up	aufwärts blättern, Schriftseite nach oben
pageable	auslagerbar
pageable area	auslagerbarer Bereich
page-down key	Seite-nach-unten-Taste
page-image buffer	Seitenbildspeicher
page-in operation	Seiteneinlagerung
page-layout program	Seitenformatprogramm
page-mode random-access memory	Direktzugriffsspeicher für Überlagerungstechnik
pageno	Seitennummer
page-out operation	Seitenauslagerung
page-proof	Umbruchkorrektur
pages per minute (ppm)	Seiten pro Minute
page-up key	Seite-nach-oben-Taste
paginate	paginieren
pagination	Paginierung, Seiteneinteilung, Seitennummerierung, Seitenzählung
paging	Seitenaustausch, Seitenaustauschverfahren, Seitenüberlagerung
paging algorithm	Seitenersetzungsalgorithmus
paging area memory (PAM)	Seitenspeicher
paging memory	Seitenspeicher
paging mode	Seitenmodus
paging rate	Seitenaustauschrate
paint	Ausfüllmuster, malen
paint file	Maldatei
paint file format	Mal-Dateiformat
paint program	Malprogramm
paintbrush	Pinsel
pair	Paar
pair kerning	Buchstabenpaar-Überschneidung
paired bar graph	Doppelsäulendiagramm
PAL	europäisches Fernsehformat
palette	Farbpalette, Palette
palmtop	Handcomputer
palpable	fühlbar
PAM	Seitenspeicher
pan	herausschwenken, schwenken

pan...	all ...
panchromatic	farbempfindlich
panel	Armaturentafel, Bedienungsfeld, Diskussionsforum, Feld, Schalttafel
panel envelope	Fensterumschlag
panning	schwenken
pantograph	Pantograf, Storchschnabel
paper	Blatt, Formular, Papier
paper carriage	Papierwagen
paper feed	Papiervorschub
paper loop	Vorschublochband
paper transport	Papiertransport
paper-white display	papierweißer Bildschirm
parabola	Parabel
parabolic	parabolisch
paragraph	Abschnitt
parallel	parallel
parallel adder	paralleles Addierwerk
parallel addition	parallele Addition
parallel algorithm	paralleler Algorithmus
parallel circuit	Parallelschaltung
parallel columns	Parallelspalten
parallel computer	Doppelrechner, Parallelrechner
parallel connection	Parallelschaltung
parallel in parallel out (PIPO)	PIPO-Schnittstelle
parallel in serial out (PISO)	PISO-Schnittstelle
parallel interface	Parallelschnittstelle
parallel mode	Parallelbetrieb
parallel modem	Parallelmodem
parallel operation	Parallelbetrieb
parallel output	Parallelausgabe
parallel printer	Paralleldrucker
parallel processing	Parallelverarbeitung
parallel programmmg	Parallelprogrammbetrieb
parallel recording	Parallelaufzeichnung
parallel reorganization	Parallelumstellung
parallel subtracter	paralleles Subtrahierwerk
parallel subtraction	parallele Subtraktion
parallel system test	Parallelumstellung
parallel transmission	Parallelübertragung
parallelogram	Parallelogramm
parallel-serial	parallel-seriell
parallel-series conversion	Parallel-seriell-Umsetzung
parallel-series converter	Parallel-seriell-Wandler
parallel-to-serial	parallel-seriell

parallel-to-serial conversion	Parallel-seriell-Umsetzung
parameter	Parameter
parameter-driven	parametergesteuert
parameterization	Parametrisierung
parameterize	parametrisieren
parametric	parametrisch
parametric data	parametrische Daten
parametric programming	parametrisches Programmieren
paraphase	Gegenphase
parasitic	störend
PARC	Xerox-Forschungszentrum in Palo Alto
parent	übergeordnetes Verzeichnis, Ursprung
parent directory	übergeordnetes Verzeichnis
parenthesis	runde Klammer
parenthesize	in Klammern setzen
parenthetic	eingeklammert
parity	Geradzahligkeit, Parität
parity bit	Paritätsbit, Prüfbit
parity character	Paritätszeichen, Prüfzeichen
parity check	Paritätskontrolle
parity error	Paritätsfehler
parity interrupt	Paritätsunterbrechung
park position	Parkstellung
parliamentary computer	Parlamentscomputer
parse	analysieren
parser	Syntaxanalysierer
parser algorithm	Parseralgorithmus
parser generator	Parsergenerator
parsing	Syntaxanalyse
parsing algorithm	Parseralgorithmus
parsing tree	Parsebaum
part	Bestandteil, lösen, Teil, trennen
part number	Teilenummer
part of number	Nummernteil
part payment	Teilzahlung
partial	partiell, voreingenommen
partial conception	Teilkonzept
partial failure	Teilausfall
partial integration	Teilintegration
partial migration	Teilumstellung
partially	teilweise
participant	teilnehmend, Teilnehmer
participate	partizipieren, teilnehmen
participation	Beteiligung, Partizipation
participator	Teilnehmer

particular	besonders, Einzelheit
particular test	Einzeltest
particularity	Genauigkeit
parting line	Trennlinie
partition	aufteilen, Plattenspeicherbereich, Programmbereich, Speicherzone
partitioned	unterteilt
partly	teilweise
partner	Partner, Teilnehmer
parts list	Stückliste
parts per million	Teile pro Million
part-time work	Nebentätigkeit
party-line	Gemeinschaftsanschluss
party-line system	Reihenanlage
Pascal	Pascal
pass	Arbeitsgang, Durchlauf, durchlaufen, Passage
pass back	zurückgeben
pass on	weitergeben
passable	passierbar
passing	vorübergehend
passivate	abschalten
passivation	Abschaltung
password	Kennwort
past	beendet
paste	kleben
pasted	geklebt
patch	reparieren
patch map	Schaltplan
path	Pfad, Verzeichnispfad, Zweig
path name	Pfadname
pattern	bilden, Diagramm, gestalten, Muster, Schema
pattern analysis	Musteranalyse
pattern matching	Mustervergleich
pattern processing	Musterverarbeitung
pattern recognition	Mustererkennung
pause	Warteschleife
pay in	einlösen
pay off	tilgen
pay out	ausgeben
pay station	Münzfernsprecher
pay telefone	Münzfernsprecher
payable	zahlbar
pay-card	Geldkarte

payment	Zahlung
PB	Petabyte
PBX	Nebenstellenanlage
PByte	Petabyte
PC	Personalcomputer
PCD	Photo-CD
PCI	PCI-Bussystem
PCL	Druckersteuersprache
PCM	Pulscode Modulation, Pulsmodulation
PCMCIA	PCMCIA (Erweiterungsbus für tragbare Computer)
PCR	Phasen-Wechsel-Aufzeichnung
PDA	persönlicher digitaler Assistent
PDL	Layoutbeschreibungssprache
PDN	öffentliches Netzwerk
PE	Richtungstaktschrift
peak	Maximum, Scheitelpunkt, Spitze
peak load	Spitzenbelastung
peak point	Gipfelpunkt
peak point current	Gipfelstrom
peak point voltage	Gipfelspannung
peak traffic	Spitzenbelastung
peak traffic period	Spitzenbelastungszeit
pearl	Perle
pedagogic	pädagogisch
pedestal	Sockel
peek-a-boo	Blickkontrolle
peer	gleichrangiges Gerät
peer-to-peer file transfer	Dateitransfer zwischen gleichrangigen Geräten
peer-to-peer network	Netz zwischen gleichrangigen Stationen
pel	Bildelement
pellet	Kügelchen
PEM	verschlüsselte E-Mails
pen	Lichtstift, Schreibstift, Stift
pen computer	Pen-Computer, Schreibstiftcomputer, Stiftcomputer
pen input	Pen-Eingabe
pen pad	Pen-Computer, Schreibstiftcomputer
pen plotter	Stift-Zeichengerät, Zeichenstift-Plotter
penalty	Malus, Strafe
pen-based computer	Pen-Computer, Schreibstiftcomputer
pending	Erwartung
penetrability	Durchlässigkeit
penetrable	durchdringbar

penetrate	durchdringen
penetration	Durchdringung
penetration test	Durchdringungstest
pen-on-paper plotter	Stiftplotter
pentade	Fünfbiteinheit
Pentium-ready	Pentium-aufrüstbar
perceive	wahrnehmen
percent	Prozent
percentage	Prozentsatz
percental error	relativer Fehler
perceptibilily	Wahrnehmbarkeit
perceptible	wahrnehmbar
perception	Wahrnehmung
percipiency	Wahrnehmungsvermögen
percussion	Stoß
perfect	fehlerlos, vollkommen
perfection	Vollendung, Vollkommenheit
perforate	perforieren
perforated	perforiert
perforation	Perforation
perforator	Perforiermaschine
perform clause	Laufklausel
perform statement	Laufanweisung
performance	Betriebsverhalten
performance interlocking	Lastverbund
perimeter	Umfang
period	Abschnitt, Periode, Punkt
periodic	frequenzabhängig, periodisch, regelmäßig wiederkehrend
peripheral	dezentral, peripher, peripheres Gerät, Peripheriegerät
peripheral component interconnect	periphere Komponentenverbindung
peripheral control	Ein-/Ausgabe-Steuerung
peripheral controller	Ein-/Ausgabe-Steuerwerk
peripheral device	peripheres Gerät, Peripheriegerät
peripheral equipment	Peripheriegerät
peripheral interface adapter (PIA)	Schnittstellenadapter
peripheral profession	Randberuf
peripheral storage	externer Speicher, Externspeicher, peripherer Speicher
peripheral unit	Peripheriegerät
periphery	Peripherie

permanence	Konstanz
permanent	permanent
permanent file	permanente Datei
permanent storage	Permanentspeicher
permanent swap file	Dauerüberlagerungsdatei
permeability	Durchlässigkeit, Magnetpermeabilität
permeable	durchlässig
permissible	zulässig
permission	Erlaubnis
permission of use	Nutzungsbewilligung
permit	erlauben, zulassen
permitted	erlaubt, zugelassen
permutation	Permutation
permute	permutieren
perpendicular	senkrecht, Senkrechte
perpendicular recording	Vertikalaufzeichnung
perpetual	dauernd
persist	fortdauern
persistence	Fortdauer, Nachleuchten
persistent	beständig, ständig
person involved	Beteiligter
personal	Personal ..., persönlich
personal computer	Arbeitsplatzrechner, persönlicher Computer
personal computer memory card interface adapter	PC-Speicherkartenschnittstelle
personal computer (PC)	Personalcomputer
personal data	personenbezogene Daten
personal digital	persönlicher digitaler Assistent
personal digital assistant (PDA)	persönlicher digitaler Assistent
personal identification number (PIN)	persönliche Geheimzahl
personal identifier	Personenkennzeichen
personal information manager (PIM)	persönlicher Informationsmanager
personal information system	Personalinformationssystem
personal productivity software	persönliche Arbeits-Software
personality	Individualität
personnel	Personal
perspex	Plexiglas
pertinence	Relevanz
pertinents	Zubehör
perturbation	Störung
perusal	Durchsicht
peruse	durchsehen
peta...	Peta ...

petabyte	Petabyte
Petri network	Petrinetz
PFM	Pulsfrequenz-Modulation
PgDn key	abwärts blättern
PgUp key	aufwärts blättern
phantom circuit	Viererschaltung
phantom image	Geisterbild
phase	Phase, Stadium
phase alternation line	zeilenweise Phasenänderung
phase conception	Phasenkonzept
phase-change recording (PCR)	Phasen-Wechsel-Aufzeichnung
phenomenon	Erscheinung
phone	fernsprechen, Telefon, telefonieren
phonetic spelling	Lautschrift
phonetic transcription	Lautschrift
phonogram	Lautzeichen, Telefontelegramm
phonometer	Lautstärkemesser
photo cd (PCD)	Photo-CD
photocomposing equipment	Lichtsatzanlage
photocomposition	Lichtsatz
photoconductive	lichtleitend
photoconductor	Lichtleiter
photogrammetry	Messbildverfahren
photogravure	Kupfertiefdruck
photomagnetic	lichtmagnetisch
photo-optical storage	Filmspeicher
photosensor	Lichtsensor
photosetting	Lichtsatz
phototelegram	Bildtelegramm
phototelegraphy	Bildtelegraf, Bildtelegrafie, Bildübertragung
phototype	Lichtdruck
phototypesetter	Bild-Druckmaschine
phototypesetting	Photosatz
phototypesetting computer	Photosatzrechner
phrase	ausdrücken, Redensart, Textbaustein
phreaking	Telefongebührenbetrug
physic	Ein-/Ausgabe-bezogen, materiell
physical	materiell
physical address	physische Adresse
physical beginning	physischer Anfang
physical connection	direktleitende Verbindung
physical data	physische Daten
physical data model	datenlogisches Modell
physical data structure	physische Datenstruktur
physical device	reales Gerät

physical device name	physischer Gerätename
physical drive	physisches Laufwerk
physical end	physisches Ende
physical file	physische Datei
physical format	physisches Format
physical layer	Bitübertragungsebene
physical level	physische Ebene
physical memory	physischer Speicher, Realspeicher
physical network	physisches Netz
physical order	physische Ordnung
physical record	Block
physical sequence	physische Folge
physical-serial	physisch fortlaufend
PIA	Schnittstellenadapter
pic	Bild
pick	anregen, heraussuchen
pick device	Lichtstift
pick time	Ansprechzeit
pick up	lesen, mitnehmen
picker wheel	Zuführungsrad
picking	mit dem Lichtstift arbeiten
pick-up current	Ansprechstrom
pick-up voltage	Ansprechspannung
pico...	Pico ...
picosecond	Picosekunde
pictograph	Bildzeichen, Piktogramm
pictorial representation	grafische Darstellung
picture	Abbild, Bild, darstellen, Darstellung, Formatbeschreibung, Grafik, Maske, wiedergeben
picture editing	Bildbearbeitung
picture editor	Bildbearbeitungsprogramm
picture element	Bildelement, Bildpunkt
picture format	Bildformat
picture processing	Bildverarbeitung
picture tube	Bildröhre
pictured	bildhaft dargestellt
pie	Kreis
pie chart	Kreisdiagramm, Tortendiagramm
pie graph	Kreisdiagramm, Tortendiagramm
piece	Bruchstück, Stück
piecewise	stückweise
piezoelectric	piezoelektrisch
piezo-electric	piezoelektrisch
piezo-resistance	Piezowiderstand
pigeon hole	Postfach

pigment	Farbstoff
pillar	Kontaktbuckel
pilot	Steuergerät, steuern
pilot application	Pilotanwendung
pilot study	Vorstudie
PIM	persönlicher Informationsmanager
pin	Kontaktanschluss, persönliche Geheimzahl
pin assignment	Anschlusszuordnung
pin assignment plan	Belegungsplan
pin feed	Nadelvorschub
pinboard	Anschlussleiste, Anschlusstafel
pinch roller	Andruckrolle
pinfeed wheel	Papiereinzugsrolle, Stachelrad
ping-pong technique	Halbduplexbetrieb
pinion	Getrieberad
pipe	Filter
pipeline	Leitung, Pipeline, über eine Leitung leiten
pipeline computer	Pipeline-Computer
pipeline processor	Vektorrechner
pipelining	Pipeline-Verfahren
PIPO	PIPO-Schnittstelle
PISO	PISO-Schnittstelle
pit	Grube, Höhle, Hölle, Narbe, Schacht
pitch	Grad
pivot	Drehpunkt, schwenken
pivoting	schwenken
pivoting range	Schwenkbereich
pixel graphic	Punktgrafik
pixel image	Bildpunktabbild
pixel per inch	Bildpunkte pro Zoll
PKID	Primärschlüssel
PL/1	PL/1
place	platzieren, Stelle
placeholder	Platzhalter
placement	Bestückung
placement robot	Bestückungsautomat
plain	einfarbig, flach, Fläche, glatt
plain text	Klartext
plain writing	Klarschrift
plain-text characters	Klartextschrift
plain-text document	Klartextbeleg
plain-text document printer	Klartextbelegdrucker
plain-text document reader	Klartextbelegleser
plain-text document sorter-reader	Klartextbelegsortierleser

plan	disponieren, Plan, planen
planar	eben
planar transistor	Planartransistor
plane	eben, Ebene, flach, Fläche
plane chart	Flächendiagramm
planetary	sich kreisförmig bewegend
planned	geplant
planned conception	Soll-Konzept
planned status	Soll-Zustand
planner	Planer
planning	Planung
planning game	Planspiel
plant computer	Betriebsrechner
plant data	Anlagedaten
plasma display	Plasmabildschirm
plastic	biegsam, Kunststoff
plastic card	Ausweiskarte
plastic integrated circuit	kunststoffummantelter Schaltkreis
plastic package	Kunststoffgehäuse
plastic-foil keyboard	Folientastatur
plate	Platte, Scheibe, Tafel
plated	metallüberzogen, plattiert
plated-through	durchplattiert
plated-wire storage	Magnetdrahtspeicher
platen	Gummiwalze, Schreibmaschinenwalze
platform	Hardwarebasis
platform dependence	Hardwarebasisabhängigkeit
platform independence	Hardwarebasisunabhängigkeit, Plattformunabhängigkeit
platform independent	hardwarebasisunabhängig, plattformunabhängig
platform-dependent	hardwarebasisabhängig
platter	Plattenscheibe
plausibility	Eingängigkeit, Plausibilität
plausibility check	Plausibilitätsprüfung
plausible	plausibel
play	spielen
play back	Wiedergabe, wiedergeben
pliability	Biegsamkeit
pliable	biegsam
plot	Diagramm, grafisch darstellen, Schaubild, zeichnen
plot mode	Grafikmodus
plot routine	Grafikprogramm
plotter	Kurvenzeichner, Zeichengerät

plotter font	Plotterschrift
plotter pen	Plotterstift
plotting	Zeichen ..., zeichnen
plotting speed	Zeichengeschwindigkeit
plotting system	Zeichensystem
plug	einschalten, einstecken, Stecker
plug and play	einstecken und arbeiten
plug board	Steckkarte
plug compatibility	Steckerkompatibilität
plug in	einstecken
plug-compatible	steckerkompatibel
plug-compatible manufacturer	Hersteller steckerkompatibler Geräte
plug-in	einsteckbar
plural	mehrfach
point	Punkt, zeigen
point and shoot	zeigen und aktivieren
point chart	Punktdiagramm
point of presence (POP)	Internet-Provider, Internet-Zugangsdienstleister
point size	Schriftgrad
pointer	Zeiger
pointing device	Zeigegerät
point-of-sale (POS)	Verkaufsplatz
point-to-point connect.	Standverbindung
point-to-point protocol (PPP)	Standard-Kommunikationprotokoll im Internet
polar chart	Netzdiagramm
polar current working	Doppelstrombetrieb
Polish notation	Präfixdarstellung, Präfixschreibweise
political	politisch
politics	Politik
polity	Gemeinwesen
poll	Erhebung, Umfrage, umfragen
polling	Umfragebetrieb
polling mode	Umfragebetrieb
polling pass	Umfragedurchlauf
polling technique	Umfragetechnik
pollution	Verunreinigung
poly...	mehr ..., viel ...
polychrome	mehrfarbig
polygon	Vieleck
polyline	Mehreckenlinie
polymorphic	vielgestaltig
polymorphism	Polymorphie
polynomial	Polynom, polynomisch

polyphase	mehrphasig
polyphony	Vielstimmigkeit
pool	Datenbasis, konzentrieren, Ring, Schwimmbecken, Teich, zusammenfassen, zusammenschließen
pooled	konzentriert, zusammengefasst
POP	Internet-Provider, Internet-Zugangsdienstleister
pop stack	Kellerspeicher, Stapelspeicher
population	Bestand, Grundgesamtheit
pop-up menu	Balkenmenü
porosity	Durchlässigkeit
porous	durchlässig
port	Anschluss, portieren, Standardschnittstelle, Steckanschluss
port address	Internet-Anwendungsnummer
port expander	Anschlusserweiterung
portability	Portabilität, Übertragbarkeit
portable	portabel, tragbares Gerät, transportabel, übertragbar
portable computer	mobiler Computer, transportierbarer Computer
portable data terminal	mobile Datenendstation
portable document	übertragbares Dokument
portable language	übertragbare Programmiersprache
portable microcomputer	mobiler Mikrorechner
portable operation system interface for Unix (POSIX)	übertragbare Betriebssystem-Schnittstelle für Unix
portable software	übertragbare Software
portion	Teil, zuteilen
portrait	Hochformat
portrait display	Ganzseitenbildschirm
portrait font	Hochformatschrift
portrait mode	Hochformatmodus
portrait orientation	Hochformatausrichtung
portray	grafisch darstellen
POS	Verkaufsplatz
position	positionieren, Stelle, Stellung
positional macro	Stellungsmakrobefehl
positioning motor	Einstellmotor, Stellmotor
positive acknowledgement	positives Quittungszeichen
positive metal-oxide semiconductor	Positivhalbleiter
positive-channel metal-oxide semiconductor	Positiv-Kanal-Metalloxidhalbleiter
positron	Positron

possess	besitzen
possessor	Besitzer, Inhaber
post	absenden, eingeben, Forumsbeitrag, Post, Postsendung
postal	Post ..., postalisch
postal modem	Postmodem
postal service	Postdienst
postal treatment machine	Postbearbeitungsmaschine
poster	Poster
posterior	später
posterizing	Postereffekt
posting	Buchung, Buchungs ..., Forumsbeitrag
post-office box	Postfach
PostScript	PostScript
PostScript font	PostScript-Schrift
PostScript printer	PostScript-Drucker
posture	Schriftstellung
potential	Potential, potentiell
pound sign	Pfundzeichen (£)
power	Energie, Kraft, Netz, Potenz
power cable	Starkstromkabel
power connection	Netzanschluss
power current	Starkstrom
power dissipation	Verlustleistung
power down	abschalten
power failure	Netzausfall
power failure protection	Netzausfallschutz
power line	Starkstromleitung
power line filter	Netzfilter
power management	Energieüberwachung
power mode	Potenzschreibweise
power of two	Zweierpotenz
power on	anschalten
power output	Ausgangsleistung
power plug	Netzstecker
power processor	Power-Prozessor
power rating	Nennleistung
power sag	Stromabfall
power semiconductor	Leistungshalbleiter
power set	Stromaggregat
power socket	Netzsteckdose
power spike	Stromspitze
power supply	Stromversorgung
power supply unit	Netzteil
power surge	Stromstoß

power switch	Netzschalter
power transistor	Leistungstransistor
power up	anschalten
power user	Computerfreak
power-down	Abschaltung
powered	Kraft ...
power-input	Eingangsleistung
power-on	Anschaltung
power-on self test	Selbsttest nach Einschaltung
power-on time	Betriebszeit
power-up	Anschaltung
ppi	Bildpunkte pro Zoll
ppm	Seiten pro Minute
PPP	Standard-Kommunikationprotokoll im Internet
PPS	Produktionsplanung und -zeiteinteilung
PPX	private Paketvermittlung
practicability	Durchführbarkeit
practicable	durchführbar
practical	praktisch
practice	praktische Tätigkeit, praktizieren
practiced	erfahren
pre...	vor ...
preamble	Einleitung
precast	vorgefertigt
precaution	Vorsichtsmaßnahme
precede	vorangehen, vorgehen
precedence	Vorrang
precedent	Präzedenzfall, vorausgehend
preceding	vorhergehend
preceding documentation	Vorausdokumentation
preemption	Bevorrechtigung
preemptive	bevorrechtigt
precept	Verhaltensmaßregel, Vorschrift
precession	Präzession
precinct	Bereich
precise	genau, pünktlich
precision	Genauigkeit
preclude	ausschließen
precompensation	Vorkompensation
precompiler	Vorübersetzer
precursor	Vorgänger
predecessor	Vorgänger
predecode stage	Vordekodierphase
predefinition	Vereinbarung

predetermine	vorherbestimmen
predicate	Aussage, aussagen, Eigenschaft
predominance	Überlegenheit
predominant	überlegen
preemption	Bevorrechtigung, Vorrangunterbrechung
preemptive	ausschließend, bevorrechtigt, vorrangig
preemptive multitasking	präemptives Multitasking
preference	Bevorrechtigung
prefiguration	Prototyp
prefix	Vorsilbe, Vorspann
prefix notation	Präfixdarstellung
prefix representation	Präfixdarstellung
preimage	Vorabbildung
preliminary	vorläufig
preloading	Laden der Anfangsgrößen
preparation	Aufbereitung
preparatory program	Vorlaufprogramm
prepared data	aufbereitete Daten
preprinted form	Formularvordruck
prescribe	vorschreiben
prescript	Vorschrift
presentation graphics	Präsentationsgrafik
presort	vorsortieren, Vorsortierung
presorting	Vorsortierung
press-agent	Werbeleiter
press-copy	Durchschlag
pressing	Pressteil
pressure balance	Druckregler
Prestel	Bildschirmtextsystem
prestore	vorspeichern
presumable	voraussichtlich
presumption	Annahme
pretty print	übersichtlicher Objektcode-Ausdruck
prevailing	üblich
prevalence	allgemeine Geltung
prevent	verhindern
preventible	vermeidbar
prevention	Verhinderung, Vorbeugung
preventive	verhindernd
preventive maintenance	vorbeugende Wartung
preview	Seitenansicht, Vorschau
previous	vorhergehend
price	bewerten, Preis, Wert
price formation	Bewertung
primacy	Vorrangstellung

primal	hauptsächlich
primarg file	Primärdatei
primary	Erst ..., primär, Primär ...
primary cache	Primär-Cache-Speicher
primary color	Grundfarbe
primary data	Primärdaten
primary data entry	beleglose Datenerfassung, Primärdatenerfassung
primary key	Primärschlüssel
primary key id (PKID)	Primärschlüssel
primary register	Mehrzweckregister
primary storage	Haupt-, Primärspeicher
primary track	Erstspur
prime	Haupt ..., unteilbar
prime data area	Hauptbereich
prime number	Primzahl
primetime	Vorzugstarifzeit
priming	vorbereiten
primitive	einfach, grafische Grundform
principal	Haupt ..., hauptsächlich
principle	Grundsatz, Prinzip, Ursache
principles of correct computer-stored accounting	Grundsätze ordnungsgemäßer Speicherbuchhaltung
principles of correct data privacy	Grundsätze ordnungsgemäßen Datenschutzes
principles of correct data processing	Grundsätze ordnungsgemäßer Datenverarbeitung
principles of correct data processing documentation	Grundsätze ordnungsgemäßer Datenverarbeitungsdokumentation
principles of correct data security	Grundsätze ordnungsgemäßer Datensicherung
print	Ausdruck, Druck, drucken
print alignment	Druckeinstellung
print bar	Druckstab
print belt	Druckkette
print buffer	Druckpufferspeicher
print chain	Druckkette
print column	Druckspalte
print command	Druckbefehl
print control	Drucksteuerung
print drum	Drucktrommel, Druckwalze
print engine	Druckwerk
print format	Druckformat
print head	Druckkopf
print height	Druckhöhe

print image	Schriftbild
print mask	Druckmaske
print matrix	Druckmatrix
print program	Druckprogramm
print quality	Druckqualität
print queue	Druck-Warteschlange
print screen key	Drucktaste
print server	Druckserver
print spooler	Druckspooler
print zone	Druckfläche
printable	druckfähig
printable character	ausdruckbares Zeichen
printable data item	ausdruckbares Datenfeld
printed	gedruckt
printed circuit	gedruckter Schaltkreis, Platine
printed circuit board	Leiterplatte
printed form	Vordruck
printed media	Printmedien
printed wiring	gedruckte Verdrahtung
printed-circuit board	gedruckte Leiterplatte
printed-circuit card	gedruckte Schaltkarte
printer buffer	Druckpufferspeicher
printer driver	Druckertreiberprogramm
printer error	Druckerstörung
printer failure	Druckerstörung
printer maintenance	Druckerwartung
printer queue	Druckerwarteschlange
printer terminal	Terminaldrucker
printing costs	Druckkosten
printing line	Druckzeile
printing preparation	Druckvorbereitung
printing rate	Druckleistung
printing speed	Druckgeschwindigkeit
printing unit	Druckwerk
printway optimization	Druckwegoptimierung
priority	Vorrang
priority control	Vorrangsteuerung
priority controller	Vorrangsteuerwerk
priority processing	Vorrangverarbeitung
priority program	Vorrangprogramm
privacy	Persönlichkeitssphäre
privacy enhanced mail	Mailbox-Datenschutzstandard
privacy protection	Datenschutz
private	geheim, privat
private address space	privater Adressraum

private area	Benutzerbereich
private automatic branch exchange	Nebenstellenanlage
private branch exchange	Nebenstellenanlage
private branch exchange line group	Sammelanschluss
private data	private Daten
private file	private Datei
private library	private Bibliothek
private line	Mietleitung, Standleitung
private network-network interface	private Netz-Netz-Schnittstelle
private package switching exchange	private Paketvermittlung
privately enhanced email (PEM)	verschlüsselte E-Mails
privilege	bevorrechtigen, Vorrang
privileged	bevorrechtigt
privileged enduser	privilegierter Benutzer
privileged instruction	privilegierter Befehl
privileged mode	privilegierte Betriebsart
pro rata	verhältnismäßig
probabilistic reasoning	Schließen mit Unsicherheiten
probability	Wahrscheinlichkeit
probability theory	Wahrscheinlichkeitstheorie
probable	wahrscheinlich
probe	Sonde
problem	Problem, Schwierigkeit
problem analysis	Problemanalyse
problem definition	Problemdefinition
problem description	Problembeschreibung
problem solution	Problemlösung
problem solution technique	Problemlösungsverfahren
problem solving method	Problemlösungsverfahren
problem tracking	Problemverfolgung
problem-oriented	problemnah
problem-oriented language	problemorientierte Programmiersprache
procedural	verfahrensorientiert
procedural knowledge	prozedurales Wissen
procedural language	prozedurale Programmiersprache
procedural programming language	prozedurale Programmiersprache
procedure	Befehlsteil, Prozedur, Verfahren, Vorgang, Vorgehensweise
procedure choice	Verfahrenswahl

procedure declaration	Prozedurvereinbarung
procedure division	Befehlsteil
procedure name	Prozedurname
procedure part	Prozedurteil
procedure section	Prozedurteil
procedure statement	Prozeduranweisung
procedure test	Verfahrenstest
procedure-oriented	verfahrensorientiert
procedure-oriented language	prozedurale Programmiersprache
procedure-oriented programming language	prozedurale Programmiersprache
proceed	fortsetzen
proceeding	Fortsetzung
process	abarbeiten, Prozess, verarbeiten, Vorgang
process automation	Prozessautomatisierung
process color	Mixfarbe
process engineering	Verfahrenstechnik
processible	verarbeitbar
processing	Verarbeitung
processing instruction	Verarbeitungsbefehl
processing mode	Verarbeitungsart, Verarbeitungsmodus
processing section	Verarbeitungsteil
processing unit	Verarbeitungseinheit
processor performance	Verarbeitungsleistung
processor state word	Funktionszustandswort
process-oriented	ablauforientiert
process-oriented system design	ablauforientierter Systementwurf
produce	herstellen, hervorbringen
produced	hergestellt
producer	Hersteller
production	Herstellung
productive run	Arbeitslauf
professional workstation	Hochleistungs-PC
proficient	befähigt
profile	Querschnitt
profiler	Auslastungs-Protokollroutine
profit	eintragen, Gewinn, lernen, Nutzen, Vorteil
profit sharing	Gewinnbeteiligung
profitable	nutzbringend, vorteilhaft, wirtschaftlich
profitableness	Wirtschaftlichkeit
profound	tiefgreifend
prog	Programm
prognosis	Prognose, Vorhersage
prognosticate	prognostizieren, vorhersagen
prognostication	Prognose, Vorhersage

program	Programm, Programmieren
program accounting	Programmabrechnung
program adaption	Programmadaptierung
program address	Programmadresse
program address counter	Befehlszähler
program alert	Weckaufruf
program amendment	Programmänderung
program analyzer	Programmanalysierer
program architecture	Programmstruktur
program archive	Programmarchiv
program area	Programmbereich
program auditing	Programmrevision
program author	Programmautor
program beginning routine	Programmanfangsroutine
program block	Programmblock
program board	Programmplatine
program branch	Programmverzweigung, Programmzweig
program card	Programmkarte
program cartridge	Programmkassette
program catalog	Programmkatalog
program change	Programmwechsel
program comment	Programmkommentar
program compatibility	Programmkompatibilität
program construct	Programmbaustein
program control	Programmsteuerung
program control key	Programmsteuertaste
program control section	Programmabschnitt
program control unit	Programmsteuerwerk
program controller	Programmsteuerwerk
program convention	Programmkonvention
program conversion	Programmkonvertierung, Programmumwandlung
program counter	Befehlszähler
program creation	Programmerstellung
program cycle	Programmschleife, Programmzyklus
program cycle counter	Programmschleifenzähler
program dependence	Programmabhängigkeit
program description	Programmbeschreibung
program descriptor	Programmtabelle
program design	Programmentwurf
program design method	Programmentwurfsmethode
program development	Programmentwicklung
program development system	Programmentwicklungssystem
program directory	Programmverzeichnis
program documentation	Programmdokumentation

program dump	Programmabzug
program editing	Programmaufbereitung
program editor	Programmaufbereiter
program end-address	Programmendeadresse
program ending routine	Programmenderoutine
program enhancement	Programmaktualisierung
program entry	Programmeingang
program error	Programmfehler
program error recovery	Programmfehlerbehandlung
program event	Programmereignis
program execution	Programmausführung
program execution time	Programmausführungszeit
program exit	Programmausgang
program family	Programmfamilie
program fault	Programmfehler
program feature	Programmmerkmal
program fetch	Programmabruf
program file	Programmdatei
program identification	Programmbezeichnung, Programmkennzeichnung
program identifier	Programmkennzeichnung
program information file	Programm-Informations-Tabelle
program input	Programmeingabe
program instruction	Programmbefehl
program interface	Programmschnittstelle
program invariance	Programminvarianz
program item	Programmikone
program larceny	Programmdiebstahl
program level	Programmebene
program library	Programmbibliothek
program listing	Programmliste
program loader	Programmladeroutine
program loading	Programmladen
program logic	Programmlogik
program loop	Programmschleife
program maintenance	Programmpflege
program manipulation	Programm-Manipulation
program mask	Programm-Maske
program memory	Programmspeicher
program mode	Programmzustand
program modification	Programmänderung, Programm-Modifikation, Programmmodifikation
program module	Programmbaustein, Programm-Modul, Programmmodul
program name	Programmbezeichnung, Programmname

program optimizing	Programmoptimierung
program output	Programmausgabe
program overlay	Programmüberlagerung
program package	Programmpaket
program page	Programmseite
program parameter	Programmparameter
program patching	Programmflicken
program phase	ausführbares Programm, Phase, Programmphase
program planning	Programmplanung
program portability	Programmportabilität, Programmübertragbarkeit
program priority	Programmpriorität
program processor	Programmsteuerwerk
program procurement	Programmbeschaffung
program protection	Programmsicherung
program reclassification	Programmumstufung
program redesign	Programmneugestaltung
program reference table	Programmquerverweisliste
program release	Programmfreigabe
program relocation	Programmumadressierung, Programmverschiebung
program request	Programmaufruf
program residence	Programmresidenz
program routine	Programmroutine
program run	Ablauf, Programmlauf
program runtime	Programmausführungszeit, Programmlaufdauer, Programmlaufzeit
program scheduler	Programm-Zeitplaner
program schema	Programmschema
program sentence	Programmsatz
program specification	Programmkenndaten
program stack	Programm-Kellerspeicher
program start address	Programmanfangsadresse
program state	Programmzustand
program statement	Programmanweisung
program step	Programmschritt
program stop	Programmbeendigung
program switch	Programmschalter
program termination	Programmbeendigung
program text	Programmkommentar
program-compatible	programmkompatibel
program-controlled	programmgesteuert
program-controlled dialog	programmgesteuerter Dialog
program-dependent	programmabhängig

program-integrated processing	programmintegrierte Verarbeitung
programm flow	Programmablauf
programmed dwell	programmierte Wartezeit
programmer	Programmierer
programmer check	Programmierertest
programmer tool	Programmiererwerkzeug
programmer word	Programmiererwort
programmer's manual	Programmiererhandbuch, Programmierhandbuch
programming	Programmieren, Programmierung
programming by decision tables	Programmierung mit Entscheidungstabellen
programming capacity	Programmierkapazität
programming convenience	Programmierkomfort
programming convention	Programmierkonvention
programming costs	Programmierkosten
programming department	Programmierabteilung
programming device	Programmiergerät
programming education	Programmierausbildung
programming environment	Programmierumgebung
programming error	Programmierfehler
programming flowchart	Programmablaufplan
programming in logic (PROLOG)	PROLOG (Programmiersprache für Logik)
programming instruction	Programmieranweisung
programming language	Programmiersprache
programming language generation	Programmiersprachengeneration
programming language no. 1	PL/1
programming manual	Programmierhandbuch
programming method	Programmiermethode
programming section	Programmierabteilung
programming support	Programmierunterstützung
programming system	Programmiersystem
programming technique	Programmiertechnik
programming training	Programmierausbildung
program-sensitive	programmabhängig
progress	fortschreiten
progress of the art	technischer Fortschritt
progressing	fortschreiten, fortschreitend
progression	fortschreiten
progressive	fortschreitend, zunehmend
prohibit	verbieten
project	Entwurf, Projekt
project control	Projektsteuerung

project documentation	Projektdokumentation
project inspection	Projektkontrolle
project management	Projektleitung, Projektmanagement, Projektorganisation
project management program	Projektmanagement-Programm
project period	Projektdauer
project planning	Projektplanung
project report	Projektbericht
project supervision	Projektüberwachung
project team	Projektarbeitsgruppe, Projektgruppe
project time	Projektdauer
projection terminal	Projektionsbildschirm
prolate	länglich
proliferation	Ausbreitung, Vermehrung
PROLOG	PROLOG (Programmiersprache für Logik)
prolong	verlängern
prolongation	Verlängerung
PROM	einmal programmierbarer Festspeicher
promise	zusagen, Zusicherung
promote	werben
promotion	Förderung, Unterstützung
prompt	Anforderungs-, Bedienerhinweis, bereit, Bereitschaftszeichen, prompt, veranlassen
prompt character	Anforderungszeichen
prompt mode	Anforderungszustand
prompting	Bedienerführung
proof	Beweis, Erprobung, Probeabzug, Prüfung, sicher, unempfindlich
proof copy	Probedruck
proof load	Probebelastung
proof of correctness	Beweis der Fehlerfreiheit
proof total	Prüfsumme
propagation	Übertragung, Verbreitung
propagation speed	Ausbreitungsgeschwindigkeit
propagation time	Laufzeit
proper	geeignet, richtig
proper fraction	echter Bruch
properties	Eigenschaften
property	Eigentum
prophylaxis	Vorbeugungsmaßnahme
proportion	anpassen, Verhältnis
proportional	proportional, verhältnismäßig
proportional font	Proportionalschrift
proportional scaling	Proportionalskalierung
proportional spacing	Proportionalabstand

proportionality	Proportionalität
proportionally spaced printing	Proportionaldruck
proposal	Vorhaben, Vorschlag
propose	vorschlagen
proprietary	eigen, Eigentums ..., systemgebunden
proprietary file format	systemgebundenes Dateiformat
proprietary operating system	proprietäres Betriebssystem, systemgebundenes Betriebssystem
proprietary protocol	systemgebundenes Kommunikationsprotokoll
proprietary software	systemgebundene Software
proprietary system	geschlossenes System
proprietor	Eigentümer
proprietorship	Eigentum
propulsion	Antrieb
propulsive	vorwärtstreibend
proscribe	verbieten
proscription	Verbot
prospect	Erwartung
prospective	weitsichtig
protect	schützen, sichern
protected	geschützt
protected area	geschützter Bereich
protected data	geschützte Daten
protected data item	geschütztes Datenfeld
protected file	geschützte Datei
protected mode	geschützter Modus
protected storage area	geschützter Speicherbereich
protected working storage area	geschützter Arbeitsspeicherbereich
protection of numbers	Zahlensicherung
protocol	Kommunikationsprotokoll, Protokoll, protokollieren
protocol converter	Protokollwandler
protocol layer	Protokollschicht
protocol program	Protokollprogramm
protocol suite	Kommunikationsprotokollgesamtheit
protocol switching	Kommunikationsprotokollumschaltung
prototype	Muster, Prototyp
prototype development system	Prototyp-Entwicklungssystem
prototyping	Prototyping
provident	sparsam
provision	Vorrat
provisional	vorläufig
prowl	durchstreifen
pseudo four-bit code	pseudo Vierbitkodierung

pseudo random number	Pseudozufallszahl
pseudo record	Pseudosatz
pseudo variable	Pseudovariable
pseudolanguage	Pseudosprache
pseudomachine	Pseudorechner
pseudonym	Alias, Pseudoname, Pseudonym
pseudooperation	Pseudooperation
public	gemeinsam, Publikum
public area	öffentlicher Bereich, öffentlicher Speicherbereich
public data network	öffentliches Datennetz
public domain software	frei benutzbare Software
public file	öffentliche Datei
public key cryptography	Geheimverschlüsselung mit öffentlichem Schlüssel
public library	öffentliche Bibliothek
public network	öffentliches Netz
publication	Veröffentlichung
publicity	Werbung
publish	veröffentlichen
publisher	Quelldokument, Verleger
publishing	Herausgabe
pull	Probeabzug, ziehen
pull down	herunterziehen
pull out	herausziehen
pull quote	Kurzinhaltsangabe, Zusammenfassung
pull through	durchziehen
pull-down menu	Balkenmenü, Pull-down-Menü
pulley	Rolle
pulse	Impuls
pulse code	Impulscode, Pulscode
pulse code modulation (PCM)	Pulscode Modulation, Pulsmodulation
pulse counter	Impulszähler
pulse duration	Impulsdauer
pulse emitter	Impulsgenerator
pulse form	Impulsform
pulse frequency	Impulsfrequenz
pulse generator	Impulserzeuger
pulse leading edge	vordere Impulsflanke
pulse regeneration	Impulsverstärkung
pulse repetition	Impulsfolge
pulse shape	Impulsform
pulse spacing	Impulsabstand
pulse string	Impulsfolge
pulse train	Impulsfolge

pulse width	Impulsschrittlänge
pulse-amplitude modulation	Impuls-Amplituden-Modulation
pulse-code modulation	Impulscode-Modulation
pulse-duration modulation	Pulsdauer-Modulation
pulse-duration modulation (PDM)	Impulsdauermodulation
pulse-frequency modulation (PFM)	Pulsfrequenz-Modulation
pulse-repetition frequency	Impulsfolgefrequenz
pulse-trailing edge	hintere Impulsflanke
pulse-width recording	Wechseltaktschrift
pump-fed lubrication	Druckschmierung
punch	lochen
punch card	Lochkarte
punch card processing	Lochkartenverarbeitung
punch code	Lochcode
punch tape	Lochstreifen
punched card	Lochkarte
punched paper tape	Lochstreifen
punched tape	Lochstreifen
punched ticket	Lochetikett
punctual	pünktlich
punctuality	Pünktlichkeit
punctuate	hervorheben
punctuation	Hervorhebung, Interpunktion, Zeichensetzung
punctuation character	Satzzeichen
punctuation program	Interpunktionsprogramm
purchase	Anschaffung
purchaser	Kunde
purchasing	Erwerb
pure	rein
purge	löschen
purpose	Zweck
pursue	verfolgen
push	einspeichern
push button	Schaltfläche
push in	einstecken
push-button dialing	Tastenwahl
pushdown automaton	Kellerautomat
pushdown stack	Kellerspeicher
pushdown storage	Kellerspeicher
pushup storage	Warteschlangenspeicher
put	ausgeben, übersetzen

Q

quad-row package	Chipgehäuse mit quadratisch angeordneten Kontaktnadeln
quad-spin drive	CD-ROM-Laufwerk mit vierfacher Geschwindigkeit
qualification	Kennzeichnung
qualifier	Kennzeichner
qualify	ausbilden
quality	Güte
quality check	Güteprüfung
quality seal	Gütesiegel
quantitative	mengenmäßig
quantitative data	Mengendaten
quantity	Menge, messbare Größe
quantity listing	Mengengerüst
quantity of images	Bildmenge
quantum	Menge
quartic	biquadratisch
quartz	Quarz
quartz crystal	Quarzkristall
quasistandard	Quasinorm
quaternary	Vierergruppe
query	abfragen, Frage, Suchfrage
query by example	Abfrage durch Beispiel
query language	Datenbanksprache
query station	Abfragestation
query system	Abfragesystem
query technique	Abfragetechnik
query-reply system	Dialogsystem
question	Frage, fragen, Problem
question mark	Fragezeichen
questionable	fraglich
question-answer system	Frage-Antwort-System
queue	Warteschlange, Warteschlange bilden
queued-sequential file	sequentiell-verkettete Datei
queuing	Warteschlangenbildung
queuing circuit	Warteschaltung
quibinary	quibinär
quibinary code	Quibinärcode
quick	schnell
quick access	Schnellzugriff
quick file access	Dateischnellzugriff
quicken	beschleunigen
quick-motion apparatus	Zeitraffer
quicksort	Schnellsortierung

quiescent	Ruhe ..., untätig
quiet	geräuscharm, ruhig
quiet mode	Ruhemodus
quieting	Schalldämmung
quietized	schalldämmend
quietness	Geräuschlosigkeit
quinary	quinär
quinary code	Quinärcode
quinary number	Quinärzahl
quintet	Fünfbiteinheit
quit	abbrechen, aufgeben, aufhören, beenden
quite	vollständig
quotation	Kurs, Quotierung, Zitat
quotation mark	Anführungszeichen
quote	Anführungszeichen, notieren, zitieren
quoted string	Literal
quotient	Quotient
quotient register	Quotientenregister
QWERTY keyboard	QWERTY-Tastatur

R

RA	wahlfreier Zugriff
rack	Gestell, Gestellrahmen, Rahmen
rack-mounted	rahmenmontiert
radar screen	Radarbildschirm
radarscope	Radarbildschirm
radial	radial, sternförmig
radial line	Sternleitung
radial line system	Sternleitungssystem
radial transfer	periphere Übertragung
radiant	strahlend
radiate	ausstrahlen, strahlen
radiated energy	abgestrahlte Leistung
radiation	Strahlung
radiator	Heizrippe
radicand	Radikand
radio	Funk, funken
radio communication	Funkverbindung, Funkverkehr
radio data network	Datenfunknetz
radio data transmission	Datenfunk
radio frequency	Hochfrequenz, Radiofrequenz
radio monitoring	Funküberwachung
radio photogram	Funkbild
radio technology	Hochfrequenztechnik

radio teleprinter	Funk-Fernschreibgerät
radio teletypewriter	Funk-Fernschreibgerät
radio traffic	Funkverkehr
radio-frequency shielding	Radiofrequenz-Abschirmung
radiometer	Strahlungsmesser
radiosity	Lichtstrahlenübereinstimmung
radius	Radius
radix	Basiszahl
radix complement	Basiskomplement
radix notation	Radixschreibweise
radix point	Radixpunkt
radix representation	Radixschreibweise
ragged-left alignment	rechtsbündige Ausrichtung
ragged-right alignment	linksbündige Ausrichtung
RAID	redundante Reihe preiswerter Platten
raise	hochstellen
raised	hochgestellt
raising	Hochstellung
raising to a power	potenzieren
RALU	Rechenwerk
RAM	Direktzugriffsspeicher
RAM cache	RAM-Hintergrundspeicher
RAM card	Speicherkarte
RAM chip	Speicherchip
RAM disk	Halbleiterplatte
RAM refresh	Speicherauffrischung
ramification	Verästelung, Verzweigung
ramify	verästeln, verzweigen
RAM-programmed control unit	frei programmierbares Steuerwerk
random	Zufalls ...
random access	beliebiger Zugriff, direkter Zugriff, Direktzugriff, Zufallszugriff
random error	statistischer Fehler
random failure	Zufallsfehler
random file	Direktzugriffsdatei, gestreute Datei
random noise	Zufallsrauschen
random number	Zufallszahl
random number generator	Zufallszahlengenerator
random organization	gestreute Speicherung
random processing	wahlfreie Verarbeitung
random sample	Stichprobe, Zufallsauswahl
random test	Zufallstest
random variable	Zufallsvariable
random-access file	Direktzugriffsdatei
random-access memory	Direktzugriffsspeicher

random-access storage	Direktzugriffsspeicher
randomize	umrechnen
randomizer	Zufallszahlengenerator
randomizing	Adressrechnung, Umrechnung
random-scan terminal	Vektorbildschirm
range	Bereich, klassifizieren, ordnen, Rang, Wertebereich, Wirkungsbereich, Zahlenbereich, Zellenbereich
range attribute of area	dynamisches Bereichsattribut
range check	Bereichsprüfung
range expression	Bereichsbezeichner
range format	Bereichsformat
range name	Bereichsname
range of function	Funktionsumfang
range of numbers	Nummernbereich, Zahlenraum
range specification	Bereichsangabe
rank	Ebene, Rang, Stufe
ranking	Rangfolgefunktion
rapid	schnell
rapid access	Schnellzugriff
rapid prototyping	schnelle Abfolge von Prototypen
rapidity	Schnelligkeit
rapport	Übereinstimmung
raster	Raster, Rastermuster, rastern
raster display	Rasterbildschirm
raster font	Rasterschrift
raster graphic	Rastergrafik
raster image	Rasterbild
raster scanning	Rasterpunktabfühlung
raster screen	Rasterbildschirm
raster-image processor	Rasterbildprozessor
rasterization	Rasterisierung
rasterize	rasterisieren
raster-scan terminal	Bildschirm mit zeilenweise gesteuertem Strahl
ratchet	Schaltrad
ratch-wheel	Klinkenrad
rate	bewerten, einstufen, Grad, Rate, Verhältnis
rate of transaction	Transaktionsrate
rated	bewertet, Nenn ...
rated current	Nennstrom
rated duty	Nennbetrieb
rated output	Nennleistung
rated range	Optimalbereich
rated voltage	Nennspannung

ratification	Bestätigung
ratify	bestätigen
rating	Bewertung, schätzen, Schätzung
rating method	Schätzverfahren
ratio	Zahlenverhältnis
rational	vernünftig
raw	unbearbeitet
raw data	Ausgangsdaten, Rohdaten
ray	ausstrahlen, Strahl
ray tracing	Strahlenaufzeichnung
re...	zurück ...
reach	Fassungsvermögen
reaction	Rückkopplung
read	eingeben
read check	Kontrolllesen
read in	eingeben, einspeichern
read only memory	Nur-Lesen-Speicher
read out	auslesen, herauslesen
read statement	Leseanweisung
read the fucking manual (RTFM)	Lies das verdammte Handbuch
read voltage	Lesespannung
read wire	Lesedraht
read-after-write check	Kontrolllesen
read-ahead cache	Cache-Speicher mit Vorauslesezugriffen
readjust	nachstellen
readjustment	Reorganisation
read-me file	Lies-mich-Datei
read-only	nur lesen
read-only attribute	Nur-Lesen-Attribut
read-only memory	Festspeicher
read-only optical disk	nur-lesbare Bildplatte
read-only terminal	Nur-Lese-Datenstation
readout	auslesen
read-write	schreibend und lesend
read-write file	Schreib-Lese-Datei
read-write head	Schreib-Lese-Kopf
read-write memory	Schreib-Lese-Speicher
read-write speed	Schreib-Lese-Geschwindigkeit
ready	bereit, betriebsbereit
ready flag	Bereitmeldung
ready reckoner	Rechentabelle
ready state	Bereitzustand
ready status	Bereitzustand
ready-to-transmit status	Sendebereitschaft

real	echt, Gleitkommazahl, real, reell, reelle Zahl, wirklich
real address	reale Adresse, tatsächliche Adresse, wirkliche Adresse
real addressing	reale Adressierung
real device	aktuelles Gerät
real line	reale Leitung
real machine	reale Maschine
real memory	realer Arbeitsspeicher, Realspeicher
real memory operating system	reales Betriebssystem
real mode	Realmodus
real name	echter Name
real number	reelle Zahl
real processing	Echtverarbeitung
real storage	Realspeicher
real time	Echtzeit
real variable	Fließkommavariable, Gleitkommavariable, reelle Variable
realistic	sachlich
realizable	realisierbar
realization	Realisierung
realize	realisieren
real-time	Echtzeit, Echtzeit ..., schritthaltend
real-time clock	Realzeituhr
real-time computer	Realzeitrechner
real-time data acquisition	Echtzeit-Datenerfassung
real-time data processing	Echtzeit-Datenverarbeitung
real-time input	Realzeiteingabe
real-time language	Prozessrechnersprache
real-time processing	Echtzeit-Datenverarbeitung
real-time video compression	Echtzeit-Bildkomprimierung
rear	hinterste, Rückseite
rearmost	hinterste
rearrange	reorganisieren
rearrangement	Neuordnung, Reorganisation
reason	Verstand
reasonable	vernünftig
reasonableness	Plausibilität, Verständigkeit
reasonableness check	Plausibilitätsprüfung
reasoning	Beweisführung
reassemble	wieder zusammensetzen, zurückübersetzen
reassembler	Rückübersetzer
reassign	neu zuordnen
reassignment	Neuzuordnung
reassurance	Rückversicherung

reblock	neu blocken, umblocken
reblocking	Neublockung, Umblockung
reboot	Warmstart, Wiederanlauf, wiederanlaufen
rec	aufnehmen
recalculate	neu berechnen
recalculation	Neuberechnung
recalculation method	Neuberechnungsverfahren
recalculation order	Neuberechnungsreihenfolge
recalibrate	neu einstellen
recall	Rückruf, rückrufen
recast	umformen, Umformung
receivable	zulässig
receivables	Forderungen
receive-only printer	Hartkopie-Gerät
receive-only unit	Nur-Empfangsgerät
recession	Rückgang
recherche	Recherche, recherchieren
reciprocal	wechselseitig
reciprocation	Wechselwirkung
reciprocity	Wechselwirkung
recirculate	ständig umlaufen
reckon	rechnen, zählen
reckon up	verrechnen
reckoning	Berechnung, Zählung
reclaimable	verbesserungsfähig
reclamation	Rückgewinnung
recognition	Bestätigung
recognition of images	Bilderkennung
recognition of pattern	Mustererkennung
recompile	neu übersetzen
recomplementing	Rekomplementierung
recompose	neu setzen
reconditioning	Überholung
reconfigurable	rekonfigurierbar
reconfiguration	Umgestaltung
reconnect	wiederverbinden
reconnection	Wiederverbindung
reconstruct	rekonstruieren
reconstruction	Rekonstruktion
reconversion	Rückwandlung
reconvert	rückwandeln
record	aufzeichnen, Datensatz, protokollieren, Rekord, Satz, Schreib ..., schreiben, speichern
record address	Satzadresse
record area	Datensatzbereich

record blocking	Datensatzblockung
record by record	satzweise
record card	Karteikarte
record carrier	Datenträger
record chaining	Satzkettung
record description	Datensatzbeschreibung
record format	Datensatzformat
record gap	Datensatzlücke
record group	Satzgruppe
record head	Aufzeichnungskopf, Schreibkopf
record identification	Datensatzerkennung
record identifier	Datensatzkennzeichen
record key	Datensatzschlüssel
record layout	Datensatzaufbau
record length	Satzlänge
record locking	Datensatzsperre
record name	Datensatzname
record number	Datensatznummer
record offset	Datensatzversatz
record pointer	Datensatzzeiger
record segment	Satzsegment
record selection	Datensatzauswahl
record set	Satzgruppe
record structure	Satzaufbau
record type	Satzart
recordable	aufzeichenbar, beschreibbar
recordable compact disc	beschreibbare CD
record-contains clause	Satzlängenklausel
recorded	aufgezeichnet, beschrieben
recorder	Aufzeichnungsgerät
recording	aufzeichnen, Aufzeichnung
recording beam	Schreibstrahl
recording density	Aufzeichnungsdichte
recording disk	Speicherplatte
recording error	Aufzeichnungsfehler
recording gap	Schreib-Lese-Spalt
recording head	Aufzeichnungskopf
recording key	Aufnahmetaste
recording level control	automatische Aussteuerung
recording medium	Aufzeichnungsmedium
recording speed	Aufzeichnungsgeschwindigkeit
recording technique	Aufzeichnungsverfahren
record-length field	Satzlängenfeld
record-oriented	satzorientiert

record-oriented data processing	satzorientierte Datenverarbeitung
record-oriented file	satzorientierte Datei
record-oriented processing	logische Verarbeitung
recount	nachzählen
recover	beheben, wiederanlaufen, wiederherstellen
recoverable	behebbar, reparierbar
recoverable error	behebbarer Fehler
recovery	Korrektur, Wiederanlauf, Wiederherstellung
recovery procedure	Wiederanlaufprozedur
recovery program	Wiederanlaufprogramm
recovery time	Erholzeit, Wiederanlaufzeit
recreate	wiederherstellen
recreation	Wiederherstellung
rectangle	Rechteck
rectangular	rechtwinklig
rectangular pulse	Bitimpuls
recto	Recto
recur	sich wiederholen
recurrent	periodisch wiederkehrend
recurring	immer wiederkehrend
recurring decimal	periodischer Dezimalbruch
recursion	Rekursion
recursive	rekursiv
recursive program	rekursives Programm
redact	redigieren
redacting	redigieren
redactor	Herausgeber
redefine	neu definieren
redefining	Neudefinition
redefinition	Redefinition
red-green-blue (RGB)	RGB (rot-grün-blau)
redial	wiederwählen
redialing	Wahlwiederholung
redirect	nachsenden, umadressieren
redlining	Anmerkung
redo	neu machen
redraw	neu zeichnen, Neuzeichnung
reduce	herabsetzen, reduzieren, vermindern, verringern
reducible	reduzierbar, zurückführbar
reducing	Verminderung, Zurückführung
reduction	Verminderung, Verringerung
redundancy	Redundanz
redundancy check	Redundanzprüfung

redundancy check character	Redundanzprüfzeichen
redundancy-free	redundanzfrei
redundant	redundant
redundant array of inexpensive disks (RAID)	redundante Reihe preiswerter Platten
redundant code	redundanter Code
reengineer	neugestalten, sanieren
reengineering	Neugestaltung, Sanierung
reentrant	ablaufinvariant
reentry	Rücksprung
refer	Bezug nehmen, verweisen
referable	bezüglich
referee	Referent
reference	Bezugnahme, Verweis
reference address	Bezugsadresse
reference display window	Hinweisfenster
reference edge	Ausgangskante
reference input	Führungsgröße
reference list	Referenzliste
reference manual	Bedienungshandbuch
reference point	Bezugspunkt
reference tape	Bezugsband
reference variable	Führungsgröße
referenre edge	Ausgangskante
referent	Bezugsgegenstand
refill	nachfüllen
refine	verfeinern
refinement	Verfeinerung
refit	Überholung
reflect	reflektieren, widerspiegeln
reflectance	Reflexion, Reflexionsgrad
reflected	reflektiert
reflection	Reflexion, Widerspiegelung
reflective	reflektierend, reflektiert
reflective spot	Reflektormarke
reflex	Reflex, Spiegelung
reflexion	Reflexion
reflexive	reflektierend
reflux	Rückfluss
refold stand	Endlospapierfänger
reformat	neu formatieren, umformatieren
reformatting	Neu-, Neuformatierung, Umformatierung
refract	ablenken
refraction	Lichtbrechung
refractive	lichtbrechend

refractory	hitzebeständig
refresh	auffrischen
refresh circuit	Auffrischschaltung
refresh cycle	Auffrischzyklus
refresh memory	Auffrischspeicher
refresh rate	Bildwiederholfrequenz
refresh terminal	Bildschirm mit Bildwiederholung
refreshing	auffrischen
refresh-time interval	Auffrischungsintervall
refrigerant	kühlend
refrigerate	kühlen
refrigeration	Kühlung
refuse	ablehnen, Ausschuss, wertlos
reg	Register
regenerate	neu erstellen, regenerieren
regeneration	Neuerstellung, Regenerierung, Wiederherstellung
regeneration buffer	Bildwiederholspeicher
regeneration signal	Regeneriersignal
regenerative	regenerativ, regenerierend
regenerative memory	flüchtiger Speicher
regenerative reading	regenerierendes Lesen
regenerative repeater	entzerrende Übertragungseinrichtung, Entzerrer
regenerator	Signalverstärker
region	Bereich, Region
regional	lokal, örtlich
region-fill color	Bereichsfüllfarbe
region-fill pattern	Bereichsfüllmuster
register	eintragen, Liste, Register, registrieren, verzeichnen, Verzeichnis, Zählwerk
register address	Registeradresse
register addressing	Registeradressierung
registers and arithmetic-logic unit	Rechenwerk
regression	Rückgang
regressive	rückläufig
regular	regelmäßig, vorschriftsmäßig
regularity	Regelmäßigkeit, Vorschriftsmäßigkeit
regulate	einstellen, regeln, steuern
regulating	einstellen, regeln
regulating screw	Stellschraube
regulation	Regelung
regulation variable	Stellgröße
regulative	regelnd

rehosting	Übertragbarkeit
reinitialization	Neuformatierung, Neuinitialisierung
reinitialize	neu formatieren, neu vorbereiten
reissue	Neuauflage
reject	zurückweisen
rejectable	zurückweisend
relation	Relation, Vergleich
relation chart	Datengitter
relation condition	Vergleichsbedingung
relational	relational
relational calculus	Relationenkalkül
relational data base	relationale Datenbank
relational data base system	relationales Datenbanksystem
relational data model	relationales Datenmodell
relational expression	relationaler Ausdruck
relational model	relationales Datenmodell
relational operator	Vergleichsoperator
relative	relativ
relative address	relative Adresse
relative addressing	relative Adressierung
relative branch	relativer Sprung
relative cell reference	relativer Zellenverweis
relative code	relativer Objektcode
relative coordinate	relative Koordinate
relative error	relativer Fehler
relative jump	relativer Sprung
relative magnitude	relative Größe
relative throughput	relativer Durchsatz
relative track	relative Spur
relative track address	relative Spuradresse
relative zero	relativer Nullpunkt
relativity	Relativität
relativization	Relativierung
relay	Relais, übertragen, verstärken, Verstärker
release	auslösen, Auslöser, Freigabe, freigeben
release notice	Freigabeankündigung
release number	Freigabenummer
relevance feedback	Relevanzrückmeldung
relevancy	Relevanz
relevant	wichtig
reliability	Zuverlässigkeit
reliability testing	Zuverlässigkeitstest
reliable	zuverlässig
reliable connection	zuverlässige Verbindung
relief	Entlastung, Unterstützung

relieve	entlasten
reload	nachladen
reloadable	wiederaufladbar
reloading	nachladen
relocatability	Verschiebbarkeit
relocatable	verschiebbar
relocatable address	relative Adresse
relocatable code	verschiebbarer Programmcode
relocatable library	Modulbibliothek
relocatable loader	verschiebbare Laderoutine
relocatable program	verschiebbares Programm
relocate	auslagern, Verschieben
relocating	Verschieben, verschiebend
relocation	Programmverschiebung, Verschiebung
reluctancy	magnetischer Widerstand
rely	sich verlassen
REM	Bemerkung
remagnify	rückvergrößern
remain	Rest, übrig bleiben
remainder	Rest, Teilungsrest
remaining	restlich
remake	Neuauflage
remanence	Remanenz
remanent	remanent
remark	bemerken, Bemerkung
remedial	abhelfend
remedial maintenance	fallweise Wartung
reminder	Erinnerung
reminder signal	Erinnerungssignal
remit	herabsetzen
remote	entfernt, Fern ..., rechnerfern, unbedeutend
remote access	Fernzugriff
remote alarm	Fernalarmierung
remote batch processing	Stapelfernverarbeitung
remote batch terminal	Stapelfernstation
remote communication	Telekommunikation
remote control device	Fernbedienungsgerät
remote control system	Fernlenksystem, Fernwartesystem
remote copier	Fernkopierer
remote data processing	Datenfernverarbeitung
remote data transmission	Datenfernübertragung
remote file access	Dateifernzugriff
remote front-end processor	Knotenrechner
remote job entry	Aufgabenferneingabe
remote-controlled	ferngesteuert

remoted	entfernt untergebracht
removable storage medium	Wechsel-Speichermedium
removable storage unit	Wechselspeichergerät
rename	umbenennen
renaming	Umbenennung
reopen	neu eröffnen
reorder	neu ordnen
reorganization	Reorganisation
reorganize	reorganisieren
reorganizing	reorganisieren
repaginate	neu nummerieren
repagination	Neunummerierung
repair	Reparatur, reparieren
repair time	Reparaturzeit
repairable	reparaturbedürftig
reparable	reparierbar
reparation	Reparatur
repartition	neu zuweisen, Neuzuweisung
repay	zurückzahlen
repeat	wiederholen, Wiederholung
repeat function	Wiederholfunktion
repeat key	Dauerfunktionstaste
repeatability	Reproduzierbarkeit, Wiederholbarkeit
repeatable	wiederholbar
repeater	Verstärker
repeating decimal	periodischer Dezimalbruch
repeating label	Wiederholzeichen
repeat-until loop	Bis-Schleife
reperforator	Lochstreifenstanzer
repertoire	Vorrat
repetition	Wiederholung
repetition loop	Wiederholschleife
repetitive	iterativ, sich wiederholend
repetitive addressing	sich wiederholende Adressierung
repetitiveness	Wiederholungshäufigkeit
replace	austauschen, ersetzen
replaceable	austauschbar
replacement	Austausch, Ersetzung
replacement character	Ersetzungszeichen
replacing	austauschen, ersetzen
replenish	auffüllen
replenishment	auffüllen, Auffüllung
replicate	wiederholen
replicator	Wiederholangabe
reply	Antwort, antworten

replying identification	Bezug
report	Liste, melden, Meldung, Protokoll
report generator	Listprogrammgenerator, Reportprogrammgenerator
report group	Steuerleiste
report program generator	Listprogrammgenerator, Reportprogrammgenerator
reporting facility	Meldeanlage
reposition	neu positionieren
repositioning	Umpositionierung
repository	Aufbewahrungsort, Datenbankbeschreibung, Fundgrube, Speicher, zentrale Datenbank
represent	darstellen
representation	Darstellung
representation element	Darstellungselement
representation graphics	Repräsentationsgrafik
representation layer	Darstellungsschicht
representative	darstellend
reprint	Nachdruck, nachdrucken
reproduce	kopieren, nachbilden, vervielfältigen
reproducer	Vervielfältiger, Wiedergabegerät
reproducibility	Reproduzierbarkeit
reproducible	reproduzierbar
reproducing	vervielfältigen
reproduction	Wiedergabe
reproductive	sich wiederholend
reprogram	umprogrammieren
reprogrammable	wiederprogrammierbar
reprogrammable read-only memory	wiederprogrammierbarer Festspeicher
reprogramming	Umprogrammierung
reprography	Reprografie, Vervielfältigung
REPROM	wiederprogrammierbarer Festspeicher
request	Abfrage, abfragen, anfordern, Anforderung, Rückfrage, rückfragen
request for comments	Aufforderung zu Kommentaren
request for repeat	Wiederholungsanforderung
required parameter	Zwangsparameter
requirement	Bedingung, Erfordernis, Vorschrift
requirements specification	Lastenheft, Pflichtenheft
reread	wiederholt lesen
rerun	wiederholen, Wiederholungslauf
rerun time	Wiederherstellungszeit
rescanning	Neuabtastung

research network	Forschungsnetz
reservation	Buchung
reserve	reservieren
reserved	belegt, reserviert
reserved area	reservierter Bereich
reserved library	reservierte Bibliothek
reserved memory	reservierter Speicher
reserved word	reserviertes Wort
reserved working-storage area	reservierter Arbeitsspeicherbereich
reset	zurücksetzen
reset key	Rücksetztaste
resetting	Rücksetzung
resolution enhancement technology	verbesserte Auflösungstechnik
resonant	mitschwingend
resonant circuit	Schwingkreis
resorb	resorbieren
resort	zurückgreifen
resource	Hilfsmittel
respond	antworten, reagieren
response	Antwort, Reaktion
response behaviour	Antwortverhalten
response field	Antwortfeld
response frame	Antwortseite
response mode	Antwortmodus
response performance	Antwortverhalten
response time	Antwortzeit
responsibility	Verantwortung, Zuständigkeit
responsible	verantwortlich
responsive	ansprechbar
responsiveness	Ansprechbarkeit
rest	Ruhe ..., ruhen
restart	Wiederanlauf, wiederanlaufen
restart capability	Wiederanlauffähigkeit
restart point	Wiederanlaufpunkt
restart procedure	Wiederanlaufprozedur
restart-proof	wiederanlaufsicher
resting state	Ruhezustand
restitution	Wiederherstellung
restorability	Instandsetzbarkeit, Wiederherstellbarkeit
restorable	instandsetzbar, rückführbar, wiederherstellbar
restorable change	rückführbare Änderung
restoration	Wiederherstellung
restore	umspeichern, wiederherstellen

restoring	umspeichern, wiederherstellen
restrict	einschränken
restricted access	eingeschränkter Zugriff
restricted dialog	eingeschränkter Dialog
restricted function	eingeschränkte Funktion
restriction	Einschränkung
restriction of access	Zugriffsbeschränkung
result	Resultat, resultieren
result of a test	Testergebnis
resultant	Resultante, resultierend
resume	wiederaufnehmen
resumption	Wiederaufnahme
retain	festhalten
retainer	Spannbügel
retard	verzögern
retarding	verzögern
retention	Aufbewahrung
reticle	Fadenkreuz
reticle facility	Fadenkreuzeinrichtung
reticle lens	Fadenkreuzlupe
reticular	netzartig
reticule	Fadenkreuz
retrace	zurückverfolgen
retracing	Rückverfolgung
retract	zurückziehen
retractable	einziehbar
retrain	umschulen
retransmission	erneutes Übertragen
retransmit	neu übertragen
retrench	einschränken
retrieval	Wiederfinden
retrieval query	Suchfrage
retroact	zurückwirken
retrofit	nachrüsten
retrofitting	Nachrüstung
retrograde	rückläufig
retrospection	Rückblick
retrospective	rückblickend
return	Rücklauf, zurückkehren
return circuit	Rückleitung
return key	Eingabetaste, Rücklauftaste
return-to-bias recording	Magnetaufzeichnungsverfahren mit Rückkehr zum Ausgangspunkt

return-to-zero recording	Magnetaufzeichnungsverfahren mit Rückkehr in den neutralen Zustand, RZ-Aufzeichnung
reusable	mehrfach aufrufbar
reuse	Wiederverwendung
revaluate	neu bewerten
reversal	Umkehrung
reverse	Rückseite, Sperrstrom
reverse clipping	ausblenden
reverse order	umgekehrte Reihenfolge
reverse presentation	inverse Darstellung
reverse scan	umgekehrte Abfühlung
reverse slant	negativer Schrägstrich (\)
reverse video	inverse Bildschirmdarstellung
reversibility	Umkehrbarkeit
reversible	umkehrbar
reversion	Umkehrung
revert	umkehren
revertive	Rück ...
revision	Änderungs ..., Durchsicht, redigieren, Überarbeitung
revoke	annullieren
revolution	Umdrehung, Umwälzung
revolve	rotieren
revolving	rotierend
rewind	zurücksetzen, zurückspulen
rework	überarbeiten
rewrite	neu schreiben, zurückschreiben
rewriting	zurückschreiben
RGB	RGB (rot-grün-blau)
rheostat	Regelwiderstand
rhomb	Raute, Rhombus
rhombic	rautenförmig, rhombisch
rhombus	Raute, Rhombus
rhythm generator	Rhythmusgenerator
ribbon	Farbband
ribbon cable	Flachkabel
ribbon cartridge	Farbbandkassette
ribbon lift	Farbbandhub
ribbon shift	Farbbandumschaltung
ribbon zone selector	Farbbandzoneneinsteller
rich text format	Volltextformat
rift	reißen, Riss
right	Berechtigung, rechts, richtig
right angle	rechter Winkel

right bracket	Klammer zu (')'), rechte Klammer (')')
right justification	Rechtsbündigkeit
right margin	rechter Rand
right parenthesis	Klammer zu (')'), rechte Klammer (')')
right shift	Rechtsverschiebung
right to access	Zugangsberechtigung, Zugriffsrecht
right to admission	Zugangsberechtigung
right to blocking	Sperrungsrecht
right to deletion	Löschungsrecht
right to information	Informationsrecht
right to notification	Benachrichtigungsrecht
right to participation	Mitwirkungsrecht
right to use	Nutzungsrecht
right-angled	rechtwinklig
right-arrow key	Cursortaste nach rechts
right-hand margin	Endrand, rechter Rand
right-hand margin key	Endrandsteller
rightjustified	rechtsbündig
right-justified	rechtsbündig
rightmost	niedrigstwertig
rightmost position	niedrigstwertige Stelle
right-side justification	Rechtsbündigkeit
rightsizing	Richtigdimensionierung
rigid	starr
rigid disk	Festplatte
rigorous	streng
rim	Randstreifen
ring	läuten, Ring, Rufzeichen
ring network	Ringleitungsnetz
ring off	Hörer auflegen
ring topology	Ringtopologie
ring-connection	Ringschaltung
ringer	Rufstromgeber
ringing	Rufzeichen
ringing tone	Freizeichen
rip	Rasterbildprozessor, reißen, Riss
ripple	Welligkeit
ripple-through carry	durchlaufender Übertrag
ripple-through effect	Durchlaufeffekt
RISC	RISC (reduzierter Prozessorbefehlssatz)
rise	ansteigen
rise time	Anstiegszeit
river	Senkrechtfolge von Leerzeichen
RJE	Aufgabenferneingabe
RLE	Lauflängenkodierung, Laufzeitkodierung

robot	Roboter
robotics	Robotertechnik, Robotik
rod	Draht, Stab
rod memory	Drahtspeicher
roll	Rolle, rollen, rotieren, Walze
roll in	einspeichern
rollback	wiederholen, Wiederholung
roller	Laufrolle
rolling	Bilddurchlauf
ROM bootstrap	Festspeicher-Urladeprogramm
ROM card	Festspeicher-Steckkarte
ROM cartridge	Festspeicherkassette
ROM chip	Festspeicherchip
ROM-oriented	festspeicherorientiert
root extraction	Radizierung
root name	Name der Wurzel
rotany current	Drehstrom
rotary	rotierend
rotary switch	Drehschalter
rotate	drehen, rotieren
rotation	Drehung, Rotation
rotation delay	Drehwartezeit
rotation tool	Drehwerkzeug
rotational	Umdrehungs ...
rotational latency	Drehwartezeit
rotational speed	Umdrehungsgeschwindigkeit
rotative	rotierend
rotogravure	Rotationstiefdruck
rotor	Drehzylinder, Induktor
rough	grob
rough adjustment	Grobeinstellung
rough calculation	Grobkalkulation
rough conception	Grobkonzept
rough copy	Grobentwurf
rough diagram	Grobdiagramm
rough estimate	Grobschätzung
rough system design	Grobprojektierung
roughs	Rohentwurf
round	Kreis, Kreisbewegung, kreisförmig, rund, runden
round down	abstreichen
roundabout storage	Karussellspeicher
rounded	gerundet
rounding	runden

route	leiten, Leitung, Leitweg, Richtung, senden, steuern, Strecke, Verbindungsweg
router	Wegwähler
routine	gewohnheitsmäßig, laufend, Programmroutine, Routine
routing	Leit ..., Leitweglenkung, Wegsteuerung
routing table	Wegsteuerungstabelle
row	Reihe, Zeile, Zellenreihe
row-wise	zeilenweise
RPG	Listprogrammgenerator, Reportprogrammgenerator
RSxxx	verbundene Norm
RTF	Volltextformat
RTFM	Lies das verdammte Handbuch
rub out	ausradieren, löschen, radieren
rubber banding	einpassen
rubber coating	Gummierung
rubber tape	Isolierband
rubber-bonded metal	Schwingmetall
rubberize	gummieren
rubout	radieren
rubric	Rubrik, Überschrift
rugged	stabil
ruggedness	Unempfindlichkeit
rule	anordnen, Grundsatz, Lineal, Linie, Regel, regeln, Vorschrift
rule of computing a numerical value	Rechenregel
rule of precedence	Rangfolgeregel
rule of signs	Vorzeichenregel
rule-based	regelbasiert
ruler	Zeilenlineal
run	Ablauf, arbeiten, Durchlauf, Lauf, laufen
run chart	Ablaufanweisung
run in	einfahren
run length encoding (RLE)	Lauflängenkodierung, Laufzeitkodierung
run out	auslaufen
run time	Durchlaufzeit, Laufzeit
running costs	Betriebskosten
running down	Herunterfahren
running headline	Kolumnentitel
running in	einfahren
running time	Laufzeit
running title	Kolumnentitel
running-up	hochfahren

runtime	Laufzeit
runtime computer	Laufzeitrechner
runtime counter	Laufzeitzähler
runtime error	Laufzeitfehler
runtime library	Objektbibliothek
runtime performance	Zeitverhalten
runtime system	Laufzeitrechner
rupture	zerbrechen
rush	schnell erledigen
rush order	Eilauftrag
rust	Rost, rosten
rustless	rostfrei
rusty	rostig

S

safe	sicher, geschützt
sag	absinken
saleable	gut verkäuflich
saltus	Sprungstelle
same	derselbe
same area	gemeinsamer Bereich
sans-serif	serifenfrei
satellite	Satellit
satellite computer	Satellitenrechner
satellite network	Satellitennetz
satellite system	Satellitensystem
satellite transmission	Satellitenfunk
saturate	sättigen
saturated	gesättigt
saturating	sättigen
saturation	Sättigung
save	ausgenommen, außer, einsparen, schützen, sichern
save area	Schutzbereich
saved data	geschützte Daten
saved file	geschützte Datei
saved-time multiprogram factor	Multitasking-Beschleunigungsfaktor
saved-time multiprogramming factor	Multiprogramm-Beschleunigungsfaktor
saving	Ausnahme, sichern, Sicherung
savings	Einsparungen
sawtooth diagram	Sägezahndiagramm
sawtooth distortion	Sägezahnverformung
scalable	größenveränderbar, skalierbar

scalable font	skalierbare Schrift
scalable processor architecture	skalierbare Prozessorarchitektur
scalar	Skalar
scalar architecture	skalare Architektur
scalar expression	skalarer Ausdruck
scale	Maßstab, messen, normieren, Skala, skalieren, Skalierung
scale down	verkleinern
scale factor	Einteilungsfaktor
scale line	Teilstrich
scale paper	Millimeterpapier
scale unit	Maßeinheit
scale up	vergrößern
scaled	eingeteilt
scaling	normieren, skalieren
scan	abfragen, abtasten, rastern
scan code	Tastaturcode
scan head	Abtastkopf
scan line	Abtastzeile
scan rate	Abtastrate
scan spot	Abtastpunkt
scan strategy	Abtaststrategie
scan window	Abtastöffnung
scan-line algorithm	Abtastalgorithmus
scannable	abtastbar
scanner	Abtasteinrichtung, Bildabtastgerät, Bildeingabegerät
scanner device	Abtastgerät
scanning	abfragen, abtasten, Zeichenabtastung, Zeichenerkennung
scanning frequency	Zeilenabtastfrequenz
scanning line	Abtastzeile
scatter	Streuung
scatter diagram	Punktgrafik
scatter load	gestreutes Laden
scatter plot	Punktgrafik
scatter read	gestreutes Lesen
scatter write	gestreutes Speichern
scattered	diffus, gestreut
scattered file	gestreute Datei
scattered loading	gestreutes Laden
scattered organization	gestreute Organisation
scattered reading	gestreutes Lesen
scattered storage	gestreute Speicherung, gestreutes Speichern
scattering	Streuung

scenario	prognostizierend
schedule	Aufstellung, Liste, Plan, planen, Planer, Schema, Tabelle, Übersicht, Übersichtsplan
scheduled conception	Soll-Konzept
scheduled maintenance	planmäßige Wartung
scheduled value	Sollwert
scheduler	Kontrollprogramm, Zeitzuordnungsprogramm
scheduling	Terminplanung
schema	Datenbankschema, Schema
schematic	schematisch
schematize	schematisieren
scheme	Schema
Schmitt trigger	Schmitt-Trigger
Schottky diode	Schottky-Diode
sci	Wissenschaft
scientific	systematisch
scissor	abschneiden
scissoring	abschneiden
scissors	Schere
scope	Bereich, Gültigkeitsbereich
score	bewerten
scrambling	Geheimverschlüsselung
scratch area	Arbeitsbereich
scratch disc	Arbeitsdiskette
screen	Raster
screen buffer	Bildwiederholspeicher
screen font	Bildschirmschrift
screen grabber	Bilddigitalisierer
screen memory	Bildwiederholspeicher
screen page	Bildschirmseite
screen radiation	Bildschirmstrahlung
screen roll	Bild rollen
screen rolling	Bildrollen
screen shot	Bildschirmausdruck
screen size	Bildschirmgröße
screen support	Bildschirmunterstützung
screen surface	Bildschirmoberfläche
screen type	Bildschirmart
screen width	Rasterpunktabstand
screen window	Bildschirmfenster, Fenster
screen work	Bildschirmarbeit
screened	abgeschirmt
screening	Abschirmung
screen-refresh frequency	Bildwiederholfrequenz, Bildwiederholrate

screen-refresh memory	Bildwiederholspeicher
screw	Schraube, schrauben
screw joint	Verschraubung
screw nut	Schraubenmutter
screwdriver	Schraubendreher, Schraubenzieher
screwed	verschraubt
scribal error	Schreibfehler
scribe	anreißen
scriber	Reißnadel
scribing	anreißen
script	Befehlsdatei, Makroprogramm, Manuskript, Schreibschrift, Skript
scripting language	Programmiersprache für Kurzmakros
scripture	Dokument, Manuskript
scroll	Bildschirmanzeige bewegen, rollen
scroll arrow	Bildlaufpfeil, Bildrollpfeil
scroll bar	Bildlaufleiste, Bildrollbalken
scroll box	Bildlaufschaltfläche, Bildrollschaltfläche
scroll-bar pointer	Bildrollbalken-Anzeiger
scrolling	Bildschirmanzeige bewegen, rollen
scroll-lock key	Bildroll-Sperrtaste
scrutiny	genaue Prüfung
SCSI	SCSI-Bussystem
SD	einfache Dichte
SDK	Software-Entwicklungsumgebung
SDLC	synchrone Datenverbindungssteuerung
seaborne computer	Bordcomputer
seal	Dichtung
sealing	Dichtung
seamless	nahtlos
seamless integration	nahtlose Einfügung
search	absuchen, Durchforschung, Durchsuchung, erforschen, suchen
search algorithm	Suchalgorithmus
search and replace	suchen und ersetzen
search argument	Suchargument
search cycle	Suchschleife
search dialog	Suchdialog
search engine	Suchprogramm
search for	suchen nach
search instruction	Suchbefehl
search key	Suchschlüssel
search method	Suchverfahren
search procedure	Suchverfahren
search query	Suchfrage

search routine	Suchroutine
search run	Suchlauf
search speed	Suchgeschwindigkeit
search statement	Suchanweisung
search strategy	Suchstrategie
search time	Suchzeit
search tree	Suchbaum
searching	Durchforschung, Durchsuchung, suchen
searching and replacing	suchen und ersetzen
seat	einpassen, einsetzen
second	Sekunde, zweite
secondariness	Zweitrangigkeit
secondary	sekundär, zweitrangig
secondary cache	externer Cache-Speicher, Sekundär-Cache-Speicher
secondary channel	Steuerkanal
secondary data	Sekundärdaten
secondary error	Sekundärfehler
secondary file	Sekundärdatei
secondary key	Sekundärschlüssel
secondary program	Sekundärprogramm
secondary storage	peripherer Speicher, Sekundärspeicher
secondary storage medium	Sekundärspeichermedium
second-generation computer	Rechner der 2. Generation
second-generation language	Programmiersprache der 2. Generation
second-hand computer	Gebrauchtrechner
second-level address	Sekundäradresse
secret	geheim, Geheimnis, versteckt
secret key cryptography	Geheimverschlüsselung mit Geheimschlüssel
secretarial	Büro ...
section	Abschnitt, Referat
sectioning	Schnittdarstellung
sector header	Sektorkennsatz
sector hole	Sektorloch
sector identifier	Sektorkennungsfeld
sector interleave	Sektorversetzung
sector interleave factor	Sektorversetzungsfaktor
sector map	Sektortabelle
sector number	Sektornummer
sectoring	sektorieren, Sektorierung
sectorize	sektorieren
sectors per track	Sektoren pro Spur
see	anzeigen
see through	durchschauen

seed	Anfangswert, Kristallisierungskern, Saat
seek	positionieren, Positionierung, suchen
seek time	Positionierungszeit
segment	Halbwort, Segment, segmentieren, Struktursegment
segment address	Basisadresse, Segmentadresse
segment display	Segmentanzeige
segment name	Segmentname
segment overlay	Segmentüberlagerung
segment register	Segmentregister
segment table	Segmenttabelle
segment transformation	Segmenttransformation
segmental	segmentweise
segmentation	Segmentierung
segmented	segmentiert
segmented address space	segmentierter Adressraum
segmented addressing	segmentierte Adressierung
segmented instruction addressing	segmentierte Befehlsadressierung
segmented memory architecture	Speicher-Segmentierungsarchitektur
segment-oriented file	segmentierte Datei
segregate	isolieren, trennen
segregation	Trennung
seized	belegt
seizing signal	Belegtsignal
seizure	Belegung
select	ansteuern, auswählen, markieren, wählen
select command	Auswahlkommando
select menu	Auswahlmenü
select mode	Auswahlbetrieb
selectable	ansteuerbar
selected	angesteuert, ausgewählt
selecting	ansteuern, auswählen, markieren
selecting mode	Umfragebetrieb
selection	Auswahl, Markierung, Wahl
selection number	Rufnummer
selection pen	Auswahlstift, Lichtstift
selection screen	Anzeigemaske
selection signal	Wählzeichen
selection sort	Auswahlsortierung
selection state	Wählzustand
selective	empfindlich, selektiv, trennscharf, wahlweise

selective dissemination of information	selektive Informationsverbreitung
selectivity	Empfindlichkeit, Trennschärfe
selector	Selektor, Wähler
selector channel	Selektorkanal
selector pen	Auswahlstift, Lichtstift
selector switch	Wähler
selenium	Selen
selenium cell	Selenzelle
self diagnosis	Selbstdiagnose
self test	Selbsttest
self...	selbst ...
self-acting	automatisch
self-adapting	selbstanpassend
self-check	Eigentest
self-checking	selbstprüfend
self-configurating	selbstkonfigurierend
self-control	Selbststeuerung
self-controlling	selbststeuernd
self-correcting	selbstkorrigierend
self-defining	selbstdefinierend
self-defining constant	Literal
self-defining data	Literal
self-discharge	Selbstentladung
self-documenting	selbstbeschreibend, selbstdokumentierend
self-evident	selbstverständlich
self-excitation	Selbsterregung
self-explanatory	selbsterklärend
self-extracting	selbstkomprimierend
self-induction	Selbstinduktion
self-loading	selbstladend
self-modifying	selbstmodifizierend
self-organizing	selbstorganisierend
self-recording	selbstaufzeichnend
self-regulating	selbstregelnd
self-relocating program	selbstverschiebendes Programm
self-scanning	selbstabtastend
self-surveillance	Selbstkontrolle
self-triggering	selbststartend
semantic error	logischer Fehler
semi...	halb ...
semi-automatic	halbautomatisch
semiconducting material	halbleitender Stoff
semiconductor	Halbleiter
semiconductor chip	Halbleiterchip

semiconductor crystal	Halbleiterkristall
semiconductor device	Halbleiterbauelement
semiconductor diode	Halbleiterdiode
semiconductor doping	Halbleiterdotierung
semiconductor industry	Halbleiterindustrie
semiconductor manufacture	Halbleiterherstellung
semiconductor physics	Halbleiterphysik
semiconductor read-only memory	Halbleiterfestspeicher
semiconductor wafer	Halbleiterplättchen
semiconductor-integrated circuit	halbleiterintegrierte Schaltung
semidirect access	halbdirekter Zugriff
semifinished product	halbfertiges Fabrikat
semigraphic	Halbgrafik
send	absenden, funken, Sender, übertragen
send back	zurückschicken
send mode	Sendebetrieb
send off	absenden
send out	aussenden
send round	rundsenden
send up	weiterleiten
send wire	Sendeader
sender	Sender, Zeichengeber
sending	sendend, Sendung
sending address	Sendeadresse
sending field	Sendefeld
send-receive mode	Sende-Empfangs-Betrieb
send-site	sendeseitig
sense	Verstand, Wahrnehmung
sense wire	Lesedraht
sensible	fühlbar
sensing command	Abfragekommando
sensing element	Messfühler
sensing lever	Fühlhebel
sensitivation	Sensitivierung
sensitive	empfindlich
sensitive data	Sensitivdaten
sensitivity	Empfindlichkeit, Sensitivität
sensitivity analysis	Sensitivitätsanalyse
sensitivity level	Sensitivitätsstufe
sensor	Messfühler, Sensor
sensor display	Sensorbildschirm
sensor engineering	Sensortechnik
sensor faculty	Sensoreinrichtung

sensor glove	Datenhandschuh
sensor input	Berührungseingabe
sensor screen	Sensorbildschirm
sensor-based	sensorgestützt
sent	gesendet
sentence	Programmsatz, Satz
sentinel	Hinweiszeichen, Markierung
separable	trennbar
separate	getrennt, trennen
separate excitation	Fremderregung
separate network	Einzelnetz
separating	Trenn ..., trennend
separating filter	Trennfilter
separating machine	Separiermaschine
separator	Trenneinrichtung, Trennzeichen
septet	Siebenbiteinheit
sequence	Ablauf, aufreihen, Folge, in eine Reihenfolge bringen, Reibung, Reihenfolge, Sequenz
sequence of numbers	Zahlenfolge
sequence address	Verkettungsadresse
sequence cascade	Ablaufkette
sequence check	Folgekontrolle
sequence control	Folgesteuerung
sequence error	Folgefehler
sequence of numbers	Zahlenfolge
sequence of regions	Zonenfolge
sequence of...	Folge von ...
sequence processor	Ablaufschaltwerk
sequence-control structure	Reihenfolgestruktur
sequenced	folgegebunden, geordnet
sequenced macro	Reihenfolgemakrobefehl
sequenced parameter	Stellungsparameter
sequencer	Sequenzer
sequencing	Sequentialisieren, Sequentialisierung
sequent	folgend
sequential	Folge ..., sequentiell
sequential access	Reihenfolgezugriff, serieller Zugriff
sequential access mode	sequentielle Speicherung, serieller Zugriff, serielles Zugriffsverfahren
sequential algorithm	serieller Algorithmus
sequential circuit	Schaltwerk
sequential execution	sequentielle Ausführung
sequential file	sequentielle Datei
sequential logic system	Schaltwerk
sequential operation	sequentieller Betrieb

sequential order	fortlaufende Reihenfolge
sequential organization	sequentielle Speicherung
sequential processing	sequentielle Verarbeitung
sequential search	sequentielles Suchen
sequential storage	sequentieller Speicher
sequential-access mode	sequentieller Zugriff
serial	fortlaufend, laufend, seriell
serial access	serieller Zugriff
serial adder	serielles Addierwerk
serial addition	serielle Addition
serial communication	serielle Übertragung
serial interface	bitserielle Schnittstelle
serial letter	Serienbrief
serial line internet protocol	Internet-Protokoll fur serielle Leitungen
serial modem	serielles Modem
serial mouse	serielle Maus
serial number	Seriennummer
serial numbering	fortlaufende Nummerierung
serial operation	serielle Arbeitsweise, serieller Betrieb
serial port	serieller Anschluss
serial printer	serieller Drucker
serial processing	serielle Verarbeitung
serial production	Serienproduktion
serial storage	sequentieller Speicher
serial subtracter	serielles Subtrahierwerk
serial subtraction	serielle Subtraktion
serial transmission	serielle Übertragung
serializability	Serialisierbarkeit
serializable	serialisierbar
serialization	Serialisierung
serialize	serienmäßig herstellen
serial-parallel conversion	Seriell-parallel-Umsetzung
serial-parallel converter	Seriell-parallel-Wandler
serial-to-parallel conversion	Seriell-parallel-Umsetzung
series	Folge, Serie
series connection	Serienschaltung
series line	Linienleitung
series network	Liniennetz
series production	Serienproduktion
series-parallel conversion	Seriell-parallel-Umsetzung
series-parallel converter	Seriell-parallel-Wandler
serif	Serife
serious	schwerwiegend
serious error	unbehebbarer Fehler
serpentine	gewunden

MEDIA MARKT
TV-Elektro GmbH Reutlingen
Unter den Linden 8
72762 REUTLINGEN
07121/3454-0

5002072
GRU.STR 7100 179,00 a

	Total DEM	179,00
	Total EUR	91,52

P 9706345
FACHWOERTERBUCH DER EDV 24,95 b

	Total DEM	203,95
	Total EUR	104,28
	Bar	203,95

incl. 16,00% Mwst (a)	24,69
incl. 7,00% Mwst (b)	1,63
Netto-Warenwert:	177,63

1 EUR = 1,95583 DEM

Vielen Dank
für Ihren Einkauf

45496 M017 104   14827 02.01.01 16:57

Ermächtigung zum Lastschrifteinzug.
Ich ermächtige hiermit das umseitig genannte Unternehmen umseitig ausgewiesenen Rechnungsbetrag von meinem durch Kontonummer und Bankleitzahl bezeichneten Konto durch Lastschrift einzuziehen.
Ermächtigung zur Adressweitergabe.
Ich ermächtige mein Kreditinstitut, das durch die umseitig angegebene Bankleitzahl bezeichnet ist, bei Nichteinlösung der Lastschrift oder be Widerspruch gegen die Lastschrift der Deutsche Bank AG, 60262 Eschborn au Aufforderung meinen Namen und meine Adresse mitzuteilen, damit die Deutsche Bank AG, 60262 Eschborn ihren Anspruch gegen mich geltend machen kann.
Ermächtigung zur Datenspeicherung.
Ich willige in die Übertragung meiner Kontonummer, der Bankleitzahl meines Kreditinstitutes sowie des zu zahlenden Betrages an die easycash GmbH, 40880 Ratingen sowie der Speicherung und Übermittlung dieser Daten an anfragende Unternehmen (Beteiligungsgesellschaften der Media-Saturn Holding GmbH), die dem im Aushang an der Kasse erläuterten Verfahren angeschlossen sind, zu dem dort beschriebenen Zweck und Umfang ein.

....
Unterschrift (Betrag siehe Vorderseite)

Ermächtigung zum Lastschrifteinzug.
Ich ermächtige hiermit das umseitig genannte Unternehmen umseitig ausgewiesenen Rechnungsbetrag von meinem durch Kontonummer und Bankleitzahl bezeichneten Konto durch Lastschrift einzuziehen.
Ermächtigung zur Adressweitergabe.
Ich ermächtige mein Kreditinstitut, das durch die umseitig angegebene Bankleitzahl bezeichnet ist, bei Nichteinlösung der Lastschrift oder bei Widerspruch gegen die Lastschrift der Deutsche Bank AG, 60262 Eschborn auf Aufforderung meinen Namen und meine Adresse mitzuteilen, damit die Deutsche Bank AG, 60262 Eschborn ihren Anspruch gegen mich geltend machen kann.
Ermächtigung zur Datenspeicherung.
Ich willige in die Übertragung meiner Kontonummer, der Bankleitzahl meines Kreditinstitutes sowie des zu zahlenden Betrages an die easycash GmbH, 40880 Ratingen sowie der Speicherung und Übermittlung dieser Daten an anfragende Unternehmen (Beteiligungsgesellschaften der Media-Saturn Holding GmbH), die dem im Aushang an der Kasse erläuterten Verfahren angeschlossen sind, zu dem dort beschriebenen Zweck und Umfang ein.

....
Unterschrift (Betrag siehe Vorderseite)

serrate	gezahnt
serve	dienen
server	Diensteinheit, Programm, Programm das andere mit Objekten versorgt, Server, System das andere mit Daten/Diensten versorgt
server application	Anwendungsprogramm, Programm das auf einem Server läuft
server station	Server
server-based application	Client-Server-Anwendungsprogramm
service	Bedienung, Dienst, Dienstleistung, instand halten, verwalten, warten
service bureau	Serviceunternehmen
service center	Teil eines Unternehmens der die Serviceleistungen abwickelt
service computer center	Kundenrechenzentrum
service facility	Bedienungseinrichtung
service instruction	Dienstanweisung
service life	Nutzungsdauer
service program	Dienstprogramm
service provider	Dienstleistungsunternehmen
service routine	Dienstprogramm
service technician	Servicetechniker
service unit	Bedienungseinheit
serviceability	Betriebsfähigkeit, Gebrauchsfähigkeit, Nutzbarkeit
serviceable	betriebsfähig, gebrauchsfähig
serviceable time	verfügbare Betriebszeit
servicing	Bedienung
serving mode	Servotechnik
servo...	Servo ...
servo-controlled	regelkreisgesteuert
servomechanism	Servomechanismus, Servosystem
servo-motor	Stellmotor
servosystem	Servosystem
servo-system	Servosystem
servotrack	Führungsspur
servo-voice-coil actuator	Servo-Schwingspulen-Zugriffsarm
session	Dialogsitzung, Sitzung
session layer	Verbindungsschicht
set	auf eins setzen, einstellen, festgesetzt, justieren, Menge, Set, setzen
set associative cache	bereichsassoziativer Cache-Speicher
set on	vorantreiben
set point	Sollwert
set theory	Mengentheorie

set up	installieren, rüsten, vorbereiten
set-associative cache	bereichsassoziativer Cache-Speicher
setscrew	Stellschraube
set-screw	Stellschraube
setting	Einstellung, Satz
setting-up	Rüst ..., rüsten
settle	regeln
settled	erledigt
settling	Beseitigung, Erledigung, Stabilisierung
settling time	Stabilisierungszeit
setup	Einrichtung, Installation, Teil eines Programms der die Installation erledigt
setup menu	Installationsmenü
setup parameter	Parameter für das Installationsprogramm
setup program	Installationsprogramm
setup routine	Installationsroutine
seven-bit code	Siebenbitcode
seven-segment display	Segmentanzeige
seven-track tape	Siebenspurband
severe	schwierig
severity	Schwierigkeit
severity code	Schweregrad
sextet	Sechsbiteinheit
shaded	dunkel getönt
shaded memory	Ergänzungsspeicher, Schattenspeicher
shading	Abstufung, Dunkeltönung
shadow printing	schattierter Druck
shadow RAM	Schatten-RAM-Speicher
shadow storage	Ergänzungsspeicher, Schattenspeicher
shadow type	Schrift mit Schattierung
shadowing	Festspeicher-Arbeitsspeicher-Übertragung, Schattierung
shaft	Welle
shaft drive	Antriebswelle
shape	bewegliches Bildschirmobjekt
share	gemeinsam benutzen
shareability	Mehrbenutzbarkeit
shareable	gemeinsam benutzbar, mehrbenutzbar
shared	gemeinsam benutzt
shared area	gemeinsamer Bereich
shared code	gemeinsamer Objektcode
shared data	gemeinsame Daten
shared device	gemeinsames Gerät
shared file	gemeinsame Datei
shared library	gemeinsame Bibliothek

shared memory	gemeinsamer Speicher
shared storage	gemeinsamer Speicher
sharing	gemeinsame Benutzung
sharp	scharf
sheath	Kabelummantelung
sheave	Laufrolle
sheet	Beleg, Blatt, Dokument
sheet resistance	Flächenwiderstand
sheet size	Blattgröße
sheet width	Blattbreite
Sheffer function	Sheffer-Funktion
shelf	Einlegeboden
shelfware	Regal-Software
shell	Eingabeaufforderung eines textorientierten Befehlsinterpreters
shell script	Befehlsdatei eines textorientierten Befehlsinterpreters
shield	abschirmen, Abschirmung, ausblenden
shielded	abgeschirmt, ausgeblendet
shielded twisted pair	abgeschirmtes Drill-Leitungspaar
shielding	Abschirmung, ausblenden
shift	schieben, umschalten, umschalten auf Ziffern/Zeichen, Umschaltung, versetzen
shift display	Bildschirminhalt verschieben
shift instruction	Schiebebefehl
shift key	Umschalttaste
shift left	nach links verschieben
shift lock	feststellen
shift register	Schieberegister
shift right	nach rechts verschieben
shift-click	Maus bei gedrückter Taste bewegen
shift-in	Rückschaltung
shifting	umschalten, Verschieben
shift-lock	Umschaltsperre
shift-lock key	Feststelltaste
shift-out	Dauerumschaltung
ship	versenden
shock	Schlag, Stoß
shoe	Bremsklotz, Hemmschuh, Hufeisen
shop operation	Arbeitsgang
short	kurz, Kürze
short card	Halb-Steckkarte, kurze Steckkarte
short cut	abkürzen
short instruction format	kurzes Befehlsformat
short integer	kurze Festkommazahl

short message	Kurztelegramm
short precision	einfache Genauigkeit
short real	kurze Gleitkommazahl
short time	Kurzarbeit
shortcut	Abkürzung, Taste für schnellen Befehlsgang
shortcut icon	Schaltfläche für schnellen Befehlsgang
shortcut key	Taste für schnellen Befehlsgang
short-cut key	Taste für schnellen Befehlsgang
short-dated	kurzfristig
shorten	kürzen
shorthand	Stenografie
shorthand note	Stenogramm
shorthand typist	Stenotypist
short-haul	Nahverkehrs ...
shortly	in Kürze
short-range communication	Kurzstreckenkommunikation
shortwave	Kurzwelle
shortwave range	Kurzwellenbereich
shunt	Ableitung, parallel schalten
shunt circuit	Parallelschaltung
shut down	abschalten
shut off	abschalten
shutoff	Abschaltung
side	Rand, Seite
side-face	Seitenansicht
sight check	Sichtprüfung
sigma sign	Summenzeichen
sign	kennzeichnen, mit Vorzeichen versehen, Zeichen
sign on	anmelden
signal	Signal
signal amplifier	Signalverstärker
signal conversion	Signalumsetzung
signal converter	Signalumsetzer
signal edge	Schrittflanke, Signalbegrenzung, Signalflanke
signal generation	Signalerzeugung
signal generator	Signalerzeuger
signal input device	Signaleingang
signal level	Signalpegel
signal output device	Signalausgang
signal parameter	Signalparameter
signal power	Signalstärke
signal repetition	Signalwiederholung
signal sequence	Signalfolge
signaler	Signalgeber

signaling unit	Fernschaltgerät
signalize	signalisieren
signalizing	signalisieren
signal-to-noise distance	Signal-Störabstand
signal-to-noise ratio	Signal-Störverhältnis
signed	mit Vorzeichen versehen
significant	gültig, signifikant
significant digit	positive Ziffer
sign-on	Anmeldung
silicon	Silizium
silicon chip	Silizium-Halbleiter-Scheibe
silicon slice	Siliziumscheibe
Silicon Valley	Silicon Valley (Zentrum der Computertechnologie in den USA)
silicon wafer	Siliziumscheibe
silicone	Silikon
silk ribbon	Seidenfarbband
silk-screen printing	Siebdruck
SIMD	einfacher Befehlsstrom/mehrfacher Datenstrom
similarity	Ähnlichkeit
SIMM	SIMM-Speichermodul
simple	einfach
simple list text chart	einfaches Listentextdiagramm
simple network management protocol	einfaches Netzverwaltungsprotokoll
simplex	simplex
simplex mode	Simplexbetrieb
simplex operation	Simplexbetrieb
simplex transmission	Simplexübertragung
simplicity	Einfachheit
simplification	Vereinfachung
simplify	vereinfachen
simulate	simulieren
simulated	künstlich, simuliert
simulation	Simulation
simulation language	Simulationssprache
simulation model	Simulationsmodell
simulation program	Simulationsprogramm
simulator	Simulator
simultaneity	Gleichzeitigkeit
simultaneous	gleichzeitig, simultan
simultaneous access	Simultanzugriff
simultaneous computer	Parallelrechner
simultaneous control	Simultansteuerung

simultaneous data gathering	Simultandatenerfassung
simultaneous documentation	Simultandokumentation
simultaneous mode	Simultanbetrieb
simultaneous operation	Simultanbetrieb
simultaneous peripheral operations on-line	Spulbetrieb
simultaneous processing	Simultanverarbeitung
simultaneous working	Simultanarbeit
single	Einzel ..., einzeln
single chaining	Einfachkettung
single crystal	Monokristall
single density	einfache Dichte
single device	Einzelgerät
single document	Einzelbeleg
single error	Einfachfehler
single in-line memory module (SIMM)	SIMM-Speichermodul
single in-line package	SIP-Speichergehäuse
single in-line pinned package (SIPP)	SIPP-Gehäuse
single quotation mark	Apostroph, Hochkomma
single-address computer	Einadressrechner
single-address instruction	Einadressbefehl
single-board computer	Einplatinenrechner
single-chip microprocessor	Einchipprozessor
single-column	einspaltig
single-current operation	Einfachstrombetrieb
single-edge	einseitig
single-font reader	Einschriftleser
single-level	einstufig
single-precision floating-point number	Gleitkommazahl mit einfacher Genauigkeit
single-purpose computer	Spezialrechner
single-sided	einseitig
single-sided non-carbon paper	Einschichtpapier
single-speed drive	CD-ROM-Laufwerk mit einfacher Geschwindigkeit
single-stage	einstufig
single-threaded code	gereihter Code
single-track recording	Einspuraufzeichnung
singular	ungewöhnlich
SIPP	SIPP-Gehäuse
site	Standort
site license	Standortlizenz
situation	Stellung

sixfold-speed drive	CD-ROM-Laufwerk mit sechsfacher Geschwindigkeit
sixth-generation computer	Rechner der 6. Generation
size	Größe, Umfang
size class	Größenklasse
size icon	Größensymbol
sizing	Größeneinteilung
skew	Bitversatz, Schräglauf
skill	Können
skillful	erfahren
skin	abisolieren
skinning	abisolieren
skip	Tabelliersprung, überlesen, überspringen
skip after	Papiervorschub nach dem Drucken
skip before	Papiervorschub vor dem Drucken
skip factor	Sprungfaktor
skip function	Sprungfunktion
skip key	Sprungtaste, Tabulatortaste
skipping	überlesen, überspringen
slack	Pufferzeit, Schlupf, unbelegter Clusterrest
slack byte	Füllzeichen
slackness	Spiel
slackness loop	Kabelbewegungsschleife
slant	Schiefstellung, Schrägfläche, Schrägstellung
slant character set	Schrägzeichensatz
slash	Schrägstrich (/)
slate computer	Schiefertafelcomputer
slave	Neben ...
slave computer	abhängiger Rechner, Nebenrechner
slave disk	Zweitplatte
slave key	Nebenschlüssel
slave mode	Außensteuerungsbetrieb
slave station	Nebenstation
sleep	inaktiv sein, ruhen
sleep mode	Ruhemodus
sleeve	Diskettenhülle, Muffe
slice	Siliziumscheibe, Zeitanteil
slice architecture	Siliziumscheiben-Architektur
sliced processor	aufgeteilter Prozessor
slide	Folie, Gleitbewegung, gleiten
slide in	einschieben
slide rule	Rechenschieber
slide show	Diashow, Folge von Standbildern
slide-in	Einschub ...
slide-in unit	Einschubeinheit

slider	Schreibschutzschieber
sliding	gleiten, gleitend
sliding contact	Schleifkontakt
sliding rule	Rechenschieber
slimline	Niedrigbauweise
slip	Internet-Protokoll für serielle Modems
slip printer	Kassenbelegdrucker
slippage	Schlupf
slitting	Längstrennung
slogan	Werbespruch
slope	Steigung
slope arrow	Schrägpfeil
slot	Einschubschlitz, Kontaktschlitz, Steckplatz
slow	langsam, träge
slow down	verlangsamen
slow mail	langsame Post
slow-down	Drosselung
small	klein, niedrig
small computer	Kleinrechner
small letter	Kleinbuchstabe
small-computer-system-interface (SCSI)	SCSI-Bussystem
smallest addressable memory unit	kleinste addressierbare Speichereinheit
smallest replaceable unit	kleinste austauschbare Einheit
small-scale integration	Kleinintegration
small-sized	klein, Klein ...
small-sized computer	Kleincomputer
smart	intelligent
smart cable	Intelligentes Leitungssystem
smart card	Chipkarte
smart drive	intelligentes Plattenlaufwerk
smart icon	Schaltfläche
smart machine	intelligente Maschine
smart printer buffer	intelligenter Druckerpuffer
smart terminal	intelligentes Terminal
smiley	Lachgesicht (:-))
smudge	Schmutzfleck
snail mail	Schneckenpost
snail-wheel	Schneckenrad
snap-back effect	Hysterese-Effekt
snap-on pointing device	ausklappbares Zeigegerät
snap-out form	Schnelltrennformularsatz
snapshot	Speicherauszug
snowflake network	Schneeflockennetz

society	Verband
socket	Buchse
socket adapter	Anschluss
socket board	Buchsenfeld
socket option	Steckstellenauswahl
soft	vorübergehend, wechselbar
soft boot	Warmstart
soft break	verschiebbarer Umbruch
soft cell boundary	verschiebbare Zellengrenze
soft copy	Bildschirmausgabe
soft error	behebbarer Fehler
soft font	herunterladbare Schrift
soft hyphen	Bindestrich der nur bei Silbentrennung geschrieben wird, ungeschützter Bindestrich
soft iron	Weicheisen
soft key	Schaltfläche
soft line break	verschiebbarer Zeilenumbruch
soft page break	verschiebbarer Seitenumbruch
soft return	automatischer Zeilenumbruch, Fließtext
soft sectoring	Softsektorierung, Software-Sektorierung
soft start	Warmstart
soft-sectored	softsektoriert
soft-sectoring	Software-Sektorierung
software	Programmausstattung, Software
software architecture	Software-Architektur
software cache	Software-Cache-Speicher
software command language	Kommandosprache
software compatibility	Software-Kompatibilität
software control	Software-Steuerung
software control structure	Software-Steuerstruktur
software crisis	Software-Krise
software decoder	Signalumsetzer
software dependence	Software-Abhängigkeit
software design	Software-Entwurf
software design method	Software-Entwurfsmethode
software development	Software-Entwicklung
software development environment (SDK)	Software-Entwicklungsumgebung
software development kit	Software-Entwicklungswerkzeug
software development method	Software-Entwicklungsverfahren
software development tool	Software-Entwicklungswerkzeug
software documentation	Software-Dokumentation
software engineer	Software-Ingenieur
software engineering	Software-Entwicklung
software enhancement	Software-Verbesserung

software ergonomics	Software Ergonomie, Software-Ergonomie
software error control	softwaregesteuerte Fehlerkontrolle
software evaluation	Software-Bewertung
software fault	Software-Fehler
software handshaking	softwaregesteuerter Verbindungsaufbau
software independence	Software-Unabhängigkeit
software indexation	Software-Indizierung
software integrity	Programmfehlerfreiheit, Software-Integrität
software interface	Software-Schnittstelle
software interrupt	softwaregesteuerte Unterbrechung
software investigation	Software-Prüfung
software leasing	Software-Lizenz
software library	Programmbibliothek
software licence	Software-Lizenz
software maintenance	Software Wartung, Software-Pflege
software market	Software-Markt
software metric	Software-Maß
software modularity	Software-Modularität
software monitor	Software-Monitor
software package	Programmpaket
software piracy	Software-Piraterie
software portability	Software-Portabilität
software producer	Software-Hersteller
software product	Software-Erzeugnis
software protection	Software-Schutz
software quality	Software-Qualität
software reliability	Software-Zuverlässigkeit
software technology	Software-Technologie
software test	Software-Test
software tool	Programmentwicklungssystem
software verification	Software-Verifikation
software-compatible	Software-kompatibel
software-dependent	Software-abhängig
software-independent	softwareunabhängig
solar battery	Solarbatterie
solar calculator	Solarrechner
solar cell	Solarzelle
solar notebook	Solar-Notebook
solenoid	Spule
solenoid-operated	magnetgesteuert
solicited input	erforderliche Eingabe
solicitor	Werber
solid-state circuit	integrierter Schaltkreis
solid-state disk	Halbleiterplatte
solid-state memory	integrierter Speicherbaustein

sonic	Schall ...
sophisticated	fortgeschritten, hochentwickelt
sort	Sorte, sortieren, Sortierung
sort algorithm	Sortieralgorithmus
sort by	sortieren nach
sort command	Sortierkommando
sort criterion	Sortiermerkmal
sort data	Sortierdaten
sort field	Sortierfeld
sort file	Sortierdatei
sort key	Sortierbegriff
sort order	Sortierreihenfolge
sort program	Sortierprogramm
sort routine	Sortierprogramm
sort sequence	Sortierfolge
sort stacker	Sortierfach
sortability	Sortierfähigkeit
sortable	sortierfähig
sorted	geordnet, sortiert
sorted list	geordnete Liste
sorter	Sortierer, Sortierprogramm
sorting	sortieren, Sortierung
sorting by exchange	Sortieren durch Vertauschen
sorting by insertion	Sortieren durch Einschieben
sorting by merging	Sortieren durch Mischen
sorting by selection	Sortieren durch Auswahl
sorting capability	Sortierleistung
sorting method	Sortierverfahren
Sort-merge generator	Sortier-Misch-Generator
sound	Geräusch, Schall
sound board	Soundkarte
sound card	Soundkarte
sound generator	Tonerzeugungseinheit
sound hood	Schallschutzhaube
sound intensity	Lautstärke
sound recorder	Tonaufzeichnungseinheit
sound synthesizer	Klangerzeugungsgerät
sound-absorbing	schalldämmend
soundblaster	Tonbläser
sound-damping	Schalldämmung
soundless	geräuschlos
source	negative Transistorelektrode, Quelle, Sender, Ursprung
source address	Herkunftsadresse
source code	Quellcode

source computer	Übersetzungsrechner
source data	Ursprungsdaten
source data collection	dezentrale Datenerfassung
source disk	Ursprungsdiskette
source document	Originalbeleg, Originaldokument
source file	Ursprungsdatei
source identifier	Absenderkennung
source input	Primärprogrammeingabe
source instruction	Quellenbefehl
source language	Ausgangssprache, Primärsprache
source library	Primärbibliothek, Quellbibliothek
source listing	Übersetzungsliste
source network	Sendenetz
source output	Primärprogrammausgabe
source program	Primärprogramm
source statement	Quellenanweisung
source worksheet	Ursprungstabelle
source-drain spacing	Quelle-Senke-Abstand
space	Leerzeichen, Raum, Zwischenraum
space after	Papiertransport nach dem Druck, Papiervorschub nach dem Drucken
space bar	Leertaste
space before	Papiervorschub vor dem Drucken
space out	sperren
space satellite	Weltraumsatellit
spaced characters	Sperrschrift
spaced letters	Sperrdruck
spacing	Abstand, sperren, Zeilentransport, Zwischenraum
spamming	Überschüttung mit sinnlosen Nachrichten
span	Bereich, umfassen
spanned	segmentiert, übergreifend
spare	Reserve ..., übrig haben
SPEC	SPEC-Gesellschaft
special	Spezial ...
special function	Spezialfunktion
special interest group	spezielle Interessengruppe
special subject	Spezialgebiet
speciality	Besonderheit
specialization	Spezialisierung
specialize	spezialisieren
specialized	spezialisiert
special-purpose computer	Spezialrechner
special-purpose language	Spezialprogrammiersprache
specific	spezifisch

specific address	absolute Adresse
specification	Beschreibung, Pflichtenheft, Spezifikation, Spezifizierung
specification certificate	Spezifikationsschein
specification form	Lastenheft, Pflichtenheft
specification language	Beschreibungssprache, Spezifikationssprache
specificator	Spezifikationssymbol
specified	spezifiziert
specifier	Spezifikationssymbol
specify	spezifizieren
spectacular	ungewöhnlich
spectral	Spektral ...
spectral color	Spektralfarbe
spectrum	Bandbreite, Skala, Spektrum
speech	Sprache
speech analysis	Sprachanalyse
speech generator	Sprachgenerator
speech input	Spracheingabe
speech output	Sprachausgabe
speech recognition	Spracherkennung
speech storing	Sprachspeicherung
speech synthesis	Sprachsynthese
speech synthesizer	Sprachgenerator
speech-pattern recognition	Spracherkennung
speed	Drehzahl, Eil ..., Geschwindigkeit
speed calling	Kurzwahl, Schnellwahl
speed matching	Geschwindigkeitsanpassung
speed up	beschleunigen
speed-up	Beschleunigung
spell	buchstabieren, richtig schreiben
spell aid	Rechtschreibhilfe
spell checker	Rechtschreibhilfe
spell verification	Rechtschreibprüfung
spelling	Rechtschreibung
spelling checker	Rechtschreibhilfe
spherical	kugelförmig
spherical printhead	Kugelkopf
spherical typehead	Kugelkopf
spider	automatisches Surfprogramm, Drehkreuz, Kreuzstück, Spinne
spider chart	Netzdiagramm, Spinnendiagramm
spike	Spannungsspitze, Spitze, Stromstoß
spill	überlaufen
spill volume	Reservedatenträger

spilt screen	Bildschirmaufteilung, geteilter Bildschirm
spin	Drehbewegung, drehen, Kernspin, rotieren
spindle	Drehachse
spindle motor	Drehmotor
spiral	Schraubenlinie, spiralig
splice	kleben, verbinden, Verbindungsstelle
splicer	Klebeeinrichtung
splicing	verbinden
spline curve	Spline-Kurve
splint	Splint
split	aufgeteilt, aufteilen, gesplittet
split bar	Trennbalken
split off	abtrennen
split screen	geteilter Bildschirm
splits	Reste
splitter	Splitteinrichtung
splitting	Spaltung, Teilung
splitting strip	Trennleiste
spoil	beschädigen, Schaden
spoilage	Makulatur
spoiler	Lösungsnachricht
spoken language	gesprochene Sprache
spoliation	Urkundenunterdrückung
spoofing	Manipulation, Verschleierung
spoofing program	Schwindelprogramm
spool	Bandspule, Zwischenspeichern von Druckaufträgen
spool buffer	Spulpufferspeicher
spool in	einspulen
spool out	ausspulen
spooler	Spulprogramm
spool-in	einspulen
spooling	Spulbetrieb
sporadic	vereinzelt
spot	Punkt, Spurenelement
spot beam	Bündelstrahl
spray	Sprühdose, sprühen, Sprühnebel
spray can	Sprühdose
spray paint	Farbe sprühen
spraypaint	Sprühfarbe
spread	ausbreiten, verteilen
spreadsheet	elektronisches Arbeitsblatt
spread-sheet	Arbeitsblatt, Bildschirmtabelle
spread-sheet analysis	Tabellenkalkulation
spreadsheet program	Tabellenkalkulationsprogramm

sprite	Geist
sprocket	Papiereinzugsrolle, Sprossenrad, Stachelrad
sprocket feed	Sprossenradvorschub
sprocket hole	Führungsloch
sprocket wheel	Papiereinzugsrolle, Sprossenrad, Stachelrad
sprocketed	perforiert
spy	ausspionieren
SQL	SQL
square pulse	Bitimpuls
stability	Stabilität
stabilization	Stabilisierung
stabilize	stabilisieren
stabilized	stabilisiert
stabilizer	Konstanthalteeinrichtung, Stabilisierung
stable	stabil
stableness	Stabilität
stack	Einschub, kellern, Kellerspeicher, sammeln, Stapel, stapeln, Stapelspeicher
stack basis	Kellerbasis
stack computer	Kellermaschine
stack control	Kellersteuerung
stack header	Kelleretikett
stack instruction	Kellerbefehl
stack pointer	Kellerzähler
stack procedure	Kellerungsverfahren
stack program	Kellerprogramm
stacked	gestapelt
stacked column chart	gestapeltes Säulendiagramm
stacker	Ablagemagazin
stacking	Ablage, Aufstapeln, kellern
staff	Personal, Stab
staff department	Stabsabteilung
stage	einspeichern, Phase, Stufe
stagger	staffeln, Staffelung
staggered text	gestaffelter Text
staggered windows	gestaffelte Fenster
stagnancy	Stagnation, Stillstand
stagnant	stagnierend, stockend
stagnate	stagnieren, stocken
stagnation	Stagnation, Stillstand
stain	Schmutzfleck
stainless	fleckenfrei, rostfrei
stair-stepped line	Treppenkurve, Treppenlinie
stairstepping	Treppenlinie
stale link	unwirksame Verknüpfung

stamp	Stempel
stand	Gestell, Ständer, Standort, Stativ, stehen, stellen, Stillstand
stand by	zur Verfügung stehen
stand on	bestehen auf
standalone	selbständig
standalone computer	autonomer Rechner, Einzelrechner
standalone program	isoliertes Programm
standard	Norm, Normal..., normgerecht, Standard, vorschriftsmäßig
standard application	Standardanwendung
standard application program	Standardanwendungsprogramm
standard box	Standardschaltfläche
standard button	Standardschaltfläche
standard button bar	Standardsymbolleiste
standard cartridge	Standardkassette
standard channel	Normalkanal
standard character	Standardzeichen
standard chip	Standardmikrobaustein
standard committee	Normenausschuss
standard component	Standardbauelement
standard design	Standardausführung
standard deviation	Standardabweichung
standard device	Standardgerät
standard dictionary	Standardwörterbuch
standard distribution	Normalverteilung
standard file label	Standardkennsatz
standard form	Standardformular
standard format	Standardformat
standard function	Standardfunktion
standard input device	Standardeingabegerät
standard interface	Normanschluss, Standardschnittstelle
standard language	Gemeinsprache
standard letter	Standardbrief
standard mode	Standardbetriebsart, Standardmodus
standard module	Standardbaustein
standard newsgroup hierarchy	Standardnachrichtenforen-Gruppe
standard operating system	Standard-Betriebssystem
standard output device	Standardausgabegerät
standard paper	Normalpapier
standard performance evaluation corporation (SPEC)	SPEC-Gesellschaft
standardization	Normung, Standardisierung
standardize	normen, standardisieren
standardized	genormt, standardisiert

standardized characters	Normschrift
standardized programming	normierte Programmierung
standardizing standardization	Standardisierung
standby	einsatzbereit, Reserve ...
standby computer	Reserverechner
standing	Dauer ...
standpoint	Standpunkt
star	Stern, Sternzeichen (*)
star communication network	Sternnetz
star connection	Sternschaltung
star line	Sternleitung
star network	Sternnetz
starlike	sternförmig
star-shaped	sternförmig
start	Anfang, anfangen, Start, Start ..., starten
start address	Anfangsadresse
start bit	Startbit
start distance	Startweg
start element	Startschritt
start menu	Startmenü
start position	Anfangslage, Ausgangsposition
start pulse	Startschritt
start signal	Startzeichen
start up	hochfahren, urladen, booten
starter	Startprogramm
starting	Start ..., startend
starting address	Startadresse
starting point	Startpunkt
starting position	Anfangslage, Ausgangsposition
starting up	Anlauf
starting-up time	Anlaufzeit
start-stop mode	Start-Stop-Betrieb
start-stop operation	Start-Stop-Betrieb
start-stop signal	Start-Stop-Zeichen
start-stop working	Start-Stop-Verfahren
start-up	Anlauf, hochfahren, urladen, booten
start-up disk	Urladediskette (Bootdiskette)
start-up peak	Einschaltstromspitze
start-up read-only memory	Start-Festspeicher
start-up screen	Einschalt-Bildschirm
state	Lage, melden, Status, Zustand
state diagram	Statustabelle
state of readiness	Betriebsbereitschaft
state of the art	Stand der Technik
state vector	Statusvektor

stated	spezifiziert
statement	Anweisung, Aussage
static	elektrostatisch, stationär, statisch
static array	statisches Variablenfeld
static charge	statische Aufladung
static check	Zustandsprüfung
static electricity	statische Aufladung
static image	statisches Bild
static memory	statischer Speicher
static menu	statisches Menü
static noise	Störgeräusch
static object	statisches Objekt
static optical memory	optischer Speicher
static picture	statisches Bild
static random-access memory	statischer RAM-Speicher
static testing	statisches Testen
staticizer	Serien-parallel-Umsetzer
staticizing	Befehlsübernahme
statics	Statik
station	aufstellen, Sender, Sprechstelle, Station
station identification	Stationsidentifizierung
stationary	stationär
stationery	Bürobedarf
statistic	statistisch
statistical program	Statistikprogramm
statistical software	Statistiksoftware
statistics	Statistik
status	Funktionszustand, Zustand
status bar	Statusleiste, Statuszeile
status bit	Statusbit
status block	Zustandsblock
status byte	Statusbyte
status data	Zustandsdaten
status indicator	Zustandsanzeiger
status information	Zustandsinformation
status inquiry	Zustandsabfrage
status line	Statuszeile
status message	Zustandsmeldung
status register	Zustandsregister
status request	Zustandsabfrage
status signal	Statussignal
status table	Zustandstabelle
status vector	Zustandsvektor
status word	Zustandswort
stay	Halt, warten

stay-down key	feststellbare Taste
steadiness	Zuverlässigkeit
steady	beständig, konstant, zuverlässig
steady signal	kontinuierliches Signal
steal	entziehen
stealth	heimlich
stealthing	Arbeitsspeicherentlastung
stealthing virus	getarnter Computervirus, Tarnkappenvirus
steel	Stahl
steep	steil
steeped	gesättigt
steer	führen, lenken
steering plate	Führungsplatte
stem	Grundstrich, Tastenschaft
stencil	auf Matrizen schreiben, Matrize, Schablone, Vervielfältigungsmatrize
stenograph	Stenogramm, stenografieren
stenographic	stenografisch
stenography	Stenografie
stenotypist	Stenotypist
step	Schritt
step mode	Schritttechnik
stepped	gestuft
stepping	Schritt ...
sterile	keimfrei
sterility	Keimfreiheit
stick	Steuerknüppel
stick printer	Stabdrucker
sticker	Klebeetikett
stickup initial	Großinitial
still image	Standbild
still picture	Standbild
stock	Bestand, vorrätig
stockhouse	Hochregallager
stock-receipt	Wareneingang
stop delimiter	Endbegrenzer
stop instruction	Endebefehl
stop position	Endlage
stop statement	Endeanweisung
storage	Speicher
storage access	Speicherzugriff
storage address	Speicheradresse
storage allocation	Speicherzuweisung
storage area	Speicherbereich
storage cell	Speicherelement, Speicherzelle

storage cycle	Speicherzyklus
storage density	Speicherdichte
storage device	Speichergerät
storage dump	Speicherauszug
storage element	Speicherelement
storage fragmentation	Speicherfragmentierung
storage hierarchy	Speicherhierarchie
storage imparity	Speicherimparität
storage location	Speicherelement
storage mapping	Speicherabbildung
storage module	Speichermodul
storage occupancy	Speicherbelegung
storage operand	Speicheroperand
storage operation	Speicheroperation
storage organization	Speicherorganisation
storage parity	Speicherparität
storage position	Speicherstelle
storage protection	Speicherschutz
storage requirements	Speicherplatzbedarf
storage server	Speicherserver
storage space	Speicherraum
storage supervision	Speicherkontrolle
storage surface	Speicherfläche
storage technology	Speichertechnik
storage tube	Speicherbildschirm
storage type	Speichertypus
storage unit	Speichereinheit, speichernde Stelle
storage utilization	Speicherausnutzung
storage volatility	Speicherflüchtigkeit
storage write protection	Speicherschreibschutz
store	speichern
store and forward	speichern und weitersenden
store and retrieve	speichern und wiederfinden
store programming	Speicherprogrammierung
store-and-forward network	Kommunikationsnetz
store-and-forward principle	Teilstreckenverfahren
store-and-forward switching	Speichervermittlung
store-and-forward transmission	Teilstreckenübertragung
stored	gespeichert
stored data	gespeicherte Daten
stored paragraph	gespeicherter Absatz
stored program	gespeichertes Programm
stored software	gespeicherte Software
stored-program concept	Speicherprogramm-Konzept
storefront	Netz-Ladenschaufenster

storehouse	Hochregallager
storehouse control	Lagerhaussteuerung
store-programmed	speicherprogrammiert
store-programmed switching	speicherprogrammierte Wählvermittlung
straight	gerade, rein
straight-line	gerade, geradlinig, linear
straight-line code	Geradeausprogramm
strain	dehnen, Dehnung
strand	Ader, Litze
strange	fremd
strange system	Fremdsystem
strap	verbinden
strappable connection	bewegliche Verbindung
strappable line	bewegliche Kabelverbindung
strapping plug	Brückenstecker
strategy game	Strategiespiel
stratify	schichten
stray capacitance	Streukapazität
streaking	Streifenbildung
stream	Strom, strömen
streamer	Magnetbandstation
streamer cartridge	Streamerbandkassette
streaming mode	Streaming-Betrieb
streaming tape drive	Streamer-Magnetbandstation
strength	Stärke
stress	belasten, hervorheben
strike out	durchstreichen
strike through	durchstreichen
strike-out	Durchstreichung
strike-through	Durchstreichung
strip	abisolieren, demontieren
strip reader	Streifenleser
strobing	Signalauswertung
stroke	Strich, Tastenhub
stroke weight	Strichstärke
strong	stark
structure	Aufbau, Gliederung
structured query language (SQL)	SQL
structuring	Gliederung
stub test	Teiltest
stud	Stiftschraube
student	Schüler
study	Analyse, Projektstudie, Projektstudie
stuff	Material

style	entwerfen, Schriftstil
style bar	Druckformatleiste
style of font	Schriftstil
style sheet	Seitendruckformatvorlage
styling	Formgestaltung
stylograph	Füllfederhalter
stylus	Stylus
sub...	Hilfs ..., Neben ..., Unter ...
subaddress	Unteradresse
subaltern	untergeordnet
subarea	Teilbereich
subassembly	Unterbaugruppe
subaudio frequency	Tonfrequenz im nichthörbaren Bereich
subcarrier	Zwischenträger
subchannel	Unterkanal
subdescriptor	Unterdeskriptor
subdir	Unterverzeichnis
subdirectory	Teilinhaltsverzeichnis, Unterverzeichnis
subdirectory name	Unterverzeichnisname
subdirectory structure	Unterverzeichnisstruktur
subdivide	untergliedern
subdivision	Untergliederung, Unterteilung
subdivision of functions	Aufgabengliederung, Aufgabenteilung
subfield	Teilfeld
subfile	Unterdatei
subject	abhängig, Inhalt, Sachgebiet, Thema
subject catalog	Schlagwortverzeichnis
subject heading	Schlagwortrubrik
subject index	Sachregister
subject matter	Inhalt
subject selector	Themenauswahlprogramm
subject tree	Themenauswahlbaum
subjection	Abhängigkeit
subjoin	hinzufügen
subjoinder	Anhang
sublayer	Teilschicht
submenu	Untermenü
submit	vorschlagen
submodule	Untermodul
subnetwork	Teilnetz
subnotebook	Mini-Notebook-Computer
subordinate	abhängig, untergeordnet, unterordnen
subordination	Unterordnung
subprogram	Unterprogramm
subroutine	Unterprogramm

subroutine address	Unterprogrammadresse
subroutine call	Unterprogrammaufruf
subroutine declarative area	Unterprogrammvereinbarungsbereich
subroutine entry	Unterprogrammeinsprung
subroutine library	Unterprogrammbibliothek
subroutine management	Unterprogrammverwaltung
subroutine nesting	Unterprogrammverschachtelung
subroutine technique	Unterprogrammtechnik
subscribe	tiefstellen
subscriber's line	Anschlussleitung
subscribing	abonnieren, unterschreiben
subscript	indizieren, tiefgestellte Schrift, Tiefstellung
subscript field	Subskriptfeld
subscripted	indiziert
subscription	Indizierung
subscription list	Subskriptionsliste
subsequent	nachträglich
subsequent documentation	nachträgliche Dokumentation
subset	Untergerät, Untermenge
subsidiary	sekundär, stellvertretend
substance	Inhalt
substandard	minderwertig
substitute	austauschen, ersetzen, substituieren
substitution	Austausch, Ersetzung, Substitution
substitution instruction	Ersetzungsbefehl
substitution method	Ersetzungsverfahren
substitutional	Austausch ...
subtract	subtrahieren
subtract carry	Subtraktionsübertrag
subtract instruction	Subtraktionsbefehl
subtract register	Subtraktionsregister
subtract statement	Subtraktionsanweisung
subtracter	Subtrahierwerk
subtracting	subtrahieren
subtracting key	Subtrahiertaste
subtraction	Subtraktion
subtractive color representation	subtraktive Farbdarstellung
subtrahend	Subtrahend
subwindow	Unterfenster
succeed	Erfolg haben, folgen
succeeding	folgend
success	Erfolg
successful	erfolgreich
succession	Folge

successive	folgend, fortlaufend
successor program	Folgeprogramm
sudden	unvorhergesehen
sufferable	zulässig
sufficient data security	ausreichende Datensicherung
suffix	Zusatz, Zusatzname
suggestion	Vorschlag
suitable	passend
suitcase	Piktogramm
suite	Programmpaket
sum	addieren, Summe, Wesen, zusammenfassen
sum check	Summenkontrolle
sum total	Gesamtsumme
sum up	zusammenfassen
summable	addierbar
summand	Summand
summarization	Zusammenfassung
summarize	zusammenfassen
summary	summarisch, Zusammenfassung
summation	Addition
summing	Summierung
summing-up	Zusammenfassung
sundry	sonstig
super	Ober ...
super VGA	Super-VGA
super video graphics array (SVGA)	Super-VGA
super...	Ober ..., Super ..., über ...
superabundance	Überfluss
superaudio frequency	Ultraschallfrequenz
superchip	Superchip
super-chip	Superchip
supercomputer	Größt-, Spitzenrechner, Superrechner
superconduction	Supraleitung
superconductive	supraleitfähig
superconductivity	Supraleitfähigkeit
superconductor	Supraleiter
superconstruction	Überbau
super-density disc	superkompakte Platte
superficial	oberflächlich
supergroup	Übergruppe
superheat	überhitzen
super-high-scale integration	Superintegration
superimpose	überlagern
superimposition	Überlagerung

superior	übergeordnet, überlegen
superlarge	größt, Größt ..., größte
superlarge computer	Superrechner
super-large-scale integration	Höchstintegration
superlative	äußerst, hervorragend
supermicro	Supermikro
supermicrocomputer	Supermikrorechner
superminicomputer	Superminirechner
supernumerary	überzählig
superpipelining	Super-Pipeline-Verfahren
superpose	überlagern
superposition	Überlagerung
superprogram	Hauptsteuerprogramm
superscalar architecture	superskalare Architektur
superscribe	hochstellen
superscript	Exponent, hochgestellt, hochgestellte Schrift, Hochstellung
superstruction	Aufbau, Überbau
super-twisted nematic	supergedreht fadenförmig
supervise	überwachen
supervising	überwachen
supervising mode	Kontrollzustand
supervising routine	Kontrollablauf
supervising system	Kontrollsystem
supervision	Steuerung, Überwachung
supervisor	Hauptsteuerprogramm
supervisor call	Kontrollprogrammaufruf
supervisor control	Hauptprogrammsteuerung
supervisor mode	Betriebssystemmodus
supervisor state	Systemzustand
supervisory circuit	Kontrollschaltung
supervisory data flow	Kontrollfluss
supervisory equipment	Kontrolleinrichtung
supervisory facility	Kontrolleinrichtung
supervisory mode	Kontrollzustand
supervisory procedure	Kontrollverfahren
supervisory system	Kontrollsystem
supplementary	ergänzend
supplementary education	Fort- und Weiterbildung
supplementary machine	Ergänzungsmaschine
supplementation	Ergänzung
supposition	Hypothese
surface	Oberfläche
surface barrier transistor	Oberflächensperrschichttransistor
surface charge coupled	oberflächenladungsgekoppelt

surface conduction	Oberflächenleitung
surface diffusion	Oberflächendiffusion
surface etching	Oberflächenätzung
surface model	Oberflächenmodell
surface mounted device	oberflächenmontiertes Gerät
surface passivation	Oberflächenneutralisierung
surface treatment	Oberflächenbehandlung
surface-mountable	oberflächenmontierbar
surge	Überspannung
surge protector	Spannungsableiter
surge suppressor	Spannungsableiter
surge voltage	Stoßspannung
surmount	übersteigen
surpass	übersteigen
surpassing	überdurchschnittlich
surplus	Überschuss
surplus load	Mehrbelastung
surplus supply	Überangebot
surprising	erstaunlich
surrogate	Ersatz
surrogate name	Aliasname
surround	Einschließung, umgeben
surrounding	Rand ..., umgebend
surveillance	Überwachung
survey	Überblick, überblicken
suspect	fehlerverdächtig
suspend	aussetzen, in der Schwebe sein, unterbrechen
sustain	stützen
sustainer	Stütze
SVGA	Super-VGA
swap	überlagern, Wechsel, wechseln
swap file	Überlagerungsdatei
swap in	einlagern
swap out	auslagern
swap table	Seitentabelle
swap time	Überlagerungsdauer
swapping	überlagern
swapping area	Überlagerungsbereich
swapping-in	Einlagerung
swapping-out	Auslagerung
swash letter	überragender Buchstabe
sweep	kippen
sweep circuit	Kippschaltung
sweep frequency	Kippfrequenz

swelling	Zunahme
swing	Anschlag, Hub, sich drehen
switch	Programmschalter, schalten, Schalter, umschalten, Weiche
switch function	Schaltfunktion
switch network	Wählnetz
switch off	ausschalten
switch on	anschalten, einschalten
switch panel	Bedienungsfeld, Schalterleiste
switch setting	Schalterstellung
switchable	schaltbar
switchboard	Schaltschrank, Schalttafel
switched	geschaltet
switched connection	Wählverbindung
switched line	Wählleitung
switched network	Wählnetz
switched system	Wählsystem
switched traffic	Wählverkehr
switchgear	Schaltanlage
switching	schalten, Vermittlung
switching center	Vermittlungsstelle, Vermittlungszentrale
switching computer	Vermittlungsrechner
switching diagram	Schaltdiagramm
switching element	Koppelglied
switching equipment	Vermittlungseinrichtung
switching logic	Schalttechnik
switching network	Vermittlungsnetz
switching node	Vermittlungsknoten
switching speed	Schaltgeschwindigkeit
switching system	Vermittlungssystem
switching technology	Vermittlungstechnik
switching time	Schaltzeit
switching variable	Schaltvariable
switching-oriented	vermittlungstechnisch
switchpoint	Programmschalter, Weiche
swivel	drehbar, Drehring, schwenkbar, sich drehen
swivel-mounted	schwenkbar montiert
swung dash	Ersatzzeichen, Tilde, Wiederholungszeichen
syllabication	Silbentrennung
syllogism	logischer Schluss
symbol	Symbol, Zeichen
symbol bar	Symbolleiste
symbol button	Symbolschaltfläche
symbol font	Symbolzeichenschrift
symbolic	symbolisch

symbolic address	symbolische Adresse
symbolic addressing	symbolisches Adressieren
symbolic coding	symbolische Codierung
symbolic device name	symbolischer Gerätename
symptom	Merkmal
symptomatic	charakteristisch
synchronism	Gleichzeitigkeit
syntactic	syntaktisch
syntactic analysis	Syntaxanalyse
Syntax	Syntax
syntax check	Syntaxprüfung
syntax error	Syntaxfehler
synthesis	Synthese
synthesize	aufbauen
synthetic	künstlich, Kunststoff, synthetisch
synthetic material	Kunststoff
syntonize	abstimmen
SYSGEN	Systemgeneration, Systemgenerierung
SYSOP	Systemverwalter
system	Anlage, Netz, System
system administration	Systemverwaltung
system administrator	Systemverwalter
system analysis	Systemanalyse
system analyst	Systemanalytiker
system architecture	Architektur, Systemarchitektur
system attendant	Systembetreuer
system auditing	Systemprüfung
system behavior	Systemverhalten
system blackout	Systemzusammenbruch
system board	Hauptplatine
system breakdown	Systemausfall
system call	Systemaufruf
system check	Systemprüfung
system choice	Systemauswahl
system clock	Systemtakt, Systemuhr
system command	Systembedienungsbefehl
system comparison	Systemvergleich
system compatibility	Systemkompatibilität
system complexitiy	Systemkomplexität
system component	Systemkomponente
system configuration	Systemkonfiguration
system console	Systembedienungskonsole
system control	Systemsteuerung
system control command	Systemsteuerbefehl
system control language	Systemsteuersprache

system controller	Systemsteuerwerk
system convention	Systemkonvention
system crash	Systemausfall
system date	Systemdatum
system dependence	Systemabhängigkeit
system description	Systembeschreibung
system design	Systementwurf, Systemplanung
system developer	Systementwickler
system development	Systementwicklung
system directory	Systemverzeichnis
system disk	Systemplatte
system diskette	Systemdiskette
system distance	Systemabstand
system drive	Systemlaufwerk
system engineer	Systemanalytiker, Systementwickler, Systementwicklung
system engineering	Projektplanung, Systemanalyse
system environment	Systemumgebung
system error	Systemfehler
system expansion	Systemerweiterung
system failure	Systemstörung
system fault	Systemfehler
system file	Systemdatei
system folder	Systemverzeichnis
system font	systemeigene Schriftart
system generation (SYSGEN)	Systemgeneration, Systemgenerierung
system generator	Systemgenerator
system handbook	Systemhandbuch
system implementation	Systemimplementierung
system independence	Systemunabhängigkeit
system input	Systemeingabe
system level	Systemebene
system library	Systembibliothek
system manager	Systemverwalter
system migration	Systemumstellung
system monitoring	Systemüberwachung
system of evaluation	Bewertungssystem
system operating	Systembedienung
system operator	Systembetreiber
system output	Systemausgabe
system overhead	Systemverwaltung
system prompt	Systemeingabe-Aufforderung
system recovery	Systemfehlerbehebung
system reliability	Systemzuverlässigkeit
system request key	Systemabfragetaste

system requirements	Systemanforderungen
system resource	Betriebsmittel, Systemressource
system self-test	Systemselbsttest
system state	Systemzustand
system status	Systemzustand
system status panel	Systemzustandsanzeigefeld
system support	Systemunterstützung
system throughput	Systemdurchsatz
system time	Systemzeit
system timer	Systemuhr
system unit	Systemeinheit
system upgrading	Systemausbau
system utilization	Systemauslastung
system valuation	Systembewertung
systematic	systematisch
systematic error	systematischer Fehler
systematical numbering	systematische Nummerierung
systematical test	systematischer Testlauf, Systemtest
systematics	Systematik
systematization	Systematisierung
systematize	systematisieren
system-compatible	systemkompatibel
system-dependent	systemabhängig
system-independent	systemunabhängig
systemize	systematisieren
systems analysis	Systemanalyse
systems analyst	Systemanalytiker
systems application architecture	System-Anwendungs-Architektur
systems engineer	Systemanalytiker
systems engineering	Systemanalyse

T

T	Tera..
TA	Anschlussadapter
tab	Karteireiter, tabellieren, Tabulator
tab character	Tabulatorzeichen
tab clear	Tabulator löschen
tab form	Endlosformular
tab key	Tabulatortaste
tab set	Tabulator setzen
tab stop	Tabulatorstop
table	Tabelle, Tisch, Tischplatte
table columns	Tabellenspalten

table control	Tabellensteuerung
table element	Tabellenelement, Tabellenfeld
table element number	Tabellenelementnummer
table field	Tabellenfeld
table field name	Tabellenfeldname
table generator	Tabellengenerator
table graphics	Tabellengrafik
table handling	Tabellenbearbeitung
table look up	Tabelle durchsuchen
table look-up	Tabelle durchsuchen
table of addresses	Adressbuch
table of contents	Inhaltsverzeichnis
table of logarithms	Logarithmentafel
table processing	Tabellenverarbeitung
table setting	Tabellensatz
table sort	Tabellensortieren
table utility	Tabellen-Unterstützungsroutine
table wizard	Tabellenassistent
table-oriented	tabellenorientiert
table-oriented database	tabellenorientierte Datenbank
tabletop calculator	Tischrechner
tabletop computer	Tischrechner
tabletop printer	Tischdrucker
tabletrack	Führungsschiene
table-track	Führungsschiene
tabloid printer	Doppelformatdrucker
tabular	flach, tabellarisch
tabular operand	Tabellenwert
tabular value	Tabellenwert
tabulate	anordnen, tabellarisch, tabellarisch anordnen, tabellieren
tabulating	tabellieren
tabulating feature	Tabelliereinrichtung
tabulating key	Tabulatortaste
tabulation	tabellarische Anordnung, Tabellierung
tabulator	Tabulator
tabulator character	Tabulatorzeichen
tabulator clear key	Tabulatorlöschtaste
tabulator key	Tabulatortaste
tabulator memory	Tabulatorspeicher
tabulator set key	Tabulatorsetztaste
tactile	fühlbar
tactile keyboard	Sensortastatur
tactility	Fühlbarkeit

tag	Etikett, etikettieren, Kennzeichen, Marke, Trennzeichen
tagged	gekennzeichnet, markiert
tagged image-file format (TIFF)	TIF-Format
tagging	identifizieren
tail	Ende, Rest
tailor	zuschneiden
tailored	zugeschnitten
tailor-made	maßgeschneidert
take	nehmen
take apart	zerlegbar
take from	entnehmen
take out	entfernen
take over	verbinden
take-apart	zerlegbar
taker	Abnehmer
taking	Aufnahme
talk	reden, sprechen
talk mode	Akronymsprache
talk-back circuit	Gegensprechschaltung
tally	Zähler
tally counter	Zählerfeld
tallying	zählen
tandem computer	Doppelrechner
tangibility	Verständlichkeit
tangible	verständlich
tap	antippen
tape	Magnetband, umwickeln
tape cartridge	Magnetbandkassette
tape cassette storage	Magnetkassettenspeicher
tape dump	Magnetbandauszug
tape duplicate	Magnetbandduplikat
tape edge	Magnetbandkante
tape error	Magnetbandfehler
tape fault	Magnetbandfehler
tape file	Magnetbanddatei
tape format	Magnetbandformat
tape input	Magnetbandeingabe
tape protection ring	Schreibschutzring
tape serial number	Magnetbandarchivnummer
tape speed	Magnetbandgeschwindigkeit
tape swapping	Bandwechsel
tape threading	Magnetbandeinfädelung, Magnetbandführung
tape track	Magnetbandspur

tape trailer	Magnetbandende
tape unit	Magnetbandeinheit
tape width	Magnetbandbreite
taper	Kegel
tappet	Mitnehmer
tappet switch	Kippschalter
tardiness	Langsamkeit
tardy	langsam
target	Ziel
target address	Zieladresse
target computer	Zielrechner
target data	Zieldaten
target disk	Zieldiskette
target file	Zieldatei
target information	Zielinformation
target language	Zielsprache
target processor	Zielprozessor
target program	ausführbares Programm, Zielprogramm
target record	Zieldatensatz
task	Aufgabe, Auftrag, beschäftigen, in Anspruch nehmen
task bar	Startleiste
task button	Aufgabenschaltfläche
task control	Aufgabensteuerung
task list	Aufgabenliste
task management	Aufgabenverwaltung
task manager	Aufgabenverwalter
task switching	Aufgabenumschaltung
task-dependent	aufgabenabhängig
task-independent	aufgabenunabhängig
task-oriented	aufgabenabhängig
taut	gespannt, straff
tauten	spannen
tautologic	tautologisch
tautology	Tautologie
tax	einstufen
tax consultant	Steuerberater
tax law	Steuergesetz
taxonomy	Taxonomie
TB	Terabyte
TBit	Terabite
TByte	Terabyte
teach	lehren
teachable	lehrbar
teaching machine	Lehrautomat

teamwork	Gemeinschaftsarbeit
tear	reißen, Riss
technical	technisch
technical data processing	technische Datenverarbeitung
technical device manual	Gerätebeschreibung
technical documentation	technische Unterlagen
technical facilities	technische Einrichtungen
technical manual	technisches Handbuch
technical measure	technische Maßnahme
technical obsolescence	technische Veralterung
technical support	technische Unterstützung
technicality	technische Einzelheit
technician	Techniker
technics	Ingenieurwissenschaften, Technik
technique	Technik, Verfahren
technocracy	Technokratie
technology	Technik, Technologie
technology transfer	Technologietransfer
teleautogram	Bildtelegramm
teleautograph	bildfernschreiben, Bildfernschreiber
teleautography	bildfernschreiben
telebox	elektronischer Briefkasten
telecamera	Fernsehkamera
telecast	Fernsehsendung, im Fernsehen übertragen
telecommunicate	fernübertragen
telecommunication	Fernübertragung, Telekommunikation
telecommunication access method (TCAM)	TCAM
telecommunication decree	Fernmeldeordnung, Telekommunikationsordnung
telecommunication law	Fernmelderecht
telecommunication line	Fernmeldeleitung
telecommunication monopoly	Fernmeldemonopol
telecommunication satellite	Fernmeldesatellit
telecommunication service	Telekommunikationsdienst
telecommunication system	Telekommunikationssystem
telecommunications	Fernmeldetechnik
telecommunications engineering	Fernmeldetechnik
teleconference	Telekonferenz
telecopy	Fax
telediagnose	fernüberwachen
telefax unit	Faxeinheit
telegraph	fernschreiben, telegrafieren
telegraph exchange	Fernschreibvermittlung

telegraph line	Fernschreibleitung
telegraph network	Fernschreibnetz
telegraph principle	Telegrafieprinzip
telegraph signal	Telegrafiezeichen
telegraphic	telegrafisch
telegraphy	Telegrafie
teleguidance	Fernbedienung
teleguide	fernbedienen
telemaintain	fernwarten
telemaintenance	Fernwartung
telematics	Telematik
telemedicine	Medizinfernunterstützung
telemeter	fernmessen, Fernmessgerät
telemetering	Fernmessung
telemetry	Fernmesstechnik, Fernmessung
telemetry exchange	Fernmessvermittlungsstelle
telemonitor	fernüberwachen, Fernüberwachungsgerät
telemonitoring	Fernüberwachung
Telenet	Telenet
telephone receiver	Telefonhörer
telephone	fernsprechen, Fernsprecher, Telefon, telefonieren
telephone answering equipment	Anrufbeantworter
telephone bandwidth	Fernsprechbandbreite
telephone call	Anruf
telephone charge	Fernsprech-, Telefongebühr
telephone charges	Fernsprech-, Fernsprechgebühren
telephone conference	Telefonkonferenz
telephone dialer	Telefonwählprogramm
telephone directory	Fernsprechverzeichnis, Telefonbuch
telephone display	Fernsprechanzeige
telephone exchange	Fernsprechvermittlungsstelle
telephone line	Fernsprechleitung
telephone network	Fernsprechnetz
telephone receiver	Telefonhörer
telephone set	Fernsprechapparat
telephone subscriber line	Fernsprechanschluss
telephone switching	Fernsprechvermittlung
telephone switching center	Fernsprechvermittlungsstelle
telephonee	Angerufener
telephoner	Anrufer
telephonic	telefonisch
telephony	Fernsprechwesen
telephoto	Telebild

telephotograph	Telebild
telepresence	Ferngegenwart
teleprint	fernschreiben
teleprinted communication	Fernschreiben
teleprinter	Fernschreibgerät
teleprinter character	Fernschreibzeichen
teleprinter communication	Fernschreiben
teleprinter direct call	Fernschreibdirektruf
teleprinter interface	Fernschreibschnittstelle
teleprinter keyboard	Fernschreibtastatur
teleprinter line	Fernschreibleitung
teleprinter message	Fernschreiben
teleprinter network	Fernschreibnetz
teleprinter tape	Fernschreiblochstreifen
teleprocessing	Datenfernverarbeitung
teleprocessing monitor	Datenfernverarbeitungssteuersystem
teleprocessing system	Datenfernverarbeitungssystem
teleprogramming	Fernprogrammierung
telescreen	Fernsehbildschirm
telescript	fernschreiben
teleshopping	Einkaufen per Telefon
telesignaling	Fernschalten
telesoftware	Telesoftware
teletext	Videotextsystem
teletype	fernschreiben
teletypewriter	Fernschreibgerät
teleview	fernsehen
televise	im Fernsehen übertragen
television	Fernsehen
television set	Fernsehgerät
television telefone	Bildfernsprecher
televisor	Fernsehzuschauer
telewrite	fernschreiben
telex service	Fernschreibdienst
telex system	Fernschreibsystem
Telnet	Telnet
temperature	Temperatur
temperature-sensitive	temperaturabhängig
temporary	vorläufig, vorübergehend
temporary file	temporäre Datei
temporary font	temporäre Schrift
ten	zehn
ten's complement	Zehnerkomplement
tendency	Neigung
tensor	Tensor

tera...	Tera ...
terabit	TBit, Terabit
terabyte	TB, TByte, Terabyte
term	Term
terminal	abschließend, Anschlussstelle, Datenstation, Endstelle, Terminal, termingemäß
terminal adapter	Anschlussadapter
terminal assignment	Anschlussbelegung
terminal block	Verteiler
terminal box	Anschlusskasten
terminal display mode	Bildschirmausgabemodus
terminal emulation	Terminalemulation
terminal exchange	Endvermittlungsstelle
terminal input	Bildschirmeingabe
terminal locking device	Terminal-Verschlusseinrichtung
terminal mode	Terminalmodus
terminal node	Endknoten
terminal output	Bildschirmausgabe
terminal session	Terminalsitzung
terminal system	Terminalsystem
terminal work desk	Bildschirmarbeitstisch
terminal workstation	Bildschirmarbeitsplatz
terminal-controlled	terminalgesteuert
terminalization	Terminalisierung
terminalize	terminalisieren
terminate	beenden
terminate flag	Endekriterium
terminate-and-stay-resident program	Programm
terminate-and-stay-resident program (TSR)	Programm das nach Beendigung im Arbeitsspeicher verbleibt, Programm das nach Beendigung im Arbeitsspeicher verbleibt
terminating	abschließend, End ...
terminating routine	Enderoutine
termination	Abschluss, Anschluss, Beendigung
terminator	Abschlussprogramm, Endezeichen
terminologic	terminologisch
terminology	Terminologie
terms of trade	Handelsbedingungen
ternary	dreifach, ternär
ternary number system	ternäres Zahlensystem
ternary representation	ternäre Darstellung
terse	gedrängt
terseness	Kürze
tertiary	tertiär

tertiary storage	Tertiärspeicher
test	austesten, prüfen, Prüfung, Test, testen
test address	Testadresse
test bed	Testumfeld
test case	Testdatensatz
test certificate	Abnahmeprotokoll
test conductor	Teststromleitung
test data	Testdaten
test documentation	Testdokumentation
test driver	Teststeuerungsprogramm
test environment	Testumfeld, Testumgebung
test equipment	Testeinrichtung
test evaluation	Testauswertung
test instruction	Testbefehl
test log	Testprotokoll
test message	Testnachricht
test method	Prüfverfahren
test object	Testobjekt
test out	austesten
test planning	Testplanung
test print	Probedruck
testability	Testbarkeit
testable	testbar
test-bench	Prüfstand
test-data description	Testdatenbeschreibung
test-data file	Testdatei
test-data generator	Testdatengenerator
tested	getestet
tester	Testgerät
testing	Prüf ..., prüfen, Test ..., testen
testing time	Programmtestzeit, Testzeit
testing to destruction	Destruktionstest
text processing system	Textverarbeitungssystem
text processor	Textverarbeitungssystem
text retrieval	Textwiedergewinnung
textile ribbon	Gewebefarbband
texture	Oberflächenmusterung
thermal	thermisch
thermal conductivity	Wärmeleitfähigkeit
thermal dye sublimation printer	Thermo-Farbsublimationsdrucker
thermal fusion printer	Thermotransferdrucker
thermal printer	Thermodrucker
thermal resistance	Wärmewiderstand
thermal transfer printer	Thermotransferdrucker

thermal wax-transfer printer	Thermo-Wachstransferdrucker
thermistor	temperaturgesteuerter Widerstand
thermobattery	Wärmebatterie
thermocompression	Wärmedruckverfahren
thermocouple	Thermoelement
thermodynamic	thermodynamisch
thermoelectric	thermoelektrisch
thermoprinter	Thermodrucker
thermotransfer printer	Thermotransferdrucker
thesis	These
thick-film circuit	Dickschichtschaltkreis
thick-film storage	Dickschichtspeicher
thickness	Dicke, Stärke
thin	dünn
thin space	schmales Leerzeichen
thin-film circuit	Dünnschichtschaltkreis
thin-film magnetic medium	Dünnschicht-Magnetspeichermedium
thin-film storage	Dünnschichtspeicher
thin-film transistor	Dünnschichttransistor
third party	Dritte
third shift	Nachschicht
third-generation computer	Rechner der 3. Generation
third-generation language	Programmiersprache der 3. Generation
third-party vendor	Vertriebsunternehmen
thorough	vollständig
thousand	tausend
thousands separator	Tausenderpunkt
thrash	niederwerfen
thrashing	Flattern, Überlastung
thread	Befehlsfolge, einfädeln, Forenbeitragsfolge, Gewinde
thread selector	Forenbeitragswählprogramm
threaded code	gereihter Code
threaded newsreader	Forenbeitrags-Leseprogramm
threading	Einfädelung, Interpreterbeschleunigung
three dimensional array	dreidimensionaler Bereich
three-address computer	Dreiadressrechner
three-address instruction	Dreiadressbefehl
three-address system	Dreiadresssystem
three-dimensional chart	dreidimensionale Grafik
three-dimensional graph	dreidimensionale Grafik
three-dimensional model	dreidimensionales Modell
three-dimensional spreadsheet	dreidimensionales Arbeitsblatt
three-gun tube	Farbbildröhre
three-level concept	dreischichtiges Konzept

three-pass compiler	Compiler mit drei Durchläufen
three-phase	dreiphasig
three-phase current	Drehstrom
thresh	niederwerfen
threshold	Schwelle
threshold value	Schwellenwert
throat	Schlitz
through	durch
through-connection	Durchkontaktierung, Durchschaltung
throughput	Durchsatz
throughput rate	Durchsatzrate
throughput time	Durchsatzzeit
throw	Zeilensprung
throw-off	Auswurf
thru	durch
thumb	Bildlauffeld
thumb wheel	Daumenrad
thumbnail	Rohentwurf
thyratron	Thyratron
thyristor	Thyristor
tick	Uhrsignal
ticket	Etikett
tie	Perforationssteg
TIFF	TIF-Format
tilde	Ersatzzeichen, Tilde, Wiederholungszeichen
tiled windows	nebeneinander angeordnete Fenster
tilt angle	Neigungswinkel
time	Dauer, Zeit
time accounting	Zeitabrechnung
time delay	Verzögerung
time dependence	Zeitabhängigkeit
time dependent	zeitabhängig
time lag	Verzögerung
time slicing	Zeitscheibenverfahren
time-delay circuit	Verzögerungsschaltung
timely	rechtzeitig
time-oriented	zeitabhängig
time-out	Zeitüberschreitung
Times	Times (häufig genutzte Schriftart)
timing	Zeitaufnahme, zeitliche Regulierung, Zeitmessung
timing circuit	Zeitgeberschaltung
timing mark	Taktmarke
timing pattern	Taktraster
timing signal	Taktsignal

tincture	Farbton
tint	Farbton
tiny	klein
tiny model	Einstiegsmodell
tip	Spitze
tissue filter	Gewebefilter
title	Name, Titel, Überschrift
title bar	Titelleiste, Überschriftsleiste
title retrieval	Titelsuche
title screen	Eröffnungsbildschirrn
today	Gegenwart, heute
today's date	Tagesdatum
together	gemeinsam
toggle	Zweistellungsschalter
toggle key	Zweistellungstaste
toggle switch	Kippschalter
token	Petrinetzknoten, Sendezeichen, Token
token bus	Token-Bus
token loop	Token-Ring
token passing	Token-Verfahren
token ring	Token-Ring
token ring network	Token-Ring-Netz
tolerable	tolerierbar
tolerance	Toleranz
tolerant	fehlertolerant
tolerant computer	fehlertoleranter Rechner
tolerate	vertragen
toll	Fernsprechgebühren
tome	Band
tomography	Schichtaufnahme
tone	Farbton, Ton, tonen
tone generator	Tongenerator
toner	Toner
toner cartridge	Tonerkassette
toner collector	Tonerabscheider
toner feed	Tonerzuführung
toner powder	Tonerpulver
toner supply bin	Tonerkassette
toner supply level	Tonerfüllstand
tool	Instrument
tool bar	Werkzeugleiste
tool change	Werkzeugwechsel
tool storage	Werkzeugspeicher
toothed	gezahnt
top	Anfang, Kopfende

top edge	Oberkante
top level	höchste Ebene
top margin	Oberrand
top of form	Formularanfang
top priority	höchste Priorität
top secret	streng geheim
top section	Oberteil
top side	Oberseite
top-down	von oben nach unten
top-down method	strukturierte Programmierung, Top-down-Methode, Von-oben-nach-unten-Methode
top-down programming	Top-down-Programmierung
top-down strategy	Top-down-Strategie
top-form feed operation	Formularanfangsvorschub
topic	Inhalt, Thema
topical	thematisch
topology	Topologie
torque	Drehmoment
torsion	Drehung
tortuous	gewunden
total	Gesamtsumme, völlig, vollständig
total changeover	Gesamtumstellung
total line	Summenzeile
total test	Gesamttest
total throughput	Gesamtdurchsatz
touch key	Sensortaste
touch keyboard	Sensortastatur
touch pad	Sensor-Notebook
touch system	Zehnfingersystem
touch tone dialing	Frequenzwahlverfahren
touch typing	Zehnfinger-Blindschreiben
touch-sensitive tablet	Sensortablett
tpi	Spuren je Zoll
trace	Ablaufverfolgung, verfolgen
trace back	zurückverfolgen
trace log	Ablaufverfolgungsprotokoll
tracer	Ablaufverfolger
tracing	Ablaufverfolgung, verfolgen
track	Spur
track address	Spuradresse
track buffering	Spurpufferung
track density	Spurdichte, Spurendichte
track description record	Spurkennsatz
track pitch	Spurenabstand
track switching	Spurwechsel

trackball	Rollkugel
trackball control	Rollkugelsteuerung
trackball device	Rollkugelgerät
tracker	Knacker
tracks per inch (tpi)	Spuren je Zoll
track-to-track seek time	Spur-zu-Spur-Suchzeit
tractability	Lenkbarkeit
tractable	lenkbar
traction	Transport
tractor	Papiereinzugsrolle, Stachelrad, Traktor
tractor feed	Traktorvorschub
tractor margin	Führungsrand
trade	Gewerbe
trade control	Gewerbeaufsicht
trade usage	Handelsbrauch
trade-mark	Warenzeichen
trading	Handels ...
traditional	herkömmlich
traffic	Datenverkehr, Verkehr
traffic control	Verkehrssteuerung
traffic flow	Verkehrsfluss
traffic load	Verkehrsbelastung
traffic measurement	Verkehrsmessung
traffic simulation	Verkehrssimulation
trail	nachwirken, nachziehen
trailer	Bandende
trailer label	Dateiendekennsatz
trailer record	Nachsatz
trailing	abschließend
trailing edge	Hinterkante
trailing space	nachfolgendes Leerzeichen
train	Folge, Reihe, schulen, Serie
training	Ausbildung, Schulung
Tramiel's operating system	Tramiels Betriebssystem
transact	durchführen
transaction	Dialog, Interaktion, Transaktion
transaction code	Transaktionscode
transaction data	Änderungsdaten, Bewegungsdaten
transaction file	Bewegungsdatei
transaction number	Transaktionsnummer
transaction processing	Dialogverarbeitung
transaction rate	Transaktionsrate
transaction record	Änderungssatz, Bewegungssatz
transaction system	Dialogsystem
transactional	dialogorientiert

transactional application	Dialoganwendung
transaction-driven system	Teilhabersystem
transaction-oriented	dialogorientiert
transaction-oriented programming	transaktionsorientierte Programmierung
transborder	grenzüberschreitend
transceiver	Sender-Empfänger
transcendental number	transzendente Zahl
transcode	umschlüsseln
transcoder	Codeumsetzer
transcribe	umsetzen
transcriber	Umsetzeinrichtung
transcription	Umsetzung
transducer	Messwertwandler
transfer	Sprung, übergeben, übertragen, Übertragung, weiterleiten, Weiterleitung
transfer area	Übergabebereich
transfer in channel	verzweigen in das Kanalprogramm
transfer instruction	Transferbefehl
transfer page	Übergabeseite
transfer protocol	Übertragungsprotokoll
transfer rate	Durchsatzrate, Übertragungsrate
transfer statement	Übertragungsbefehl
transfer time	Übertragungszeit
transferable	übertragbar
transfluxor	Transfluxor
transform	transformieren, umformen, umspannen
transformation	Umformung, Umspannung, Veränderung
transformation program	Transformationsprogramm
transformational grammar	Transformationsgrammatik
transformative	umformend
transformer	Transformator, Umformer
transforming	umformen
transfrontier	grenzüberschreitend
transient	Einschwingvorgang, flüchtig, vorübergehend
transient error	vorübergehender Fehler
transient suppressor	Signalunterdrücker, Spannungsableiter
transinformation	übertragene Information
transistor	Transistor
transistor chip	Transistorchip
transistor cutoff region	Transistorsperrbereich
transistor lead	Transistoranschlussleitung
transistor manufacture	Transistorherstellung
transistor saturation region	Transistorsättigungsbereich
transistorize	mit Transistoren bestücken

transistorized	mit Transistoren bestückt
transistortransistor logic (TTL)	Transistor-Transistor-Logik
transit	Übergang
transition	Übergang
transition region	Transistorübergangsbereich
translate	übersetzen
translating	übersetzen
translating program	Übersetzerprogramm, Übersetzungsprogramm
translation	Übersetzung
translation table	Übersetzungstabelle
translation time	Übersetzungszeit
translator	Übersetzerprogramm
translator listing	Übersetzungsliste
translator program	Übersetzerprogramm
transliterate	transkribieren
transmissibility	Übertragbarkeit
transmissible	übertragbar
transmission	Übertragung
transmission link	Übertragungsabschnitt
transmission path	Übertragungsweg
transmission procedure	Übertragungsprozedur
transmission protocol	Übertragungsprotokoll
transmission rate	Übertragungsrate
transmission reliability	Übertragungssicherheit
transmission speed	Übertragungsgeschwindigkeit
transmission supervision	Übermittlungskontrolle
transmission unit	Übertragungseinrichtung
transmission way	Übertragungsweg, Verkehrsweg
transmit	senden, übertragen
transmit a virus	Virus übertragen
transmit mode	Sendebetrieb
transmittal	Übertragung
transmittal data	Übermittlungsdaten
transmittance	Durchlässigkeitsgrad
transmitter	Sender, Zeichengeber
transmitting	Sende ..., senden
transmitting antenna	Sendeantenne
transmitting unit	übermittelnde Stelle
transmitting width	Übertragungsbreite
transnational	grenzüberschreitend
transnational data communication	grenzüberschreitender Datenverkehr
transnational data processing	grenzüberschreitende Datenverarbeitung
transnational data transmission	grenzüberschreitende Datenübertragung

transoceanic cable	Überseeleitung
transparency	Codeunabhängigkeit, Datentransparenz, Transparenz
transparent	codeunabhängig, transparent
transparent dongle	codeunabhängiger Kopierschutzstecker
transpiler	Übersetzungsprogramm
transponder	Transponder, Übertragungs- und Antwortsystem
transport	Transport, transportieren, zuführen, Zuführung
transport control	Transportsteuerung
transport control protocol/ interface program (TCP/IP)	TCP/IP (Internetprotokoll)
transport layer	Transportschicht
transport supervision	Transportkontrolle
transportability	Transportierbarkeit
transportable	transportierbar
transportable computer	transportierbarer Computer
transpose	austauschen
transposition	Austausch, Umstellung
transputer	Transputer
transversal	Transversale
transverse	quer laufend
transverse section	Querschnitt
trap	Auffangvorrichtung, fangen, Unterbrechung
trapezoid	Trapezoid
trapping	Abfangen, fangen
trash	Ausschuss
trash-can	Abfallbehälter, Mülleimer
trashware	Müllsoftware
traverse	Drehbewegung, durchlaufen, Querlinie
tray	Ablagekasten
treat	behandeln
tree	Baum
tree model	Baumschema
tree structure	Baumstruktur
tree topology	Baumtopologie
trend	Tendenz, tendieren, Trend
triac	Zweirichtungsthyristor
trial	Versuch
trial and error	durch Fehler lernen, Versuch und Irrtum
trial-and-error method	Versuch-und-Irrtum-Methode
tributary	abhängig
trigger	Steuerimpulsauslöser
trigger equipment	Ansteuereinrichtung

triggering	Ansteuerung
trigonometric function	Winkelfunktion
trillion (USA)	Billion
trinitron tube	Farblinearröhre
trip	ausklinken
triple-speed drive	CD-ROM-Laufwerk mit dreifacher Geschwindigkeit
triple-spin drive	CD-ROM-Laufwerk mit dreifacher Geschwindigkeit
Trojan horse	Computervirus
trouble	Schwierigkeit, Störung
troubled	gestört
troubleshooting	Fehler suchen, Fehlersuche
troubleshooting chart	Fehlersuchliste
true	wahr
true to scale	maßstabgetreu
truncate	abschneiden
truncation	abschneiden
truncation error	Rundungsfehler
trunk	Kabel, Leitung
trunk cable	Koaxialkabel
trunk circuit	Hauptleitung
trunk group	Leitungsbündel
trunk line	Hauptleitung
truth table	Wahrheitstabelle
try	prüfen, untersuchen, versuchen
TSR	Programm das nach Beendigung im Arbeitsspeicher verbleibt
TTL	Transistor-Transistor-Logik
TTY	Fernschreibgerät
tub file	Ziehkartei
tube	Röhre
tune	abstimmen
tuneable	abstimmbar
tuned	frequenzabhängig, periodisch
tuning	Abstimmung
tunnel diode	Tunneldiode
tunnel effect	Tunneleffekt
tuple	Tupel
turbo mode	Höchsttaktfrequenz-Modus
turbo switch	Taktfrequenz-Umschalter
turbomode	Höchsttaktfrequenz-Modus
Turing machine	Turingmaschine
turn	drehen, rotieren, Windung
turn around	umkehren

turn on	anschalten
turn over	umpolen
turnaround	Richtungsänderung
turnaround time	Umlaufzeit
turn-key	schlüsselfertig
turn-key system	schlüsselfertiges System
turn-off decay	Abschaltverzögerung
turn-off delay	Abschaltverzögerung
turn-on delay	Anschaltverzögerung
turn-over	Umpolung
turn-page downward	zurückblättern
turn-page upward	vorblättern
turns rate	Wicklungsverhältnis
turnscrew	Schraubendreher, Schraubenzieher
turnswitch	Drehschalter
turn-switch	Drehschalter
turtle graphic	Schildkrötengrafik
tutorial	Anleitung, Übung
tween	umsetzen
tweening	Umsetzung
twice	doppelt
twin	doppelt, paarig, Zwillings ...
twin drive	Doppellaufwerk
twin system	Doppelrechnersystem, Doppelsystem
twin...	Zwillings ...
twinaxial cable	Doppel-Koaxialkabel
twin-computer system	Doppelrechnersystem
twin-floppy-disk drive	Doppeldiskettenlaufwerk
twin-processor system	Doppelprozessorsystem
twist	verdrillen
twisted	verdrillt
twisted line	verdrillte Leitung
twisted nematic	gedreht fadenförmig
twisted-pair cable	Zweiader-Drillkabel
two-address computer	Zweiadressrechner
two-address instruction	Zweiadressbefehl
two-address system	Zweiadresssystem
two-color printing	Zweifarbendruck
two-color ribbon	Zweifarbenfarbband
two-column	zweispaltig
two-core	zweiadrig
two-dimensional	zweidimensional
two-dimensional array	zweidimensionaler Bereich
two-dimensional model	zweidimensionales Modell
two-frequency recording	Wechseltaktaufzeichnung

two-motion switch	Hebdrehwähler
two-out-of-five code	Zwei-aus-fünf-Code
two-part	zweiteilig
two-party line	Zweieranschluss
two-phase	zweiphasig
two-sided	zweiseitig
two-stage	zweistufig
two-valued	zweiwertig
two-way	Zweiwege ...
two-wire circuit	Zweileiterschaltung
two-wire line	Zweidrahtleitung
two-wire operation	Zweidrahtbetrieb
type	Drucktype, Druckzeichen
type carrier	Typenträger
type character	Drucktype, Druckzeichen
type cylinder	Typenzylinder
type declaration	Typvereinbarung
type drum	Schreibwalze, Typenwalze
type error	Eingabefehler
type face	Schriftbild, Schrifttype
type font	Schrift
type in	eingeben
type obliquing	Schriftschrägstellung
type of costs	Kostenart
type of defect	Störungsart
type of file	Dateiform
type of storage	Speicherart
type of switching	Vermittlungsart
type of user	Benutzertyp
type out	ausgeben
type reader	Druckschriftleser
type representation	Schriftdarstellung
type setter	Schriftsetzmaschine
type size	Schriftgrad
type style	Schriftcharakter, Schriftstil
type-ahead capacity	Tastenanschlagskapazität
typesetter	Belichter
typesetting	Belichten, Schriftsetzen
typic	charakteristisch, typisch
typing	Typisierung
typing error	Eingabefehler, Tippfehler
typing paper	Durchschlagpapier
typist	Maschinenschreiber
typographic	drucktechnisch
typographic character	Satzzeichen

typographic composition program	Satzprogramm
typographic computer	Satzrechner
typographic computer center	Satzrechenzentrum
typographic instruction	Satzbefehl
typography	Drucktechnik

U

UART	universelle synchron-asynchrone Parallel-Seriell-Schnittstelle
UCSD	Universität San Diego/Kalifornien
ULSI	Superintegration
ultimate	äußerst, äußerste, letzte
ultimate configuration	Endausbaustufe
ultimate consumer	Endverbraucher, Letztverbraucher
ultimo	Ultimo
ultra high-scale integration	Superintegration
ultrafiche	Ultra-Mikrofiche
ultrahigh frequency	Ultrakurzwelle
ultrahigh-frequency range	Ultrakurzwellenbereich
ultralarge	größt, Größt ..., größte
ultra-largescale integration	Superintegration
ultralarge-scale integration	Superintegration
ultra-light computer	Ultraleicht-Computer
ultrared	Infrarot
ultra-short wave	Ultrakurzwelle
ultra-short-wave range	Ultrakurzwellenbereich
ultrashort-wave range	Ultrakurzwellenbereich
ultraviolet	ultraviolett
ultraviolet erasing	Löschen mit ultraviolettem Licht
UMA	oberer Speicherbereich
umbrella network	Sternnetz
unabbreviated	unverkürzt
unable	unfähig
unadaptable	nicht anpassbar
unaligned	unausgerichtet
unallowable	unzulässig
unalterable	unveränderbar
unaltered	unverändert
unambiguity	Eindeutigkeit
unambiguous	eindeutig
unascertainable	nicht feststellbar
unassigned	nicht zugewiesen
unassigned device	freies Gerät
unattended	unbedient

unattended activation	automatische Anschaltung
unattended operation	unbedienter Betrieb
unattended reception	unbedienter Empfang
unattended time	Ruhezeit
unauthorized	unbefugt, unberechtigt
unauthorized access	unberechtigter Zugriff
unauthorized person	Unbefugter
unavailable	nicht vorhanden
unbalance	Asymmetrie, aus dem Gleichgewicht bringen, Ungleichgewicht
unbalanced	asymmetrisch
unbalanced state	Flattern
unblanked	sichtbar
unblanked element	sichtbares Element
unblanking	Intensivierung, Verstärkung
unblock	entblocken, freigeben
unblocking	entblocken, Entblockung
unbounded	unbegrenzt
unbreakable	unzerbrechlich
unbundle	entbündeln
unbundling	Entbündelung
uncertainty of information	Informationsunsicherheit
unchained	unverkettet
unchallengeable	unwiderlegbar
unchecked	unkontrolliert
unclaimed	unzustellbar
uncoded	uncodiert
uncommon	ungewöhnlich
uncompleted	unvollständig
uncomplicated	unkompliziert
unconditional	bedingungslos, unbedingt
unconditional branch	unbedingter Sprung
unconditional branch instruction	unbedingter Sprungbefehl
unconditional jump	unbedingter Sprung
unconditional jump instruction	unbedingter Sprungbefehl
unconnected	unverbunden
uncontrollable	unkontrollierbar
uncontrolled	ungesteuert
uncorrectable	unkorrigierbar
uncorrected	unverbessert
uncouple	auskuppeln
uncritical	unkritisch
undated	undatiert
undebugged	unausgetestet

undefined	unbestimmt
undefined record	undefinierter Datensatz
understand	verstehen
understandable	verständlich
undetermined	unbestimmt
undifferentiated	undifferenziert
undo	rückgängig machen
undo function	rückgängig machen
undo instruction	rückgängig machen
undocumented	undokumentiert
undue	unzulässig
undulated	wellenförmig
unease	herausnehmen
unemployed	arbeitslos
unending	endlos
unequal	asymmetrisch, ungleich
unequal sign	Ungleichheitszeichen (!=)
unequation	Ungleichung
unerase	entlöschen
uneven	ungerade
uneven number	ungerade Zahl
uneven-numbered	ungeradzahlig
unexampled	beispiellos
unexchangeable	nicht auswechselbar
unexpected	unerwartet, unvorhergesehen
unexperienced	unerfahren, unerprobt
unfailing	zuverlässig
unfeasibility	Undurchführbarkeit
unfeasible	undurchführbar
unfinished	unfertig
unformat	entformatisieren
unformat utility	Reformatierungsprogramm
unformatted	formatfrei, unformatiert
unformatted capacity	unformatierte Kapazität
unformatted data record	unformatierter Datensatz
unformatted text file	formatfreie Textdatei
unfragmented	unfragmentiert
ungear	auskuppeln
ungrounded	ungeerdet
unguarded	ungeschützt
unhandiness	Unhandlichkeit
unhandy	unhandlich
uni...	ein ...
unicode	Zweibyte-Zeichensatz
unidimensional	eindimensional, linear
unidimensional access	eindimensionaler Zugriff

unidimensional number	eindimensionale Zahl
unidimensional table	eindimensionale Tabelle
unidirectional	einseitig gerichtet, einseitig wirkend
unidirectional bus	unidirektionaler Bus
unidirectional data communication	unidirektionale Datenübertragung
unidirectional data transmission	unidirektionale Datenübertragung
unification	Vereinheitlichung
uniform	einheitlich, gleichförmig
uniform distribution	Gleichverteilung
uniformity	Einheitlichkeit, Gleichförmigkeit
unify	vereinheitlichen
unijunction transistor	Transistor mit einer p-n-Übergangsstelle
unilateral	einseitig
unimportant	unwichtig
unimproved	unverbessert
uninitialized	uninitialisiert
uninstall	deinstallieren, Installation rückgängig machen
uninstaller	Deinstallationsprogramm
uninterrupted	dauerhaft, ununterbrochen
uninterruptible	unterbrechungsfrei
uninterruptible power supply (UPS)	unterbrechungsfreie Stromversorgung (USV)
union	Vereinigungsmenge
unipolar semiconductor	unipolarer Halbleiter
unipolar transistor	unipolarer Transistor
unique	eindeutig
unisonous	übereinstimmend
unit	Glied
unit...	ein ...
unitary	unitär
unitize	modularisieren, vereinheitlichen
unitized	modular, modularisiert
Univac	Univac
universal	Universal ..., universell
universal asynchronous receiver/transmitter	universelle asynchrone Parallel-Seriell-Schnittstelle
universal product code	Universeller Produktcode
universal synchronous receiver/transmitter	universelle synchrone Parallel-Seriell-Schnittstelle
universal synchronous/asynchronous receiver/transmitter (UART)	universelle synchron-asynchrone Parallel-Seriell-Schnittstelle
universalize	verallgemeinern

University of California San Diego	Universität San Diego/ Kalifornien
Unix	Unix
Unix shell	Unix-Schale
unjustified	unausgerichtet, unjustiert
unknown	Unbekannte
unlabelled	unbeschriftet
unlearn	verlernen
unlike	ungleichartig
unlimited	unbegrenzt
unlock key	Korrekturtaste
unmanned	unbemannt
unmount	herausnehmen
unnamed	unbenannt
unoccupied	unbesetzt
unpopulated	unbestückt
unprecedented	beispiellos
unpredictible	unvoraussagbar
unprintable	druckungeeignet, nicht abdruckbar
unprivileged	nicht bevorrechtigt
unprotected	ungeschützt
unprotected data	ungeschützte Daten
unprotected data item	ungeschütztes Datenfeld
unproved	unerprobt
unreadable	nicht lesbar
unready	nicht bereit
unrecoverable	nicht wiederherstellbar, unbehebbar
unrecoverable error	nicht zu behebender Fehler
unregistered	nicht eingetragen
unreliability	Unzuverlässigkeit
unreliable	unzuverlässig
unreserved	frei, nicht reserviert
unrestricted	uneingeschränkt
unrestricted data	freie Daten
unsalable	nicht absetzbar
unsatisfactory	unbefriedigend
unsaved	ungesichert
unsaved data	ungesicherte Daten
unsaved file	ungesicherte Datei
unscannable	nicht abtastbar, nicht lesbar
unscheduled	außerplanmäßig
unsecured	ungesichert
unset	auf null setzen
unshielded	unabgeschirmt
unshift	umschalten auf Buchstaben

unsigned	vorzeichenlos
unsolved	ungelöst
unsophisticated	unverfälscht
unsorted	unsortiert
unspanned	nicht segmentiert
unspecified	nicht spezifiziert
unsprocketed	unperforiert
unstable	instabil, unbeständig
unsteady	unbeständig
unstressed	unbelastet
unstructured	unstrukturiert
unsubscribe	Abonnement widerrufen
unsubscripted	nicht indiziert
unsuccessful	erfolglos
unsymmetric	asymmetrisch
unsystematic	unsystematisch
unsystematical numbering	wahllose Nummerierung
untempered	ungehärtet
untested	ungetestet
until loop	Bis-Schleife
untimely	vorzeitig
untransferable	nicht übertragbar
untranslatable	unübersetzbar
untried	unerprobt
untrue	falsch, ungeeignet, unwahr, unzulässig
untuned	aperiodisch, frequenzunabhängig, unabgestimmt
unused	unbenutzt, ungewohnt
unusual	ungewöhnlich
unutilized	ungenutzt
unvalued	unbewertet
unvaried	unverändert
unveil	aufdecken
unweighted	unbewertet
unwind	vorsetzen
unwind key	Vorsetztaste
unwinding	vorsetzen
unworkable	unausführbar
unzoned-decimal	ungezont-numerisch
up	aufwärts
up counter	Aufwärtszähler
up-arrow key	Cursortaste nach oben
update	aktualisieren, fortschreiben
update file	Bewegungsdatei
update program	Änderungsprogramm

update run	Änderungslauf
updated	aktualisiert
updating	Aktualisierung, Änderungsdienst
updating service	Fortschreibung
upgrade	ausbauen, erweitern
upgrade board	Erweiterungsplatine
upgrade card	Erweiterungsplatine
upgrade software	Erweiterungssoftware
upgradeability	Ausbaufähigkeit, Erweiterungsfähigkeit
upgradeable	ausbaufähig, erweiterbar, erweiterungsfähig
upgrading	Ausbau, Erweiterung
upper	obere
upper area boundary	Bereichsobergrenze
upper bound	obere Grenze
upper case	obere Umschaltung
upper edge	Oberkante
uppercase character	Großbuchstabe
upper-case letter	Großbuchstabe
upper-memory area (UMA)	oberer Speicherbereich
uppermost	höchst, Höchst ...
UPS	unterbrechungsfreie Stromversorgung (USV)
upshift-downshift	Schreibwerkumschaltung
upshot	Ergebnis
upsizing	Heraufrüsten
upswing	ansteigen
uptime	Betriebszeit
up-to-date	auf dem Laufenden
upward	ansteigend, aufwärts
upward chaining	Aufwärtskettung
upward compatibility	Aufwärtskompatibilität
upward portability	Aufwärtsportabilität
upward-compatible	aufwärtskompatibel
upward-portable	aufwärtsportabel
use	Benutzung, einsetzen
use of capital and small letters	Groß- und Kleinschreibung
use of capital letters	Großschreibung
use of small letters	Kleinschreibung
used	belegt, gewohnt
useful	Nutz ..., nützlich
usefulness	Nützlichkeit
useless	nutzlos
uselessness	Nutzlosigkeit
user	Anwender, Benutzer
user acceptance	Benutzerakzeptanz
user administration	Benutzerverwaltung

user agent	Benutzer-Vermittlungsprogramm
user application	Benutzeranwendung
user authorization	Benutzerberechtigung
user behavior	Benutzerverhalten
user behaviour	Benutzerverhalten
user call	Benutzeraufruf
user class	Benutzerklasse
user class of service	Teilnehmerbetriebsklasse
user command	Benutzerkommando
user configuration	Anwenderkonfiguration
user consideration	Benutzerhinweis
user control	Benutzersteuerung
user data	Benutzerdaten
user default	Benutzer-Standardparameter
user definition	Benutzerdefinition
user dependence	Benutzerabhängigkeit
user dictionary	Benutzerwörterbuch
user documentation	Benutzerdokumentation
user error	Benutzerfehler
user event	benutzerbedingtes Ereignis
user exit	Benutzerausgang
user field	Benutzerfeld
user file	Benutzerdatei
user friendliness	Benutzerfreundlichkeit
user function	Benutzerfunktion
user group	Benutzergruppe
user guide	Benutzerhandbuch
user header label	Benutzeranfangskennsatz
user help function	Benutzerhilfe
user identification	Benutzerkennzeichen
user independence	Benutzerunabhängigkeit
user inquiry	Benutzerabfrage
user interface	Benutzeroberfläche, Benutzerschnittstelle
user label	Benutzerkennsatz
user language	Benutzersprache
user level	Benutzerebene
user library	Benutzerbibliothek
user manual	Benutzerhandbuch
user memory	Benutzerspeicher
user message	Benutzermeldung
user mode	Benutzermodus
user name	Benutzername
user organization	Benutzerorganisation
user orientation	Benutzerorientierung
user participation	Benutzerbeteiligung

user port	Benutzer-Anschlussbuchse
user procedure	Benutzerprozedur
user profile	Benutzerprofil
user program	Anwenderprogramm, Benutzerprogramm
user prompting	Benutzerführung
user requirement	Benutzeranforderung
user routine	Benutzerroutine
user rules	Benutzerordnung
user service	Benutzerservice
user software	Anwendersoftware, Benutzersoftware
user state	Benutzerzustand
user supervision	Benutzerkontrolle
user support	Benutzerunterstützung
user terminal	Benutzerstation
user trailer label	Benutzerendekennsatz
user training	Benutzerschulung
user verification	Benutzerüberprüfung
user view	Benutzersicht, externe Datensicht
user's guide	Benutzerhandbuch
user's manual	Benutzerhandbuch
user's view	Benutzersicht
user-controlled	benutzergesteuert
user-defined	benutzerbestimmt
user-dependent	benutzerabhängig
user-driven	benutzergesteuert
user-friendly	benutzerfreundlich
user-independent	benutzerunabhängig
user-oriented	benutzerorientiert
user-own	benutzereigen
user-specific	benutzerspezifisch
utility	Nutzen
utility program	Dienstprogramm
utility value	Gebrauchswert, Nutzen
utility value analysis	Nutzwertanalyse
utilization	Auslastung
utilize	auslasten, nutzbar machen
uudecode	Unix-Codierprogramm
uuencode	Unix-Decodierprogramm

V

V-standards	V-Normen
vacant	unbesetzt
vacuous	leer
valid	gültig, zulässig

validate	bewerten
validation	Bewertung
validation printer	Belegdrucker
validity	Gültigkeit
validity check	Gültigkeitsprüfung
valuation	Bewertung
valuation of software quality	Software-Qualitätsbewertung
value	bewerten
valued	bewertet
vapor deposition	Aufdampfung
vapor disposit	aufdampfen
variability	Veränderlichkeit
variable	veränderlich
variable block	variabel langer Block
variable block length	variable Blocklänge
variable capacitor	Drehkondensator
variable costs	variable Kosten
variable cycle	variable Taktlänge
variable data	variable Daten
variable data item	variabel langes Datenfeld
variable data record	variabel langer Datensatz
variable declaration	Variablendeklaration
variable expression	Variablenausdruck
variable field	variabel langes Feld
variable field length	variable Feldlänge
variable format	variables Format
variable identifier	Variablenname
variable length	variable Länge
variable operand	variabel langer Operand
variable operand length	variable Operandenlänge
variable record	variabel langer Satz
variable record length	variable Satzlänge
variable track capacity recording	variable Spurkapazitätsaufzeichnung
variable word	variabel langes Speicherwort
variable word length	variable Wortlänge
variable-length field	variabel langes Feld
variable-length record	variabel langer Satz
variance	Streuung
variant	abweichend, Variante
variate	abweichen
variation	Abwandlung, Abweichung, Veränderung
varicolored	mehrfarbig
varied	variiert, verschiedenartig
variegate	abwandeln

variety	Vielfalt
variform	vielgestaltig
variometer	Variometer
various	verschiedenartig
vary	abwandeln, verändern
varying	veränderbar, veränderlich, wechselnd
varying text	wechselnder Text
VBA	Visual Basic für Anwendungen
VDT	Datensichtstation
VDT radiation	Bildschirmstrahlung
VDU	Bildschirmgerät
vector	Unterbrechungszeiger, Vektor
vector algebra	Vektoralgebra
vector computer	Feldrechner, Vektorrechner
vector editor	Vektorgrafik-Aufbereiter
vector font	Vektorschrift
vector function	Vektorfunktion
vector generator	Vektorgenerator
vector graphic	Vektorgrafik
vector graphics	Vektorgrafik
vector interrupt	zeigergesteuerte Unterbrechung
vector operation	Vektoroperation
vector processor	Vektorrechner
vector table	Vektortabelle
vectored	zeigergesteuert
vectorial	Vektoren ..., vektoriell
vector-to-raster conversion	Vektor-Bitabbild-Umwandlung
velocity of propagation	Ausbreitungsgeschwindigkeit
vendor-independent messaging	herstellerunabhängige Nachrichtenübertragung
ventilate	belüften
ventilation	Belüftung
ventilator	Lüftungsanlage
verb	Anweisung, Verb
verbal description	verbale Beschreibung
verbalize	in Worten ausdrücken
verified	bestätigt
vernier	Feineinstellung
vernier adjustment	Feinjustierung
verso	linke Seite
vertical	vertikal
vertical blanking	vertikale Austastlücke
vertical centering	Vertikalzentrierung
vertical centering control	Vertikalbildlagesteuerung
vertical deflection	Vertikalablenkung

vertical feed	Vertikalzuführung
vertical image control	Bildstabilisierung
vertical justification	Vertikalausrichtung
vertical recording	Vertikalaufzeichnung
vertical redundancy check	vertikale Redundanzprüfung
vertical resolution	Vertikalauflösung
vertical retrace	Vertikalrücksprung
vertical scrolling	Vertikal-Bildrollen
vertical tabulator	Vertikaltabulator
vertical-scan frequency	vertikale Abtastfrequenz
very	sehr
very high frequency	Ultrakurzwelle
very high performance	Höchstleistung
very high-level	höhere Programmiersprache
very high-level language	Hochsprache
very highspeed integration	Hochgeschwindigkeitstechnik
very large-scale integration	Hochintegration, Höchstintegration
VESA	VESA
VESA local bus	VESA-Bussystem
VGA	VGA (Grafikstandard)
VHF	Ultrakurzwelle
VHL	Hochsprache, höhere Programmiersprache
VHP	Höchstleistung
VHS	VHS-System
viability	Funktionsfähigkeit
viable	funktionsfähig
vibrant	schwingend
vibrate	schwingen, vibrieren
vibrating	vibrieren, vibrierend
vibration	Schwingung, Vibration
vibration strength	Vibrationsstärke
vibration-free	vibrationsfrei
vibrator	Kippschaltung, Wechselrichter
video accelerator	Grafik-Zusatzkarte
video adapter	Bildsteuersystem, Videokarte
video amplifier	Bildsignalverstärker
video board	Grafikkarte, Videokarte
video buffer	Bildwiederholspeicher
video card	Grafikkarte, Videokarte
video communication	Bildkommunikation
video computer	Bildschirmrechner
video conference	Telekonferenz, Videokonferenz
video controller	Bildsteuersystem
video coprocessor	Bild-Koprozessor
video digitizer	Bilddigitalisierer

video display	Bildausgabe
video display adapter	Bildsteuersystem
video display console	Datensichtstation
video display page	Bildschirmseite
video display terminal	Datensichtstation, Kathodenstrahlröhre
video display terminal radiation	Bildschirmstrahlung
video display tube	Bildröhre
video display unit (VDU)	Bildschirmgerät
video game	Videospiel
video grabber	Bilddigitalisierer
video graphics array (VGA)	VGA (Grafikstandard)
video graphics board	Videokarte
video home system (VHS)	VHS-System
video look-up table	Farbumsetztabelle
video memory	Bildspeicher, Bildwiederholspeicher
video mode	Bild-, Bildmodus, Grafikmodus
video monitor	Bildschirmgerät
video noise	Bildrauschen
video overlay	Bildüberlagerung
video printer	Hardcopygerät, Hartkopie-Gerät
video program system	Video-Programmsystem
video RAM	Direktzugriffsspeicher
video random-access memory	Bildspeicher
video receiver	Bildempfangsgerät
video signal	Bildsignal
video standard	Videokarten-Standard
video system	Videosystem
video technology	Videotechnik
video telegraph	Bildtelegraf
video telegraphy	Bildtelegrafie
video telefone	Bildtelefon
video telefony	Bildschirmtelefonie
video terminal	Datensichtgerät
video...	Bild ...
videocast	Videotextsystem
videodisc	Bildplatte, optische Platte
videodisc player	Bildplattengerät
videography	Bildaufzeichnung und -übertragung
videotex	Bildschirmtext
videotext	Videotext
view concept	Sichtenkonzept
viewer	Fernsehzuschauer
viewpoint	Standpunkt
violate	verletzen

violation	Verletzung
violator	Verletzer
virtual storage	virtuelle Speicherung
virtual storage access method	virtuelle Speicherzugriffsmethode
virtual teleprocessing access method	virtuelle Fernverarbeitungs-Zugriffsmethode
virtual world	virtuelle Welt
virus	Virus
VISI	Superintegration
visibility	Sichtbarkeit
visible	sichtbar
visible file	Sichtkartei
visible indicator	Sichtzeichen
vision frequency	Bildfrequenz
visual	Sicht ..., sichtbar, visuell
visual acuity	Sehschärfe
visual angle	Gesichtswinkel
visual Basic for application (VBA)	Visual Basic für Anwendungen
visual check	Blickkontrolle, Sichtkontrolle
visual display	Sichtanzeige
visual field	Blickfeld
visual inspection	Sichtprüfung
visual interface	Bildschirm-Benutzeroberfläche
visual readability	visuelle Lesbarkeit
visual telefone	Bildtelefon
visualization	Visualisierung
visualize	visualisieren
visually readable	visuell lesbar
visually readable medium	visuell lesbarer Datenträger
vital	wesentlich
VL bus	VESA-Bussystem
vocabulary	Wörterverzeichnis
Vocoder	Sprachverschlüsseler
voice	Stimme
voice analysis	Sprachanalyse
voice coder	Sprachverschlüsseler
voice coil	Schwingspule
voice coil motor	Linearmotor
voice communication	Sprachkommunikation
voice entry	Spracheingabe
voice entry device	Spracheingabegerät
voice generator	Sprachgenerator
voice mail	Sprachnachricht
voice memory	Sprachspeicher

voice mode	Sprachmodus
voice output	Sprachausgabe
voice output device	Sprachausgabegerät
voice print	Stimmenspeicherung
voice processing	Sprachverarbeitung
voice recognition	Spracherkennung
voice response	Sprachausgabe
voice store and forward	Sprachnachricht
voice synthesis	Sprachgenerierung
voice synthesizer	Sprachgenerator
voice system	Sprachspeichersystem
voice-capable	sprachfähig
voice-grade line	Sprechleitung
voice-operated	sprachgesteuert
void	farbfreie Stelle, Fehlstelle, leer, Leere
volatile	flüchtig
volatile memory	flüchtiger Speicher
volatile storage	flüchtiger Speicher
volatility	Flüchtigkeit
volt	Volt
voltage	Spannung
voltage arrester	Spannungsableiter
voltage jump	Spannungssprung
voltage level	Spannungsebene
voltage metering	Spannungsmessung
voltage regulation	Spannungsregelung
voltage regulator	Spannungsregler
voltage rise	Spannungsanstieg
voltage source	Spannungsquelle
voltage spike	Spannungsspitze
voltage stabilizer	Spannungsregler
voltage swing	Spannungsschwankung
voltage-sensitive	spannungsempfindlich
voltmeter	Spannungsmesser
volume catalog	Datenträgerkatalog
volume header label	Datenträgeranfangskennsatz
volume identification	Datenträgerkennsatz
volume label	Datenträgeretikett, Datenträgerkennsatz
volume model	Volumenmodell
volume name	Datenträgername
volume reference number	Datenträgerarchivnummer
volume security	Datenträgerschutz
volume serial number	Datenträgerarchivnummer, Magnetbandarchivnummer
volume switch	Datenträgerwechsel

volume table of contents	Datenträgerinhaltsverzeichnis
volume trailer label	Datenträgerendekennsatz
von-Neumann architecture	Von-Neumann-Architektur
voucher	Beleg, Dokument, Originalbeleg, Urkunde
voucher date	Belegdatum

W

wad	Bündel, Stoß
wafer	Siliziumscheibe
wage	Arbeitsentgelt, Gehalt
wait	erwarten, warten
wait call	Warteaufruf
wait for	warten auf
wait function	Wartefunktion
wait instruction	Wartebefehl
wait list	Warteschlange
wait loop	Warteschleife
wait state	Wartestatus
wait until	warten bis
waiting	warten, wartend
waiting line	Warteschlange
waiting list	Warteschlange
waiting loop	Warteschleife
waiting state	Wartezustand
waiting time	Wartezeit
wake-up facility	Weckeinrichtung
walkie-talkie	tragbares Sprechfunkgerät
walkthrough	Durchdenken
wall	Wand
wallet computer	Brieftaschencomputer
wallpaper	Tapete
WAN	Fernnetz
wand	Lichtstift
warm boot	Warmstart
warm link	Schnellverknüpfung
warm restart	Warmstart, Wiederanlauf
warm start	Warmstart
warm up	anlaufen
warming up	Anlauf, anlaufen, aufwärmen
warming-up time	Anlaufzeit
warm-up time	Anlaufzeit
warn	alarmieren
warning bell	Alarmklingel
warning equipment	Warneinrichtung

warning light	Alarmlicht
warrant	Gewähr, gewährleisten
warranty	Gewährleistung
warranty engagement	Gewährleistungsverpflichtung
warranty liability	Gewährleistungshaftung
wastage	Verbrauch
waste	Ausschuss
waste instruction	Nulloperation
waste-paper basket	Papierkorb
watch	überwachen, Überwachung
watch-dog program	Überwachungsprogramm
watch-dog timer	Überwachungszeitgeber
water-mark	Wasserzeichen
watt	Watt
wattage	Wattleistung
wattage rating	Nennleistung
watt-second	Wattsekunde
wave	schwingen, Welle
wave angle	Einfallswinkel
wave band	Frequenzband
wave carrier	Wellenträgerstrom
wave form	Wellenform
wave format	Musiksequenzenformat
wave guide	Wellenleiter
wave sound	wellenförmiger Klang
wave table synthesis	Wellensynthese
wave-form sound	wellenförmiger Klang
waveguide	Wellenleiter
wavy	wellenförmig
way	Möglichkeit
weak point	Schwachstelle
weak-point analysis	Schwachstellenanalyse
wealth	Überfluss
web	Netz, Papierrolle
web browser	Browser, Internet-Browser
web crawler	Netz-Suchprogramm
web server	Netz-Dienstprogramm
web talk	Internet-Telefonieren
weighing	Bewertung
weight	gewichten
weighted	gewichtet
weighting	Gewichtung
weighting factor	Gewichtungsfaktor
well	Brunnen, Ursprung, Vertiefung
wet	feucht

while	solange
while loop	Solange-Schleife
white	weiß
white space	unbedruckter Seitenbereich
whole number	ganze Zahl
whole-numbered	ganzzahlig
wholesale	Großhandel
wide font	Weitschrift
wide area information server	Fernnetz-Informations-Server
wide area network (WAN)	Fernnetz
width	Schriftdicke
wild card	Stellvertretersymbol, Stellvertreterzeichen
wind	spulen
window closing	Fensterschließung
window menu	Fenstermenü
window opening	Fenstereröffnung
window property	Fenstereigenschaft
window transformation	Fenstertransformation
windowing	Fenstertechnik
windowing environment	Fensterumgebung
windowing software	Fenstersoftware
Windows	Windows
Windows application	Windows-Anwendung
wire	Ader, Draht, Leitung, verdrahten
wire bond	Drahtanschluss
wire bonding	Drahtanschluss
wire communication	kabelgebundene Übertragung
wire matrix printer	Nadeldrucker
wire pair	Leiterpaar
wire printer	Nadeldrucker
wire printing head	Nadeldruckkopf
wire printing mechanism	Nadeldruckkopf
wire strap	Drahtbrücke
wire throughconnection	Drahtdurchkontaktierung
wire through-connection	Drahtdurchkontaktierung
wire wrapping	Drahtsteckanschluss, Drahtsteckkontakt, Drahtwickelkontaktierung
wired	festverdrahtet, verdrahtet
wired program	verdrahtetes Programm
wire-frame model	Drahtmodell
wireless	drahtlos, Funk ...
wireless wide area network	Funk-Fernnetz
wire-pin printer	Nadeldrucker
wire-wound	drahtgewickelt
wirewrapped	drahtgewickelt

wire-wrapped	drahtgewickelt
wiring	Schaltung, Verdrahtung
wiring diagram	Stromlaufplan
wiring pin	Kontaktstift
wiring side	Verdrahtungsseite
with	mit
withdrawal	Abhebung
wizard	Assistent, Experte
woman	Frau
women	Frauen
word	Speicherwort, Wort
word address	Wortadresse
word addressability	Wortadressierbarkeit
word addressable	wortadressierbar
word computer	Wortmaschine
word length	Wortlänge
word processing	Textverarbeitung
word processor	Textverarbeitungssystem
word size	Wortlänge
word structure	Wortstruktur
word-oriented	wortorientiert
wordprocessing program	Textverarbeitungsprogramm
word-processing program	Textverarbeitungsprogramm
word-processing system	Textverarbeitungssystem
word-structured	wortorganisiert
word-wrapping	Fließtext
work	Arbeit, arbeiten, Tätigkeit
work analysis	Arbeitsanalyse
work cylinder	Arbeitszylinder
work data	Arbeitsdaten
work disc	Arbeitsdiskette
work file	Arbeitsdatei
work flow	Arbeitsablauf
work sampling	Multimomentaufnahme
work stress	Arbeitsbelastung
work unit	Arbeitseinheit
work volume	Arbeitsdatenträger
workability	Betriebsfähigkeit, Durchführbarkeit
work-flow automation	Arbeitsfluss-Automatisierung
work-flow chart	Arbeitsablaufplan
work-flow processing	Arbeitsfluss-Computerverarbeitung
workgroup computing	computergestützte Teamarbeit
working	arbeitend, Arbeits ...
working area	Arbeitsbereich
working load	Arbeitsbelastung

working operation	Arbeitsgang
working state	Arbeitszustand
worksheet	Arbeitsblatt
worksheet window	Arbeitsblattfenster
workstation computer	Arbeitsplatzrechner
world	Welt
world economy	Weltwirtschaft
world market	Weltmarkt
world-wide	weltweit
world-wide web	weltweites Netz
worm	Computerwurm, optische Platte für einmaliges Schreiben und beliebig häufiges Lesen, Wurm
worm gear	Schneckengetriebe
worst case	schlimmster Fall
worth	Wert
wound	gespult
WP	Textverarbeitung
wrap	herumwickeln
wrap around	umlaufen
wrap connection	Steckkontakt
wrap pin	Steckkontaktstift
wraparound	Bildumlauf, zyklische Adressfolge
wraparound type	bildumhüllender Textdruck
wrapped connection	gesteckter Kontakt, gewickelter Kontakt
wrapping	Drahtwickeltechnik
write	beschreiben, schreiben
write address	Schreibadresse
write coil	Schreibspule
write current	Schreibstrom
write cycle	Schreibzyklus
write error	Schreibfehler
write head	Schreibkopf
write in	einschreiben, einspeichern
write instruction	Schreibbefehl
write lock	Schreibsperre
write lockout	Schreibsperre
write mode	Schreibmodus
write once read multiple (worm)	optische Platte für einmaliges Schreiben und beliebig häufiges Lesen
write operation	Schreiboperation
write out	ausgeben, herausschreiben
write overlap	Schreibüberlappung
write protection	Schreibschutz
write shorthand	stenografieren

write statement	Schreibanweisung
writeable	beschreibbar
write-behind cache	Cache-Speicher mit gesammelten Schreibzugriffen
write-black engine	Laserdrucker
write-enable notch	Schreibkerbe
write-enable ring	Schreibring
write-protect hole	Schreibschutzloch
write-protect notch	Schreibschutzkerbe
write-protect ring	Schreibschutzring
write-protect tab	Schreibschutzschieber
write-protected	schreibgeschützt
write-read head	Schreib-Lese-Kopf
write-white engine	Laserdrucker
writing	druckend, schreiben, schreibend, Schriftstück
writing-reading speed	Schreib-Lese-Geschwindigkeit
written communication	Textkommunikation
written text	Schriftgut

X

X-standard	X-Norm
x-height	Kleinbuchstabenhöhe
x-y coordinates	x-y-Koordinaten
x-y graph	Punktgrafik
x-y plotter	Kurvenschreiber

Y

y-axis	y-Achse
yellow cable	gelbes Kabel
yellow magenta cyan	Gelb Magenta Cyan
yellow magenta cyan black	Gelb Magenta Cyan Schwarz
YModem	YModem
y-plates	Vertikalablenkplatten

Z

zap	Löschen vor Addieren
Zapf dingbats	Zapf-Sonderzeichen
z-axis	z-Achse
ZBR	Gruppencode-Aufzeichnung
zener breakdown	Zenerdurchbruch
zener diode	Zenerdiode

zener voltage	Zenerspannung
zero	Null, Nullpunkt
zero access	Schnellzugriff
zero address	Nulladresse
zero adjust	Nulleichung
zero byte	Nullbyte
zero character	Nullzeichen
zero check	Leerkontrolle, Nullkontrolle, Nulltest
zero compression	Nullunterdrückung
zero conductor	Null-Leiter
zero divide	Nulldivision
zero division	Nulldivision
zero error	Nullpunktabweichung
zero flag	Nullanzeige
zero level	Nullebene
zero offset	Nullpunktverschiebung
zero out	auf null setzen
zero point	Nullpunkt
zero position	Nullstellung, Startposition
zero suppression	Nullunterdrückung
zero wait state	Null-Wartezustand
zerofill	Nullauffüllung
zero-insertion force socket	patentierter Prozessorsockel für kraftfreies Einsetzen
zeroize	mit Nullen auffüllen
zero-sums game	Nullsummenspiel
z-fold paper	Endlospapier
ZModem	z-Modem
zonal	Zonen..
zone	Bereich, in Zonen einteilen, linkes Halbbyte, Netzbereich, Zone
zone bit	Zonenbit
zone portion	Zonenteil
zone position	Zonenteil
zone-bit recording (ZBR)	Gruppencode-Aufzeichnung
zoned	entpackt
zoned constant angular velocity	gezonte und konstante Winkeldrehgeschwindigkeit
zoned-decimal	gezont-numerisch
zoom	Gummilinse, Zoomen, Zoomobjektiv
zoom box	Zoom-Schaltfläche
zoom function	Zoomfunktion
zoom statement	Zoomanweisung
zooming	Zoomen

Deutsch-Englisch

... los	...less
@	commercial a

A

abarbeiten	process
Abbild	picture
abbilden	image, map
Abbildkopie	image copy
Abbildung	illustration, image, map, mapping
abbrechen	cancel, ESC, kill, quit
Abbruch	kill
Abbruchbedingung	condition of truncation
Abbruch-Schaltfeld	cancel button
abdecken	cover
Abdeckung	cover
Abfallbehälter	trash-can
abfallen	drop
abfallend	gradient
Abfallzeit	fall time
Abfangen	trapping
Abfrage	request
Abfrage durch Beispiel	query by example
Abfragekommando	sensing command
abfragen	query, request, scan, scanning
Abfragestation	query station
Abfragesystem	query system
Abfragetechnik	query technique
abgehen	go out
abgehend	out-bound
abgeschirmt	screened, shielded
abgeschirmtes Drill-Leitungspaar	shielded twisted pair
abgeschlossen	finished
abgesichert	fused
abgespeckte Software	crippleware

abgestrahlte Leistung	radiated energy
abgestürztes System	hung system
Abgleichcode	match code
abgleichen	collate, gang, match
Abgleichung	matching
abgrenzen	isolate
Abgrenzung	delimiting
abhängen	depend, intercept, interception
abhängig	contiguous, dependent, subject, subordinate, tributary
abhängige Variable	dependent variable
abhängiger Datensatz	member set
abhängiger Rechner	slave computer
abhängiges Arbeitsblatt	dependent worksheet
Abhängigkeit	dependence, subjection
Abhebung	withdrawal
abhelfend	remedial
abisolieren	skin, skinning, strip
Abklingzeit	decay time
Abkommen	agreement
Abkühlung	cooling
abkürzen	abbreviate, short cut
Abkürzung	abbreviation, acronym, shortcut
Ablage	filing, filing system, stacking
Ablagekasten	tray
Ablagemagazin	stacker
Ablagesystem	filing system
Ablauf	cycle, execution, program run, run, sequence
Ablaufanalyse	flow analysis
Ablaufanweisung	run chart
ablauffähig	executable, loadable
ablauffähiges Programm	executable program
ablaufinvariant	reentrant
Ablaufkette	sequence cascade
ablauforientiert	process-oriented
ablauforientierter Systementwurf	process-oriented system design
Ablaufpfeil	control arrow
Ablaufrechner	object computer
Ablaufschaltwerk	sequence processor
Ablaufsteuerung	flow control
Ablaufverfolger	tracer
Ablaufverfolgung	trace, tracing
Ablaufverfolgungsprotokoll	trace log

Ablaufzeit	elapse time
ablegen	discard, file
ablehnen	refuse
ableiten	arrest, bleed off, deflect, derive, leak
Ableiter	arrester, deflector
Ableitung	arrest, deflection, derivation, derivative, leak, leakage, shunt
ablenken	refract
abmelden	log off
Abmeldung	logoff, logout
Abmessung	dimension
Abnahme	decrease
Abnahmekonfiguration	acceptance configuration
Abnahmeprotokoll	acceptance certificate, test certificate
Abnahmeprozedur	acceptance test procedure
abnehmen	decrease
Abnehmer	acceptor, taker
Abonnement widerrufen	unsubscribe
abonnieren	subscribing
Abrechnung	clearing
Abrechnungsprogramm	job accounting routine
Abrufdatei	demand file
abschalten	break, cut off, deactivate, de-energize, disable, extinguish, passivate, power down, shut down, shut off
Abschaltung	cutoff, cutout, deactivation, passivation, power-down, shutoff
Abschaltverzögerung	turn-off decay, turn-off delay
abschirmen	shield
Abschirmung	screening, shield, shielding
abschließen	close
abschließend	final, terminal, terminating, trailing
Abschluss	closedown, completion, finish, termination
Abschlussanweisung	close instruction
Abschlussprogramm	terminator
Abschlussprozedur	close procedure
abschneiden	clip, clipping, crop, cropping, cut, scissor, scissoring, truncate, truncation
Abschneiden und Kleben	block move, cut and paste
Abschnitt	chapter, paragraph, period, section
Abschnittsmarke	control mark
abschreiben	charge off, copy, depreciate
Abschrift	copy
absenden	initiate, post, send, send off
Absenderkennung	originator indicator, source identifier

absinken	degradation, degrade, fall, sag
absolut	absolute
absolute Adresse	absolute address, actual address, effective address, specific address
absolute Adressierung	absolute addressing
absolute Spuradresse	absolute track address
absoluter Ausdruck	absolute expression, absolute term
absoluter Befehl	absolute command, absolute instruction
absoluter Fehler	absulute error, gross error
absoluter Feldbezug	absolute cell reference
absoluter Nullpunkt	absolute zero
absoluter Punkt	absolute point
absoluter Sprung	absolute branch, absolute jump
absoluter Sprungbefehl	absolute branch instruction, absolute jump instruction
absolutes Feld	absolute cell
absolutes Programm	absolute program, non-relocatable program
Absolutlader	absolute loader
Absolutwert	absolute value
Absorption	absorption
Absperrung	blocking
Abstand	spacing
abstimmbar	tuneable
abstimmen	syntonize, tune
abstimmend	coordinating
Abstimmung	tuning
Abstimmungsaufruf	call for votes
abstrakt	abstract
abstrakte Maschine	abstract machine
abstrakter Automat	abstract automaton
abstrakter Datentyp	abstract data type
Abstraktion	abstraction
abstreichen	round down
abstufen	gradate
Abstufung	gradation, shading
Absturz	crash
abstürzen	crash
absuchen	search
Abtastalgorithmus	scan-line algorithm
abtastbar	scannable
Abtasteinrichtung	scanner
abtasten	scan, scanning
Abtastgerät	scanner device
Abtastkopf	scan head
Abtastöffnung	scan window

Abtastpunkt	scan spot
Abtastrate	scan rate
Abtaststrategie	scan strategy
Abtastzeile	scan line, scanning line
abtrennen	detach, split off
abwandeln	variegate, vary
Abwandlung	variation
abwärts blättern	PgDn key
Abwärtszähler	decrement counter, down counter
abwechselnd	alternative
abwechselnde Übertragung	alternating transmission
abweichen	deviate, differ, drift, variate
abweichend	variant
Abweichung	deviation, drift, excursion, variation
Abweichungsfehler	drift error
Abweichungsgrad	deviation ratio
abzeichnen	initial
Abziehbild	decal
abzweigen	offset
Abzweigleitung	branch line
Abzweigseite	branch page
acht ...	octa..., octo...
Achtbitzeichen	octet
Achtspurlochstreifen	eight-channel tape
Acht-zu-vierzehn-Code	eight-to-fourteen-mode code
Adapter	adapter
Adaptierung	adaptation, adjustment
addierbar	summable
addieren	add, sum
Addierfunktion	add function
Addiermaschine	adding machine
Addierschaltung	adding circuit
Addier-Subtrahier-Werk	adder-subtracter
Addiertaste	add key, adding key
Addierwerk	adder, addition unit
Addition	addition, summation
Additionsanweisung	add statement
Additionsbefehl	add instruction
Additionsregister	accumulating register
Additionsübertrag	add carry
Additionszeichen	addition sign
additive Farbdarstellung	additional color representation
Ader	conductor, strand, wire
Administration	administration

Administrations- und Dispositionssystem	administration and disposition system
administrative Datenverarbeitung	administrative data processing
Adressabstand	displacement
Adressaddierer	address adder
Adressat	addressee
Adressauflösung	address resolution
Adressaufruf	address call
Adressauswahl	address selection
Adressbereich	address range, address space
Adressbildung	address generation
Adressbuch	address table, table of addresses
Adressbus	address bus
Adresscode	address code
Adressdatei	address file
Adresserhöhung	address increment
Adressersetzung	address substitution
Adressfehler	address error
Adressfeld	address field
Adressfolge	address sequence
Adressform	address form
Adressformat	address format
Adresshandel	address trade
adressierbare Netzeinheit	network addressable unit
Adressiermaschine	addressing machine, mailing machine
Adressiermethode	address mode, address technique, addressing technique
Adressierung	addressing
Adressierungsfehler	addressing error
Adresskennsatz	address header
Adresskopf	address header
Adresslänge	length of address part
adresslos	addressless
Adressmodifikation	address modification
Adressnummer	address number
Adresspegel	address level
Adressraum	address range, address space
Adressrechnung	randomizing
Adressregister	address register
Adresssatz	address record
Adresssortieren	address sorting
Adressspeicher	address storage
Adressstruktur	address pattern, address structure
Adresstabelle	address map

Adressteil	address part, address section
Adressumrechnung	address translation
Adressverschachtelung	address nesting
Adresszeiger	address pointer
Agent	agent, knowbot
Ähnlichkeit	affinity, likeness, similarity
Akkumulator	accumulator
Akkumulatorrechner	accumulator processor
akkumulieren	accumulate
akkumulierter Fehler	accumulated error
Akronym	abbreviation, acronym
Akronymsprache	talk mode
Aktion	action
Aktionsfehler	action error
aktionsorientierte Datenverarbeitung	communication-oriented data processing
Aktionsregel	action rule
aktiv	active
Aktivbildschirm	active display
aktive Datei	active file
aktive Daten	active data
aktive Datenbank	active database
aktive Leitung	active line
aktive Schaltung	active circuit
aktive Seite	active page
aktiver Lautsprecher	active box
aktiver Speicher	active storage
aktiver Zustand	active state
aktives Bildschirmfenster	active window
aktives Feld	active cell
aktives Sehen	active vision
aktivieren	activate, enable
Aktivierung	activation
Aktivierungszustand	activity state
Aktivität	activity
Aktivmatrix-Bildschirm	active matrix, active matrix display
aktualisieren	update
aktualisiert	updated
Aktualisierung	updating
aktuell	current
aktuelle Seite	current page
aktuelle Zeile	current line
aktuelle Zelle	current cell
aktueller Satz	current record
aktueller Schlüssel	actual key

aktueller Zellenanzeiger	current cell indicator
aktuelles Dateiverzeichnis	current directory, default directory
aktuelles Datum	current date
aktuelles Gerät	actual device, real device
aktuelles Laufwerk	current drive
Aktuelle-Zellen-Anzeiger	current cell indicator
Akustikausgabe	audio output
Alarm	alarm
Alarmbox	alert box
Alarmglocke	gong
alarmieren	warn
Alarmklingel	warning bell
Alarmlicht	warning light
Alarmsignal	alarm signal
algebraischer Datentype	algebraic data type
algorithmisch	algorithmic
algorithmische Programmiersprache	algorithmic language
algorithmisieren	algorithmize
Algorithmus	algorithm
Alias	pseudonym
Aliasname	surrogate name
all ...	pan...
allgemeine Anwendungsprogrammier-Schnittstelle zu ISDN-Karten	CAPI, common application programing interface (CAPI)
allgemeine Datei	common file
allgemeine Geltung	prevalence
allgemeine Kommandosprache	common command language
allgemeine Netzübergangs-Schnittstelle	CGI, common gateway interface
allgemeiner Befehlssatz	common command set
allgemeiner Benutzerzugriff	common user access
allgemeiner Speicherbereich	common area
allgemeines Format	general format
Allzweckprogrammiersprache für Anfänger	beginners all-purpose symbolic instruction code
Allzweckrechner	all-purpose computer
Allzwecksprache	all-purpose language, general-purpose language
Alphabet	alphabet
alphabetisch	alphabetic
alphabetische Tastatur	alphanumeric keyboard
alphabetisches Literal	alphanumeric literal
alphabetisches Sortieren	alphabetic sorting

alphabetisches Zeichen	alphabetic character
Alphageometrie	alpha geometry
alphanumerisch	alphanumeric
alphanumerische Adresse	alphanumeric address
alphanumerische Darstellung	alphanumeric representation
alphanumerische Daten	alphanumeric data
alphanumerische Variable	alphanumeric variable
alphanumerische Zeichen	alphanumeric characters
alphanumerischer Bildschirm	alphanumeric display
alphanumerischer Code	alphanumeric code
alphanumerischer Ordnungsbegriff	alphanumeric key
alphanumerisches Datenfeld	alphanumeric data item
alphanumerisches Sortieren	alphanumeric sorting
Alphanummer	alpha number
Alphaprozessor	Alpha processor
Alphatest	alpha test
Alphaverarbeitung	alpha processing
Alphaversion	alpha release
Alphazeichen	alphabetic character
als Letztes benutzt	most recently used
Altdaten	aged data, archive data
Altdatendatei	archive file
alternative Code-Taste	ALT key
alternative Grafik-Taste	ALT GR key
ALT-GR-Taste	alternate graphics key
am häufigsten benutzt	most frequently used
am längsten nicht benutzt	least recently used
am wenigsten benutzt	least frequently used
Amerikanischer Standardcode	American standard code for information interchange
Amerikanisches Nationales Institut für Normung	American National Standard Institute (ANSI)
Amerikanisches Nationales Institut für Normung und Standardisierung	American National Standard Institute (ANSI)
Amerikanisches Standardisierungsinstitut	ANS, ANSI
Amplitudenmodulation	AM
Analyse	study
analysieren	parse
Anbieteranschluss	information provider's connection
Anbieterkennzeichnung	information provider identification
Anbieterpflicht	information provider's obligation
Anbieterverzeichnis	list of providers

änderbarer Festspeicher	alterable read-only storage
andere	other
Änderung	alteration, amendment, change
Änderungs ...	revision
Änderungsaufzeichnung	change recording
Änderungsband	change tape
Änderungsbefehl	alter instruction
Änderungsbeleg	change document, change voucher
Änderungsbit	change bit
Änderungsdatei	activity file, amendment file, change file
Änderungsdaten	transaction data
Änderungsdienst	change service, data maintenance, updating
Änderungsdienstprogramm	change utility
Änderungshäufigkeit	fluctuation
Änderungslauf	update run
Änderungsliste	change list
Änderungsprogramm	change program, change routine, update program
Änderungsprogrammierer	amendment programmer, maintenance programmer
Änderungsprogrammierung	maintenance programming
Änderungsprotokoll	activity log, change recording
Änderungsroutine	change routine
Änderungssatz	amendment record, change record, transaction record
Änderungsstand	change level
andocken	dock
Andockstation	docking station
Andruckrolle	pinch roller
Anfang	begin, origin, start, top
anfangen	start
Anfänger	newcomer
Anfangs ...	beginning-of, incipient, initial, original
Anfangsadresse	start address
Anfangsbuchstabe	initial
Anfangsetikett	header, header label
Anfangsfehler	inherent error
Anfangsfehlerperiode	early failure period
Anfangs-Großbuchstabe	drop cap
Anfangskennsatz	header record, heading record
Anfangsladeadresse	initial loading address
Anfangslader	initial loader, initial program loader
Anfangslage	start position, starting position
Anfangspositionierung	initial positioning

Anfangsprozedur

Anfangsprozedur	initial procedure
Anfangsroutine	beginning routine, leader routine
Anfangsspalte	begin column
Anfangsstatus	initial state
Anfangswert	seed
anfordern	demand, request
Anforderung	demand, request
Anforderungs-	prompt
Anforderungszeichen	prompt character
Anforderungszustand	prompt mode
Anfrage	enquiry
Anführungszeichen	inverted commas, quotation mark, quote
angenommenes Binärkomma	assumed binary point
angenommenes Dezimalkomma	assumed decimal point
Angerufener	telefonee
angeschlossen	associated
angesteuert	selected
angetrieben	driven
Anhaltepunkt	breakpoint
Anhang	annex, appendix, subjoinder
anhängen	addend
Anhörung	audit
Animation	animation
Animationsprogramme	animation software
Animationsrechner	animation computer
Anklicken	clicking
Anklopfen	call waiting, knock
ankommen	go in
ankommend	in-bound
Anlage	installation, system
Anlagedaten	plant data
Anlass	occasion
Anlauf	starting up, start-up, warming up
anlaufen	warm up, warming up
Anlaufzeit	warming-up time, warm-up time
Anlaufzeit	acceleration time, starting-up time, warm-up time
anlegen	create
anleiten	guide
Anleitung	guidance, manual, tutorial
Anmeldeanforderung	login request, logon request
Anmeldeaufforderung	login request, logon request
Anmeldebeschreibungsliste	login script
Anmeldemenü	login menu, logon menu
Anmeldemodus	login mode, logon mode

anmelden	book, log in, log on, sign on
Anmeldenachricht	login message, logon message
Anmeldename	login ID, login identification, login name, logon identification, logon name
Anmeldeprogrammdatei	login file, logon file
Anmeldeprozedur	login procedure, logon procedure
Anmeldesicherheitsmaßnahme	login security
Anmeldezeit	login time, logon time
Anmeldung	booking, exchange on, login, logon, sign-on
Anmerkung	annotation, note, redlining
annähern	approach, approximate
Annäherung	approach, approximation
Annahme	acceptance, assumption, hypothesis, presumption
annehmbar	acceptable
annehmen	accept, assume
Annotation	annotation
annullieren	cancel, invalidate, invalidate. nullify, revoke
Annullierung	cancelation, invalidation, nullification
anomal	anomalous
anonyme Diensteinheit	anonymous server
anonyme Nachricht	anonymous post
anonymes Dateiübertragungsprotokoll	anonymous file transfer protocol
anonymisierte Daten	anonymizated data
Anonymisierung	anonymization
Anonymität	anonymity
anordnen	order, rule, tabulate
Anordnung	constellation, layout, ordinance
Anpassbarkeit	adaptability
anpassen	adapt, adjust, match, modulate, proportion
Anpassung	adaption, adjustment, customization, matching, modulation
Anpassungsbereich	adjustment range
Anpassungseinheit	adaptor
Anpassungseinrichtung	adapter, adapter facility, adapter unit
Anpassungsfähigkeit	elasticity, flexibility
Anpassungsprogramm	adapting program
anregen	animate, pick
anreichern	enrich
Anreicherung	enhancement, enrichment
anreißen	scribe, scribing
Anruf	calling, telefone call
Anrufbeantworter	answering machine, telefone answering equipment

Anrufbeantwortung	answering
Anrufer	caller, telefoner
Anruferkennung	call identification
Anruffangschaltung	call tracing
Anruffolge	call sequence
Anrufnummernerkennung	calling line identification
Anrufsignal	call sign
Anrufübernahme	call pickup
Anrufumleitung	call forwarding
Anrufwiederholer	call repeater
Anrufwiederholung	call repeating, call repetition
Anschaffung	purchase
anschalten	power on, power up, switch on, turn on
Anschaltung	activation, power-on, power-up
Anschaltverzögerung	turn-on delay
Anschlag	swing
Anschlagklicken	key clicking
Anschlagstärke	key touch
Anschlagstärkeregulierung	key touch control
anschließen	connect
Anschluss	connection, line, port, socket adapter, termination
Anschlussadapter	TA, terminal adapter
Anschlussbaugruppe	adapter board
Anschlussbelegung	terminal assignment
Anschlusseinheit	connecting unit
Anschlusseinrichtung	access features
Anschlusserweiterung	port expander
Anschlussgebühr	connect charge
Anschlusskabel	drop cable
Anschlusskarte	adapter card
Anschlusskasten	terminal box
Anschlusskennung	attachment identification
Anschlussleiste	pinboard
Anschlussleitung	access line, flex, subscriber's line
Anschlussrahmen	adapter base
Anschlussstelle	interface, terminal
Anschlusstafel	pinboard
Anschlusswert	connected load
Anschlusszeit	attachment time
Anschlusszuordnung	pin assignment
Anschriftenleser	address reader
ansprechbar	responsive
Ansprechbarkeit	responsiveness
Ansprechspannung	pick-up voltage

Ansprechstrom	pick-up current
Ansprechzeit	pick time
ansteigen	rise, upswing
ansteigend	gradient, upward
ansteuerbar	selectable
Ansteuereinrichtung	trigger equipment
ansteuern	select, selecting
Ansteuerung	triggering
Anstiegszeit	rise time
Antenne	aerial, antenna
Anthropometrie	anthropometry
Antialiasing	antialiasing, dejagging
antimagnetisch	antiferromagnetic, antimagnetic
Antimon	antimony
antippen	tap
Antireflexionsbeschichtung	antiglare coating
Antistatikbelag	antistatic coating
Antistatikeinrichtung	antistatic device
Antistatikspray	antistatic spray
Antistatiktuch	antistatic wiper
antistatisch	antistatic
Antivalenz	anticoincidence, EITHER-OR, EITHER-OR operation, exclusive OR, inequivalence, nonequivalence
Antivirenprogramm	antivirus program
antreiben	drive, impel
Antrieb	drive, gear, impellent, propulsion
Antriebsriemen	belt
Antriebssteuerung	drive control
Antriebswelle	shaft drive
Antwort	answer, answerback, reply, response
antworten	answer, answerback, reply, respond
Antwortfeld	response field
Antwortmodus	answer mode, response mode
Antwortseite	response frame
Antwortverhalten	response behaviour, response performance
Antwortzeit	response time
Antwortzustand	answer state
Anwachsen	increase
Anweisung	clause, instruction, statement, verb
anwenden	apply
Anwender	user
Anwenderanpassung	customizing
Anwenderkonfiguration	user configuration
Anwenderprogramm	user program

Anwendersoftware	user software
Anwendungsangepasster Computerchip	ASIC
Anwendungsprogramm	server application
anwendungsspezifischer integrierter Schaltkreis	gate array, logic array
anwendungsübergreifende Kommunikation	inter-application communication
Anzeige	indicator
Anzeigedatei	display file
Anzeigedaten	display data
Anzeigeeinheit	display device, display unit
Anzeigefeld	display field, indicator panel
Anzeigeformat	display format
Anzeigegruppe	display group
Anzeigehintergrund	background display, background image
Anzeigemaske	selection screen
Anzeigemenü	display menu
anzeigen	display, indicate, see
Anzeiger	detector
Anzeigeschrift	display type
Anzeigeunterdrückung	display suppression
Anzeigevordergrund	foreground display
aperiodisch	acyclic, aperiodic, untuned
Apfel-Taste	Apple key
APL	a programming language, algorithmic procedural language
Apostroph	apostrophe, inverted comma, single quotation mark
Apparat	machine
Applet	applet
APT	automatical programmed tools
Äquivalenz	equivalence
arabische Zahl	arabic numeral
Arbeit	job, labour, work
arbeiten	labour, operate, run, work
arbeitend	working
arbeitende Datenstation	active station
arbeitender Rechner	active computer
arbeitendes Programm	active program
Arbeits ...	working
Arbeitsablauf	work flow
Arbeitsablaufplan	work-flow chart
Arbeitsanalyse	operation analysis, work analysis
Arbeitsauftrag	job

Arbeitsbelastung	work stress, working load
Arbeitsbereich	scratch area, working area
Arbeitsblatt	spread-sheet, worksheet
Arbeitsblattfenster	worksheet window
Arbeitsdatei	work file
Arbeitsdaten	work data
Arbeitsdatenträger	work volume
Arbeitsdiagramm	operation flowchart
Arbeitsdiskette	scratch disc, work disc
Arbeitseinheit	work unit
Arbeitsentgelt	wage
Arbeitsfläche	desktop
Arbeitsfluss-Automatisierung	work-flow automation
Arbeitsfluss-Computerverarbeitung	work-flow processing
Arbeitsfolge	operation sequence
Arbeitsgang	operation, pass, shop operation, working operation
Arbeitslauf	productive run
arbeitslos	out-of-work, unemployed
Arbeitsplatzrechner	personal computer, workstation computer
Arbeitsprogramm	active program
Arbeitsspeicher	internal memory
Arbeitsspeicherauszug	core dump
Arbeitsspeicherentlastung	stealthing
Arbeitsspeichererweiterung	memory expansion
arbeitsspeicherresident	memory-resident
Arbeitsstation	client
Arbeitsvorbereitung	job preparation, operations scheduling
Arbeitszustand	working state
Arbeitszyklus	duty cycle
Arbeitszylinder	work cylinder
Architektur	architecture, system architecture
Archiv	archive
Archivattribut	archive attribute
Archivdatei	archive file
Archivdaten	archive data
archivieren	archive
Archivierung	archiving, filing
Archivspeicher	archival storage
Argument	argument
Argumentbyte	argument byte
Arial	Arial
arithmetische Daten	arithmetic data
arithmetische Datenanordnung	arithmetic array

arithmetische Konstante	arithmetic constant
arithmetische Prüfung	arithmetic check
arithmetische Umwandlung	arithmetic conversion
arithmetischer Ausdruck	arithmetic expression
arithmetischer Befehl	arithmetic instruction
arithmetischer Elementarausdruck	arithmetic element
arithmetischer Koprozessor	arithmetic co-processor
arithmetischer Operand	arithmetic operand
arithmetischer Operator	arithmetic operator
arithmetischer Überlauf	arithmetic overflow
arithmetischer Vergleich	arithmetic comparison
arithmetisches Mittel	arithmetic mean
arithmetisches Schieben	arithmetic shift
arithmetisch-logische Einheit	arithmetic-logic unit
Armaturentafel	instrument panel, panel
arretieren	detent
Arretierung	detent
Artikel	article, commodity
Artikelauszeichnung	item pricing
Artikelbestand	item stock
Artikelbewegung	item transaction
Artikelbewegungsdatei	item transaction file
Artikelnummer	item number
Artikelstammdatei	item master file
Artikelzeile	item line
ASCII-Code	American standard code for information interchange (ASCII), ASCII
ASLT	advanced solid logic technology
Assembler	APS, assembler, assembly programming system
Assembler ...	assembly
Assemblerbefehl	assembler instruction
Assemblerebene	assembly level
Assemblerhandbuch	assembler manual, assembly system reference manual
Assemblerliste	assembly list
Assemblerprotokoll	assembler listing
Assemblersprache	assembler language, assembly language
assemblieren	assemble
Assemblierung	assembling
Assemblierungslauf	assembler run
Assistent	wizard
assoziativ	associative
Assoziativrechner	associative computer

Assoziativspeicher	associative memory, associative storage
Assoziativspeicherregister	associative storage register
Asymmetrie	unbalance
asymmetrisch	asymmetric, unbalanced, unequal, unsymmetric
Audio-Compact-Disc	compact disc digital audio
audiovisuell	audio-visual
auf dem Laufenden	up-to-date
auf eins setzen	set
auf gleicher Ebene	in-plane
auf Matrizen schreiben	stencil
auf null setzen	unset, zero out
Aufbau	enqueuing, structure, superstruction
aufbauen	build, establish, synthesize
aufbereiten	edit
aufbereitete Daten	prepared data
Aufbereitung	editing, preparation
Aufbereitungsmaske	control word, edit word, editing picture
Aufbewahrung	retention
Aufbewahrungsort	repository
aufdampfen	evaporate, vapor disposit
Aufdampfung	evaporation, overlay, vapor deposition
aufdecken	unveil
aufeinander folgen	batched
aufeinander folgend	batched, consecutive
Auffangvorrichtung	trap
Aufforderung zu Kommentaren	request for comments
Aufforderungsbetrieb	normal response mode
auffrischen	refresh, refreshing
Auffrischschaltung	refresh circuit
Auffrischspeicher	refresh memory
Auffrischungsintervall	refresh-time interval
Auffrischzyklus	refresh cycle
auffüllen	pad, padding, replenish, replenishment
Auffüllung	replenishment
Auffüllzeichen	pad character
Aufgabe	function, job, task
aufgabenabhängig	task-dependent, task-oriented
Aufgabenablauffolge	job sequence, job stream
Aufgabenauslöser	job scheduler
Aufgabenferneingabe	remote job entry, RJE
Aufgabenfolge	job queue
Aufgabengliederung	subdivision of functions
Aufgabenkette	job string
Aufgabenliste	task list

Aufgabenschaltfläche	task button
Aufgabensteueranweisung	job control statement
Aufgabensteuerung	job control, task control
Aufgabensteuerungssprache	JCL
Aufgabensteuerungssprache	job control language, job-control language
Aufgabenteilung	subdivision of functions
Aufgabenumschaltung	task switching
aufgabenunabhängig	task-independent
Aufgabenverwalter	task manager
Aufgabenverwaltung	job management, task management
Aufgabenwechsel	job rotation
aufgeben	quit
aufgelegt	on-hook
aufgerufenes Programm	called program
aufgeteilt	split
aufgeteilter Prozessor	sliced processor
aufgezeichnet	recorded
Aufhängen	hang-up
aufheben	clear
Aufhebung	cancelation
Aufheizen	heat up, heating up
Aufheizzeit	heating-up time
aufhellen	brighten
Aufhellung	brightening
aufhören	finish, quit
aufladen	charge
auflisten	list
Auflistung	listing
auflösen	liquidate
Aufnahme	acceptance, taking
Aufnahmetaste	recording key
aufnehmen	rec
aufreihen	sequence
Aufruf	calling
Aufrufbefehl	call instruction, calling instruction
aufrufen	invoke
aufrufendes Programm	calling program
Aufrufroutine	calling sequence
Aufrufschnittstelle	call interfere
Aufrufzeit	call time
Aufschalten	offering
Aufschaltton	intrusion tone
aufschlüsseln	apportion
Aufstapeln	stacking
aufstellen	frame, install, station

Aufstellung	installation, schedule
aufteilen	apportion, partition, split
Aufteilung	apportionment
Auftrag	job, task
Auftragsformular	order form
Auftragssteuersprache	job control language
Auftragssteuerung	job controlling
Auftragsverarbeitung	order processing
Aufwand	effort, expenditure, outlay, overhead
Aufwärmen	warming up
aufwärts	up, upward
aufwärts blättern	page up, PgUp key
Aufwärtskettung	upward chaining
aufwärtskompatibel	upward-compatible
Aufwärtskompatibilität	upward compatibility
aufwärtsportabel	upward-portable
Aufwärtsportabilität	upward portability
Aufwärtszähler	increment counter, up counter
aufzählbar	enumerable
Aufzählbarkeit	enumerability
aufzeichenbar	recordable
aufzeichnen	log, note, record, recording
Aufzeichnung	recording
Aufzeichnung in Schneckenform	helical recording
Aufzeichnungsdichte	density, recording density
Aufzeichnungsfehler	recording error
Aufzeichnungsgerät	recorder
Aufzeichnungsgeschwindigkeit	recording speed
Aufzeichnungskopf	record head, recording head
Aufzeichnungsmedium	recording medium
Aufzeichnungsverfahren	mode of recording, recording technique
Aufzug	elevator
Aufzug-Suchverfahren	elevator seeking
aus	off, over
aus dem Gleichgewicht bringen	unbalance
ausbalancieren	equilibrate
Ausbau	upgrading
ausbauen	demount, disassemble, upgrade
ausbaufähig	expandable, upgradeable
ausbaufähiges System	expandable system
Ausbaufähigkeit	expandability, upgradeability
ausbilden	qualify
Ausbilder	instructor
Ausbildung	education, training

ausblenden	blind out, reverse clipping, shield, shielding
ausbreiten	spread
Ausbreitung	proliferation
Ausbreitungsgeschwindigkeit	propagation speed, velocity of propagation
Ausdehnung	expansion
Ausdehnungsfähigkeit	longitudinal strength
Ausdruck	print
ausdruckbares Datenfeld	printable data item
ausdruckbares Zeichen	printable character
ausdrücken	phrase
Ausfall	blackout, breakdown
Ausfallsicherheit	failure safety
Ausfallzeit	failure time
ausführbar	EXE, executable
ausführbarer Befehl	executable instruction
ausführbares Programm	executable program, program phase, target program
ausführbares Programm im Arbeitsspeicher	core program
ausführen	EXE, executing, obey
ausführlich	detailed
Ausführung	execution
Ausführungsanweisung	execute statement
Ausführungsphase	execute phase
Ausführungszeit	execution time
Ausführungszyklus	execute cycle
Ausfüllmuster	paint
Ausgabe	expense
Ausgang	exit, outlet
Ausgangsadresse	home address
Ausgangsanschluss	output terminal
Ausgangsbuchse	exit hub
Ausgangsdaten	raw data
Ausgangsfunktion	base function
Ausgangsimpuls	output pulse
Ausgangskante	reference edge, reference edge
Ausgangskonnektor	exit connector
Ausgangsleistung	power output
Ausgangsparameter	default value
Ausgangsposition	home, start position, starting position
Ausgangspunkt	originator
Ausgangssignal	output signal
Ausgangsspannung	output voltage
Ausgangssprache	source language
Ausgangsstellung	home position, original position

Ausgangsstrom	output current
ausgeben	display, expend, issue, output, pay out, put, type out, write out
ausgeblendet	shielded
ausgebraucht	exhausted
ausgeglichen	balanced
ausgenommen	save
ausgerichtet	aligned, oriented
ausgerüstet	mounted
ausgeschaltet	off
ausgestattet	equipped
ausgewählt	selected
ausklappbares Zeigegerät	snap-on pointing device
ausklinken	trip
Auskunftsbereitschaft	ability to information
Auskunftscomputer	kiosk
Auskunftserteilung	giving of information
Auskunftsgerät	information terminal
Auskunftsmodus	kiosk mode
Auskunftspflicht	obligation to information
Auskunftssystem	data inquiry system
auskuppeln	declutch, disengage, uncouple, ungear
auslagerbar	pageable
auslagerbarer Bereich	pageable area
auslagern	relocate, swap out
Auslagerung	swapping-out
Auslands ...	international
Auslass	outlet
auslassen	ignore, omit
Auslassung	omission
Auslassungszeichen	apostrophe, ellipsis
auslasten	utilize
Auslastung	utilization
Auslastungsplan	loading schedule
Auslastungs-Protokollroutine	profiler
auslaufen	run out
auslegen	interpret
ausleihen	loan
auslesen	read out, readout
ausloggen	checkout
auslösen	actuate, fire, release
Auslöser	actuator, correcting element, release
Auslösung	cleardown, clearing
Ausnahme	saving
ausradieren	rub out

ausreichende Datensicherung	sufficient data security
ausrichten	align, orient
Ausrichtung	alignment, orientation
Ausrichtungsfehler	misalignment
Ausrückung	hanging indent
Ausrufungszeichen	exclamation mark
Aussage	assertion, predicate, statement
aussagen	predicate
Aussagenlogik	Boolean algebra
aussagenlogisch	Boolean
ausschalten	disable, switch off
ausschießen	impose, imposition
ausschließen	exclude, preclude
ausschließend	preemptive
ausschließlich	exclusive, only
Ausschließung	exclusion
Ausschuss	refuse, trash, waste
außen	external
Außen ...	exterior, outboard
aussenden	emit, send out
Aussendung	emission
Außenseite	outside
Außensteuerungsbetrieb	slave mode
außer	save
außer Betrieb	dead
äußere	external, outer
äußere Adresse	external address
außerhalb	exterior
äußerlich	external, extrinsic, outward
außerplanmäßig	non-scheduled, unscheduled
äußerst	extreme, outermost, superlative, ultimate
äußerste	ultimate
aussetzen	expose, intermit, suspend
aussperren	lock out
Aussperrung	lockout
ausspionieren	spy
Aussprungstelle	external point
Ausspuldatei	output spooling file
ausspulen	output spooling, spool out
ausstaffieren	garnish
ausstatten	configurate, equip, fit out, furnish
Ausstattung	configuration, environment, equipment, furnishing, instrumentation, layout, outfit
Ausstoß	delivery, ejection, output
ausstoßen	eject, jet

ausstrahlen	radiate, ray
Ausstrahlung	emission, emittance
Austastlücke	blanking interval
Austastung	blanking, gating
Austausch	exchange, interchange, inversion, replacement, substitution, transposition
Austausch ...	substitutional
austauschbar	interchangeable, mountable, replaceable
Austauschbarkeit	commutability, interchangeability
Austauschdatenträger	exchange medium
austauschen	exchange, interchange, replace, replacing, substitute, transpose
austesten	checkout, debug, debugging, test, test out
Auswahl	selection
auswählbar	generic
Auswählbarkeitsattribut	generic attribute
Auswahlbetrieb	select mode
Auswahlbild	option frame
Auswahlblock	decision box
Auswähleinrichtung	chooser
auswählen	choose, extract, select, selecting
Auswahlfrage	multiple-choice question
Auswahlgerät	choice device
Auswahlkommando	select command
Auswahlmenü	select menu
Auswahlseite	menu page
Auswahlsortierung	selection sort
Auswahlstift	selection pen, selector pen
auswechselbar	movable
Ausweichadresse	alternative address
Ausweichrechenzentrum	backup computer center, cold computer center
Ausweichsystem	backup system
Ausweis	badge
Ausweiskarte	badge card, chip card, plastic card
Ausweisleser	badge reader
auswerfen	eject, ejecting
Auswurf	ejection, throw-off
Auswurfknopf	eject button
Auswurfschacht	eject bay
Auswurftaste	eject key
Auszug	extract, extraction
Autobahn	highway
Automat	automat, automatic machine, automaton
Automatentheorie	automata theory

Automation	automation
automationsgerecht	automation-oriented
automatisch	machinable, machine-aided, self-acting
automatisch erzeugte Werkzeuge	APT(automatically programmed tools)
automatische Anmeldung	auto-logon
automatische Anrufbeantwortung	auto answering
automatische Anrufwiederholung	automatic redialing, automatic repeat request
automatische Anschaltung	unattended activation
automatische Aussteuerung	recording level control
automatische Benutzerführung	auto prompt
automatische Betriebsweise	automatic mode
automatische Bildgrößenanpassung	autosizing
automatische Datensicherung	autosave
automatische Einfädelung	automatic threading
automatische Funktion	autofunction
automatische Geschwindigkeitsausnutzung	automatic speed sensing
automatische Mustererkennung	automatic pattern recognition
automatische Neuberechnung	automatic recalculation
automatische Produktionssteuerung	automated production management
automatische Programmunterbrechung	automatic interrupt
automatische Prüfung	built-in check
automatische Rechenanlage	automatic computer
automatische Router-Adressliste	convergence
automatische Rücksetzung	automatic reset
automatische Rufbeantwortungseinrichtung	automated answering equipment
automatische Rufnummernerkennung	automatic number identification
automatische Sende- und Empfangseinrichtung	automatic send-receive unit
automatische Silbentrennung	automatic hyphenation
automatische Sprachübersetzung	automatic language translation
automatische Umschaltung	automatic switchover
automatische Vermittlung	automatic switching
automatische Wahl	auto dialing
automatische Wahleinrichtung	automatic calling equipment
automatischer Betriebszustand	automatic operation

automatischer Datenaustausch	automatic data exchange
automatischer Einzelblatteinzug	automatic cut sheet feeder
automatischer Empfang	automatic reception
automatischer Extrakt	auto-extract
automatischer Haltepunkt	automatic hold
automatischer Mehrfachschalter	automatic data switch
automatischer Melder	automatic detector
automatischer Rückruf	automatic callback
automatischer Sendeabruf	auto polling
automatischer Sendeaufruf	auto polling
automatischer Spannungsregler	automatic voltage regulator
automatischer Suchlauf	automatic library lookup
automatischer Terminkalender	automatic appointment book
automatischer Verbindungsaufbau	auto calling, automatic call, automatic connection setup
automatischer Wählvorgang	automatic calling
automatischer Wiederanlauf	automatic recovery
automatischer Zeilenumbruch	soft return
automatisches Buchungssystem	automated accounting system
automatisches Löschen	autopurge
automatisches Parken	automatic head parking
automatisches Senden und Empfangen	ASR
automatisches Startprogramm	autostart routine
automatisches Surfprogramm	spider
automatisches Wörterbuch	automatic dictionary
automatisieren	automate
automatisiert	automated, automatic
automatisierte Datenverarbeitung	automatic data processing
automatisierte Textverarbeitung	automatic word processing
automatisiertes Datenverarbeitungssystem	automatic data processing system
automatisiertes Satzsystem	automated typesetting system
automatisiertes Verfahren	automatic procedure
Automatisierung	automation
autonomer Rechner	standalone computer
autonomes Rechnersystem	autonomous computer system
Autor	author
Autorensprache	authoring language
Autorensystem	authoring software

Autotelefon	car telephone
azyklisch	acyclic

B

Balkendiagramm	histogram
Balkenmenü	pop-up menu, pull-down menu
Band	tome
Bandabstand	energy gap
Bandbreite	spectrum
Bandende	end of tape, trailer
Bandspule	flanged spool, spool
Bandvorschub	bill feed
Bandwechsel	tape swapping
Bankauswahl	interleaving
Bankauswahlverfahren	bank switching, memory interleave, memory interleaving
Banner	banner
BASIC	BASIC
basieren	base
Basis	base, basis, foot, ground
Basisadresse	base address, segment address
Basisadressierung	base addressing
Basisadressregister	base address register, memory pointer
Basisadressverschiebung	base relocation
Basisanschluss	base terminal
Basisanwendung	basic application
Basisband	baseband
Basisbandübertragung	baseband transmission
Basisbetrieb	basic control mode
Basisdaten	basic data
Basisdatenverarbeitung	basic data processing
Basisdotierung	base doping
Basis-DV	basic data processing
Basis-Ein-/Ausgabe-System	basic input output system
Basisinformation	basic information
Basiskomplement	radix complement
Basisregister	base register, memory pointer
Basisschriftart	base font
Basissoftware	basic software
Basisspeicher	application heap
Basissystem	basic system
Basistransformation	base transformation
Basiszahl	base, base number, radix
Batterie	battery

Batteriebetrieb	battery operation
batteriebetrieben	battery-operated, battery-powered
Baud	baud, bd
Baudot-Code	baudot code
Baum	tree
Baumschema	tree model
Baumstruktur	hierarchic structure, tree structure
Baumtopologie	tree topology
Baustein	building block, device, module
Bausteinprinzip	modularity
Bausteinsystem	modular system
Bauteil	element
Bearbeitung	manipulation
bedeuten	mean
bedienen	manipulate, operate
Bediener	operator
Bedienerantwort	operator response
Bedieneranweisung	operator command
Bedieneraufruf	operator call
Bedienereingriff	operator intervention
Bedienerfreundlichkeit	operator convenience
Bedienerführung	operator prompting, prompting
Bedienerhinweis	prompt
Bedienerkonsole	operator console
Bedienernachricht	operator message
Bedienersteuerung	operator control
Bedienerunterbrechung	operator interrupt
Bedientisch	control desk
Bedienung	manipulating, service, servicing
Bedienungsanleitung	manual, operation guide, operator's guide
Bedienungseinheit	service unit
Bedienungseinrichtung	service facility
Bedienungsfehler	bust
Bedienungsfeld	panel, switch panel
Bedienungshandbuch	operation manual, reference manual
Bedienungsmaßnahme	operator action
Bedienungspersonal	operations personnel
Bedienungssteueranweisung	operating control statement
Bedienungssteuersprache	operating control language
Bedienungstafel	operation panel
bedingt	conditional, conditioned
bedingte Anweisung	conditional statement
bedingte Entscheidung	conditional decision
bedingte Verzweigung	conditional branch
bedingter Ausdruck	conditional expression

bedingter Befehl	conditional instruction
bedingter Halt	conditional breakpoint, conditional stop
bedingter Operand	conditional operand
bedingter Sprung	branch on condition, conditional branch, conditional jump
bedingter Sprungbefehl	conditional branch instruction, conditional jump instruction
Bedingung	condition, requirement
Bedingung der Datentabellen-Verbindung	join condition
Bedingungs ...	conditioning
Bedingungsabfrage	conditional request
Bedingungsanweisung	if statement
Bedingungsanzeigeregister	condition code register
Bedingungsbefehl	if instruction
Bedingungseingang	conditional gate
bedingungslos	unconditional
Bedingungsname	condition name
Bedingungsschlüssel	condition code
Bedingungsvariable	conditional variable
Beeinträchtigung	nuisance
beenden	cancel, checkout, end, exit, quit, terminate
beendet	closed, over, past
Beendigung	closedown, ending, termination
Beendigungsschaltfläche	close box, close button
befähigen	enable
befähigt	proficient
Befehl	instruction, operation
befehlend	imperative
Befehls ...	instructional
Befehlsablaufsteuerung	instruction execution control
Befehlsabruf	instruction fetch
Befehlsabschluss	instruction tennination, instruction termination
Befehlsabschlusssignal	operation limiter
Befehlsadresse	instruction address
Befehlsadressregister	instruction address register
Befehlsänderung	instruction modification
Befehlsanweisung	imperative statement
Befehlsart	instruction type
Befehlsaufbau	instruction format
Befehlsausführung	instruction execution
Befehlsausführungs-Restriktion	issue restriction
Befehlsausführungszeit	instruction period
Befehlsbyte	instruction byte, operation byte

Befehlsdatei	script
Befehlsdatei eines textorientierten Befehlsinterpreters	shell script
Befehlsdecodiereinrichtung	operation decoder
Befehlsdecodierung	instruction decoding, operation decoding
Befehlsdecodierwerk	instruction decoder, operation decoder
Befehlsfalle	instruction trap
Befehlsfeld	instruction field
Befehlsfolge	instruction sequence, thread
Befehlsformat	instruction format
Befehls-Identifikator	opcode
Befehlskette	catena, chain, instruction chain
Befehlskettung	command chaining, instruction chaining
Befehlslänge	instruction length
Befehlslängenkennzeichen	instruction length code
Befehlsliste	instruction list
Befehlsmenü	command menu
Befehlsmix	instruction mix, mix
Befehlsmodus	instruction mode
Befehlsname	instruction name
Befehlsphase	instruction phase
Befehlsprozessor	command processor, instruction processor
Befehlsregister	instruction register
Befehlsschaltfläche	command button
Befehlsschlüssel	instruction code
Befehlssteuerblock	command control block
Befehlsteil	procedure, procedure division
Befehlsübernahme	staticizing
Befehlsverarbeitungsleistung	instruction execution rate
Befehlsvorrat	instruction repertoire, instruction set, operation set
Befehlswarteschlange	instruction queue
Befehlswirkungsweise	instruction operations
Befehlswort	instruction word
Befehlszähler	instruction address register, instruction counter, instruction pointer, operation counter, program address counter, program counter
Befehlszeit	instruction time
Befehlszyklus	instruction cycle, operation cycle
Befugnis	authority
befugt	competent
Befugter	authorized person
Begeisterter	freak
beglaubigen	authenticate

beglaubigt	authenticated
Beglaubigung	authentification
begrenzen	delimit, limit, margin
Begrenzer	delimiter
Begrenzung	limitation, margin
Begrenzungslinie	border line
Begriffsschrift	ideography
Behälter	bin
behandeln	treat
Behauptung	assertion
behebbar	recoverable
behebbarer Fehler	recoverable error, soft error
beheben	recover
behelfsmäßig	improved
beherrschend	dominant
beidseitig	both-way, double-sided
beinahe	near
Beispiel	example
beispiellos	unexampled, unprecedented
Belastbarkeit	load-carrying capability
belasten	charge, stress
Beleg	document, sheet, voucher
belegbar	allocatable
Belegdatum	voucher date
Belegdrucker	validation printer
Belegleser	document reader
Beleglesevordruck	document reader form
beleglose Datenerfassung	automatic data entry, primary data entry
Belegmarkierung	optical mark
Belegnummerierung	document numbering
Belegsortierleser	document sorter reader, document sorter-reader
belegt	allocated, busy, occupied, reserved, seized, used
Belegtsignal	seizing signal
Belegung	allocation, assignment, occupancy, seizure
Belegungsplan	pin assignment plan
Belegvorschub	document feed
Belegzeit	action period
Beleuchtungsdichte	irradiance
Beleuchtungsstärke	illumination
Belichten	typesetting
Belichter	typesetter
Belichtung	exposure
beliebig	arbitrary

beliebiger Zugriff	arbitrary access, random access
belüften	blow, fan, ventilate
Belüfter	blower, fan
Belüftung	ventilation
Bemaßung	dimensioning
bemerken	notice, remark
Bemerkung	comment, REM, remark
Bemerkungsanweisung	comment statement, comments statement
Bemerkungsfeld	comments field
benachbarter Kanal	adjacent channel
benachbartes Datenfeld	contiguous item
Benachrichtigungsrecht	right to notification
Benutzer	user
Benutzerabfrage	user inquiry
benutzerabhängig	user-dependent
Benutzerabhängigkeit	user dependence
Benutzerakzeptanz	user acceptance
Benutzeranfangskennsatz	user header label
Benutzeranforderung	end-user requirement, user requirement
Benutzer-Anschlussbuchse	user port
Benutzeranwendung	client-based application, user application
Benutzeraufruf	end-user request, user call
Benutzerausgang	user exit
benutzerbedingtes Ereignis	user event
Benutzerberechtigung	user authorization
Benutzerbereich	private area
benutzerbestimmt	user-defined
Benutzerbeteiligung	user participation
Benutzerbibliothek	user library
Benutzercode	authority code
Benutzerdatei	user file
Benutzerdaten	user data
Benutzerdefinition	user definition
Benutzerdiskette	end-user diskette
Benutzerdokumentation	user documentation
Benutzerebene	user level
benutzereigen	user-own
Benutzerendekennsatz	user trailer label
Benutzerfehler	user error
Benutzerfeld	user field
benutzerfreundlich	easy to use, user-friendly
Benutzerfreundlichkeit	easiness of use, user friendliness
Benutzerführung	user prompting
Benutzerführung durch Menü	menu prompt
Benutzerfunktion	user function

benutzergesteuert	user-controlled, user-driven
Benutzergruppe	user group
Benutzerhandbuch	user guide, user manual, user's guide, user's manual
Benutzerhilfe	user help function
Benutzerhinweis	user consideration
Benutzerkennsatz	user label
Benutzerkennzeichen	user identification
Benutzerklasse	user class
Benutzerkommando	user command
Benutzerkontrolle	user supervision
Benutzermeldung	user message
Benutzermodus	user mode
Benutzername	user name
Benutzeroberfläche	user interface
Benutzerordnung	user rules
Benutzerorganisation	user organization
benutzerorientiert	user-oriented
Benutzerorientierung	user orientation
Benutzerprofil	user profile
Benutzerprogramm	user program
Benutzerprozedur	user procedure
Benutzerrechner	client
Benutzerroutine	user routine
Benutzerschnittstelle	user interface
Benutzerschulung	user training
Benutzerservice	user service
Benutzersicht	external data view, external view, user view, user's view
Benutzersoftware	user software
Benutzerspeicher	user memory
benutzerspezifisch	user-specific
Benutzersprache	user language
Benutzer-Standardparameter	user default
Benutzerstation	client station, user terminal
Benutzersteuerung	user control
Benutzersteuerungstechnik	manipulation technique
Benutzertyp	type of user
Benutzerüberprüfung	user verification
benutzerunabhängig	user-independent
Benutzerunabhängigkeit	user independence
Benutzerunterstützung	user support
Benutzerverband	end-user association
Benutzerverhalten	user behavior, user behaviour

Benutzer-Vermittlungsprogramm	user agent
Benutzerverwaltung	user administration
Benutzerwörterbuch	user dictionary
Benutzerzustand	user state
Benutzung	use
Benutzungsregeln	AUP
Beobachtungsverfahren	observation technique
berechenbar	calculable, computable
Berechenbarkeit	calculability, computability
berechnen	calculate, compute, figure
Berechnung	calculation, computation, reckoning
berechtigen	authorize
berechtigt	authorized
berechtigter Benutzer	authorized enduser
berechtigter Zugriff	authorized access
Berechtigung	authorization, clearance, right
Berechtigungsprüfung	authority check
Bereich	area, array, domain, extent, precinct, range, region, scope, span, zone
Bereichsadresse	area address
Bereichsanfang	beginning of extent
Bereichsangabe	range specification
bereichsassoziativer Cache-Speicher	set associative cache, set-associative cache
Bereichsbezeichner	range expression
Bereichsdefinition	area definition
Bereichselement	array element
Bereichsende	end of extent
Bereichsformat	range format
Bereichsfüllfarbe	region-fill color
Bereichsfüllmuster	area fill, region-fill pattern
Bereichsgrenze	area boundary
Bereichsname	area name, range name
Bereichsobergrenze	upper area boundary
Bereichsprüfung	range check
Bereichsüberschreitung	area exceeding
Bereichsvariable	area variable
bereit	prompt, ready
Bereitmeldung	ready flag
Bereitschaftszeichen	prompt
Bereitschaftszeit	idle time
Bereitzustand	ready state, ready status
berichtigen	adjust
Bernstein-Bildschirm	amber screen

Berührungseingabe	sensor input
beschädigen	injure, spoil
beschädigt	flawed, injured
beschädigte Datei	dirty file
Beschädigung	injury
beschäftigen	task
beschäftigt	busy
bescheinigen	certify
Bescheinigung	certificate, certification
beschleunigen	accelerate, quicken, speed up
Beschleuniger	accelerator
Beschleunigerkarte	accelerator board, accelerator card
Beschleunigung	acceleration, speed-up
Beschleunigungsweg	acceleration distance
Beschleunigungszeit	acceleration time
beschränken	confine
beschränkt	limited, low savvy
beschreibbar	recordable, writeable
beschreibbare CD	recordable compact disc
beschreiben	write
Beschreibung	description, specification
Beschreibungsmakro	declarative macro instruction
Beschreibungsmakrobefehl	declarative macro instruction
Beschreibungsmethode	description method
Beschreibungsmodell	descriptive model
Beschreibungssprache	description language, specification language
beschrieben	recorded
beschriften	inscribe
beschriftet	labelled
Beschriftung	inscription, labelling
Beschriftungsschild	designation label
Beschriftungsstelle	imprint position
beschützen	guard
beseitigen	eliminate
Beseitigung	clearance, elimination, settling
besetzt	busy, full, occupied
Besetztmeldung	all trunks busy
Besetztton	busy tone
Besetztzeichen	busy signal
Besetztzustand	busy state
besitzen	possess
Besitzer	owner, possessor
Besonderheit	speciality
besonders	extra, particular

besonders hohe Aufzeichnungsdichte	extra-high density
Bestand	inventory, population, stock
beständig	continuous, frequent, persistent, steady
Bestandsdatei	master file
Bestandsdaten	inventory data
Bestandsverzeichnis	inventory
Bestandteil	component, ingredient, part
bestätigen	acknowledge, confirm, ratify
bestätigt	verified
Bestätigung	acknowledgement, confirmation, ratification, recognition
Bestätigungsmeldung	confirmation message
Bestätigungstaste	acknowledgement key
bestehen auf	stand on
bestimmbar	assignable, determinable
bestimmen	designate, determine
bestimmt	definite, determinate, determined
Bestimmung	designation
Bestimmungsort	destination
Bestückung	components layout, placement
Bestückungsautomat	placement robot
Bestückungsplan	layout diagram
Bestückungsseite	component side
Betatest	beta test
Betatest-Unternehmen	beta site
betätigt	activated
Betaversion	beta release
Beteiligter	person involved
Beteiligung	participation
Betragsfeld	amount field
Betrieb	enterprise
betriebliches Informationssystem	business information system
Betriebsanleitung	guide book
Betriebsanzeige	activity light
Betriebsart	operation mode
Betriebsartanzeige	operation mode indicator
Betriebsartschalter	operation mode switch
betriebsbereit	ready
Betriebsbereitschaft	state of readiness
Betriebsdatenerfassung	automatic input, industrial data capture
Betriebsdatenstation	data entry station
betriebsfähig	serviceable
Betriebsfähigkeit	serviceability, workability

Betriebsgeheimnis	corporate secret, corporate secrecy
Betriebskosten	operation costs, running costs
Betriebsmittel	system resource
Betriebsnetz	corporate network
Betriebsrechner	plant computer
Betriebssystem	operating system, OS
Betriebssystemmodus	supervisor mode
Betriebssystemresidenz	operating system residence
Betriebstakt	operating clock frequency
Betriebstemperatur	operating temperature
Betriebsüberwachung	operating supervision
Betriebsunterbrechung	operating interrupt
Betriebsunterbrechungsversicherung	interruption insurance
Betriebsunterlagen	operating documents
Betriebsverhalten	operating performance, performance
Betriebszeit	duty, operating time, operation time, power-on time, uptime
Betriebszustand	operating state
Betrug	fraud
beugen	diffract
Beugung	diffraction
Beurkundung	certification
beurteilen	judge
Beute	catch
bevorrechtigen	privilege
bevorrechtigt	preemptive, preemptive, privileged
Bevorrechtigung	precemption, preemption, preference
bewegen	animate, move
beweglich	mobile, movable, moving
bewegliche Kabelverbindung	strappable line
bewegliche Markierungslinie	marquee, moving border
bewegliche Verbindung	strappable connection
bewegliches Bildschirmobjekt	shape
Bewegtbild	full-motion picture, moving image
Bewegtbild ...	full-video
Bewegtbildübertragung	moving-image transmission
Bewegtbild-Videokarte	full-motion video adapter
Bewegung	motion, movement
Bewegungsanalyse	micromotion study
Bewegungsdatei	activity file, amendment file, transaction file, update file
Bewegungsdaten	transaction data
Bewegungshäufigkeit	acitivty ratio, activity rate, activity ratio
Bewegungssatz	amendment record, transaction record

Bewegungszeit	flight time
Bewegungs-Zeit-Untersuchung	motion study
Beweis	proof
Beweis der Fehlerfreiheit	proof of correctness
Beweisführung	reasoning
bewerten	appraise, evaluate, price, rate, score, validate, value
bewertet	rated, valued
Bewertung	appraisal, benchmark, benchmark test, evaluation, price formation, rating, validation, valuation, weighing
Bewertungsprogramm	benchmark program
Bewertungssystem	system of evaluation
bezeichnen	identifying, note
Bezeichner	denominator, identifier
Bezug	replying identification
Bezug nehmen	refer
bezüglich	referable
Bezugnahme	reference
Bezugsadresse	reference address
Bezugsband	reference tape
Bezugsgegenstand	object, referent
Bezugspunkt	benchmark, reference point
biegen	flex
biegsam	flexile, plastic, pliable
Biegsamkeit	pliability
Bild	image, pic, picture
Bild-	video mode
Bild rollen	screen roll
Bild ...	video...
Bildabtastgerät	scanner
Bildanalyse	image analysis
Bildaufbereiter	image editor
Bildaufbereitung	image editing
Bildaufzeichnung und -übertragung	videography
Bildausgabe	video display
Bildbearbeitung	image editing, picture editing
Bildbearbeitungsprogramm	image editor, picture editor
Bildbereich	image area
Bildbeschreibungssprache	image description language
Bildbreite	display width
Bilddatei	image file
Bilddekomprimierung	image decompression

Bilddigitalisierer	frame grabber, grabber, screen grabber, video digitizer, video grabber
Bilddigitalisierung	image digitizing
Bild-Druckmaschine	image setter, phototypesetter
Bilddurchlauf	rolling
Bildeinbrennen	ghosting
Bildeinfügung	keying
Bildeingabe	image input
Bildeingabegerät	graphics scanner, image scanner, scanner
Bildelement	graphics element, pel, picture element
Bildempfangsgerät	video receiver
bilden	build, form, frame, pattern
Bilderkennung	image recognition, recognition of images
Bilderweiterung	image enhancement
Bilderzeugung	image generation
Bildfeld	image area
Bildfernschreiben	teleautograph, teleautography
Bildfernschreiber	teleautograph
Bildfernsprecher	television telefone
Bildformat	image format, picture format
Bildfrequenz	vision frequency
Bildfunk	facsimile radio
Bildfunktion	image function
Bildgenerator	display generator, image generator
Bildgerät	image set
Bildgrenzen	graphics limits
bildhaft dargestellt	pictured
Bildhelligkeit	image light intensity
Bildhintergrund	display background, image background
Bildhöhe	display height
Bildinhalt	image content
Bildkommunikation	image communication, video communication
Bildkomprimierung	image compression
Bildkontrast	image contrast
Bild-Koprozessor	video coprocessor
Bildlageregulierung	centering control
Bildlauffeld	thumb
Bildlaufleiste	scroll bar
Bildlaufpfeil	scroll arrow
Bildlaufschaltfläche	scroll box
bildlich	figurative
Bildmenge	quantity of images
Bildmodus	video mode

Bildplatte	compact disc, compact disc write once, compact disc/write once, disc, optical disc, optical videodisc, videodisc
Bildplatte für Aufzeichnungen	CD-R, compact disc recordable
Bildplattengerät	optical disc unit, videodisc player
Bildpuffer	display buffer
Bildpufferspeicher	image buffer
Bildpunkt	picture element
Bildpunktabbild	pixel image
Bildpunkte pro Zoll	pixel per inch, ppi
Bildqualität	image quality
Bildrandverbesserung	edge enhancement
Bildraum	image space
Bildrauschen	video noise
Bildröhre	display tube, picture tube, video display tube
Bildrollbalken	scroll bar
Bildrollbalken-Anzeiger	scroll-bar pointer
Bildrollen	screen rolling
Bildrollpfeil	scroll arrow
Bildrollschaltfläche	scroll box
Bildroll-Sperrtaste	scroll-lock key
Bildscanner	graphics scanner
Bildschärfe	contrast, focus, image definition
Bildschärferegulierung	contrast control
Bildschirm	display screen
Bildschirm mit Bildwiederholung	refresh terminal
Bildschirm mit zeilenweise gesteuertem Strahl	raster-scan terminal
Bildschirmanzeige bewegen	scroll, scrolling
Bildschirm-Anzeigeelement	display primitive
Bildschirmarbeit	screen work
Bildschirmarbeitsplatz	terminal workstation
Bildschirmarbeitstisch	terminal work desk
Bildschirmart	screen type
Bildschirmaufteilung	spilt screen
Bildschirmausdruck	screen shot
Bildschirmausgabe	soft copy, terminal output
Bildschirmausgabemodus	terminal display mode
Bildschirm-Benutzeroberfläche	visual interface
Bildschirmbetriebsart	display mode
Bildschirmeingabe	terminal input
Bildschirmfenster	screen window
Bildschirmformatierung	display mapping

Bildschirmformular	display form
Bildschirmgerät	monitor, VDU, video display unit (VDU), video monitor
Bildschirmgröße	screen size
Bildschirmhervorhebung	display highlighting
Bildschirminhalt	display image
Bildschirminhalt verschieben	shift display
Bildschirmlöschtaste	clear screen key
Bildschirmmaske	display map, display mask, map
Bildschirmoberfläche	display surface, screen surface
bildschirmorientiert	display-oriented
Bildschirmrechner	video computer
Bildschirmschreibmaschine	display typewriter
Bildschirmschrift	display font, screen font
Bildschirmseite	display page, screen page, video display page
Bildschirmstation	display terminal
Bildschirmsteuereinheit	display control unit, display controller
Bildschirmsteuerung	display control
Bildschirmstrahlung	screen radiation, VDT radiation, video display terminal radiation
Bildschirmtabelle	spread-sheet
Bildschirmtelefonie	video telefony
Bildschirmtext	interactive videotex, interactive videotext, videotex
Bildschirmtextsystem	Prestel
Bildschirmtreiber	display driver
Bildschirmunterstützung	screen support
Bildschirmzyklus	display cycle
Bildsegmentierung	image segmentation
Bildsicherung	image backup
Bildsignal	video signal
Bildsignalverstärker	video amplifier
Bildspeicher	image storage, matrix memory, video memory, video random-access memory
Bildstabilisierung	vertical image control
Bildsteuereinheit	graphics controller
Bildsteuersystem	video adapter, video controller, video display adapter
Bildsymbol	icon
Bildtelegramm	phototelegram, teleautogram
Bildtelegraph	phototelegraphy, video telegraph
Bildtelegraphie	phototelegraphy, video telegraphy
Bildtelefon	video telephone, visual telephone

Bildüberlagerung	video overlay
Bildübertragung	copy cycle, image communication, phototelegraphy
bildumhüllender Textdruck	wraparound type
Bildumlauf	wraparound
Bildumwandlung	morphing
Bilduntertext	legend
Bildveränderung	image changing, image transformation
Bildverarbeitung	image processing, imaging, picture processing
Bildverarbeitungsprogramm	image program
Bildvergrößerung	image magnifier
Bildvordergrund	dynamic image, dynamic picture, foreground, foreground display, image foreground
Bildvorrat	display list
Bildwiederholfrequenz	refresh rate, screen-refresh frequency
Bildwiederholrate	frame rate, screen-refresh frequency
Bildwiederholspeicher	frame buffer, regeneration buffer, screen buffer, screen memory, screen-refresh memory, video buffer, video memory
Bildwiederholung	display regeneration, image regeneration
Bildzeichen	pictograph
Bildzergliederung	image dissection
Bildzerleger	image dissector
Billignetz	cheapernet
Billion	billion (UK), trillion (USA)
Bimetall	bimetal
binär	bin, binary, dual, dyadic
binär verschlüsselt	binary-coded
binär verschlüsselte Dezimalzahl	BCD, binary-coded decimal (BCD)
binär verschlüsselte Dezimalzahlendarstellung	binary-coded decimal representation
binär verschlüsselte Dezimalziffer	binary-coded decimal digit
binär verschlüsselte Information	binary-coded information
Binäranzeige	binary display
Binärarithmetik	binary arithmetic
Binärausgabe	binary output
Binärcode	binary code
Binärdatei	binary file
Binärdaten	binary data
binär-dezimal ...	binary-to-decimal...
Binärdezimalcode	binary-coded decimals

Binär-dezimal-Umwandlung	binary to-decimal conversion
Binär-dezimal-Wandler	binary-to-decimal converter
binäre Darstellung	binary notation, binary representation
binäre Eins	binary one
binäre Größe	binary quantity
binäre Nachrichtengruppe	binary newsgroup
binäre Null	binary zero
binäre Operation	binary operation
binäre Suche	binary search
Binäreingabe	binary input
Binärelement	binary cell
binärer Baum	binary tree
binärer Schaltkreis	binary circuit
binärer Speicherauszug	binary dump
binäres Großobjekt	binary large object
binäres Schieben	binary shift
binäres Signal	binary signal
binäres Sortieren	binary sorting
binäres Suchen	binary search
binäres Zahlensystem	binary numerical system
Binärfeld	binary field, binary item
Binärkomma	binary point
binärkompatibel	binary compatible
Binärstelle	binary digit
Binärtransfer	binary transfer
Binärübertrag	binary carry
Binärzahl	binary number
Binärzähler	binary counter
Binärzeichen	binary character
Binärziffer	binary digit
Bindemittel	binder
Bindemodul	object module
binden	bind, binding
Binder	binder
Bindestrich bei Silbentrennung	discretionary hyphen
Bindestrich der nur bei Silbentrennung geschrieben wird	soft hyphen
Bindungseinzug	binding offset
Biochip	biological circuit
Biocomputer	biological computer
Biosignalverarbeitung	bio-signal processing
Biotransistor	biological semiconductor
bipolar	bipolar
bipolarer Halbleiter	bipolar semiconductor
bipolarer Transistor	bipolar transistor

biquadratisch	quartic
biquinär	biquinary
Biquinärcode	biquinary code
Bis-Schleife	repeat-until loop, until loop
bistabil	bistable
bistabiler Speicher	bistable storage
Bit	bit
Bitabbildmodus	bit image mode
Bitabbildung	bit mapping
Bitadresse	bit location, bit position
Bitauswahl	bit selection
Bitblock	bit block
Bitblocktransfer	blitter
Bitdichte	bit density
Bitfehler	bit error, bit falsification
Bitfehlerrate	bit-error rate
Bitfehlerwahrscheinlichkeit	bit-error probability
Bitfolge	bit string
Bitfrequenz	bit frequency
Bitfummler	bit twiddler
Bitimpuls	rectangular pulse, square pulse
Bitinversion	bit flipping
Bitmuster	binary pattern, bit combination, bit map
bitorientiert	bit-oriented
bitorientierter Befehl	bit-oriented instruction
bitparallel	bit-parallel
Bitparität	bit parity
Bitposition	bit location
Bitprüfung	bit check
Bitrate	bit rate
Bits je Bildpunkt	bits per pixel
Bits je Sekunde	bits per second
Bits je Zoll	bits per inch
Bitscheibe	bit chip, bit slice
Bitscheibenkopplung	bit slicing
bitseriell	bit by bit, bit-serial
bitserielle Schnittstelle	serial interface
Bitstrom	jabber
Bittakt	bit timing
Bitübertragung	bit transmission
Bitübertragungsebene	physical layer
Bitverarbeitung	bit manipulation
Bitverbieger	bit bender
Bitversatz	skew
bitweise	bit by bit

Bitzahlvollständigkeit	bit count integrity
Blackbox	black box
Black-Box	black box
Blasendiagramm	bubble chart
Blatt	final node, paper, sheet
Blattbreite	sheet width
Blättern	page turning
Blattgröße	sheet size
Blattleser	page reader
Blattschreiber	automatic send and receive, page printer
Blattvorschub	bill feed
Blende	aperture
blendfrei	non-reflecting
Blickfeld	visual field
Blickkontrolle	peek-a-boo, visual check
Blindenschrift	embossed printing
blindes Suchen	blind search
Blindstrom	idle current
Blindtastatur	blind keyboard
Blinkanzeige	flashing display
Blinken	blinking, flash, flashing
blinkender Cursor	flashing cursor
Blinker	blinker, flash
Blinkfrequenz	flash frequency
Block	block, physical record
Blockadresse	block address
Blockchiffrierung	data encryption standard (DES), DES
Blockdiagramm	block diagram
blocken	block
Blockfehler	block error
Blockfehlerwahrscheinlichkeit	block-error probability
Block-Grafikzeichen	block graphics, character graphics
Blockierimpuls	disable pulse
Blockierschaltung	clamping circuit
Blockierung	blocking, deadlock
Blocklänge	block length, block size, length of data block
Blocklängenfeld	block-length field
Blocklesen	blockread
Blocklöschung	block delete
Blocklücke	block gap, interblock gap
Blocklückenzeichen	gap character
Blockmarkierung	block marking
Blockmodus	block mode
Blockmosaik	block mosaic
Blockmultiplexbetrieb	block-multiplex operation

Blockmultiplexkanal	block-multiplex channel
Blockmultiplexverarbeitung	block multiplexing
Blockoperation	block operation
Blockparität	block parity
Blockparitätsprüfung	block redundancy check
Blockparitätszeichen	block check character, frame check sequence
Blockprüfung	block check
Blocksatz	block setting, full justification, justified output, justified print
Blocksatz ohne Silbentrennung	hyphenless justification
Blockschema	block model
Blockschreiben	blockwrite
Blockschrift	block letters
Blockschutz	block protection
Blocksortieren	block sorting
Blockstruktur	block structure
Blocktastatur	block keyboard
Blocktransfer	block transfer
Blockversatz	interleaving
Blockversatzfaktor	interleave factor
Blockverschiebung	block move, cut and paste
Blockvorspann	block prefix
blockweise	block by block
Blockzählen	block count
Blockzähler	block counter
Bogen	arc
Bogenmaß	arc measure
Bonus-Malus-Vertrag	bonus-penalty contract
Boolsche	Boolean, logic
Boolsche Algebra	Boolean algebra
Boolsche Funktion	Boolean function
Boolsche Logik	Boolean logic
Boolsche Operation	Boolean operation
Boolsche Wahrheitstabelle	Boolean operation table
Boolscher Ausdruck	Boolean expression
Boolsches Verknüpfungszeichen	Boolean operator
Bordcomputer	airborne computer, seaborne computer
Bordrechner	airborne computer, onboard computer
Brachzeit	idle time
brechen	crack
Brechung	diffraction
Brechzeit	break time
Breitband	broadband

Breitbandnetz

Breitbandnetz	broadband network
Bremsklotz	shoe
Brennpunkt	focus
Brennpunkt ...	focal
Briefkasten	box, computer mail, mailbox
Briefqualität	letter quality, LQ (letter quality)
Brieftaschencomputer	wallet computer
Briefübermittlung	mail boxing
Browser	web browser
Bruch	crack, fraction
Bruchstück	piece
Brücke	bridge
Brückenkarte	bridge board
Brückenprogramme	bridgeware
Brückenschaltung	bridge circuit
Brückenstecker	strapping plug
Brückentreiber	bridge driver
Brücken-Wegwähler	bridge-router, brouter
Brunnen	well
Bubblejet-Drucker	bubblejet printer
Buch	book
Buchbinderei	bindery
buchen	accounting, book, booking
Bücher prüfen	audit
Bücherregal	bookshelf
Buchse	gland, hub, jack, socket
Buchsenfeld	jack panel, jacket panel, socket board
Buchsenstecker	female connector
Buchstabe	alphabetic character, letter
Buchstabencode	letter code
Buchstabendaten	alpha data
buchstabengetreu	literal
Buchstabenkette	letter string
Buchstabenpaar-Überschneidung	pair kerning
Buchstabenschlüssel	alphabetic key
Buchstabentaste	alphabet key, letter key
Buchstabenumschaltung	letter shift
Buchstabenverarbeitung	alpha processrng
Buchstabenverschlüsselung	alphabetic coding
Buchstabenvorrat	alphabetic character set
Buchstabenziffernumschaltung	case shift
Buchstaben-Ziffern-Umschaltung	case shift, letters-figures shift
buchstabieren	spell

Buchung	accounting, booking, booking entry, posting, reservation
Buchungs ...	posting
Buchungsplatz	booking terminal
Buchungssystem	accounting system
Budget	budget
Budgetplanung	budget planning
Bündel	pack, wad
Bündelstrahl	spot beam
Bündelung	grouping
Bundesdatenschutzgesetz	Federal Law on Data Protection
bündig	flush
bündig ausgerichtet	justified
bündig ausgerichtete Ränder	flush justified margins
Bundsteg	binding offset
Büro	office
Büro der Zukunft	office of the future
Büro ...	secretarial
Büroanwendung	office application
Büroanwendungspaket	office package
Büroarbeit	clerical work, desk work, office work
Büroarbeitskraft	office worker
Büroarbeitsplatz	office workstation
Büroautomation	automated office, office automation
Büroautomatisierung	OA, office automation
Bürobedarf	office supply, stationery
Bürocomputer	compact computer, compact office computer, office computer
Bürodruck	office printing
Bürodrucker	office printer
Bürogeräte	office equipment
Bürografik	office graphics
Büroinformationssystem	office information system
Bürokommunikation	office communication
Bürokommunikationssystem	office communication system
Bürokommunikationstechnik	office communications
Büromaschine	business machine, office machine
Büroorganisation	office organization
Büroschreibmaschine	office typewriter
Bürosystem	office equipment system
Bürotechnik	office technology
Bürste	brush
Busanforderung	bus request
Busarchitektur	bus topology
Busbreite	bus width

Busmaus	bus mouse
Busnetz	bus network, linear network
busorientiert	bus-oriented
Busplatine	bus motherboard
Busschnittstelle	bus interface
Bustopologie	bus topology
Busverwalter	arbiter
Byte	byte
Byteadresse	byte address
Bytebefehl	byte instruction, byte operation
Bytecode	byte code
Bytegrenze	byte boundary
Bytegruppe	gulp
Bytemaschine	byte computer
Bytemultiplexbetrieb	byte-multiplex mode
Bytemultiplexkanal	byte-multiplex channel
Bytemultiplexverarbeitung	byte multiplexing
byteorientiert	byte-oriented
byteparallel	byte-parallel
byteseriell	byte-serial
Bytestruktur	byte structure

C

C	C
C++	C++
Cache-Einstellung	cache setting
Cache-Sensoreinheit	cache controller
Cache-Speicher	cache, cache memory
Cache-Speicher mit gesammelten Schreibzugriffen	write-behind cache
Cache-Speicher mit Vorauslesezugriffen	read-ahead cache
Cache-Verwendung	caching
Carbonband	carbon ribbon
CD-Brenner	compact disc writer
CD-Rewriteable	compact disc erasable
CDROM	compact disc, compact disc interactive, interactive, interactive videodisc
CD-ROM	compact disc, compact videodisc
CD-ROM-Laufwerk mit achtfacher Geschwindigkeit	eightfold-speed drive
CD-ROM-Laufwerk mit doppelter Geschwindigkeit	double-speed drive, double-spin drive
CD-ROM-Laufwerk mit dreifacher Geschwindigkeit	triple-speed drive, triple-spin drive

CD-ROM-Laufwerk mit einfacher Geschwindigkeit	single-speed drive
CD-ROM-Laufwerk mit sechsfacher Geschwindigkeit	sixfold-speed drive
CD-ROM-Laufwerk mit vierfacher Geschwindigkeit	quadro-speed drive, quad-spin drive
CD-ROM-Schutzhülle	caddy
Centronics-Schnittstelle	Centronics interface
Chaostheorie	chaos theory
charakterisieren	feature
Charakteristikum	feature
charakteristisch	symptomatic, typic
Chassis	chassis
Chef-Sekretär-Anlage	executive-secretary telefone
Chiffreschlüssel	code key
Chiffrierdaten	cryptodata
chiffrieren	cipher, codify, encipher, encrypt
Chiffriergerät	ciphering equipment
Chiffriermaschine	cipher machine
Chiffrierschlüssel	data encryption key
Chiffrierung	ciphering, ciphony, codification, enciphering, encryption
Chiffrierverkehr	ciphony
Chip	chip, integrated circuit
Chipentwurf	integrated circuit design
Chipgehäuse	chip package
Chipgehäuse mit quadratisch angeordneten Kontaktnadeln	quad-row package
Chipgehäuse mit zwei parallelen Kontaktreihen	dual in-line package
Chipgruppe	chip set
Chipkarte	smart card
Chiprechner	chip computer
Chiptopologie	chip topology
chronologisch	chronologic
CIX	Commercial Internet Exchange (CIX)
Client Anwendung	client application
Client-Server-Anwendungsprogramm	server-based application
Client-Server-Architektur	client-server architecture
Client-Server-Netz	client-server network
Client-Server-System	client-server network, client-server system
Client-Server-Umgebung	client-server environment
Clip-Art	clip art
COBOL	common business-oriented language (COBOL)

Code zur Fehlererkennung	EDC(error detection code), error detection code
codeabhängig	code-oriented
Codeausdruck	code value
Codeerweiterung	code extension
Codeerweiterungszeichen	code extension character
Codeerzeuger	code generator
Codeerzeugung	code generation
codegebunden	non-transparent
Codeliste	code set
Codeoptimierung	code optimizing
Codeschnipsel	code snippet
Codesegment	code segment
Codeseite	code page
Codetabelle	code table
Codetransparenz	code independence, code transparency
Codeumschaltung	escape
Codeumsetzer	code translator, transcoder
Codeumsetzung	code transformation, code translation
codeunabhängig	code independent, transparent
codeunabhängiger Kopierschutzstecker	transparent dongle
Codeunabhängigkeit	transparency
Codierblatt	coding form, coding sheet
Codierer	coder
Codierformular	coding form
Codierung	coding
Codierwerkzeug	coding tool
Codierzeile	coding line
Comdex	Comdex
Compiler/Interpreter	compiler / interpreter
Compiler mit drei Durchläufen	three-pass compiler
Computer	computer
Computer am Arbeitsplatz	computer on the job
computerabhängig	computer-dependent
Computerabhängigkeit	computer dependency
Computerangst	computer anxiety, cyberphobia
Computeranwendung	computer application
Computerauswirkung	impact of computers
computerbasiert	computer-based
Computerbasteln	hobby computing
Computerbausatz	computer kit
Computerbediener	computer jock
Computerbegeisterter	computer freak

computerbegeisterter Jugendlicher	computer kid
Computerbetrug	computer fraud
Computer-Betrugs- und Missbrauchsgesetz	Computer Fraud and Abuse Act
Computercamp	computer camp
Computer-Camp	computer camp
Computerclub	computer club
Computerdaktyloskopie	computer dactyloscopy
Computerdemokratie	computer democracy
Computerdiagnose	computer diagnosis
Computer-Dienstleistungsbüro	computer service office, CSO (computer service office)
Computerentwicklung	computer engineering
Computerfachsprache	computer idiom
Computerfaszination	computer fascination
Computerfilm	computer film
Computerfreak	computer freak, power user
Computergeneration	computer generation
computergeregelt	computer-managed
Computergesellschaft	computer society
computergesteuert	computer-controlled
computergestützt	computer-based
computergestützte Teamarbeit	workgroup computing
Computergrafik	computer graphics
Computergrößenklassen	computer categories
Computerhersteller	computer manufacturer
computerintegriert	computer-integrated
computerintegrierte Fertigung	computer-integrated manufacturing
computer-intern	computer-internal
computerisieren	computerize
computerisiert	computerized
Computerisierung	computerization
Computerkorrespondenz	computer correspondence
Computerkriminalität	computer abuse, computer crime, computer criminality, computer-aided crime
Computerkunst	computer art
Computerladen	computer shop
Computerleasing	computer leasing
Computerleistung	computer power, computer throughput
computerlesbar	computer-readable
computerlesbare Schrift	optically readable characters, optically readable font
Computerlinguistik	computer linguistics
Computerliteratur	computer literature

Computermagazin	computer magazine
Computermanipulation	computer manipulation
Computermarkt	computer market
Computermedizin	computer medicine
Computermissbrauch	computer abuse
Computermissbrauchsversicherung	computer abuse insurance
Computermusik	computer music
Computernutzung	computer usage, computer utilization
Computerpersonal	computer staff
Computerprogramm	computer program
Computerprogrammierung	computer programming
Computerrecht	computer law
Computerrechtsprechung	computer jurisdiction
Computerrevolution	computer revolution
Computersabotage	computer sabotage
Computersoziologie	computer sociology
Computerspielzeug	computer toy
Computersucht	computer addiction
computersüchtig	computer-addictive
Computertechnik	computer technology
Computertomographie	computer tomography
Computertrottel	computer nerd
computerunterstützt	computer-aided, computer-assisted
computerunterstützte ...	CA...
computerunterstützte Anamnese	computer-aided anamnesis
computerunterstützte Datenwiederfindung	computer-aided retrieval
computerunterstützte **Diagnose**	computer-aided diagnosis
computerunterstützte Fertigung	computer-aided manufacturing
computerunterstützte Gruppenarbeit	computer-supported cooperative work
computerunterstützte Information	computer-aided information
computerunterstützte Konstruktion	computer-aided design
computerunterstützte **Medizin**	computer-aided medicine
computerunterstützte Messungskontrolle	CAMAC
computerunterstützte **Planung**	computer-aided planning
computerunterstützte Publikationserstellung	computer-aided publishing
computerunterstützte Qualitätssicherung	computer-aided quality

computerunterstützte Schulung	computer-aided training
computerunterstützte Softwareentwicklung	case, computer-aided software engineering
computerunterstützte Sprachübersetzung	computer-aided translation
computerunterstützte Systementwicklung	computer-aided system engineering
computerunterstützte Unterweisung	computer-aided instruction
computerunterstützte Verwaltung	computer-aided office
computerunterstützter Vertrieb	CAS, computer-aided sales
computerunterstütztes Büro	CAO, computer aided office
computerunterstütztes Entwerfen	computer-aided design
computerunterstütztes Herstellen	cam
computerunterstütztes Industriewesen	computer-aided industry
computerunterstütztes Ingenieurwesen	computer-aided engineering
computerunterstütztes Konstruieren und Zeichnen	computer-aided design and drafting
computerunterstütztes Lehren	computer-aided teaching
computerunterstütztes Lernen	computer-aided learning
computerunterstütztes Messen und Regeln	computer-aided measurement and control
computerunterstütztes Publizieren	cap, computer-aided publishing
computerunterstütztes Testen	CAT, computer-aided testing
Computerunterstützung	computer aid, computer support
Computerverbindungs-Schnittstelle	computer link interface
Computerverbrechen	computer crime
Computervermögen	computer power
Computerverstand	computer literacy
Computervirus	computer virus, Trojan horse
Computer-Vision	computer vision
Computerwörterbuch	computerized dictionary
Computerwurm	computer worm, worm
Computerzeitalter	computer era
Computerzeitschrift	computer journal, computer magazine, computer periodical
Computing-Nachrichtengruppe	comp hierarchy, computing hierarchy
COM-Recorder	COM recorder
COMSAT	computer satellite corporation

Container-Rechenzentrum	container computer center
Corona	charger unit, corona unit
Courierschrift	Courier
Courseware	courseware
CPM	CPM, critical path method (CPM)
CRC	cyclic redundancy check
CSMA/CD-Verfahren	carrier-sense multiple access with collision detection (CSMA/CD)
CTRL-ALT-DEL	alternate key, control key, delete key
Cursor	cursor
Cursortastatur	cursor keypad
Cursortaste	arrow key, cursor key
Cursortaste nach links	left-arrow key
Cursortaste nach oben	up-arrow key
Cursortaste nach rechts	right-arrow key
Cursortaste nach unten	down-arrow key
Cursorzeichen in Form einer Hand	grabber hand
Cursorzeichen	cursor
Cyan Magenta Gelb	cyan magenta yellow
Cyan Magenta Gelb Schwarz	cyan magenta yellow black
Cyber-Warenhaus	cybermall

D

darstellen	picture, represent
darstellend	representative
Darstellung	picture, representation
Darstellungsbereich	display space, display surface
Darstellungselement	display element, representation element
Darstellungsschicht	representation layer
Datei	file
Datei aufrufen	activate a file
Dateiabschluss	file closing
Dateiabschlussanweisung	file closing statement
Dateiadressierung	file addressing
Dateiaktualisierung	file updating
Dateiänderung	file change
Dateianfang	file beginning
Dateiart	file type
Dateiattribut	file attribute
Dateibelegungstabelle	file allocation table
Dateibereich	file area
Dateibestimmung	file type specification
Dateibezeichner	file handle

Dateibibliothek	file library
Datei-Cache-Speicher	file cache
Dateidefinition	file definition
Dateidefinitionsanweisung	file definition statement
Dateidefinitionsblock	file definition block
Dateidefinitionsmakro	file definition macro
Dateidefragmentierung	file defragmentation
Datei-Diensteinheit	file server
Dateidienstprogramm	file utility
Dateieigentümer	file owner
Dateiende	end of file
Dateiendekennsatz	file trailer label, trailer label
Dateiendekennzeichen	end-of-file label
Dateiendelücke	file gap
Dateienverbund	file combination
Dateieröffnung	file opening
Dateieröffnungsanweisung	file opening statement
Dateierstellung	file creating, file creation
Dateierstellungsdatum	file creating date, file creation date
Dateierzeuger	creator, file creator
Dateifamilie	file family
Dateifernzugriff	remote file access
Dateifluktuation	file fluctuation
Dateifolgenummer	file sequence number
Dateiform	file type, type of file
Dateiformat	file format
Dateifragmentierung	file fragmentation
Dateifrequentierung	file access rate
dateigebunden	file-oriented
Dateigeneration	file generation, generation data set
Dateigenerierung	file creation, file generation
Dateigrenze	file boundary
Dateigröße	file size
datei-integrierte Datenverarbeitung	file-integrated processing
Dateikatalog	file catalog
Dateikatalogsystem	file catalog system
Dateikenndaten	file specification
Dateikennsatz	file label
Dateikennung	file identifier
Dateikettung	file catenation
Dateikomprimierung	file compression
Dateikomprimierungsprogramm	file compression utility
Dateikonvertierung	file conversion

Dateikopie	file copy
Dateilöschung	file deletion
Dateimodus	file mode
Dateiname	file identification, file name
Dateinamenszusatz	file extension
Dateiordnung in Eingabe-Reihenfolge	arrival sequence
Dateiordnung in Schlüsselreihenfolge	keyed sequence
Dateiordnung in Schlüssel-Reihenfolge	keyed sequence
Dateiorganisation	data organization, file architecture, file defragmentation, file organization, file structure
Dateiparameter	file parameter
Dateipfad	file path
Dateipflege	file maintenance
Dateiprofil	file profile
Dateiprozessor	file processor
Dateiprüfung	file checkup
Dateireorganisation	file reorganization
Dateischnellzugriff	quick file access
Dateischutz	file protection
Dateischutzmodus	file protect mode
Dateisegment	file segment
Dateisicherheit	file security
Dateisicherung	file backup
Dateisicherungsblock	file security block
Dateispeicher	file storage
Dateispeicherbereich	file extent
Dateisperre	file lock
Dateisperrung	file locking
Dateistatistik	file statistic
Dateisteuerblock	file control block
Dateisteuerprogramm	file control processor
Dateisteuersprache	file control language
Dateisteuertabelle	file control table
Dateisteuerung	file control
Dateisuchfeld	browse dialog box
Dateitransfer	file transfer
Dateitransfer zwischen gleichrangigen Geräten	peer-to-peer file transfer
Dateitransferprotokoll	file transfer protocol
Dateiverwaltungssystem	DOS
Dateiverzeichnis	directory

Dateiwechsel	file changeover
Dateizugriff	file access
Dateizugriffshäufigkeit	file access rate
Dateizuordnung	file allocation
Dateizuweisungstabelle (FAT)	FAT, file allocation table (FAT)
datenabhängig	data-dependent
Datenabhängigkeit	data dependence
Datenabruf	data fetch
Datenabteilung	data division
Datenadresse	data address
Datenadresskettung	data address chaining
Datenaktualisierung	data updating
Datenaktualität	data topicality
Datenanalyse	data analysis
Datenanzeige	data display
Datenarchiv	data archives
Datenart	data type
Datenattribut	data attribute
Datenaufbereitung	data editing, data preparation
Datenaufteilung	data division
Datenausgabe	data output
Datenausgabestation	data output station
Datenausspähung	data spying
Datenaustausch	data exchange, data transmission, DATEX
Datenautobahn	information highway
Datenband	data tape
Datenbank	data bank, database
Datenbankabfrage	database inquiry
Datenbankadministrator	database manager
Datenbankbegriffe	database concepts
Datenbankbenutzer	database user
Datenbank-Benutzungsregeln	database protocol
Datenbankbeschreibung	data dictionary, database description, database scheme, repository
Datenbankbeschreibungssprache	database description language
Datenbankbeschreibungssystem	data dictionary system
Datenbankbetreiber	database carrier
Datenbankdiagramm	database diagram
Datenbank-Diensteinheit	database server
Datenbankentwurf	database design
Datenbankformat	database format
Datenbankformular	form
Datenbankintegrität	database integrity

Datenbankmanipulationssprache	database manipulation language (DML), DML
Datenbankmaschine	database machine
Datenbankmodell	database model
Datenbankobjekt	database object
Datenbankorganisation	database organization
Datenbankprogramm	database program
Datenbankrechner	database computer
Datenbankschema	database schema, database scheme, schema
Datenbanksegment	database segment
Datenbanksicherheit	database security
Datenbanksicherung	database security
Datenbanksoftware	database software
Datenbanksprache	database language, query language
Datenbankstruktur	database structure
Datenbanksystem	data bank system, database system
Datenbanktabelle	database table
Datenbanktabellen-Verbindung	join
Datenbanktreiberprogramm	database driver
Datenbankverbund	database linkage
Datenbankverwalter	database administrator, database manager
Datenbankverwaltung	database maintenance, database management
Datenbankverwaltungssprache	data administration language, database administration language
Datenbankverwaltungssystem	database management system
Datenbankwiederherstellung	database recovery
Datenbankzugriff	database access
Datenbankzugriffssoftware	database engine
Datenbasis	data pool, database, pool
Datenbaustein	data building block
Datenbearbeitung	data manipulation
Datenbearbeitungssprache	data manipulation language (DML), DML
Datenbegrenzer	data delimiter
Datenbehandlung	data handling
Datenbereich	data area
Datenbereinigung	data cleaning, data purification, data scrubbing
Datenbeschreibung	data description, data specification
Datenbeschreibungssprache	data description language (DDL)
Datenbeschreibungsverzeichnis	data dictionary
Datenbestand	data stock, database
Datenbestand in Schlüsselfolge	key-sequenced data set
Datenbestand in Zugangsfolge	entry-sequenced data set

Datenbeziehung	data relation
Datenbibliothek	data library, library of data
Datenbit	data bit, information bit
Datenblatt	data sheet
Datenblock	block, data block, data frame
Datenblocklänge	length of data block
Datenbreite	data capacity
Datenbus	data bus
Datenbusstecker	data bus connector
Daten-CD	data disc
Datendarstellung	data representation
Datendatei	data file
Datendefinition	data declaration, data definition
Datendefinitionsanweisung	data definition statement
Datendefinitionssprache	data definition language (DDL), DDL
Datendeklaration	data declaration
Datendekomprimierung	data decompression
Datendelikt	data crime
Datendienst	data telecommunication service
Datendirektübertragung	on-line data transmission
Datendrucker	data printer
Datendurchsatz	data throughput
Dateneigentümer	data owner
Dateneingabe	data entry
Dateneinheit	data object, data unit
Datenelement	data element
Datenendeinrichtung	data terminal equipment
Datenendgerät	data terminal
Datenendstation	data device, data processing terminal
Datenentnahme	data extraction
Datenereignis	data event
Datenerfassung	data acquisition, data gathering
Datenerfassung und -anzeige	data acquisition and monitoring
Datenerfassungsarbeitsplatz	data entry station
Datenerfassungsmaske	data entry form
Datenerfassungsverfahren	method of data collection
Datenermittlung	data determination
Datenfälschung	data forgery
Datenfehler	data alert, data error
Datenfeld	data field
Datenfeldlänge	length of data field
Datenfeldmaske	field template
Datenfernübertragung	data telecommunication, remote data transmission
Datenfernverarbeitung	remote data processing, teleprocessing

Datenfernverarbeitungssteuersystem	teleprocessing monitor
Datenfernverarbeitungssystem	teleprocessing system
Datenfluss	data flow, data migration, data movement
Datenflussanalyse	data flow analysis
Datenflusskonzept	data flow architecture
Datenflusslinie	data flow line
Datenflussplan	data flowchart
Datenflussrechner	data flow computer
Datenfolge	data sequence, data series
Datenformat	data format
Datenformatierung	data formatting
Datenfreigabe	data entering
Datenfreigabetaste	data enter key
Datenfriedhof	data graveyard
Datenfunk	data broadcast, radio data transmission
Datenfunknetz	radio data network
Datengeheimnis	data confidentiality, data secrecy
Datengeheimverschlüsselung	data encryption
Daten-Geheimverschlüsselung	data encryption
Datengenerator	data generator
Datengerät	data device
datengerechte Telefonleitung	data-grade line
datengesteuert	data-controlled, data-directed, data-driven
Datengitter	relation chart
Datengrenze	data boundary
Datengruppe	data group
Datengruppenstufe	data group level
Datenhaltung	data keeping
Datenhandhabung	data manipulation
Datenhandhabungssprache	data manipulation language
Datenhandschuh	data glove, sensor glove
Datenhelm	data helmet, data mask
Datenhierarchie	data hierarchy
Dateninhalt	data value
Dateninkonsistenz	data inconsistency
Datenintegration	data integration
Datenintegrität	data integrity
Datenkanal	data channel
Datenkapsel	capsule, data capsule
Datenkennzeichnung	data identification
Datenkette	data chain, data string
Datenkettung	data chaining
Datenklassifikation	military classification
Datenkommunikation	data communication

Datenkomprimierprotokoll	data-compression protocol
Datenkomprimiertechnik	data compressing technology
Datenkomprimierung	data compaction, data compression
Datenkomprimierung mit Datenverlust	lossy compression
Datenkonsistenz	data consistency
Datenkonstante	data constant
Datenkontrolle	data supervision
Datenkonvertierung	data conversion
Datenkonzentrator	data concentrator
Datenleitung	data line
datenlogisch	data-logical
datenlogisches Modell	physical data model
Datenlöschung	data deletion, data erasure
Datenmanipulation	data manipulation
Datenmissbrauch	abuse, data abuse
Datenmodell	data model
Datenmodem	data modem
Datenmodifizierung	data modification
Datenmodul	data module
Datenmodus	data mode
Datennachbehandlung	data subsequent treatment
Datennetz	data network
Datenoase	data oasis
Datenobjekt	data object
Datenordnung	data order
Datenorganisation	data organization
datenorientiert	data-oriented
Datenpaket	data packet, datagram
Datenpaketvermittlung	data packet switching
Datenpool	data pool
Datenprüfung	data validation
Datenpuffer	data buffer
Datenquelle	data origin
Datensatz	record
Datensatzaufbau	record layout
Datensatzauswahl	record selection
Datensatzbereich	record area
Datensatzbeschreibung	record description
Datensatzblockung	record blocking
Datensatzerkennung	record identification
Datensatzformat	record format
Datensatzkennzeichen	record identifier
Datensatzkette	chain of records
Datensatzlänge	length of data record

Datensatzlücke	record gap
Datensatzname	record name
Datensatznummer	record number
Datensatzschlüssel	record key
Datensatzsperre	record locking
Datensatzversatz	record offset
Datensatzzeiger	record pointer
Datenschalter	data switch
Datenschließfach	data box
Datenschnellweg	highway
Datenschutz	data privacy, data protection, privacy protection
Datenschutzbeauftragter	commissioner for data protection
Datenschutzbeirat	data protection advisory board
Datenschutzgesetz	data protection act
Datenschutzklausel	data protection clause
Datenschutzrecht	data protection law
Datenschutzregister	data protection register
Datenschutzstrafvorschrift	data protection penalty regulation
Datenschutzveröffentlichung	data protection announcement
Datenschutzversicherung	data protection insurance
Datenschutzvorschrift	data protection prescription
Datensegment	data segment
Datensenke	data drain, data sink
Datensicherheit	data security
Datensicherung	data protection, data safeguarding, data security
Datensicherungs- und -schutzmaßnahmen	data security
Datensicherungsautomatik	automatic data protection feature, automatic data safeguarding
Datensicherungsbeauftragter	data security officer
Datensicherungseinrichtung	data security facility
Datensicherungsmaßnahme	data security measure
Datensicht	data view
Datensichtgerät	video terminal
Datensichtstation	VDT, video display console, video display terminal
Datensignal	data signal
Datenspeicher	data memory, data storage
Datenspeichereinheit	data storage unit
Datenspeicherung	data storage
Datenspeicherung und -wiedergewinnung	data storage and retrieval
Datensperre	data lock

Datensperrung	data locking
Datenspur	data track
Datenstapel	data batch
Datenstation	communication terminal, data station, terminal
Datenstation für Wählverkehr	dialup communication terminal
Datenstationsrechner	front-end processor
Datensteuerung	data control
Datenstrom	data stream
Datenstruktur	data structure
Datensuche	data searching
Datensystem	data system
Datentabelle	data table
Datentablett	data tablet
Datentastatur	data entry keyboard, data keyboard
Datentaste	data key
Datentechnik	data systems technolngy, data systems technology
Datentelefon	data telefone
Datenterminal	data terminal
Datenterminal-Bereitmeldung	data terminal ready, DTR
Datenträger	data carrier, data medium, discette, medium, record carrier
Datenträgeranfangskennsatz	volume header label
Datenträgerarchivnummer	volume reference number, volume serial number
Datenträgeraustausch	data carrier exchange
Datenträgerende	end of volume
Datenträgerendekennsatz	end-of-volume label, volume trailer label
Datenträgeretikett	volume label
Datenträgerinhaltsverzeichnis	volume table of contents
Datenträgerkatalog	volume catalog
Datenträgerkennsatz	volume identification, volume label
Datenträgerlöscheinrichtung	media eraser
Datenträgerlöschgerät	data carrier erasing device
Datenträgername	volume name
Datenträgerschutz	volume security
Datenträgerverwaltung	data media administration
Datenträgerwechsel	volume switch
Datentransformation	data transformation
Datentransparenz	data transparency, transparency
Datentransport	data transport
Datentyp	data type
Datentypist/in	data typist

Datenübertragung	data transceiving, data transfer, data transmission
Datenübertragung per Telefon	DATEL
Datenübertragungsblock	block, data transmission block
Datenübertragungsdienstleistungen der Post	datel service
Datenübertragungseinheit	data unit of transmission
Datenübertragungsleitung	data transmission line
Datenübertragungsrate	data transfer rate, data transmission rate
Datenumfeldanalyse	data environment analysis
Datenumformung	data transformation
Datenumsetzeinrichtung	data converter
Datenunfall	data accident
Datenunkenntlichmachung	data defacing
Datenunterdrückung	data suppression
Datenursprung	data origin
Datenvektor	data vector
Datenveränderung	data alternation
Datenverantwortlicher	data processor in charge
Datenverarbeiter	data processor
Datenverarbeitung	data processing
Datenverarbeitungsanlage	computer
Datenverarbeitungsberuf	data processing job, data processing profession
Datenverarbeitungsinstruktor	data processing instructor
Datenverarbeitungskaufmann	data processing commercial clerk
Datenverarbeitungskontaktperson	data processing contact person
Datenverarbeitungslehrer	data processing instructor, data processing teacher
Datenverarbeitungsmanager	data processing manager
Datenverarbeitungsmitarbeiter	computer personnel
Datenverarbeitungsnetz	data processing network
Datenverarbeitungsorganisation	application organization, data processing association, data processing organization
Datenverarbeitungsorganisator	data processing organizer
Datenverarbeitungspersonal	computer personnel, data processing personnel, data processing staff, liveware
Datenverarbeitungsprojekt	data processing project
Datenverarbeitungsrecht	data processing law, data processing right
Datenverarbeitungsrechtsprechung	data processing jurisdiction
Datenverarbeitungsrevision	data processing auditing, data processirng auditing
Datenverarbeitungsrevisor	data processing auditor
Datenverarbeitungsspezialist	data processing specialist

Datenverarbeitungssystem	computer system, data processing system
Datenverbindung	data connection
Datenverbund	data aggregate, data interlocking
Datenverdichtung	data aggregation, data compaction, data compression
Datenverfälschung	data falsification
Datenverkapselung	data encapsulation
Datenverkehr	traffic
Datenverknüpfung	data link
Datenverknüpfungsprogramm	data link program
Datenverletzung	data contamination, data corruption
Datenverlust	data loss, overrun
Datenvermittlung	data exchange, data switching
Datenvernetzung	data linking, data networking
Datenverschlüsselung	data ciphering, data coding, data enciphering, data encoding
Datenverschlüsselungstechnik	data encoding scheme
Datenverteilung	data striping
Datenvervielfacher	data multiplexer
Datenverwaltung	data administration, data management
Datenverzeichnis	data directory
Daten-Warenhaus	data warehouse
Datenweg	bus
Datenweitergabe	data dissemination
Datenweiterleitung	data forwarding
Datenwiedergewinnung	data retrieval, fact retrieval
Datenwilderei	data poaching
Datenwort	data word
Datenzugriff	data access
Datenzuverlässigkeit	data reliability
Datenzwischenträger	intermediate data carrier
Datexanschluss	datex access feature
Datex-Benutzerklasse	datex user class
Datexdienst	datex service
Datex-L-Betrieb	datex line switching
Datexnetz	datex network, datex networx
Datex-P-Betrieb	datex package switching
datieren	date
datiert	dated
Datum	date, datum
Datumsformat	date format
Dauer	duration, time
Dauer ...	standing
Dauerbetrieb	continuous operation

Dauerfunktionstaste	automatic repeat key, autorepeat key, repeat key
dauerhaft	hard, non-transient, uninterrupted
dauernd	perpetual
Dauertastenfunktion	autorepeat, key repeat
Dauertest	fatigue test
Dauerüberlagerungsdatei	permanent swap file
Dauerumschaltung	shift-out
Daumenrad	thumb wheel
DB-Programm	database program
DB-Software	database software
dechiffrieren	decipher
Dechiffrierung	deciphering
Deckel	cover
Decodiereinrichtung	decoder
decodieren	decode
Decodiermatrix	decoding matrix
Decodiernetzwerk	decoding network
Decodierphase	decoding phase
Decodierung	decoding
Decodierwerk	decoding unit
defekter Sektor	bad sector
Dehnbarkeit	extensibility
dehnen	strain
Dehnung	strain
Deinstallationsprogramm	deinstaller, uninstaller
deinstallieren	uninstall
deklarative Programmiersprache	declarative programming language
Dekompilierer	decompiler
dekomprimieren	decompress
Dekomprimierung	decompression
Deltaröhre	delta tube
Demodulation	demodulation
Demodulator	demodulator, modulator
demodulieren	demodulate
Demonstrationsprogramm	demo program
Demonstrationssoftware	demoware
Demontage	disassembly
demontieren	strip
Demo-Programm	demo
Demoskopie	demoscopy
Demultiplexeinrichtung	demultiplexer
Densitometer	densitometer
deponieren	deposit

Dequalifikation	dequalification
derselbe	same
designiert	designate
Deskriptor	descriptor
Deskriptorliste	list of descriptors
Destruktionstest	crash test, testing to destruction
Detaildiagramm	detail diagram
detailliert	detailed
Detailskizze	detail drawing
Detektor	detector
Determinante	determinant
Determiniertheit	determination
deutlich	obvious
Deutlichkeit	obviousness
dezentral	peripheral
dezentrale Datenerfassung	decentralized data acquisition, decentralized data gathering, source data collection
dezentralisieren	decentralize, distribute, localize
dezentralisiert	decentralized, distributed
Dezentralisierung	decentralization, distribution
dezimal	decimal
Dezimalbefehl	decimal instruction
dezimal-binär	decimal-to-binary...
dezimal-binär ...	decimal-to-binary
Dezimalcode	decimal code
Dezimaldarstellung	decimal notation
dezimalgepackte Zahl	decimal-packed number
dezimal-gepackte Zahl	decimal-packed number
Dezimalklassifikation	decimal classification
Dezimalkomma	decimal point
Dezimalrechnung	decimal arithmetic
Dezimalstelle	decimal place
Dezimalsystem	decimal system
Dezimaltabulator	decimal tab, decimal tabulator
dezimalungepackte Zahl	decimal-unpacked number
dezimal-ungepackte Zahl	decimal-unpacked number
Dezimalzahl	decimal number
Dezimalzahlensystem	decimal number system
Dezimalzähler	decade counter, decimal counter
Diagnose	diagnosis
Diagnoseeinrichtung	diagnostic facility
Diagnoseprogramm	diagnostic program
Diagnoserechner	diagnostic computer
Diagnosesystem	diagnostic system
Diagnosewerkzeuge	diagnostics

diagnostisch	diagnostic
diagnostische Daten	diagnostic data
diagnostizieren	diagnose
diagonal	diagonal
Diagonale	diagonal
Diagramm	chart, diagram, pattern, plot
Diagramm mit logarithmischem Maßstab	logarithmic chart, logarithmic graph
Diagrammbereich	chart box
Diagrammblock	box
Diagrammname	chart name
Dialekt	dialect
Dialog	conversation, dialog, dialogue, interaction, transaction
Dialog ...	conversational
Dialogablauf	interaction run
Dialogabschluss	interaction stop
Dialoganwendung	interactive application, transactional application
Dialogbetrieb	conversational mode, interactive mode
Dialogbildverarbeitung	interactive image processing
Dialogbuchhaltung	interactive bookkeeping
Dialogdatenerfassung	interactive data acquisition
Dialogdatenverarbeitung	interactive data processing
Dialogeingriff	interaction
Dialogeröffnung	interaction start
dialogfähig	interactionable
Dialogfähigkeit	interactive facility
Dialogfeld	combo box
Dialog-Grafikverarbeitung	interactive graphics
Dialog-Job-Verarbeitung	interactive job entry
Dialogkomponente	interaction component
Dialogmedien	interactive media
Dialogoberfläche	interactive interface
dialogorientiert	transactional, transaction-oriented
dialogorientierte Programmiersprache	interactive programming language
Dialogprogramm	interactive program
Dialogprogrammierung	interactive programming
Dialogprotokoll	interaction protocol
Dialogrechner	interactive computer
Dialogschnittstelle	interactive interface
Dialogsitzung	interactive session, session
Dialogsprache	interactive language

Dialog-Sprachverarbeitungssystem	interactive voice response system
Dialogstation	interactive station, interactive terminal
Dialogsystem	interactive system, query-reply system, transaction system
Dialogtechnik	interaction technique
Dialogverarbeitung	interactive processing, transaction processing
Diashow	slide show
dicht	dense
Dichte	density
Dichtung	seal, sealing
Dicke	thickness
Dickschichtschaltkreis	thick-film circuit
Dickschichtspeicher	thick-film storage
dienen	serve
Dienst	service
Dienstanweisung	service instruction
Diensteinheit	server
Diensteinheit für Datensicherung	backup server
dienstfrei	off duty
Dienstleistung	service
Dienstleistungsunternehmen	service provider
Dienstprogramm	computer utility, service program, service routine, utility program
Dienstprogramm zum Herunterladen	downloading utility
Differential	differential
Differenz	difference
differenziert	differential
Differenzierung	differentiation
diffundieren	diffuse
diffus	scattered
Diffusion	diffusion
Diffusionstransistor	diffusion transistor
Digigrafik	digigraphic
digital	digital, discrete
digital und analog	hybrid
digital-analog	digital-analog, digital-to-analog
Digitalanalog ...	digital-analog
Digital-analog ...	digital-analog
Digital-analog-Schnittstelle	hybrid interface
Digital-analog-Wandler	digital-analog converter, digital-to-analog converter

Digitalanzeige	digital display
Digitalausgabe	digital output
Digitalbild	digital image
Digitalbildschirm	digital monitor
digitale Bildaufzeichnung	digital optical recording
digitale Darstellung	digital representation
digitale Daten	digital data
digitale Datenverarbeitung	digital data processing
digitale Klangdatei	digital audio file
digitale Soundkarte	digital sound processor
digitale Steuerung	digital control
Digitaleingabe	digital input
digitaler Audioprozessor	DSP
digitales Fernsprechnetz	digital telefone network
digitales interaktives Video	digital video interactive
digitales optisches Aufzeichnen	DOR
digitales Signal	binary signal, digital signal
digitales Zeichen	digital character
digitales Zeichengerät	digital plotter
Digitalimpuls	digital pulse
digitalisieren	digitalize, digitize
Digitalisiertablett	digitizing tablet
Digitalisierung	digitalization, digitization, digitizing
Digitalkamera	digital camera
Digitalmodem	digital modem
Digitalnetz	digital network
Digitalrechner	digital computer
Digitalschaltung	digital circuit
Digitalschrift	digital font
Digitalsignal	digital signal
Digitalsignalerzeuger	digital signal processor
Digitalübertragung	digital transmission
Digitalumsetzer	digitizer
Digitalzeichen	digital character
Digitalzeichengeber	digital transmitter
Dimension	dim, dimension
dimensional	dimensional
dimensionieren	dim, dimension
Dimensionsvereinbarung	dimension declaration
Diode	diode
Diodendurchbruch	diode breakdown
Diodeneffekt	diode effect
direkt durchgeschaltete Verbindung	direct station-to-station connection
Direktausgabe	direct output

direkte Prozesskopplung	direct process coupling
direkte Saldierung	net balance
direkte Verdrahtung	mattress wiring
Direktentschlüsselung	on-line decryption
direkter Druck	direct print
direkter Zugriff	random access
direktes Schreiben	key-to-print
direktes Suchen	direct search
Direkthilfe	on-line help
direktleitende Verbindung	physical connection
Direktoperand	direct operand, no-address operand
Direktrufleitung	line for direct call
Direktrufnetz	leased line network
Direktrufverkehr	non-switched traffic
Direktumstellung	direct reorganization
Direktverarbeitung	direct processing
Direktverschlüsselung	on-line encryption
Direktwahltaste	key for direct call
Direktwert	actual value
Direktzugriff	random access
Direktzugriffsdatei	random file, random-access file
Direktzugriffsspeicher	RAM, random-access memory, random-access storage, video RAM
Direktzugriffsspeicher für Überlagerungstechnik	page-mode random-access memory
Direktzugriffs-Speichergerät	direct-access storage device
Direktzugriffsspeicherung	direct-access mode
Direktzugriffsverfahren	direct-access mode
Disjunktion	disjunction, inclusive OR
Diskette	compact floppy disk, discette, disk, diskette, flexible disk, flippy-floppy, floppy disk, microfloppy, minifloppy
Diskettenaufkleber	diskette label
Diskettenbetriebssystem	disk operating system, floppy disk operatingsystem
Disketten-Cachespeicher	disk cache
Disketten-Doppellaufwerk	dual disk drive
Diskettenformatierung	disk formatting
Diskettengeschwindigkeit	disk speed
Diskettenhülle	disk jacket, jacket, sleeve
Diskettenkapazität	disk capacity
Diskettenlaufwerk	disk drive
Diskettenpegel	disk gauge
Diskettenpufferspeicher	disk buffer
Diskettensektor	disk sector

Diskettensicherung	disk backup
Diskettenspeicher	disk storage
Diskettenspeicheroptimierer	disk optimizer
Diskettenspur	disk track
Diskettensteuereinheit	disk control unit, disk controller
Diskettenvergleich	disk compare
Diskettenzugreifen	disk accessing
Diskettenzugriff	disk access
diskontinuierlich	discontinuous
diskontinuierlicher Betrieb	discontinuous current flow
diskret	discrete
diskrete Darstellung	discrete representation
diskreter Halbleiter	discrete semiconductor
diskreter Schaltkreis	discrete circuit
diskretes Bauelement	discrete component
diskretes Signal	discrete signal
diskretes Zeichen	discrete character
Diskussionsforum	forum, newsgroup, panel
Diskussionsleiter	moderator
Diskussionsleitung	moderation
Disponent	managing clerk
disponieren	plan
Disposition	disposition
Dispositionssystem	disposition system
Distanz	displacement, distance
Distanzadresse	bias address, displacement address, offset address
Divergenz	divergence, divergency
divergieren	diverge
Dividend	dividend
dividieren	divide
Dividierwerk	division unit
Division	division
Division durch null	division by zero
Divisionsfehler	division error
Divisionsrest	division remainder
Divisionsrestverfahren	division-remainder method
Divisionswerk	divider
Divisionszeichen	division sign
Divisor	divisor
Dokument	document, scripture, sheet, voucher
Dokumentar	documentor
Dokumentation	documentation
Dokumentationsprogramm	documentation program

Dokumentationssprache	documentary language, documentation language
Dokumentationsstelle	clearing house, clearing office
Dokumentaufbau	document format
Dokumentaustauschprotokoll	office document interchange format
Dokumentbereitung	document preparing
Dokumentbezugskante	document reference edge
Dokumentenarchitektur	ODA, office document architecture
Dokumentenaustauschprotokoll	ODIF
Dokumentendatenbanksystem	document retrieval system
Dokument-Endform	final copy
dokumentenecht	accepted for use in official documents
Dokumentenelement	element
Dokumentenscanner	document reader
Dokumentenwiedergewinnung	document retrieval
Dokumentfenster	document window
Dollarzeichen ($)	dollar sign
Domäne	domain
Domänenname	domain name
Domänennamensauflösungsdienst	DNS, domain name service (DNS)
Donator	donor
Doppel ...	double, dual
Doppelbelegung	double assignment
Doppelbus	double bus
Doppelbyte	double byte
Doppeldiskette	dual floppy
Doppeldiskettenlaufwerk	dual floppy drive, twin-floppy-disk drive
Doppeldruckverfahren	overprinting
Doppelformatdrucker	tabloid printer
Doppelkettung	double chaining
Doppelklicken	double click
Doppel-Koaxialkabel	twinaxial cable
Doppelkopffestplatte	dual-actuator hard disk
Doppellaufwerk	twin drive
Doppelprozessor	dual-issue processor
Doppelprozessorsystem	twin-processor system
Doppelpufferung	double buffering
Doppelpunkt	colon
Doppelrechner	duplex computer, parallel computer, tandem computer
Doppelrechnersystem	bi-processor system, twin system, twin-computer system
Doppelsäulendiagramm	paired bar graph

Doppelstapel	double-ended queue
Doppelstrombetrieb	polar current working
Doppelsystem	bi-processor system, dual system, twin system
doppelt	double, dual, twice, twin
doppelt aufgefrischt	doublescanned, dual-scanned
doppelte Dichte	double density, dual density
doppelte Genauigkeit	double precision, long precision
doppelte Länge	double length
doppelte Speicherdichte	double density
doppelter Zeilenabstand	double space
Doppelunterstreichung	double underline
Doppelvorschub	dual carriage
Doppelvorschubdrucken	dual carriage print, dual-carriage print
Doppelwort	doubleword
Doppelwortadresse	doubleword address
dotieren	contaminate, dope
Dotiersubstanz	dopand, dopant, dope additive, doping material
dotiert	contaminated, doped
Dotierung	contamination, doping
Dotierungsstoff	dopant, doping material
Dozent	instructor, lecturer
Draht	rod, wire
Draht unter Spannung	live wire
Drahtanschluss	wire bond, wire bonding
Drahtbrücke	wire strap
Drahtdurchkontaktierung	wire throughconnection, wire through-connection
drahtgewickelt	wire-wound, wirewrapped, wire-wrapped
drahtlos	wireless
Drahtmodell	wire-frame model
Drahtspeicher	rod memory
Drahtsteckanschluss	wire wrapping
Drahtsteckkontakt	wire wrapping
Drahtwickelkontaktierung	wire wrapping
Drahtwickeltechnik	wrapping
Drehachse	spindle
drehbar	hinged, swivel
Drehbewegung	spin, traverse
drehen	rotate, spin, turn
Drehkondensator	variable capacitor
Drehkreuz	spider
Drehmoment	torque
Drehmotor	spindle motor

Drehpunkt	pivot
Drehring	swivel
Drehschalter	rotary switch, turnswitch, turn-switch
Drehstrom	rotany current, three-phase current
Drehung	rotation, torsion
Drehwartezeit	rotation delay, rotational latency
Drehwerkzeug	rotation tool
Drehzahl	number of revolutions, speed
Drehzylinder	rotor
Dreiadressbefehl	three-address instruction
Dreiadressrechner	three-address computer
Dreiadresssystem	three-address system
dreidimensionale Grafik	three-dimensional chart, three-dimensional graph
dreidimensionaler Bereich	three dimensional array
dreidimensionales Arbeitsblatt	three-dimensional spreadsheet
dreidimensionales Koordinatensystem	gnomon
dreidimensionales Modell	three-dimensional model
dreifach	ternary
dreiphasig	three-phase
dreischichtiges Konzept	three-level concept
Dringlichkeit	instancy
Dritte	third party
drosseln	baffle
Drosselung	slow-down
Druck	force, print
Druckbefehl	print command
Druckeinstellung	print alignment
drucken	print
drücken	actuate, depress
druckend	writing
druckerinterne Bitmap-Schrift	intrinsic font
druckerinterne Schriftart	internal font
Druckerschrift	hard font
Druckersteuersprache	PCL
Druckerstörung	printer error, printer failure
Druckertreiberprogramm	printer driver
Druckerwarteschlange	printer queue
Druckerwartung	printer maintenance
druckfähig	printable
Druckfehler	misprint
Druckfläche	print zone
Druckformat	print format
Druckformatleiste	style bar

druckfreier Bereich	nonprinting area
Druckfreigabe	imprimatur
Druckgeschwindigkeit	printing speed
Druckhöhe	print height
Druckkette	print belt, print chain
Druckkopf	print head
Druckkosten	printing costs
Druckleistung	printing rate
Druckmaske	print mask
Druckmatrix	print matrix
Druckprogramm	print program
Druckpufferspeicher	print buffer, printer buffer
Druckpunkt	action point
Druckqualität	print quality
Druckregler	pressure balance
Druckschmierung	pump-fed lubrication
Druckschriftleser	type reader
Druckseiten-Layoutabbildung	greeking
Druckserver	print server
Druckspalte	print column
Druckspooler	print spooler
Druckstab	print bar
Drucksteuerung	print control
Drucktaste	print screen key
Drucktechnik	typography
drucktechnisch	typographic
Drucktrommel	print drum
Drucktype	letter, type, type character
Drucktype mit Oberlänge	bold type
druckungeeignet	unprintable
Druckvorbereitung	printing preparation
Druckvorlage	artwork, artwork mask, lithograph
Druckwalze	drum, print drum
Druck-Warteschlange	print queue
Druckwegoptimierung	printway optimization
Druckwerk	print engine, printing unit
Druckzeichen	letter, type, type character
Druckzeile	printing line
dual	binary, dual
dual binär	dual binary
dual verschlüsselt	binary-coded
dual verschlüsselt binär verschlüsselt	dual encoded
Dualcode	dual code
Dualität	duality

Dualsystem	dual system
Dualzahl	dual number
dunkel	dark, opaque
dunkel getönt	shaded
Dunkelfeld	dark field
Dunkelsteuerung	blanking
Dunkeltönung	shading
dünn	thin
Dünndruckpapier	bible paper, Indiapaper, India-paper
dünnflüssig	mobile
Dünnschicht-Magnetspeichermedium	thin-film magnetic medium
Dünnschichtschaltkreis	thin-film circuit
Dünnschichtspeicher	magnetic film memory, thin-film storage
Dünnschichttransistor	thin-film transistor
duodezimal	duodecimal
duplex	duplex, either-way
durch	through, thru
durch Fehler lernen	trial and error
durchblättern	browse
Durchbruch	breakdown
Durchbruchsbereich	breakdown region
Durchbruchsspannung	breakdown voltage
Durchbruchstemperatur	breakdown temperature
Durchdenken	walkthrough
durchdringbar	penetrable
durchdringen	penetrate
Durchdringung	penetration
Durchdringungstest	penetration test
Durchforschung	search, searching
durchführbar	practicable
Durchführbarkeit	practicability, workability
durchführen	transact
Durchgang	continuity
durchgehend	non-stop
durchkontaktieren	connect through
Durchkontaktierung	through-connection
Durchlassbereich	conducting state region
durchlässig	conducting, permeable, porous
Durchlässigkeit	penetrability, permeability, porosity
Durchlässigkeitsgrad	transmittance
Durchlassrichtung	forward direction
Durchlassspannung	conducting state voltage
Durchlassstrom	conducting state current
Durchlasszustand	on-state

Durchlauf	pass, run
Durchlaufeffekt	ripple-through effect
durchlaufen	cross, pass, traverse
durchlaufender Übertrag	ripple-through carry
Durchlaufzeit	run time
durchplattiert	plated-through
Durchsatz	computer throughput, efficiency, throughput
Durchsatzrate	throughput rate, transfer rate
Durchsatzzeit	throughput time
durchschalten	connect through, interconnect
Durchschaltetechnik	line switching
Durchschaltung	line connection, through-connection
durchschauen	see through
Durchschlag	breakdown, copy, press-copy
Durchschlagpapier	typing paper
Durchschnitt	average
durchschnittlich	average, mean, medial, medium
durchschnittliche Drehwartezeit	average rotation decay
durchschnittliche Operationszeit	average operation time
durchschnittliche Suchzeit	average seek time
Durchschnittsgeschwindigkeit	average speed
Durchschnittswert	average value
Durchschreibeformular	multipart form
Durchschreiben	duplication
Durchschuss	interleaf, leading
durchsehen	peruse
Durchsicht	perusal, revision
durchstreichen	strike out, strike through
Durchstreichung	strike-out, strike-through
durchstreifen	prowl
durchsuchen	browse
Durchsuchung	search, searching
Durchwahl	direct inward dialing
durchziehen	pull through
Düse	nozzle
Düsenjäger	jet
DV-Mitarbeiter	computer personnel
Dvorak-Tastatur	Dvorak keyboard
dyadisch	binary, dual, dyadic
dynamisch	dynamic
dynamische Bibliothek	dynamic link library
dynamische Computergruppe	dynamic computer group

dynamische Programmierung	dynamic programming
dynamische Programmverschiebung	dynamic program relocation
dynamische Speicherzuordnung	dynamic storage allocation
dynamische Systemarchitektur	dynamic system architecture
dynamische Verknüpfung	dynamic link
dynamischer Bereich	dynamic area
dynamischer Datenaustausch	dynamic data exchange
dynamischer Speicher	dynamic random-access memory, dynamic storage
dynamisches Bereichsattribut	range attribute of area
dynamisches Binden	dynamic binding
dynamisches Menü	dynamic menu
dynamisches Objekt	dynamic object
dynamisches Testen	dynamic testing
dynamisches Variablenfeld	dynamic array

E

eben	planar, plane
Ebene	echelon, plane, rank
Echo	echo
Echoplex-Verfahren	echoplex
Echoprüfung	echo check
Echounterdrückung	echo suppression
echt	real
echte Adresse	actual address
echter Bruch	proper fraction
echter Name	real name
Echtheit	originality
Echtverarbeitung	real processing
Echtzeit	real time, real-time
Echtzeit ...	real-time
Echtzeit-Bildkomprimierung	real-time video compression
Echtzeitdaten	live data
Echtzeit-Datenerfassung	real-time data acquisition
Echtzeit-Datenverarbeitung	real-time data processing, real-time processing
Echtzeit-Verarbeitung	continuous processing
Effektor	actor, actuator
EGA-Karte	enhanced graphics adapter
eichen	gauge
Eichmaß	gauge
Eichung	gauging

EIDE	enhanced integrated drive electronics
eigen	own, proprietary
eigenleitend	intrinsic
Eigenprogrammierung	internal programming
Eigenschaft	predicate
Eigenschaften	properties
Eigentest	automatic test, self-check
eigentliche Daten	actual data
Eigentum	ownership, property, proprietorship
Eigentümer	owner, proprietor
Eigentums ...	proprietary
Eil ...	speed
Eilauftrag	rush order
eilige Nachricht	express
ein	one
ein Gatter durchfließen	gate
ein ...	mono..., one..., uni..., unit...
Ein-/ Ausgabe-Steuerung	input-output control
Ein-/Ausgabe-Anschluss	input-output port
Ein-/Ausgabe-Anweisung	input-output statement
Ein-/Ausgabe-Befehl	input-output instruction
Ein-/Ausgabe-Bereich	input-output area
Ein-/Ausgabe-Beschreibung	input-output description
Ein-/Ausgabe-bezogen	physic
Ein-/Ausgabe-Bus	input-output bus
Ein-/Ausgabe-Datei	input-output file
Ein-/Ausgabe-Format	input-output format
Ein-/Ausgabe-Gerät	input-output device
Ein-/Ausgabe-Kanal	input-output channel
Ein-/Ausgabe-Kapitel	input-output section
Ein-/Ausgabe-Makrobefehl	input-output macro
Ein-/Ausgabe-Parameter	input-output parameter
Ein-/Ausgabe-Programm	input-output program
Ein-/Ausgabe-Prozessor	input-output processor
Ein-/Ausgabe-Puffer	input-output buffer
Ein-/Ausgabe-Schnittstelle	input-output interface
Ein-/Ausgabe-Steuersystem	input-output control system
Ein-/Ausgabe-Steuerung	input-output control, peripheral control
Ein-/Ausgabe-Steuerwerk	input-output control unit, input-output unit, peripheral controller
Ein-/Ausgabe-System	input-output control system
Ein-/Ausgabe-Umleitung	input-output redirection
Ein-/Ausgabe-Unterbrechung	input-output interrupt
Ein-/Ausgabe-Zeit	input-output time
Einadressbefehl	single-address instruction

Einadressrechner	one-address computer, single-address computer
Ein-Aus- ...	on-off
Ein-Aus-Schalter	on-off switch
Ein-Aus-Taste	on-off key
einbauen	encase, incase
Einbaurahmen	chassis
Einbauschlitz	card slot
einbetten	embed
Einbettung	embedding
einbeziehen	include
einblenden	flash, overlay
Einblendung	flash, overlay
einbrechen	break in, break-in
einbrennen	blow, burn, burn in
Einchipprozessor	single-chip microprocessor
eindeutig	unambiguous, unique
Eindeutigkeit	unambiguity
Eindeutigmachen	disambiguation
eindimensional	unidimensional
eindimensionale Tabelle	unidimensional table
eindimensionale Zahl	unidimensional number
eindimensionaler Zugriff	unidimensional access
Eindringen	intrude, intrusion, invade
einen Dialog führen	interact
Einerkomplement	complement on one
einfach	easy, elementary, primitive, simple
Einfachdatei	flat file
einfache Dichte	SD, single density
einfache Genauigkeit	short precision
einfacher Befehlsstrom/ mehrfacher Datenstrom	SIMD
einfaches Listentextdiagramm	simple list text chart
einfaches Netzverwaltungsprotokoll	simple network management protocol
Einfachfehler	single error
Einfachheit	simplicity
Einfachkettung	single chaining
Einfachstrombetrieb	single-current operation
einfädeln	thread
Einfädelung	threading
einfahren	run in, running in
Einfallswinkel	wave angle
Einfarbdrucker	monochrome printer

einfarbig	monochromatic, monochrome, monochromic, plain
Einfarbigkeit	monochromaticity
einführen	implement, introduce
Einführung	guide, guide book, implementation, introduction
Eingabe	input
Eingabe-Taste	enter-return key
Eingabe/Ausgabe	I/O
eingabeabhängig	input-bound
Eingabeanzeige	echoprint
Eingabeaufbereitung	input editing
Eingabeaufforderung eines textorientierten Befehlsinterpreters	shell
Eingabeaufruf	enter call
Eingabe-Ausgabe ...	input-output
Eingabe-Ausgabe-Analyse	input-output analysis
Eingabe-Ausgabe-Steuerungssystem	IOCS
Eingabebefehl	input instruction
Eingabebereich	input area
Eingabebeschreibung	input description
Eingabebestätigung	acknowledge input, input acknowledgement
Eingabebestimmung	input format specification
Eingabebestimmungsvorlage	input specification form
Eingabebewegung	gesture
Eingabedatei	input file
Eingabedaten	entry data, input data
Eingabedatenstrom	input data stream
Eingabedatenträger	input media, input medium
Eingabeeinheit	input unit
Eingabeeinrichtung	input facility
Eingabeelement	input primitive
Eingabefach	input magazine
Eingabefehler	type error, typing error
Eingabefeld	input field
Eingabeformat	input format
Eingabegerät	input device, input unit
Eingabegeschwindigkeit	keying speed
Eingabekontrolle	input supervision
Eingabemagazin	hopper
Eingabemaske	input mask
Eingabemedium	input medium
Eingabemodus	input mode

Eingabeoperation	input operation
Eingabeprogramm	input program
Eingabeprozedur	input procedure
Eingabepuffer	input buffer
Eingaberoutine	input routine
Eingabesatz	input record
Eingabespeicher	input storage
Eingabestauraum	let-in area
Eingabesteuerprogramm	input control program
Eingabesteuerung	input control
Eingabesteuerwerk	input controller
Eingabetaste	carriage-return key, return key
Eingabeteil	input section
Eingabeunterbrechung	input interrupt
Eingabe-Verarbeitung-Ausgabe-Prinzip	input-processing-output principle
Eingabe-Verarbeitung-Ausgabe-Schleife	input-processing-output loop
Eingabezeile	entry line
Eingang	entry, inlet
Eingängigkeit	plausibility
Eingangsanschluss	input terminal
Eingangsgleichung	input equation
Eingangsimpuls	input pulse
Eingangsleistung	input, power-input
Eingangssignal	input signal
Eingangsspannung	input voltage
Eingangsstrom	input current
Eingangsstufe	input stage
eingebaut	built-in
eingebaute Festplatte	internal hard disk
eingebaute Funktion	built-in function
eingebauter Trackball	built-in pointing device
eingebautes Modem	integral modem, internal modem
eingeben	enter, input, key in, keying, post, read, read in, type in
eingeben/ausgeben	input-output
eingebettet	embedded
eingebettete Schicht	buried layer
eingebetteter Befehl	embedded instruction
eingebetteter Computer	embedded computer
eingebettetes Diagramm	embedded chart
eingebettetes Formatierungskommando	embedded formatting command
eingebettetes Kommando	embedded command

eingebettetes Objekt	embedded object
eingebundene Grafik	anchored graphic
eingeklammert	parenthetic
eingerahmt	framed
eingeschaltet	active
eingeschränkte Funktion	restricted function
eingeschränkter Dialog	restricted dialog
eingeschränkter Zugriff	restricted access
eingeteilt	scaled
eingravieren	engrave
eingreifen	intervene
Eingriff	intervention, invasion
einheitlich	uniform
Einheitlichkeit	uniformity
Einkaufen per Telefon	teleshopping
einkuppeln	engage
einlagern	swap in
Einlagerung	swapping-in
Einlegeboden	shelf
Einleitung	initiation, introduction, preamble
einlesen	input
einlösen	pay in
einmal programmierbarer Festspeicher	PROM
einpassen	rubber banding, seat
Einplatinenrechner	monoboard computer, single-board computer
einprägen	impress
einrahmen	frame
einreihen	enqueue
einrichten	institute
Einrichtung	setup
Einrichtung zum Laden zweier Betriebssysteme	dual boot feature
einrücken	mesh
Einrückung	indent, indentation
eins	one
einsatzbereit	standby
Einschaltautomatik	automatic switchon
Einschalt-Bildschirm	start-up screen
einschalten	activate, enable, energize, plug, switch on
Einschaltstromspitze	start-up peak
Einschaltung	activation
Einschätzung	assessment
Einschichtpapier	single-sided non-carbon paper

einschieben	slide in
einschließen	imply
einschließlich	including, inclusive
Einschließung	surround
Einschluss	inlay
einschneiden	gash
Einschnitt	gash
einschränken	restrict, retrench
Einschränkung	limitation, restriction
einschreiben	inscribe, write in
Einschriftleser	single-font reader
Einschrittschrift	monospace font, non-proportional font
Einschub	stack
Einschub ...	slide-in
Einschubeinheit	slide-in unit
Einschubschlitz	slot
Einschwärzung	inking
Einschwingvorgang	transient
einseitig	one-sided, single-edge, single-sided, unilateral
einseitig gerichtet	unidirectional
einseitig wirkend	unidirectional
einsetzen	seat, use
einspaltig	single-column
einsparen	save
Einsparungen	savings
einspeichern	push, read in, roll in, stage, write in
einspringen	enter into, jump into
Einsprungstelle	entrance, entry, entry point
einspulen	input spooling, spool in, spool-in
Einspuraufzeichnung	single-track recording
einsteckbar	plug-in
einstecken	plug, plug in, push in
einstecken und arbeiten	plug and play
einstellbar	adjustable
einstellbare Anschlagstärke	adjustable penetration control
einstellbare Tastenanschlagstärke	adjustable key touch
einstellbarer Rand	adjustable margin
einstellbares Komma	adjustable point
Einstellbereich	adjustment range
einstellen	adjust, modulate, regulate, regulating, set
einstellig	monadic, one-digit
Einstellknopf	adjustment knob
Einstellmotor	positioning motor

Einstellung	modulation, setting
Einstellvorschrift	adjustment instruction
Einstiegsmodell	low-end model, tiny model
Einstiegsseite	home page
Einstiegssystem	entry-level system
einstreuen	intersperse
einstufen	rate, tax
einstufig	one-level, single-level, single-stage
einteilen	grade, graduate
Einteilung	graduation
Einteilungsfaktor	scale factor
eintragen	enrol, fill out, profit, register
eintreten	enter
Einzel ...	individual, mono..., single
Einzelbeleg	single document
Einzelblattzuführung	cut-sheet feeder
Einzelformular	cut form
Einzelgerät	single device
Einzelheit	particular
einzeln	discrete, individual, odd, single
Einzelnetz	separate network
Einzelrechner	standalone computer
Einzeltest	particular test
einziehbar	retractable
EISA	EISA
elastisch	elastic, flexible
Elastizität	flexibility
elektrisch	electric
elektrisch änderbarer Festspeicher	electrically alterable read-only memory
elektrisch änderbarer programmierbarer Festspeicher	electrically alterable programmable read-only memory
elektrisch löschbarer Festspeicher	electrically erasable read-only memory (EAROM)
elektrisch löschbarer programmierbarer Festspeicher	electrically erasable programmable read-only memory (EAPROM)
elektrische Ladung	electric charge
elektrischer Strom	electric current
elektrisches Feld	electric field
Elektrizität	electricity
Elektrode	electrode
elektrofotografisch	electrophotographic
Elektrolumineszenzbildschirm	electroluminescent display
Elektrolyse	electroanalysis, electrolysis
Elektrolyt	electrolyte

elektrolytische Aufzeichnung	electrolytic recording
Elektrolytkondensator	electrolytic capacitor
Elektromagnet	electromagnet
elektromagnetisch	electromagnetic
elektromagnetische Strahlung	electromagnetic radiation
elektromagnetische Überlagerung	electromagnetic inteference, electromagnetic interference
elektromagnetisches Spektrum	electromagnetic spectrum
elektromechanisch	electromechanic
Elektron	electron
Elektronenentladung	electron discharge
Elektronengehirn	electronic brain
Elektronenröhre	electron tube, electronic tube
Elektronenschale	electron orbit
Elektronensicherung	fusetron
Elektronenstrahl	beam, electron beam, electron stream
elektronenstrahladressierter Speicher	EBAM, electronic beam-addressed memory (EBAM)
Elektronenstrahl-Lithographie	electron beam lithography
Elektronenstrahlröhre	electron ray tube
Elektronenstrahl-Speicher	electron beam memory
Elektronenverschiebung	electron drift
Elektronik	electronic system, electronics
Elektronikindustrie	electronic industry
elektronisch	electronic
elektronische Ablage	electronic filing
elektronische Briefübermittlung	electronic mailboxing
elektronische Datenverarbeitung	electronic data processing
elektronische Datenverarbeitungsanlage	electronic data processing system
elektronische Kamera	electronic camera
elektronische Musik	electronic music
elektronische Post	electronic mail
elektronische Publikation	electronic publishing
elektronische Rechenmaschine	electronic calculator
elektronische Wandtafel	electronic bulletin board
elektronischer Bankdienst	cash management system, electronic banking
elektronischer Brief	electronic mail
elektronischer Briefkasten	electronic mailbox, telebox
elektronischer Datenaustausch	electronic data interchange
elektronischer Kalender	electronic calendar

elektronischer Papierkorb	electronic wastebasket, electronic wastepaper basket
elektronischer Plattenspeicher	electronic disk
elektronischer Schaltkreis	electronic circuit
elektronischer Schreibtisch	electronic desk
elektronischer Speicher	electronic storage
elektronisches Arbeitsblatt	electronic spreadsheet, spreadsheet
elektronisches Buch	electronic book
elektronisches Büro	electronic office
elektronisches Datenverarbeitungssystem	electronic data processing system
elektronisches Datenvermittlungssystem	electronic data switching system
Elektrophorese	electrophoresis
elektrosensitiv	electrosensitive
Elektrostatik-Abschirmung	electrostatic shield
elektrostatisch	electrosatic, static
elektrostatische Anziehung	electrostatic adhesion
elektrostatische Aufladung	electrostatic charge
elektrostatischer Speicher	electrostatic memory
elektrostatisches Zeichengerät	electrostatic plotter
Element	element
elementar	elemental, elementary
Elementarblock	elementary block
Elementardatei	elementary file
elementare Adresse	elementary address
elementares Datenbankobjekt	molecular database object
Elementarfunktion	elementary function
Elementaroperation	elementary operation
Elementgruppe	element group
Elite	elite
Ellipse	ellipse
E-Mail	e-mail
Emission	emission
Emissionsvermögen	emissivity
Emitter	emitter
Emitteranschluss	emitter electrode
emittergekoppelte Schaltlogik	ECL, emitter-coupled logic
empfangen	accept
empfangende Datenstation	accepting station
Empfänger	acceptor, addressee
empfindlich	selective, sensitive
Empfindlichkeit	selectivity, sensitivity
Emulation	emulation
Emulator	emulator

emulieren	emulate
Emulsions-Laserspeicher-Technik	emulsion laser storage
End ...	terminating
Endadresse	end address, high address
Endausbaustufe	ultimate configuration
Endbegrenzer	stop delimiter
Endbenutzer	direct end-user, end-user
Endbenutzersystem	end-user system
Enddatensatz	end record
Ende	end, tail
Ende des übertragenen Blockes	end of transmission block, end-of-transmission block
Ende von ...	end of...
Endeabfrage	end scaning, end scanning
Endeadresse	at-end address
Endeanweisung	end statement, stop statement
Endebedingung	at-end condition, end condition
Endebefehl	stop instruction
Endekriterium	end criterion, terminate flag
Endemeldung	end message
Enderoutine	terminating routine
Endetaste	end key
Endezeichen	back-to-normal signal, end character, end sentinel, end symbol, terminator
Endfußnote	endnote
endgültig	decided, final
endgültig verloren	irrecoverable
endgültiger Befehl	effective instruction
Endknoten	final network node, final node, terminal node
Endlage	stop position
endlich	finite
endlicher Algorithmus	finite algorithm
endlicher Automat	finite automaton
endlos	unending
Endlosformular	continuous form, endless form, fanfold form, tab form
Endlospapier	continuous form paper, continuous paper, fanfold paper, z-fold paper
Endlospapierfänger	refold stand
Endlosschleife	endless loop, infinite loop
Endlosvordruck	continuous printed form
Endpunkt	endpoint
Endpunktübertragung	end-to-end transmission
Endrand	right-hand margin

Endrandsteller	right-hand margin key
Endstelle	terminal
Endstufe	output stage
Endtermin	end date
Endverbraucher	ultimate consumer
Endvermittlungsstelle	terminal exchange
Endwert	accumulated value
Energie	energy, power
Energieband	energy band
Energieüberwachung	power management
eng gepackt	compact
eng zusammengepackt	packaged
Engpass	bottleneck
entblocken	deblock, deblocking, unblock, unblocking
Entblockung	deblocking, unblocking
entbündeln	unbundle
Entbündelung	unbundling
Entdecker	explorer
entfernen	dequeue, eliminate, take out
Entfernentaste	DEL key
entfernt	distant, remote
entfernt untergebracht	remoted
Entfernung	distance
entformatieren	unformat
entgegengesetzt	inverse, opponent, opposed, opposite
entgegensetzen	oppose
enthalten	hold
enthalten sein	go into
entkommen	ESC
entkoppeln	decouple, decoupling
Entkoppler	decoupler
entladen	discharge, discharging
Entladung	discharge
entlasten	relieve
Entlastung	relief
entlöschen	unerase
entmagnetisieren	demagnetize
Entmagnetisierung	demagnetization
entnehmen	demount, take from
entpackt	zoned
entschachteln	demultiplex
Entscheidung	decision
Entscheidungsbaum	decision tree
Entscheidungsbefehl	decision instruction, discrimination instruction

Entscheidungsebene	decision level
Entscheidungsmodell	decision model
Entscheidungsprozess	decision procedure
Entscheidungsregel	decision rule
Entscheidungssystem	decision support system
Entscheidungstabelle	decision table
Entscheidungstabellengenerator	decision table program generator
Entscheidungstheorie	decision theory
entschieden	decided
entschlüsseln	decipher, decode, decoding
Entschlüsselung	deciphering
Entschlüsselungseinrichtung	decoder
entstören	dejam
entweichen	escape
entwerfen	style
entwickeln	develop, evolve, extricate
entwickelt	advanced
Entwickler	developer
Entwicklung	development, engineering
Entwicklungsdauer	development time
Entwicklungsdokumentation	development documentation
Entwicklungslabor	laboratory
Entwicklungsland	developing country
Entwicklungsstau	development backlog
Entwicklungsstrategie	development strategy
Entwicklungssystem	developing system, development system
Entwicklungswerkzeug	developer's toolkit
Entwicklungszyklus	design cycle
Entwurf	design, draft, project
Entwurfsblatt	draft sheet, layout sheet
Entwurfskontrolle	design review
Entwurfsmatrix	design matrix
Entwurfswerkzeug	design tool
entzerren	equalize
entzerrende Übertragungseinrichtung	regenerative repeater
Entzerrer	equalizer, regenerative repeater
Entzerrung	equalization
entziehen	steal
epitaxiale Schicht	epitaxial layer
Epitaxialtransistor	epitaxial transistor
Epitaxialwachstum	epitaxial growth
Erde	earth, ground
erden	earth, ground

Erdfunknetz	ground radio network
Erdleiter	earth wire
erdsynchron	geosynchronous
Erdung	earth, earthing, grounding
Ereignis	event, incident, occasion, occurrence
Ereignis-Behandlungsroutine	event handler
ereignisgesteuert	event-driven
Ereignisnetz	occurrence network
erfahren	practiced, skillful
Erfahrung	experience, know-how
erfassen	acquire, capture, collect, collecting, gather, gathering
Erfassung	acquisition, capture, collecting, gathering
erfinden	invent
Erfinder	inventor, originator
erfinderisch	inventive, originative
Erfindung	invention, origination
Erfindungsgabe	inventiveness
Erfolg	success
Erfolg haben	succeed
erfolglos	ineffective, unsuccessful
erfolgreich	successful
erforderlich	necessary
erforderliche Eingabe	solicited input
Erfordernis	requirement
erforschen	investigate, search
Erforschung	investigation
ergänzen	add, append
ergänzend	supplementary
Ergänzung	appendix, supplementation
Ergänzungsfunktion	optional function
Ergänzungsmaschine	supplementary machine
Ergänzungsspeicher	shaded memory, shadow storage
Ergebnis	outcome, upshot
Ergebnisfeld	calculated field, derived field
Ergibtzeichen (:=)	colon equal
ergonomisch	ergonomic
ergonomische Tastatur	ergonomic keyboard
erhalten/senden	answer / originate
erheben	investigate
Erhebung	investigation, poll
Erhebungsmethode	investigation method
Erhebungsverfahren	method of investigation
erhitzen	heat
erhöhen	augment

Erholzeit	recovery time
Erinnerung	reminder
Erinnerungssignal	reminder signal
erkennen	detect
erkennend	cognitive
Erkennung	cognition, detection
Erkennungsangaben	identifying
erklären	illustrate
Erklärung	callout, legend
erlauben	permit
Erlaubnis	permission
erlaubt	permitted
erläutern	exemplify
Erläuterung	exemplification
erledigt	settled
Erledigung	settling
Ermittlung	ascertainment
ermüdungssicher	fatigue-proof
erneutes Übertragen	retransmission
eröffnen	open
eröffnete Datei	open file
Eröffnung	opening
Eröffnungsanweisung	open instruction
Eröffnungsbildschirm	title screen
Eröffnungsprozedur	open procedure
Eröffnungsroutine	housekeeping routine
erprobt	field-tested
Erprobung	proof
errechnen	generate
errechnete Adresse	generated address
Ersatz	surrogate
Ersatzkanal	alternative channel
Ersatzrechner	backup computer
Ersatzspur	alternate track, alternative track, backup track
Ersatzspurbereich	alternate track area
Ersatzspurverkettungssatz	bad track linking record
Ersatzspurzuweisung	alternate track assignment
Ersatzweg	alternate route
Ersatzzeichen	swung dash, tilde
Ersatzzylinder	alternate cylinder, alternative cylinder
Erscheinung	phenomenon
ersetzen	replace, replacing, substitute
Ersetzung	replacement, substitution
Ersetzungsbefehl	substitution instruction

Ersetzungsverfahren	substitution method
Ersetzungszeichen	replacement character
erst	first
Erst ...	primary
erstaunlich	surprising
Ersteingabe	initial input
erstellen	create
Erstellung	creation
Erstellungsdatum	creation date
Erstkopiezeit	first copy-out time
erstmalige Einspeicherung	initial storage
Erstplatte	master disk
Erstspur	primary track
erwärmen	heat
Erwärmung	heating
erwarten	anticipate, await, estimate, expect, wait
Erwartung	pending, prospect
erweiterbar	extensible, upgradeable
erweitern	broaden, enhance, expand, extend, interpolate, upgrade
erweitert	extended
erweiterte begrenzte Lauflänge	advanced runlength limited
erweiterte Speicherbeschreibung	expanded memory specification
erweiterte Technik	extended technology
erweiterter Dezimal-binär-Code	EBCDIC, extended binary-coded decimal interchange code (EBCDIC)
erweiterter Grafikstandard	extended graphics array (EGA)
erweitertes Peer-to-Peer-Netz	advanced peer-to-peer network
erweitertes Peer-to-Peer-Netzwerk	APPN
Erweiterung	enhancement, expansion, extension, interpolation, upgrading
Erweiterungsbus	expansion bus
erweiterungsfähig	expandable, upgradeable
Erweiterungsfähigkeit	upgradeability
Erweiterungskarte	expansion board, expansion card
Erweiterungsplatine	upgrade board, upgrade card
Erweiterungsprogramm	extension program
Erweiterungssoftware	upgrade software
Erweiterungsspeicher	add-on memory, expanded memory
Erweiterungsspeicherkarte	expanded memory board
Erweiterungsspeicherkonzept	expanded memory specification
Erweiterungsspeicher-Manager (EMM)	expanded memory manager (EMM)

Erweiterungssteckplatz	expansion slot
Erwerb	purchasing
erzeugen	generate
erzeugend	generating
Erzeugung	generation
Erzeugungsanweisung	generate statement
Erzwingung	forcing
erzwungen	forced
erzwungener Seitenumbruch	forced page break, hard page
erzwungener Zeilenumbruch	hard return
Esc-Code	escape code
Etikett	tag, ticket
etikettieren	tag
Europäische Computerherstellervereinigung	ECMA
Europäisches Artikelnummernsystem	EAN
europäisches Fernsehformat	PAL
Eventualfall	contingency
Exa ...	E
Exabyte	EB, Ebyte
exemplarisch	exemplary
exklusiv	exclusive
exklusives ODER	anticoincidence, EITHER-OR operation, exclusive OR
Experte	guru, wizard
Exponent	superscript
extern	external
externe Bezugsformel	external reference formula
externe Darstellung	external representation
externe Datei	external file
externe Daten	external data
externe Datenerfassung	external data gathering
externe Datensicherung	external data safeguarding
externe Datensicht	external data view, user view
externe Datenverarbeitung	external data processing
externe Funktion	external function
externe Kommunikation	external communication
externe Operation	external operation
externe Rechenzeit	external runtime
externe Revision	external auditing
externe Steuereinheit	external control unit, external controller
externe Steuerung	external control
externe Tabelle	external table
externe Unterbrechung	external interrupt

externe Verarbeitung	external processing
externe Verarbeitungsgeschwindigkeit	external processing speed
externer Befehl	external command, external instruction, external operation
externer Bus	external bus
externer Cache-Speicher	external cache, secondary cache
externer Datenbus	external data bus
externer Datenschutzbeauftragter	external data protection officer
externer Direktzugriffsspeicher	direct access volume
externer Rechner	external computer
externer Speicher	external memory, external storage, peripheral storage
externer Verweis	extend reference, external reference
externer Zeichenvorrat	external character set
externes Bildsymbol	external icon
externes Format	external format, input-output format
externes Modem	external modem
externes Suchen	external search
externes Zeichen	external character
Externsortierung	external sorting
Externspeicher	external memory, external storage, peripheral storage
extra hohe Datendichte	ED, extra density (ED)
Extra ...	extra, extra...
extrahieren	extract
Extrahierung	bit extraction
Extrakt	extraction
Extrapolation	extrapolation
extrapolieren	extrapolate
Extrem	extreme
extreme Niederfrequenz	extremely low-frequency

F

Fach	case
Fachabteilung	end-user department
fadenförmig	nematic
Fadenkreuz	reticle, reticule
Fadenkreuzeinrichtung	reticle facility
Fadenkreuzlupe	reticle lens
Fakturiermaschine	invoicing machine
Fakturierprogramm	invoicing program
Fall	case
Falle	catch

falls	if
Fallstudie	case study
fallweise Wartung	remedial maintenance
falsch	false, illegal, improper, untrue
falsch adressieren	misdirect
falsch auswerten	misinterpret
falsch datieren	misdate
falsch handhaben	mishandle
falsch ...	mis...
Falschausrichtung	misalignment
Falschauswertung	misinterpretation
falsche Adresse	misdirection
falsche Anwendung	misapplication
falsche Eingabe	misentry
falsches Datum	misdate
falsche Worttrennung	bad hyphenation
Fälschung	falsification
Fälschungssicherheit	falsification security
Falte	fold
falten	fold
Falz	fold
Falzabstand	fold spacing
falzen	fold
Falzperforation	folding perforation
Familie	family
fangen	trap, trapping
Fangschaltung	call tracing
Farad	farad
Faradayscher Käfig	Faraday cage
Farbauswahlmenü	color schema
Farbband	ink ribbon, ribbon
Farbbandhub	ribbon lift
Farbbandkassette	ribbon cartridge
Farbbandumschaltung	ribbon shift
Farbbandzoneneinsteller	ribbon zone selector
Farbbefehl	color instruction
Farbbeschreibungswort	color description word
Farbbildröhre	three-gun tube
Farbbildschirm	chromatic terminal, color display, color monitor, color screen, color terminal, multichrome screen
Farbdarstellung	color representation
Farbdichte	ink density
Farbe	color, colour, ink
Farbe sprühen	spray paint

Farbechtheit	color fastness
Farb-Elektronenkanone	color electron gun
farbempfindlich	panchromatic
farbfreie Stelle	void
Farbgebung	coloration
Farbgrafik-Karte (CGA)	color graphics adapter (CGA)
Farbhelligkeit	color brightness
farbig	chromatic
Farbinformation	color information
Farblinearröhre	trinitron tube
Farbmanagementsystem	color management system
Farbmessung	colorimetry
Farbmodell	color model
Farbpalette	color palette, palette
Farbplotter	color plotter
Farbqualität	chrome
Farbrotieren	color cycling
Farbsättigung	color saturation
Farbscanner	color scanner
Farbseparation	color separation
Farbsignal	chrominance
Farbskala	color scale
Farbstoff	pigment
Farbstörung	color noise
Farbstufendarstellung	contouring
Farbtabelle	color chart
Farbtafel	color table
Farbtiefe	color depth
Farbtintenstrahldrucker	color inkjet printer
Farbton	color shade, hue, tincture, tint, tone
Farbumsetztabelle	color look-up table, video look-up table
Farbverfälschung im Bildrandbereich	color fringing, fringing
Farbverlauf	color scale
Farbwert	color value
Farbsynchronisierung	color synchronization
Fassungsvermögen	capacity, reach
Fax	facsimile, FAX, telecopy
Faxanschluss	facsimile transmission line
Faxdienst	facsimile transmission service
Faxeinheit	telefax unit
Faxempfänger	facsimile receiver
Faxgerät	fax machine
Faxkarte	fax board
Faxmodem	fax modem

Fehlanzeige	nil return
fehlend	missing
Fehler	blemish, bug, error, fault, incident, mistake
Fehler suchen	troubleshooting
Fehlerablagefach	error forms stacker
Fehleradresse	error location
Fehleranalyse	error analysis, fault analysis, fault isolation
fehleranfällig	fault-prone
Fehleranzeige	fault indicator
fehleranzeigendes Prüfverfahren	error-detecting check method
Fehlerausdruck	error printout
Fehlerausfallzeit	fault time
Fehlerausgabe	error typeout
Fehlerbehandlung	error handling
Fehlerbehandlungsroutine	error handler
Fehlerberechnung	error calculation
Fehlerbereich	error span
Fehlerberichtigung	error correction
Fehlerbeseitigung	error recovery, fault recovery
Fehlerbeseitigung im Onlinebetrieb	on-line debugging
Fehlerbyte	error byte
Fehlerdiagnose	error diagnosis, fault diagnosis
Fehlerdiagnostik	error diagnostic
Fehlererkennung	error detection, error trapping, fault detection
Fehlererkennungscode	error-checking code, error-detecting code
fehlerfrei	error-free
Fehlergröße	error value
fehlerhaft	bad, erroneous, faulty
fehlerhafte Stelle	flaw
Fehlerhäufigkeit	error rate, failure rate
Fehlerhinweis	error prompt
Fehlerkontrolle	error check, error checking, error control
Fehlerkorrekturcode	ECC, error-correcting code
Fehlerkorrektur-Protokoll	error-correction protocol
fehlerkorrigierendes Prüfverfahren	error-correcting check method
Fehlerliste	error list
fehlerlos	perfect
Fehlermeldung	error message, logout
Fehlernachricht	beacon message
Fehlerprotokollierung	failure logging
Fehlerprüfprogramm	error-checking program

Fehlerprüfung	error checking
Fehlerregister	error register
Fehlerrobustheit	error robustness, error tolerance
Fehlerroutine	error routine
Fehlersignal	alarm
Fehlerspur	bad track
Fehlerspurverzeichnis	bad track table, bad-track table
Fehlerstatistik	error statistic
Fehlerstelle	blemish, imperfection
Fehlerstop	error stop
Fehlersuche	fault location, troubleshooting
Fehlersuchliste	troubleshooting chart
fehlertolerant	error tolerant, error-tolerant, tolerant
fehlertoleranter Rechner	fault-tolerant computer, tolerant computer
fehlertolerantes System	fault-tolerant system
Fehlertoleranz	error tolerance, fault tolerance
Fehlerüberwachung	error supervision
Fehlerumfang	error range
Fehlerunterbrechung	error interrupt
Fehlerursache	error cause, failure cause
Fehlerverbreitung	error extension
fehlerverdächtig	suspect
Fehlerverhältnis	error ratio
Fehlervermeidung	fault avoidance
Fehlerwahrscheinlichkeit	error probability
Fehlerzeichen	error code
Fehlerzurückverfolgung	error tracing
fehlgeleitet	misrouted, missent
Fehlinformation	misinformation
fehlleiten	misrout, misroute, missend
Fehlstelle	void
fein	fine
fein verteilen	disperse
fein verteilt	dispersed
Feinabstimmung	fine coordination
Feindiagramm	fine diagram
Feineinstellung	fine tuning, vernier
Feinjustierung	vernier adjustment
Feinverteilung	dispersion
Feld	array, cell, field, item, panel
Feldadresse	cell address, field address
Feldattribut	field attribute
Feldauswahl	field selection
Feldbegrenzung	field boundary
Felddefinition	field definition

Feldeffekttransistor	fieldeffect transistor
Feldeffekttransistor (FET)	field-effect transistor
Feldergebnis	field finding
Feldexperiment	field experiment
Feldformat	field format
feldgeschützt	field-protected
Feldgröße	cell format, field size, item size
Feldinhalt	field contents
Feldinhaltsfestlegung	cell definition
Feldlänge	field length, field width, length of data field
Feldlängenangabe	field-length specification
Feldlängenfeld	field-length field
Feldname	field name, identifier
Feldnamenverzeichnis	identifier list
Feldrechner	vector computer
Feldschlüssel	field key
Feldstärke	field strength
Feldteiler	field separator
Feldüberlauf	field overflow
Feldübertragung	field transport
Feld-Zugriffsrechtebestimmung	field privilege
Fenster	screen window
Fenster verkleinern	minimize
Fenstereigenschaft	window property
Fenstereröffnung	window opening
Fenstermenü	window menu
Fensterschließung	window closing
Fenstersoftware	windowing software
Fenstertechnik	windowing
Fenstertransformation	window transformation
Fensterumgebung	windowing environment
Fensterumschlag	panel envelope
Fern ...	remote
Fernalarmierung	remote alarm
fernbedienen	teleguide
Fernbedienung	teleguidance
Fernbedienungsgerät	keypad, remote control device
Ferngegenwart	telepresence
ferngesteuert	remote-controlled
Fernkopierer	remote copier
Fernleitung	long-distance line
Fernlenksystem	remote control system
Fernmeldeleitung	telecommunication line
Fernmeldemonopol	telecommunication monopoly
Fernmeldeordnung	telecommunication decree

Fernmelderecht	telecommunication law
Fernmeldesatellit	telecommunication satellite
Fernmeldetechnik	telecommunications, telecommunications engineering
fernmessen	telemeter
Fernmessgerät	telemeter
Fernmesstechnik	telemetry
Fernmessung	telemetering, telemetry
Fernmessvermittlungsstelle	telemetry exchange
Fernnetz	WAN, wide-area network (WAN)
Fernnetz-Informations-Server	wide-area information server
Fernprogrammierung	teleprogramming
Fernschalten	telesignaling
Fernschaltgerät	signaling unit
Fernschreibcode	five-channel code
Fernschreibdienst	telex service
Fernschreibdirektruf	teleprinter direct call
Fernschreiben	telex, alphabetic telegraphy, teleprinted communication, teleprinter communication
Fernschreiben	teleprint, teletype
Fernschreibleitung	telegraph line, teleprinter line
Fernschreiblochstreifen	fivechannel tape, teleprinter tape
Fernschreibnetz	telegraph network, teleprinter network
Fernschreibschnittstelle	teleprinter interface
Fernschreibsystem	telex system
Fernschreibtastatur	teleprinter keyboard
Fernschreibvermittlung	telegraph exchange
Fernschreibzeichen	teleprinter character
Fernsehbildschirm	telescreen
fernsehen	teleview, television
Fernsehgerät	television set
Fernsehkamera	telecamera
Fernsehsendung	telecast
Fernsehzuschauer	televisor, viewer
Fernsprech-	telephone charge, telephone charges
Fernsprechanschluss	telephone subscriber line
Fernsprechanzeige	telephone display
Fernsprechapparat	telephone set
Fernsprechbandbreite	telephone bandwidth
fernsprechen	phone, telephone
Fernsprecher	telephone
Fernsprechgebühren	telephone charges, toll
Fernsprechkonferenz	audioconference
Fernsprechleitung	telephone line

Fernsprechnetz	telephone network
Fernsprechvermittlung	telephone switching
Fernsprechvermittlungsstelle	telephone exchange, telephone switching center
Fernsprechverzeichnis	telephone directory
Fernsprechwesen	telephony
fernübertragen	telecommunicate
Fernübertragung	telecommunication
fernüberwachen	telediagnose, telemonitor
Fernüberwachung	telemonitoring
Fernüberwachungsgerät	telemonitor
fernwarten	telemaintain
Fernwartesystem	remote control system
Fernwartung	on-line maintenance, telemaintenance
Fernwirkung	distant effect
Fernzugriff	remote access
Ferrit	magnetic ferrite
Fertig ...	canned
fertig stellen	finish
Fertigungsautomatisierung	manufacturing automation
fest	firm, non-varying
fest verbunden	non-switched
festgeschaltete Verbindung	non-switched line
festgesetzt	set
festhalten	hold down, retain
festklammern	clip
festklemmen	clip
Festkommazahl	binary integer
Festplatte	disk, hard disk, magnetic disk, rigid disk
Festplattenlaufwerk	hard disk drive
Festplatten-Schnittstelle	enhanced small device interface
Festprogramme	firmware
festprogrammiert	fix-programmed
Festspeicher	fixed storage, hardwired memory, non-erasable storage, read-only memory
Festspeicher zum Urladen	autoboot ROM
Festspeicher-Arbeitsspeicher-Übertragung	shadowing
Festspeicherchip	ROM chip
Festspeicherkassette	ROM cartridge
festspeicherorientiert	ROM-oriented
Festspeicherschrift	built-in font
Festspeicher-Steckkarte	ROM card
Festspeicher-Urladeprogramm	ROM bootstrap
feststellbar	ascertainable

feststellbare Taste	stay-down key
feststellen	ascertain, shift lock
Feststelltaste	caps lock key, shift-lock key
festverdrahtet	hardwired, wired
festverdrahtete Steuerung	hardwired controller
festverdrahteter Speicher	hardwired memory
festverdrahtetes Programm	hardwired program
Fest-Wechsel-Platte	fixed and removal disk
Festwert	constant
fett	bold
Fettdruck	bold-face printing, heavy print
feucht	humid, moist, wet
Fibonacci-Zahl	Fibonacci number
Fido-Netz	Fidonet
FIFO-Methode	FIFO, first in first out (FIFO)
figurative Konstante	figurative constant
Film	film
Filmspeicher	photo-optical storage
FILO-Methode	FILO, first in last out (FILO)
Filter	cascade connection, drain, filter, pipe
Filterkommando	filter command
filtern	drain, filter, filtering
Filterprogramm	filter program
Filz	felt
Finalität	finality
Finder	finder
Fingerabdruck-Erkennungsgerät	fingerprint reader
finit	finite
Firma	firm
Firmennetz	company network, corporate network
Firmware	firmware
Fixpunkt	breakpoint, checkpoint, ledger
Fixpunktsatz	breakpoint record
Fixpunktverfahren	breakpoint method
Fixpunktwiederanlauf	checkpoint restart
flach	flat, plain, plane, tabular
Flachbaugruppe	flat module
Flachbett	flatbed
Flachbettscanner	flatbed scanner
Flachbettzeichengerät	flatbed plotter
Flachbildschirm	flat screen, flat-panel display
Fläche	plain, plane
Flachelektronenstrahlröhre	flat cathode ray display
Flächendiagramm	area chart, area graph, plane chart

Flächendichte	areal density
Flächenfüllfunktion	faucet
Flächenwiderstand	sheet resistance
flacher Adressraum	flat address space
Flachgehäuse	flat pack
Flachkabel	ribbon cable
Flachtastatur	low-profile keyboard
Flash-Kartenspeicher	flash memory
Flattern	jitter, thrashing, unbalanced state
fleckenfrei	stainless
fliegende Datenkomprimierung	on-the-fly data compression
fliegender Druck	hit-on-the-fly print, on-the-fly print
fliegender Magnetkopf	floating head, flying head
Fließband	line-assembly
fließend	floating
Fließkommavariable	real variable
Fließtext	continuous text, soft return, word-wrapping
flimmerfrei	flickerfree, flickerless, glimmerfree
Flimmerfreiheit	flickerlessness
flimmern	flicker, flickering, glimmer
Flipflop-Register	bistable circuit, bistable multivibrator, flip-flop register
Flipflop-Schaltung	flipflop circuit
flüchtig	non-permanent, transient, volatile
flüchtiger Speicher	regenerative memory, volatile memory, volatile storage
Flüchtigkeit	volatility
Flugsimulator	flight simulator
Fluktuation	attrition, fluctuation
fluoreszierend	fluoresce, fluorescent
Fluss	flow, flux
Flussdiagramm	flowchart
flüssig	fluid, liquid
Flüssigkeit	fluid, liquid
Flüssigkristallanzeige	liquid-crystal display
Flüssigkristallanzeige-Drucker	LCD printer, liquid-crystal display printer
Flüssigkristallbildschirm	backlit display
Flüssigkristallverschluss-Drucker	liquid-crystal shutter printer
Flusslinie	flow line
Flussrate	flow rate
Flusssteuerung	hand-shaking
Flusssteuerungsprotokoll	handshaking protocol
Flusswechsel	flux change, flux reversal
Folge	sequence, series, succession, train

Folge von Standbildern	slide show
Folge von ...	sequence of...
Folge ...	sequential
Folgeadresse	chaining address, continuation address
Folgeband	continuation tape
Folgebild	continuation screen
Folgefehler	sequence error
folgegebunden	sequenced
Folgekontrolle	sequence check
Folgemarkt	aftermarket
folgen	ensue, follow, succeed
folgen auf	follow
Folgenachricht	follow-on post
folgend	following, next, sequent, succeeding, successive
Folgeprogramm	successor program
folgerichtig	consistent
folgern	infer
Folgerung	implication, inference
Folgesatz	continuation record
Folgesteuerung	sequence control
Folie	foil, slide
Folientastatur	foil keyboard, membrane keyboard, plastic-foil keyboard
Folioformat	folio format
forcieren	force
Förderung	furthering, promotion
Forderungen	receivables
Forenbeitragsfolge	thread
Forenbeitrags-Leseprogramm	threaded newsreader
Forenbeitragswählprogramm	thread selector
formal falsch	invalid
Formatbeschreibung	picture
formatfrei	unformatted
formatfreie Textdatei	unformatted text file
Formatumwandlung	coercion
Formel	formula
Formelbearbeitungszeile	formula bar
Formelsatz	formula setting
Formgestaltung	styling
Formular	paper
Formular-	forms format
Formularablage	forms stacker
Formularanfang	top of form
Formularanfangsvorschub	top-form feed operation

Formularbreite	form width
Formulardrucker	forms printer
Formularentwurf	forms design
Formularführung	forms guide
Formulargenerator	forms generator
Formularhöhe	form depth
Formularkennzeichnung	form identifier
Formularkopf	form heading
Formularkörper	form body
Formularpositionierungsmarkierung	forms position check hole
Formularsatz	carbon set, form set
Formularträger	forms carrier
Formularüberlauf	form overflow
Formularverwaltung	forms management
Formularvordruck	preprinted form
Formularvorschub	form feed
Formularvorschubsteuerung	form feed control
Formvorschrift	formal requirement
formwidrig	informal
Formwidrigkeit	informality
Forschungsnetz	research network
Forschungsstätte	laboratory
Fort- und Weiterbildung	advanced training, supplementary education
Fortdauer	persistence
fortdauern	persist
fortgeschritten	advanced, sophisticated
fortgeschrittene Technik	advanced technology
fortgeschrittenes Basic	advanced Basic
fortlaufend	serial, successive
fortlaufende Nummerierung	consecutive numbering, serial numbering
fortlaufende Reihenfolge	sequential order
fortlaufende Sicherung	incremental backup
FORTRAN (Programmiersprache)	formula translator (FORTRAN), FORTRAN
Fortschaltung	advancing
fortschreiben	update
Fortschreibung	updating service
fortschreiten	advance, advancing, progress, progressing, progression
fortschreitend	advancing, progressing, progressive
fortsetzen	continue, proceed
Fortsetzung	continuation, proceeding
Fortsetzungszeile	continuation line

fortwährende Fehleranzeige	beaconing
Forum	newsgroup
Forumsbeitrag	post, posting
Frage	query, question
Frage-Antwort-System	question-answer system
Frage-Antwort-Zyklus	inquiry-response cycle
Frageanweisung	expect statement
fragen	question
Fragezeichen	interrogation mark, interrogation point, question mark
fraglich	questionable
fragmentieren	fragment
fragmentiert	fragmented
fragmentierte Datei	fragmented file
Fragmentierung	fragmentation
Fraktal	fractal
Fraktalgeometrie	fractal geometry
Frau	woman
Frauen	women
frei	free, idle, unreserved
frei benutzbare Software	public domain software
frei programmierbares Steuerwerk	RAM-programmed control unit
freie Abfrage	open query
freie Daten	unrestricted data
freie Fläche	clear band
freie Zone	clear area
freier Anschluss	flying lead
freier Arbeitsspeicherbereich	dynamic working-storage area
freier Parameter	arbitrary parameter
freies Gerät	unassigned device
Freigabe	release
Freigabeankündigung	release notice
Freigabenummer	release number
Freigabetaste	data enter key, enter key
freigeben	clear, free, release, unblock
Freimachung	clearance
Freisprechen	hands-free communication
Freizeichen	ringing tone
fremd	foreign, strange
Fremderregung	separate excitation
Fremdformat	foreign format
Fremdgerät	alien machine
Fremdgerätehersteller	original equipment manufacturer
Fremdkontrolle	external supervision

Fremdsoftware	extraneous software
Fremdsprachenübersetzung	foreign language translation
Fremdsystem	strange system
frequent	frequent
Frequenz	frequency
frequenzabhängig	periodic, tuned
Frequenzabtastung	frequeney scanning
Frequenzabweichung	frequency deviation
Frequenzband	frequency band, wave band
Frequenzbereich	frequency band
Frequenzfilter	frequency filter
Frequenzgenauigkeit	frequency accuracy
Frequenzmodulation	FM, frequency modulation (FM)
Frequenzmultiplexverfahren	frequency-division multiplexing
Frequenzsprungverfahren	frequency hopping
Frequenzteilung	frequency division
Frequenzumschaltung	frequency shift keying
frequenzunabhängig	aperiodic, untuned
Frequenzwahlverfahren	touch tone dialing
Frequenzzähler	frequency counter
Friktionsantrieb	friction drive
Friktionsvorschub	friction feed
Fritter	coherer
Fronteinzug	front feeder
frühest	first
Frühwarnsystem	early warning system
frühzeitig	early
fühlbar	palpable, sensible, tactile
Fühlbarkeit	tactility
Fühler	detector
Fühlhebel	sensing lever
führen	guide, steer
führend	leading
führende Null	leading zero, left-hand zero
Führung	leadership
Führungsaufgabe	executive function
Führungsgröße	reference input, reference variable
Führungskante	guide edge
Führungsloch	carrier hole, feed hole, sprocket hole
Führungsplatte	steering plate
Führungsrand	tractor margin
Führungsschiene	guidance, tabletrack, table-track
Führungsspur	servotrack
Füllbereich	fill area, fill bucket
füllen	fill

Füllfederhalter	stylograph
Füllfeld	filler, filler item
Füllstand	filling level
Füllstandsanzeiger	filling level indicator
Füllzeichen	fill character, filler byte, filler character, slack byte
Fundgrube	repository
Fünfbiteinheit	pentade, quintet
Fünfschrittcode	five-unit code
Fünfspur-Lochstreifen	fivetrack tape
Funk	radio
Funk ...	wireless
Funkbild	radio photogram
funken	radio, send
Funk-Fernnetz	wireless wide area network
Funk-Fernschreibgerät	radio teleprinter, radio teletypewriter
Funkkommunikation	cordless communication
Funktion	function
funktional	functional
funktionale Auflösung	functional decomposition
funktionale Organisation	functional organization
funktionale Programmiersprache	functional language, functional programming language
funktionale Programmierung	functional programming, function-oriented programming
funktionaler Entwurf	functional design
Funktionalität	functionality
funktionelle Parallelarbeit	functional interleaving
funktionieren	function
funktionierend	going
Funktions ...	functional
Funktionsablauf	functional routine
Funktionsanweisung	function statement
Funktionsargument	function argument
Funktionsaufruf	function call, function reference
Funktionsbaugruppe	function assembly
Funktionsbeschreibung	function specification
Funktionsbibliothek	function library
Funktionsbit	function bit
Funktionsbyte	function byte
Funktionsdiagramm	functional diagram
Funktionseinheit	bot, functional unit
Funktionselement	function element
funktionsfähig	operative, viable
Funktionsfähigkeit	operativeness, viability

funktionsgemäß	functional
Funktionsgenerator	function generator
Funktionsmakrobefehl	functional macro instruction
Funktionsname	function name
Funktionsprozedur	functional procedure
Funktionsschalter	function switch
Funktionssicherung	function safeguarding
Funktionssteuerung	function control
Funktionstastatur	function keyboard
Funktionstaste	function key
Funktionstastensicherung	check keying
Funktionstest	function test, functional test
Funktionstrennung	function separation
funktionsüberhäuftes Programm	fatware
Funktionsumfang	range of function
funktionsunfähig	inoperable, inoperative
Funktionsunfähigkeit	inoperability
Funktionsverbund	functional interlocking
Funktionsvielfalt	functionality
Funktionswert	function value
Funktionszeichen	functional character
Funktionszeit	action period
Funktionszustand	status
Funktionszustandswort	processor state word
Funküberwachung	radio monitoring
Funkverbindung	radio communication
Funkverkehr	radio communication, radio traffic
Fusion	fusion
Fußnote	footnote, gloss, note
Fußzeile	bottom line, footer
Fuzzy-Logik	fuzzy logic

G

G	Giga..
Gallium	gallium
Gallium-Arsenid	gallium arsenide
galvanisch verbunden	galvanic-connected
Galvanometer	galvanometer
ganze Zahl	whole number
Ganzseitenausgabe	full-page output
Ganzseitenbildschirm	full-page display, portrait display
Ganzseitendarstellung	full-page pagination, full-screen display
Ganzseitenumbruch	full-page make-up

Ganzzahl	integer
Ganzzahlen- und Logik-Einheit einer CPU	ALU
Ganzzahlen-Recheneinheit einer CPU	APU
ganzzahlig	integer, whole-numbered
ganzzahliger Quotient	integer quotient
ganzzahliger Rest	integer remainder
Ganzzahltyp	integer type
Garamond	garamond
Gas	fluid, gas
Gasbildung	gasification
gasdicht	gas-tight
Gasentladungsbildschirm	gas-discharge display
Gasentladungsglimmlampe	glow-discharge lamp
Gasentladungslampe	glow-discharge lamp, glow-lamp
Gastcomputer	guest computer
Gastsprache	guest language
Gatter	gate
Gatterdurchlaufzeit	gate switching time
Gatterschaltkreis	gate circuit
Gatterschaltung	gate
Gattungsattribut	generic attribute
Gauss-Verteilung	Gaussian distribution
geätzt	etched
geätzte Schaltung	etched circuit
Geber	generator
Gebläse	blower
geblockt	blocked
geblockte Ausgabe	blocked output
geblockte Daten	blocked data
geblockte Eingabe	blocked input
geblockter Satz	blocked record
gebrauchsfähig	serviceable
Gebrauchsfähigkeit	serviceability
Gebrauchswert	utility value
Gebrauchtrechner	second-hand computer
gebrochen	fractional
Gebühr	charge
Gebührendatenerfassung	call record journaling
gebunden	committed
Gedankenverbindung	association
gedrängt	terse
gedreht fadenförmig	twisted nematic
gedruckt	printed

gedruckte Leiterplatte	printed-circuit board
gedruckte Schaltkarte	printed-circuit card
gedruckte Verdrahtung	printed wiring
gedruckter Schaltkreis	printed circuit
geeignet	proper
geerdet	earthed, grounded
Gefälle	gradient
Gefälligkeitsnachricht	blind courtesy copy
gefälscht	faked, false
gegen ...	contra...
Gegenbegriff	antonym
gegenläufig	contradirectional
Gegenphase	paraphase
Gegenschreiben	break-in
gegenseitige Verbindung	intercommunication, interconnection
Gegensprechschaltung	talk-back circuit
Gegenstand	matter, object
Gegenteil	inverse
gegenüberstellen	oppose
Gegenwart	today
Gehalt	wage
Gehäuse	cabinet, case, cover, housing
geheim	confidentional, private, secret
Geheimnis	confidence, secret
Geheimschlüssel ...	crypto...
Geheimschrift	cipher, cryptograph
Geheimverschlüsselung	ciphering, scrambling
Geheimverschlüsselung mit Geheimschlüssel	secret key cryptography
Geheimverschlüsselung mit öffentlichem Schlüssel	public key cryptography
gehen	go
Geist	daemon, ghost, sprite
Geisterbild	ghost image, multiple image, phantom image
gekennzeichnet	labelled, tagged
gekettet	chained
gekettete Adressierung	chained addressing
gekettete Datei	chained file
gekettete Daten	chained data
geklebt	bonded, pasted
gekonnt	elegant
geladen	charged, loaded
gelb magenta cyan	yellow magenta cyan
gelb magenta cyan schwarz	yellow magenta cyan black
gelbes Kabel	yellow cable

Geld	money
Geld ...	monetary
Geldausgabeautomat	automatic cash dispenser, cash dispenser
Geldkarte	pay-card
Geldschein	note
geleast	leased
Gelegenheit	occasion
gelegentlich	casual, occasional
geleitetes Nachrichtenforum	moderated newsgroup
gemacht	made
Gemeinkosten	overhead costs
gemeinnützig	non-profit
gemeinsam	common, consolidated, public, together
gemeinsam benutzbar	shareable
gemeinsam benutzen	share
gemeinsam benutzt	shared
gemeinsame Benutzung	sharing
gemeinsame Benutzung eines ablaufinvarianten Programms	code sharing
gemeinsame Bibliothek	shared library
gemeinsame Datei	shared file
gemeinsame Dateinutzung	file sharing
gemeinsame Daten	shared data
gemeinsame Datenbenutzung	data sharing
gemeinsame Datenverarbeitung	joint data processrng
gemeinsame Forschungsdatenbank	federated database
gemeinsamer Bereich	same area, shared area
gemeinsamer Objektcode	shared code
gemeinsamer Speicher	shared memory, shared storage
gemeinsames Gerät	shared device
Gemeinschaftsanschluss	party-line
Gemeinschaftsarbeit	collaboratory, teamwork
Gemeinschaftsrechner	communal computer
Gemeinsprache	standard language
Gemeinwesen	polity
gemischtes System	mixed system
genau	fine, minutely, precise
genaue Prüfung	scrutiny
Genauigkeit	minuteness, particularity, precision
Generation	generation
Generationsprinzip	father-son principle
generieren	generate
Generierung	generation
Generierungslauf	generating run

Generierungsphase	generation phase
Generierungssprache	generating language
genormt	standardized
geordnet	organized, sequenced, sorted
geordnete Liste	sorted list
geplant	planned
gerade	line, straight, straight-line
Geradeausprogramm	linear program, straight-line code
geradlinig	straight-line
Geradzahligkeit	parity
Gerät	device, instrument
geräteabhängig	device-dependent
geräteabhängige Farbgebung	device-dependent color
Geräteabhängigkeit	device dependence
Geräteadresse	device address
Geräteausfall	device failure
Geräteausstattung	device configuration
Geräteaustauschbarkeit	alternate device capability
Geräteauswahlprüfung	device selecting check
Gerätebedienungsfeld	device control panel
Gerätebelegung	device allocation
Gerätebeschreibung	technical device manual
Gerätebetriebsart	device operation mode
Gerätebyte	device byte
Gerätefehler	device error, device fault
Gerätefreigabe	device deallocation
gerätegesteuert	device-controlled
Gerätehersteller	device manufacturer, equipment manufacturer
Gerätekennzeichen	device identifier
Gerätekennzeichnung	device identification
Geräteklasse	device class
Gerätekompatibilität	device compatibility
Gerätekonkurrenz	device contention
Gerätename	device name
Gerätenummer	device address, device number
geräteorientiert	device-oriented
Geräteschnittstelle	device interface
Gerätestatus	device status
Gerätestatusregister	device status register
Gerätestecker	device plug
Gerätesteuereinheit	device control unit, device controller, device processor
Gerätesteuerprogramm	device driver
Gerätesteuerung	device control

Gerätesteuerzeichen	device control character
Gerätestörung	equipment failure
Gerätetabelle	device table
geräteunabhängig	device-independent
geräteunabhängige Farbgebung	device-independent color
Geräteunabhängigkeit	device independence
Geräteverbund	device interlocking
Geräteverwaltung	device handling
Gerätezeichen	device character
Gerätezuordnung	device assignment
Geräusch	noise, sound
geräuscharm	quiet
Geräuschbelastung	noise load
geräuschdämmend	noise-absorbing
geräuschlos	soundless
Geräuschlosigkeit	quietness
Geräuschpegel	noise level
gereihter Code	single-threaded code, threaded code
gerichtet	directed
gerichtete Abtastung	directed scanning
gerichteter Graph	directed graph
geringe Auflösung	low resolution
Germanium	germanium
Germaniumdiode	germanium diode
Germaniumtransistor	germanium transistor
gerundet	rounded
Gesamt ...	overall
Gesamtdurchsatz	total throughput
Gesamtsicherung	archival backup
Gesamtsumme	grand total, sum total, total
Gesamttest	general test, total test
Gesamtumstellung	total changeover
gesättigt	saturated, steeped
geschachteltes Unterprogramm	nesting routine
geschaltet	switched
geschätzte mittlere Lebensdauer	assumed mean life time
geschlossener Kreislauf	closed circuit
geschlossener Stromkreis	closed circuit
geschlossenes System	proprietary system
geschützer Speicherbereich	protected storage area
geschützt	protected
geschützte Datei	protected file, saved file
geschützte Daten	protected data, saved data

geschützter Arbeitsspeicherbereich	protected working storage area
geschützter Bereich	protected area
geschützter Bindestrich	embedded hyphen, hard hyphen, nonbreaking hyphen
geschützter Modus	protected mode
geschützter Ordner	blessed folder
geschütztes Datenfeld	protected data item
geschütztes Leerzeichen	hard space
Geschwindigkeit	speed
Geschwindigkeitsanpassung	speed matching
gesendet	sent
gesetzmäßig	legitimate
Gesichtspunkt	aspect
Gesichtswinkel	visual angle
gespannt	taut
gespeichert	stored
gespeicherte Daten	stored data
gespeicherte Software	stored software
gespeicherter Absatz	stored paragraph
gespeichertes Programm	stored program
gesperrt	disabled, inaccessible
gesplittet	split
Gesprächseinheit	call unit
Gesprächsforum	chat forum
gesprochene Sprache	spoken language
gespult	wound
gestaffelte Fenster	staggered windows
gestaffelter Text	staggered text
Gestalt	figure, form, mould
gestalten	design, form, model, pattern
Gestaltung	design, formation
gestapelt	stacked
gestapeltes Säulendiagramm	stacked column chart
gesteckter Kontakt	wrapped connection
Gestell	chassis, frame, rack, stand
Gestellbelegung	frame layout
Gestellrahmen	frame, rack
gesteuert	controlled, driven
gestört	troubled
gestörte Leitung	dirty line
gestörter Netzstrom	dirty power
gestreut	scattered
gestreute Datei	random file, scattered file
gestreute Organisation	scattered organization

gestreute Speicherung	random organization, scattered storage
gestreutes Laden	scatter load, scattered loading
gestreutes Lesen	scatter read, scattered reading
gestreutes Speichern	scatter write, scattered storage
gestuft	stepped
gestützt	aided
getarnter Computervirus	stealthing virus
geteilter Bildschirm	spilt screen, split screen
getestet	tested
getrennt	separate
Getriebe	gear
Getrieberad	pinion
Gewähr	warrant
gewährleisten	guarantee, insure, warrant
Gewährleistung	warranty
Gewährleistungshaftung	warranty liability
Gewährleistungsverpflichtung	warranty engagement
Gewebefarbband	cloth ribbon, textile ribbon
Gewebefilter	tissue filter
Gewerbe	trade
Gewerbeaufsicht	trade control
gewichten	weight
gewichtet	weighted
Gewichtung	weighting
Gewichtungsfaktor	weighting factor
gewickelter Kontakt	wrapped connection
Gewinde	thread
Gewinn	benefit, gain, profit
Gewinnbeteiligung	profit sharing
gewohnheitsmäßig	routine
gewöhnlich	normal
gewohnt	used
gewunden	serpentine, tortuous
gezackt	jagged
gezahnt	serrate, toothed
gezogener Transistor	grown transistor
gezonte konstante Winkeldrehgeschwindigkeit	zoned constant angular velocity
gezonte und konstante Winkeldrehgeschwindigkeit	zoned constant angular velocity
gezont-numerisch	zoned-decimal
Giga	Giga..
Gigabit	GBit
Gigabyte	GB, GByte
Gipfelpunkt	crest, peak point

Gipfelspannung	peak point voltage
Gipfelstrom	peak point current
Gitter	gate, grid
gitterartige Störung	criss-cross
Gitterspannung	grid voltage
glänzende Oberflächenbeschaffenheit	glossy finish
Glasfaserkabel	light-wave cable
glatt	plain
glaubwürdig	credible
gleich	like
gleichförmig	uniform
Gleichförmigkeit	uniformity
gleichgerichtet	co-directional
Gleichheit	identity
gleichrangiges Gerät	peer
Gleichrichter	detector
Gleichverteilung	uniform distribution
gleichzeitig	coincident, simultaneous
gleichzeitig befindlich	co-resident
gleichzeitige Ausführung	concurrent execution
gleichzeitige Verarbeitung	concurrent processing
Gleichzeitigkeit	coincidence, concurrency, simultaneity, synchronism
Gleichzeitigkeitssteuerung	concurrency control
Gleitbewegung	slide
gleiten	float, floating, slide, sliding
gleitend	floating, sliding
gleitende Ersetzung	floating replacement
gleitende Grafik	floating graphic
Gleitkomma	floating point
Gleitkommaarithmetik	floating-point arithmetic, floating-point computation
Gleitkommaautomatik	automatic floating-point feature
Gleitkommabefehl	floating-point instruction
Gleitkommadarstellung	floating-point notation, floating-point representation
Gleitkommaeinheit	floating-point unit
Gleitkommaexponent	characteristic
Gleitkommaoperation	floating point operation, floating-point operation
Gleitkommaoperationen je Sekunde	floating-point operations per second
Gleitkommarechnung	floating-point calculation
Gleitkommavariable	real variable

Gleitkommazahl	binary real number, floating-point number, real
Gleitkommazahl mit doppelter Genauigkeit	double-precision floating-point number
Gleitkommazahl mit einfacher Genauigkeit	single-precision floating-point number
Gleitkopflaufwerk	moving-head disk drive
Gleitkopfplatte	moving-head disk
Glied	member, unit
Gliederung	construction, formation, structure, structuring
glimmen	fluoresce, gleam, glow
Glimmentladung	corona discharge
Glimmer	mica
Glimmröhre	glow lamp
global	global
globale Variable	global variable
globaler Bereich	global area
Glocke	bell
Glocken und Pfeifen	bells and whistles
Glossar	glossary
Glühbirne	bulb
Glühlampe	incandescent bulb
goldgelötet	gold-bonded
goldkontaktiert	gold-bonded
Gopherraum	gopherspace
Grad	degree, grade, pitch, rate
Gradientenfaser	graded-index fibre
graduell	gradual
Grafik	picture
Grafikgeräte-Schnittstelle	GDI, graphic display interface (GDI)
grafisch	graphic
grafische Benutzeroberfläche (GUI)	graphics user interface (GUI), GUI
Grammatik	grammar
grammatikalisch	grammatic
Graph	graph
Graphentheorie	graph theory
Grafik	chart, graphic, graphics
Grafikanschluss	graphics port
Grafikanwendung	graphics application
Grafikgerät	graphical device
Grafikgeräte-Schnittstelle	graphical device interface
Grafikkarte	video board, video card
Grafikmodus	plot mode, video mode

Grafikprogramm	plot routine
Grafikschnittstelle	graphical interface
Grafiktablett	digitizer, digitizing tablet
Grafikverarbeitung mit grafischer Ein- und Ausgabe	active graphics
Grafik-Zusatzkarte	video accelerator
grafisch	graphic
grafisch darstellen	chart, graph, plot, portray
grafische Darstellung	graph, pictorial representation
grafische Grundform	primitive
grafischer Zwischenspeicher	clipboard
grafisches Ausgabegerät	graphical output device
grafisches Eingabegerät	graphical input device
grafisches Kernsystem	graphical kernel system
Gratifikation	gratuity
gratis	gratuitous
Gratissoftware	bundled software, freeware
grau	grey
Grauton	gray tone, grey tone
Grautonbildschirm	gray-scale display
Grauton-Scanner	gray-scale scanner
Grautonskala	gray scale
Grauwert	gray tone, grey tone
Gray-Code	Gray code
Greifwerkzeug	gripping device
Grenz ...	marginal
Grenzadresse	boundary address
Grenze	border, bound, boundary, limit
Grenzfläche	boundary
Grenzpaar	bound pair
grenzüberschreitend	transborder, transfrontier, transnational
grenzüberschreitende Datenübertragung	transnational data transmission
grenzüberschreitende Datenverarbeitung	transnational data processing
grenzüberschreitender Datenverkehr	transnational data communication
Grenzwert	boundary value, limit, marginal
Grenzwertprüfung	marginal check
griechisches Schriftzeichen	Greek character
Griff	grip, handle
grob	coarse, rough
Grobdiagramm	rough diagram
Grobeinstellung	rough adjustment
Grobentwurf	rough copy

Grobkalkulation	rough calculation
Grobkonzept	rough conception
Grobprojektierung	rough system design
Grobrecherche	browsing
Grobschätzung	rough estimate
groß	large
großschreiben	capitalize
Groß- und Kleinschreibung	use of capital and small letters
Groß ...	large-scale, mass...
Groß-/Kleinbuchstaben unterscheidend	case-sensitive
Groß-/Kleinbuchstaben-Unterscheidung	case sensitivity
Groß-/Kleinrechner-Kombination	hybrid system
Großbaustein	multi-chip
Großbuchstabe	cap, capital letter, uppercase character, upper-case letter
Großbuchstaben	capital letters
Größe	magnitude, size
Größenangabe	dimensional information
Größeneinteilung	sizing
Größenfaktor	form factor
Größenklasse	size class
Größensymbol	size icon
größenveränderbar	scalable
großer roter Schalter	big red switch
Größer-Gleich-Zeichen (>=)	greater-or-equal symbol
großes binäres Datenobjekt	binary large object (BLOB), BLOB
großformatig	large-sized
Großhandel	wholesale
Großinitial	stickup initial
Großintegration	large-scale integration
Groß-Kleinrechner-Kombination	hybrid system
Großmenge	bulk
Großraumbüro	open-plan office
Großrechner	mainframe
Großrechnerhersteller	mainframer
Großschreibung	capitalization, use of capital letters
Großspeicher	bulk memory, mass storage
größt	most, superlarge, ultralarge
Größt-	supercomputer
Größt ...	most, superlarge, ultralarge
größte	superlarge, ultralarge

größtmöglich	maximal
Großvaterband	grandfather tape
Groupware	groupware
Grube	pit
Grundausrüstung	basic hardware
Grundausstattung	basic configuration
Grundbaustein	basic module
Grundbetriebssystem	basic operating system
gründen	found, institute
Grundfarbe	primary color
Grundfrequenz	fundamental
Grundfunktion der Datenverarbeitung	basic function of data processing
Grundgedanke	key-note
Grundgerät	mainframe
Grundgeräusch	basic noise
Grundgesamtheit	population
Grundlage	fundamental
grundlegend	BASIC, bottom, fundamental
Grundlinie	ground line
Grundrechenarten	basic arithmetic operations
Grundsatz	principle, rule
Grundsätze ordnungsgemäßen Datenschutzes	generally accepted principles of data privacy, principles of correct data privacy
Grundsätze ordnungsgemäßer Datensicherung	generally accepted principles of computer security, principles of correct data security
Grundsätze ordnungsgemäßer Datenverarbeitung	generally accepted principles of data processing, principles of correct data processing
Grundsätze ordnungsgemäßer Datenverarbeitungsdokumentation	generally accepted principles of data processing documentation, principles of correct data processing documentation
Grundsätze ordnungsgemäßer Speicherbuchhaltung	generally accepted principles of computer-stored accounting, principles of correct computer-stored accounting
Grundstellung	home
Grundstrich	stem
Grundtakt	basic clock rate, basic pulse code
Grundzahl	basic number
Gruppe	element group, group
Gruppencode	group code
Gruppencode-Aufzeichnung	GCR, group-coded recording (GCR), ZBR, zone-bit recording (ZBR)
Gruppeneinstufung	group level
Gruppenikone	group icon
Gruppenprüfung	group control

Gruppensortieren	heap sort
Gruppensymbol	group icon, group mark
Gruppenverarbeitung	group processing
Gruppenwechsel	control break, group control change
Gruppenzähler	group counter
gruppieren	group
Gruppierung	aggregation, grouping
gültig	legal, significant, valid
Gültigkeit	validity
Gültigkeitsbereich	scope
Gültigkeitsprüfung	validity check
gummieren	rubberize
Gummierung	rubber coating
Gummilinse	zoom
Gummiwalze	platen
Gurt	girdle
Gürtel	belt
gut verkäuflich	saleable
Gutachten	opinion
Güte	quality
Güteprüfung	quality check
Gütesiegel	quality seal
Guthaben	account

H

Haarlinie	hairline
Habenseite	credit
hacken	hack
Hacker	hacker
Hackersprache	hacker slang
Haftungsausschluss	non-warranty
Haken	hook
halb	half
halb ...	semi...
Halbaddierer	half adder
Halbaddierwerk	half adder
halbautomatisch	semi-automatic
Halbbyte	half-byte, nibble, nybble
halbdirekt	half-direct
halbdirekte Datenerfassung	half-direct data acquisition
halbdirekter Zugriff	semidirect access
halbduplex	half-duplex

Halbduplexbetrieb	alternate communication, half-duplex communication, half-duplex operation, ping-pong technique
Halbduplexübertragung	half-duplex transmission
halber Impuls	half-pulse
halbfertiges Fabrikat	semifinished product
Halbgrafik	semigraphic
halbieren	bisect, halve
halbleitender Stoff	semiconducting material
Halbleiter	electronic semiconductor, semiconductor
Halbleiterbauelement	semiconductor device
Halbleiterchip	flip chip, semiconductor chip
Halbleiterdiode	semiconductor diode
Halbleiterdotierung	semiconductor doping
Halbleiterfestspeicher	semiconductor read-only memory
Halbleiterherstellung	semiconductor manufacture
Halbleiterindustrie	semiconductor industry
halbleiterintegrierte Schaltung	semiconductor-integrated circuit
Halbleiterkristall	semiconductor crystal
Halbleiterphysik	semiconductor physics
Halbleiterplättchen	semiconductor wafer
Halbleiterplatte	RAM disk, solid-state disk
Halb-Steckkarte	short card
Halbwort	double byte, segment
Halt	hold, stay
Halteglied	hold element
halten	hold
Hand ...	manual
Handapparat	handset
Handauflage	hand rest
handbetrieben	hand-operated
Handbuch	manual
Handcomputer	palmtop
Handeingabegerät	manual input device
Handel treiben	merchandise
handeln	negotiate
Handels ...	mercantile, merchant, trading
Handelsbedingungen	terms of trade
Handelsbrauch	commercial usage, custom, trade usage
Handfernsprecher	compact telephone
handgeschrieben	handwritten
handgeschriebene Blockschrift	handwritten block letters
handgesteuerte Neuberechnung	manual recalculation
Handhabungssprache	manipulation language

Handlesegerät	code pen, data pen
handlich	handy
Handlichkeit	handiness
Handmikrorechner	handheld computer
Handscanner	handset scanner
Handschriftbeleg	handwritten document
Handschrifterkennung	handwriting recognition
Handschriftleser	handwriting reader
Handsteuergerät	manual control device
Handvermittlung	manual exchange
Handwerk	handicraft
Handy	mobile, mobile telephone
Handzuführung	hand feed
hängen	hang
Hardcopygerät	video printer
Hardware	hardware
Hardware eines Datenterminals	DTE
Hardwarebasis	hardware platform, platform
hardwarebasisabhängig	platform-dependent
Hardwarebasisabhängigkeit	platform dependence
hardwarebasisunabhängig	platform independent
Hardwarebasisunabhängigkeit	platform independence
Hardware-Cache-Speicher	hardware cache
Hardware-Ergonomie	hardware ergonomics
Hardware-Fehler	hard error, hardware failure, machine error
Hardware-Funktion	hardware function
Hardware-Hersteller	hardware manufacturer
Hardware-Integrität	hardware integrity
Hardware-Kombination	mixed hardware
Hardware-kompatibel	hardware-compatible
Hardware-Kompatibilität	hardware compatibility
Hardware-Konfiguration	hardware configuration
Hardware-Kosten	hardware costs
Hardware-Monitor	hardware monitor
Hardware-programmiert	hardware-programmed
Hardware-Prüfeinrichtung	hardware checking facility
Hardwareprüfung	hardware check
Hardware-Prüfung	hardware check
Hardware-Rücksetzung	hardware reset
Hardware-Schließsystem	hardware key
Hardware-Schnittstelle	hardware interface
Hardware-Steuerung	hardware control
Hardware-Störung	hard failure, hardware defect, hardware malfunction

Hardware-Unterbrechung	hardware interrupt
Hardware-Vertrag	hardware contract
Hardware-Wartung	hardware maintenance
Hardware-Zuverlässigkeit	hardware reliability
harmonische Oberschwingung	overtone
Hartkopie	hard copy, hardcopy
Hartkopie-Gerät	hardcopy unit, receive-only printer, video printer
hartsektoriert (Sektoren haben feste Größe)	hard-sectored
Hartsektorierung (Sektoren haben feste Größe)	hard-sectoring
Hash-Algorithmus	hash algorithm
Hash-Code	hash algorithm, hash code
Hash-Code-Anwendung	hashing
häufig gestellte Fragen	frequently asked questions
Häufigkeit	frequency
Häufigkeitskurve	frequency curve
Haupt-	primary storage
Haupt ...	general, main, prime, principal
Hauptanschluss	main attachment, main line
Hauptanwendung	main application
Hauptbedienungsplatz	main console
Hauptbefehlsmenü	main command menu
Hauptbereich	prime data area
Hauptbuch	ledger
Hauptdatei	main file
Hauptdeskriptor	main descriptor
Hauptdokument	main document
Hauptgruppe	main group
Hauptindex	main index
Hauptkatalog	main catalog
Hauptleitung	trunk circuit, trunk line
Hauptmenü	main menu
Hauptname	domain name
Hauptnetz	mains
Hauptplatine	backplane, logic board, motherboard, system board
Hauptprogramm	main body, main program
Hauptprogrammsteuerung	supervisor control
hauptsächlich	primal, principal
Hauptschleife	main loop
Hauptschlüssel	main key
Hauptsegment	main segment
Hauptsicherungskassette	master cartridge

Hauptspeicher	general storage, GS, main memory, main storage, memory
Hauptsteuerprogramm	executive, executive program, executive routine, superprogram, supervisor
Hauptverzeichnis	main directory
Haushaltsrechner	housekeeping computer
Hebdrehwähler	two-motion switch
heften	crimp
Heimarbeit	home working
Heimcomputer	home computer
heimlich	covert, stealth
Heimterminal	home terminal
heißer Punkt	hotspot
heißlaufen	overheat
heizen	heat
Heizfaden	filament
Heizrippe	radiator
Heizstrom	filament current
Heizung	heating
helfen	aid, help
Helferprogramm	helper program
Helixdrucker	helix printer
hell	light
Helligkeit	brightness, light
Helligkeitssteuerung	brightness control
Helvetica	Helvetica
Hemmdraht	inhibit wire
Hemmschuh	shoe
herabsetzen	derate, reduce, remit
Heraufrüsten	upsizing
herausfordern	challenge
Herausforderung	challenge
Herausgabe	publishing
Herausgeber	redactor
herauslesen	read out
herausnehmbar	demountable
herausnehmen	demount, unease, unmount
herausschreiben	write out
herausschwenken	pan
herausspringen	exit
heraussuchen	pick
herausziehen	pull out
hergestellt	made, produced
herkömmlich	traditional
Herkunftsadresse	source address

hermetisch	hermetic
Herr der Daten	data owner
herstellen	manufacture, produce
Hersteller	manufacturer, producer
Hersteller steckerkompatibler Geräte	plug-compatible manufacturer
herstellerunabhängige Nachrichtenübertragung	vendor-independent messaging
Herstellung	formation, make, making, manufacture, production
Hertz	hertz
herumwickeln	wrap
Herunterfahren	running down
herunterladbar	downloadable
herunterladbare Schrift	downloadable font, soft font
herunterladen	download, downloading
Herunterrüsten	downsizing
herunterziehen	pull down
hervorbringen	produce
hervorheben	highlight, punctuate, stress
Hervorhebung	emphasis, highlighting, punctuation
hervorragend	superlative
hervortretend	bold
heterogen	heterogeneous
Heuristik	heuristics
heuristisch	heuristic
heuristische Programmierung	heuristic programming
heuristische Suche	heuristic search
heuristisches Wissen	heuristic knowledge
heute	today
hexadezimal	hex, hexadecimal
Hexadezimaldarstellung	hexadecimal representation
Hexadezimalzahl	hexadecimal number
Hexadezimalzahlensystem	hexadecimal number system, hexadecimal system
Hexadezimalziffer	hexadecimal digit
Hilfe	aid, help
Hilfeassistent	help wizard
Hilfebereich	help area
Hilfebildschirm	help screen
Hilfefunktion	help, help function
Hilfeglossar	help index
Hilfeindex	help index
Hilfemenü	help menu, help screen
Hilfeschaltfläche	help button, help mark

Hilfeseite	help page
Hilfesystem	help system
Hilfetaste	help key
Hilfetext	help text
Hilfs ...	sub...
Hilfsmittel	resource
Hindernis	hump
hintere Impulsflanke	pulse-trailing edge
Hintergrundbeleuchtung	backlighting
Hintergrundprozess	demon
Hinterkante	trailing edge
hinterste	rear, rearmost
Hinweis	hint
Hinweisbox	alert box
hinweisen	indicate
Hinweisfenster	reference display window
Hinweiszeichen	sentinel
hinzufügen	subjoin
Hitze	heat
hitzebeständig	heat-proof, refractory
Hobbycomputer	hobby computer
Hobbyrechner	home computer
hochentwickelt	sophisticated
Hochfahren	running-up
hochfahren	boot, bootstrap, start up, start-up
Hochformat	portrait
Hochformatausrichtung	portrait orientation
Hochformatmodus	portrait mode
Hochformatschrift	portrait font
Hochfrequenz	high frequency, radio frequency
Hochfrequenz ...	high-frequency
Hochfrequenztechnik	high-frequency engineering, radio technology
Hochgeschwindigkeit	high speed
Hochgeschwindigkeitsbus	highspeed bus, high-speed bus
Hochgeschwindigkeitskanal	highspeed channel, high-speed channel
Hochgeschwindigkeitsmodem	high-speed modem
Hochgeschwindigkeitstechnik	very highspeed integration
hochgestellt	raised, superscript
hochgestellte Schrift	superscript
Hochintegration	very large-scale integration
Hochkomma	apostrophe, inverted comma, single quotation mark
Hochleistungs ...	high-performance
Hochleistungs-PC	professional workstation

Hochleistungsrechner	high-performance computer
Hochregallager	stockhouse, storehouse
Hochreinheitsraum	clean room
Hochsprache	educated language, very high-level language, VHL
höchst	most, uppermost
Höchst ...	high, highest, most, uppermost
höchste Adresse	highest-order address
höchste Ebene	top level
höchste Gruppenstufe	highest-order group level
höchste Priorität	highest-order priority, top priority
hochstellen	raise, superscribe
Hochstellung	raising, superscript
Höchstgenauigkeit	hi-fi
Höchstintegration	super-large-scale integration, very large-scale integration
Höchstleistung	very high performance, VHP
Höchsttaktfrequenz-Modus	turbo mode, turbomode
Höchstwert	high-value, maximum
höchstwertig	highest order, leftmost, most significant
höchstwertige Stelle	lefthand position, leftmost position, most significant position
höchstwertiges Bit	highest-order bit, most significant bit
höchstwertiges Zeichen	most significant character
Hochtechnologie	future technology, high technology, high-tec, high-tech
Hochtechnologie ...	high-technology
hohe Auflösung	high resolution, hi-res
hohe Integration	LSI
hohe Speicherdichte	high density
hoher Speicherbereich	HIMEM, HMA
höhere Programmiersprache	advanced language, high-level, high-level programming, HLL, very high-level, VHL
höhere Rechenart	advanced arithmetic operation
höherer Dienst	higher service
höherwertig	higher-order
Höhle	pit
holen	get
Hölle	pit
Hologramm	hologram
Holographie	holography
holografisch	holographic
holografischer Speicher	holographic memory
Hometaste (Pos1)	home key
hören	listen

Hörer	hand set, listener
Hörer auflegen	ring off
HTML (Sprache um WWW-Seiten zu erstellen)	HTML (hypertext markup language)
HTTP (Protokoll um WWW-Inhalte zu übertragen)	HTTP (hypertext transfer protocol)
Hub	swing
Hubring	hardhole
Hufeisen	shoe
Hülle	jacket
Hülse	can
hundert	hundred
Hybrid ...	hybrid
Hybridrechner	digital-analog computer, hybrid computer
Hybridschaltung	hybrid circuit
Hybridsprache	hybrid language
Hybridtechnik	hybrid technology
Hyperbel	hyperbola
hyperbolisch	hyperbolic
Hyperraum	hyperspace
Hypertext	hypertext, hypertext system
Hypertext-Software	hyperware
Hypertext-Verknüpfungswort	hyperlink
Hypothese	hypothesis, supposition
hypothetisch	hypothetic
Hysterese	hysteresis
Hysterese-Effekt	backlash, hysteresis effect, snap-back effect
Hysterese-Schleife	hysteresis loop, magnetic hysteresis loop

I

IBM-kompatibel	IBM-compatible
Icon	icon
Idealsystem	idealized system
IDE-Festplattensteuerung	integrated device equipment
IDE-Laufwerk	IDE drive
Identifikation	identification
Identifikationsmerkmal	identification mark
Identifikationsnummer	identification number
Identifikationszeichen	identifier, identify sign
identifizierbar	identifiable
identifizieren	identify, tagging
Identifizierung	identification
Identifizierungszeichen	identifier, identify sign
identisch	identic

Identität	identity
Identitätszeichen (=)	identity sign
IEC	IEC, International Electrical Commission (IEC)
IEEE (Amerikanisches Normungsinstitut)	IEEE, Institute of Electrical & Electronics Engineers (IEEE)
ignorieren	ignore
Ignorierzeichen	ignore character
Ikone	icon, ikon
Illuminanz	illuminance
im Fernsehen übertragen	telecast, televise
im Uhrzeigersinn	clockwise
imaginär	imaginary
immanent	immanent
immer wiederkehrend	recurring
immun	immune
immunisieren	immunize
Immunisierung	immunization
Imparität	imparity
Imparitätskontrolle	odd-even check
implementieren	implement
Implementierung	implementation
implizite Adresse	implicit address
implizite Adressierung	implicit addressing
implodieren	implode
Import	import
importieren	import
Impressum	imprint
Impuls	impulse, pulse
Impulsabstand	pulse spacing
Impuls-Amplituden-Modulation	pulse-amplitude modulation
Impulscode	pulse code
Impulscode-Modulation	pulse-code modulation
Impulsdauer	pulse duration
Impulsdauermodulation	pulse-duration modulation (PDM)
Impulserzeuger	pulse generator
Impulsfolge	pulse repetition, pulse string, pulse train
Impulsfolgefrequenz	pulse-repetition frequency
Impulsform	pulse form, pulse shape
Impulsfrequenz	pulse frequency
Impulsgenerator	pulse emitter
Impulsschrittlänge	pulse width
Impulssender	emitter
Impulsunterscheider	discriminator
Impulsverstärkung	pulse regeneration

Impulszähler	pulse counter
in Alarmbereitschaft versetzen	alert
in Anspruch nehmen	task
in Betrieb	active, going
in der Schwebe sein	suspend
in ein anderes Programm übertragen	export
in ein Tagebuch eintragen	journalize
in eine Reihenfolge bringen	sequence
in einem Netz navigieren	navigate
in einem schnellen Zwischenspeicher (Cache) lagern	cache
in einer Datenbank arbeiten	navigate
in Gang setzen	launch
in gegenseitiger Verbindung stehen	intercommunicate
in Grundstellung bringen	homing
in Klammern setzen	parenthesize
in Kürze	shortly
in Linie anordnen	line
in Losen gefertigt	batch-fabricated
in Worten ausdrücken	verbalize
in Zonen einteilen	zone
inaktiv	inactive
inaktiv sein	sleep
Inbetriebnahme	commencement, commissioning, implementing
Inbetriebnahmeprotokoll	commissioning certificate
Indexausdruck	indexed expression
Indexeintrag	index entry
Indexfunktion	index function
Indexierung	indexing
Indexloch	index hole
Indexlochabfühlung	index sensing
Indexname	index name
Indexregister	index register
indexsequentiell	index-sequential
indexsequentielle Datei	indexed-sequential file
indexsequentielle Organisation	indexed-sequential organization
indexsequentielle Speicherung	index-sequential access mode, index-sequential organization
indexsequentieller Zugriff	indexed-sequential access
Indexsortieren	index sorting
Indextabelle	index list, index table

Indexwert	index value
Indexwort	index word
indirekt	indirect
indirekte Adresse	indirect address
indirekte Adressierung	indirect addressing
indirekte Datenerfassung	indirect data collection, indirect data gathering
indirekte Eingabe	indirect input
indirekter Antrieb	indirect drive
indirekter Befehl	indirect instruction
indirekter Benutzer	indirect enduser
indirekter Druck	indirect print
indirekter Zugriff	indirect access
Indium	indium
Indium-Antimonid	indium antimonide
Indium-Phosphid	indium phosphide
Individualdaten	individual data
Individualität	identity, personality
Individualkommunikation	individual communication
Individualsoftware	individual software
individuell	individual
Individueller Datenschutz	individual data privacy
Individuum	individual
indizieren	index, subscript
indiziert	indexed, subscripted
indizierte Adresse	index address, indexed address
indizierte Adressierung	indexed addressing
indizierte Datei	indexed file
indizierte Daten	indexed data
indizierte Organisation	indexed organization
indizierte Variable	indexcd variable, indexed variable
indizierter Sprungbefehl	indexed branch instruction
indiziert-verkettete Datei	index-chained file
indiziert-verkettete Organisation	index-chained organization
indiziert-verketteter Zugriff	index-chained access
Indizierung	indexation, indexing, subscription
Induktion	induction
induktionsfrei	non-inductive
induktiv	inductive
induktiver Beweis	inductive proof
Induktivität	inductance, inductivity
Induktor	inductor, rotor
Industrialisierung	industrialization
Industrie	industry

Industrie ...	industrial
Industrieelektronik	industrial electronics
industriell	industrial
industrielle Datenverarbeitung	industrial data processing
Industrieproduktion	industrial output
Industrieroboter	industrial robot
Industriestandard	industrial standard
Industriestandardarchitektur	industry standard architecture
induzieren	induce
induziert	induced
ineinander greifen	interlock
Inferenzmaschine	inference engine, inference machine
Inferenzsystem	inference system
infinitesimal	infinitesimal
Infinitesimalrechnung	calculus, infinitesimal calculus
infizieren	infect, infecting
Infizierung	infection
infologisches Modell	infological model, informatory model
Informant	informant
Informatik	comp. science, computer science, informatics
Informatiker	computer scientist, information scientist
Informations- und Kommunikationstechnik	information and communication technology
Informations- und Planungssystem	information and planning system
Informationsanbieter	information provider
Informationsausgabe	information output
Informationsausstoß	information output
Informationsbank	information base, information pool
Informationsbarriere	information barrier
Informationsbasis	information base
Informationsbedarf	information need, information requirement
Informationsbedürfnis	information need, information requirement
Informationsbereich	information sphere
Informationsbeschaffung	information procurement
Informationsdarstellung	information representation
Informationsdiebstahl	information larceny
Informationsdienst	information service
Informationseingabe	information input
Informationsfluss	information flow
Informationsflut	information flood
Informationsfunktion	information function
Informationsgehalt	information content
Informationsgesellschaft	information society

Informationsgleichgewicht	information balance
Informationshändler	information broker
Informationsingenieur	information engineer
Informationskiosk	information kiosk
Informationslogistik	information logistics
Informationsmanagement	information management
Informationsmanagementsystem	information management system
Informationsmanager	chief information manager
Informationsmarkt	information market
Informationsmedium	information medium
Informationsnachfrage	information demand
Informationsnetz	information network
Informationsprozess	information process
Informationsquelle	information resource
Informationsrecht	right to information
Informationsseite	information page
Informationssicherheit	information security
Informationsstelle	information department
Informationsträger	information carrier
Informationsüberangebot	information explosion
Informationsüberfrachtung	information overload
Informationsunsicherheit	uncertainty of information
Informationsverarbeitung	information processing
Informationsverdichtung	information compression
Informationsverheimlichung	information hiding
Informationsverlust	information loss
Informationsweitergabe	information transmission
Informationswert	information value
Informationswiederfindung	information retrieval
Informationswiedergewinnung	information retrieval
Informationswirtschaft	information economy
Informationswissenschaft	information science
Informationszentrum	information center
Informationszusammenhang	context of information
Informationszweck	information object
Informatisierung	informatization
informell	informal
informieren	inform
informiert	informed
Informierung	informing
Infra ...	infra...
Infrarot	infrared, ultrared
Infrarotanschluss	infrared port
Infrarotlicht	infrared light

Infrarotlumineszenzdiode	infrared-emitting diode
Infrastruktur	infrastructure
Ingenieur	engineer
Ingenieurwesen	engineering
Ingenieurwissenschaften	technics
Inhaber	owner, possessor
Inhalt	content, matter, subject, subject matter, substance, topic
inhaltsadressiert	data-addressed
inhaltsadressierter Speicher	data-addressed memory
inhaltsorientiert	content-addressed, content-oriented
inhaltsorientierte Adresse	associative address
inhaltsorientierter Speicher	content-addressable memory, content-addressed memory
inhaltsorientierter Zugriff	contentoriented access, content-oriented access
Inhaltsverzeichnis	directory, table of contents
inhärent	inherent
Initial	drop cap
initialisieren	initialize
initialisiert	initialized
Initialisierung	initialization
Initialisierungsdatei	initialization file
Initialisierungsprogramm	initializer
Initialisierungsstatus	initialization mode
Initialisierungs-Zeichenfolge	initialization string
Initiator	initiator
Injektion	injection
injizieren	inject
Innen-	interior
Innen ...	inboard
innerbetriebliche Datenübertragung	in-plant data communication
innere	inner
innerlich	interior
innewohnend	inherent
Innovation	innovation
Innovationsschub	innovative advance
innovativ	innovative
inoffiziell	inofficial
Insellösung	insular solution
instabil	astable, instable, unstable
Instabilität	instability
Installation	installation, setup
Installation rückgängig machen	uninstall

Installationshandbuch	installation manual
Installationsmenü	setup menu
Installationsprogramm	installation program, installer, setup program
Installationsroutine	setup routine
Installationszeit	installation time
installieren	install, set up
instand halten	service
instandsetzbar	restorable
Instandsetzbarkeit	restorability
Instanz	instance
Instanz bilden	instantiate
Institut	institute, institution
Instrument	instrument, tool
instrumentell	instrumential
integrierte Datenverarbeitung	IDP
integrierte Entwicklungsumgebung	integrated development environment
integrierte Injektionslogik	integrated injection logic
integrierte Optik	integrated optics
integrierte Schaltung	integrated circuit
integrierte Software	integrated software
integrierte Soundkarte	onboard audio circuit
integrierter Arbeitsplatz	integrated workstation
integrierter Emulator	in-circuit emulator
integrierter Halbleiter	integrated semiconductor
integrierter Logikbaustein	logic chip
integrierter Mikroprozessor	integrated microprocessor
integrierter Schaltkreis	chip, integrated circuit, miniaturized circuit, solid-state circuit
integrierter Speicherbaustein	solid-state memory
integrierter Tongenerator	onboard speaker
integriertes Datennetz	integrated data network
integriertes digitales Netzwerk	IDN
integriertes Digitalnetz	integrated digital network
integriertes Informationssystem	integrated information system
integriertes Modem	onboard modem
integriertes Rechnungswesen-Programmpaket	integrated accounting package
integriertes Software-Paket	integrated software package, packaged software
Integrierung	integration
intelligent	intelligent, smart
intelligente Datenstation	intelligent terminal

intelligente Maschine	smart machine
intelligente Zeichenerkennung	intelligent character recognition
intelligenter Drucker	intelligent printer
intelligenter Druckerpuffer	smart printer buffer
intelligenter Netzknoten	intelligent hub
intelligenter Rechner	intelligent computer
intelligentes Leitungssystem	smart cable
intelligentes Plattenlaufwerk	smart drive
intelligentes Terminal	smart terminal
Intelligenz	intelligence
Intensität	intensity
intensivieren	intensify
Intensivierung	intensification, unblanking
Interaktion	transaction
Interaktions-Schaltflächen	forms
Interaktions-Schaltflächen-Suchprogramm	forms-capable browser
interaktiv	interactive
interaktive Bildverarbeitung	conversational graphics
interaktive CDROM-Anwendung	interactive videodisc application
interaktive Diaschau	hypershow
interaktives Mehrprozessorsystem	interactive multiprocessor system
Interferenz	interference
Interferenzgeräusch	babble
Interleave-Faktor	interleave factor
intern	interior
Intern ...	intra...
international	international
internationale Artikelnummer	international article number
internationale Standardbuchnummer	international standard book number
Internationale Standard-Organisation (ISO)	International Standard Organization (ISO), ISO
Internationale Telekommunikations-Union (ITO)	International Telecommunication Union (ITU), ITU
Internbus	local bus
interne Darstellung	internal representation
interne Datei	internal file
interne Datensicht	internal view
interne Kommunikation	intercom
interne Navigationshilfe	internal navigation aid
interne Operation	internal operation
interne Rechengeschwindigkeit	internal processing speed

interne Rechenzeit	internal runtime
interne Unterbrechung	internal interrupt
interne Verarbeitung	internal processing
interne Zeit	internal time
interner Befehl	internal instruction
interner Speicher	internal storage
internes Dokument	internal document
internes Format	internal format
internes Suchen	internal search
Internet	Internet
Internet-Abfrage	Internet inquiry
Internet-Adresse	Internet subscriber's number
Internet-Adressierungs- und Paketierungsprotokoll	Internet protocol
Internet-Anschluss	Internet connection, Internet subscriber's station
Internet-Anwendungsnummer	port address
Internet-Benutzer	Internet user
Internet-Browser	web browser
Internet-Dienst	Internet service
Internet-Echtzeitkonferenz	Internet relay chat
Internet-Entwicklungs-Ausschuss	Internet architecture board
Internet-Enzyklopädie	Internet encyclopedia
Internet-fähig	Internet-compatible
Internet-Gebühren	Internet charges
Internet-Gesellschaft	Internet Society
Internet-Mailbox-Nachricht	Internet e-mail
Internet-Mitteilung	Internet message
Internet-Monatsnachrichten	Internet monthly report
Internet-Protokoll fur serielle Leitungen	serial line internet protocol
Internet-Protokoll für serielle Modems	slip
Internet-Provider	point of presence (POP), POP
Internet-Rechnerverbund	Internet computer-network
Internet-Rufnummern-Zuordnungsdienststelle	Internet assigned numbers authority
Internet-Seite	Internet page
Internet-Seitennummer	Internet page number
Internet-Software	Internet software
Internet-Techникplanungsgruppe	IETF, internet engineering task force (IETF)
Internet-Techniksonderdezernat	IETF, internet engineering task force (IETF)
Internet-Telefonieren	web talk

Internet-Weiterentwicklungsgruppe	IEPG, Internet engineering and planning group (IEPG)
Internet-Zugangsdienstleister	point of presence (POP), POP
Internspeicher	memory
Internzeitgeber	internal clock
Interpolation	interpolation, mediation
Interpoliereinrichtung	interpolator
interpolieren	intercalate, interpolate
interpretative Ausführung	interpretative execution
Interpreter	interpreter
Interpreter/Compiler	interpiler
Interpreterbeschleunigung	threading
Interpreterprogramm	interpreter program, interpretive translation program
Interpretersprache	interpreter language
interpretieren	interpret
interpretierend	interpretative
Interpretierer	interpreter
interpretierte Programmiersprache	interpreted language
Interpretierung	interpretation
Interprozesskommunikation	interprocess communication
Interpunktion	punctuation
Interpunktionsprogramm	punctuation program
Intranet	intranet
intransparent	code-dependent
Intrusion	intrusion
Intrusionsschutz	intrusion protection
invariabel	invariable
invariant	invariant
Invariante	invariant
Inventar	inventory
invers	inverse
inverse Bildschirmdarstellung	reverse video
inverse Darstellung	reverse presentation
inverser Schrägstrich (\\)	inversed slant
Inversion	inversion
invertieren	invert
invertierte Liste	inverted file
inwendig	interior
Ion	ion
Ionen ...	ionic
Ionenbeschuss-Drucker	ion-deposition printer
Ionenimplantation	ion implantation
Ionenstrahl	ion beam

Ionenwanderung	ionic migration, migration
ionisierbar	ionizable
ionisieren	ionize
Ionisierung	ionization, ionizing
Irrtum	mistake
Irrtum vorbehalten	errors expected
ISDN (integriertes digitales Dienstenetz)	integrated services data network (ISDN)
Isolator	insulator
Isolierband	rubber tape
isolieren	insulate, segregate
isolierend	insulating
isoliertes Programm	standalone program
Isolierung	insulation
Ist-Analyse	actual-state analysis
Ist-Aufnahme	actual-state inventory
Ist-Wert	actual size, actual value
Ist-Zustand	actual state
Iterationsschleife	iterative loop
iterativ	iterative, repetitive
iterative Anweisung	iterative statement
iterative Rechenoperation	iterative arithmetic operation

J

Java	Java
Java-Datenbank-Verbindung	Java data base connection (JDBC), JDBC
Job	job
Jobkiller	job killer
Junktor	junctor
juristisches Datenbanksystem	legal database system
juristisches Informationssystem	legal information system
justieren	adjust, justify, set
justiert	justified
Justierung	adjustment, alignment, justification

K

Kabel	cable, cord, lead, trunk
Kabelabschirmung	cable shielding
Kabelanschluss	cable junction
Kabelbaum	cable harness, harness
Kabelbewegungsschleife	slackness loop
Kabelbewehrung	armor
Kabeldurchsatz	cable throughput

Kabeleinführung	cable entry point
Kabelendverteiler	cable pothead
Kabelführung	cable duct, cable route, cable routing
kabelgebundene Übertragung	wire communication
Kabelhalter	cable support
Kabelkanal	cable conduct
Kabelkommunikation	cable communication
Kabelmantel	cable sheath
Kabelmontage	cable fanning
Kabelnetz	cable network
Kabelnummer	cable number
Kabelrohr	cable conduit
Kabelschacht	cable duct, cable funnel
Kabelschuh	cable shoe
Kabelseele	cable core
Kabelstecker	cable connector, cable plug
Kabelstecker-Adapter	cable matcher
Kabeltrommel	cable reel
Kabelummantelung	sheath
Kabelverbindung	cable splicing
Kabelverlegung	cable laying
Kabelverzweigung	cable fanout
Kachel	page frame
Kalender	calendar
Kalenderjahr	legal year
Kalenderprogramm	calendar program
kalibrieren	calibrate, gage, gauge
Kalkulation	calculation
kalkulieren	calculate
kalter Wiederanlauf	cold restart
Kaltlötung	cold joint, cold solder connection, dry joint
Kaltstart	cold boot, cold start
Kammdrucker	comb printer
Kammzugriff	magnetic disk-pack access
Kanal	bus, channel, level
Kanaladresse	channel address, channel number
Kanaladresswort	channel address word
Kanalanschluss	channel adapter, channel interface
Kanalbefehl	channel command
Kanalbefehlswort	channel command word
Kanalbelegung	channel loading
Kanalbündel	channel group
Kanalcodierung	channel encoding
Kanaldecodierung	channel decoding
Kanalkapazität	channel capacity

Kanalnummer	channel number
Kanalprogramm	channel program
Kanalschalter	channel switch
Kanalspeicher	channel buffer
Kanalsteuereinheit	channel control unit, channel controller
Kanalsteuerung	channel control
Kanalteilung	channel subdivision
Kanalübertragungsrate	channel transfer rate
Kanalverwaltung	channel scheduling
Kanalzustand	channel status
Kanalzustandsregister	channel status register
Kanalzustandswort	channel status word
Kanalzustandszeichen	channel status character
kanonische Ordnung	canonical order
Kante	arc, edge
Kapazität	capacitance
kapazitiv	capacitive
Kapital	fund
Kapitel	chapter
Kappe	cap
Kartei	file, index file
Karteikarte	record card
Karteireiter	tab
Kartentelefon	chip-card telefone
Kartesische Koordinate	Cartesian coordinate
Kartographie	cartography
Karussellspeicher	roundabout storage
Kaskade	cascade
kaskadenförmig	cascade
Kaskadenschaltung	cascade
Kaskadensortierung	cascade sorting
Kassenbelegdrucker	slip printer
Kassette	cartridge, cassette
Kassettenband	cartridge tape, cassette tape
Kassettenschrift	cartridge font
Katalog	catalog, catalogue
Katalog der häufigsten Fragen mit Antworten	FAQ, frequently asked questions (FAQ)
Katalogeintrag	catalog entry
katalogisieren	catalog
katalogisiert	cataloged
Katalogspeicher	catalog memory
Katalogverwaltung	catalog management
Katastrophen-Speicherauszug	disaster dump
Kategorie	category

Kathete	leg
Kathode	cathode
Kathodenheizung	cathode heating
Kathodenstrahlanzeige	cross display
Kathodenstrahlen	cathode rays
Kathodenstrahlröhre	cathode ray tube, video display terminal
kaufmännische Programme	business software
kaufmännische Programmiersprache	commercial programming language
kausal	causal
Kausalität	causality
Kegel	taper
Kegelrad	bevel wheel
keimfrei	sterile
Keimfreiheit	sterility
kein	no..., no-...
keine	none
Kellerautomat	pushdown automaton
Kellerbasis	stack basis
Kellerbefehl	stack instruction
Kelleretikett	stack header
Kellermaschine	stack computer
kellern	stack, stacking
Kellerprogramm	stack program
Kellerspeicher	cellar, extensible stack, pop stack, pushdown stack, pushdown storage, stack
Kellersteuerung	stack control
Kellerungsverfahren	stack procedure
Kellerzähler	stack pointer
Kenndaten	characteristics
Kennfrequenz	characteristic frequency
Kennlinie	characteristic curve, index line, initial line
Kennsatz	label record
Kennsatzname	label name
Kennsatzsektor	label sector
Kennsignal	identifying signal
Kennung	answer code, identification character, label
Kennungsabfrage	identification request
Kennungsanforderung	answer code request
Kennungsgeber	answer generator
Kennungsschlüssel	identification key
Kennwort	call word, code word, keyword, password
Kennwortmakrobefehl	keyword macro
Kennwortparameter	keyword parameter
Kennzahl	coefficient

Kennzeichen	badge, flag, indication, label, mark, tag
Kennzeichenausrichtung	label alignment
Kennzeichenvorsatz	label prefix
kennzeichnen	feature, flag, identify, label, mark, sign
Kennzeichner	qualifier
Kennzeichnung	identification, labelling, qualification
Kennzeichnungsbit	flag bit
Kennziffer	code digit
Keramik	ceramic
Keramikgehäuse	ceramic package
keramisch	ceramic
Kern	core, kernel, nucleus
Kern ...	nuclear
Kerninformatik	basic computer science, basic informatics
Kernmenge von Modulationsprotokollen	core set of modulation protocols
Kernspeicher	core, core memory
Kernspin	spin
Kettadresse	chain address
Kettbefehl	chain instruction
Kettendrucker	chain printer
Kettenlinie	catenary
Kettenschaltung	ladder network
Kettfeld	address pointer, chaining field
KHz	kHz
Killersoftware	killer software
kippen	sweep
Kippfrequenz	sweep frequency
Kippschalter	flip switch, tappet switch, toggle switch
Kippschaltung	flipflop, sweep circuit, vibrator
Kipppunkt	breakover point
Klammer auf (»(»)	left bracket, left parenthesis
Klammer zu (»)«)	right bracket, right parenthesis
Klammeraffe (@)	commercial a
Klangerzeugungsgerät	sound synthesizer
klappbar	hinged
klappen	flap
Klapptastatur	foldout keyboard
Klarschrift	plain writing
Klartext	cleartext, plain text
Klartextbeleg	plain-text document
Klartextbelegdrucker	plain-text document printer
Klartextbelegleser	plain-text document reader
Klartextbelegsortierleser	plain-text document sorter-reader
Klartextschrift	plain-text characters

Klärung	clearance
klassifizieren	grade, range
Klauenhalterung	claw
Klebeeinrichtung	splicer
Klebeetikett	adhesive label, sticker
kleben	glue, paste, splice
Kleber	glue
Klebestreifen	glue strip
klein	small, small-sized, tiny
Klein ...	small-sized
Kleinbuchstabe	lowercase character, lower-case letter, small letter
Kleinbuchstabenhöhe	x-height
Kleincomputer	small-sized computer
kleiner	less
kleiner Minicomputer	microminicomputer
Kleiner-als-Zeichen (<)	less-than symbol
Kleiner-Gleich-Zeichen (<=)	less-or-equal symbol
Kleinintegration	small-scale integration
Kleinrechner	small computer
Kleinschreibung	use of small letters
kleinst	minimal
kleinste adressierbare Speichereinheit	smallest addressable memory unit
kleinste austauschbare Einheit	smallest replaceable unit
kleinste denkbare Informationseinheit	basic indissoluble information unit
kleinste Zuordnungseinheit	granularity of allocation
Kleinstwert	minimum
Kleintastatur	Chiclet keyboard, keypad
Klemmschaltung	clamping circuit
klicken	click
Klickfunktion	click function
Klicktaste	clicking key
Klickton	clicking pip, clicking tone
Klient	client
Klingel	bell
Klinke	catch
Klinkenrad	ratch-wheel
Klon	clone
Klonen	cloning
knacken	crack
Knacker	breaker, cracker, tracker
Knick	offset
Knopf	button

Knoten	node
Knoten ...	nodal
Knotennetz	node network
Knotenrechner	communication computer, front-end computer, remote front-end processor
Koaxialkabel	coaxial cable, trunk cable
Koaxialstecker	coaxial connector
Kode	code
Kodieren	code
Koeffizient	coefficient
Koerzitivkraft	coercive force
Kognitionswissenschaft	cognition science
kohlearmes Papier	carbonless paper, non-carbon paper
Kohlefarbband	film ribbon
Kollektor	collector
Kollision	collision
Kollisionsvermeidung	collision avoidance
Kolumnentitel	running headline, running title
Kombination	mix
Kombinationsnetz	hybrid network, hybrid topology
Kombinationsübertragung	hybrid transmission
kombinieren	join, mix
kombinierter Feldverweis	mixed cell reference
kombinierter Ordnungsbegriff	combined keyword
kombiniertes Säulen-Linien-Diagramm	mixed column / line chart, mixed column / line graph
Komfort	comforts
Komma	comma
Kommando	control command
Kommandodatei	command processor, COMMAND.COM
kommandogesteuert	command-driven
kommandogesteuertes Betriebssystem	command-line operating system
Kommandointerpretierer	command interpreter
Kommandoprozedur	command procedure
Kommandoschaltfläche	command button, command field
Kommandosprache	command language, software command language
Kommandosteuerung	command control
Kommandowort	command word
Kommandozeile	command line
Kommandozustand	command mode, command state
Kommaregel	decimal point rule
Kommentar	comment, commentary, note
Kommentaranweisung	comment statement

Kommentarzeile	comment line
kommentieren	comment
Kommentierung	commentation
kommerziell	commercial
kommerzielle Datenverarbeitung	commercial data processing
kommerzielles Und-Zeichen (&)	ampersand
kommunales Gemeinschaftsrechenzentrum	municipal data processing center
Kommunikation	communication
Kommunikations- und Datenschutzgesetz	ECPA
Kommunikationsanalyse	communication analysis
Kommunikationsanwendung	communication application
Kommunikations-Betriebssystem	communications executive
Kommunikations-Datenschutzgesetz	electronic communication privacy act
Kommunikationsdiagramm	communication diagram, communication matrix
Kommunikationsdiensteinheit	communication server
Kommunikationseinrichtung	communication device, communication equipment
kommunikationsfähig	able to communication
Kommunikationskanal	communication channel
Kommunikationsleitung	communication line
Kommunikationsmethoden	comware
Kommunikationsnetz	network, store-and-forward network
Kommunikationsparameter	communication parameter
Kommunikationsprogramm	communication program
Kommunikationsprotokoll	communication interface, communications protocol, data communication protocol, protocol
Kommunikationsprotokollgesamtheit	protocol suite
Kommunikationsprotokollumschaltung	protocol switching
Kommunikationsprozess	communication process
Kommunikationsprozessanalyse	analysis of communication processes
Kommunikationspuffer	communication buffer
Kommunikationsrechner	communication computer
Kommunikationssicherheit	communication security
Kommunikationssteuerung	communication control
Kommunikationssystem	communication system
Kommunikationstechnik	communications, communications technics

Kommunikationsverbindung	communication channel
Kommunikationsverbund	communication interlocking
Kommunikationsverhalten	communication behaviour
Kommunikationswissenschaft	communication science
Kommunikationszustand	communications mode
kommunizieren	communicate
Kommutator	commutator
kompakt	compact
Kompaktbaugruppe	package
Kompaktbauweise	compact design
Kompaktkassette	compact cassette, compact data cartridge
Kompaktrechner	compact computer
Kompander	compander
kompatibel	compatible
Kompensation	compensation
Kompilierer	compiler, compiling program
Kompilierprogramm	compiler program
Kompiliersprache	compiler language
Kompilierung	compilation, compiling
Komplement	complement
komplementär	complementary
komplementäre Addition	complementary addition
komplementieren	complement
Komplementzahl	complement
kompliziert	intricate
Komprimieren	compact, companding, compress
Kondensator	capacitor
Kondensatorspeicher	capacitor storage
Konferenz	conference
Konferenzschaltung	conference circuit, conference service
Konfiguration	configuration
Konfigurationsbeschreibung	configuration description
Konfigurationsdatei	CONFIG.SYS, configuration file
konfigurierbar	configurable
konfigurieren	configurate
kongruent	congruent
Kongruenz	congruence
Konjunktion	conjunction
Konnektor	connector
Können	skill
konstant	non-varying, steady
Konstante	constant, constant data, constant expression
konstante Lineargeschwindigkeit	constant linear velocity

konstante Winkelgeschwindigkeit	constant angular velocity
Konstantenbereich	constant area
Konstanthalteeinrichtung	stabilizer
Konstanz	permanence
konstruieren	construct, design, engineer
Konstrukt	construct
Konstruktion	design, engineering
Kontakt	contact
Kontaktanordnung	contact configuration
Kontaktanschluss	pin
Kontaktbuchse	contact socket
Kontaktbuckel	pillar
Kontaktbürste	contact brush
Kontakterosion	contact erosion
Kontaktöffnungszeit	contact break time
Kontaktschließzeit	contact make time
Kontaktschlitz	slot
Kontaktstecker	contact plug
Kontaktstelle	junction
Kontaktstift	wiring pin
Kontaktverstärker	contact stiffener
Kontext	context
kontextabhängig	context-dependent
Kontextmenü	object menu
kontextunabhängig	context-independent
kontinuierlich	continuous
kontinuierliche Grenzlinien-Grafik	continuous edge graphics
kontinuierliches Signal	steady signal
Konto	account, ledger
Kontrast	black-and-white, contrast
Kontrast ...	black-and-white...
kontrastarm	low-contrast
kontrastieren	contrast
kontrastreich	high-contrast
Kontrastverhältnis	contrast ratio
Kontravalenz	anticoincidence, nonequivalence
Kontrollablauf	supervising routine
Kontrollbeleg	control document
Kontrollblattschreiber	monitoring printer
Kontrollblock	control block
Kontrolldaten	check data
Kontrolle	check, checking, checkup
Kontrolleinrichtung	supervisory equipment, supervisory facility

Kontrollfluss	supervisory data flow
kontrollierbar	manageable
kontrollieren	check
kontrolliert	checked
Kontrollinformation	check information
Kontrolllampe	check lamp
Kontrolllesen	read check, read-after-write check
Kontrollnachricht	check message
Kontrollprogramm	control program (CP), CP, executive control program, scheduler
Kontrollprogrammaufruf	supervisor call
Kontrollrückkopplung	monitoring feedback
Kontrollschaltkreis	control circuit
Kontrollschaltung	supervisory circuit
Kontrollsumme	checksum
Kontrollsystem	supervising system, supervisory system
Kontrollton	beep
Kontrollverfahren	supervisory procedure
Kontrollzeichen	check symbol
Kontrollzustand	supervising mode, supervisory mode
Kontrollzyklus	check cycle
Kontur	outline
Konturschrift	outline font
Konvertierung	mapping
Konvertierungsbefehl	conversion instruction
Konzentrator	active hub, gateway
konzentrieren	focusing, pool
konzentriert	lumped, pooled
Konzepthalter	copy holder
kooperative Verarbeitung	cooperative processing
kooperatives Multitasking	cooperative multitasking
kooperatives Netz	cooperative network
Koordinate	coordinate
Koordinatengrafik	coordinate graphics
Koordinatenschreiber	coordinatograph
Koordinatenspeicher	coordinate storage
Koordinatensystem	coordinate system
Koordinator	coordinator
koordinieren	coordinate
koordinierend	coordinating
Koordinierung	coordination
Kopf ...	mental
Kopfabstand	head-to-disk distance
Kopfauswahl	head selection
Kopfende	top

Kopffenster	access hole, head slot, head window
Kopfpositionierung	head positioning
Kopie	copy, manifold
Kopiemodifikation	copy modification
Kopien	copies
Kopieranweisung	copy statement
kopieren	copy, copying, reproduce
kopiergeschützt	copy-protected
Kopierlauf	copy run
Kopierprogramm	copy program
Kopierschutz	copy protection
kopierschützen	copy-protect
Kopierschutzstecker	dongle
Koppelglied	coupling element, switching element
koppeln	interconnect
Koppelrechner	coupled computer
Kopplung	coupling, interconnection, interlinking
Koprozessor	coprocessor
Korona	corona unit, corotron
Koroutine	coroutine, co-routine
körperlich	material
Korrektur	correction, recovery
Korrektur durch Abdecken	cover-up correction
Korrektur durch Abheben	lift-off correction
Korrekturband	correcting ribbon
Korrektureinrichtung	correcting feature
Korrekturfahne	galley-proof
Korrekturspeicher	correction memory
Korrekturtaste	correcting key, unlock key
Korrekturzeichen	mark of correction
Korrelation	correlation
Korrelationsanalyse	correlation analysis
Korrelationskoeffizient	correlation coefficient
Korrespondenz	correspondence
Korrespondenzfähigkeit	near-letter quality
Korrespondenzfähigkeit eines Druckers	near letter quality (NLQ), NLQ
Korrespondenzqualität	correspondence quality
korrespondierendes Datenfeld	corresponding data item
korrigieren	correct
korrigierend	corrective
Kosekans	cosecant
Kosinus	cosine
kosten	cost, costs
Kosten je Seite	cost per page

Kostenart	cost item, type of costs
Kosteneinsparung	cost-saving
kostenlos	gratuitous
Kotangens	cotangent
Kraft	energy, force, power
Kraft ...	powered
Kraftfeld	field
Kraftimpuls	momentum
Krankenhausinformationssystem	hospital information system
kreative Büroarbeit	creative office work
Kreis	circle, pie, round
Kreis ...	orbital
Kreisbahn	orbit
Kreisbewegung	round
Kreisdiagramm	pie chart, pie graph
kreisförmig	circular, orbital, round
Kreuzschienenverteiler	crossbar switch
Kreuzstück	spider
Kristallisierungskern	seed
Kriterien	criteria
Kriterium	criterion
kritisch	critical
kritischer Fehler	critical defect, critical error
kritischer Weg	critical path
kritisches Ereignis	critical event
Krümmung	curvature, curve, flexion
Kugel	ball
Kügelchen	globule, pellet
kugelförmig	spherical
Kugelkopf	spherical printhead, spherical typehead
Kugellager	ball bearing
Kühlanlage	cooling plant
kühlen	refrigerate
kühlend	refrigerant
Kühlung	refrigeration
Kunde	customer, purchaser
Kundenchip	customer chip
Kundenrechenzentrum	service computer center
kundenspezifische Halbleiterschalttechnik	gate array technique
kundenspezifische Software	custom software
künstlich	simulated, synthetic
Künstliche Intelligenz	AI

Kunststoff	laminate, plastic, synthetic, synthetic material
Kunststoffgehäuse	plastic package
Kunststoffschicht	laminate
kunststoffummantelter Schaltkreis	plastic integrated circuit
Kupfertiefdruck	photogravure
Kupplung	clutch
Kurs	quotation
kursiv	italic
kursiv drucken	italicize
kursorisch	excursive
Kurve	curvature, curve
Kurvenabtaster	curve tracer
Kurvendiagramm	curve chart
kurvenförmig	curvilinear
Kurvengenerator	curve generator
Kurvengrafik	curve graphics
Kurvenleser	curve follower
Kurvenschreiber	x-y plotter
Kurvenzeichner	plotter
kurz	short
Kurzadresse	abbreviated address
Kurzadressierung	abbreviated addressing
Kurzarbeit	short time
Kurzbeschreibung	abstract
Kurzstreckenkommunikation	short-range communication
Kürze	short, terseness
kurze Festkommazahl	short integer
kurze Gleitkommazahl	short real
kurze Steckkarte	short card
Kürzel	grammalogue
kürzen	shorten
kurzes Befehlsformat	short instruction format
kurzfristig	short-dated
Kurzinhaltsangabe	pull quote
Kurznachricht	newslet
Kurztelegramm	short message
Kurztitel	lemma
Kurzwahl	abbreviated dialing, speed calling
Kurzwahltaste	key for abbreviated dialing
Kurzwelle	shortwave
Kurzwellenbereich	shortwave range
Kuvertdrucker	envelope printer
Kuvertiermaschine	enveloping machine

Kybernetik	cybernetics
Kybernetiker	cyberneticist
kybernetisch	cybernetic
kyrillisch	cyrillic

L

Labor	laboratory
Lachgesicht (:-))	smiley
Lackdraht	enameled wire
ladbar	loadable
Ladeadresse	load address, loading address
Ladeanweisung	load statement
Ladebefehl	load instruction
Ladediskette	boot disk
ladefähig	loadable
Lademodul	load module
Lademodus	load mode
laden	bootstrap, charge, load
Laden der Anfangsgrößen	preloading
laden und starten	load and go
Ladeprogramm	loader, loader routine
Ladezeit	load time
Ladung	charge, load
ladungsgekoppelt	charge-coupled
ladungsgekoppelter Halbleiterbaustein	charge-coupled device
Ladungsspeicher	charge-coupled storage
Ladungsträger	charge carrier
Lage	state
Lagerhaussteuerung	storehouse control
lahmlegen	cripple
laminieren	laminate
Lampe	lamp
Landen	crash, landing
Ländereinstellung	locale
Landesnetz	domain
lang	long
Länge	footage, length
lange Festkommazahl	long integer
Längenangabe	length specification
Längenattribut	length attribute
Längenfehler	length error
Längenfeld	length field
Längenregister	length register

langer Dateiname	long filename
langes Befehlsformat	long instruction format
langfristig	long-dated
Langlebigkeit	longevity
länglich	prolate
langsam	low-speed, slow, tardy
langsame Post	slow mail
Langsamkeit	tardiness
längsgerichtet	lengthwise
Längssummenkontrolle	LRC
Langstreckenkommunikation	long-range communication
Längstrennung	slitting
Langzeitspeicher	archive
Laser	laser
Laser Tonerkassette	laser cartridge
Laser-Bildplatte	laser disc
Laserdrucker	electrophotographic printer, electrostatic printer, laser printer, write-black engine, write-white engine
Laserdrucker-Spulkarte	laser spooler board
Laserflachbettscanner	laser flatbed scanner
Laserlichtquelle	laser emitting diode (LED), LED
laseroptischer Speicher	laser optical memory (LOM), LOM
Laserspeicher	laser storage
Laserspeicherkarte	optical card
Laserstrahl	laser beam
Laserstrahlenabtastgerät	laser scanner
Lasertechnik	laser technology
Laser-Tonerkassette	laser cartridge
Lastenheft	requirements specification, specification form
Lastfaktorverhältnis	fan-in-fan-out ratio
Lastverbund	load interlocking, performance interlocking
lateinische Schrift	Latin characters
latent	latent
Latenzzeit	latency, latency time
Lauf	run
Laufanweisung	DO clause, DO instruction, DO statement, FOR statement, perform statement
laufen	run
laufend	current, routine, serial
Laufklausel	FOR clause, perform clause
Lauflängenkodierung	RLE, run length encoding(RLE)
Laufrolle	caster, roller, sheave
Laufvariable	control variable, indexed variable

Laufwerk	deck, drive, driving mechanism
Laufwerk für magnetooptische Kassetten	magneto-optical drive
Laufwerk-Einbauplatz	drive bay
Laufwerks-Betriebsanzeige	drive acitivity indicator, drive activity indicator
Laufwerksbezeichner	drive designator, drive name, drive number
Laufwerkskapazität	drive size
Laufwerks-Sektorengruppe	drive cluster
Laufwerkssteckplatz	drive slot
Laufzeit	elapse time, propagation time, run time, running time, runtime
Laufzeitfehler	runtime error
Laufzeitkodierung	RLE, run length encoding (RLE)
Laufzeitrechner	runtime computer, runtime system
Laufzeitspeicher	circulating storage, delay-time storage
Laufzeitzähler	runtime counter
läuten	ring
Lauthören	open listening
Lautschrift	phonetic spelling, phonetic transcription
Lautsprecher	loudspeaker
Lautstärke	loudness, sound intensity
Lautstärkemesser	phonometer
Lautwertzeichen	diacritical mark
Lautzeichen	phonogram
Lautzeitspeicher	delay-time storage
Layout	layout
Layoutbeschreibungssprache	PDL
leasen	lease
Leasing	leasing
Leasingrate	leasing instalment
Leasingvertrag	lease contract, leasing contract
leben	live
lebend	living
Lebenddaten	life data
lebendes Inventar	livestock
lebendig	live
Lebensdauer	calendar life, life, life cycle, life span, life time
Lebensdaueranalyse	life-cycle analysis
Lebensdauerschätzung	life-cycle estimate
LED	laser emitting diode(LED), LED
leer	blank, empty, vacuous, void
leer ...	dummy, null
Leeradresse	blank address

Leeranweisung	exit statement
Leere	void
leere Seite	blank page
Leereintrag	blank entry
leeren	blank
leeres Laufwerk	blank volume
Leerfeld	blank cell
Leerformular	blank
Leerkontrolle	zero check
Leerlauf	idling
Leerseite	blank page
Leertaste	space bar
Leerzeichen	blank, blank character, idle character, space
Leerzeile	blank line
Legitimität	legitimacy
Lehrautomat	teaching machine
lehrbar	teachable
lehren	teach
Lehrer	instructor
leicht	easy
Leichtigkeit	ease
Leichtmetall	light metal
leise	noiseless
Leistungsfähigkeit	capability
Leistungshalbleiter	power semiconductor
Leistungsmerkmale	capability characteristics
Leistungtransistor	power transistor
Leit ...	routing
leiten	conduct, conducting, control, route
leitend	executive
Leiterbahn	conducting path, conductor path, land
Leiterpaar	wire pair
Leiterplatte	board, circuit board, mounted board, printed circuit board
Leiterplattenentwurf	board design
leitfähig	conducting, conductive
Leitfähigkeit	conductivity
Leitkarte	head card, header card
Leitseite	leading videotext page
Leitung	conduction, control, lead, line, management, pipeline, route, trunk, wire
Leitungsabfrage	line request, line scanning
Leitungsabschnitt	line section
Leitungsanschluss	line termination
Leitungsausnutzung	line utilization

Leitungsausnutzungsgrad	line utilization rate
Leitungsband	conduction band
Leitungsbandbreite	line band width
Leitungsbelastung	line load
Leitungsbelegung	line occupancy, line seizure
Leitungsbündel	line group, trunk group
Leitungsdämpfung	line loss
Leitungsdurchsatz	line throughput
Leitungsfreigabe	line enable
Leitungsgebühr	line charge
Leitungsgeräusch	line noise
Leitungsgeschwindigkeit	line speed
Leitungskapazität	line capacity
Leitungskonzentrator	line concentrator
leitungslos	cordless
Leitungsmiete	line leasing
Leitungsmultiplexer	line multiplexer
Leitungsniveau	line level
Leitungsprozedur	line procedure
Leitungsprüfprogramm	line test program
Leitungspuffer	line buffer
Leitungsquerschnitt	cross section of a line
Leitungsschnittstelle	line interface
Leitungsspannung	line voltage
Leitungssteuerung	line control
Leitungsstörung	line fault
Leitungssystem	line system
Leitungsumschaltung	line turnaround
Leitungsverbindung	line connection
leitungsvermitteltes Netz	circuit switching network
Leitungsvermittlung	circuit switching, line switching
Leitungsverstärker	line amplifier, line driver
Leitungszugriff	channel access
Leitweg	route
Leitweglenkung	routing
Leitwert	admittance, conductance
lenkbar	guidable, tractable
Lenkbarkeit	tractability
lenken	steer
Leporellofalzung	fanfolding
Leporellopapier	fanfold form, fanfold paper
Lern ...	didactic
Lerncomputer	educational computer
lernen	learn, learning, profit
lernende Maschine	learning machine

lernender Rechner	learning computer
lernendes Programm	learning program
lernfähig	adaptive
Lernfähigkeit	adaptability
lesbar	legible
Lesbarkeit	legibility
Leseanweisung	read statement
Lesedraht	read wire, sense wire
lesen	pick up
Lesen nach dem Schreiben	direct read after write
Lesen während des Schreibens	direct read during write
Lesespannung	read voltage
Lesezeichen	bookmark
Lesezeichenliste	bookmark list
Lesezugriff auf leeren Puffer	buffer underrun
letzte	ultimate
Letztverbraucher	ultimate consumer
Leucht ...	illuminated
Leuchtdichte	luminance
Leuchtdiodenanzeige	light-emitting diode display
Leuchtdioden-Drucker	LED printer, light-emitting diode printer
leuchtend	lucent, luminous
Leuchtfähigkeit	lucency
Leuchtfeld	lamp panel
Leuchtkörper	luminary
Leuchtzeichen	blip
Lichtausbeute	luminous efficacy
lichtbrechend	refractive
Lichtbrechung	refraction
Lichtdruck	phototype
lichtelektronisch	electrophotographic
lichtempfindlich	light-sensitive
lichtempfindlicher Kollektor	light-sensitive collector
Lichtempfindlichkeit	luminous sensitivity
Lichtimpuls	light pulse
lichtleitend	photoconductive
Lichtleiter	photoconductor
lichtmagnetisch	photomagnetic
Lichtpause	blue print
Lichtpausverfahren	ammonia process, heliographic printing
Lichtpunkt	flying spot
Lichtpunktabtastung	flying-spot scanning
Lichtreflexion	light reflexion
Lichtsatz	automated typesetting, film setting, photocomposition, photosetting

Lichtsatzanlage	photocomposing equipment
Lichtsensor	image sensor, optical sensor, photosensor
Lichtstärke	luminosity
Lichtstift	light pen, pen, pick device, selection pen, selector pen, wand
Lichtstiftverfolgung	light pen tracking, light-pen tracking
Lichtstrahl	gleam, light beam
Lichtstrahlenübereinstimmung	radiosity
Lichtundurchlässigkeit	opacity
Lichtverstärker	laser
Lichtwelle	light wave, light-wave
Lichtwellenleiter	fiber, light-wave cable, optical fiber, optical fibre, optical waveguide
Lichtwellenleiterkommunikation	fiber communication
Lichtwellenleitertechnik	fiber optics
Lies das verdammte Handbuch	read the fucking manual (RTFM), RTFM
Lies-mich-Datei	read-me file
LIFO-Methode	first out last in (LIFO)
LIFO-Prinzip	first out last in (LIFO)
Lineal	rule
linear	inline, linear, straight-line, unidimensional
lineare Liste	linear list
lineare Optimierung	linear optimization, linear programming
lineare Ordnung	linear order
lineare Programmierung	linear programming
linearer Code	linear code
lineares Datenfeld	linear array
lineares Suchen	linear search
linearisieren	linearize
Linearität	linearity
Linearmotor	voice coil motor
linguistische Informatik	linguistic informatics
Linie	line, rule
Liniendiagramm	line chart, line graph
Liniengitter	grid
Liniengrafik	line art
Linienleitung	series line
Liniennetz	bus network, line communication network, linear network, series network
Linienzeichnung	line drawing
linieren	line
linke Seite	verso
linker Rand	left margin, left-hand margin
linkes Halbbyte	zone

links	left
linksbündig	flush left, left justified
linksbündige Ausrichtung	ragged-right alignment
Linksbündigkeit	left justification, left-side justification
Linksverschiebung	left shift
Liste	book, list, listing, register, report, schedule
Listenbild	list layout
Listenelement	element of a list
Listenformat	list format
listenorientiert	list-oriented
Listenverarbeitung	list processing
Listprogrammgenerator	report generator, report program generator, RPG
Literal	literal, quoted string, self-defining constant, self-defining data
Literalbereich	literal pool
Lithographie	lithograph, lithography
lithographieren	lithograph
Litze	cord, strand
Lochcode	punch code
lochen	punch
Löcherbeweglichkeit	hole mobility
Löcherdichte	hole density
Löcherleitung	hole conduction
Löcherstrom	hole current
Lochetikett	punched ticket
Lochkarte	punch card, punched card
Lochkartenverarbeitung	punch card processing
Lochstreifen	punch tape, punched paper tape, punched tape
Lochstreifenstanzer	reperforator
Logarithmentafel	table of logarithms
Logik	logics
Logikanalyse	logic analysis
Logikbaustein	logic unit
Logikbombe	logic bomb
Logikentwurf	logic design
Logikgatter	logic gate
Logikkalkül	logic calculus
Logikoperation	logic operation
Logik-Steckkarte	logic card
Logiktestprogramm	logic tester
Logikzeichen	logic symbol
logische Addition	Boolean addition
logische Arbeitsstation	logical workstation

logische Funktion	Boolean function, logical function
logische Gerätenummer	logical device number
logische Komplementierung	Boolean complementation
logische Multiplikation	logical multiplication
logische Operation	Boolean operation, logical operation
logische Ordnung	logical order, logical sequence
logische Programmierung	logic programming
logische Sicht	logical view
logische Suche	Boolean search
logische Verarbeitung	record-oriented processing
logische Vergleichseinheit	logic comparator
logischer Anfang	logical beginning
logischer Ausdruck	Boolean expression, logical expression
logischer Befehl	logical instruction
logischer Fehler	logic error, logical error, semantic error
logischer Gerätename	logical device name, logical name
logischer Operator	logic operator, logical connector, logical operator
logischer Programmfehler	logic bomb, logical bomb
logischer Satz	logical record
logischer Schaltkreis	decision circuit, logic circuit
logischer Schluss	conclusion, syllogism
logischer Schritt	logical step
logischer Test	logical test
logischer Vergleich	logic comparison, logical comparison
logisches Ablaufdiagramm	logic flowchart
logisches Ende	logical end
logisches Gerät	logical device
logisches Laufwerk	logical drive
logisches Modell	logical model
logisches Netz	logical network
logisches NICHT	logical NOT, not
logisches NICHT-UND	NOT-AND
logisches ODER	logical OR, OR
logisches ODER-NICHT	NEITHER-NOR, nondisjunction, NOR
logisches Schieben	end-around shift, logical shift
logisches Suchen	Boolean search, logical search
logisches Symbol	logical symbol
logisches UND	and, logical AND
Logistik	logistics
logistisch	logistic
Logogramm	LOGO, logogram
lokal	local, regional
lokale Variable	area variable, local variable
lokales Funknetz	local-area wireless network

lokales Netz	in-house network, loca area network, local network, local area network
lokales Netzwerk	in-house network, LAN, local network, local-area network
Lokalnetz-Auslastungsmessprogramm	LAN probe
Lokalnetz-Diensteinheit	LAN server
lokalnetzfähiges Anwendungsprogramm	LAN-aware program
lokalnetzunfähiges Anwendungsprogramm	LAN-ignorant program
Lokalnetzverwalter	LAN administrator
Lokalnetz-Verwaltungsprogramm	LAN administrator
löschbarer programmierbarer Festspeicher	EPROM, erasable programmable read-only memory(EPROM)
löschbarer Speicher	erasable storage
löschen	blank, clear, Del, delete, destruction, erase, extinguish, kill, purge, rub out
Löschen mit ultraviolettem Licht	ultraviolet erasing
Löschen nach Ausgabe	blank after
Löschen vor Addieren	zap
löschend	destructive
löschende Addition	destructive addition
löschende Subtraktion	destructive subtraction
löschendes Lesen	destructive read
Löschkopf	erase head
Löschtaste	cancel key, clear key, delete key
Löschung	clearance, deletion, erasure, extinction
Löschungsrecht	right to deletion
Löschzeichen	delete character
lösen	part
Losgröße	batch size
Lösung	approach
Lösungsnachricht	spoiler
Lückenlänge	gap length
lückenlos	gapless
luftgekühlt	air cooled
Luftstrom	airflow
Lüftungsanlage	ventilator
Lüftungskanal	air duct
Lüftungsschlitz	louver
Luftverunreinigung	air pollution
Lumineszenz	luminescence
Lupe	image magnifier

Lux	lux
Lycos	Lycos
Lynx	Lynx

M

machen	make
Macintosh	Mac
Macintosh-Betriebssystem	MacOS
Magazin	bin, magazine
Magenta	magenta
Magnet	magnet
Magnet ...	magnetic, magnetized
Magnetabtaster	magnetic scanner
Magnetabtastung	magnetic reading, magnetic scanning
Magnetaufzeichnungsverfahren mit Rückkehr in den neutralen Zustand	return-to-zero recording
Magnetaufzeichnungsverfahren mit Rückkehr zum Ausgangspunkt	return-to-bias recording
Magnetaufzeichung	magnetic recording
Magnetband	magnetic tape, tape
Magnetbandantrieb	capstan drive, magnetic tape drive
Magnetbandarchiv	magnetic tape filing, magnetic tape library
Magnetbandarchivnummer	tape serial number, volume serial number
Magnetbandaufzeichnung	magnetic tape recording
Magnetbandaufzeichnungsdichte	magnetic tape density
Magnetbandausgabe	magnetic tape output
Magnetbandauszug	magnetic tape dump, tape dump
Magnetbandbreite	magnetic tape width, tape width
Magnetbanddatei	magnetic tape file, tape file
Magnetbanddicke	magnetic tape thickness
Magnetbandduplikat	magnetic tape duplicate, tape duplicate
Magnetbanddurchlauf	magnetic tape passage
Magnetbandeinfädelung	magnetic tape threading, tape threading
Magnetbandeingabe	magnetic tape input, tape input
Magnetbandeinheit	magnetic tape station, magnetic tape unit, tape unit
Magnetbandende	tape trailer
Magnetbanderfassungsstation	key-to-tape unit
Magnetbandetikett	magnetic tape label
Magnetbandfehler	tape error, tape fault
Magnetbandformat	tape format
Magnetbandführung	tape threading

Magnetbandgerät	magnetic tape device
Magnetbandgeschwindigkeit	magnetic tape speed, tape speed
Magnetbandkante	magnetic tape edge, tape edge
Magnetbandkassette	magnetic tape cartridge, magnetic tape cassette
Magnetbandkode	magnetic tape code
Magnetbandspur	tape track
Magnetbandstation	streamer
Magnetbeschriftung	magnetic inscription
Magnetdiskette	magnetic diskette
Magnetdiskettenerfassungsstation	key-to-diskette unit
Magnetdiskettensektor	floppy disk sector
Magnetdiskettensektorierung	floppy disk sectoring
Magnetdiskettensicherung	floppy disk data safeguarding
Magnetdiskettenspeicher	floppy disk storage
Magnetdiskettenstation	floppy disk station, floppy disk unit
Magnetdiskettensteuereinheit	floppy disk controller
Magnetdiskettentransport	floppy disk transport
Magnetdiskettenverzeichnis	floppy disk directory
Magnetdiskettenzugriff	floppy disk access
Magnetdrahtspeicher	magnetic wire storage, plated-wire storage
Magnetdrucker	electromagn. printer, electromagnetic printer
Magnetetikett	magnetic ticket
Magnetetikettleser	magnetic wand reader
Magnetfeld	magnetic field
Magnetfeldröhre	magnetron
Magnetfeldstärke	magnetizing force
Magnetfeldstärkenmessgerät	magnetometer
magnetgesteuert	solenoid-operated
magnetisch	magnetic
magnetische Dämpfung	magnetic damping
magnetische Dünnschicht	magnetic thin film
magnetische Energie	magnetic energy
magnetische Feldstärke	magnetic field stredgth, magnetic field strength
magnetische Induktion	magnetic induction
magnetische Sättigung	magnetic saturation
magnetische Stabilität	magnetic rigidity
magnetische Stromdichte	flux
magnetische Trägheit	hysteresis
magnetischer Plattenkode	magnetic disk code
magnetischer Plattensektor	magnetic disk sector
magnetischer Widerstand	reluctancy

magnetisieren	magnetize
magnetisiert	magnetized
Magnetisierung	magnetization, magnetizing
Magnetisierungszyklus	magnetic cycle
Magnetismus	magnetism
Magnetkarte	card, magnetic card
Magnetkartenspeicher	card random-access memory, CRAM, magnetic card storage
Magnetkassette	data cartridge, magnetic cartridge, magnetic cassette
Magnetkassettenlaufwerk	magnetic cartridge drive
Magnetkassettenspeicher	tape cassette storage
Magnetkernspeicher	magnetic core memory
Magnetkontencomputer	magnetic ledger-card computer
Magnetkontenkarte	magnetic ledger-card
Magnetkonto	magnetic ledger
Magnetkopf	head, magnetic head
magnetoelektrisch	magneto-electric
Magnetografie	magnetography
magnetomotorisch	magneto-motoric
magnetooptisch	magneto-optical
magnetooptische Kassette	magneto-optical cartridge
magnetooptische Platte	magneto-optical disc
Magnetostriktion	magneto-striction
magnetostriktiv	magneto-strictive
Magnetpartikel	magnetic particle
Magnetpermeabilität	permeability
Magnetplatte	disk, hard disk, magnetic disk
Magnetplattenadresse	magnetic disk address
Magnetplattenantrieb	magnetic disk drive
Magnetplattenarchiv	magnetic disk library
Magnetplattenarchivierung	magnetic disk filing
Magnetplattenarchivnummer	magnetic disk serial number
Magnetplattenaufzeichnung	magnetic disk recording
Magnetplattenaufzeichnungsdichte	magnetic disk density
Magnetplattenausgabe	magnetic disk output
Magnetplattenauszug	magnetic disk dump
Magnetplattenbetriebssystem	magnetic disk operating system
Magnetplattendatei	magnetic disk file
Magnetplattenduplikat	magnetic disk duplicate
Magnetplatteneingabe	magnetic disk input
Magnetplatteneinheit	magnetic disk unit
Magnetplattenerfassungsstation	key-to-disk unit
Magnetplattenetikett	magnetic disk label

Magnetplattenlaufwerk	hard drive, magnetic disk drive
Magnetplattenname	magnetic disk name
Magnetplattenorganisation	magnetic disk organization
Magnetplattenpositionierung	magnetic disk positioning
Magnetplattenrechner	magnetic disk computer
Magnetplattenschutzhülle	magnetic disk protection cover
Magnetplattensicherung	magnetic disk data safeguarding
Magnetplattenspeicher	magnetic disk storage
Magnetplattenstapel	magnetic disk pack
Magnetplattenstation	magnetic disk storage unit
Magnetplattensteuereinheit	magnetic disk control unit, magnetic disk controller
Magnetplattensteuerung	magnetic disk control
Magnetplattensystem	magnetic disk system
Magnetplattentransport	magnetic disk transport
Magnetschicht	magnetic layer
Magnetschichtspeicher	magnetic film memory, magnetic layer storage
Magnetschrift	magnetic ink characters
Magnetschriftdrucker	magnetic ink printer
Magnetschrifterkennung	magnetic ink character recognition, MICR
Magnetschriftleser	magnetic ink character reader, magnetic ink reader
Magnetstreifenspeicher	cartridge memory
Magnettinte	magnetic ink
Magnettrommel	drum, magnetic drum
Magnetwiderstand	magneto-resistance, magneto-resistor
magnetwiderstandsbeständig	magneto-resistive
Mailbox	box, computer mail, mailbox
Mailbox-Adresse	electronic mail address
Mailbox-Anwendungsprogramm-Schnittstelle	MAPI, messaging application programming interface (MAPI)
Mailbox-Beantworter	mail server
Mailbox-Bombardement	mail bombing
Mailbox-Brücke	mail bridge
Mailbox-Datenschutzstandard	privacy enhanced mail
Mailbox-Forum	bulletin box
Mailbox-Hauptrechner	mailbox server
Mailbox-Kopie	carbon copy
Mailbox-Leiter	moderator
Mailbox-Nachricht	electronic mail, e-mail, e-pistle
Mailbox-Name	mailbox name
Mailbox-Netz	mailbox network
Mailbox-Paketübertragung	mail package
Mailbox-Software	mailbox software

Mailbox-System	BBS, bulletin board system, electronic mailbox, mailbox system
Mailbox-Systembediener	mailbox operator
Mailbox-Verteiler	mailing list
Mailbox-Verteilungsprogramm	mail exploder, mailing list manager
Makro	macro
Makroassembler	macro assembler
Makroaufruf	macro call
Makroaufzeichnungsprogramm	macro recorder
Makrobefehl	canned cycle, macro, macro instruction
Makrobefehl aufrufen	activate a macro
Makrobibliothek	macro library
Makrodefinition	macro definition
Makroersetzung	macro substitution
Makrohandbuch	macro manual
Makrokommando	macro command
Makroname	macro name
Makroprogramm	macro program, script
Makroprozedur	cataloged procedure, macro procedure
Makroprozessor	macro processor
Makroroutine	macro routine
Makrosprache	macro language
Makroverzeichnis	macro directory
Makulatur	spoilage
Maldatei	paint file
Mal-Dateiformat	paint file format
malen	paint
Malprogramm	paint program
Malus	penalty
Management-Informationssystem	management information system (MIS), MIS
Mandant	client
Mandantenfähigkeit	ability to clientele processing
Mandantensystem	clientele system
Manipulation	deception, manipulation, spoofing
manipulieren	gerrymander
manipulierend	manipulative
manipuliert	manipulative
Mantisse	mantissa
manuell	manual
manuelle Dateneingabe	manual data input
manuelle Datenerfassung	manual data acquisition
manuelle Datenverarbeitung	manual data processing
manuelle Eingabe	manual input
manuelle Programmeingabe	keyboard program input

manueller Betrieb	manual operation
Manuskript	manuscript, script, scripture
Marke	mark, marker, tag
markenloser Computer	no-name computer
Markierabfühlung	mark detection
Markierbeleg	marked sheet
Markierbelegabtaster	mark scanner
Markierbelegleser	mark reader, mark scanner, optical mark reader
markieren	mark, select, selecting
Markiererkennungsverfahren	optical mark recognition
markiert	tagged
Markierung	blip, mark, marker, marking, selection, sentinel
Markt	market
Maschine	engine, machine
maschinell bearbeiten	machine
maschinell herstellen	machine
maschinell lesbar	computer-readable
maschinelle Datenverarbeitung	data processing by machine
maschinelle Programmeingabe	external program input
maschinenabhängig	machine-dependent
Maschinenabhängigkeit	machine dependence
Maschinenadresse	actual address, machine address
Maschinenausfall	machine failure
Maschinenausrüstung	hardware
maschinenauswertbar	machine-evaluable
Maschinenbefehl	machine instruction, machine-code instruction
Maschinencode	machine code, object code
Maschineneinsatz	machine employment
Maschinenformat	machine format
maschinenintern	internal
maschineninterner Code	machine code
Maschinenkennzeichen	machine identification
Maschinenlauf	machine run
maschinenlesbar	machine-readable
maschinennah	machine-oriented
maschinenorientiert	machine-oriented
maschinenorientierte Programmiersprache	computer-oriented language, low-level programming language, machine-oriented programming language
maschinen-orientierte Programmiersprache	COL, computer oriented language (COL)
Maschinenprogramm	object code, object program

Maschinenprotokoll	machine protocol
Maschinenraum	machine room
Maschinenschreiber	typist
Maschinensprache	computer code, computer language, machine language
Maschinenteil	environment division
Maschinentest	machine test
Maschinentoleranz	machine tolerance
maschinenunabhängig	machine-independent
maschinenunabhängige Programmiersprache	computer-independent programming language
Maschinenunabhängigkeit	machine independence
Maschinenwort	machine word
Maschinenzeit	machine time
Maschinenzeitabrechnung	accounting
Maschinenzyklus	machine cycle
maschinisierbar	machinable
Maske	bit pattern, mask, picture
Maskenbit	mask bit
Maskenentwurf	mask design
Maskenfeld	mask field
Maskengenerator	form generator, mask generator
maskengesteuert	mask-controlled, mask-oriented
maskenprogrammiert	mask-programmed
Maskerade	masquerading
maskieren	mask
Maskierung	masking
Maß	measure
Masse	earth, grounding
Maßeinheit	measure, scale unit
Massenaufbereitung	bulk updating
Massendaten	mass data
Massenkommunikation	mass communication
Massenspeicher	bulk memory, mass storage
Masseträgheit	inertia
maßgeschneidert	tailor-made
Massiv-Parallel-Rechner	massively parallel computer
Maßnahme	action
Maßstab	scale
maßstabgetreu	true to scale
maßstäblich	full-scale
Maßsystem	measurement
Matchcode	match code
Material	material, matter, stuff
materiell	material, physic, physical

Mathematik	mathematics
mathematisch	mathematic
mathematische Funktion	mathematical function
mathematische Logik	mathematical logics
mathematische Programmiersprache	mathematical programming language
mathematische Programmierung	mathematical programming
mathematischer Ausdruck	mathematical expression
mathematischer Koprozessor	math coprocessor, mathematical coprocessor, numeric coprocessor
mathematisches Modell	mathematical model
mathematisch-technische Datenverarbeitung	mathematical data processing
Matrixbildschirm	matrix display
Matrixcode	matrix code
Matrixdrucker	dot-matrix printer, matrix printer
Matrixelement	matrix element
Matrixscanner	matrix scanner
Matrixschaltung	matrix circuit
Matrixspeicher	matrix storage
Matrixzeichen	matrix character
Matrixzeilendrucker	matrix line printer
Matrize	mould, stencil
Maus	mice
Maus bei gedrückter Taste bewegen	mouse dragging, shift-click
Mausanschluss	mouse port
Maus-Doppelklicken	double click, mouse double-clicking
Maus-Ellbogen	mouse elbow
Mausempfindlichkeit	mouse sensitivity
Mausklicken	click
m-aus-n-Code	m-out-of-n code
Mausstift	mouse pen
Mausunterlage	mouse pad
Maxidiskette	maxidisk
maximal	maximal
maximieren	maximize
Maximierung	maximization
Maximum	maximum, peak
m-Bindestrich	em-dash, m dash
m-Bruch	em fraction
m-Distanz	em
mechanisch	mechanic
Mechanismus	machine

Medien-Kontroll-Interface	MCI, media control interface (MCI)
Medizinfernunterstützung	telemedicine
medizinische Daten	clinical data
Mega ...	M
Megabit	MBit, megabit
Megabitchip	megabit chip
Megabyte	MB, MByte, megabyte
Megaflops	megaflops, MFLOPS
Megahertz	megahertz, MHz
Megamini	megamini
Megapixel	megapixel
Megawort	megaword
mehr	more
Mehr-	ambiguity
mehr ...	multi..., poly...
Mehradress ...	multi-address, multi-address...
Mehradressbefehl	multi-address instruction
Mehradressmaschine	multi-address machine
Mehradressoperation	multi-address operation
Mehradressrechner	multi-address computer, multiple-address computer
Mehradresssystem	multi-address system
mehradrig	multi-core, multiwire, multiwired
Mehranschluss ...	multi-line
Mehranwendungs-Kommunikation	inter-application communication
mehrbahniger Druck	multiweb print
mehrbahniger Drucker	multiweb printer
Mehrbelastung	surplus load
mehrbenutzbar	shareable
Mehrbenutzbarkeit	shareability
Mehrbenutzerbetrieb	multiuser operation, multi-user operation
mehrbenutzerfähig	multiusable
Mehrbenutzerrechner	multiuser computer, multi-user computer
Mehrbenutzerspiel	multiuser game, multi-user game
Mehrbenutzersystem	multiuser system, multi-user system
Mehrdateiverarbeitung	multifile processing
mehrdimensional	multidimensional
mehrdimensionale Messung	multidimensional measurement
mehrdimensionale Tabelle	multidimensional table
mehrdimensionaler Zugriff	multidimensional access
mehrdimensionales Feld	multidimensional array
Mehrdokumenten-Schnittstelle	MDI, multiple document interface (MDI)
Mehreckenlinie	polyline

mehrere Befehls-/Datenströme	multiple data stream, multiple instruction stream
mehrfach	multiple, plural
mehrfach aufrufbar	reusable
Mehrfach ...	multiple
Mehrfachabspiellaufwerk	multiplayer
Mehrfachadressierung	multi-addressing
Mehrfachanschluss	multiport
Mehrfachauswahl	multiple selection
Mehrfachauswertung	multiple evaluation
Mehrfachbedingung	multiple condition
Mehrfachbild	multiple image
Mehrfachbus	multibus
Mehrfachchip	multi-chip
mehrfache Genauigkeit	multiple precision
Mehrfachfunktion	multifunction
Mehrfachglasfaserkabel	multifiber cable
Mehrfachkanal	multichannel
Mehrfachkettung	multiple chaining
Mehrfachkommunikation	multiple communication
Mehrfachleitung	highway
Mehrfachmarkierung	non-adjacent selection
Mehrfachmöglichkeit	alternative
Mehrfachsendung	multicasting
Mehrfachspalten	newspaper columns
mehrfachumdrehend	multispin
Mehrfachzugriff	multi-access
Mehrfarben ...	multi-color
Mehrfarben-Grafikstandard	MGA, multicolor graphics array (MGA)
mehrfarbig	multichrome, multi-colored, polychrome, varicolored
Mehrfensterbenutzung	multiwindowing
Mehrfrequenzbildschirm	multiscan monitor, multisync monitor
Mehrkanalsystem	multichannel system
Mehrpfadprogramm	multithread program
mehrphasig	polyphase
Mehrplatzsystem	multi-position system, multistation system
mehrpolig	heteropolar
Mehrpunkt ...	multipoint
Mehrpunktbetrieb	multipoint operation
Mehrpunktverbindung	multipoint connection
Mehrrechnerbetrieb	multiprocessing
Mehrrechnersystem	multi-computer system, multiprocessor system
Mehrspulendatei	multireel file

Mehrspuraufzeichnung	multitrack recording
Mehrspurkopf	head stack
mehrstufig	multistage
Mehrweg ...	multi-way
Mehrwortausdruck	multiword term
Mehrwortbefehl	multibyte instruction, multiword instruction
Mehrzonenaufzeichnung	multiple zone recording
Mehrzweck ...	general-purpose, multi-purpose
Mehrzweckbus	general-purpose interface bus, GPIB
Mehrzweckrechner	general-purpose computer
Mehrzweckregister	general-purpose register, multipurpose register, primary register
Mehrzweckschnittstelle	general interface
Meldeanlage	reporting facility
melden	message, report, state
Meldung	message, report
Menge	amount, quantity, quantum, set
Mengendaten	quantitative data
Mengengerüst	quantity listing
mengenmäßig	quantitative
Mengentheorie	set theory
Mensch-Computer-Dialog	human-computer interaction
menschliche Intelligenz	human intelligence
Mensch-Maschine-Kommunikation	man-machine communication
Mensch-Maschine-Schnittstelle	human-machine interface, man-machine interface
Mensch-Maschine-System	man-machine system
Menü	list box, menu
Menüauswahl	menu selection
Menübalken	menu bar
Menübaum	menu tree
Menübearbeiter	menu editor
Menüebene	menu level
Menüentwurf	menu design
Menügenerator	menu generator
menügesteuert	menu-driven
Menümaske	menu mask
Menüname	menu name
Menüpunkt	menu level
Menüschaltfläche	directory title
Menüstandard	menu standard
Menüsteuerung	menu control, menu prompting
Menütechnik	menu logic
merken	memorize

Merkmal	attribute, characteristic, criterion, symptom
Merkmale	criteria
Merkmalserkennung	feature recognition
Merkpunkt	bullet
Merkpunktliste	bulleted list
Mess ...	measuring
messbar	commensurable, measurable, mensurable
messbare Größe	quantity
Messbarkeit	measurability, mensurability
Messbildverfahren	photogrammetry
messen	measure, scale
Messfühler	sensing element, sensor
Messgerät	meter
Messung	measure, measurement
Messwert	measured value
Messwerte	measured data
Messwerterfassung	data logging, measured data acquisition
Messwertwandler	transducer
Metadatei	metafile
Metadaten	metadata
Metall	metal
Metallmantel	can
metallüberzogen	plated
Methode	approach, manner
Methode der Netzplantechnik	CPM
Methodenbank	method base
Methodenbanksystem	method base system
Methodik	methodology
metrisch	metric
metrisches Maßsystem	metric system of measurement
metrisches System	metric
MHz	MHz
Microcom-Vernetzungsprotokoll	Microcom networking protocol
MIDI	MIDI, musical instrument digital interface (MIDI)
Miete	hire, leasing
mieten	hire
Mieter	lessee
Mietfinanzierungsgesellschaft	lease-finance company
Mietkosten	lease rental charges
Mietleitung	leased line, private line
Mikro ...	micro...
Mikroassembler	micro assembler
Mikroausrichtung	microjustification

Mikrobaustein	chip
Mikrobefehl	microinstruction
Mikrobild	microimage
Mikrobildspeicher	microform
Mikrocode	microcode
Mikrocomputer	micro..., microcomputer
Mikrocomputerbausatz	microcomputer kit
Mikrocomputer-Steuersystem	microcomputer control system
Mikrodatenträger	microform
Mikrodiskette	compact floppy disk, microdisk, microdiskette, microfloppy, microfloppy disk
Mikroelektronik	microelectronics
Mikrofilm	microfilm
Mikrofilmarchivgerät	microfilm retrieval unit
Mikrofilmausgabe	computer output microfilm
Mikrofilmbetrachter	microfilm viewer
Mikrofilmkamera	microfilm camera
Mikrofilmkarte	microfiche
Mikrofilmlesegerät	microfilm reader
Mikrofilmstreifen	microstrip
Mikrofilmtechnik	micrographics
Mikrokanal	micro-channel
Mikrokanal-Architektur	micro-channel architecture
Mikrokanalbus	MCA, micro-channel bus architecture (MCA)
Mikroleerzeicheneinschiebung	microspacing
Mikrometer	micrometer
Mikrominiaturisierung	microminiaturization
Mikromodul	micromodule
Mikron	micron
Mikrooperation	microoperation
Mikroperforation	microperforation
Mikrophon	microphone
Mikroplanfilm	fiche, microfiche
Mikroprogramm	microprogram
mikroprogrammierbar	microprogrammable
mikroprogrammieren	microprogram
Mikroprogrammierung	microprogramming
Mikroprozessor	CPU, microprocessor
Mikroprozessorchip	microprocessor chip
Mikroprozessoreinheit	microprocessor unit, MPU
Mikroprozessor-Kühleinrichtung	icecap
Mikroprozessorlüfter	CPU fan
Mikroprozessorsteuereinheit	MCU, micro control unit (MCU)

Mikrorechner-Entwicklungssystem	microcomputer development system
Mikroschaltbaustein	microchip
Mikroschalter	microswitch
Mikroschaltkreis	microcircuit
Mikrosekunde	microsecond
Mikroskop	microscope
Mikrospeicher	micromemory
Mikrosteuerung	microcontrol
Mikrotoner	microfine toner
Mikroverfilmung	microfilming
Milli ...	M, milli...
Milliarde	billion, milliard
Millimeterpapier	graphic paper, scale paper
Millionen Instruktionen je Sekunde	million instructions per second (MIPS), MIPS
Millionstel	millth
Millisekunde	ms
Minderheit	minority
minderwertig	substandard
Mindest ...	minimum
Miniatur ...	midget
miniaturisieren	miniaturize
miniaturisiert	miniaturized
Miniaturisierung	miniaturization
Minicomputer	midrange computer, minicomputer
Minidiskette	minidiskette, minifloppy, minifloppy disk
Minikassette	minicartridge, minicassette
minimal	minimal
Minimal ...	minimum
Minimalkonfiguration	minimal configuration
minimieren	minimize
Minimierung	minimization
Minimum	minimum
Mini-Notebook-Computer	subnotebook
Miniprozessor	miniprocessor
Minitower	minitower
Minuend	minuend
minus	minus
Minuszeichen	minus sign, negative, negative sign
Minute	minute
Mischbauart	hybrid design
mischen	collate, merge, mix
Mischkommunikation	mixed communication
Mischprogramm	merge program

Mischsortieren	collating sort, merge sorting
miss ...	mis...
missverständlich	mistakable
Missverständnis	mistake
missverstehen	mistake
Misswirtschaft	mismanagement
mit	with
mit dem Lichtstift arbeiten	picking
mit Nullen auffüllen	zeroize
mit Transistoren bestücken	transistorize
mit Transistoren bestückt	transistorized
mit Vorzeichen versehen	sign, signed
miteinander verbinden	interconnect
mitnehmen	pick up
Mitnehmer	dog, tappet
mitschwingend	resonant
mitteilen	disclose
Mittel	mean, measure
mittelbar	indirect
Mittelwert	mean
mittlere	mean
mittlere Integration	MSI
mittlere Lebensdauer	mean life span
mittlere Reparaturdauer	mean repair time, meantime to repair
mittlere Warteschlangenlänge	mean queue size
mittlere Zugriffszeit	mean access time
mittlerer Abstand zwischen Störungen	meantime between failures, MTBF
mittlerer Störungsabstand	meantime between failures, MTBF
mittlerer zeitlicher Abstand zwischen Störungen	meantime between failures, MTBF
Mitwirkungsrecht	right to participation
Mixfarbe	process color
mnemonisch	mnemonic
mnemonischer Code	mnemonic code, mnemonic instruction code
Mnemotechnik	mnemonics
mobile Datenendstation	portable data terminal
mobile Datenerfassung	mobile data collection
mobile Datenverarbeitung	mobile data processing
mobiler Computer	portable computer
mobiler Mikrorechner	mobile microcomputer, portable microcomputer
mobiles Datenerfassungsgerät	mobile data collection terminal
mobiles Fernsprechnetz	mobile telefone network
mobiles Funktelefon	mobile radio telefone

mobiles System	mobile system
Mobiltelefon	mobile telefone
Modell	model
Modellbildung	model forming, modeling
Modem	data set, line adapter, modem
Modem für automatisches Wählen und Antworten	auto-dial/answer modem
Modem-Bereitmeldung	data set ready (DSR), DSR
Modifikation	modification
Modifikationsbefehl	modification instruction
Modifikationsregister	index register, modifier register
Modifikationsschleife	modification loop
Modifikator	modifier
modifizieren	modify
modifiziert	modified
modifizierte Frequenzmodulation	MFM, modified frequency modulation (MFM)
Modul	module
Modula-2-Programmiersprache	Modula-2
Modulanschlussdose	modular jack
modular	modular, unitized
modulare Programmierung	modular programming
modularer Aufbau	modular construction
modularer Entwurf	modular design
modulares Programm	modular program
modulares Programmpaket für kaufmännische Aufgaben	modular accounting package
modulares System	modular system
modularisieren	modularize, unitize
modularisiert	modularized, unitized
Modularisierung	modularization
Modularität	modularity
Modulation	modulation
Modulationsprotokoll	modulation protocol
Modulator	modulator, modulatur
Modulbibliothek	module library, relocatable library
modulieren	modulate
Modulkarte	module board
Modulo-n-Prüfziffernfunktion	mod function, modulo-n function
Modulsystem	modular system
Modultest	module test
Möglichkeit	capability, way
Moiréeffekt	moiré effect
Molekül	molecule
molekular	molecular

Molekularcomputer	molecular computer
Monatsnachrichten im Internet	IMR
Monitorsteuerung	monitor control
Monochromgrafikkarte	MDA
Monochrom-Videokarte	monochrome display adapter
Monokristall	single crystal
Montage	assembly
montierter Mikrobaustein	micro-assembly
MPEG-Standard	moving picture experts group(MPEG), MPEG
MPR-Norm	MPR
MS-DOS(kommandozeilenbasiertes Microsoft Betriebssystem)	Microsoft disk operating system (MSDOS), MS-DOS
Muffe	sleeve
Mülleimer	trash-can
Müllsoftware	trashware
Multikanal	multiplexer
Multimedia-CD-ROM	multimedia compact disc
multimediales Datenbanksystem	multinedia database system
Multimedia-PC	MPC, multimedia personal computer (MPC)
Multimediaprogrammierung	multimedia programming
Multimedia-Steckkarte	multimedia card
Multimediasystem	multimedia system
Multimodefaser	multimode fiber
Multimomentaufnahme	work sampling
multiplex betreiben	multiplex
Multiplexbetrieb	multiplex access, multiplex mode, multiplex operation
Multiplexeinrichtung	multiplexing equipment
Multiplexen	multiplexing
Multiplexkanal	multichannel, multiplex channel, multiplexer
Multiplexverbindung	multiplex line
Multiplikand	multiplicand
Multiplikation	multiplication
Multiplikationswerk	multiplier unit
Multiplikator	multiplier
multiplizieren	multiply
Multiprogramm-Beschleunigungsfaktor	saved-time multiprogramming factor
Multiprogrammbetrieb	multiprogramming, multiprogramming operation
Multiprogrammverzögerungsfaktor	elapsed-time multiprogramming factor
Multiprozessorkonzept	multiprocessor conception

Multiprozessorsystem	multiprocessing system, multiprocessor system
Multiprozessrechner	concurrent processor
multisessionfähige CD-ROM	multi-session compact disc
multistabil	multistable
Multitaskbetrieb	multitasking
Multitasking-Beschleunigungsfaktor	saved-time multiprogram factor
Münzfernsprecher	pay station, pay telefone
Münzgeldrückgeber	coin returner
Musikerzeugung	music generation
Musikhintergrund	music hold-on
Musikkassette	musicassette
Musiksequenzenformat	wave format
Muster	example, model, mould, pattern, prototype
Musteranalyse	pattern analysis
Mustererkennung	pattern recognition, recognition of pattern
musterhaft	exemplary
Musterverarbeitung	pattern processing
Mustervergleich	pattern matching
Mustervertrag	exemplary contract
m-Wege-Suchen	find-out of m ways

N

nach links verschieben	shift left
nach rechts verschieben	shift right
nachbilden	reproduce
Nachdruck	reprint
nachdrucken	reprint
nachfolgen	follow
nachfolgendes Leerzeichen	trailing space
Nachfrage	demand
nachfüllen	refill
nachladen	reload, reloading
Nachlauf	hunting
Nachleuchten	luminesce, persistence
Nachrichten	news
Nachrichtenagentur	news agency
Nachrichten-Diensteinheit	news server
Nachrichtenforen-Gruppe	news hierarchy, newsgroup hierarchy
Nachrichtenforum	forum, newsgroup
Nachrichtenforum-Auswähler	newsgroup selector
Nachrichtenleseprogramm	news reader
Nachrichten-Löscheinheit	cancelbot

Nachrichtenpaket	message package
Nachrichtenquelle	message source
Nachrichtenquittung	message acknowledgement
Nachrichtenrahmen	frame, message frame
Nachrichtenrücksendung	bounced message
Nachrichtenschlussteil	message trailer
Nachrichtensenke	message sink
Nachrichtensteuerung	message control
Nachrichtenübertragung	message transmission
Nachrichtenversorgung	news feed
Nachrichtenverteilung	message distribution
Nachrichtenwarteschlange	message queue
Nachrichten-Wegauswahl	message routing
Nachrichtenzeile	message line
Nachrüstbausatz	add-on kit
nachrüsten	retrofit
Nachrüstung	retrofitting
Nachsatz	trailer record
Nachschicht	third shift
Nachschlagtabelle	look-up table
nachsenden	redirect
nächste	next
nachstellen	readjust
nachträglich	subsequent
nachträgliche Dokumentation	subsequent documentation
nachträgliche Erweiterung	field expansion
nachwirken	trail
nachzählen	recount
nachziehen	trail
Nadeldrucker	needle printer, wire matrix printer, wire printer, wire-pin printer
Nadeldruckkopf	wire printing head, wire printing mechanism
Nadelstückchen	needle drop
Nadelvorschub	pin feed
nah verwandt	germane
Nahbereichszone	local area, local-fee zone
Nahbetrieb	local mode
nahe	near
Näherungsfehler	approximation error
Näherungsrechnung	approximate computation, approximation
Näherungswert	approximate value
nahtlos	seamless
nahtlose Einfügung	seamless integration
Nahverkehrs ...	short-haul
Name	name, title

Name der Wurzel	root name
Namengeber	answer generator
Namengeberanforderung	answer code request
Namengeberzeichen	answer code
Namensbildung	name forming
Namensdefinition	name definition
Namens-Diensteinheit	name server
Namenseintrag	name entry
Namenskatalog	name catalog
Namensliste	list of names
Namenssuffix	extension
Namensverzeichnis	nomenclature
Narbe	pit
Navigation	navigation
Navigationsrechner	navigation computer
Navigationsschaltfläche	navigation button
navigieren	navigate, navigation
n-Bindestrich	n dash
n-Bruch	n fraction
n-Dotierung	n doping
Neben ...	adjacent, incidental, minor, slave, sub...
Nebenanschluss	extension
nebeneinander angeordnete Fenster	tiled windows
Nebenkanal	bypass channel
nebenläufig	multithreaded
Nebenläufigkeit	multithreading
Nebenprodukt	by product
Nebenrechner	slave computer
Nebenschlüssel	minor key, slave key
Nebenstation	slave station
Nebenstellenanlage	PBX, private automatic branch exchange, private branch exchange
Nebentätigkeit	part-time work
Negation	negation
Negationsglied	negator
negativ	negative
Negativbild	negative image
Negativdarstellung	inverse representation, inverse video, negative representation
negative Größe	negative
negative Transistorelektrode	source
negativer Schrägstrich(\)	backslash, reverse slant
negatives Quittungszeichen	negative acknowledgement
Negativhalbleiter	negative metal-oxide semiconductor, NMOS

Negativ-Kanal-Metalloxid-Halbleiter	negative-channel metal-oxide semiconductor
negativleitend	n-type
Negativschrift	dropout type, inverse font, inverse type, negative type
negieren	negate, negating
nehmen	take
Neigung	tendency
Neigungswinkel	inclination, tilt angle
NE-Metall	non-ferrous metal
Nenn ...	rated
Nennbetrag	nominal amount
Nennbetrieb	rated duty
nennen	name
Nenner	denominator
Nennleistung	power rating, rated output, wattage rating
Nennspannung	rated voltage
Nennstrom	rated current
NetBIOS (einfaches Netzwerkprotokoll)	NetBIOS, network basic input/output system (NETBIOS)
Netscape-Browser	Netscape navigator
netto	net
Netto ...	net
Nettodurchsatz	net data throughput, net throughput
Nettokapazität	net capacity
Netz	mains, net, network, power, system, web
Netz zwischen gleichrangigen Stationen	peer-to-peer network
netzabhängig	network-dependent
Netzabhängigkeit	network dependence
Netzadapter	network adapter
Netzadresse	network address
Netzanschluss	power connection
Netz-Arbeitsplanung	network scheduling
Netzarchitektur	network architecture, network configuration, network structure, network topology
netzartig	net, reticular
Netzausfall	network failure, power failure
Netzausfallschutz	power failure protection
Netz-Benutzeroberfläche	network shell
Netzbereich	network area, zone
Netzbetreiber	common carrier, network carrier
Netzbetrieb	line operation
netzbetrieben	line-operated

Netzbetriebssystem	network operating system
Netzbetriebszentrum	network operations center
Netzcomputer	network computer
Netzdatei	distributed file system, network file
Netz-Dateidiensteinheit	network file server
Netzdiagramm	net diagram, polar chart, spider chart
Netzdienste	network services
Netz-Diensteinheit	network server
Netz-Dienstprogramm	web server
Netzdrucker	network printer
Netzebene	network area, network level
Netzfilter	power line filter
Netzform	network configuration
Netzfrequenz	commercial frequency
Netzgruppe	internetwork
Netzknoten	hub
Netz-Ladenschaufenster	storefront
Netzmissbrauch	net abuse
Netztopologie	net topoloy
Netzschalter	on-off switch, power switch
Netzspannung	mains voltage
Netzsteckdose	power socket
Netzstecker	power plug
Netzstrom	line current, mains current
Netzstromversorgung	commercial power supply, mains supply
Netz-Suchprogramm	web crawler
Netzsurfen	net surfing
Netzsurfer	net surfer
Netzteil	power supply unit
Netzteilnehmerkennung	network user identification
Netz-Umgangsregeln	nettiquette
Netzverbindungsrechner	gateway
Netzverzögerung	net lag
Netzwerk	net, network
Netzwerkbetriebssystem	network operating system (NOS), NOS
Netzwerkkarte	LAN card, network interface card (NIC), NIC
Netzwerk-Steuerprogramm	LAN manager
Netzwerkterminal	NC, network computer (NC)
neu	new
Neu-	reformatting
neu berechnen	recalculate
neu bewerten	revaluate
neu blocken	reblock
neu definieren	redefine
neu einstellen	recalibrate

neu eröffnen	reopen
neu erstellen	regenerate
neu formatieren	reformat, reinitialize
neu machen	redo
neu nummerieren	repaginate
neu ordnen	reorder
neu positionieren	reposition
neu schreiben	rewrite
neu setzen	recompose
neu übersetzen	recompile
neu übertragen	retransmit
neu vorbereiten	reinitialize
neu zeichnen	redraw
neu zuordnen	reassign
neu zuweisen	repartition
Neuabtastung	rescanning
Neuauflage	reissue, remake
Neuberechnung	recalculation
Neuberechnung im Hintergrund	background recalculation
Neuberechnungsreihenfolge	recalculation order
Neuberechnungsverfahren	recalculation method
Neublockung	reblocking
Neudefinition	redefining
neue Zeile	new line
Neuerstellung	regeneration
Neuformatierung	reformatting, reinitialization
neugestalten	reengineer
Neugestaltung	reengineering
Neuinitialisierung	reinitialization
Neunerkomplement	complement on nine, nine's complement, nines complement
Neunerprobe	casting-out-nines, nine proof, nine's check, nines check
Neunspuraufzeichnung	nine-track recording
Neunspurband	nine-track tape
Neunummerierung	repagination
Neuordnung	rearrangement
neuronales Netz	neural network, neuronal network
neutral	neutral
neutralisieren	neutralize
Neutralisierung	neutralization
Neuzeichnung	redraw
neuzeitlich	modern
Neuzuordnung	reassignment

Neuzuweisung	repartition
nicht	no, not
nicht abdruckbar	nonprinting, unprintable
nicht abdruckbares Zeichen	nonprintable character
nicht absetzbar	unsalable
nicht abtastbar	unscannable
nicht adressierbarer Hilfsspeicher	bump
nicht andauernd	non-persistent
nicht angeschlossen	off-line
nicht anpassbar	unadaptable
nicht ausdrücklich	implicit, implied
nicht ausführbar	nonexecutable, nonoperable
nicht auslagerbar	nonpageable
nicht auswechselbar	unexchangeable
nicht bedruckbar	nonprinting
nicht behebbar	irrecoverable
nicht behebbare Störung	irrecoverable defect
nicht behebbarer Fehler	irrecoverable error
nicht beieinander liegend	non contiguous
nicht bereit	unready
nicht bevorrechtigt	unprivileged
nicht deaktivierbare Unterbrechung	NMI, non-maskable interrupt (NMI)
nicht dialogfähig	non-transactional
nicht eingetragen	unregistered
nicht feststellbar	unascertainable
nicht gleichrichtend	non-rectifying
nicht in Betrieb	idle
nicht indiziert	unsubscripted
nicht lesbar	nonreadable, unreadable, unscannable
nicht normgerecht	non-standard
nicht reserviert	unreserved
nicht resident	non-resident
nicht segmentiert	unspanned
nicht spezifiziert	unspecified
nicht standardisiert	non-standard
nicht überschreibbare CD-ROM	compact disc read only memory
nicht übertragbar	importable, untransferable
nicht verbunden	off-line
nicht vorhanden	unavailable
nicht wahrnehmbar	imperceptible
nicht wiederfindbar	irretrievable
nicht wiederherstellbar	unrecoverable
nicht zerstörend	non-destructive

nicht zu behebender Fehler	unrecoverable error
nicht zugewiesen	unassigned
nicht ...	non...
Nicht-ASCII-Zeichen	entity
Nichtbeachtung	oblivion
nichtbenachbartes Datenfeld	noncontiguous data item
nichtflüchtig	non-volatile
nichtflüchtiger Speicher	non-volatile memory, non-volatile storage
nichtleitend	insulating
Nichtleiter	insulator
nichtmagnetisches Metall	non-ferrous metal
nichtprozedurale Programmiersprache	declarative language, non-procedural programming language
NICHT-Schaltung	negation ciruit, negator, NOT circuit
nichttrivial	nontrivial
Nichtübertragbarkeit	importability
NICHT-UND-Funktion	NOT-AND function
NICHT-UND-Schaltung	NOT-AND circuit
Niederfrequenz	low frequency
Niederspannung	low voltage, low tension, low voltage
niederstwertig	least significant
niederwerfen	thrash, thresh
niederwertig	lower-order, low-order
niedrig	low, small
Niedrigbauweise	slimline
niedriger	lower
niedrigste Adresse	lowest-order address
niedrigste Gruppenstufe	lowest-order group level
niedrigste Priorität	lowest priority, lowest-order priority
Niedrigstwert ...	low-value
niedrigstwertig	lowest-order, rightmost
niedrigstwertige Stelle	rightmost position
niedrigstwertiges Bit	lowest-order bit
Niveau	level
n-leitend	n-type
n-leitender Halbleiterbereich	n-type region
n-leitendes Material	n-material
n-Leitung	n-type conduction
Nocke	cam
Nominal ...	nominal
nominell	nominal
Norm	norm, standard
Normal ...	standard
Normalform	normal form
normalisieren	normalize

normalisiert	normalized
normalisierte Gleitkommazahl	normalized floating-point number
Normalisierung	normalization
Normalkanal	standard channel
Normalpapier	standard paper
Normalstellung	home position
Normalverteilung	normal distribution, standard distribution
Normalwert	normal
Normalzustand	normality
Normanschluss	standard interface
normativ	normative
normen	standardize
Normenausschuss	standard committee
normgerecht	normal, standard
Normgrößenlaufwerk	full-height drive
Normgrößenlaufwerks-Einbauplatz	full-height drive bay
normieren	scale, scaling
normierte Programmierung	standardized programming
Normschrift	standardized characters
Normung	standardization
Notabschaltung	emergency cutout
Notation	notation
Notausschalter	off emergency switch
Notbetrieb	emergency mode
Notfall	emergency
Notfallverfahren	emergency procedure
notieren	note, quote
Notruf	emergency alarm
Notrufmelder	emergency alarm box
Notschalter	emergency switch
Notstromversorgung	battery backup, emergency power supply
notwendig	necessary
Notwendigkeit	necessity
Null	nil, zero
Null ...	neutral
Nulladresse	zero address
Nullanzeige	zero flag
Nullauffüllung	zerofill
Nullbyte	nil byte, zero byte
Nulldivision	zero divide, zero division
Nullebene	zero level
Nulleichung	zero adjust
Nullkontrolle	zero check
Null-Leiter	neutral lead, zero conductor

Nulloperation	do-nothing instruction, NO-OP, no-operating instruction, no-operation, NOP, waste instruction
Nullpunkt	neutral point, origin, zero, zero point
Nullpunktabweichung	zero error
Nullpunktverschiebung	zero offset
Nullstellung	zero position
Nullsummenspiel	zero-sums game
Nulltest	zero check
Nullunterdrückung	zero compression, zero suppression
Null-Wartezustand	zero wait state
Nullzeichen	zero character
numerische Anzeige	numerical display
numerische Äquivalenz	numerical equivalence
numerische Darstellung	numerical representation
numerische Daten	numerical data
numerische Konstante	numerical constant
numerische Mathematik	numerical mathematics
numerische Sortierung	numeric sort
numerische Steuerung	numerical control
numerische Variable	numerical variable
numerische Verschlüsselung	numeric coding
numerischer Ausdruck	numerical expression
numerischer Code	numerical code
numerischer Ordnungsbegriff	numerical key, numerical keyword
numerisches Datenfeld	numerical data item
numerisches Format	numeric format
numerisches Literal	numeric literal, numerical literal
numerisches Sortieren	numerical sorting
Nummer	number
Nummernanzeige	number display
Nummernbereich	range of numbers
Nummernschalter	number plate
Nummernscheibe	number plate
Nummernsystem	number system
Nummernteil	part of number
Nummernzeichen	number sign
nur	only
nur lesen	read-only
Nur-Anzeige-Einheit	display-only unit
Nur-Empfangsgerät	receive-only unit
nur-lesbare Bildplatte	optical read-only memory, read-only optical disk
Nur-Lese-Datenstation	read-only terminal
Nur-Lesen-Attribut	read-only attribute

Nur-Lese-Speicher	read only memory
Nutz ...	useful
nutzbar machen	utilize
Nutzbarkeit	serviceability
nutzbringend	profitable
Nutzen	advantage, benefit, copy, profit, utility, utility value
Nutzenzahl	copy capability
nützlich	useful
Nützlichkeit	usefulness
nutzlos	useless
Nutzlosigkeit	uselessness
Nutzungsbewilligung	permission of use
Nutzungsdauer	service life
Nutzungsrecht	right to use
Nutzungsvertrag	licence agreement
Nutzwertanalyse	utility value analysis

O

Ober ...	super, upper...
obere	upper
obere Grenze	upper bound
obere Umschaltung	upper case
oberer Speicher	high memory
oberer Speicherbereich	adapter segment, high memory area (HMA), HMA, UMA, upper-memory area (UMA)
oberes Byte	high byte
Oberfläche	face, surface
Oberflächenätzung	surface etching
Oberflächenbehandlung	surface treatment
Oberflächenbeschaffenheit	finish
Oberflächendiffusion	surface diffusion
oberflächenladungsgekoppelt	surface charge coupled
Oberflächenleitung	surface conduction
Oberflächenmodell	surface model
oberflächenmontierbar	surface-mountable
oberflächenmontiertes Gerät	surface mounted device
Oberflächenmuster	texture
Oberflächenneutralisierung	surface passivation
Oberflächensperrschichttransistor	surface barrier transistor
oberflächlich	superficial
Obergrenze	ceiling
oberirdisch	overhead

Oberkante	top edge, upper edge
Oberlänge	ascender
Oberrand	top margin
Obersatz	owner
Oberschwingung	harmonic
Oberseite	top side
Oberteil	top section
Objekt	instance, object
Objektbibliothek	runtime library
Objektdatei	object file
Objekteinbettung	object embedding
Objektgruppe	object group
Objektiv	lens, object lens, objective
Objektklasse	object class
Objektname	object name
objektorientiert	object oriented (OO), OO
objektorientiertes Datenbanksystem	object-oriented database system
objektorientiertes Programmieren	object oriented programming (OOP), OOP
Objektverknüpfung	object linking
Objektverknüpfung und -einbettung	object linking and embedding
Objektverwalter	object manager
OCR-H-Schrift	handwritten block letters
ODER-NICHT-Funktion	NOR function
ODER-NICHT-Schaltung	NOR circuit
ODER-Verknüpfung	disjunction
offen	open, open-ended
offene Architektur	open architecture
offene Prozesskopplung	open process coupling
offene Schleife	open loop
offener Bus	open bus
offener Rechenzentrumsbetrieb	open shop
offenes Netz	open network
offenes System	open system
öffentliche Bibliothek	public library
öffentliche Datei	common file, public file
öffentlicher Bereich	common area, public area
öffentlicher Speicherbereich	common area, public area
öffentliches Datennetz	public data network
öffentliches Netz	public network
öffentliches Netzwerk	PDN
offline	off-line

Offline-Leseprogramm	off-line reader
öffnen	open
Öffnung	nozzle, opening
Offsetadresse	offset address
Offsetdruck	offset, offset printing
offsetdrucken	offset
Ohm	ohm
ohne	no-...
ohne Benutzungsregeln	AUP free
ohne eigene Fabrikation	fabless
oktal	octal
Oktaldarstellung	octal representation
Oktalzahl	octal number
Oktalzahlensystem	octal number system
Oktalzeichen	octal numeral
Okular	ocular
online	on-line
Online-Betrieb	on-line, on-line state
Online-Dienst	information utility, on-line information service, on-line service
Online-Geldverkehr	on-line transaction
Online-Rollenspiele mit vielen Spielern	MUD, multi-user dungeon (MUD)
Online-Verarbeitung	on-line processing
Online-Zeichenerkennung	OCR, on-line character recognition (OCR)
Open-Software-Stiftung	Open Software Foundation (OSF), OSF
Operand	operand
Operandenadresse	operand address
Operandenlänge	length of operand
Operandenregister	operand register
Operandenteil	operand part
Operateur	operator
Operateurfehler	bust, operator error
Operation	operation
operational	operational
Operationalität	operationality
Operationsgeschwindigkeit	operation velocity
Operationsregister	operation register
Operationsschlüssel	operation code
Operationsspeicher	operation memory
Operationssteuerung	operation control
Operationsteil	instruction code, instruction part, opcode, operation code, operation part
Operationszeichen	operator
Operator	operator

Operatorvorrang	operator precedencc, operator precedence
optimal	optimal
Optimalbereich	rated range
optimale Neuberechnung	optimal recalculation
Optimalprogramm	optimal program, optimally coded program
optimieren	optimalize, optimize
optimierend	optimizing
optimierender Compiler	optimizing compiler
Optimierung	optimation, optimization
Optimum	optimum
Option	option
Optionsschaltfeld	check box
optisch lesbare Schrift	optical font
optische Anzeige	optical display
optische Ausweiskarte	optical badge card
optische Datenübertragung	optical communication
optische digitale Datendisk	ODDD, optical digital data disc (ODDD)
optische Leitung	optical line
optische Platte	disc, videodisc
optische Platte für einmaliges Schreiben und beliebig häufiges Lesen	worm, write once read multiple(worm)
optische Speicherkarte	laser card
optische Speicherplatte	optical disc
optische Zeichenerkennung	OCR, optical character recognition (OCR)
optischer Computer	optical computer
optischer Datenträger	optical medium
optischer Leser	optical character reader
optischer Nur-Lese-Speicher	optical read only memory (OROM), OROM
optischer Plattenspeicher	optical disc storage
optischer Seitenleser	optical character sheet reader
optischer Speicher	static optical memory
Optokoppler	optical coupler
ordnen	file, range
Ordner	folder
Ordnung	grading
Ordnungsbegriff	access code, access key, identification number, keyword
Ordnungsbegriffssystem	keyword system
Ordnungsdaten	control data, key data
Ordnungsnummer	key number
Organigramm	organization chart
Organisation	housekeeping
Organisationsanalyse	organizational analysis
Organisationsaufruf	control system call

Organisationsauftrag	organizational instruction
Organisationsbefehl	organization instruction, organizational instruction
Organisationsdiagramm	organization chart
Organisationsentwurf	organizational design
Organisationsgrad	level of organization, organizational degree
Organisationskontrolle	organization supervision, organizational supervision
Organisationsmethoden	orgware
Organisationsmittel	organizational resource
Organisationsmodell	organizational model
Organisationsprogramm	control program
Organisationsprogrammierer	application development programmer, organization programmer
Organisationsschnittstelle	organizational interface
Organisationstheorie	organizational theory
Organisationsunterstützung	organizational support
organisieren	housekeeping, organize, organizing
organisiert	organized
orientieren	orient
orientiert	oriented
Orientierung	orientation
original	original
Original ...	original
Originalaufnahme	original recording
Originalband	master tape
Originalbeleg	original document, source document, voucher
Originaldiskette	distribution diskette, master diskette
Originaldokument	source document
Originalgerätehersteller	original equipment manufacturer
Originalhersteller	OEM
Originalität	originality
Originalkassette	master cartridge
Originalsoftware	master software
Originalspeicherbereich	bucket, bucket store
ortho ...	ortho...
orthografisch	orthographic
örtlich	local, regional
örtlicher Drucker	local printer
örtlicher Speicher	local memory, local storage
örtliches Laufwerk	local drive
ortsadressierter Speicher	location addressed memory
Ortsanschluss	local loop
Ortsbereich	local area

Ortsbetrieb	local mode
Ortsleitung	local line
Ortsnetz	loca-area network, local network, local-area network
Ortsnetz-Steuerprogramm	LAN manager, local-area network manager
Ortsvermittlung	local exchange
Osterei	easter egg
Oszillator	oscillator
Oszilloskop	oscilloscope
Ouecksilber	mercury
Oxid	oxide
Oxid ...	oxide
Oxidation	oxidation
oxidieren	oxidate, oxidize

P

Paar	pair
paarig	geminate, twin
paarig anordnen	geminate
paarige Kupferleitung	copper-pair wire
pädagogisch	pedagogic
paginieren	paginate
Paginierung	pagination
Paketauflösung	depacketizing
Palette	palette
Pantograph	pantograph
Panzerung	armor
Papier	paper
Papiereinzugsrolle	pinfeed wheel, sprocket, sprocket wheel, tractor
Papierformat	forms format
Papierkorb	waste-paper basket
Papierrolle	web
Papierstau	jam
Papierstauung	jamming
Papiertransport	paper transport
Papiertransport nach dem Druck	space after
Papiervorschub	paper feed
Papiervorschub nach dem Drucken	advance after, skip after, space after
Papiervorschub vor dem Drucken	advance before, skip before, space before
Papierwagen	paper carriage
papierweißer Bildschirm	paper-white display

Parabel	parabola
parabolisch	parabolic
parallel	parallel
Parallelaufzeichnung	double recording, parallel recording
Parallelausgabe	parallel output
Parallelbetrieb	parallel mode, parallel operation
Parallelbezeichnung	alias
Paralleldrucker	parallel printer
parallele Addition	parallel addition
parallele Subtraktion	parallel subtraction
paralleler Algorithmus	parallel algorithm
paralleles Addierwerk	parallel adder
paralleles Subtrahierwerk	parallel subtracter
parallelisieren	deserialize
Parallelmodem	parallel modem
Parallelogramm	parallelogram
Parallelport	LPT
Parallelprogrammbetrieb	parallel programmmg
Parallelrechner	parallel computer, simultaneous computer
parallelschalten	shunt
Parallelschaltung	parallel circuit, parallel connection, shunt circuit
Parallelschnittstelle	parallel interface
parallel-seriell	parallel-serial, parallel-to-serial
Parallel-seriell-Umsetzung	parallel-series conversion, parallel-to-serial conversion
Parallel-seriell-Wandler	parallel-series converter
Parallel-Serien-Umschalter	dynamicizer
Parallelspalten	parallel columns
Parallelübertragung	parallel transmission
Parallelumstellung	parallel reorganization, parallel system test
Parallelverarbeitung	parallel processing
Parameter	argument, parameter
Parameter für das Installationsprogramm	setup parameter
parametergesteuert	parameter-driven
Parameterliste	data list, list of parameters
parametrisch	parametric
parametrische Daten	parametric data
parametrisches Programmieren	parametric programming
parametrisieren	parameterize
Parametrisierung	parameterization
Parität	parity
Paritätsbit	parity bit
Paritätsfehler	bad parity, parity error

Paritätskontrolle	parity check
Paritätsunterbrechung	parity interrupt
Paritätszeichen	parity character
Parkstellung	park position
Parlamentscomputer	parliamentary computer
Parsebaum	parsing tree
Parseralgorithmus	parser algorithm, parsing algorithm
Parsergenerator	parser generator
partiell	partial
Partitionstabelle	master boot record (MBR), MBR
Partizipation	participation
partizipieren	participate
Partner	partner
Pascal	Pascal
Passage	pass
passend	suitable
passierbar	passable
passive Teilnahme	lurking
Passwort	access code, access key, call word
patentierter Prozessorsockel für kraftfreies Einsetzen	zero-insertion force socket
pauschal	lump-sum
Pauschalbetrag	lump sum
Pausetaste	break key
PCI-Bussystem	PCI
PCMCIA (Erweiterungsbus für tragbare Computer)	PCMCIA
PC-Speicherkartenschnittstelle	personal computer memory card interface adapter
p-Dotierung	p doping
Pen-Computer	pen computer, pen pad, pen-based computer
Pendeln	commuting, hunting
Pendler	commuter
Pen-Eingabe	pen input
Pentium-aufrüstbar	Pentium-ready
Perforation	perforation
Perforationssteg	tie
perforieren	perforate
Perforiermaschine	perforator
perforiert	perforated, sprocketed
Periode	period
periodisch	cyclic, oscillatory, periodic, tuned
periodisch ablaufen	cycle
periodisch wiederkehrend	recurrent
periodischer Dezimalbruch	recurring decimal, repeating decimal

periodisches Durchlaufen	cycling
Periodizität	intermittency
peripher	peripheral
periphere Komponentenverbindung	peripheral component interconnect
periphere Übertragung	radial transfer
peripherer Speicher	backup storage, peripheral storage, secondary storage
peripheres Gerät	input-output device, peripheral, peripheral device
Peripherie	circumference, periphery
Peripheriegerät	peripheral, peripheral device, peripheral equipment, peripheral unit
Perle	pearl
permanent	non-volatile, permanent
permanente Datei	permanent file
Permanentspeicher	non-volatile memory, non-volatile storage, permanent storage
Permutation	permutation
permutieren	permute
Personal	employees, personnel, staff
Personal ...	personal
Personalcomputer	PC, personal computer(PC)
Personalinformationssystem	personal information system
personenbezogene Daten	personal data
Personenkennzeichen	personal identifier
persönlich	F2F, personal
persönliche Arbeits-Software	personal productivity software
persönliche Geheimzahl	personal identification number (PIN), pin
persönlicher Computer	personal computer
persönlicher digitaler Assistent	PDA, personal digital, personal digital assistant (PDA)
persönlicher Informationsmanager	personal information manager (PIM), PIM
persönliches Verzeichnis	home directory
Persönlichkeitssphäre	privacy
Peta ...	peta...
Petabyte	PB, PByte, petabyte
Petit	brevier
Petrinetz	Petri network
Petrinetzknoten	token
Petrinetzpfeil	arc
Petripfeil	arc
Pfad	path
Pfadname	path name

Pfandbrief	bond
Pfeiltaste	arrow key
Pflege	maintenance
pflegen	maintain
Pflichtenheft	objectives, requirements specification, specification, specification form
Pfundzeichen(£)	pound sign
Phase	phase, program phase, stage
Phasenkonzept	phase conception
Phasen-Wechsel-Aufzeichnung	PCR, phase-change recording (PCR)
Photo-CD	PCD, photo cd (PCD)
Photosatz	cold type, phototypesetting
Photosatzrechner	phototypesetting computer
physisch fortlaufend	physical-serial
physische Adresse	physical address
physische Datei	physical file
physische Daten	physical data
physische Datenstruktur	physical data structure
physische Ebene	physical level
physische Folge	physical sequence
physische Ordnung	physical order
physischer Anfang	physical beginning
physischer Gerätename	physical device name
physischer Satz	block
physischer Speicher	physical memory
physisches Ende	physical end
physisches Format	physical format
physisches Laufwerk	physical drive
physisches Netz	physical network
Pico ...	pico...
Picosekunde	picosecond
piezoelektrisch	piezoelectric, piezo-electric
Piezowiderstand	piezo-resistance
Piktogramm	graphic data, icon, ikon, pictograph, suitcase
Pilotanwendung	pilot application
Pinsel	brush, paintbrush
Pinselbild	brush style
Pinselgrafik	brush style
Pipeline	pipeline
Pipeline-Computer	pipeline computer
Pipeline-Verfahren	pipelining
PIPO-Schnittstelle	parallel in parallel out (PIPO), PIPO
PISO-Schnittstelle	parallel in serial out (PISO), PISO
PL/1	PL/1, programming language no. 1

Plan	budget, plan, schedule
Planartransistor	planar transistor
planen	plan, schedule
Planer	planner, schedule
Plankostenrechnung	budgetary cost accounting
planmäßige Wartung	scheduled maintenance
Planspiel	planning game
Planung	planning
Plasmabildschirm	gas panel, gas plasma display, gasdischarge display, plasma display
Platine	board, card, circuit board, printed circuit
Platinenaufnahmerahmen	card chassis
Platinenkante	edge board, edgeboard
Platinenrahmen	board cage, card cage
Platinenträger	board cage, card cage
Platte	disc, disk, plate
Platte löschen	nuke
Plattenarchiv	disk library
Plattenaufzeichnung	disk recording
Plattenbereich	disk partition
Plattenbetriebssystem	disk operating system
Platten-Cachespeicher	disk cache
Platten-Dateiverzeichnis	disk directory
Platten-Diensteinheit	disk server
Platteneinheit	disk unit
Plattenformatierung	disk formatting
Plattengeschwindigkeit	disk speed
Plattengruppe	drive array
Plattenkapazität	disk capacity
Plattenlandung	disk crash
Plattenlaufwerk	disk drive
plattenloser Arbeitsplatzrechner	diskless workstation
plattenorientiert	disk-oriented
Plattenpartionierung	disk partitioning
Plattenpufferspeicher	disk buffer
Plattenscheibe	platter
Plattenschnittstelle	disk interface
Plattensektor	disk sector
Plattensicherung	disk backup
Plattenspeicherbereich	partition
Platten-Steckkarte	file card, hard card
Plattenzugriffsarm ohne Positionsrückmeldung	open-loop actuator

plattformübergreifender Assembler	cross assembler
plattformübergreifender Compiler	cross compiler
plattiert	plated
Platzhalter	placeholder
platzieren	place
plaudern	chat
plausibel	plausible
Plausibilität	plausibility, reasonableness
Plausibilitätsprüfung	plausibility check, reasonableness check
Plexiglas	perspex
Plotterschrift	plotter font
Plotterstift	plotter pen
Politik	politics
politisch	political
Polymorphie	polymorphism
Polynom	polynomial
polynomisch	polynomial
portabel	portable
Portabilität	portability
portieren	port
positionieren	position, seek
Positionierung	seek
Positionierungszeit	seek time
Positionsanzeiger	cursor
Positionsmarke	cursor
positive Transistorelektrode	drain
positive Ziffer	significant digit
positives Quittungszeichen	positive acknowledgement
Positivhalbleiter	positive metal-oxide semiconductor
Positiv-Kanal-Metalloxidhalbleiter	positive-channel metal-oxide semiconductor
Positron	positron
Post	post
Post ...	postal
postalisch	postal
Postanweisung	money-order
Postbearbeitungsmaschine	postal treatment machine
Postbeförderung	mailing
Postdienst	postal service
Poster	poster
Postereffekt	posterizing
Postfach	pigeon hole, post-office box
Postmodem	postal modem

PostScript	PostScript
PostScript-Drucker	PostScript printer
PostScript-Schrift	PostScript font
Postsendung	mail, post
Potential	potential
potentiell	potential
Potenz	exponent, power
potenzieren	exponentiate, exponentiation, raising to a power
Potenzierung	exponentiation
Potenzschreibweise	power mode
Power-Prozessor	power processor
präemptives Multitasking	preemptive multitasking
Präfixdarstellung	Polish notation, prefix notation, prefix representation
Präfixschreibweise	Polish notation
prägen	emboss
Prägepresse	mill
Prägung	impression
praktisch	convenient, hands-on, operative, practical
praktische Ausbildung	hands-on training
praktische Tätigkeit	practice
praktizieren	practice
Präsentationsgrafik	business graphics, presentation graphics
Präzedenzfall	precedent
Präzession	precession
Preis	price
prellen	bounce, bouncing
Pressteil	pressing
primär	primary
Primär ...	primary
Primärbibliothek	source library
Primär-Cache-Speicher	primary cache
Primärdatei	primarg file
Primärdaten	primary data
Primärdatenerfassung	primary data entry
Primärprogramm	source program
Primärprogrammausgabe	source output
Primärprogrammeingabe	source input
Primärschlüssel	PKID, primary key, primary key id (PKID)
Primärspeicher	primary storage
Primärsprache	source language
Primzahl	indivisible number, prime number
Printmedien	printed media
Prinzip	principle

privat	private
private Bibliothek	private library
private Datei	private file
private Daten	private data
private Netz-Netz-Schnittstelle	private network-network interface
private Paketvermittlung	PPX, private package switching exchange
privater Adressraum	private address space
privilegierte Betriebsart	privileged mode
privilegierter Befehl	executive instruction, privileged instruction
privilegierter Benutzer	privileged enduser
Probeabzug	proof, pull
Probebelastung	proof load
Probedruck	proof copy, test print
Probelauf	dry run
Problem	problem, question
Problemanalyse	problem analysis
Problembeschreibung	problem description
Problemdefinition	problem definition
Problemlösung	problem solution
Problemlösungsverfahren	problem solution technique, problem solving method
problemnah	problem-oriented
problemorientierte Programmiersprache	problem-oriented language
Problemverfolgung	problem tracking
Produktionsplanung und -zeiteinteilung	PPS
Produktlinie	line
Prognose	prognosis, prognostication
prognostizieren	prognosticate
prognostizierend	scenario
Programm, das Dienste für andere anbietet	server application
Programm	client, computer program, prog, program, server, terminate-and-stay-resident program
Programm, das andere mit Objekten versorgt	server
Programm, das ein Objekt empfängt	client
Programm, das nach Beendigung im Arbeitsspeicher verbleibt	terminate-and-stay-resident program (TSR), TSR
programmabhängig	program-dependent, program-sensitive
Programmabhängigkeit	program dependence
Programmablauf	programm flow
Programmablaufplan	programming flowchart

Programmabrechnung	program accounting
Programmabruf	program fetch
Programmabschnitt	program control section
Programmabzug	program dump
Programmadaptierung	program adaption
Programmadresse	program address
Programmaktualisierung	program enhancement
Programmanalysierer	program analyzer
Programmänderung	program amendment, program modification
Programmanfang	beginning of program
Programmanfangsadresse	program start address
Programmanfangsroutine	program beginming routine, program beginning routine
Programmanweisung	program statement
Programmarchiv	program archive
Programmaufbereiter	program editor
Programmaufbereitung	program editing
Programmaufruf	program request
Programmausführung	program execution
Programmausführungszeit	program execution time, program runtime
Programmausgabe	program output
Programmausgang	program exit
Programmausstattung	software
Programmautor	author, program author
Programmbaustein	module, program construct, program module
Programmbeendigung	program stop, program termination
Programmbefehl	program instruction
Programmbereich	partition, program area
Programmbeschaffung	program procurement
Programmbeschreibung	program description
Programmbezeichnung	program identification, program name
Programmbibliothek	library, program library, software library
Programmblock	program block
Programmdatei	program file
Programmdiebstahl	program larceny
Programmdokumentation	program documentation
Programmebene	program level
Programmeingabe	program input
Programmeingang	program entry
Programmende	end of program
Programmendeadresse	program end-address
Programmenderoutine	end-of-program routine, program ending routine
Programmentwicklung	program development

Programmentwicklungssystem	program development system, software tool
Programmentwurf	program design
Programmentwurfsmethode	program design method
Programmereignis	program event
Programmerkmal	program feature
Programmerstellung	program creation
Programmfamilie	program family
Programmfehler	bug, program error, program fault
Programmfehlerbehandlung	program error recovery
Programmfehlerfreiheit	software integrity
Programmflicken	program patching
Programmfreigabe	program release
Programmfunktionstaste	function key
programmgesteuert	program-controlled
programmgesteuerter Dialog	program-controlled dialog
Programmhaltepunkt	checkpoint
Programmierabteilung	programming department, programming section
Programmieranfänger	junior programmer
Programmieranweisung	programming instruction
Programmierausbildung	programming education, programming training
Programmieren	program, programming
Programmierer	programmer
Programmiererhandbuch	programmer's manual
Programmierertest	programmer check
Programmiererwerkzeug	programmer tool
Programmiererwort	programmer word
Programmierfehler	programming error
Programmiergerät	programming device
Programmierhandbuch	programmer's manual, programming manual
Programmierkapazität	programming capacity
Programmierkomfort	programming convenience
Programmierkonvention	programming convention
Programmierkosten	programming costs
Programmiermethode	coding, programming method
Programmiersprache	language, programming language
Programmiersprache der 2. Generation	second-generation language
Programmiersprache der 3. Generation	third-generation language
Programmiersprache der 4. Generation	fourth-generation language
Programmiersprache der 5. Generation	fifth-generation language

Programmiersprache für Kurzmakros	scripting language
Programmiersprache für pädagogische Aufgaben	ELAN
Programmiersprachengeneration	programming language generation
Programmiersystem	programming system
programmierte Unterweisung	cookbook
programmierte Wartezeit	programmed dwell
Programmiertechnik	programming technique
Programmierumgebung	programming environment
Programmierung	computer programming, programming
Programmierung mit Entscheidungstabellen	programming by decision tables
Programmierung mit festen Adressen	absolute coding
Programmierunterstützung	programming support
Programmikone	program item
Programm-Informations-Tabelle	program information file
programmintegrierte Verarbeitung	program-integrated processing
Programminvarianz	program invariance
Programmkarte	program card
Programmkassette	program cartridge
Programmkatalog	program catalog
Programm-Kellerspeicher	program stack
Programmkenndaten	program specification
Programmkennzeichnung	program identification, program identifier
Programmkommentar	program comment, program text
programmkompatibel	program-compatible
Programmkompatibilität	program compatibility
Programmkonvention	program convention
Programmkonvertierung	program conversion
Programmkoordinierungsbereich	executive storage area
Programmladen	program loading
Programmladeroutine	program loader
Programmlauf	object run, program run
Programmlaufdauer	object time, program runtime
Programmlaufzeit	object time, program runtime
Programmliste	program listing
Programmlogik	program logic
Programm-Manipulation	program manipulation
Programm-Maske	program mask
Programm-Modifikation	program modification

Programm-Modul	module, program module
Programmname	program name
Programmneugestaltung	program redesign
Programmoptimierung	program optimizing
Programmpaket	package, program package, software package, suite
Programmparameter	program parameter
Programmpflege	program maintenance
Programmphase	object program, program phase
Programmplanung	program planning
Programmplatine	program board
Programmportabilität	program portability
Programmpriorität	program priority
Programmquerverweisliste	program reference table
Programmresidenz	program residence
Programmrevision	program auditing
Programm-Revisions-Version	maintenance release
Programmroutine	program routine, routine
Programmsatz	program sentence, sentence
Programmschalter	alterable switch, program switch, switch, switchpoint
Programmschema	program schema
Programmschleife	loop, program cycle, program loop
Programmschleifenzähler	cycle counter, program cycle counter
Programmschnittstelle	program interface
Programmschritt	program step
Programmseite	program page
Programmsicherung	program protection
Programmspeicher	program memory
Programmsprachengeneration	language generation
Programmsteuertaste	command key, instruction key, program control key
Programmsteuertastenfeld	command key panel, instruction key panel
Programmsteuerung	program control
Programmsteuerwerk	instruction control unit, program control unit, program controller, program processor
Programmstop	breakpoint
Programmstruktur	program architecture
Programmtabelle	program descriptor
Programmtestzeit	testing time
Programmüberlagerung	program overlay
Programmübertragbarkeit	program portability
Programmumadressierung	program relocation
Programmumstufung	program reclassification
Programmumwandlung	program conversion

Programmverschiebung	program relocation, relocation
Programmverzeichnis	directory, program directory
Programmverzweigung	program branch
Programmwandler	autocoder
Programmwechsel	program change
Programmzeilen	LOC
Programm-Zeitplaner	program scheduler
Programmzerstörer	crasher
Programmzustand	program mode, program state
Programmzweig	program branch
Programmzyklus	program cycle
Projekt	project
Projektarbeitsgruppe	project team
Projektbericht	project report
Projektdauer	project period, project time
Projektdokumentation	project documentation
Projektgruppe	project team
Projektionsbildschirm	projection terminal
Projektkontrolle	project inspection
Projektleitung	project management
Projektmanagement	project management
Projektmanagement-Programm	project management program
Projektorganisation	project management
Projektplanung	project planning, system engineering
Projektsteuerung	project control
Projektstudie	study
Projektüberwachung	project supervision
PROLOG (Programmiersprache für Logik)	programming in logic (PROLOG), PROLOG
prompt	prompt
proportional	proportional
Proportionalabstand	proportional spacing
Proportionaldruck	proportionally spaced printing
Proportionalität	proportionality
Proportionalschrift	proportional font
Proportionalskalierung	proportional scaling
proprietäre Architektur	closed architecture
proprietäres Betriebssystem	proprietary operating system
Protokoll	journal, listing, log, minutes, protocol, report
Protokollband	log tape
Protokollblatt	log sheet
Protokolldatei	log file
Protokolliereinrichtung	logger
protokollieren	log, minute, protocol, record

Protokollierung	logging
Protokollprogramm	logging program, protocol program
Protokollschicht	protocol layer
Protokollwandler	protocol converter
Prototyp	prefiguration, prototype
Prototyp-Entwicklungssystem	prototype development system
Prototyping	prototyping
Prozedur	procedure
prozedurale Programmiersprache	procedural language, procedural programming language, procedure-oriented language, procedure-oriented programming language
prozedurales Wissen	procedural knowledge
Prozeduranweisung	procedure statement
Prozedurname	procedure name
Prozedurteil	instruction area, procedure part, procedure section
Prozedurvereinbarung	declaratives, procedure declaration
Prozent	percent
Prozentsatz	percentage
Prozess	process
Prozessautomatisierung	industrial automation, process automation
prozessintern	in-process
Prozessrechner	numerical control computer
Prozessrechnersprache	real-time language
Prüf ...	testing
Prüfanzeige	check indicator
Prüfbedingung	assertion, check condition
Prüfbit	check bit, parity bit
Prüfbyte	check byte
Prüfeinrichtung	checking facility
prüfen	check, overlook, test, testing, try
Prüfliste	checklist
Prüfroutine	check handler, checking routine
Prüfspur	audit trail
Prüfstand	test-bench
Prüfsumme	proof total
Prüfung	check, checking, checkup, proof, test
Prüfverfahren	test method
Prüfzeichen	error detection character, parity character
Prüfziffer	check digit, check number, check symbol
Prüfziffernverfahren	checkdigit calculation
pseudo Vierbitkodierung	pseudo four-bit code
Pseudodatei	dummy file
Pseudoname	pseudonym

Pseudonym	alias, pseudonym
Pseudooperation	pseudooperation
Pseudorechner	pseudomachine
Pseudosatz	pseudo record
Pseudoseite	dummy page
Pseudosprache	pseudolanguage
Pseudotext	Greek text
Pseudovariable	pseudo variable
Pseudozufallszahl	pseudo random number
Publikationserstellung am Schreibtisch	desktop publishing (DTP), DTP
Publikum	public
Puffer	buffer
Puffergröße	buffer length
puffern	buffer
Pufferregister	buffer register
Pufferschaltung	buffer circuit
Pufferspeicher	buffer
Pufferüberlauf	buffer overflow
Pufferung	buffering
Pufferverwaltung	buffer management
Pufferzeit	buffer time, slack
Pull-down-Menü	drop-down list box, drop-down menu, pull-down menu
Pulscode	pulse code
Pulscode Modulation	PCM, pulse code modulation (PCM)
Pulsdauer-Modulation	pulse-duration modulation
Pulsfrequenz-Modulation	PFM, pulse-frequency modulation (PFM)
Pulsmodulation	PCM, pulse code modulation (PCM)
Punkt	dot, full stop, period, point, spot
Punktabstand	dot pitch
Punktadresse	dot address
punktadressierbar	all-points addressable, dot-addressable
Punktdiagramm	point chart
Punkte je Zoll	dots per inch
Punktform	aperture
Punktgenerator	dot-matrix generator
Punktgitter	aperture grille
Punktgrafik	bit-map graphic, bitmap graphics, bit-mapped graphic, bit-mapped graphics, pixel graphic, scatter diagram, scatter plot, x-y graph
punktieren	dot
punktiert	dotted
punktierte Linie	broken line, dotted line

pünktlich	precise, punctual
Pünktlichkeit	punctuality
Punktraster	dot matrix
Punktrasterbildschirm	bit-mapped display
Punktrasterschrift	bit-mapped font
Punktverzerrung	aperture distorsion, aperture distortion

Q

Quarz	quartz
Quarzkristall	quartz crystal
Quasinorm	quasistandard
Quellbibliothek	source library
Quellcode	source code
Quelldokument	publisher
Quelle	source
Quellenanweisung	source statement
Quellenbefehl	source instruction
Quelle-Senke-Abstand	source-drain spacing
quer laufend	transverse
Querbalken	ledger
Querformat	landscape, landscape format
Querformatausrichtung	landscape orientation
Querformatbildschirm	landscape display
Querformatdruck	landscape printing
Querformatmodus	landscape mode
Querformatschrift	landscape font
Querlinie	traverse
Querschnitt	profile, transverse section
Quersumme um Integrität von Dateien zu überprüfen	CRC, cyclic redundancy check (CRC)
Querverbindung	interconnection
quibinär	quibinary
Quibinärcode	quibinary code
quinär	quinary
Quinärcode	quinary code
Quinärzahl	quinary number
Quittungsbetrieb	hand-shaking
Quotient	quotient
Quotientenregister	quotient register
Quotierung	quotation
QWERTY-Tastatur	QWERTY keyboard
QWERTZ-Tastatur	QWERTZ keyboard

R

Radarbildschirm	radar screen, radarscope
radial	radial
Radiereinrichtung	eraser
radieren	erase, rub out, rubout
Radikand	radicand
Radiofrequenz	radio frequency
Radiofrequenz-Abschirmung	radio-frequency shielding
Radius	radius
Radixpunkt	radix point
Radixschreibweise	radix notation, radix representation
radizieren	extract the root of, extracting the root
Radizierung	evolution, root extraction
Radlaufkurve	cycloid
Rahmen	box, chassis, frame, rack
Rahmenart	box style
rahmenmontiert	rack-mounted
Rahmentakt	frame clock
RAM-Hintergrundspeicher	RAM cache
RAM-Speicherfehler	hard drop
Rand	margin, side
Rand ...	surrounding
Randausgleich	margin alignment
Randauslöser	margin release
Randbedingung	constraint, marginal condition
Randbegrenzer	margin stop
Randberuf	peripheral profession
Randbeschriftung	end printing
Rändelschraube	knurled screw
Randführungslochung	margin perforation
Randkerbung	marginal notch
Randkontakt	edgeboard contact
Randlinie	border
Randlochkarte	border-punched card
Randschärfe	marginal sharpness
Randschicht	depletion region
Randstecker	edge connector
Randstreifen	rim
Rang	grade, order, range, rank
Rangfolge	order of rank
Rangfolgefunktion	ranking
Rangfolgeregel	rule of precedence
Raster	graticule, grid, raster, screen
Raster-Amplitudenmodulation	amplitude-modulated screening

Rasterbild	matrix image, raster image
Rasterbildprozessor	raster-image processor, rip
Rasterbildschirm	raster display, raster screen
Rastercode	mosaic code
Rasterdrucker	dot printer, dot-matrix printer, mosaic printer
Raster-Frequenzmodulation	frequency-modulated screening
Rastergrafik	raster graphic
rasterisieren	rasterize
Rasterisierung	rasterization
Rastermuster	matrix, raster
rastern	raster, scan
Rasterpunkt	matrix dot
Rasterpunktabfühlung	raster scanning
Rasterpunktabstand	screen width
Rasterpunktlesen	dot-scanning
Rasterschrift	raster font
Rate	rate
Raum	space
Raumgeräuschpegel	ambient noise level
Raumtemperatur	ambient temperature
Räumung	clearance
Rauschen	hissing, noise
Rauschfaktor	noise factor
Rauschgenerator	noise generator
Rauschunempfindlichkeit	noise immunity
Rauschverhältnis	noise ratio
Raute	lozenge, rhomb, rhombus
rautenförmig	rhombic
Rautenzeichen	lozenge
reagieren	respond
Reaktion	response
real	real
reale Adresse	real address
reale Adressierung	real addressing
reale Leitung	real line
reale Maschine	real machine
realer Arbeitsspeicher	real memory
reales Betriebssystem	real memory operating system
reales Gerät	physical device
realisierbar	realizable
realisieren	implement, realize
Realisierung	implementation, realization
Realmodus	real mode
Realspeicher	physical memory, real memory, real storage

Realzeiteingabe	real-time input
Realzeitrechner	real-time computer
Realzeituhr	real-time clock
Rechen ...	arithmetic
Rechenanweisung	algorithm
Rechenart	operation of arithmetic
Recheneinheit	arithmetic and logic unit
Rechenfehler	miscalculation, miscount
Rechenfeld	computational item
Rechengeschwindigkeit	arithmetic speed, calculation speed, computer velocity, computing speed
rechenintensiv	computation-bound, compute-bound
Rechenkapazität	computing capacity
Rechenleistung	computing performance
Rechenmaschine	calculating machine, calculator
Rechenoperation	arithmetic operation
Rechenperle	bead
Rechenregel	rule of computing a numerical value
Rechenregister	arithmetic register
Rechenschieber	slide rule, sliding rule
Rechenspiel	arithmetic game
Rechentabelle	ready reckoner
Rechenvorgang	arithmetic process
Rechenvorschrift	calculating rule, calculation specification
Rechenvorzeichen	operational sign
Rechenwerk	arithmetic and logic unit, arithmetic element, arithmetic processing unit, arithmetic unit, RALU, registers and arithmetic-logic unit
Rechenwerksprozessor	arithmetic processor
Rechenzeichen	arithmetic operator, operational sign
Rechenzeit	central processor time, computing time, machine time
Rechenzeitabrechnung	job accounting
Rechenzeitverteiler	dispatcher
Rechenzentrum	computer center, computing center, data processing center
Rechenzentrumsorganisation	operating organization, organization of computing center, organization of computing centers
rechnerbetont	computational
Recherche	recherche
recherchieren	recherche
rechnen	calculate, calculation, compute, computing, reckon
Rechner	computer, data processor

Rechner der 1. Generation	first-generation computer
Rechner der 2. Generation	second-generation computer
Rechner der 3. Generation	third-generation computer
Rechner der 4. Generation	fourth-generation computer
Rechner der 5. Generation	fifth-generation computer
Rechner der 6. Generation	sixth-generation computer
rechnerabhängig	computer-oriented, on-line
rechnerabhängige Datenerfassung	online data acquisition
rechnerabhängige Datenfernverarbeitung	on-line teleprocessing
rechnerabhängige Datenverarbeitung	online data processing
rechnerabhängige Verarbeitung	on-line processing
rechnerabhängiger Betrieb	on-line processing, on-line state
rechnerabhängiger Speicher	on-line storage
rechnerabhängiges Gerät	on-line peripheral device
rechnerabhängiges System	on-line system
Rechnerarchitektur	computer architecture
Rechnerbelegung	computer allocation
Rechnerbewertung	computer evaluation
rechnererzeugt	automated, computer-generated
rechnererzeugter Ablaufplan	automated logic diagram
rechnerfern	remote
rechnergeführter Dialog	computer-guided dialog
rechnergesteuert	automated, computer-controlled
rechnergesteuerte Fernsprechvermittlung	ACAU
rechnergesteuerte Nebenstellenanlage	computerized private branch exchange
Rechnerlauf	computer run
Rechnernetz	computer network
Rechnerraum	computer room
Rechnersicherheit	computer security
Rechnersimulation	computer simulation
Rechnersystem	computer system
Rechnertechnik	computer technology
rechnerunabhängig	off-line
rechnerunabhängige Datenerfassung	off-line data gathering
rechnerunabhängige Datenübertragung	off-line data transmission
rechnerunabhängiges Gerät	off-line peripheral device
rechnerunterstützt	computer-aided

rechnerunterstützte numerische Werkzeugmaschinensteuerung	computerized numeric control
Rechnerunterstützung	computer aid
Rechnung	bill, invoice
rechte Klammer(')'	right bracket, right parenthesis
Rechteck	rectangle
Rechteckimpuls	digital pulse
rechter Rand	right margin, right-hand margin
rechter Winkel	right angle
rechtmäßig	legal
rechts	right
rechtsbündig	flush right, rightjustified, right-justified
rechtsbündige Ausrichtung	ragged-left alignment
Rechtsbündigkeit	right justification, right-side justification
Rechtschreibhilfe	spell aid, spell checker, spelling checker
Rechtschreibprüfung	spell verification
Rechtschreibung	orthography, spelling
Rechtsgrundlage	legal basis
Rechtsinformatik	juridical informatics, law informatics
Rechtsverschiebung	right shift
rechtwinklig	rectangular, right-angled
rechtzeitig	timely
Recto	recto
Recto-Fußzeile	odd footer
Recto-Kopfzeile	odd header
Redefinition	redefinition
reden	talk
Redensart	phrase
redigieren	editing, redact, redacting, revision
redundant	abundant, redundant
redundante Reihe preiswerter Platten	RAID, redundant array of inexpensive disks (RAID)
redundanter Code	redundant code
redundanter Verbindungsweg	backup path
Redundanz	redundancy
redundanzfrei	non-redundant, redundancy-free
Redundanzfreiheit	exemption from redundancy
Redundanzprüfung	redundancy check
Redundanzprüfzeichen	redundancy check character
reduzierbar	reducible
reduzieren	cripple, reduce
reduzierte Version	crippled version
reell	real
reelle Variable	real variable

reelle Zahl	real, real number
Referat	abstract, section
Referent	referee
Referenzliste	reference list
reflektieren	reflect
reflektierend	reflective, reflexive
reflektiert	reflected, reflective
Reflektormarke	reflective spot
Reflex	reflex
Reflexion	reflectance, reflection, reflexion
Reflexionsgrad	reflectance
Reformatierungsprogramm	unformat utility
Regal-Software	shelfware
Regel	norm, rule
regelbar	controllable
regelbasiert	rule-based
Regelgröße	controlled variable
Regelkreis	control loop, cybernetic model, feedback control loop, feedback control system
regelkreisgesteuert	servo-controlled
regelmäßig	regular
regelmäßig wiederkehrend	periodic
Regelmäßigkeit	orderliness, regularity
regeln	control, regulate, regulating, rule, settle
regelnd	regulative
Regelstrecke	Control process, control section, controlled system
Regelsystem	control system, cybernetic system
Regeltechnik	control engineering
Regelung	control, regulation
Regelwiderstand	rheostat
regelwidrig	anomalous
regenerativ	regenerative
regenerieren	regenerate
regenerierend	regenerative
regenerierendes Lesen	regenerative reading
Regeneriersignal	regeneration signal
Regenerierung	regeneration
regieren	govern
Regierung	government
Region	region
Register	reg, register
Registeradresse	register address
Registeradressierung	register addressing
Registratur	filing office

registrieren	register
Regler	governor
Regulator	governor, modulator
regulierbar	adjustable
Regulierbarkeit	adjustability
regulieren	modulate
Regulierung	modulation
Reibung	sequence
Reihe	row, train
Reihen ...	inline
Reihenanlage	party-line system
Reihenfolge	sequence
Reihenfolgemakrobefehl	sequenced macro
Reihenfolgestruktur	sequence-control structure
Reihenfolgezugriff	sequential access
Reihengehäuse	inline package
Reihenröhre	inline tube
rein	pure, straight
reinigen	clean
reißen	rift, rip, tear
Reißnadel	scriber
Rekomplementierung	recomplementing
rekonfigurierbar	reconfigurable
rekonstruieren	reconstruct
Rekonstruktion	reconstruction
Rekord	record
Rekursion	recursion
rekursiv	recursive
rekursives Programm	recursive program
Relais	relay
Relation	relation
relational	relational
relationale Datenbank	relational data base
relationaler Ausdruck	relational expression
relationales Datenbanksystem	relational data base system
relationales Datenmodell	relational data model, relational model
Relationenkalkül	relational calculus
relativ	based, comparative, relative
relative Adresse	relative address, relocatable address
relative Adressierung	relative addressing
relative Größe	relative magnitude
relative Koordinate	relative coordinate
relative Spur	relative track
relative Spuradresse	relative track address
relativer Durchsatz	relative throughput

relativer Fehler	percental error, relative error
relativer Nullpunkt	relative zero
relativer Objektcode	relative code
relativer Sprung	relative branch, relative jump
relativer Zellenverweis	relative cell reference
Relativierung	relativization
Relativität	relativity
Relevanz	pertinence, relevancy
Relevanzrückmeldung	relevance feedback
remanent	remanent
Remanenz	remanence
Reorganisation	readjustment, rearrangement, reorganization
reorganisieren	rearrange, reorganize, reorganizing
Reparatur	repair, reparation
reparaturbedürftig	repairable
Reparaturkosten	costs of repair
Reparaturzeit	repair time
reparierbar	recoverable, reparable
reparieren	patch, repair
Reperaturdauer	mean-time-to-repair (MTTR), MTTR
Reportprogrammgenerator	report generator, report program generator, RPG
Repräsentationsgrafik	representation graphics
reproduzierbar	reproducible
Reproduzierbarkeit	repeatability, reproducibility
Reprographie	reprography
Reserve ...	spare, standby
Reservedatenträger	spill volume
Reservepufferspeicher	alternate buffer
Reserverechner	backup computer, standby computer
reservieren	allocate, dedicate, reserve
reserviert	reserved
reservierte Bibliothek	reserved library
reservierter Arbeitsspeicherbereich	fixed working-storage area, reserved working-storage area
reservierter Bereich	dedicated area, reserved area
reservierter Speicher	fixed area, reserved memory
reserviertes Wort	reserved word
Reservierung	allocation
resorbieren	resorb
Rest	remain, remainder, tail
Reste	splits
restlich	remaining
Reststrom	cutoff current

Resultante	resultant
Resultat	result
resultieren	result
resultierend	resultant
revidieren	audit
Revision	audit, auditing
RGB (rot-grün-blau)	red-green-blue (RGB), RGB
rhombisch	rhombic
Rhombus	rhomb, rhombus
Rhythmusgenerator	rhythm generator
richtig	proper, right
richtig schreiben	spell
Richtigdimensionierung	rightsizing
Richtlinie	guide line
Richtung	route
Richtungsänderung	turnaround
Richtungstaktschrift	PE
Riegel	catch
Ring	pool, ring
Ringleitungsnetz	ring network
Ringschaltung	ring-connection
Ringtopologie	ring topology
RISC (reduzierter Prozessorbefehlssatz)	RISC
Riss	jag, rift, rip, tear
Roboter	handling equipment, machine, robot
Robotertechnik	robotics
Robotik	handling technology, robotics
Rohdaten	raw data
Rohentwurf	roughs, thumbnail
Rohling	ingot
Rohr	conduit
Röhre	tube
Rohrleitung	conduit
Rolle	pulley, roll
rollen	roll, scroll, scrolling
Rollenantrieb	capstan
Rollenspiel	game of roles
Rollkugel	control ball, trackball
Rollkugelgerät	trackball device
Rollkugelsteuerung	mouse control, trackball control
Rollung	bring-up
Rost	rust
rosten	rust
rostfrei	rustless, stainless

rostig	rusty
Rotation	gyration, rotation
Rotationstiefdruck	rotogravure
rotieren	gyrate, revolve, roll, rotate, spin, turn
rotierend	revolving, rotary, rotative
Routine	routine
Rubrik	rubric
Rück ...	revertive
Rückblick	retrospection
rückblickend	retrospective
Rückbuchung	negative booking
Rückenklebung	back gluing
Rückfallprozedur	fallback procedure
Rückfallsystem	fallback system
Rückfluss	reflux
Rückfrage	request
rückfragen	request
rückführbar	restorable
rückführbare Änderung	restorable change
Rückgang	recession, regression
rückgängig machen	undo, undo function, undo instruction
Rückgewinnung	reclamation
Rückkanal	backward channel
rückkoppeln	feedback
Rückkopplung	feedback, reaction
Rücklauf	return
rückläufig	regressive, retrograde
Rücklauftaste	return key
Rückleitung	return circuit
Rückmeldesignal	echo
Rückmeldung	acknowledgement, echo, feedback
Rückruf	callback, recall
rückrufen	call back, recall
Rückrufmodem	callback modem
Rückschaltung	shift-in
Rückseite	back, flipside, rear, reverse
rücksetzen	back-space
Rücksetztaste	backspace key, reset key
Rücksetzung	back-spacing, resetting
Rücksprung	reentry
Rückstand	backlock
Rücktaste	backspace key
Rückübersetzer	reassembler
Rückübertragung	back transfer, backpropagation
Rückverfolgung	backtracing, backtracking, retracing

rückvergrößern	remagnify
Rückversicherung	reassurance
rückwandeln	reconvert
Rückwandlung	reconversion
rückwärts	backward
rückwärts sortiert	backward sorted
Rückwärtsfolgerung	backtracking
rückwärtskompatibel	backward compatible
Rückwärtslesen	backward reading
Rückwärtsschritt	backspace
Rückwärtssuchen	backward search
Rückwärtsverkettung	backward chaining
Rufabweisung	call not accepted
Rufabweisungssignal	call-not-accepted signal
Rufdatenaufzeichnung	call record journaling
Rufnummer	call number, calling number, selection number
Rufnummernanzeige	display for call number
Rufnummernspeicher	call number storage
Rufstromgeber	ringer
Rufzeichen	ring, ringing
Ruhe ...	idle, neutral, quiescent, rest
Ruhemeldung	idle interrupt
Ruhemodus	quiet mode, sleep mode
ruhen	rest, sleep
ruhend	dormant
Ruhezeit	unattended time
Ruhezustand	resting state
ruhig	quiet
rund	round
runde Klammer	parenthesis
runden	round, rounding
rundsenden	broadcast, send round
Rundsendenachricht	broadcast message
Rundsendung	broadcasting
Rundungsfehler	truncation error
Rüst ...	setting-up
rüsten	set up, setting-up
RZ-Aufzeichnung	dipole recording, return-to-zero recording

S

Saat	seed
Sachdaten	actual data, factual data
Sachgebiet	subject

sachkundig	expert
sachlich	objective, realistic
Sachnummer	item number
Sachregister	subject index
Sachverstand	expert knowledge
Sägezahndiagramm	sawtooth diagram
Sägezahnverformung	sawtooth distortion
Saldenprüfung	balance control
Saldiermaschine	balancing calculator
Sammelanschluss	private branch exchange line group
Sammelfunktion	aggregate function
sammeln	collect, cumulate, gather, stack
Sammelschiene	bus bar
Sammler	accumulator
sanieren	reengineer
Sanierung	reengineering
Satellit	satellite
Satellitenfunk	satellite transmission
Satellitennetz	satellite network
Satellitenrechner	satellite computer
Satellitensystem	satellite system
sättigen	saturate, saturating
Sättigung	saturation
Sättigungskoerzitivkraft	coercivity
Satz	record, sentence, setting
Satzadresse	record address
Satzart	record type
Satzaufbau	record structure
Satzbefehl	typographic instruction
Satzgruppe	record group, record set
Satzkettung	record chaining
Satzlänge	record length
Satzlängenfeld	record-length field
Satzlängenklausel	record-contains clause
satzorientiert	record-oriented
satzorientierte Datei	record-oriented file
satzorientierte Datenverarbeitung	record-oriented data processing
Satzprogramm	typographic composition program
Satzrechenzentrum	typographic computer center
Satzrechner	digiset, typographic computer
Satzsegment	record segment
satzweise	record by record
Satzzeichen	punctuation character, typographic character

sauber	clean
säumen	edge
Schablone	stencil
Schachcomputer	chess computer
Schacht	pit
Schaden	spoil
Schall	sound
Schall ...	sonic
schalldämmend	quietized, sound-absorbing
Schalldämmung	quieting, sound-damping
Schallschutzhaube	sound hood
Schaltalgebra	Boolean algebra
Schaltanlage	switchgear
schaltbar	switchable
Schaltdiagramm	switching diagram
Schaltelement	gate, logic element
schalten	switch, switching
Schalter	breaker, switch
Schalterleiste	switch panel
Schalterstellung	switch setting
Schaltfläche	box, button, push button, smart icon, soft key
Schaltfläche für schnellen Befehlsgang	shortcut icon
Schaltfunktion	switch function
Schaltgeschwindigkeit	switching speed
Schaltintegration	integration of circuitry elements
Schaltkarte	board, card, card module
Schaltkreis	circuit
Schaltkreis-Sicherung	circuit breaker
Schaltlogik	circuitry logic
Schaltplan	circuit layout, logic diagram, patch map
Schaltrad	ratchet
Schaltschrank	switchboard
Schalttafel	operator panel, panel, switchboard
Schalttechnik	switching logic
Schaltung	circuit, circuitry, hook-up, wiring
schaltungsintern	in-circuit
Schaltvariable	switching variable
Schaltwerk	mechanism, sequential circuit, sequential logic system
Schaltzeichen	gate symbol
Schaltzeit	circuit time, switching time
scharf	sharp
Scharfeinstellung	focusing

scharfstellen	focus
Schatten-RAM-Speicher	shadow RAM
Schattenspeicher	nonaddressable memory, shaded memory, shadow storage
schattierter Druck	shadow printing
Schattierung	shadowing
schätzen	appraise, assess, estimate, rating
Schätzung	assessment, estimate, rating
Schätzverfahren	method of estimate, rating method
Schätzwert	estimate
Schaubild	diagram, flip chart, graph, plot
Scheckdruckprogramm	check-writing program
Scheckkarte	check card, cheque card
Scheckkartengröße	card-size
Scheibe	bit-slice, plate
Scheinleistung	apparent power
Scheinspeicher	apparent storage
Scheinwiderstand	impedance
Scheitelpunkt	crest, cusp, peak
Schema	pattern, schedule, schema, scheme
schematisch	schematic
schematisieren	schematize
Schere	scissors
Scherzprogramm	nonsense program
Schicht	coating, deposit, layer
Schichtaufnahme	tomography
schichten	stratify
Schichtung	lamination, layering
Schichtwiderstand	film resistor
Schiebebefehl	shift instruction
schieben	shift
Schieberegister	shift register
Schiefertafelcomputer	slate computer
Schiefstellung	slant
Schildkrötengrafik	turtle graphic
Schlag	shock
Schlagschatten	drop shadow
Schlagwort	catchword
Schlagwortrubrik	subject heading
Schlagwortverknüpfung	catchword link
Schlagwortverzeichnis	subject catalog
schlecht	bad
schlecht ...	mis...
schlechter Seitenumbruch	bad page break
schlechter Umbruch	bad break

schleichende Funktionsüberhäufung	creeping featurism
Schleier	fog
Schleifkontakt	sliding contact
Schließeinrichtung	key lock
schließen	close
Schließen mit Unsicherheiten	probabilistic reasoning
schlimmster Fall	worst case
Schlitz	cut, throat
Schlupf	creep, slack, slippage
Schlüsseldiskette	key disk
Schlüsselfeld	key field
schlüsselfertig	turn-key
schlüsselfertiges System	turn-key system
Schlüssellänge	key field length
Schlüsselsortierung	key sort
Schlüsseltechnologie	key technology
Schlüsselvariable	key variable
Schlüsselwort	keyword
Schlüsselwortindex	keyword Index
Schlüsselwortsuche	keyword search
Schlussmarke	final reflective spot
Schlusszeichen	back-to-normal signal, clearing signal
Schmalbandübertragung	in-band signaling, in-band signalling
schmales Leerzeichen	thin space
Schmalschrift	condensed font
Schmalschriftzeichen	condensed type
Schmiegungskurve	osculant curve
Schmitt-Trigger	Schmitt trigger
Schmutzfleck	blot, smudge, stain
Schneckengetriebe	worm gear
Schneckenpost	snail mail
Schneckenrad	snail-wheel
Schneeflockennetz	snowflake network
Schneideeinrichtung	cutter
schnell	fast, quick, rapid
schnell erledigen	rush
Schnellberatung	hot line, hot-line service
schnelle Abfolge von Prototypen	rapid prototyping
schnelle Datenverbindungs-Steuerung	high-level data link control
schneller Zwischenspeicher	memory scratchpad
Schnelligkeit	rapidity
Schnellsicherung	fastback

Schnellsortierung	quicksort
Schnellspeicher	fast memory, fast storage, high-speed memory, high-speed storage
Schnelltrennformularsatz	snap-out form
Schnelltrennsatz	multipart form set
Schnellverknüpfung	hot link, live copy / paste, live copy/paste, warm link
Schnellwahl	speed calling
Schnellzugriff	fast access, quick access, rapid access, zero access
Schnellzugriffsspeicher	fast-access memory
Schnittdarstellung	sectioning
Schnittkante	lip
Schnittmenge	intersection
Schnittpunkt	intersection
Schnittstelle	interface
Schnittstelle für offene Datenbanken	ODBC
Schnittstelle, mit der Programme Nachrichten austauschen können	MAPI
Schnittstelle von offenen Datenbanken zu Anwendungsprogrammen	ODAPI
Schnittstellenadapter	peripheral interface adapter (PIA), PIA
Schnittstellenanpassung	interface adaption
Schnittstellenanpassungseinrichtung	interface adapter
Schnittstellenbus	interface bus
Schnittstellenfeld	back panel
Schnittstellenkarte	interface card
Schnittstellenleitung	interface circuit
Schnittstellenmodul	interface module
Schnittstellennorm	interface standard
Schnittstellenstecker	interface connector
Schnittstellensteuerung	interface control
Schnittstellenvervielfacher	interface multiplier
Schon-gelesen-Kommando	catch-up command
Schönschrift	letter quality (LQ), LQ
Schönschriftdruck	letter-quality printing
Schönschriftdrucker	letter-quality printer
Schottky-Diode	Schottky diode
schräg hintereinander stellen	cascading
Schrägfläche	slant
Schräglauf	skew
Schrägpfeil	slope arrow

Schrägstellung	slant
Schrägstrich (/)	slash
Schrägzeichensatz	slant character set
Schraube	screw
schrauben	screw
Schraubendreher	screwdriver, turnscrew
schraubenförmig	helical
Schraubenlinie	spiral
Schraubenmutter	nut, screw nut
Schraubenzieher	screwdriver, turnscrew
Schreib ...	record
Schreibadresse	write address
Schreibanweisung	write statement
Schreibarbeitsplatz	clerical work-station
Schreibautomat	automatic typewriter
Schreibbefehl	write instruction
Schreibdatum	date of preparation, date written
schreiben	record, write, writing
schreibend	writing
schreibend und lesend	read-write
Schreibfehler	misspelling, scribal error, write error
schreibgeschützt	write-protected
Schreibkerbe	write-enable notch
Schreibkopf	record head, write head
Schreib-Lese-Datei	read-write file
Schreib-Lese-Geschwindigkeit	read-write speed, writing-reading speed
Schreib-Lese-Kamm	magnetic disk-pack access-arm
Schreib-Lese-Kopf	magnetic head, read-write head, write-read head
Schreib-Lese-Spalt	recording gap
Schreib-Lese-Speicher	read-write memory
Schreibmarke	blinker, cursor
Schreibmarkensteuertaste	cursor control key
Schreibmarkensteuertasten	cursor-movement keys
Schreibmarkensteuertastenfeld	cursor control key field
Schreibmarkensteuerung	cursor control
Schreibmarkensteuerungstastatur	cursor control keypad
Schreibmarkentastatur	cursor keypad
Schreibmarkentaste	cursor key
Schreibmaschinenwalze	platen
Schreibmodus	write mode
Schreiboperation	write operation
Schreibring	write-enable ring
Schreibschrift	script

Schreibschutz	write protection
Schreibschutzkerbe	write-protect notch
Schreibschutzloch	write-protect hole
Schreibschutzring	tape protection ring, write-protect ring
Schreibschutzschieber	slider, write-protect tab
Schreibsperre	write lock, write lockout
Schreibspule	write coil
Schreibstelle	character position
Schreibstift	pen
Schreibstiftcomputer	pen computer, pen pad, pen-based computer
Schreibstrahl	recording beam
Schreibstrom	write current
Schreibtermin	day written
Schreibtisch	desk
Schreibtischtest	desk check, desk test, dry run
Schreibtischzubehör-Software	desktop utility software
Schreibüberlappung	write overlap
Schreibwagen	carriage
Schreibwalze	type drum
Schreibwerkumschaltung	upshift-downshift
Schreibzyklus	write cycle
Schrift	characters, characters font, font, type font
Schrift mit Schattierung	shadow type
Schriftänderungszeichen	font change character
Schriftart	font, fount
Schriftarteditor	font editor
Schriftbild	print image, type face
Schriftcharakter	ductus, type style
Schriftcharakteristika	font characteristics
Schriftdarstellung	type representation
Schriftdatei	font file
Schriftdicke	width
Schriftersetzung	font substitution
Schriftfamilie	font family
Schriftgenerator	font generator
Schriftglättung	font smoothing
Schriftgrad	character size, font size, point size, type size
Schriftgut	written text
Schriftherunterlader	font downloader, font down-loader
Schrifthöhe	character height, font size
Schriftkarte	font card
Schriftkassette	font cartridge
Schriftlesen	character sensing
Schriftmetrik	font metric
Schriftneigung	character inclination, inclination of font

Schriftnormierung	character standardization
Schriftschrägstellung	type obliquing
Schriftseite	face, page
Schriftseite nach oben	face up, page up
Schriftseite nach unten	face down, page down
Schriftsetzen	typesetting
Schriftsetzmaschine	type setter
Schriftspeicher	font storage
Schriftstellung	posture
Schriftstil	style, style of font, type style
Schriftstück	document, writing
Schrifttype	type face
Schriftverbesserung	hinting
Schrift-Verwaltungsprogramm	font manager
Schriftzeichen	character
Schritt	pace, step
Schritt ...	stepping
Schrittflanke	signal edge
schritthaltend	real-time
Schrittimpuls	clock
Schritttechnik	step mode
schulen	train
Schüler	student
Schulung	familiarization, instruction, training
Schutzabdeckung	apron
Schutzbereich	guard band, save area
Schutzeinrichtung	guard
schützen	cover, protect, save
Schutzsterndruck	asterisk printing
Schutzstreifen	guard bar
schutzwürdige Daten	data worth being protected
Schwachstelle	flaw, weak point
Schwachstellenanalyse	weak-point analysis
Schwarzdrucktechnik	black-print technique
Schwärzungsgrad	density
schwarzweiß	monochrome
Schwarzweiß ...	black-and-white...
Schwarzweißbildschirm	monochrome monitor, monochrome screen
Schwarzweißdarstellung	black-and-white representation
Schwarzweißdrucker	monochrome printer
Schwebung	beat
Schwebungsfrequenz	beat frequency
Schwelle	threshold
Schwellenwert	cutoff value, threshold value
schwenkbar	swivel

schwenkbar montiert	swivel-mounted
Schwenkbereich	pivoting range
schwenken	pan, panning, pivot, pivoting
schwer	fatal, heavy
Schweregrad	severity code
schwerwiegend	serious
schwierig	severe
Schwierigkeit	problem, severity, trouble
Schwimmbecken	pool
Schwindelprogramm	spoofing program
schwinden	fade
Schwing ...	oscillating
schwingen	oscillate, vibrate, wave
schwingend	oscillating, oscillatory, vibrant
Schwingkreis	resonant circuit
Schwingmetall	rubber-bonded metal
Schwingspule	voice coil
Schwingung	oscillation, vibration
Schwingungsschreiber	oscillograph
Schwingungsweite	amplitude
SCSI-Bussystem	SCSI, small-computer-system-interface (SCSI)
Sechsbiteinheit	sextet
sechsseitig	hexagonal
sedezimal	hexadecimal
Segment	overlay, segment
Segmentadresse	base address, segment address
Segmentanzeige	segment display, seven-segment display
segmentieren	segment
segmentiert	segmented, spanned
segmentierte Adressierung	segmented addressing
segmentierte Befehlsadressierung	segmented instruction addressing
segmentierte Datei	segment-oriented file
segmentierter Adreßraum	segmented address space
Segmentierung	segmentation
Segmentname	segment name
Segmentregister	segment register
Segmenttabelle	segment table
Segmenttransformation	segment transformation
Segmentüberlagerung	segment overlay
segmentweise	segmental
Seh ...	optic
sehr	very
sehr schneller Drucker	high-speed printer

Sehschärfe	visual acuity
Seidenfarbband	silk ribbon
Seite	flank, page, side
Seiten pro Minute	pages per minute (ppm), ppm
Seiten ...	lateral
Seitenabruf	page demand
Seite-nach-oben-Taste	page-up key
Seite-nach-unten-Taste	page-down key
Seitenadresse	page address
Seitenadressierung	page addressing
Seitenansicht	layout, preview, side-face
Seitenattribut	page attribute
Seitenauslagerung	page-out operation
Seitenausrichtung	page orientation
Seitenaustausch	paging
Seitenaustausch auf Anforderung	demand paging
Seitenaustauschrate	paging rate
Seitenaustauschverfahren	paging
Seitenbildspeicher	page-image buffer
Seitendrucker	page printer
Seitendruckformatvorlage	style sheet
Seiteneinlagerung	page-in operation
Seiteneinteilung	pagination
Seitenersetzung	page replacement
Seitenersetzungsalgorithmus	page replacement algorithm, paging algorithm
Seitenformat	page format, page layout
Seitenformatprogramm	page-layout program
Seitenkopf	page heading
Seitenlayout	page set-up
Seitenmarkierbeleg	mark page
Seitenmodus	page mode, paging mode
Seitenmuster	comp
Seitennummerierung	page numbering, pagination
Seitennummer	page number, pageno
Seitenrahmen	page frame
Seitenspeicher	paging area memory (PAM), paging memory, PAM
Seitentabelle	page table, swap table
Seitentitel	lemma
Seitenüberlagerung	paging
Seitenumbruch	page make-up
Seitenverhältnis	aspect ratio
Seitenzahl	folio, page number

Seitenzahl am unteren Rand	drop folio
Seitenzählung	pagination
Seitenzugriffsmodus	fast page mode, FPM
Sektor mit fester Größe	hard sector
Sektoren pro Spur	sectors per track
sektorieren	sectoring, seetorize
Sektorierung	sectoring
Sektorkennsatz	sector header
Sektorkennungsfeld	sector identifier
Sektorloch	sector hole
Sektornummer	sector number
Sektortabelle	sector map
Sektorversetzung	sector interleave
Sektorversetzungsfaktor	sector interleave factor
sekundär	secondary, subsidiary
Sekundäradresse	second-level address
Sekundär-Cache-Speicher	secondary cache
Sekundärdatei	secondary file
Sekundärdaten	secondary data
Sekundärfehler	secondary error
Sekundärprogramm	secondary program
Sekundärschlüssel	minor key, secondary key
Sekundärspeicher	mass storage, secondary storage
Sekundärspeichermedium	seeondary storage medium
Sekunde	second
selbst ...	auto..., self...
selbstabtastend	self-scanning
selbständig	autonomous, standalone
selbstanpassend	self-adapting
selbstaufzeichnend	self-recording
Selbstbeobachtung	introspection
selbstbeschreibend	self-documenting
selbstdefinierend	self-defining
selbstdefinierender Wert	literal
selbstdekrementierend	autodecrement, autodecremental
Selbstdiagnose	self diagnosis
selbstdokumentierend	autologic, autological, self-documenting
Selbstentladung	self-discharge
selbsterklärend	self-explanatory
Selbsterregung	self-excitation
selbsterstellt	homegrown
selbstindizierend	autoindexed
Selbstinduktion	self-induction
selbstinkrementierend	autoincrement, autoincremental
selbstkomprimierend	self-extracting

selbstkonfigurierend	self-configurating
Selbstkontrolle	self-surveillance
Selbstkorrektur	autocorrection
selbstkorrigierend	self-correcing, self-correcting
selbstladend	self-loading
Selbstladeprogramm	autoloader, automatic loader
selbstmodifizierend	self-modifying
selbstorganisierend	self-organizing
selbstprüfend	self-checking
Selbstprüfung	automatic check
selbstregelnd	self-regulating
selbststartend	self-triggering
Selbststeuergerät	automatic pilot, automatit pilot
selbststeuernd	self-controlling
Selbststeuersystem	autonavigator
Selbststeuerung	automatic control, self-control
Selbststeuerungssystem	autonavigator
Selbsttest	self test
Selbsttest nach Einschaltung	power-on self test
Selbstüberwachungsprogamm	auto-monitor
Selbstumschaltung	auto switching, autoswitching
selbstverschiebendes Programm	self-relocating program
selbstverständlich	self-evident
Selbstwähldienst	automatic dial exchange, direct dialing, line switching
selektiv	selective
selektive Informationsverbreitung	selective dissemination of information
Selektor	selector
Selektorkanal	selector channel
Selen	selenium
Selenzelle	selenium cell
Sende ...	transmitting
Sendeader	send wire
Sendeadresse	sending address
Sendeantenne	transmitting antenna
Sendebereitschaft	ready-to-transmit status
Sendebetrieb	send mode, transmit mode
Sende-Empfangs-Betrieb	send-receive mode
Sendefeld	sending field
Sendemodus	originate mode
senden	emit, route, transmit, transmitting
sendend	sending
Sendenetz	source network

Sender	send, sender, source, station, transmitter
Sender-Empfänger	transceiver
sendeseitig	send-site
Sendestation	calling station
Sendezeichen	token
Sendung	mission, sending
senkrecht	perpendicular
Senkrechte	normal, perpendicular
Senkrechtfolge von Leerzeichen	river
Sensitivdaten	sensitive data
Sensitivierung	sensitivation
Sensitivität	sensitivity
Sensitivitätsanalyse	sensitivity analysis
Sensitivitätsstufe	sensitivity level
Sensor	sensor
Sensorbildschirm	active screen, sensor display, sensor screen
Sensoreinrichtung	sensor faculty
sensorgestützt	sensor-based
Sensor-Notebook	touch pad
Sensortablett	touch-sensitive tablet
Sensortastatur	tactile keyboard, touch keyboard
Sensortaste	touch key
Sensortechnik	sensor engineering
Separiermaschine	separating machine
Separierung	compartmentation
Sequentialisieren	sequencing
Sequentialisierung	sequencing
sequentiell	sequential
sequentielle Ausführung	sequential execution
sequentielle Datei	sequential file
sequentielle Speicherung	sequential storage, sequential access mode, sequential organization
sequentielle Verarbeitung	sequential processing
sequentieller Betrieb	sequential operation
sequentieller Speicher	sequential storage, serial storage
sequentieller Zugriff	sequential-access mode
sequentielles Suchen	sequential search
sequentiell-verkettete Datei	queued-sequential file
Sequenz	sequence
Sequenzer	sequencer
serialisierbar	serializable
Serialisierbarkeit	serializability
Serialisierung	serialization
Serie	batch, series, train

seriell	serial
serielle Addition	serial addition
serielle Arbeitsweise	serial operation
serielle Maus	serial mouse
serielle Subtraktion	serial subtraction
serielle Übertragung	serial communication, serial transmission
serielle Verarbeitung	serial processing
serieller Algorithmus	sequential algorithm
serieller Anschluss	serial port
serieller Betrieb	serial operation
serieller Drucker	character printer, serial printer
serieller Zugriff	sequential access, sequential access mode, serial access
serielles Addierwerk	serial adder
serielles Modem	serial modem
serielles Subtrahierwerk	serial subtracter
serielles Zugriffsverfahren	sequential access mode
Seriell-parallel-Umsetzung	serial-parallel conversion, serial-to-parallel conversion, series-parallel conversion
Seriell-parallel-Wandler	serial-parallel converter, series-parallel converter
Serienbrief	computer letter, form letter, serial letter
Serienbriefausdruck	merge printing
Serienbriefdruck	merge printing
Serienbrieffunktion	mail merge function
Serienfertigung	batch fabrication
serienmäßig herstellen	serialize
serienmäßig produziert	off-the-shelf
Seriennummer	serial number
Serien-parallel-Umsetzer	staticizer
Serienproduktion	serial production, series production
Serienschaltung	series connection
Serife	serif
serifenfrei	sans-serif
Server	server, server station
Servicetechniker	service technician
Serviceunternehmen	service bureau
Servo ...	servo...
Servomechanismus	servomechanism
Servo-Schwingspulen-Zugriffsarm	servo-voice-coil actuator
Servosystem	servomechanism, servosystem, servo-system
Servotechnik	serving mode
Set	set

setzen	set
Sheffer-Funktion	Sheffer function
sich drehen	swing, swivel
sich kreisförmig bewegend	planetary
sich verhalten	behave
sich verlassen	rely
sich verrechnen	miscount
sich wiederholen	recur
sich wiederholend	repetitive, reproductive
sich wiederholende Adressierung	repetitive addressing
sicher	proof
sichern	back up, backup, protect, save, saving
sicherstellen	back up
Sicherstellung	backup
Sicherung	backup, saving
Sicherungsautomat	cutout
Sicherungsband	backup tape
Sicherungsdatei	backup file, BAK file
Sicherungsdaten	backup data
Sicherungsdiskette	backup diskette
Sicherungskopie	backup copy, backup floppy
Sicherungslauf	backup run
Sicherungsplatte	backup disk
Sicherungsprogramm	backup utility
Sicherungsprogramm für ein lokales Netz	LAN backup program
Sicherungsprotokoll	backup protocol
Sicherungsprozedur	backup procedure
Sicherungssystem	fallback system
Sicherungszeit	backup time
Sicherungszeitraum	backup time
Sicht ...	visual
Sichtanzeige	visual display
sichtbar	unblanked, visible, visual
sichtbare Formatierung	on-screen formatting
sichtbares Element	unblanked element
Sichtbarkeit	visibility
Sichtenkonzept	view concept
Sichtfeld	field of view, field of vision
Sichtgerät	display device
Sichtkartei	visible file
Sichtkontrolle	visual check
Sichtprüfung	sight check, visual inspection
Sichtzeichen	visible indicator

Siebdruck	silk-screen printing
Siebenbitcode	seven-bit code
Siebenbiteinheit	septet
Siebenspurband	seven-track tape
Signal	signal
Signal für ein bereites Modem	data set ready (DSR), DSR
Signalausfall	dropout
Signalausgang	signal output device
Signalauswertung	gating, strobing
Signalbegrenzung	signal edge
Signaleingang	signal input device
Signaleinrichtung	annunciator
Signalerkennung	code recognition
Signalerzeuger	driver, signal generator
Signalerzeugung	signal generation
Signalflanke	signal edge
Signalfolge	burst, signal sequence
Signalgeber	signaler
signalisieren	signalize, signalizing
Signalparameter	signal parameter
Signalpegel	signal level
Signalspeicher	latch
Signalstärke	signal power
Signal-Störabstand	signal-to-noise distance
Signal-Störverhältnis	signal-to-noise ratio
Signalumsetzer	signal converter, software decoder
Signalumsetzung	signal conversion
Signalunterdrücker	transient suppressor
Signalverlust	cable loss
Signalverstärker	regenerator, signal amplifier
Signalverzerrung	jitter
Signalwiederholung	signal repetition
signifikant	significant
Silbentrennstrich	hyphen
Silbentrennung	hyphenation, syllabication
Silbentrennungsprogramm	hyphenation help, hyphenation program
Silicon Valley (Zentrum der Computertechnologie in den USA)	Silicon Valley
Silikon	silicone
Silizium	silicon
Silizium-Halbleiter-Scheibe	silicon chip
Siliziumscheibe	die, silicon slice, silicon wafer, slice, wafer
Siliziumscheiben-Architektur	slice architecture
SIMM-Speichermodul	SIMM, single in-line memory module (SIMM)

simplex	simplex
Simplexbetrieb	simplex mode, simplex operation
Simplexübertragung	simplex transmission
Simulation	simulation
Simulationsmodell	simulation model
Simulationsprogramm	simulation program
Simulationssprache	simulation language
Simulator	simulator
simulieren	simulate
simuliert	simulated
simultan	simultaneous
Simultanarbeit	simultaneous working
Simultanbetrieb	simultaneous mode, simultaneous operation
Simultandatenerfassung	simultaneous data gathering
Simultandokumentation	simultaneous documentation
Simultansteuerung	simultaneous control
Simultanverarbeitung	simultaneous processing
Simultanzugriff	simultaneous access
SIPP-Gehäuse	single in-line pinned package (SIPP), SIPP
SIP-Speichergehäuse	single in-line package
Sitzung	session
Skala	scale, spectrum
Skalar	scalar
skalare Architektur	scalar architecture
skalarer Ausdruck	scalar expression
skalierbar	scalable
skalierbare Prozessorarchitektur	scalable processor architecture
skalierbare Schrift	scalable font
skalieren	scale, scaling
Skalierung	scale
Skript	script
Sockel	pedestal
sofort	instant
sofort einsetzbarer Ersatzrechner	hot standby computer
sofortig	instant
softsektoriert	soft-sectored
Softsektorierung	soft sectoring
Software	software
Software-abhängig	software-dependent
Software-Abhängigkeit	software dependence
Software-Architektur	software architecture
Software-Bewertung	software evaluation
Software-Cache-Speicher	software cache

Software-Dokumentation	software documentation
Software-Entwicklung	software development, software engineering
Software-Entwicklungsumgebung	SDK, software development environment (SDK)
Software-Entwicklungsverfahren	software development method
Software-Entwicklungswerkzeug	software development kit, software development tool
Software-Entwurf	software design
Software-Entwurfsmethode	software design method
Software-Ergonomie	software ergonomics
Software-Erzeugnis	software product
Software-Fehler	software fault
softwaregesteuerte Fehlerkontrolle	software error control
softwaregesteuerte Unterbrechung	software interrupt
softwaregesteuerter Verbindungsaufbau	software handshaking
Software-Hersteller	software producer
Software-Indizierung	software indexation
Software-Ingenieur	software engineer
Software-Integrität	software integrity
Software-Kombination	mixed software
Software-kompatibel	software-compatible
Software-Kompatibilität	software compatibility
Software-Krise	software crisis
Software-Lizenz	software leasing, software licence
Software-Markt	software market
Software-Maß	software metric
Software-Modularität	software modularity
Software-Monitor	software monitor
Software-Pflege	software maintenance
Software-Piraterie	software piracy
Software-Portabilität	software portability
Software-Prüfung	software investigation
Software-Qualität	software quality
Software-Qualitätsbewertung	valuation of software quality
Software-Rechtsschutz	legal protection of software
Software-Schnittstelle	software interface
Software-Schutz	software protection
Software-Sektorierung	soft sectoring, soft-sectoring
Software-Steuerstruktur	software control structure
Software-Steuerung	software control
Software-Technologie	software technology

Software-Test	software test
softwareunabhängig	software-independent
Software-Unabhängigkeit	software independence
Software-Verbesserung	software enhancement
Software-Verifikation	software verification
Software-Wartung	software maintenance
Software-Zuverlässigkeit	software reliability
solange	while
Solange-Schleife	do-while loop, while loop
Solarbatterie	solar battery
Solar-Notebook	solar notebook
Solarrechner	solar calculator
Solarzelle	solar cell
solarzellenbetrieben	light-powered
Soll-Konzept	planned conception, scheduled conception
Sollwert	scheduled value, set point
Soll-Zustand	planned status
Sonde	probe
Sonderbreite	custom form width
sonst	else
sonstig	sundry
Sorte	sort
Sortieralgorithmus	sort algorithm
Sortierbegriff	sort key
Sortierdatei	sort file
Sortierdaten	sort data
sortieren	sort, sorting
Sortieren durch Auswahl	sorting by selection
Sortieren durch Einschieben	sorting by insertion
Sortieren durch Mischen	sorting by merging
Sortieren durch Vertauschen	bubble sort, sorting by exchange
sortieren nach	sort by
Sortierer	sorter
Sortierfach	sort stacker
sortierfähig	sortable
Sortierfähigkeit	sortability
Sortierfeld	sort field
Sortierfolge	collating sequence, sort sequence
Sortierkommando	sort command
Sortierleistung	sorting capability
Sortiermerkmal	sort criterion
Sortier-Misch-Generator	Sort-merge generator
Sortierprogramm	sort program, sort routine, sorter
Sortierreihenfolge	sort order
sortiert	sorted

Sortierung	sort, sorting
Sortierverfahren	sorting method
Soundkarte	sound board, sound card
Spaltenbreite	measure
Spaltung	splitting
Spannbügel	retainer
spannen	tauten
Spannung	voltage
Spannungsabfall	brownout
Spannungsableiter	surge protector, surge suppressor, transient suppressor, voltage arrester
Spannungsanstieg	voltage rise
Spannungsebene	voltage level
spannungsempfindlich	voltage-sensitive
spannungslos	cold
Spannungsmesser	voltmeter
Spannungsmessung	voltage metering
Spannungsquelle	voltage source
Spannungsregelung	voltage regulation
Spannungsregler	voltage regulator, voltage stabilizer
Spannungsschwankung	voltage swing
Spannungsspitze	spike, voltage spike
Spannungssprung	voltage jump
Spannungsstoß	line surge
sparsam	provident
später	posterior
späteste	last
SPEC-Gesellschaft	SPEC, standard performance evaluation corporation (SPEC)
Speicher	memory, repository, storage
Speicherabbild	core image
Speicherabbildung	memory mapping, storage mapping
Speicheradreßbereich	bank
Speicheradresse	MA, memory address, memory location, storage address
Speicheradreßregister	address generator
Speicherart	type of storage
Speicherauffrischung	memory refresh, RAM refresh
Speicherausdruck	memory print
Speicherausnutzung	storage utilization
Speicherauszug	dump, memory dump, snapshot, storage dump
Speicherbank	bank, memory bank
Speicherbaustein	memory module
Speicherbelegung	storage occupancy

Speicherbelegungsplan	location chart
Speicherbereich	area, cluster, extent, memory area, storage area
Speicherbereichsschutz	area protect feature, area protection, memory protection
Speicherbereichsschutzeinrichtung	area protect feature
Speicherbereinigung	garbage collection, memory settlement
Speicherbildschirm	direct view storage tube, storage tube
Speicherblock	memory block, memory stack
Speicherbus	memory bus
Speicherchip	memory chip, RAM chip
Speicherchipdichte	memory chip density
Speicherdichte	storage density
Speicherdrehwartezeit	memory latency time
Speicherdurchsuchung	memory scan
Speichereinheit	storage unit
Speicherelement	cell, memory element, storage cell, storage element, storage location
Speicherempfang	memory receive
Speichererweiterung	memory expansion
Speichererweiterungs-Emulator	Limulator
Speichererweiterungskarte	memory expansion board
Speicherfläche	data storage surface, storage surface
Speicherflüchtigkeit	storage volatility
Speicherformat	core image format
Speicherfragmentierung	storage fragmentation
Speichergerät	data storage unit, storage device
Speichergröße	memory size
Speicherhierarchie	storage hierarchy
Speicherimparität	storage imparity
Speicherinhalt	memory contents
Speicherkarte	flash card, RAM card
Speicherkontrolle	storage supervision
Speichermatrix	core matrix
Speichermodul	memory module, storage module
speichern	record, store
speichern und weitersenden	store and forward
speichern und wiederfinden	store and retrieve
speichernde Stelle	storage unit
Speicheroperand	storage operand
Speicheroperation	memory operation, storage operation
Speicherorganisation	memory organization, storage organization
Speicherparität	storage parity

Speicherplatte	recording disk
Speicherplatzbedarf	memory requirements, storage requirements
speicherprogrammiert	store-programmed
speicherprogrammierte Wählvermittlung	store-programmed switching
Speicherprogrammierung	store programming
Speicherprogramm-Konzept	stored-program concept
Speicherprüfung	memory diagnostic
Speicherraum	storage space
Speicherregister	memory register
Speicherschreibmaschine	memory typewriter
Speicherschreibschutz	storage write protection
Speicherschutz	memory protection, storage protection
Speicher-Segmentierungsarchitektur	segmented memory architecture
Speicher-Seiteneinteilung	memory paging
Speicherserver	storage server
Speichersortierung	internal sorting
Speicherstelle	memory location, memory position, storage position
Speichersteuerwerk	memory control unit
Speicherstruktur	memory structure
Speichertabelle	memory map
Speichertechnik	memory technology, storage technology
Speichertest	memory check
Speichertypus	storage type
Speicherüberlagerung	memory overlay
Speichervermittlung	store-and-forward switching
Speicherverschränkung	memory interleave, memory interleaving
Speicherverwalter	memory manager
Speicherverwaltung	memory management
Speicherverwaltungseinheit	memory management unit
Speicherwerk	memory unit
Speicherwort	memory word, word
Speicherzeit	carrier storage time
Speicherzelle	cell, storage cell
Speicherzone	partition
Speicherzugriff	memory access, storage access
Speicherzuweisung	memory allocation, storage allocation
Speicherzyklus	memory cycle, storage cycle
Speicherzykluszeit	memory cycle time
Spektral ...	spectral
Spektralfarbe	spectral color
Spektrum	spectrum

Sperrdruck	letter spacing, spaced letters
Sperre	barricade, barrier, catch, lock, lock-out
sperren	block, inhibit, interlock, latch, lock, space out, spacing
Sperrkennzeichen	blocking flag
Sperrrichtung	inverse direction
Sperrschicht	barrier layer, depletion layer
Sperrschrift	spaced characters
Sperrsignal	disabling signal, inhibiting signal
Sperrstrom	latching current, reverse
Sperrung	blocking, inhibition, locking
Sperrungspflicht	obligation to blocking
Sperrungsrecht	right to blocking
Sperrzeit	off-time
Sperrzone	blocking state region
Sperrzustand	off-state
Spezial ...	special
Spezialadresse	domain name address
Spezial-Diensteinheit	dedicated server
Spezialfunktion	special function
Spezialgebiet	special subject
spezialisieren	specialize
spezialisiert	specialized
spezialisierter Speicherbereich	heap
Spezialisierung	specialization
Spezialkanal	dedicated channel
Spezialname	domain name
Spezialprogrammiersprache	special-purpose language
Spezialrechner	dedicated computer, single-purpose computer, special-purpose computer
Spezialsystem	dedicated system
spezielle Interessengruppe	special interest group
Spezifikation	specification
Spezifikation für Kommunikationsanwendungen	communications applications specification
Spezifikationsschein	specification certificate
Spezifikationssprache	specification language
Spezifikationssymbol	specificator, specifier
spezifisch	intrinsic, specific
spezifizieren	itemize, specify
spezifiziert	specified, stated
Spezifizierung	specification
Spiegel	mirror
spiegeln	mirror, mirroring
Spiegelplatte	mirror disk

Spiegelung	reflex
Spiel	game, slackness
spielen	play
Spielraum	clearance, margin
Spindelloch	drive spindle hole
Spinne	spider
Spinnendiagramm	spider chart
Spiraldrucker	helix printer
Spirale	helix
spiralig	helical, spiral
Spitze	cusp, nib, peak, spike, tip
Spitzenbelastung	peak load, peak traffic
Spitzenbelastungszeit	peak traffic period
spitzengelagert	jewelled
Spitzenrechner	supercomputer
Spline-Kurve	spline curve
Splint	splint
Splitteinrichtung	splitter
Sprachanalyse	speech analysis, voice analysis
Spracharchitektur	language architecture
Sprachausgabe	audio output, audio response, dataspeak, speech output, voice output, voice response
Sprachausgabegerät	voice output device
Sprache	language, speech
Sprache der 4. Generation	declarative language
Spracheingabe	speech input, voice entry
Spracheingabegerät	voice entry device
Spracherkennung	speech recognition, speech-pattern recognition, voice recognition
sprachfähig	voice-capable
Sprachgenerator	speech generator, speech synthesizer, voice generator, voice synthesizer
Sprachgenerierung	voice synthesis
sprachgesteuert	voice-operated
Sprachkommunikation	voice communication
Sprachmodus	voice mode
Sprachnachricht	voice mail, voice store and forward
Sprachplatine	language board, language card
Sprachspeicher	voice memory
Sprachspeichersystem	voice system
Sprachspeicherung	speech storing
Sprachsynthese	speech synthesis
Sprachübersetzung	language translation
Sprachübersetzungsprogramm	language translation program
Sprachverarbeitung	voice processing

Sprachverschlüsseler	VOCODER, voice coder
sprechen	talk
Sprechleitung	voice-grade line
Sprechstelle	station
springen	branch, go, go to
springen nach	branch to, go to
springen wenn ...	branch if...
Sprossenrad	sprocket, sprocket wheel
Sprossenradvorschub	sprocket feed
Sprühdose	spray, spray can
sprühen	spray
Sprühfarbe	spraypaint
Sprühnebel	spray
Sprung	branch, jump, transfer
Sprungadresse	branch address
Sprunganweisung	branch statement
Sprungbedingung	branch condition
Sprungbefehl	alternative instruction, branch instruction
Sprungdistanz	branch distance
Sprungfaktor	skip factor
Sprungfolgemodus	audit mode
Sprungfunktion	skip function
Sprungmarke	branch mark
Sprungstelle	saltus
Sprungtabelle	branch table
Sprungtaste	skip key
Sprungtest	leap-frog test
Sprungziel	branch destination, branch target
Spulbetrieb	simultaneous peripheral operations on-line, spooling
Spule	coil, solenoid
spulen	wind
Spulenende	end of reel
Spulenkörper	former
Spulprogramm	spooler
Spulpufferspeicher	spool buffer
Spur	channel, track
Spuradresse	home address, track address
Spuranfang	beginning of track
Spurdichte	density, track density
Spuren je Zoll	tpi, tracks per inch (tpi)
Spurenabstand	track pitch
Spurendichte	track density
Spurenelement	spot
Spurengruppe	band, cylinder

Spurkennsatz	track description record
Spurpufferung	track buffering
Spurwahl	head selection
Spurwechsel	track switching
Spurweite	gage, gauge
Spur-zu-Spur-Suchzeit	track-to-track seek time
SQL	SQL, structured query language (SQL)
Stab	rod, staff
Stabdrucker	bar printer, stick printer
stabil	hard, rugged, stable
stabilisieren	stabilize
stabilisiert	stabilized
Stabilisierung	settling, stabilization, stabilizer
Stabilisierungszeit	settling time
Stabilität	constancy, stability, stableness
Stabsabteilung	staff department
Stachelrad	pinfeed wheel, sprocket, sprocket wheel, tractor
Stadium	phase
Stadtbereichsnetz	metropolitan area network
staffeln	stagger
Staffelung	stagger
Stagnation	stagnancy, stagnation
stagnieren	stagnate
stagnierend	stagnant
Stahl	steel
Stamm ...	historical
Stammdaten	historical data
Stand der Technik	state of the art
Standard	standard
Standardabweichung	standard deviation
Standardanwendung	standard application
Standardanwendungsprogramm	standard application program
Standardausführung	standard design
Standardausgabegerät	standard output device
Standardbauelement	standard component
Standardbaustein	standard module
Standardbetriebsart	standard mode
Standardbetriebssystem	standard operating system
Standardbrief	standard letter
Standardeingabegerät	standard input device
Standardformat	standard format
Standardformular	standard form
Standardfunktion	standard function

Standardgerät	standard device
standardisieren	standardize
standardisiert	standardized
Standardisierung	standardizing, standardization
Standardkassette	standard cartridge
Standardkennsatz	standard file label
Standard-Kommunikationsprotokoll im Internet	point-to-point protocol (PPP), PPP
Standardmikrobaustein	standard chip
Standardmodus	standard mode
Standardnachrichtenforen-Gruppe	standard newsgroup hierarchy
Standardschaltfläche	standard box, standard button
Standardschnittstelle	port, standard interface
Standardsymbolleiste	standard button bar
Standardwörterbuch	standard dictionary
Standardzeichen	standard character
Standbild	fixed image, freeze image, still image, still picture
Ständer	stand
Standgerät	freestanding device
ständig	persistent
ständig umlaufen	recirculate
Standleitung	dedicated line, leased line, non-switched line, private line
Standort	location, site, stand
Standortlizenz	site license
Standpunkt	standpoint, viewpoint
Standverbindung	dedicated connection, leased connection, non-switched connection, non-switched line, point-to-point connect.
Standzeit	life, life time
Stapel	batch, pack, stack
Stapelanwendung	batch application
Stapelarchivnummer	pack serial number
Stapelausgabe	batch output
Stapelbetrieb	batch mode
Stapeldatei	batch file
Stapeleingabe	batch input
Stapelfernstation	remote batch terminal
Stapelfernverarbeitung	remote batch processing
stapeln	stack
Stapelrad	paddlewheel
Stapelspeicher	pop stack, stack
Stapelstation	batch terminal

Stapelübertragung	batch transmission
Stapelverarbeitung	batch processing, bulk processing, job processing
Stapelverarbeitungsdatei	BAT file
stapelweise	batch
stapelweise verarbeiten	batch
stark	heavy, strong
Stärke	strength, thickness
Stärkegrad	intensity
Starkstrom	power current
Starkstromkabel	power cable
Starkstromleitung	power line
starr	inflexible, rigid
Starrheit	inflexibility
Start	activation, begin, beginning, commencement, departure, start
Start ...	commencement, initial, start, starting
Startadresse	starting address
Startaufruf	initial call
Startbit	start bit
Startdiskette	boot disk
starten	activate, begin, commence, initiate, start
startend	starting
Start-Festspeicher	start-up read-only memory
Startknopf	activate button
Startleiste	task bar
Startmenü	start menu
Startposition	zero position
Startprogramm	boot record, starter
Startpunkt	starting point
Startschritt	start element, start pulse
Start-Stop-Betrieb	start-stop mode, start-stop operation
Start-Stop-Verfahren	start-stop working
Start-Stop-Zeichen	start-stop signal
Startweg	start distance
Startzeichen	start signal
Startzeit	acceleration time
Statik	statics
Station	station
stationär	static, stationary
Stationsidentifizierung	station identification
stationsintern	in-station
Stationskennung	answer code
statisch	static
statische Aufladung	static charge, static electricity

statische Datenverknüpfung	cold link
statischer RAM-Speicher	static random-access memory
statischer Speicher	static memory
statisches Bild	static image, static picture
statisches Menü	static menu
statisches Objekt	static object
statisches Testen	static testing
statisches Variablenfeld	static array
Statistik	statistics
Statistikprogramm	statistical program
Statistiksoftware	statistical software
statistisch	statistic
statistischer Fehler	random error
Stativ	stand
Status	state
Statusbit	status bit
Statusbyte	status byte
Statusleiste	status bar
Statussignal	status signal
Statustabelle	state diagram
Statusvektor	state vector
Statuszeile	status bar, status line
Steckanschluss	port
Stecker	connector, connector plug, plug
steckerkompatibel	plug-compatible
Steckerkompatibilität	plug compatibility
Steckerleiste	edgeboard connection
Steckkarte	plug board
Steckkontakt	wrap connection
Steckkontaktstift	wrap pin
Steckplatz	bay, slot
Steckstellenauswahl	socket option
stehen	stand
Steigung	gradient, slope
steil	steep
Stelle	digit, digit position, place, position
stellen	stand
Stellenübertrag	carry-out
Stellglied	actuator, correcting element
Stellgröße	controlling variable, manipulation variable, regulation variable
Stellmotor	positioning motor, servo-motor
Stellschraube	regulating screw, setscrew, set-screw
Stellung	position, situation
Stellungsmakrobefehl	positional macro

Stellungsparameter	sequenced parameter
stellvertretend	subsidiary
Stellvertretersymbol	joker, wild card
Stellvertreterzeichen	joker, wild card
Stempel	stamp
Stenogramm	shorthand note, stenograph
Stenographie	shorthand, stenography
stenographieren	stenograph, write shorthand
stenografisch	stenographic
Stenotypist	shorthand typist, stenotypist
Stern	asterisk, star
Sternadresse	asterisk address
sternförmig	radial, starlike, star-shaped
Sternleitung	radial line, star line
Sternleitungssystem	radial line system
Sternnetz	node network, star communication network, star network, umbrella network
Sternschaltung	delta connection, star connection
Sternzeichen (*)	asterisk, star
stetig	continuous
Steueralgorithmus	control algorithm
Steueranweisung	control statement
steuerbar	controllable
steuerbare Anschlagstärke	adjustable penetration control
Steuerbarkeit	controllability
Steuerbefehl	command, control command, control instruction
Steuerberater	tax consultant
Steuerbildschirm	monitor
Steuerbit	control bit
Steuerblock	control block
Steuerbus	control bus
Steuerbyte	control byte
Steuerchip	controlling chip
Steuercodezeichen	control code
Steuerdaten	control data
Steuerdatenfeld	control field
Steuereinheit	control unit, controller
Steuereinheit-Steckkarte	controller card
Steuereinrichtung	control feature
Steuerelement	control element
Steuergerät	automatic controller, pilot
Steuergesetz	tax law
Steuerhebel	control lever, joy-stick
Steuerimpuls	control pulse, control signal

Steuerimpulsauslöser	trigger
Steuerkanal	secondary channel
Steuerkeller	control stack
Steuerkennzeichen	control label
Steuerknüppel	control lever, joy-stick, stick
Steuerleiste	report group
Steuerleitung	control wire
Steuerlochstreifen	control paper tape
Steuermenü	control menu
Steuermodus	control mode
steuern	control, direct, navigate, pilot, regulate, route
Steuerspannung	gate voltage
Steuerung	control, supervision
Steuerung ohne Rückmeldung	open-loop control
Steuerungsunterbrechung	control break
Steuerzeichen	control character
Stichprobe	random sample
Stichwort	catchword, keyword
Stichwortanalyse	keyword in context
Stichwortzuordnung	keyword assignment
Stift	nib, pen
Stiftcomputer	pen computer
Stiftplotter	pen-on-paper plotter
Stiftschraube	stud
Stift-Zeichengerät	pen plotter
Stillstand	stagnancy, stagnation, stand
Stimme	voice
Stimmenspeicherung	voice print
stocken	stagnate
stockend	stagnant
Storchschnabel	pantograph
störend	parasitic
störfrei	noisefree, noiseless
Störgeräusch	chatter, static noise
stornieren	cancel
Stornierung	cancelation
Stornobuchung	negative booking
Störsignal	dropin, junk
Störstelle	impurity
Störunanfälligkeit	high noise immunity
Störung	defect, disturbance, failure, fault, hit, interference, noise, perturbation, trouble
Störungsanalyseroutine	malfunction routine
Störungsanfälligkeit	fault liability

störungsarm	low-noise
Störungsart	type of defect
Störungsaufzeichnung	failure logging
Störungsbeseitigung	crash recovery, emergency maintenance
Störungsmeldung	fault message
Störungsprognose	failure prediction
Störungsprotokoll	fault log
Stoß	burst, percussion, shock, wad
Stoßbetrieb	burst mode
Stoßentladung	avalanche
Stoßspannung	surge voltage
Stoßstange	bumper
Strafe	penalty
straff	taut
Strahl	beam, ray
strahlen	beam, radiate
Strahlenablenkung	beam deflection
Strahlenaufzeichnung	ray tracing
strahlend	radiant
Strahlspeicher	beam storage
Strahltriebwerk	jet
Strahlung	radiation
strahlungsarm	low-radiation
Strahlungsmesser	radiometer
Strategiespiel	strategy game
Streamerbandkassette	streamer cartridge
Streamer-Magnetbandstation	streaming tape drive
Streaming-Betrieb	streaming mode
Strecke	route
Streifen	band, bar
Streifenbildung	streaking, streakng
Streifenbreite	band size, bandwidth
Streifencode	bar code, barcode
Streifencodeabtaster	bar code scanner
Streifenetikett	bar code label
Streifenetikettabtaster	bar scanner
Streifenetikettdrucker	bar code printer
Streifenetikettleser	bar code reader
Streifenleser	adding slip reader, journal reader, strip reader
streng	rigorous
streng geheim	top secret
Streukapazität	stray capacitance
Streustrahlung	leakage radiation

Streuung	dispersion, mean variation, scatter, scattering, variance
Strich	line, stroke
Strichcode	barcode
Strichmarkierung	mark
Strichstärke	stroke weight
Strom	current, stream
Stromabfall	power sag
Stromabnehmer	collector
Stromaggregat	power set
Stromausfall	current dump
strömen	stream
stromführend	current-carrying
Stromkreis	electric circuit
Stromlaufplan	wiring diagram
stromleitender Graphitstift	electrographic pen
Stromnetz	grid, network
Stromspitze	power spike
Stromstärke	amperage
Stromstoß	power surge, spike
Stromversorgung	power supply
strukturierte Programmierung	top-down method
Struktursegment	segment
Stück	piece
Stückliste	bill, bill of material, parts list
Stücklistenauflösung	bill explosion
stückweise	piecewise
Stufe	echelon, rank, stage
stufenförmig	cascade
Stunde	hour
Stundenzähler	hour meter
stündlich	hourly
Stütze	sustainer
stützen	sustain
Stylus	stylus
Subskriptfeld	subscript field
Subskriptionsliste	subscription list
substituieren	substitute
Substitution	substitution
Subtrahend	subtrahend
subtrahieren	subtract, subtracting
Subtrahiertaste	subtracting key
Subtrahierwerk	subtracter
Subtraktion	subtraction
Subtraktionsanweisung	subtract statement

Subtraktionsbefehl	subtract instruction
Subtraktionsregister	subtract register
Subtraktionsübertrag	subtract carry
subtraktive Farbdarstellung	subtractive color representation
Suchalgorithmus	search algorithm
Suchanweisung	inspect statement, search statement
Suchargument	search argument
Suchbaum	search tree
Suchbefehl	search instruction
Suchdialog	search dialog
suchen	find, hunt, look up, search, searching, seek
suchen nach	search for
suchen und ersetzen	search and replace, searching and replacing
Suchfrage	query, retrieval query, search query
Suchgeschwindigkeit	search speed
Suchlauf	search run
Suchmodus	browse mode
Suchprogramm	browser, search engine
Suchroutine	search routine
Suchschleife	search cycle
Suchschlüssel	search key
Suchstrategie	search strategy
Suchverfahren	search method, search procedure
Suchzeit	search time
Summand	summand
summarisch	summary
Summe	amount, count, sum
Summenkontrolle	sum check
Summenzeichen	sigma sign
Summenzeile	total line
Summierung	summing
Super ...	super...
Superchip	superchip, super-chip
Superdatenautobahn	information superhighway
supergedreht fadenförmig	super-twisted nematic
Superintegration	super-high-scale integration, ULSI, ultra high-scale integration, ultra-largescale integration, ultralarge-scale integration, VISI
superkompakte Platte	super-density disc
Supermikro	supermicro
Supermikrorechner	supermicrocomputer
Superminirechner	superminicomputer
Super-Pipeline-Verfahren	superpipelining
Superrechner	supercomputer, superlarge computer
superskalare Architektur	superscalar architecture

Super-VGA	super VGA, super video graphics array (SVGA), SVGA
Supraleiter	superconductor
supraleitfähig	superconductive
Supraleitfähigkeit	superconductivity
Supraleitung	superconduction
Symbol	ikon, symbol
Symbolgruppe	group
symbolisch	symbolic
symbolische Adresse	symbolic address
symbolische Codierung	symbolic coding
symbolischer Gerätename	symbolic device name
symbolisches Adressieren	symbolic addressing
symbolisches Programmieren	addressless programming
Symbolleiste	button bar, symbol bar
Symbolschaltfläche	symbol button
Symbolzeichenschrift	symbol font
Symmetrie	balance
symmetrisch	balanced
Synchrondatenerfassung	by-product data collection
Synchronisations-Schnittstelle	ASI
Synchronisationsstörung	jitter
synschrone Datenverbindungssteuerung	SDLC
syntaktisch	syntactic
Syntax	Syntax
Syntaxanalyse	parsing, syntactic analysis
Syntaxanalysierer	parser
Syntaxfehler	syntax error
Syntaxprüfung	syntax check
Synthese	synthesis
synthetisch	synthetic
System	system
System, das andere mit Daten/Diensten versorgt	server
System, das Daten/Dienste von Servern verwendet	client
Systemabfragetaste	system request key
systemabhängig	system-dependent
Systemabhängigkeit	system dependence
Systemabstand	system distance
Systemadministrator	administrator
Systemanalyse	system analysis, system engineering, systems analysis, systems engineering

Systemanalytiker	system analyst, system engineer, systems analyst, systems engineer
Systemanforderungen	system requirements
System-Anwendungs-Architektur	systems application architecture
Systemarchitektur	system architecture
Systematik	systematics
systematisch	methodic, orderly, scientific, systematic
systematische Nummerierung	systematical numbering
systematischer Fehler	systematic error
systematischer Testlauf	systematical test
systematisieren	systematize, systemize
Systematisierung	systematization
Systemaufruf	system call
Systemausbau	system upgrading
Systemausfall	system breakdown, system crash
Systemausgabe	system output
Systemauslastung	system utilization
Systemauswahl	system choice
Systembedienung	system operating
Systembedienungsbefehl	system command
Systembedienungskonsole	system console
Systembeschreibung	system description
Systembetreiber	system operator
Systembetreuer	system attendant
Systembewertung	system valuation
Systembibliothek	system library
Systemdatei	system file
Systemdatum	system date
Systemdiskette	system diskette
Systemdurchsatz	system throughput
Systemebene	system level
systemeigen	native
systemeigene Anwendung	native application
systemeigene Schriftart	native font, system font
systemeigene Sprache	native language
systemeigener Code	native code
systemeigener Compiler	native compiler
systemeigenes Dateiformat	native file format
Systemeingabe	system input
Systemeingabe-Aufforderung	system prompt
Systemeinheit	system unit
Systementwickler	system developer, system engineer
Systementwicklung	system development, system engineer
Systementwurf	system design

Systemerweiterung	system expansion
Systemfamilie	computer family
Systemfehler	system error, system fault
Systemfehlerbehebung	system recovery
systemfreie Kommunikation	open systems interconnection
systemfreier Standard	open standard
systemgebunden	proprietary
systemgebundene Software	proprietary software
systemgebundenes Betriebssystem	proprietary operating system
systemgebundenes Dateiformat	proprietary file format
systemgebundenes Kommunikationsprotokoll	proprietary protocol
Systemgeneration	SYSGEN, system generation (SYSGEN)
Systemgenerator	system generator
Systemgenerierung	SYSGEN, system generation (SYSGEN)
Systemhandbuch	system handbook
Systemimplementierung	system implementation
systemintern	intrasystem
systemkompatibel	system-compatible
Systemkompatibilität	system compatibility
Systemkomplexität	system complexitiy
Systemkomponente	system component
Systemkonfiguration	system configuration
Systemkonvention	system convention
Systemlaufwerk	system drive
Systemplanung	system design
Systemplatte	system disk
Systemprüfung	system auditing, system check
Systemressource	system resource
Systemselbsttest	system self-test
Systemsicht	internal view
Systemstart von der Diskette	kickstart
Systemsteuerbefehl	system control command
Systemsteuersprache	system control language
Systemsteuerung	system control
Systemsteuerwerk	system controller
Systemstörung	system failure
Systemtakt	system clock
Systemtest	systematical test
systemübergreifendes Kommunikationreferenzmodell	OSI
Systemüberwachung	system monitoring
Systemuhr	system clock, system timer
Systemumgebung	system environment

Systemumstellung	migration, system migration
systemunabhängig	system-independent
Systemunabhängigkeit	system independence
Systemunterstützung	system support
Systemvergleich	system comparison
Systemverhalten	system behavior
Systemverwalter	ADMIN, SYSOP, system administrator, system manager
Systemverwaltung	system administration, system overhead
Systemverwaltungskommando	administrative command
Systemverzeichnis	system directory, system folder
Systemzeit	system time
Systemzusammenbruch	abnormal system end, bomb, cold fault, system blackout
Systemzustand	control mode, supervisor state, system state, system status
Systemzustandsanzeigefeld	system status panel
Systemzuverlässigkeit	system reliability

T

tabellarisch	tabular, tabulate
tabellarisch anordnen	tabulate
tabellarische Anordnung	tabulation
Tabelle	list, schedule, table
Tabelle durchsuchen	table look up, table look-up
Tabellenassistent	table wizard
Tabellenbearbeitung	table handling
Tabellenelement	table element
Tabellenelementnummer	table element number
Tabellenfeld	cell, table element, table field
Tabellenfeldname	cell name, table field name
Tabellengenerator	table generator
Tabellengrafik	table graphics
Tabellenkalkulation	spread-sheet analysis
Tabellenkalkulationsprogramm	spreadsheet program
tabellenorientiert	table-oriented
tabellenorientierte Datenbank	table-oriented database
Tabellen-Punktreihe	dot leader, leader
Tabellensatz	table setting
Tabellensortieren	table sort
Tabellenspalten	table columns
Tabellensteuerung	table control
Tabellen-Unterstützungsroutine	table utility
Tabellenverarbeitung	table processing

Tabellenwert	cell operand, tabular operand, tabular value
Tabelliereinrichtung	tabulating feature
tabellieren	tab, tabulate, tabulating
Tabelliersprung	skip
Tabellierung	tabulation
Tabulator	tab, tabulator
Tabulator löschen	tab clear
Tabulator setzen	tab set
Tabulatorlöschtaste	tabulator clear key
Tabulatorsetztaste	tabulator set key
Tabulatorspeicher	tabulator memory
Tabulatorstop	tab stop
Tabulatortaste	skip key, tab key, tabulating key, tabulator key
Tabulatorzeichen	tab character, tabulator character
Tafel	plate
Tagesdatum	date, today's date
Tageskalender	appointment book
Tageslichtprojektor	overhead projector
Tageslichtprojektorfolie	overhead slide
Takt	beat, clock, clock pulse
Takt geben	clock
Takteingang	clock input
Taktfrequenz-Umschalter	turbo switch
Taktgeben	clocking
Taktgeber	clock, clock generator
Taktgeberbatterie	clock battery
Taktgeberfrequenz	clock frequency
Taktgeberzyklus	clock cycle
Taktgeschwindigkeit	clock speed
Taktimpuls	clock pulse, clocked pulse
Taktmarke	timing mark
Taktraster	timing pattern
Taktrate	clock rate
Taktsignal	timing signal
Taktspur	clock marker
Taktverdoppler	clock doubler
Tapete	wallpaper
Tarnkappenvirus	stealthing virus
Tastatur mit vollbeweglichen Tasten	full-travel keyboard
Tastaturabfrage	keyboard inquiry
Tastaturbelegung	keyboard layout
Tastaturcode	key code, scan code
Tastaturdauerfunktion	keyboard repeat

tastaturgesteuert	keyboard-operated, key-controlled, key-driven
Tastaturmakrobefehl	keyboard macro
Tastaturschablone	keyboard template
Tastaturschloss	keyboard lock
Tastatursperre	keyboard lock
Tastatursteuereinheit	keyboard processor
Tastaturwahl	keyboard signaling
Taste	button, key button
Taste für schnellen Befehlsgang	hot key, shortcut, shortcut key, short-cut key
Tastenanschlag	keyboard stroke, keypress, key-stroke
Tastenanschlagpuffer	keystroke buffer
Tastenanschlagskapazität	type-ahead capacity
Tastenbeschriftung	key legend
Tastencode	key code
Tastenerfassung	data entry
Tastenfeld	key field, key panel, keyboard field
Tastenfreigabe	button release
tastengesteuert	keyboard-driven, keyboard-operated, key-controlled, key-driven
Tastengruppe	button block, key block
Tastenhub	key drop, stroke
Tastenkombination	keyboard shortcut
Tastenprellen	key bounce
Tastenreihe	bank of buttons, key row
Tastenschaft	stem
Tastensperre	key lock
Tastenstatusanzeiger	key status indicator
Tastensteuerung	key control
Tastentabelle	key map, keymap
Tastenwahl	key dialing, key dialling, push-button dialing
Tastenzuordnung	key assignment
tätig	active
Tätigkeit	action, work
Tätigkeitsbeschreibung	job description
Tatsache	fact
tatsächlich	actual, effective
tatsächliche Adresse	real address
tatsächliche Auflösung	effective resolution
tatsächliche Geschwindigkeit	effective speed
tatsächliche Größe	actual size
tatsächliche Übertragungsrate	effective transmission rate
tatsächliche Zuverlässigkeit	achieved reliability
tatsächlicher Wert	actual value

Täuschung	catch
tausend	thousand
Tausenderpunkt	thousands separator
Tautologie	tautology
tautologisch	tautologic
Taxonomie	taxonomy
TB	terabyte
TBit	terabit
TByte	terabyte
TCAM	TCAM, telecommunication access method (TCAM)
TCP/IP (Internetprotokoll)	TCP/IP, transport control protocol/interface program(TCP/IP)
Technik	engineering, technics, technique, technology
Techniker	engineer, technician
technisch	technical
technische Änderung	engineering change
technische Datenverarbeitung	technical data processing
technische Einrichtungen	technical facilities
technische Einzelheit	technicality
technische Maßnahme	technical measure
technische Unterlagen	technical documentation
technische Unterstützung	technical support
technische Veralterung	technical obsolescence
technischer Fortschritt	progress of the art
technisches Handbuch	technical manual
Technokratie	technocracy
Technologie	technology
Technologietransfer	technology transfer
Teich	pool
Teil	part, portion
Teil eines Programmes der die Installation erledigt	setup
Teil eines Unternehmens der die Serviceleistungen abwickelt	service center
Teilausfall	partial failure
Teilbereich	subarea
Teile pro Million	parts per million
Teilenummer	part number
Teilfeld	subfield
Teilhabersystem	on-line system, transaction-driven system
Teilinhaltsverzeichnis	subdirectory
Teilintegration	partial integration
Teilkonzept	partial conception

teilnehmen	participate
teilnehmend	participant
Teilnehmer	participant, participator, partner
Teilnehmerbetriebsklasse	user class of service
Teilnehmerbetriebssystem	multiple virtual system
Teilnetz	subnetwork
Teilschicht	sublayer
Teilstreckenübertragung	store-and-forward transmission
Teilstreckenverfahren	store-and-forward principle
Teilstrich	scale line
Teiltest	stub test
Teilumstellung	partial migration
Teilung	splitting
Teilungsrest	remainder
teilweise	partially, partly
Teilzahlung	instalment, part payment
Telearbeit	home working
Telebanking-Verfahren	home banking
Telebild	telephoto, telephotograph
Telebrief	mailgram
Teleeinkauf	home shopping
Telefonistin	operator
Telegraphie	telegraphy
Telegraphieprinzip	telegraph principle
telegraphieren	telegraph
Telegraphiezeichen	telegraph signal
telegrafisch	telegraphic
Telekommunikation	remote communication, telecommunication
Telekommunikationsdienst	telecommunication service
Telekommunikationsordnung	telecommunication decree
Telekommunikationssystem	telecommunication system
Telekonferenz	teleconference, video conference
Telematik	communication, telematics
Telenet	Telenet
Telefon	phone, telefone
Telefonbuch	telefone directory
Telefongebühr	telefone charge
Telefongebührenbetrug	phreaking
Telefonhörer	telefon receiver, telefone receiver
telefonieren	phone, telefone
telefonisch	telefonic
Telefonkonferenz	telefone conference
Telefontelegramm	phonogram
Telefonwählprogramm	telefone dialer
Telesoftware	telesoftware

Telnet	Telnet
Temperatur	temperature
temperaturabhängig	temperature-sensitive
temperaturgesteuerter Widerstand	thermistor
temporäre Datei	temporary file
temporäre Schrift	temporary font
Tendenz	trend
tendieren	trend
Tensor	multidimensional number, tensor
Tera..	T
Tera ...	tera...
Terabit	terabit
Terabite	TBit
Terabyte	TB, TByte, terabyte
Term	term
Terminal	data terminal, terminal
Terminaldrucker	keyboard printer, printer terminal
Terminalemulation	terminal emulation
terminalgesteuert	terminal-controlled
terminalisieren	terminalize
Terminalisierung	terminalization
Terminalmodus	terminal mode
Terminalsitzung	terminal session
Terminalsystem	terminal system
Terminal-Verschlusseinrichtung	terminal locking device
termingemäß	terminal
Terminkalender	appointment scheduler
Terminologie	terminology
terminologisch	terminologic
Terminplanung	scheduling
Terminüberwachung	follow-up
ternär	ternary
ternäre Darstellung	ternary representation
ternäres Zahlensystem	ternary number system
tertiär	tertiary
Tertiärspeicher	tertiary storage
Test	test
Test unter Einsatzbedingungen	live test
Test ...	testing
Testadresse	test address
Testauswertung	test evaluation
testbar	testable
Testbarkeit	testability
Testbefehl	test instruction

Testdatei	test-data file
Testdaten	test data
Testdatenbeschreibung	test-data description
Testdatengenerator	test-data generator
Testdatensatz	test case
Testdokumentation	test documentation
Testeinrichtung	test equipment
testen	test, testing
Testergebnis	result of a test
Testgerät	breakout box, tester
Testnachricht	test message
Testobjekt	test object
Testplanung	test planning
Testprotokoll	test log
Teststeuerungsprogramm	test driver
Teststromleitung	test conductor
Testumfeld	test bed, test environment
Testumgebung	test environment
Testzeit	testing time
textabhängig	contextual
Textbaustein	phrase
Textende	end of text
Textendezeichen	end-of-text label
Textgeber	code generator
Textkommunikation	written communication
Textmarke	bookmark
Textverarbeitung	word processing, WP
Textverarbeitungscenter	correspondence center
Textverarbeitungsprogramm	wordprocessing program, word-processing program
Textverarbeitungssystem	text processing system, text processor, word processor, word-processing system
Textwiedergewinnung	text retrieval
Thema	subject, topic
thematisch	topical
Themenauswahlbaum	subject tree
Themenauswahlprogramm	subject selector
thermisch	thermal
Thermodrucker	thermal printer, thermoprinter
thermodynamisch	thermodynamic
thermoelektrisch	thermoelectric
Thermoelement	thermocouple
Thermo-Farbsublimationsdrucker	thermal dye sublimation printer

Thermotransferdrucker	thermal fusion printer, thermal transfer printer, thermotransfer printer
Thermo-Wachstransferdrucker	thermal wax-transfer printer
These	thesis
Thyratron	thyratron
Thyristor	thyristor
Tiefdruck	intaglio, intaglio printing
Tiefe	depth
Tiefensuche	depth-first search
tiefgestellt	inferior
tiefgestellte Schrift	subscript
tiefgreifend	profound
tiefstellen	subscribe
Tiefstellung	lowering, subscript
Tieftemperatur ...	cryogenic
Tieftemperaturrechner	cryogenic computer
Tieftemperaturtechnik	cryogenics
TIF-Format	tagged image-file format (TIFF), TIFF
Tilde	swung dash, tilde
tilgen	liquidate, pay off
Tilgung	deletion, liquidation
Times (häufig genutzte Schriftart)	Times
Tinte	ink
Tintenbehälter	ink bottle
Tintenradiergummi	ink-eraser
Tintenstift	ink-pencil
Tintenstrahldrucker	inkjet printer, ink-jet printer
Tippfehler	typing error
Tisch	desk, table
Tischcomputer	desktop computer
Tischdrucker	desktop printer, tabletop, tabletop printer
Tischgerät	desktop, desktop device, desktop model
Tischkonfiguration	desktop configuration
Tischplatte	table
Tischplotter	desktop plotter
Tischrechner	desktop calculator, desktop computer, tabletop calculator, tabletop computer
Tischrechnerfunktion	desktop calculating function
Titel	title
Titelleiste	titel bar, title bar
Titelsuche	title retrieval
Titelzeile	caption, head line, headline
Tochterkarte	daughter board
Token	token

Token-Bus	token bus
Token-Ring	token loop, token ring
Token-Ring-Netz	token ring network
Token-Verfahren	token passing
Toleranz	tolerance
tolerierbar	tolerable
Ton	tone
Tonaufzeichnungseinheit	sound recorder
Tonband	audio tape
Tonbläser	soundblaster
tonen	tone
Toner	toner
Tonerabscheider	toner collector
Tonerfüllstand	toner supply level
Tonerkassette	toner cartridge, toner supply bin
Tonerpulver	dry toner, toner powder
Tonerzeugungseinheit	sound generator
Tonerzuführung	toner feed
Tonfrequenz im nichthörbaren Bereich	subaudio frequency
Tonfrequenzbereich	audio range
Tongenerator	tone generator
Ton-in-Ton-Abbildung	continuous-tone image
Ton-in-Ton-Drucker	continuous-tone printer
tonwertrichtig	orthochromatic
Top-down-Methode	top-down method
Top-down-Programmierung	top-down programming
Top-down-Strategie	top-down strategy
Topologie	topology
Tor	gate
Tortendiagramm	pie chart, pie graph
Totalausfall	blackout failure
tragbar	lap-top
tragbarer Rechner	lap-top computer
tragbares Gerät	portable
tragbares Sprechfunkgerät	walkie-talkie
träge	slow
tragen	bear
Trägerfrequenztelefonie	carrier telefony
Trägerfrequenzübertragung	carrier transmission
Trägerschwingung	carrier wave
Trägerspeichereffekt	hole-storage effect
Trägerstromrauschen	carrier noise
Trägerwelle	carrier wave
Tragrahmen	gimbal

Traktor	tractor
Traktorvorschub	tractor feed
Tramiels Betriebssystem	Tramiel's operating system
Transaktion	transaction
Transaktionscode	transaction code
Transaktionsnummer	transaction number
transaktionsorientierte Programmierung	transaction-oriented programming
Transaktionsrate	rate of transaction, transaction rate
Transaktionssatz	amendment record
Transferbefehl	transfer instruction
Transfluxor	transfluxor
Transformationsgrammatik	transformational grammar
Transformationsprogramm	transformation program
Transformator	transformer
transformieren	transform
Transistor	transistor
Transistor mit einer p-n-Übergangsstelle	unijunction transistor
Transistoranschlussleitung	transistor lead
Transistorchip	transistor chip
Transistorherstellung	transistor manufacture
Transistorsättigungsbereich	transistor saturation region
Transistorsperrbereich	transistor cutoff region
Transistor-Transistor-Logik	transistortransistor logic (TTL), TTL
Transistorübergangsbereich	transition region
transkribieren	transliterate
transparent	code independent, code-independent, lucent, transparent
Transparenz	lucency, transparency
Transponder	transponder
Transport	traction, transport
transportabel	portable
Transportbahn	bed
Transportbefehl	move instruction
transportierbar	transportable
transportierbarer Computer	portable computer, transportable computer
Transportierbarkeit	transportability
transportieren	convey, move, transport
Transportkontrolle	transport supervision
Transportrolle	feed roll
Transportschacht	chute
Transportschicht	transport layer
Transportsteuerung	transport control
Transportweg	haul

Transputer	transputer
Transversale	transversal
transzendente Zahl	transcendental number
Trapezoid	trapezoid
treffen	hit, meet, meeting
Treffer	hit
Trefferverhältnis	hit ratio
Treiber	driver
Treiberimpuls	drive pulse
Treiberprogramm	drive program
Treiberprozess	drive process
Treibriemen	belt
Tremazeichen	diaeresis
Trend	trend
Trenn ...	separating
Trennaufforderung	disconnect request
Trennbalken	split bar
trennbar	separable
Trenneinrichtung	separator
trennen	decollate, disconnect, part, segregate, separate
trennend	separating
Trennfilter	separating filter
Trennleiste	splitting strip
Trennlinie	parting line
Trennmaschine	decollator
Trennschalter	breaker
trennscharf	selective
Trennschärfe	selectivity
Trennsteckerklinke	break jack
Trennsteckverteiler	break jack block
Trennung	disconnection, segregation
Trennzeichen	separator, tag
Treppenkurve	jagged line, stair-stepped line
Treppenkurveneffekt	aliasing
Treppenlinie	stair-stepped line, stairstepping
Trockenbatterie	dry battery
Trockentest	dry run
Trommel	drum
Trommeldrucker	drum printer
Trommelspeicher	drum storage
Trommelzeichengerät	drum plotter
Tunneldiode	tunnel diode
Tunneleffekt	tunnel effect
Tupel	tuple

Turingmaschine	Turing machine
Typ	norm
Typenträger	type carrier
Typenwalze	type drum
Typenzylinder	type cylinder
typisch	characteristic, normal, typic
Typisierung	typing
typografischer Punkt	didot point
Typvereinbarung	type declaration

U

über den Satzspiegel hinaus drucken	bleed
über eine Leitung leiten	pipeline
über ...	hyper..., over..., super...
Überangebot	oversupply, surplus supply
überarbeiten	rework
Überarbeitung	revision
Überbau	superconstruction, superstruction
Überblendung	cross fade
Überblick	overview, survey
überblicken	survey
Überblicksansicht	outline view
Überblicksmodus	outline mode
überbrücken	bridge, bypass
Überbrückung	bridge, bridging, bypass
überdrehen	overturn
überdurchschnittlich	surpassing
übereinstimmen	conform, match
übereinstimmend	coincident, homologous, unisonous
Übereinstimmung	coincidence, concordance, conformance, conformity, congruence, consistence, consistency, rapport
Überfluss	abundance, superabundance, wealth
Übergabe	commitment
Übergabebereich	transfer area
Übergabeprotokoll	completion certificate
Übergabeseite	transfer page
Übergang	gradation, transit, transition
Übergangsfläche	junction
Übergangsstelle	connector, interface
übergeben	commit, hand over, transfer
übergehen	migrate
übergeordnet	superior

übergeordnetes Verzeichnis	parent, parent directory
Übergeschwindigkeit	overspeed
übergreifend	spanned
Übergruppe	supergroup
Übergruppenwechsel	major control change
überhitzen	overheat, superheat
überhitzt	overheated
Überhitzung	overheating
überhöht	inflated
überholt	outdated
Überholung	reconditioning, refit
Überkapazität	over-capacity
Überkreuzprüfung	cross checking
überladene Software	bloatware
überlagerbar	overlayable
überlagern	heterodyn, heterodyne, interfere, overlay, superimpose, superpose, swap, swapping
überlagerte Tastatur	overlayed key, overlayed keyboard
Überlagerung	interaction, overlay, superimposition, superposition
Überlagerungs ...	heterodyn
Überlagerungsbereich	overlay region, swapping area
Überlagerungsdatei	overlay tile, swap file
Überlagerungsdauer	swap time
Überlagerungskarte	overlay board
Überlagerungstechnik	overlay technique
überlappen	lap, overlap
überlappend	overlapping
überlappender Druck	overlapping print
überlappte Fenster	overlaid windows
überlappte Verarbeitung	overlapped processing
überlapptes Diagramm	overlay chart
überlapptes Eintasten	overlapped keying
Überlappung	lapping, overlap, overlapping
überlastbar	overloadable
Überlastbarkeit	overload capacity
überlasten	overload, overstress
Überlastkapazität	overload capacity
Überlastung	congestion, overloading, thrashing
Überlauf	overflow
Überlaufanzeige	carry flag, overflow indicator
Überlaufbereich	overflow area
überlaufen	overrun, spill
Überlauffehler	overflow error
Überlaufsatz	overflow record

Überlaufspur	overflow track
überlegen	predominant, superior
Überlegenheit	predominance
überlesen	ignore, skip, skipping
übermitteln	forward
übermittelnde Stelle	transmitting unit
Übermittlung	forwarding
Übermittlungsdaten	transmittal data
Übermittlungskontrolle	transmission supervision
Übernahmeprüfung	acceptance inspection, acceptance test
überragender Buchstabe	swash letter
überschneiden	overlap
überschreiben	clobber, overwrite, overwriting
Überschreibmodus	overstrike mode, overtype mode, overwrite mode
überschreiten	overshoot, overstay
Überschreiten der Bildschirmgröße	overscanning
Überschrift	heading, headline, rubric, title
Überschriftsleiste	head field, title bar
Überschuss	excess, surplus
Überschüttung mit sinnlosen Nachrichten	spamming
Überseeleitung	transoceanic cable
übersehen	overlook
übersetzen	compile, interpret, put, translate, translating
Übersetzerprogramm	compiler, interpreter, language processor, language translator, translating program, translator, translator program
Übersetzung	compilation, interpretation, translation
Übersetzungsdatum	date compiled
Übersetzungslauf	compilation run, compilatlon run
Übersetzungsliste	compilation listing, listing, source listing, translator listing
Übersetzungsprogramm	compiler, interpreter, translating program, transpiler
Übersetzungsprotokoll	object listing
Übersetzungsrechner	source computer
Übersetzungstabelle	translation table
Übersetzungstermin	day compiled
Übersetzungszeit	compilation time, compile time, translation time
Übersicht	digest, outline, schedule
übersichtlicher Objektcode-Ausdruck	pretty print
Übersichtsdiagramm	general chart

Übersichtsplan	schedule
Überspannung	overvoltage, surge
überspringen	leap, skip, skipping
übersteigen	exceed, surmount, surpass
übersteuern	overdrive
Übersteuerung	overdriving
Überstrom ...	over-current
Übertrag	carry, overflow
übertragbar	portable, transferable, transmissible
übertragbare Betriebssystem-Schnittstelle für Unix	portable operation system interface for Unix (POSIX)
übertragbare Programmiersprache	portable language
übertragbare Software	portable software
übertragbares Dokument	portable document
Übertragbarkeit	portability, rehosting, transmissibility
übertragen	carry, communicate, implant, import, move, relay, send, transfer, transmit
übertragene Information	transinformation
Übertragsbit	carry bit
Übertragung	implantation, import, propagation, transfer, transmission, transmittal
Übertragungs- und Antwortsystem	transponder
Übertragungsabschnitt	transmission link
Übertragungsbefehl	transfer statement
Übertragungsbreite	transmitting width
Übertragungseinrichtung	transmission unit
Übertragungsende	end of transmission
Übertragungsendezeichen	end-of-transmission label
Übertragungsgeschwindigkeit	transmission speed
Übertragungsprotokoll	transfer protocol, transmission protocol
Übertragungsprozedur	transmission procedure
Übertragungsrate	baud rate, transfer rate, transmission rate
Übertragungsrate erhöhen	fall forward
Übertragungsrate mindern	fall back
Übertragungssicherheit	transmission reliability
Übertragungsweg	transmission path, transmission way
Übertragungszeit	transfer time
überwachen	control, monitor, supervise, supervising, watch
überwachend	administrative
überwacht	monitored
Überwachung	control, monitoring, supervision, surveillance, watch

Überwachungsbildschirm	monitor
Überwachungseinrichtung	invigilator
Überwachungskanal	monitoring channel
Überwachungsprogramm	monitor, monitor program, watch-dog program
Überwachungssystem	monitor
Überwachungszeitgeber	watch-dog timer
Überwachungszustand	monitor state
überzählig	supernumerary
Überzug	film, overlay
üblich	general, ordinary, prevailing
übrig haben	spare
übrig bleiben	remain
Übung	exercise, tutorial
Uhrsignal	tick
Uhrzeit	current clock, current time
Uhrzeit-Datums-Einrichtung	clock-calendar board
Ultimo	ultimo
Ultrakurzwelle	ultrahigh frequency, ultra-short wave, very high frequency, VHF
Ultrakurzwellenbereich	high-frequency range, ultrahigh-frequency range, ultra-short-wave range, ultrashort-wave range
Ultraleicht-Computer	ultra-light computer
Ultra-Mikrofiche	ultrafiche
Ultraschallfrequenz	superaudio frequency
ultraviolett	ultraviolet
umadressieren	redirect
umbenennen	rename
Umbenennung	renaming
umblocken	reblock
Umblockung	reblocking
umbrechen	make up
Umbrella-Anbieter	umbrella information provider
Umbruch	make-up
Umbruchkorrektur	page-proof
Umdrehung	revolution
Umdrehungs ...	rotational
Umdrehungsgeschwindigkeit	rotational speed
Umfang	circumference, magnitude, perimeter, size
umfassen	span
umfassend	global, large, overall
umfassende Operation	global operation
Umfeldanalyse	environment analysis
umfließen	flow

umformatieren	reformat
Umformatierung	reformatting
umformen	recast, transform, transforming
umformend	transformative
Umformer	converter, transformer
Umformung	recast, transformation
Umfrage	poll
Umfragebetrieb	auto polling, polling, polling mode, selecting mode
Umfragedurchlauf	polling pass
umfragen	poll
Umfragetechnik	polling technique
umgeben	surround
umgebend	ambient, surrounding
Umgebung	environment
Umgebungs ...	environmental
umgebungsabhängige Hilfefunktion	context-sensitive help
Umgebungsbedingung	ambient condition, environmental condition
Umgebungseinfluss	environmental influence
Umgebungstemperatur	ambient temperature
Umgebungsvariable	environmental variable
umgehen	bypass
Umgehung	avoidance, bypass
umgekehrte Abfühlung	reverse scan
umgekehrte Reihenfolge	reverse order
Umgestaltung	reconfiguration
umhüllen	envelop, jacket
Umhüllung	coating, envelope
umkehrbar	reversible
Umkehrbarkeit	reversibility
umkehren	inverse, invert, revert, turn around
Umkehrung	invers, inverse, reversal, reversion
umlaufen	wrap around
Umlaufzeit	turnaround time
ummantelt	jacketed
umpolen	turn over
Umpolung	turn-over
Umpositionierung	repositioning
umprogrammieren	reprogram
Umprogrammierung	reprogramming
umrechnen	randomize
Umrechnung	randomizing
Umriss	contour
Umrisslinienschrift	laser font

Umschalteinrichtung	changeover facility
umschalten	shift, shifting, switch
umschalten auf Buchstaben	unshift
umschalten auf Ziffern/Zeichen	shift
Umschaltsperre	shift-lock
Umschalttaste	shift key
Umschaltung	case shift, changeover, shift
umschlüsseln	transcode
umschulen	retrain
umsetzbar	convertible
Umsetzeinrichtung	transcriber
umsetzen	convert, transcribe, tween
Umsetzer	converter
Umsetzprogramm	conversion program
Umsetztabelle	conversion table
Umsetzung	transcription, tweening
umspannen	transform
Umspannung	transformation
umspeichern	restore, restoring
umstellen	change over, invert
Umstellung	changeover, transposition
Umstellungsverfahren	method of changeover
Umsteuerung	alternate routing
Umwälzung	revolution
umwandeln	cast, morph
umweltfreundlicher PC	green PC
umwickeln	tape
unabgeschirmt	unshielded
unabgestimmt	untuned
unabhängig	independent
Unabhängigkeit	independence
Unanfälligkeit	immunity
unausführbar	inexecutable, unworkable
unausgerichtet	unaligned, unjustified
unausgesprochen	implicit
unausgetestet	undebugged
unbearbeitet	raw
unbedeutend	remote
unbedient	unattended
unbedienter Betrieb	unattended operation
unbedienter Empfang	unattended reception
unbedingt	imperative, unconditional
unbedingter Sprung	unconditional branch, unconditional jump
unbedingter Sprungbefehl	go-to instruction, unconditional branch instruction, unconditional jump instruction

unbedruckter Seitenbereich	white space
unbefriedigend	unsatisfactory
unbefugt	incompetent, unauthorized
Unbefugter	unauthorized person
unbegrenzt	unbounded, unlimited
unbehebbar	non-recoverable, unrecoverable
unbehebbarer Abbruch	dead halt
unbehebbarer Fehler	fatal error, serious error
unbekannt	innominate
Unbekannte	unknown
unbelastet	unstressed
unbelegter Clusterrest	slack
unbemannt	unmanned
unbenannt	innominate, unnamed
unbenannte Zahl	abstract number
unbenanntes Datenfeld	filler item
unbenanntes Symbol	abstract symbol
unbenanntes Zeichen	abstract symbol
unbenutzt	unused
unberechtigt	unauthorized
unberechtigter Zugriff	unauthorized access
unbeschränkt	illimitable
unbeschriftet	blank, empty, unlabelled
unbesetzt	unoccupied, vacant
unbeständig	impermanent, inconstant, instable, labile, unstable, unsteady
Unbeständigkeit	inconstancy
unbestimmbar	indeterminable, nondescript
unbestimmt	indefinite, indeterminable, nondescript, undefined, undetermined
unbestückt	unpopulated
unbewertet	unvalued, unweighted
uncodiert	uncoded
und	and
undatiert	undated
undefinierter Datensatz	undefined record
undeutlich erkennen	loom
UND-Gatter	AND gate
undifferenziert	undifferentiated
undokumentiert	undocumented
undurchführbar	impracticable, unfeasible
Undurchführbarkeit	impracticability, unfeasibility
UND-Verknüpfung	conjunction
uneingeschränkt	unrestricted
unempfindlich	non-sensitive, proof

Unempfindlichkeit	ruggedness
unerfahren	new, unexperienced
unerprobt	unexperienced, unproved, untried
unerwartet	unexpected
unfähig	inable, unable
unfertig	unfinished
unformatiert	unformatted
unformatierte Kapazität	unformatted capacity
unformatierter Datensatz	unformatted data record
unfragmentiert	unfragmented
ungeeignet	improper, inapplicable, untrue
ungeerdet	ungrounded
ungefähr	approximate
ungehärtet	untempered
ungelöst	unsolved
ungenau	improper, inaccurate
Ungenauigkeit	inaccuracy
ungenügend	insufficient
ungenutzt	unutilized
ungerade	odd, uneven
ungerade Bitzahl	odd parity
ungerade Parität	odd parity
ungerade Seite	odd page
ungerade Zahl	odd number, uneven number
Ungeradegerade-Verschränkung	odd-even interleaving
ungeradzahlig	odd-numbered, uneven-numbered
ungeschützt	unguarded, unprotected
ungeschützte Daten	unprotected data
ungeschützter Bindestrich	discretionary hyphen, soft hyphen
ungeschütztes Datenfeld	unprotected data item
ungesichert	unsaved, unsecured
ungesicherte Datei	unsaved file
ungesicherte Daten	unsaved data
ungesteuert	uncontrolled
ungetestet	untested
ungewöhnlich	singular, spectacular, uncommon, unusual
ungewohnt	unused
ungezont-numerisch	unzoned-decimal
ungleich	distinct, mismatched, not equal, unequal
ungleichartig	dissimilar, unlike
Ungleichgewicht	unbalance
Ungleichheit	inequality, mismatch
Ungleichheitszeichen (!=)	unequal sign
Ungleichung	inequality, unequation

ungültig	illegal, invalid
ungültig machen	nullify
Ungültigkeit	invalidity
Ungültigkeitszeichen	cancel character
unhandlich	unhandy
Unhandlichkeit	unhandiness
unhörbar	inaudible
unidirektionale Datenübertragung	unidirectional data communication, unidirectional data transmission
unidirektionaler Bus	unidirectional bus
uninitialisiert	uninitialized
unintelligente Datenstation	dumb terminal
unipolarer Halbleiter	unipolar semiconductor
unipolarer Transistor	unipolar transistor
unitär	unary
Univac	Univac
Universal ...	universal
Universalrechner	all-purpose computer, general-purpose computer, GPC, mainframe, multipurpose computer
universell	global, universal
universelle asynchrone Parallel-seriell-Schnittstelle	universal asynchronous receiver/transmitter
universelle synchron-asynchrone Parallel-seriell-Schnittstelle	UART, universal synchronous/asynchronous receiver/transmitter (UART)
universelle synchrone Parallel-seriell-Schnittstelle	universal synchronous receiver/transmitter
universeller Produktcode	universal product code
Universität San Diego/Kalifornien	University of California San Diego, UCSD
Universitäts-Informationssystem	campus-wide information system, CWIS
Unix	Unix
Unix-Codierprogramm	uuencode
Unix-Decodierprogramm	uudecode
Unix-Schale	Unix shell
unjustiert	unjustified
unkompliziert	uncomplicated
unkontrollierbar	uncontrollable
unkontrolliert	unchecked
unkorrigierbar	uncorrectable
unkritisch	uncritical
unlesbar	illegible
unlogisch	illogical
unmittelbar	ocular

unmittelbarer Zugriff	fast access
unmöglich	impossible
Unmöglichkeit	impossibility
unperforiert	unsprocketed
unsichtbar	invisible
unsichtbares Element	blanked element
unsortiert	unsorted
unstabil	astable
unstetig	discontinuous
Unstetigkeit	discontinuity
unstrukturiert	unstructured
unsystematisch	non-systematic, unsystematic
untätig	inactive, quiescent
unteilbar	prime
unten	bottom
Unter ...	sub...
Unteradresse	subaddress
Unterbaugruppe	subassembly
Unterbegriff	minor
unterbrechen	disturb, escape, suspend
Unterbrechung	discontinuity, outage, trap
Unterbrechungsbedingung	interrupt condition
Unterbrechungsbehandlung	interrupt handling
Unterbrechungscode	break code
Unterbrechungsebene	interrupt level
Unterbrechungserkennung	interrupt identification
unterbrechungsfrei	interruption-free, uninterruptible
unterbrechungsfreie Stromversorgung (USV)	uninterruptible power supply (UPS), UPS
unterbrechungsfreie Wartung	online maintenance, on-line maintenance
unterbrechungsgesteuert	interrupt-controlled, interrupt-driven
Unterbrechungsmaske	interrupt mask
Unterbrechungsmaskenregister	interrupt mask register
Unterbrechungssignal	interrupt signal
Unterbrechungssteuerprogramm	interrupt handler, interrupt service routine
Unterbrechungssteuerung	interrupt control
Unterbrechungssteuerwerk	interrupt controller
Unterbrechungstaste	break key, hold button
Unterbrechungsvektor	interrupt vector
Unterbrechungszeichen	escape character
Unterbrechungszeiger	vector
unterbrochen	halted, interrupted
Unterdatei	subfile
Unterdeskriptor	subdescriptor

Unterdrückungsliste	kill file
Unterdrückungstaste	escape key
untere	lower
untere Grenze	lower bound
untere Umschaltung	lower case
unterer Bereich	low end
unterer Rand	bottom margin
unterer Speicherbereich	low memory
unteres Byte	low byte
Unterfenster	subwindow
untergeordnet	subaltern, subordinate
untergeordnetes Verzeichnis	child
Untergerät	subset
untergliedern	subdivide
Untergliederung	subdivision
Untergrenz ...	lower-bound
Untergruppe	minor, minor group
Untergruppenwechsel	minor control change
Unterkanal	subchannel
Unterkante	bottom edge, lower edge
Unterlage	pad
Unterlänge	descender
Untermenge	subset
Untermenü	cascade menu, submenu
Untermodul	submodule
Unternehmen	enterprise
Unternehmensforschung	operations research
unterordnen	subordinate
Unterordnung	subordination
Unterprogramm	subprogram, subroutine
Unterprogrammadresse	subroutine address
Unterprogrammaufruf	subroutine call
Unterprogrammbibliothek	subroutine library
Unterprogrammeinsprung	subroutine entry
Unterprogrammtechnik	subroutine technique
Unterprogrammvereinbarungsbereich	subroutine declarative area
Unterprogrammverschachtelung	subroutine nesting
Unterprogrammverwaltung	subroutine management
unterscheiden	distinguish
Unterscheidung	differentiation
unterschiedlich behandeln	discriminate
unterschreiben	subscribing
Unterseite	bottom, bottom side

unterstützen	help
Unterstützung	help, promotion, relief
Unterstützungsroutine	aid routine
untersuchen	try
Unterteil	bottom section
unterteilt	partitioned
Unterteilung	subdivision
Unterverzeichnis	subdir, subdirectory
Unterverzeichnisname	subdirectory name
Unterverzeichnisstruktur	subdirectory structure
unübersetzbar	untranslatable
ununterbrochen	continuous, incessant, uninterrupted
unveränderbar	unalterable
unveränderlich	inalterable
unverändert	unaltered, unvaried
unverbessert	uncorrected, unimproved
unverbunden	unconnected
Unvereinbarkeit	inconsistence
unverfälscht	genuine, unsophisticated
unverkettet	unchained
unverkürzt	unabbreviated
unverschieblich	non-relocatable
unverständlich	incomprehensible
unverträglich	incompatible
Unverträglichkeit	incompatibility
unvollständig	imperfect, incomplete, uncompleted
unvoraussagbar	unpredictible
unvorhergesehen	sudden, unexpected
unvorhersehbare Unterbrechung	contingency interrupt
unvorschriftsmäßig	irregular
unwägbar	imponderable
unwahr	untrue
unwahrscheinlich	implausible, improbable
Unwahrscheinlichkeit	improbability
unwichtig	unimportant
unwiderlegbar	incontestable, unchallengeable
unwirksam	ineffective, non-effective
unwirksame Verknüpfung	stale link
unzerbrechlich	unbreakable
unzugänglich	impenetrable
unzulässig	forbidden, illegal, improper, inadmissible, objectionable, unallowable, undue, untrue
unzulässige Adresse	invalid address
unzulässige Datenverarbeitung	data abuse

unzulässige Operation	illegal operation
unzulässige Verarbeitung	abuse
unzulässiger Befehl	illegal instruction
unzulässiger Operationsschlüssel	illegal operation code
unzulässiges Codezeichen	illegal code
unzulässiges Zeichen	illegal character
Unzulässigkeit	inadmissibility
unzustellbar	unclaimed
unzuverlässig	unreliable
Unzuverlässigkeit	unreliability
Urkunde	certificate, charter, diploma, document, voucher
Urkundenunterdrückung	spoliation
Urladeblock (Bootsektor)	boot block, boot sector
Urladeblock-Virus (Bootsektorvirus)	boot-sector virus
Urladediskette (Bootdiskette)	start-up disk
urladefähig (bootfähig)	bootable
urladen (booten)	boot, bootstrap, start up, start-up
Urladeprogramm (Bootprogramm)	bootstrap, bootstrap loader
Ursache	cause, principle
ursächlich	causal, causative
Ursprung	origin, parent, source, well
ursprünglich	native, original
Ursprungsbeleg	master document
Ursprungsdatei	source file
Ursprungsdaten	source data
Ursprungsdiskette	source disk
Ursprungstabelle	source worksheet

V

V-Normen	V-standards
variabel langer Block	variable block
variabel langer Datensatz	variable data record
variabel langer Operand	variable operand
variabel langer Satz	variable record, variable-length record
variabel langes Datenfeld	variable data item
variabel langes Feld	variable field, variable-length field
variabel langes Speicherwort	variable word
variable Blocklänge	variable block length

variable Daten	variable data
variable Feldlänge	variable field length
variable Kosten	variable costs
variable Länge	variable length
variable Operandenlänge	variable operand length
variable Satzlänge	variable record length
variable Spurkapazitätsaufzeichnung	variable track capacity recording
variable Taktlänge	variable cycle
variable Wortlänge	variable word length
Variablenausdruck	variable expression
Variablendeklaration	variable declaration
Variablenname	variable identifier
variables Format	variable format
Variante	variant
variiert	varied
Variometer	variometer
Vaterband	father tape
Vaterdatei	father file
Vektor	vector
Vektoralgebra	vector algebra
Vektorbildschirm	random-scan terminal
Vektor-Bitabbild-Umwandlung	vector-to-raster conversion
Vektoren ...	vectorial
Vektorfunktion	vector function
Vektorgenerator	vector generator
Vektorgrafik	vector graphic, vector graphics
Vektorgrafik-Aufbereiter	vector editor
vektoriell	vectorial
Vektoroperation	vector operation
Vektorrechner	array computer, array processor, pipeline processor, vector computer, vector processor
Vektorschrift	vector font
Vektortabelle	vector table
Ventilator	fan
verallgemeinern	generalize, universalize
Verallgemeinerung	generalization
Veralten	obsolescence
veraltet	obsolete, out-of-date
veraltete Daten	aged data, decaying data
veränderbar	modifiable, varying

veränderlich	changeable, variable, varying
Veränderlichkeit	variability
verändern	change, modify, vary
Veränderung	change, modification, transformation, variation
Veränderungsstufe	modification level
veranlassen	prompt
veranschaulichen	illustrate
Veranschaulichung	illustration
verantwortlich	liable, responsible
Verantwortlichkeit	liability
Verantwortung	responsibility
verarbeitbar	processible
verarbeiten	handle, process
Verarbeiter	handler
Verarbeitung	processing
Verarbeitungsart	processing mode
Verarbeitungsbefehl	processing instruction
Verarbeitungseinheit	processing unit
Verarbeitungsleistung	processor performance
Verarbeitungsmodus	processing mode
Verarbeitungsstapel	batch file
Verarbeitungsteil	processing section
Verarbeitungsunterbrechung	hesitation, interrupt
verästeln	ramify
Verästelung	ramification
Verb	verb
verbale Beschreibung	verbal description
Verband	association, society
verbessern	improve, meliorate
verbesserte Auflösungstechnik	resolution enhancement technology
verbessertes Erweiterungsspeicherkonzept	EEMS, enhanced expanded memory specification (EEMS)
Verbesserung	improvement, melioration
verbesserungsfähig	improvable, reclaimable
verbiegen	bend
verbieten	inhibit, prohibit, proscribe
verbinden	affiliate, associate, connect, contact, interface, interlock, splice, splicing, strap, take over
verbindlich	obligatory
Verbindlichkeit	obligation

Verbindung	attachment, bonding, connection, contact, couple, join, junction, link
Verbindungsabbau	connection cleardown, connection release
Verbindungsaufbau	connection setup
Verbindungsaufbau bei Modems	LAP-M
Verbindungsdauer	call time, line-holding time
verbindungsfreies Netzprotokoll	connectionless protocol
Verbindungskabel	connector cable
verbindungsorientiertes Netzprotokoll	connection-oriented protocol
Verbindungsschicht	session layer
Verbindungsstecker	connector plug
Verbindungsstelle	joint, splice
Verbindungsstück	connector
Verbindungsweg	route
verborgene Datei	invisible file
Verbot	proscription
verboten	forbidden, index-rated
verbotenes Computerspiel	indexed game
Verbrauch	wastage
verbrauchen	dissipate, lapse
Verbrauchsmaterial	expendable
verbreitern	broaden
Verbreitung	dissemination, propagation
Verbund	group
Verbund ...	comp
verbunden	bonded, connected, joint
verbundene Norm	RSxxx
Verbundnetz	internetwork
verdichten	compact
Verdichtung	compaction
verdrahten	wire
verdrahtet	wired
verdrahtetes Programm	wired program
Verdrahtung	wiring
Verdrahtungsseite	wiring side
verdrillen	twist
verdrillt	twisted
verdrillte Leitung	twisted line
verdrucken	misprint

vereinbaren	declare
Vereinbarung	conventions, declaration, predefinition
Vereinbarungsanweisung	declarative statement
Vereinbarungsteil	declaration part, declaratives
Vereinbarungszeichen	declarative character, declarator
vereinfachen	deskill, simplify
Vereinfachung	simplification
vereinheitlichen	unify, unitize
Vereinheitlichung	unification
vereinigen	coalesce
Vereinigung	association
Vereinigungsmenge	union
vereinzelt	sporadic
vererben	inherit
vererbter Fehler	inherited error
Vererbung	inheritance
Verfahren	mode, procedure, technique
verfahrensorientiert	procedural, procedure-oriented
Verfahrenstechnik	process engineering
Verfahrenstest	procedure test
Verfahrenswahl	procedure choice
verfälschen	corrupt, distort, falsify
verfälscht	corrupt, corrupted
verfälschte Datei	corrupted file
Verfälschung	corruption
Verfassen	authoring
Verfasserangabe	byline
verfehlen	miss
verfeinern	refine
Verfeinerung	refinement
verflechten	interlace
Verflechtung	interlacing
verflochten	interlaced
verfolgen	follow up, hunt, pursue, trace, tracing
verfügbar	available, discretionary
verfügbare Betriebszeit	serviceable time
Verfügbarkeit	availability
Verfügbarkeitsanzeiger	availability indicator
Verfügbarkeitsgrad	availability ratio, available ratio
verfügen	dispose
Verfügung	disposition

Vergleich	compare, comparison, relation
vergleichbar	comparable
vergleichen	compare
vergleichend	comparative
Vergleichs ...	comparative
Vergleichsanweisung	comparing statement
Vergleichsbedingung	relation condition
Vergleichsbefehl	comparing instruction
Vergleichseinrichtung	comparator
Vergleichsoperator	comparison operator, relational operator
Vergleichsprüfung	comparator check
vergolden	gild
vergoldet	gilt
Vergröberung	coarsing, oversimplification
vergrößern	enlarge, magnify, scale up
Vergrößerung	enlargement, oversimplification
Vergrößerungseinrichtung	enlarger
Verhaltensmaßregel	precept
Verhältnis	proportion, rate
verhältnismäßig	pro rata, proportional
verhandeln	negotiate
Verhandlung	negotiation
verhindern	prevent
verhindernd	preventive
Verhinderung	prevention
verkabeln	cable
Verkaufsfreigabe	announcement
Verkaufsplatz	point-of-sale (POS), POS
Verkaufspolitik	merchandising
Verkehr	traffic
Verkehrsbelastung	traffic load
Verkehrsfluss	traffic flow
Verkehrsmessung	traffic measurement
Verkehrssimulation	traffic simulation
Verkehrssteuerung	traffic control
Verkehrsweg	transmission way
verketten	catenate, chain
verkettet	chained
verkettete Datei	chained file
verkettete Datenbank	chained database system
verkettete Liste	chained list

verkettetes Drucken	chain printing, chained printing
verkettetes Netz	catenet
Verkettung	catenation, chaining
Verkettungsadresse	sequence address
verkleinern	scale down
verknüpfen	bind
verlängern	prolong
Verlängerung	extension, prolongation
verlangsamen	slow down
verlassen	checkout, ESC
verlaufen	bleed
Verleger	publisher
verlernen	unlearn
verletzen	violate
Verletzer	violator
Verletzung	violation
verlieren	lose
verloren	lost
verlorene Verkettung	lost chain
verlorener Speicherbereich	lost cluster
Verlust	dissipation, loss
Verlustfaktor	loss factor
Verlustleistung	power dissipation
verlustlose Datenkomprimierung	lossless compression
vermaschen	intermesh, mesh
vermascht	intermeshed, meshed
Vermehrung	proliferation
vermeidbar	preventible
vermeiden	avoid
Vermeidung	avoidance
Vermerk	note
vermieten	let
Vermieter	lessor
vermindern	decrease, decrement, reduce
Verminderung	decrease, reducing, reduction
vermischen	mix
Vermischtes	misc, miscellanea
Vermittlung	switching
Vermittlungsamt	exchange
Vermittlungsart	type of switching

Vermittlungseinrichtung	switching equipment
Vermittlungsknoten	switching node
Vermittlungsnetz	switching network
Vermittlungsplatz	manual switching position
Vermittlungsrechner	switching computer
Vermittlungsstelle	switching center
Vermittlungssystem	switching system
Vermittlungstechnik	switching technology
vermittlungstechnisch	switching-oriented
Vermittlungszentrale	switching center
verneinen	negate
vernetzen	net, network
vernetzt	networked
vernetzte Datenbank	network data base system
vernetztes Datenmodell	network data model
Vernetzung	connectivity, networking
Vernetzung für offene Datenbanken	open database connectivity
vernünftig	rational, reasonable
veröffentlichen	publish
Veröffentlichung	publication
Verordnung	ordinance
verpflichten	obligate, oblige
Verpflichtungserklärung	declaration of commitment
verrechnen	reckon up
Verrechnungskonto	offset account
verriegeln	interlock
Verriegelungsschaltung	latch circuit
verringern	cut, lower, reduce
Verringerung	reduction
versagen	fail
Versalhöhe	body height
Versalien	capital letters
Versatz	offset
verschachteln	interlace, nest
verschachtelt	interlaced, nested
verschachtelte Struktur	nested structure
verschachtelte Zwischensumme	nested subtotal
Verschachtelung	nesting
Verschachtelungstiefe	nesting level
verschiebbar	relocatable

verschiebbare Laderoutine	relocatable loader
verschiebbare Zellengrenze	soft cell boundary
verschiebbarer Programmcode	relocatable code
verschiebbarer Seitenumbruch	soft page break
verschiebbarer Umbruch	soft break
verschiebbarer Zeilenumbruch	soft line break
verschiebbares Programm	addressless program, relocatable program
Verschiebbarkeit	relocatability
Verschieben	relocate, relocating, shifting
verschiebend	relocating
Verschiebung	relocation
verschieden	distinct
verschiedenartig	heterogeneous, varied, various
Verschiedenartigkeit	dissimilarity, heterogeneity
verschiedenes	miscellaneous
Verschleierung	spoofing
Verschluss	cap
verschlüsselt	keyed
verschlüsselte E-Mails	PEM, privately enhanced email (PEM)
Verschlussumschlag	flap
verschraubt	screwed
Verschraubung	screw joint
Verschwiegenheit	discretion
versenden	mail, ship
versetzen	shift
Versionsnummer	generation number
Versorgungs ...	logistic
Verstand	reason, sense
Verstandes ...	mental
Verständigkeit	reasonableness
verständlich	comprehensive, intelligible, tangible, understandable
Verständlichkeit	comprehensibility, intelligibility, tangibility
verstärken	amplify, boost, intensify, magnify, relay
Verstärker	amplifier, intensifier, magnifier, multiplier, relay, repeater
Verstärkerbaugruppe	amplifier module
Verstärkerdiode	booster diode
Verstärkereinrichtung	amplifying equipment
Verstärkerleitung	loaded line
Verstärkerring	hub ring

Verstärkerspule	loading coil
Verstärkung	amplification, gain, intensification, unblanking
verstecken	cache
versteckt	covert, hidden, secret
verstehen	understand
verstümmeln	garble, mangle, mutilate
Verstümmelung	garble, garbling, mutilation
Versuch	attempt, experiment, trial
Versuch und Irrtum	trial and error
versuchen	attempt, try
Versuchsaufbau	breadboard construction
Versuchsstadium	laboratory stage
Versuch-und-Irrtum-Methode	trial-and-error method
verteilen	distribute, spread
Verteiler	distribution list, distributor, terminal block
Verteilerknoten	exchange, gateway exchange, nodal switching center
Verteilnetz	distribution network
verteilt	distributed
verteilte Datenbank	distributed data base system, distributed database system
verteilte Datenstruktur	noncontiguous data structure
verteilte Datenverarbeitung	distributed data processing
verteilte Intelligenz	distributed intelligence
verteilte Lichtwellenleiter-Netzschnittstelle	fiber-distributed data interface
verteilte Steuerung	distributed control
verteilte Verarbeitung	distributed processing
verteiltes Informationssystem	distributed information system
verteiltes Mailbox-Forum	distributed bulletin board
verteiltes Netz	distributed network
verteiltes System	distributed system
Verteilung	distribution
Vertiefung	well
vertikal	vertical
Vertikalablenkplatten	y-plates
Vertikalablenkung	vertical deflection
Vertikalauflösung	vertical resolution
Vertikalaufzeichnung	perpendicular recording, vertical recording
Vertikalausrichtung	vertical justification
Vertikalbildlagesteuerung	vertical centering control

Vertikal-Bildrollen	vertical scrolling
vertikale Abtastfrequenz	vertical-scan frequency
vertikale Austastlücke	vertical blanking
vertikale Redundanzprüfung	vertical redundancy check
Vertikalrücksprung	vertical retrace
Vertikaltabulator	vertical tabulator
Vertikalzentrierung	vertical centering
Vertikalzuführung	vertical feed
vertragen	tolerate
verträglich	compatible
Verträglichkeit	compatibility
vertraulich	confidential
Vertraulichkeit	confidentiality
Vertriebsunternehmen	third-party vendor
Verunreinigung	impurity, pollution
verursachen	determine, originate
vervielfachen	multiply
Vervielfacher	expander
vervielfältigen	manifold, reproduce, reproducing
Vervielfältiger	hectograph, manifolder, manifold-writer, office printer, reproducer
Vervielfältigung	reprography
Vervielfältigungsmatrize	stencil
verwalten	administrate, service
verwaltend	administrative
Verwaltung	administration
Verwaltungseinheit	administrative domain
verwechseln	mistake
Verwechselung	confusion, mistake
Verweis	reference
verweisen	refer
verwenden	dispose
Verwendung	disposition
verzahnen	gear
verzeichnen	register
Verzeichnis	catalog, folder, list, register
Verzeichnis löschen	nuke
Verzeichnisbaum	directory tree
Verzeichniskennzeichen	directory marker
Verzeichnispfad	directory path, path
Verzeichnissortierung	directory sorting

Verzeichniszweig	branch
verzerrt	oblique
Verzerrung	distortion
verzögern	decelerate, defer, delay, lag, retard, retarding
verzögert	delayed
Verzögerung	deceleration, delay, hesitation, lag, time delay, time lag
Verzögerungsschaltung	delay circuit, time-delay circuit
Verzögerungszeit	delay, delay time
verzweigen	branch, go to, ramify
verzweigen in das Kanalprogramm	transfer in channel
verzweigen nach	branch to, go to
verzweigen wenn ...	branch if...
Verzweigung	branch, branching, fork, ramification
Verzweigung mit Speicherung der Rücksprungadresse	branch and link
Verzweigungsbedingung	branch condition
Verzweigungsbefehl	branch instruction
Verzweigungsleitung	branch circuit
Verzweigungsstelle	branch point, choice point
Verzweigungstabelle	branch table
VESA	VESA
VESA-Bussystem	VESA local bus, VL bus
Vestärkerdiode	booster diode
VGA (Grafikstandard)	VGA, video graphics array (VGA)
VHS-System	VHS, video home system (VHS)
Vibration	vibration
vibrationsfrei	vibration-free
Vibrationsstärke	vibration strength
vibrieren	vibrate, vibrating
vibrierend	vibrating
Video-CD-ROM	movie compact disc
Videokarte	display adapter, display board, display card, video adapter, video board, video card, video graphics board
Videokarten-Standard	video standard
Videokarten-Steckplatz	display adapter slot
Videokonferenz	video conference
Video-Programmsystem	video program system
Videospiel	video game
Videosystem	video system

Videotechnik	video technology
Videotext	videotext
Videotext-Decoder	broadcast videotext decoder, broadcast videotext decoder
Videotextsystem	broadcast videotext, broadcast videotext, teletext, videocast
Videotexttafel	broadcast videotext page, broadcast videotext page
viel ...	multi..., poly...
Vieldeutigkeit	ambiguity
Vieleck	polygon
vielfach	multiple, multiplicate
Vielfach ...	multiple
Vielfalt	multiplicity, variety
vielfältig	manifold, multiplex
vielgestaltig	polymorphic, variform
Vielstimmigkeit	polyphony
Vierdrahtleitung	four-wire line
Vierergruppe	quaternary
Viererschaltung	phantom circuit
Vierleiterschaltung	four-wire circuit
Vierspezies-Rechenmaschine	four-species calculator
Virenbekämpfungsprogramm	antivirus program
virtuelle Fernverarbeitungs-Zugriffsmethode	virtual teleprocessing access method
virtuelle Speicherung	virtual storage
virtuelle Speicherzugriffsmethode	virtual storage access method
virtuelle Spielwelt für viele Benutzer	MUD, multiuser dungeon (MUD)
virtuelle Welt	virtual world
Virus	virus
Virus übertragen	transmit a virus
Visual Basic für Microsoft Office	VBA, visual Basic for application (VBA)
visualisieren	visualize
Visualisierung	visualization
visuell	visual
visuell lesbar	human-readable, visually readable
visuell lesbarer Datenträger	visually readable medium
visuelle Lesbarkeit	visual readability
voll	full

voll belegt	full
Volladdierer	full adder
Vollausbau	maximum configuration
vollautomatisch	fully automatic
Vollbild	frame, full screen
volldigital	all digital
Vollduplexbetrieb	full-duplex transmission
vollelektronisch	all electronic
Vollendung	completion, perfection
Vollersetzung	global replace
Vollformzeichen	fully formed character
Vollgrafik	full graphic
völlig	total
vollkommen	ideal, perfect
Vollkommenheit	perfection
Vollmacht	letter of attorney, mandate
vollnumerisch	all numeric
Vollplatz-Steckkarte	full card
Vollseiten-Druckfähigkeit	bleed capability
Vollsicherung	full backup
vollständig	complete, outright, quite, thorough, total
vollständige Kopie	deep copy
vollständige Sicherung	global backup
Vollständigkeit	completeness
Volltastatur	editing keyboard
Volltextbuchungsmaschine	alphabetic accounting machine
Volltextdatenbank	full-text database system
Volltextformat	rich text format, RTF
Volltextsuche	full-text search
volltransistorisiert	all-transistor
Volt	volt
Volumenmodell	volume model
von geringer Qualität	off-grade
von oben nach unten	top-down
von Programm zu Programm schalten	context switching
von unten nach oben	bottom-up
Von-Neumann-Architektur	von-Neumann architecture
Von-oben-nach-unten-Methode	top-down method
Von-unten-nach-oben-Methode	bottom-up method
vor	before

vor ...	pre...
Vorabbildung	before image, before-image, preimage
vorangehen	precede
vorantreiben	set on
Vorausdokumentation	preceding documentation
vorausgehend	precedent
voraussetzen	imply
voraussichtlich	presumable
vorbereiten	priming, set up
vorbeugende Wartung	preventive maintenance
Vorbeugung	prevention
Vorbeugungsmaßnahme	prophylaxis
vorblättern	turn-page upward
Vordekodierphase	predecode stage
vordere Impulsflanke	pulse leading edge
Vordergrund	foreground
Vordergrundbereich	foreground partition
Vordergrundprogramm	foreground program, foreground task
Vordergrundverarbeitung	foreground processing
Vorderteil	nose
Vordruck	printed form
voreingenommen	partial
Vorfall	incident
Vorgang	procedure, process
Vorgänger	precursor, predecessor
Vorgänger von VGA	MCGA
vorgefertigt	canned, precast
vorgehen	precede
Vorgehensweise	procedure
Vorgriff	anticipation
Vorhaben	proposal
vorhalten	hold
Vorherbestimmbarkeit	determinism
vorherbestimmen	predetermine
vorhergehend	preceding, previous
Vorhersage	prognosis, prognostication
vorhersagen	prognosticate
Vorkompensation	precompensation
Vorlage	artwork, graphic master, model
Vorlauf	beginning routine, leader
vorläufig	preliminary, provisional, temporary

Vorlaufprogramm	preparatory program
Vorlesung	lecture
Vorortaktivierung	in-place activation
Vorprogramm	interlude
Vorpufferung	anticipator buffering
Vorrang	precedence, priority, privilege
vorrangig	preemptive
Vorrangigkeit	foreground
Vorrangprogramm	priority program
Vorrangstellung	primacy
Vorrangsteuerung	priority control
Vorrangsteuerwerk	priority controller
Vorrangunterbrechung	preemption
Vorrangverarbeitung	priority processing
Vorrat	provision, repertoire
vorrätig	stock
Vorratsdaten	externally stored data
Vorrechner	front-end computer, front-end processor
Vorrichtung	gadget
Vorschaltwiderstand	dropping resistor
Vorschau	preview
Vorschauübertrag	carry look ahead
vorschieben	advance, feed
Vorschlag	proposal, suggestion
vorschlagen	propose, submit
vorschreiben	prescribe
Vorschrift	precept, prescript, requirement, rule
vorschriftsmäßig	regular, standard
Vorschriftsmäßigkeit	regularity
Vorschub	advance, carriage, feed
Vorschubangabe	after-advancing option, before-advancing option
vorschubfreie Taste	nonadvancing key, nonescaping key
Vorschublochband	paper loop
Vorschubschritt	advance increment
Vorschubsteuerstreifen	carriage tape
Vorschubsteuerung	advance control
vorsetzen	forwardspace, forward-space, forward-spacing, unwind, unwinding
Vorsetztaste	unwind key
Vorsicht	caution

vorsichtig	cautious
Vorsichtsmaßnahme	precaution, safe
Vorsilbe	prefix
Vorsitz führen	moderate
vorsortieren	presort
Vorsortierung	presort, presorting
Vorspann	prefix
vorspeichern	prestore
Vorstudie	pilot study
Vorteil	benefit, gain, profit
vorteilhaft	profitable
Vortrag	lecture
vortragen	lecture
vorübergehend	momentary, passing, soft, temporary, transient
vorübergehend nicht verfügbares Kommando	dimmed command
vorübergehender Fehler	transient error
Vorübersetzer	precompiler
vorverlegt	forced
Vorwähler	allotter
Vorwahlnummer	area code
vorwärts	forward, onward
Vorwärtsfolgerung	forward-tracing
Vorwärtskettung	forward chaining
vorwärtskompatibel	forward-compatible
vorwärtstreibend	propulsive
Vorwärtswiderstand	forward resistance
Vorwärtszeiger	forward pointer
Vorwiderstand	multiplier
Vorzeichen	algebraic sign
vorzeichenlos	unsigned
Vorzeichenregel	rule of signs
Vorzeichenwechseltaste	change sign key
vorzeitig	early, untimely
Vorzugstarifzeit	primetime

W

Wagenrücklauf	CR
Wahl	selection
Wähleinrichtung	calling equipment

wählen	select
Wähler	selector, selector switch
wahlfreie Verarbeitung	random processing
wahlfreier Zugriff	RA
Wählleitung	switched line
wahllose Nummerierung	unsystematical numbering
Wählnetz	switch network, switched network
Wahlparameter	alternative parameter
Wählsystem	switched system
Wählverbindung	switched connection
Wählverkehr	switched traffic
wahlweise	electively, optional, selective
wahlweises Vorzeichen	optionally signed
Wahlwiederholung	redialing
Wählzeichen	selection signal
Wählzugriff	dialup access
Wählzustand	selection state
wahr	true
wahre Aussage	fact
während der Übersetzung	at compile time
während der Verarbeitung	at object time
Wahrheitstabelle	truth table
wahrnehmbar	perceptible
Wahrnehmbarkeit	perceptibilily
wahrnehmen	perceive
Wahrnehmung	perception, sense
Wahrnehmungsvermögen	percipiency
wahrscheinlich	likely, probable
Wahrscheinlichkeit	probability
Wahrscheinlichkeitsfaktor	certainty factor
Wahrscheinlichkeitstheorie	probability theory
Währungs ...	monetary
Währungssymbol	currency sign
Währungszeichen	currency symbol
Walze	roll
Walzendrucker	barrel printer
Wand	wall
wandern	migrate
Warenauszeichnung	goods labeling
Wareneingang	stock-receipt
Warenzeichen	trade-mark
Wärme	heat
Wärmeabgabe	heat dissipation
Wärmeableiter	heat sink
Wärmeausstrahlung	heat flash

Wärmebatterie	thermobattery
Wärmedruckverfahren	thermocompression
Wärmeleitfähigkeit	thermal conductivity
Wärmestrahlung	heat flash
Wärmewiderstand	thermal resistance
Warmstart	reboot, soft boot, soft start, warm boot, warm restart, warm start
Warneinrichtung	warning equipment
Warnsignal	alert
Wartbarkeit	maintainability
Warteaufruf	wait call
Wartebefehl	hold instruction, wait instruction
Wartefunktion	wait function
warten	await, camp-on, hold on, maintain, service, stay, wait, waiting
warten auf	wait for
warten bis	wait until
wartend	waiting
Warteschaltung	camp-on circuit, holding circuit, queuing circuit
Warteschlange	chain, queue, wait list, waiting line, waiting list
Warteschlange bilden	queue
Warteschlangenbildung	queuing
Warteschlangenspeicher	pushup storage
Warteschleife	pause, wait loop, waiting loop
Wartestatus	disconnected mode, wait state
Wartezeit	latency, latency time, waiting time
Wartezustand	waiting state
Wartungsfreundlichkeit	maintainability
Wasserstrahl	jet
Wasserzeichen	water-mark
Watt	watt
Wattleistung	wattage
Wattsekunde	watt-second
Wechsel	alternation, change, swap
wechselbar	soft
Wechselbetrieb	alternate communication, alternation
Wechselfunktion	alternate function, alternative function
Wechselfunktionstaste	alternate function key
wechseln	change, swap
wechselnd	varying
wechselnder Text	varying text
wechselrichten	invert
Wechselrichter	inverter, vibrator

Wechselschlüssel	alternate key
Wechselschrift	non-return-to-zero recording
wechselseitig	either-way, reciprocal
wechselseitig beeinflussend	interactive
Wechselspannung	AC, alternating voltage
Wechselspeichergerät	removable storage unit
Wechsel-Speichermedium	removable storage medium
Wechselsprechanlage	half-duplex intercommunication system, intercommunication switching system
Wechselsteckergerät	gender changer
Wechselstrom	alternating current
Wechselstrom-/Gleichstrom- ...	alternating current/direct current
Wechseltaktaufzeichnung	two-frequency recording
Wechseltaktschrift	pulse-width recording
Wechselverkehr	half-duplex operation
Wechselwirkung	interaction, reciprocation, reciprocity
Weckaufruf	program alert
Weckeinrichtung	wake-up facility
weder ... noch	neither ... nor
Wegsteuerung	routing
Wegsteuerungstabelle	routing table
Wegwähler	router
Weiche	alternable switch, switch, switchpoint
Weicheisen	soft iron
Weiß	white
weit	long, off
weitergeben	pass on
weiterleiten	send up, transfer
Weiterleitung	forwarding, transfer
weitreichend	long-range
Weitschrift	expanded type, wide font
weitsichtig	prospective
Welle	axle, shaft, wave
Wellenform	wave form
wellenförmig	undulated, wavy
wellenförmiger Klang	wave sound, wave-form sound
Wellenlängenbereich	band
Wellenleiter	wave guide, waveguide
Wellensynthese	wave table synthesis
Wellenträgerstrom	wave carrier
Welligkeit	ripple
Welt	world
Weltmarkt	world market
Weltraumsatellit	space satellite
weltweit	world-wide

weltweites Netz	world-wide web
Weltwirtschaft	world economy
weniger	less
weniger bedeutend	minor
wenn	if
wenn-dann-anderenfalls	if-then-else
Wenn-dann-Aussage	if-then statement
Werbeleiter	press-agent
werben	advertise, promote
Werbeprospekt	leaflet
Werber	solicitor
Werbespruch	slogan
Werbung	publicity
Werkzeugleiste	tool bar
Werkzeugspeicher	tool storage
Werkzeugwechsel	tool change
Wert	price, worth
Wertebereich	range
wertlos	refuse
Wertzuweisung	assign statement
Wesen	sum
wesentlich	vital
Wettbewerb	competition
Wettbewerbs ...	competitive
wichtig	important, relevant
Wichtigkeit	importance
Wicklungsverhältnis	turns rate
widerspiegeln	reflect
Widerspiegelung	reflection
widersprüchlich	contradictory
widmen	inscribe
wieder zusammensetzen	reassemble
Wiederanlauf	reboot, recovery, restart, warm restart
wiederanlaufen	reboot, recover, restart
Wiederanlauffähigkeit	restart capability
Wiederanlaufprogramm	recovery program
Wiederanlaufprozedur	recovery procedure, restart procedure
Wiederanlaufpunkt	restart point
wiederanlaufsicher	restart-proof
Wiederanlaufzeit	recovery time
wiederaufladbar	reloadable
Wiederaufnahme	resumption
wiederaufnehmen	resume
wiederbeschreibbare CD	ECD, compact disc erasable
wiederbeschreibbare Laserdisc	ELOD

Wiederfinden	retrieval
Wiedergabe	play back, reproduction
Wiedergabegerät	reproducer
wiedergeben	picture, play back
wiederherstellbar	restorable
Wiederherstellbarkeit	restorability
wiederherstellen	recover, recreate, restore, restoring
Wiederherstellung	recovery, recreation, regeneration, restitution, restoration
Wiederherstellungszeit	rerun time
Wiederholangabe	replicator
wiederholbar	repeatable
Wiederholbarkeit	repeatability
wiederholen	iterate, repeat, replicate, rerun, rollback
Wiederholfunktion	repeat function
Wiederholschleife	repetition loop
wiederholt lesen	reread
Wiederholung	iteration, repeat, repetition, rollback
Wiederholungsanforderung	request for repeat
Wiederholungshäufigkeit	repetitiveness
Wiederholungslauf	rerun
Wiederholungszeichen	swung dash, tilde
Wiederholzeichen	repeating label
wiederprogrammierbar	reprogrammable
wiederprogrammierbarer Festspeicher	reprogrammable read-only memory, REPROM
wiederverbinden	reconnect
Wiederverbindung	reconnection
Wiederverwendung	reuse
Wiedervorlage	hold-file
wiederwählen	redial
willkürlich	arbitrary
Windows	Windows
Windows-Anwendung	Windows application
Windung	turn
Winkel	angle
Winkel ...	angular
Winkelfunktion	angular function, trigonometric function
Winkelschnittverfahren	angular-section analysis
Wintel-Allianz	Wintel alliance
Wirbelstrom	eddy current
wirklich	actual, genuine, intrinsic, objective, real
wirkliche Adresse	real address
Wirksamkeit	activity
Wirkungsbereich	range

Wirkungsgrad	efficiency
wirkungsvoll	effective, efficient
Wirt	host
wirtschaftlich	economic, profitable
wirtschaftliche Veraltung	economical obsolescence
Wirtschaftlichkeit	economic efficiency, economy, profitableness
Wirtschaftlichkeitsanalyse	economic analysis, efficiency analysis
Wirtschaftsinformatik	business applications of computer science, economical informatics
Wirtschaftswissenschaft	economics
wischfest	non-smudge
Wissenschaft	science
Wissensrahmen	frame
Wissenszweig	discipline
wollen	mean
Wort	word
Wort mit fester Bitlänge	fix-length word
Wortadresse	word address
wortadressierbar	word addressable
Wortadressierbarkeit	word addressability
Wörterverzeichnis	glossary, vocabulary
Wortlänge	word length, word size
Wortmaschine	word computer
wortorganisiert	word-structured
wortorientiert	word-oriented
Wortstruktur	word structure
Wurm	worm

X

X-Norm	X-standard
Xerox-Forschungszentrum in Palo Alto	PARC
x-y-Koordinaten	x-y coordinates

Y

y-Achse	ordinate, y-axis
Y-Modem	YModem

Z

z-Achse	z-axis
Zahl	number

zahlbar	payable
zählen	count, counting, metering, number, reckon, tallying
Zahlen schaufeln (Verarbeitung großer Mengen)	number crunching
Zahlenbasis	base of numbers
Zahlenbereich	range
Zahlencode	numerical code
Zahlendarstellung	number format, number notation, number presentation
Zahlenfolge	sequnce of numbers, sequence of numbers
Zahlenformat	number format
Zahlenkörper	number field
zahlenmäßig	numeric
Zahlenraum	range of numbers
Zahlensicherung	protection of numbers
Zahlensperrtaste	Num Lock Key, numeral lock key
Zahlensystem	number system, numbering system, numeral system, numeration system, numerical system
Zahlenverhältnis	ratio
Zähler	counter, enumerator, tally
Zählerfeld	tally counter
Zählervoreinstellung	counter preset
Zählimpuls	metering pulse
Zählschleife	counter cycle, counting loop
Zahlung	payment
Zählung	count, numeration, reckoning
Zählwerk	register
Zahlzeichen	figure, numeral
Zapf-Sonderzeichen	Zapf dingbats
ZE	central unit
zehn	ten
Zehner ...	decadic
Zehnergruppe	decade
Zehnerkomplement	complement on ten, ten's complement
Zehnerpotenz	decimal power
Zehnerübertrag	decimal carry
Zehnervorgriff	borrow
Zehnfinger-Blindschreiben	touch typing
Zehnfingersystem	touch system
Zeichen	sign, symbol
Zeichen pro Sekunde	cps
Zeichen pro Zeile	cpl
Zeichen pro Zoll	cpi

Zeichen ...	plotting
Zeichenabtastung	scanning
Zeichenbetrieb	byte mode
Zeichenerkennung	scanning
Zeichenfehler	digit error
Zeichengeber	sender, transmitter
Zeichengerät	plotter
Zeichengeschwindigkeit	plotting speed
Zeichenmodus	line draw mode
Zeichenschritt	code pulse
Zeichensetzung	punctuation
Zeichenstift-Plotter	pen plotter
Zeichensystem	plotting system
Zeichenunterdrückung	character suppression
Zeichen-Untermenge	character subset
Zeichenverarbeitung	character handling
Zeichenverdichtung	character compression
Zeichenverschlüsselung	character coding
Zeichenvorrat	alphabet, character set
zeichenweise	character by character
zeichenweise arbeitend	character-oriented
zeichenweiser Betrieb	character mode
Zeichenzählung	character count
Zeichen-Zwischenraum-Verhältnis	mark-to-space ratio
zeichnen	draw, drawing, plot, plotting
Zeichnung	drawing
Zeigegerät	pointing device
zeigen	point
zeigen und aktivieren	point and shoot
Zeiger	finger, pointer
zeigergesteuert	vectored
zeigergesteuerte Unterbrechung	vector interrupt
Zeile	line, row
Zeilen pro Minute	lines per minute, lpm
Zeilen pro Sekunde	lines per second, lps
Zeilen pro Zoll	lines per inch, lpi
Zeilenabschnitt	line segment
Zeilenabstand	leading, line distance, line pitch, line space, line spacing
Zeilenabtastfrequenz	scanning frequency
Zeilenanzeige	line display
Zeilenaufbereiter	line editor
Zeilenauslösetaste	carriage-return key

Zeilenausschluss	line justification
Zeilenbreite	line length, line width
Zeilendrucker	line printer, line-at-a-time printer, line-ata-time printer
Zeileneditor	line editor
Zeilenende	end of line
Zeilenendevorwarnung	end-of-line warning
Zeilenfrequenz	horizontal frequency, line rate
Zeilenhöhe	line height
Zeilenlänge	line length
Zeilenlineal	forms layout gage, ruler
Zeilennummer	line number
Zeilennummerierung	line numbering
Zeilensetzmaschine	line-casting machine, linotype
Zeilensprung	horizontal skip, interlacing, line skip, throw
Zeilensteuerung	line feed control
Zeilentransport	spacing
Zeilenvorschub	line feed, line skip, NL
Zeilenvorschubzeichen	new-line character
zeilenweise	line by line, row-wise
zeilenweise Eingabe	line input
zeilenweise Phasenänderung	phase alternation line
Zeilenzähler	line counter
Zeit	time
zeitabhängig	time dependent, time-oriented
Zeitabhängigkeit	time dependence
Zeitabrechnung	time accounting
Zeitanteil	slice
Zeitaufnahme	timing
Zeitgeberschaltung	timing circuit
zeitliche Regulierung	timing
Zeitmessung	timing
Zeitpunkt	moment
Zeitraffer	fast motion, quick-motion apparatus
Zeitscheibenverfahren	time slicing
zeittaktungleich	anisochronous
Zeitüberschreitung	time-out
Zeitverhalten	runtime performance
Zeitzuordnungsprogramm	scheduler
Zellenbereich	range
Zellenformat	field format
Zellenname	field name
Zellenreihe	row
Zenerdiode	zener diode
Zenerdurchbruch	zener breakdown

Zenerspannung	zener voltage
zentrale Datenbank	repository
zentrieren	center
zentriert	centered
Zentrierung	centering
Zentrum	center, hotspot
zerbrechen	crack, crash, rupture
zerbrechlich	fragile
zergliedern	decompose
zerlegbar	demountable, take apart, take-apart
zerlegen	decompose, depacketize, intersect
Zerlegung	decomposition
zerstören	destroy, nuke
zerstörend	destructive
Zerstörung	destruction
zertrennen	disjoint
Zickzackfaltung	fanfolding
zickzackgefaltet	fanfold
ziehen	drag, pull
Ziehen und Auslösen	drag and drop
Ziehkartei	tub file
Ziel	aim, destination, end, object, objective, target
Ziel ...	objective
Zieladresse	target address
Zielcode	object code
Zieldatei	destination file, target file
Zieldaten	target data
Zieldatensatz	target record
Zieldiskette	target disk
Zieldokument	destination document
Ziele	objectives
Zielfunktion	objective function
zielgesteuert	goal-driven
Zielhierarchie	hierarchy of objectives
Zielinformation	target information
Zielnetz	destination network
Zielprogramm	target program
Zielprozessor	target processor
Zielpunkt	goal
Zielrechner	target computer
Zielsprache	object language, target language
Zielsymbol	aiming symbol
Ziffer	digit, figure, numeral
Ziffern	numerics

Ziffernanalyse	figure analysis
Zifferndrucker	digital printer
Ziffernfeld	digit field, digit item
Zifferntastatur	figures keyboard, numeric keyboard, numerical keyboard
Zifferntaste	numerical key
Zifferntastenfeld	numeric keypad
Ziffernteil	numeric portion, numerical portion
Ziffernumschaltung	figures shift
Zinsen	interest
Zinsrechnung	calculus of interest
Zirkelbezug	circular reference
Zitat	quotation
zitieren	quote
z-Modem	ZModem
Zoll	inch
Zoll pro Sekunde	inch per second
Zone	zone
Zonen ...	zonal
Zonenbit	zone bit
Zonenfolge	sequence of regions
Zonenteil	zone portion, zone position
Zoomanweisung	zoom statement
Zoomen	zoom, zooming
Zoomfunktion	zoom function
Zoomobjektiv	zoom
Zoom-Schaltfläche	zoom box
Zubehör	accessories, pertinents
Zubehörsatz	accessories kit
zuerst	first
Zufalls ...	random
Zufallsauswahl	random sample
Zufallsfehler	random failure
Zufallsrauschen	random noise
Zufallstest	random test
Zufallsvariable	random variable
Zufallszahl	random number
Zufallszahlengenerator	random number generator, randomizer
Zufallszugriff	random access
zuführen	transport
Zuführung	transport
Zuführungsfehler	misfeed
Zuführungsrad	picker wheel
Zugangsberechtigung	right to access, right to admission
Zugangskontrolle	access control

zugelassen	permitted
zugeschnitten	tailored
zugreifbar	accessible
zugreifen	access
Zugriff	access
Zugriffsabsicht	access intent
Zugriffsarm	access arm, actuator
Zugriffsart	access method, access mode
Zugriffsbedingung	access condition
Zugriffsberechtigter	authorized person
Zugriffsberechtigung	authority, authorization, authorization to access
Zugriffsberechtigungsliste	access control list
Zugriffsberechtigungsprüfung	authentification
Zugriffsbeschränkung	restriction of access
Zugriffsbewegung	access motion
Zugriffsdauer	access duration
Zugriffsebene	access level
Zugriffsmechanismus	access mechanism
Zugriffsmethode	access mode
Zugriffsrecht	access authority, right to access
Zugriffssteuerbyte	access control byte
Zugriffssteuerung	access control
Zugriffsumgebung	access environment
Zugriffsverfahren	access method, access mode
Zugriffsverhalten	access performance
Zugriffszeit	access time, head seek time
Zugriffszyklus	access cycle
Zugwalze	friction drive roller
zuhören	listen
Zukunft	future
zukünftig	future
Zukunftstechnologie	future technology
zulassen	allow, let, permit
zulässig	acceptable, admissible, permissible, receivable, sufferable, valid
zulässige Benutzungsregel	acceptable use policy
zulässiges Zeichen	admissible mark
Zulässigkeit	admissibility, legitimacy
Zulässigkeit der Datenverarbeitung	legitimacy of data processing
Zunahme	increment, swelling
zunehmen	grow, increase
zunehmend	progressive
zuordnen	allocate, assign, coordinate, dedicate

Zuordnung	allocation, allotment, assignment, coordination
Zuordnung aufheben	deallocate
Zuordnungsanweisung	assign statement
Zuordnungseinheit	allocation unit
Zuordnungsproblem	allocation problem, assignment problem
Zuordnungsstrategie	allocation strategy
Zuordnungstabelle	allocation table
Zuordnungszähler	allocation counter
zur Folge haben	implicate, involve
zur Verfügung stehen	stand by
zur Verfügung stellen	dedicate
zurück ...	re...
zurückblättern	turn-page downward
zurückdrehen	back off
zurückführbar	reducible
Zurückführung	reducing
zurückgeben	pass back
zurückgreifen	resort
zurückkehren	return
zurückschicken	send back
zurückschreiben	rewrite, rewriting
zurücksenden	bounce
zurücksetzen	back out, backspace, reset, rewind
zurückspulen	rewind
zurückübersetzen	disassemble, reassemble
Zurückübersetzer	disassembler
Zurückübersetzung	disassembling
zurückverfolgen	retrace, trace back
zurückweisen	reject
zurückwirken	retroact
zurückzahlen	repay
zurückziehen	offtake, retract
zurückzuweisend	rejectable
zusagen	promise
zusammenbrechen	collapse, crash
Zusammenbruch	blackout, collapse
zusammenfassen	collect, pool, sum, sum up, summarize
Zusammenfassung	pull quote, summarization, summary, summing-up
zusammengefasst	pooled
Zusammenhang	coherence
zusammenhängend	coherent, contiguous
zusammenschließen	pool
zusammensetzen	assemble

zusammenstellen	compilate
Zusatz	suffix
zusätzlich	extra, other
zusätzliche systembedingte Verwaltungszeit	overhead
zusätzlicher systembedingter Verwaltungsbedarf	overhead
Zusatzname	suffix
zuschneiden	tailor
zusichern	assure
Zusicherung	assurance, promise
Zustand	state, status
zuständig	competent
Zuständigkeit	competence, responsibility
Zustandsabfrage	status inquiry, status request
Zustandsanzeiger	status indicator
Zustandsbit	condition bit
Zustandsblock	status block
Zustandsdaten	status data
Zustandsinformation	status information
Zustandsmeldung	status message
Zustandsprüfung	static check
Zustandsregister	status register
Zustandstabelle	status table
Zustandsvektor	status vector
Zustandswort	status word
zuteilen	portion
Zuteilung	allotment
zuverlässig	dependable, reliable, steady, unfailing
zuverlässige Verbindung	reliable connection
Zuverlässigkeit	dependability, reliability, steadiness
Zuverlässigkeitstest	reliability testing
zuweisen	assign, let
Zuweisung	assignment, Zuordnung
Zwang	force
Zwangs ...	forced
Zwangsparameter	required parameter
Zweck	object, purpose
Zweiader-Drillkabel	twisted-pair cable
Zweiadressbefehl	two-address instruction
Zweiadressrechner	two-address computer
Zweiadresssystem	two-address system
zweiadrig	bifilar, two-core
Zwei-aus-fünf-Code	two-out-of-five code
zweibahnig	dual-web

Zweibiteinheit	dibit, doublet
Zweibyte-Zeichensatz	double-byte character set, unicode
zweidimensional	two-dimensional
zweidimensionaler Bereich	two-dimensional array
zweidimensionales Modell	two-dimensional model
Zweidrahtbetrieb	two-wire operation
Zweidrahtleitung	two-wire line
Zweieranschluss	two-party line
Zweierkomplement	complement on two
Zweierpotenz	power of two
Zweifarbendruck	two-color printing
Zweifarbenfarbband	two-color ribbon
zweifarbig	bichrome
Zweiflankensteuerung	double-edged triggering
Zweig	branch, leg, path
Zweikanaleinheit	dual-channel unit
Zweileiterschaltung	two-wire circuit
Zweileiterverbindung	balanced line
zweiphasig	two-phase
zweipolig	bipolar
Zweiprogrammverarbeitung	double programming
Zweirichtungsdrucker	bidirectional printer
Zweirichtungsthyristor	triac
Zweirichtungstransistor	bidirectional transistor
Zweischichten-CD-ROM	dual layer CD-ROM
Zweischichtpapier	double-sided non-carbon paper
zweiseitig	bilateral, two-sided
zweiseitig wirkend	bidirectional
zweiseitig zugänglich	dual-ported
zweiseitig ...	bi...
zweiseitige Kommunikation	bidirectional communication
zweiseitiges Drucken	duplex printing
zweiseitiges Kopieren	duplex copying
zweispaltig	double-column, two-column
Zweistellungsschalter	toggle
Zweistellungstaste	toggle key
zweistufig	two-stage
Zweit ...	alternate
zweite	second
zweiteilig	two-part
Zweitkanal	co-channel
Zweitplatte	slave disk
zweitrangig	secondary
Zweitrangigkeit	secondariness
Zweiwege ...	two-way

zweiwertig	bivalent, two-valued
Zwillings ...	twin, twin...
zwingen	force, oblige
zwingend	mandatory
Zwischen ...	inter...
zwischenbetrieblich	intercompany
Zwischenraum	blank, blank volume, interval, space, spacing
Zwischenspeicher	fast memory
Zwischenspeichern von Druckaufträgen	spool
Zwischenstation	interstation
Zwischenstecker	adapter, adapter plug
Zwischenstufe	interstage
Zwischensumme	batch total
Zwischenträger	subcarrier
Zwitter	hybrid
zyklische Adressfolge	wraparound

Abkürzungen

3WC	3 Way Calling

A

A/D	Analog to Digital
A/P	Accounts Payable
A/R	Accounts Receivable
AA	Auto Answer
AAD	Analog Alignment Diskette
AAL	Asynchronous Transfer Mode Adaption Layer
AAP	Applications Access Point
AARP	AppleTalk Address Resolution Protocol
AASP	ASCII Asynchronous Support Package
AAT	Average Access Time
AATP	Authorised Academic Training Program
ABC	Atanasoff-Berry Computer
ABE	Agent Building Environment
ABEND	Abnormal End
ABI	Application Binary Interface
ABIOS	Advanced BIOS
ABIST	Automatic Built-In Self-Test
ABLE	Adaptive Battery Life Extender
ABR	Available Bit Rate
ABRS	Automated Book Request System
ABS	Address Book Synchronisation, Absolute
ABT	Abort
ABTS	ASCII Block Terminal Services
AC	Autocheck, Automatic Computer, Alternating Current
ACAP	Application Configuration Access Protocol
ACC	Accumulator
ACCMAIL	Accessing the Internet Via Email

ACD	Automatic Call Distribution
ACDI	Asynchronous Communications Device Interface
ACE	Access Control Encryption/Entry, Advanced Computing Environment
ACF	Access Control Field
ACIAS	Automated Calibration Interval Analysis System
ACIS	American Committee for Interoperable Systems
ACK	Acknowledgement
ACL	Access Control List
ACM	Association for Computing Machinery, Audio Compression Manager
ACMS	Application Control Management System
ACP	Ancillary Control Program Auxiliary Control Process
ACPI	Advanced Configuration and Power Interface
ACR	Allowed Cell Rate
ACROSS	Automated Cargo Release and Operations Service System
ACS	Access Control System, Advanced Computer System, Asynchronous Communication Server
ACSS	Audio Cascading Style Sheets
ACTS	Automated Computer Time Service
ACTT	Advanced Communication and Timekeeping Technology
ACU	Automatic Calling Unit
ACVC	Ada Compiler Validation Capacity
ADA	Automatic Data Acquisitions
ADB	Apple Desktop Bus
ADC	Adaptive Data Compression
ADCCP	Advanced Data Communication Control Procedures
ADD	Automatic Document Detection
ADF	Adapter Description File, Automatic Document Feeder
ADI	AutoCad/AutoDesk Device Interface
ADL	Address Data Latch
ADLAT	Adaptive Lattice Filter
ADLC	Adaptive Lossless Data Compression, Asynchronous Data Link Control
ADMACS	Apple Document Management And Control System
ADMD	Administrative Management Domain
ADO	Active Data Objects
ADP	Automatic Data Processing
ADPCM	Adaptive Differential Pulse Code Modulation
ADR	Address

ADS	Application Development Solutions, Application Development System
ADSC	Address Status Changed, Adobe Document Structuring Conventions
ADSI	Active Directory Service Interface, Analog Display Services Interface
ADSL	Asymmetric Digital Subscriber Line
ADSP	AppleTalk Datastream Protocol
ADSR	Attack Decay Sustain Release
ADT	Abstract Data Type Application Data Types
ADU	Automatic Dialing Unit
AE	Above or Equal
AEB	Analog Expansion Bus
AEC	Architecture Engineering Construction
AES	Advanced Encryption Standard
AESA	ATM End System Address
AF	Auxiliary carry Flag
AFA	Accelerated File Access
AFC	Automatic Font Change Automatic Frequency Control
AFD	Automatic File Distribution
AFDW	Active Framework for Data Warehousing
AFI	Authority and Format Identifier
AFII	Association for Font Information Interchange
AFIRM	Automated Fingerprint Image Reporting and Match
AFIS	Automated Fingerprint Identification System
AFP	Advanced Function Presentation, Advanced Function Printing, Appletalk Filing Protocol
AFS	Andrew File System
AFTP	Anonymous File Transfer Protocol
AGA	Advanced Graphics Adapter
AGC	Automatic Gain Control
AGIS	Apex Global Information Services
AGP	Accelerated/Advanced Graphics Port
AGRAS	Antiglare-Antireflective-Antistatic
AGU	Address-Generation Unit
AHS	Automated Highway Systems
AI	Analog Input Artificial Intelligence
AIA	Applications Integration Architecture
AIC	AIXwindows Interface Composer
AIF	Audio Interchange Format

AIIM	Association for Information and Image Management
AIM	AOL Instant Messenger
AIN	Advanced Intelligent Network
AIR	Architecture Implementation Review
AIS	Automated Identification System, Automated Information Systems
AISB	Association of Imaging Service Bureau
AISP	Association of Information Systems Professionals
AIT	Advanced Intelligent Tape
AIX	Advanced Interactive Executive
AKM	Apogee Kick Motor
ALAT	Advanced Load Address Table
ALC	Arithmetic and Logic Circuits, Automatic Level Control
ALE	Address Latch Enable, Application Linking and Embedding
ALGOL	Algorithmic Oriented Language
ALI	Acer Laboratories Inc.
ALINK	Active Link
ALIVE	Artificial Life Interactive Video Environment
ALIWEB	Archie Like Indexing in the Web
ALN	Asynchronous Learning Network
ALR	Advanced Logic Research Inc.
ALT	Alternate
ALU	Arithmetic Logic Unit
AMA	Automatic Message Accounting
AMANDDA	Automated Messaging and Directory Assistance
AMD	Active Matrix Display, Advanced Micro Devices
AMI	Alternate Mark Inversion, American Megatrends
AMPS	Advanced Mobile Phone Service
AMS	Access Method Services
ANA	Automatic Number Announcement
ANDF	Architecture-Neutral Distribution Format
ANI	Animated Cursor, Automatic Number Identification
ANN	Artificial Neural Network
ANSI	American National Standards Institute
ANX	Automotive Network Exchange
AO	Analog Output
AO/DI	Always On/Dynamic ISDN
AOCE	Apple Open Collaboration Environment
AOE	Application Operating Environment
AOL	America Online

AOS	Add Or Subtract
AP	Adjunct Processor Application Processor
APA	Adaptive Packet Assembly
APAR	Authorised Program Analysis Report
APAREN	Address Parity Enable
APC	American Power Conversion
APCUG	Association of PC User Groups
APDU	Application Protocol Data Units
API	Application Program Interface
APIC	Advanced Programmable Interrupt Controller
APIS	Advanced Passenger Information System
APL	A Programming Language
APM	Advanced Power Management
APNIC	Asia-Pacific Network Information Center
APOP	Authenticated Post Office Protocol
APPC	Advanced Program-to-Program Communications
APPI	Advanced Peer-to-Peer Internetworking
APPLETS	Applications
APPN	Advanced Peer-to-Peer Networking
APPS	Applications
APRP	Adaptive Pattern Recognition Processing
APS	Advanced Printing Service, Asynchronous Protocol Specification
APSE	ADA Programming Support Environment
APT	Address Pass Through, Advanced Parallel Technology
ARA	AppleTalk Remote Access
ARAG	Antireflective-Antiglare
ARAS	Antireflective-Antistatic
ARC	Attached Resources Computing
ARCA	Advanced RISC Computing Architecture
ARCnet	Attached Resource Computer Network
ARL	Adjusted Ring Length
ARLL	Advanced Run Length Limited
ARM	Advanced RISC Machine, Annotated Reference Manual, Asynchronous Response Mode
ARMA	Association of Records Managers and Administrators
ARP	Address Resolution Protocol
ARPA	Advanced Research Projects Agency
ARPANET	Advanced Research Projects Agency Network
ARPL	Adjust Requested Privilege Level

ARQ	Automatic Repeat Request
ARTA	Apple Real Time Architecture
ARTIC	A Real-Time Interface Coprocessor
ARTS	Asynchronous Remote Take-over Server
ARTT	Asynchronous Remote Take-over Terminal
ARU	Audio Response Unit
AS	Autonomous System
AS/400	Application System/400
AS/U	Advanced Server for Unix
AS3AP	ANSI SQL Standard Scalable and Portable
ASAI	Adjunct Switch Application Interface
ASAP	As Soon As Possible, Automatic Switching And Processing
ASB	Advanced System Buffering
ASCC	Automatic Sequence Controlled Calculator
ASCII	American Standard Code for Information Interchange
ASD	Automatic Skip Driver
ASF	Active/Advanced Streaming Format
ASG	Advanced Systems Group
ASIC	Application-Specific Integrated Circuit
ASIT	Advanced Security and Identification Technology
ASL	Adaptive Speed Levelling
ASLM	Apple Shared Library Manager
ASME	American Society of Mechanical Engineers
ASMP	Asymmetric Multiprocessing
ASN	Abstract Syntax Notation Autonomous System Number
ASO	Automated Systems Operations
ASP	Active Server Page, Application/Authorised Service Provider
ASPI	Advanced SCSI Programming Interface
ASPS	Advanced Signal Processing System
ASR	Automatic Send-Receive, Automatic Speech Recognition
AST	Asynchronous System Trap
ASYNC	Asynchronous
AT	Advanced Technology Attention
AT&T	American Telephone and Telegraph
ATA	AT Attachment
ATAPI	Advanced Technology Attachment Packet Interface
ATDP	Attention Dial Pulse
ATDT	Attention Dial Tone
ATE	Automated Test Equipment

ATG	Advanced Technology Group
ATH	Attention Hang-Up
ATL	Active Template Library
ATM	Adobe Typeface Manager, Asynchronous Transfer Mode
ATPS	AppleTalk Printing Services
ATR	Automatic Terminal Recognition
ATS	Administrative Terminal System, Apple Terminal Services
ATTN	Attention
ATTRIB	Attribute
ATX	Advanced Technology Extended
AUDIT	Automated Data Input Terminal
AUI	Attachment/Autonomous Unit Interface
AUP	Acceptable Use Policy
AUTO	Automatic
AUTOEXEC	Automatic Execution
AUX	Auxiliary
AV	Audio/Video Audio-visual Authenticity Verification
AVA	Audio Visual Authoring
AVC	Audio Visual Connection
AVD	Alternating Voice and Data
AVG	Average
AVI	Audio Visual Interleave
AVN	Ameritech Virtual Network
AVP	Attribute-Value Pair
AVR	Automatic Voice Recognition
AVT	Applied Voice Technology
AWB	Aglets Workbench
AWE	Advanced Wave Effects
AWG	American Wire Gage
AWS	Advanced Workstations and Systems
AWT	Abstract Window Toolkit
AX	Architecture Extended Automatic Transmission
AXP	Almost Exactly Prism

B

B/F	Background/Foreground
B2B	Business-To-Business
B2E	Business To Employees
B2X	Binary To Hexadecimal

B8ZS	Binary 8-Zero Substitution
BACP	Bandwidth Allocation Control Protocol
BAK	Binary Adaptation Kit, Backup
BAL	Basic Assembly Language
BALUN	Balanced / Unbalanced
BANCS	Bell Application Network Control System
BANM	Bell Atlantic Nynex Mobil
BAPI	Business Application Programming Interface
BARRNET	Bay Area Research Network
BARTS	Bell Atlantic Regional Timesharing
BASIC	Beginner's All-purpose Symbolic Instruction Code
BAT	Block Address Translation
BBS	Bulletin Board System
BCC	Block Check Character
BCC:	Blind Carbon Copy
BCD	Binary Coded Decimal
B-CDMA	Broadband Code Division Multiple Access
BCL	Batch Command Language
BCN	Beacon
BCP	Best Current Practice Bulk Copy Program
BCPL	Basic Computer Programming Language
BCR	Byte Count Register
BCS	Bar Code Sorter
BDA	Bios Data Area
BDC	Backup Domain Controller
BDE	Borland Database Engine
BDLS	Bidirectional Loop Switching
BDOS	Basic Disk Operating System
BDR	Bus Device Request
BDSL	Breitband ADSL
BE	Below or Equal
BECN	Backward Explicit Congestion Notification
BEDO	Burst Extended Data Out
BEL	Bell
BellCoRe	Bell Communications Research
BER	Basic Encoding Rules Bit Error Rate
BERT	Bit Error Rate Test/Tester
BEZS	Bandwidth Efficent Zero Suppression
BF	Bad Flag

BFF	Binary File Format
BFT	Binary File Transfer
BFTP	Batch FTP
BGA	Ball Grid Array
BGCOLOR	Background Color
BGE	Branch if Greater or Equal
BGP	Border Gateway Protocol
BGT	Branch if Greater Than
BHI	Branch if Higher
BHIS	Branch if Higher or Same
BI	Binary Input
BIFET	Bipolar Field Effect Transistor
BIFF	Binary Interchange File Format
BIL	Band Interleaved by Line
BIM	Beginning of Information Marker
BINAC	Binary Automatic Computer
BIND	Berkeley Internet Name Domain
BINHEX	Binary Hexadecimal
BIOS	Basic Input/Output System
BIP	Band Interleaved by Pixel
BIS	Business Information System
BISDN	Broadband Integrated Services Digital Network
BIST	Built-In Self-Test
BIT	Binary Digit
bitBLT	BitBlock Transfer
BITNET	Because It's Time Network
BIU	Bus Interface Unit
BIW	Business Intelligence Warehouse
BIX	Byte Information Exchange
BKSP	Backspace
BL	Backlit Bit Line
BLAST	Blocked Asynchronous Transmission
BLE	Branch if Less or Equal
BLER	Block Error
BLK	Block
BLOB	Binary Large Object
BLOS	Branch if Lower Or Same
BMI	Branch if Minus
BMIC	BusMaster Interface Controller

BMP	Batch Message Processing Program, Bitmap
BNC	Bayonet Neill-Concelman
BNE	Branch if Not Equal
BNF	Backus-Naur Form
BNS	Backbone Network Service
BO	Binary Output
BoB	Break-out Box
BOC	Basic Operator Console
BOF	Beginning Of File
BOM	Basic Online Memory, Beginning Of Message
BOND	Bandwidth On Demand
BOOTP	Bootstrap Protocol
BOPS	Billion Operations Per Second
BOS	Basic Operating System
BOT	Beginning Of Table Beginning of Tape Robot
BP	Base Pointer
BPB	BIOS Parameter Block
BPDU	Bridge Protocol Data Unit
BPF	Berkeley Packet Filter
BPI	Bits Per Inch
BPL	Branch if Plus
BPP	Bits Per Pixel
BPS	Bits Per Second Bytes Per Second
BPSK	Binary Phase Shift Keying
BR	Bad Register
BRB	Be Right Back
BRI	Basic Rate Interface Brain Response Interface
BS	Backspace
BSAM	Basic Sequential Access Method
BSC	Binary Synchronous Communication
BSCS	Bachelor of Science in Computer Science
BSD	Berkeley Software Distribution
BSF	Bit Scan Forward
BSM	Basic Storage Module
BSP	Bulk Synchronous Parallelism
BSQ	Band Sequential
BSR	Bit Scan Reverse
BSS	Block Started by Symbol
BSY	Busy

BSYNC	Binary Synchronous Communications
BT	Bit Test
BTAM	Basic Telecommunications Access Method
BTB	Branch Target Buffer
BTC	Bit Test and Complement
BTO	Binary To ASCII
BTP	Batch Transfer Program
BTR	Bit Test and Reset
BTS	Bit Test and Set
BU	Branch Unit
BUBL	Bulletin Board for Libraries
BUF	Buffer
BUS	Broadcast and Unknown Server
BVH	Base Video Handler
BWM	Block-Write Mode
BYTE	Binary Element String

C

C	C Programming Language
C&T	Chips and Technologies
C/D	Control Data
C/S	Client/Server
C2D	Character To Decimal
C2X	Character To Hexadecimal
CA	Collision Avoidance
CAB	Compressed Application Binary
CACP	Central Arbitration Control Point
CAD	Computer Aided Design
CADD	Computer Aided Design and Drafting
CADE	Client/Server Application Development Environment
CAE	Client Application Enabler, Common Applications Environment, Computer Aided Engineering
CAEN	Chemically Assembled Electronic Nanocomputer
CAEX	Computer Aided Exploration
CAG	Column Address Generator
CAI	Computer Aided Instruction
CAIRN	Collaborative Advanced Interagency Research Network
CAL	Calendar Client Access License, Computer Aided Learning
CALS	Computer-Aided Acquisition in Logistic Support

CAM	Common Access Method, Computer Aided Manufacturing, Contents Addressable Memory
CAN	Cancel
CANBUS	Controller Area Network Bus
CAP	Carrierless Amplitude and Phase-Modulation, Computer Aided Publishing
CAPD	Computing To Assist Persons With Disabilities
CAPE	Concurrent Art-to-Product Environment
CAPS	Capitals
CARL	Colorado Alliance of Research Libraries
CAS	Column Address Select/Strobe, Communications Application Specification
CASE	Computer Aided Software Engineering
CASL	Crosstalk Application Scripting Language
CASS	Computer Assisted Search Service
CASSIS	Classified and Search Support Information System
CAT	Computer Adaptive Test Computer Aided Testing, Computer Aided Tomography
CAT SCAN	Computerized Axial Tomography Scan
CATANET	Concatanated Network
CATS	Computer Assisted Training System
CATV	Community Antenna Television
CAU	Controlled Access Unit
CAV	Constant Angular Velocity
CAVE	Computer Automatic Virtual Environment
CB	Citizens Band, Component Broker
CBC	Cipher Block Chaining
CBCR	Channel Byte Count Register
CBDS	Connectionless Broadband Data Service
CBGA	Ceramic Ball Grid Array
CBI	Computer Based Instruction \ Instrumentation
CBL	Computer Based Learning
CBMS	Computer-Based Mail System
CBR	Case Based Reasoning Constant Bit Rate
CBT	Computer Based Training
CBW	Convert Byte to Word
CBX	Computer-Controlled Branch Exchange
CC	Cluster Controller
CC:	Carbon Copy
CCB	Command Control Block

CCD	Charged-Coupled Device
CCFT	Cold Cathode Fluorescent Tube
CCI	Common Client Interface
CCITT	Comité Consultatif International Télégraphique et Telephonic
CCL	Connection/Cursor Control Language
CCP	Certified Computing Professional, Console Command Processor
CCS	Common Command Set Common Communications Services
CCSD	Cellular Circuit-Switched Data
CCTLD	Country Code Top-Level Domain
CCTV	Closed Circuit Television
CD	Carrier Detect Change Directory, Collision Detection, Color Display Compact Disk
CD+G	Compact Disk + Graphics
CDA	Compound Document Architecture
CDBT	Compact Disk-Based Training
CDC	Control Data Corporation
CD-DA	Compact Disk -Digital Audio
CDDI	Copper Distributed Data Interface
CDE	Common Desktop Environment, Complex Data Entry
CD-E	Compact Disk – Erasable
CDF	Channel Definition Format
CDFS	Compact Disc File System
CDI	Compact Disc Interactive
CD-I	Compact Disk-Interactive
CDIA	Certified Document Imaging Architect
CDL	Computer Design Language
CDMA	Code Division Multiple Access
CDMF	Commercial Data Masking Facility
CD-MO	Compact Disk – Magneto Optical
CDOS	Concurrent Disk Operating System
CDP	Certificate In Data Processing
CDPD	Cellular Digital Packet Data
CDR	Call Detail Record Call Detail Recording, Common Data Representation
CD-R	Compact Disk-Recordable
CDRAM	Cache DRAM
CD-RDx	Compact Disk-Read Only Memory Data Exchange Standard
CDRL	Contract Data Requirements List
CD-ROM	Compact Disk-Read Only Memory

CD-RTOS	Compact Disk-Real Time Operating System
CD-RW	Compact Disk – Rewriteable
CDS	Current Directory Structure
CDSA	Common Data Security Architecture
CDSL	Consumer Digital Subscriber Line
CD-V	Compact Disk-Video
CD-WO	Compact Disk-Write Once
CD-XA	Compact Disk – Extended Architecture
CE	Cache Enable, Chip Enable, Collision Elimination
CEG	Continuous Edge Graphics
CEI	Conducted Electromagnetic Interference
CELP	Card Edge Low Profile
CEMS	Constituent Electronic Mail System
CEOP	Conditional End Of Page
CER	Canonical Encoding Rules
CERFNET	California Educational Research Network
CERN	Conseil Européen pour la Recherche Nucléaire
CERT	Computer Emergency Response Team
CF	Carry Flag
CFB	Cipher Feedback Configurable Function Block
CFM	Code Fragment Manager
CFML	ColdFusion Markup Language
CFP	Computers Freedom and Privacy
CFR	Computerised Facial Recognition
CFS	Caching / Common File System
CFV	Call For Votes
CG	Control Gate
CGA	Color Graphics Adapter
CGE	Common Graphics Environment
CGI	Computer Generated Images Computer Graphics Interface
CGI-BIN	Common Gateway Interface-Binary
CGM	Computer Graphics MetaFile
CGS	Continuous-Grain Silicon
CHAP	Challenge-Handshake Authentication Protocol
CHAR	Character
CHAT	Conversational Hypertext Access Technology
CHCK	Channel Check
CHCP	Change Code Page
CHDIR	Change Directory

CHFN	Change Finger
CHGRP	Change Group
CHIPS	Clearinghouse Interbank Payments System
CHKDSK	Check Disk
CHMOD	Change Mode
CHOWN	Change Owner
CHRP	Common Hardware Reference Platform
CHS	Cylinder Head Sector
CHTML	Compressed HTML
CI	Component Interface
CIA	Current Instruction Address
CIAC	Computer Incident Advisory Capability
CICS	Customer Information Control System
CICS/VS	Customer Information Control System / Virtual Storage
CID	Charge-Injection Device, Configuration/Installation/Distribution
CIDR	Classless Inter-Domain Routing
CIF	Common Interchange/Intermediate Format, Crystallographic Information File
CIFS	Common Internet File System
CIM	Common Information Model, CompuServe Information Manager, Computer Integrated Manufacturing
CIO	Chief Information Officer
CIOCS	Communication Input / Output Control System
CIP	Command Interface Port Common Indexing Protocol
CIR	Committed Information Rate
CIRC	Circular Reference, Cross-Interleaved Reed-Solomon Code
CIS	CompuServe Information Service, Customer Information System
CISC	Complex Instruction Set Computing
CIT	Computer-Integrated Telephony
CIVR	Computer and Interactive Voice Response
CIX	Commercial Internet Exchange, Compulink Information Exchange
CJLI	Command Job Language Interpreter
CKD	Count Key Data
CLAR	Channel Local Address Register
CLASS	Client Access to Systems and Services
CLC	Clear Carry Flag
CLD	Clear Direction Flag

CLE	Customer Located Equipment
CLEC	Competitive Local Exchange Carrier
CLI	Call-Level Interface Clear Interrupt Flag, Command Line Interface
CLIB	C Library
CLID	Calling Line Identification
CLIST	Command List
CLK	Clock
CLNP	Connectionless Network Protocol
CLOS	Common Lisp Object System
CLP	Cell Loss Priority Constraint Logic Programming
CLS	Clear Screen
CLSID	Class Identifier
CLTP	Connectionless Transport Protocol
CLTS	Clear Task Switch Flag
CLTV	Constant Linear Time Velocity
CLUI	Command Line User Interface
CLUT	Colour Look-Up Table
CLV	Constant Linear Velocity
CM	Centimetre Control Mark Corrective Maintenance
CMA	Concert Multithread Architecture
CMC	Common Messaging Calls, Communication Management Configuration
CMD	Circuit Mode Data, Command
CMF	Creative Music Format
CMI	Cable Microcell Integrator
CMI/HIC	Cable Microcell Integrator / Headend Interface Converter
CMIP	Common Management Information Protocol
CMIS	Common Management Information Services/System
CML	Conceptual Modelling Language
CMM	Capability Maturity Model
CMMS	Computerised Maintenance Management Software
CMMU	Cache/Memory Management Unit
CMOS	Complementary Metal-Oxide Semiconductor
CMOV	Conditional Move
CMP	Compare Computer
CMPS	Compare word String
CMR	Communications Riser Cable
CMS	Code Management System Compiler Monitor System
CMVC	Configuration Management Version Control

CMW	Compartment Mode Workstation
CMY	Cyan-Magenta-Yellow
CMYK	Cyan-Magenta-Yellow-Black
CN	Common Name
CNA	Certified NetWare/Network Administrator
CNAPS	Co-Processing Node Architecture for Parallel Systems
CNC	Computerised Numerical Control
CNE	Certified NetWare Engineer
CNG	Calling
CNI	Certified Novell Instructor
CNN	Composite Network Node
CNR	Carrier to Noise Ratio
CNS	Certified Novell Salesperson
CNSS	Core Nodal Switching Subsystem
CNV	Conventional
CNVT	Convert
CNX	Certified Network Expert
CO	Central Office Command Output Convert Out
COA	Certificate Of Authenticity
COAST	Card On A Stick
COAX	Coaxial Cable
COB	Chip-On-Board
COBOL	Common Business-oriented Language
CODASYL	Conference on Data System Languages
CODE	Client-Server Open Development Environment
CODEC	Coder / Decoder Compression / Decompression
COEM	Commercial Original Equipment Manufacturer
COFF	Common Object File Format
COGO	Coordinate Geometry
COL	Collision Computer Oriented Language
COLD	Computer Output to Laser Disk
COLL	Collision
COM	Component Object Model, Computer Output Microfilm
COM1	Erster serieller Port
COM2	Zweiter serieller Port
COMDEX	Computer Dealers Exposition
COMP	Compare
COMSAT	Communications Satellite Corporation
CON	Console

COND	Condition
CONFIG	Configuration
CONS	Connection-Oriented Network Service
CONTONE	Continuous Tone
COPS	Concept Oriented Programming System
COR	Common Object Runtime
CORBA	Common Object Request Broker Architecture
CoREN	Corporation for Research and Enterprise Network
COS	Compatible Operating System
COSE	Combined Office Standard Environment
COSMOS	Computer System for Mainframe Operations
COSS	Common Object Services Specification
CoSysOp	Co-Systems Operator
COTS	Commercial Off-The-Shelf
COW	Charachter-Oriented Windows Interface
CP	Copy Protected
CP/M	Control Program for Microcomputers
CPA	Certified Public Accountant
CPC	Constant Point Calculation
CPCS	Check Processing Control System
CPE	Central Processing Element, Customer Provided Equipment
CPG	Clock Pulse Generator
CPI	Characters Per Inch, Clock Per Instruction, Common Programming Interface
CPI-C	Common Programming Interface for Communications
CPIO	Copy In and Out
CPL	Current Privilege Level
CPLD	Complex Programmable Logic Device
CPM	Critical Path Method
CPS	Characters Per Second Cycles Per Second
CPT	Command Pass Through
CPU	Central Processing Unit
CPW	Commercial Processing Workload
CR	Carriage Return
CR/LF	Carriage Return/Line Feed
CRAM	Cyberspatial Reality Advancement Movement
CRAYON	Create Your Own Newspaper
CRC	Cyclic Redundancy Check
CREN	Computer Research Education Network
CRF	Cable Retransmission Facility Cross Reference File

CRI	Colour Reproduction Indices
CRM	Customer Relationship Management
CRN	Computer Reseller News
CROM	Control Read Only Memory
CRT	Cathode Ray Tube
CRTC	CRT Controller
CRUD	Create Retrieve Update Delete
CS	Chip Select Clear to Send Code Segment
CS/SS	Card Service/Socket Service
CSA	Calendaring and Scheduling API
CSAR	Channel System Address Register
C-SCANS	Client-Systems Computer Access Networks
CSCW	Computer Supported Co-operative Work
CSD	Circuit-Switched Data, Computer Services Department
CSDS	Circuit Switched Data Service
CSE	Certified System Engineer
CSFI	Communication Subsystem For Interconnection
CSG	Constructive Solid Geometry, Consulting Services Group
CSI	Command Sequence Introducer, CompuServe Incorporated
CSID	Call Subscriber ID
CSL	Computer Sensitive Language
CSLIP	Compressed Serial Line Interface Protocol
CSM	Code Set Map, Communications Services Manager
CSMA	Carrier Sense Multiple Access
CSMA/CA	Carrier Sense Multiple Access / with Collision Avoidance
CSMA/CD	Carrier Sense Multiple Access / with Collision Detection
CSMS	Customer Support Management System
CSN	Card-Select Number
CSNET	Computer Science Network
CSO	Central Services Organisation
CSP	Certified Systems Professional, Commercial Service Provider
CSPDN	Circuit Switched Public Data Network
CSRAM	Custom Static RAM
CSS	Cascading Style Sheet, Continuous System Simulator
CSSM	Client-Server Systems Management
CSTA	Computer-Supported Telephony Applications
CSU	Channel Service/Switching Unit
CSV	Circuit-Switched Voice, Comma-Separated Value/Variable
CTB	Cipher Type Byte

CTC	Channel To Channel
CTCP	Client-To-Client Protocol
CTI	Computer-Telephony Integration
CTOS	Computerised Tomography Operating System
CTPA	Coax-to-Twisted-Pair Adapter
CTRL	Control
CTS	Clear To Send
CTSS	Compatible Time Sharing System
CTTC	Copper To The Curb
CTTH	Copper To The Home
CTTY	Console Teletype
CUA	Common User Access
CUB	Cursor Backward
CUD	Cursor Down
CUE	Custom Updates and Extras
CUF	Cursor Forward
CUI	Character-Oriented User Interface, Common User Interface
CUP	Cursor Position
CUPID	Completely Universal Processor I/O Design
CUSIP	Committee for Uniform Security Identification Procedures
CUT	Control Unit Terminal
CUU	Cursor Up
CVF	Compressed Volume File
CVGA	Colour Video Graphics Array
CVIA	Computer Virus Industry Association
CVT	Convert
CVW	CodeView for Windows
CW	Continuous Wave
CWD	Convert Word to Double Word, Change Working Directory
CWIS	Campus Wide Information Service/System
CWT	Call Waiting
CYBORG	Cybernetic Organism
CYL	Cylinder
CYMK	Cyan-Yellow-Magenta-Black

D

D/A	Digital to Analog
D/R	Direct or Reverse
D/S	Dhrystone Per Second

D2C	Decimal To Character
D2T2	Dye Diffusion Thermal Transfer
D2X	Decimal To Hexadecimal
DAA	Data Access Arrangement
DAB	Digital Audio Broadcasting
DAC	Data Acquisition and Control, Digital to Analog Converter
DAE	Digital Audio Extraction
DAI	Distributed Artificial Intelligence
DAL	Data Access Language, Disk Access Lockout
DAM	Data Acquisition and Monitoring
DAMA	Demand Assigned Multiple Access
DAO	Data Access Object
DAP	Data Access Protocol
DARI	Database Application Remote Interface
DARPA	Defense Advanced Research Projects Agency
DART	Digital Audio Reconstruction Technology
DAS	Decimal Adjust for Subtraction, Dual-Attached Station
DASD	Direct Access Storage Device
DAT	Digital Audio Tape Disk Array Technology
DATACOM	Data Communications
DATU	Direct Access Testing Unit
DAV	Digital Audio-Video
DAVIC	Digital Audio-Visual Council
DAVID	Digital Audio/Video Interactive Decoder
DB	Data Base, Data Buffer, Device Bay, Decibel
DB2	Database 2
dBA	Adjusted Decibel
DBC	Device Bay Controller
DBCS	Delivery Bar Code Sorter, Double-Byte Character Set
DBM	Data Base Manager
DBMS	Data Base Management System
DBR	DOS Boot Record
DBS	Data Base Server
DBV	Digital Broadcast Video
DC	Data Collection, Data Communication, Data Control, Device Control, Direct Current
DCA	Digital Communications Associates, Document Content Architecture
DCAF	Distributed Console Access Facility
DCAM	Digital Camera Direct Chip Attach Module

DCB	Device Control Block Disk Coprocessor Board
DCC	Data Country Code, Digital Command Control, Digital Compact Cassette
DCD	Data Carrier Detect
DCE	Data Circuit-Terminating Equipment, Data Communications Equipment, Distributed Computing Environment
DCED	Distributed Computing Environment Daemon
DCF	Data Communication Facility, Data Compression Facility, Data Count Field, Driver Configuration File
DCI	Display Control Interface
DCL	Data Control Language, Digital Command Language
DCOM	Distributed Component Object Model
DCP	Device Control Protocol
DCS	Data Collection System, Data Control System
DCU	Data-Cache Unit
DD	Digital Display, Double Density
DDA	Distributed Data Access
DDB	Device Dependent Bitmap, Device Descriptor Block
DDC	Digital Data Channel, Display Data Channel
DDC1	Display Data Channel One
DDCMP	Digital Data Communications Message Protocol
DDCS	Distributed Database Connection Services
DDD	Direct Distance Dialling
DDE	Direct Data Entry, Dynamic Data Exchange
DDEML	Dynamic Data Exchange Manager Library
DDF	Dynamic Data Formatting
DDI	Device Driver Interface, Digital Document Interchange, Direct Dial In
DDial	Diversi-Dial
DDK	Device Driver Kit
DDL	Data Definition Language, Data Description Language
DDM	Distributed Data Management
DDN	Defense Data Network
DDNS	Dynamic Domain Naming System
DDP	Datagram Delivery Protocol, Distributed Data Processing
DDR	Dynamic Document Review
DDR-SDRAM	Double Data Rate-SDRAM
DDS	Data Description Specification, Digital Dataphone Service, Design Data Sheet, Digital Data Storage, Distributed Database Services

DDT	Don't Do That, Dynamic Debugging Tool
DDX	Digital Data Exchange
DE	Device End
DEA	Data Encryption Algorithm
DEC	Digital Equipment Corporation
DECNET	Digital Equipment Corporation Networking
DEF	Desktop Functional Equivalent
DEK	Data Encryption Key
DEL	Delete
DELSTR	Delete String
DEN	Document Enabled Networking
DER	Distinguished Encoding Rules
DES	Data Encryption Standard, Data Entry Sheet
DET	Device Execute Trigger
DEV	Device
DF	Data Field, Default Device Flag, Double Flag
DFC	Data Flow Control
DFDSS	Data Facility Dataset Services
DFHSM	Data Facility Hierarchical Storage Manager
DFP	Digital Flat Panel
DFS	Distributed File System
DFSMS	Data Facility Storage Management Subsystem
DFT	Discrete Fourier Transform
DFU	Data File Utility
DGIS	Direct Graphics Interface Standard
DG-UX	Data General Unix
DHCP	Dynamic Host Configuration Protocol
DHL	Dynamic Head Loading
DHTML	Dynamic HTML
DI	Destination Index
DIA	Document Interchange Architecture
DIB	Device Independent Bitmap, Directory Information Base, Dual Independent Bus
DIBOL	DEC Business Oriented Language
DID	Direct Inward Dialling
DIDS	Distributed Intrusion Detection System
DIF	Data Interchange Format
DIFFSENS	Differential Sense
DIIG	Digital Information Infrastructure Guide
DIIP	Direct Interrupt Identification Port

DIMM	Dual In-Line Memory Module
DIN	Deutsche Industrie Norm
DIO	Data Input-Output
DIP	Dialup Internet Protocol, Digital Imaging Processing, Dual In-line Package, Dual In-line Pin
DIR	Directory
DIS	Draft International Standard, Dynamic Impedance Stabilisation
DISA	Data Interchange Standards Association, Direct Inward System Access
DISOSS	Distributed Office Support System
DISP	Displacement
DIT	Directory Information Tree
DIV	Divide
DIVE	Direct Interface Video Extension
DIVX	Digital Video Express
DIW	D-Inside Wire
DL	Download
DL/1	Data Manipulation Language 1
DLC	Data Link Control, Distributed Loop Carrier
DLCI	Data Link Connection Identifier
DLD	Display List Driver
DLE	Data Link Escape
DLL	Dynamic Link Library
DLM	Distributed Lock Manager Dynamic Link Module
DLP	Digital Light Processing
DLPI	Data Link Provider Interface
DLR	DOS LAN Requester
DLS	Data Link Switching
DLSw	Data Link Switching
DLT	Digital Linear Tape
DLVA	Detector Logarithmic Video Amplifier
DM	Distributed Memory
DMA	Direct Memory Access / Addressing, Document Management Alliance
DMAC	DMA Controller
DME	Direct Memory Execution, Distributed Management Environment
DMF	Distribution Media Format
DMI	Desktop Management Interface
DML	Data Manipulation Language

DMM	Digital Multimeter
DMMS	Dynamic Memory Management System
DMOS	Double-diffused Metal-Oxide Semiconductor
DMP	Dot Matrix Printer
DMPC	Distributed Memory Parallel Computer
DMPP	Distributed Memory Parallel Processor
DMQS	Display Mode Query and Set
DMS	Data Management Software Data / Document, Management System
DMSD	Digital Multistandard Decoding
DMSS	Distributed Mass Storage System
DMT	Digital/Discrete Multi-Tone
DMTF	Desktop Management Task Force
DMY	Day Month Year
DN	Down
DNA	DEC Network Architecture
DNC	Direct Numerical Control
DNIC	Data Network Identification Code
DNIS	Dialed Number Identification Service
DNR	Digital Number Recorder
DNS	Domain Naming System
DO	Data Out Distributed Objects
DOCSV	Data Over Circuit-Switched Voice
DOE	Distributed Objects Everywhere
DOIP	Dial Other Internet Providers
DOLAP	Desktop OLAP
DOM	Document Object Model
DOMF	Distributed Object Management Facility
DOS	Disk Operating System
DOV	Data Over Voice
DOW	Day Of Week
DP	Data Processing
DPA	Demand Protocol Architecture, Document Printing Architecture
DPAM	Demand Priority Access Method
DPAREN	Data Parity Enable
DPB	Drive Parameter Block
DPC	Direct Program Control
DPI	Distributed Protocol Interface Dots Per Inch
DPL	Descriptor Privilege Level

DPM	Digital Panel Meter
DPMA	Data Processing Management Association
DPMI	DOS Protected Mode Interface
DPMS	Display Power Management Support
DPO	Data Phase Optimisation
DPS	Document Processing System
DPSK	Differential Phase Shift Keying
DPT	Distributed Processing Technology
DQDB	Distributed Queue Dual Bus
DQL	Data Query Language
DR	Data Received
DRAM	Dynamic Random Access Memory
DRAW	Direct Read After Write
DRDA	Distributed Relational Database Algorithm/Architecture
DR-DOS	Digital Research-Disk Operating System
DRDW	Direct Read During Write
DRI	Declarative Referential Integrity, Digital Research Incorporated
DRM	Digital Rights/Distributed Resource Management
DRO	Data Request Output Destructive Read-Out
DRS	Document Registration System
DRV	Drive
DS	Data Segment, Data Send, Data Server, Double Sided
DSA	Digital Signature Algorithm, Directory System Agent
DSAP	Destination Service Access Point
DSD	Direct Stream Digital
DSDD	Double Sided, Double Density
DSE	Data Storage Equipment
DSEA	Display Station Emulation Adapter
DSHD	Double Sided, High Density
DSI	Digital Speech Interpolation
DSIS	Distributed Support Information Standard
DSL	Digital Subscriber Line, Dynamic Simulation Language
DSLAM	Digital Subscriber Line Access Multiplexer
DSM	Distributed Shared Memory
DSMA	Digital Sense Multiple Access
DSN	Delivery Service Notification
DSOM	Distributed System Object Model
DSP	Digital Signal Processing/Processor, Directory Synchronisation Protocol
DSPT	Display Station Pass-Through

DSQD	Double Sided Quad Density
DSR	Data Set Ready, Device Status Register, Device Status Report
DSS	Decision Support System, Digital Signature Standard, Direct Station Selector
DSSI	Digital Standard Systems Interconnect
DSSS	Direct-Sequencing Spread Spectrum
DSSSL	Document Style Semantics and Specifications Language
DSTN	Double Supertwisted Nematic
DSU	Data Service / Switching Unit, Digital Service Unit
DSVD	Digital Simultaneous Voice and Data
DSW	Data Status Word, Device Status Word
DSX	Digital Signals Cross-Connect
DT	Definition Term
DTA	Disk Transfer Area
DTC	Desktop Conferencing
DTD	Document Type Definition
DTE	Data Terminal Equipment, Dumb Terminal Emulator
DTF	Distributed Test Facility
DTL	Dialogue Tag Language, Diode-Transistor Logic
DTM	Digital Terrain Mapping
DTMF	Data Tone Multiple Frequency, Dual Tone Multifrequency
DTP	Desktop Publishing, Distributed Transaction Process
DTR	Data Terminal Ready, Data Transfer Rate
DTSS	Dartmouth Time Sharing System
DTV	Desktop Video Digital Television
DTVC	Desktop Video Conferencing
DU	Disk Usage
DUA	Directory User Agent
DUAT	Direct User Access Terminal
DUN	Dial-Up Networking
DV	Digital Video
DVB	Digital Video Broadcasting
DVC	Desktop Video Conferencing
DVD	Digital Video Disk
DVD-R	Digital Video Disk-Recordable
DVD-RAM	Digital Versatile Disc-RAM
DVD-ROM	Digital Versatile Disc-ROM
DVE	Digital Video Effect
DVI	Digital Video Interactive Digital Visual Interface
DVM	Digital Volt Meter

DVMRP	Distance Vector Multicast Routing Protocol
DVR	Digital Video Recorder
DW	Data Warehousing
DWDM	Dense Wavelength Division Multiplexer
DWG	Drawing
DWMT	Discrete Wavelet Multitone
DXC	Data Exchange Control
DXF	Data Exchange File Drawing Exchange Format
DXI	Data Exchange Interface
DYLAN	Dynamic Language

E

EA	Effective Address, Extended Attribute
EAR	External Access Register
EARN	European Academic Research Network
EAROM	Electrically Alterable Read Only Memory
EARS	Electronic Access to Reference Services, Electronic Authoring and Routing System
EATA	Enhanced AT Bus Attachment
EAX	Environmental Audio Extensions
EBC	EISA Bus Controller
EBCDIC	Extended Binary Coded Decimal Interchange Code
EBCT	Electron Beam Computed Tomography
EBI	Equivalent Background Input
EBNF	Extended Backus-Naur Form
EBR	Extended-Partition Boot Record
EBT	Electronic Benefits Transfer
EC	Electronic Commerce Error Control
ECAT	Electronic Card Assembly and Test
ECB	Electronic Codebook Event Control Block
ECC	Elliptic Curve Crypto Error Check Code
ECD	Enhanced Colour Display, Enhanced Compact Disk
ECHO	European Commission Host Organisation
ECI	External Call Interface
ECL	Emitter Coupled Logic
ECM	Electronic Control Module
ECMA	European Computer Manufacturers Association
ECNE	Enterprise Certified NetWare Engineer
ECP	Enhanced / Extended Capabilities Port

ECS	Enhanced Chip Set
ECTL	Electronic Communal Temporal Lobe
ECU	EISA Configuration Utility
ED	Erase Display
EDA	Electronic Design Automation, Embedded Document Architecture
EDB	Embedded Database
EDC	Electronic Digital Computer, Enhanced Data Correction, Error Detection and Correction
EDDC	Extended Distance Data Cable
EDE	Encrypt-Decrypt-Encrypt
EDGAR	Electronic Data Gathering, Analysis and Retrieval
EDI	Electronic Data Interchange, Electronic Document Interchange
EDIF	Electronic Design Interchange Format
EDIFACT	EDI for Administration Commerce and Transport
EDL	Edit Decision List
EDLC	Ethernet Data Link Control
EDLIN	Editor
EDMS	Electronic Document Management System
EDO	Extended Data Out
EDOS	Enhanced DOS for Windows
EDP	Electronic Data Processing
EDPM	Electronic Data Processing Machine
EDRAM	Erasable/Extended Dynamic Random Access Memory
EDS	Electronic Data Systems
EDSAC	Electronic Delay Storage Automatic Computer
EE	Extended Edition
EEC	Extended Error Correction
EEM	Extended Memory Management
EEMS	Enhanced Expanded Memory Specification
EEPROM	Electrically Erasable Programmable Read-Only Memory
EES	Escrow Encryption Standard
EEST	Enhanced Ethernet Serial Transciever
EFA	Extended File Attribute
EFF	Electronic Frontier Foundation
EFI	Electromechanical Frequency Interference
EFIGS	English French Italian German Spanish
EFL	Emitter Follower Logic
EFS	Encrypting File System
EFTS	Electronic Funds Transfer System

EGA	Enhanced Graphics Adapter
EGP	Exterior Gateway Protocol
EGREP	Extended Global Regular Expression Print
EIA	Electronic Industries Association
EIDE	Enhanced Integrated Drive Electronics
EIRP	Effective Isotropic Radiated Power
EIS	Executive Information System
EISA	Extended Industry Standard Architecture
ELAN	Emulated Local Area Network
ELC	Embedded Linking and Control
ELF	Executable and Linking Format
ELS	Entry Level System
EM	Electronic Mail, Expanded Memory
EMA	Electronic Messaging Association, Enterprise Management Architecture
EMB	Extended Memory Block
EMC	Electromagnetic Compatibility, Enhanced Memory Chip
EMF	Electro Motive Force, Enhanced Metafile Format
EMI	Electromagnetic Interference
EMM	Expanded Memory Manager
EMR	Electro-Magnetic Radiation
EMS	Electronic Mail System, Electronic Message Service, Expanded Memory Specification
EMSAPI	Extended Messaging Services Application Programming Interface
ENDEC	Encoder / Decoder
ENDS	Ends Segment
ENIAC	Electronic Numerical Integrator Analyser and Computer
ENQ	Enquiry
ENSS	Exterior Nodal Switching Subsystem
EOA	End Of Address
EOB	End Of Block
EOC	End Of Conversion
EOF	End Of File, Enterprise Objects Framework
EOI	End Of Interrupt, End Or Identify
EOJ	End Of Job
EOL	End Of Line, End Of List
EOM	End Of Message
EOR	Exclusive OR
EOS	End Of String

EOT	End Of Table, End Of Text, End Of Transmission
EPIC	Explicitly Parallel Instruction Computing
EPL	Effective Privilege Level
EPLD	Electrically Programmable Logic Device
EPM	Enterprise Process Management
EPP	Enhanced Parallel Port
EPROM	Erasable Programmable Read Only Memory
EPS	Encapsulated Post-Script
EPSF	Encapsulated PostScript Files
ER/RC	Extended Result / Response Code
ERA	Extended Registry Attributes
ERAS	Electronic Routing and Approval System
ERD	Emergency Repair Disk Entity Relationship Diagram
ERLL	Enhanced Run Length Limited
EROM	Erasable Read Only Memory
ERP	Enterprise Resource Planning
ERU	Emergency Recovery Utility
ES	Extra Segment
ESA	Enterprise Systems Architecture
ESC	EISA System Component Escape
ESC/P	Epson Standard Code for Printers
ESCD	Extended System Configuration Data
ESCM	Extended Services Communications Manager
ESCON	Enterprise System Connection
ESD	Electronic Software Distribution, Electrostatic Discharge
ESDI	Enhanced Small / System Device Interface
ESDRAM	Enhanced SDRAM
ESF	Extended Superframe
ESI	End System Identifier, Enhanced Serial Interface
ESMR	Enhanced Specialised Mobile Radio
ESN	Electronic Security Number
ESO	Entry Server Offering
ESP	Emulation Sensing Processor, Enhanced Serial Port
ESR	Event Service Routine
ESRI	Environmental Systems Research Institute
ESS	Electronic Switching System
ESU	Electro-Static Unit
ETB	End of Transmission Block
ETF	Enriched Text Format

ETO	Electronic Trading Opportunity
ETX	End Of Text
EU	Execution Unit
EULA	End-User License Agreement
EVE	Extensible VAX Editor
EVGA	Extended Video Graphics Adapter
EWAN	Emulator Without A Good Name
EXM	Enterprise Messaging Exchange
EXP	Exponent
EXT	External
EXTRN	External Reference

F

F/T	Full Time
FAB	Computer-Chip Fabrication Plant
FAC	File Access Code
FAMOS	Floating Gate Avalanche MOS
FAP	File Access Protocol
FAQ	Frequently Asked Question
FARNET	Federation of American Research Networks
FASIC	Function and Algorithm-Specific Integrated Circuit
FAT	File Allocation Table
FAX	Facsimile
FC/AL	Fiber Channel / Arbitrated Loop
FC/EL	Fiber Channel / Enhanced Loop
FCB	File Control Block
FCC	Federal Communications Commission
FCC:	File Carbon Copy
FCCSET	Federal Coordinating Council for Science Engineering and Technology
FCI	Flux Changes per Inch
FCL	Fibre Channel Loop
FCR	FIFO Control Register
FCS	Fiber Channel Standard, Frame Check Sequence
FD	Floppy Disk, Floppy Drive, Full Duplex
FDC	Floppy Disk Controller
FDDI	Fiber Digital Device Interface, Fiber Distributed Data Interface
FDHD	Floppy Drive High Density
FDISK	Fixed Disk

FDM	Frequency Division Multiplexing
FDMA	Frequency Division Multiple Access
FDX	Full Duplex
FEC	Forward Error Correction
FECN	Forward Explicit Congestion Notification
FED	Field Emission / Emitter Display
FEFO	First-Ended First-Out
FEP	Front End Processor
FEPI	Front End Programming Interface
FEPROM	Flash EPROM
FeRAM	Ferroelectric RAM
FET	Field Effect Transistor
FF	Flip-Flop, Form Feed
FFDC	First Failure Data Capture
FFS	Fast File System
FFT	Fast Fourier Transform, Final Form Text
FG	Floating Gate
FGREP	Fixed Global Regular Expression Print
FHS	Fan Heat-Sink
FHSS	Frequency-Hopping Spread Spectrum
FIF	Fractal Image Format
FIFO	First-In First-Out
FILO	First-In Last-Out
FIP	File Processor Buffering
FIPS	Federal Information Processing Standard
FIR	Fast Infrared, Finite Impulse Response
FITS	Flexible Image Transport System
FIU	Fingerprint Identification Unit
FIX	Federal Internet Exchange
FK	Foreign Key
FLC	Ferro-electric Liquid Crystal
FLD	Field
FLL	FoxPro Link Library
FLOPS	Floating Point Operations Per Second
FLR	Folder
FM	Frequenz Modulation
FMS	Forms Management System
FMT	Format
FMV	Full Motion Video

FNT	Font
FOCUS	Forum of Control Data Users
FOD	Fax On Demand
FOIM	Field Office Information Management
FOIP	Fax Over Internet Protocol
FOIRL	Fiber Optic Inter Repeater Link
FORTRAN	Formula Translator
FOSE	Federal Office Systems Exposition
FOSI	Format Option Specification Instance
FOSSIL	Fido/Opus/Seadog Standard Interface Layer
FPC	Floating Point Calculation
FPCE	Floating-Point C Extension
FPGA	Field Programmable Gate-Array
FPLA	Field Programmable Logic-Array
FPM	Fast Page Mode
FPP	Fixed Path Protocol, Floating Point Processor
FPR	Floating-Point Register
FPS	Favourite Picture Selection, Frames Per Second
FPT	Forced Perfect Termination
FPU	Floating Point Unit
FQDN	Fully Qualified Domain Name
FRAD	Frame Relay Access Device, Frame Relay Assembler / Disassembler
FRAG	Fragment, Fragmentation
FRAM	Ferroelectric Random-Access Memory
FRC	Functional Redundancy Checking
FRED	Frame Editor
FRPI	Flux Reversals Per Inch
FS	File Separator
FSB	Front Side Bus
FSD	File System Driver
FSE	Full Screen Editor
FSF	Free Software Foundation
FSK	Frequency Shift Keying
FSN	Full Service Network
FSP	File Service Protocol
FSR	Free System Resources
FST	Flat Square Tube
FTAM	File Transfer Access and Management, File Transfer and Access Method

FTC	Federal Trade Commission
FTL	Flash Transition Layer
FTM	Flat Tension Mask
FTP	File Transfer Protocol
FTPD	File Transfer Protocol Daemon
FTS	Federal Telecommunication System
FTTC	Fiber To The Curb
FTTH	Fiber To The Home
FTX	Fault Tolerant Unix
FUI	File Update Information
FUNC	Function
FVIPS	First Virtual Internet Payment System
FVT	Full Video Translation
FYI	For Your Information

G

G	Giga
G/L	General Ledger
GA	General Availability
GAAP	Generally Accepted Accounting Principles
GAL	Generic Array Logic
GAPI	Gateway Application Programming Interface
GART	Graphics Address Relocation Table
GATT	Graphics Address Translation Table
GB	Gigabyte, Gigabit
Gbps	Gigabits Per Second
GCC	GNU C-Compiler
GCCD	Glass-Passivated Ceramic Chip Diode
GCR	Group Code Recording
GDA	Global Data Area
GDDM	Graphics Data Display Manager
GDG	Generation Data Group
GDI	Graphical Device Interface
GDLC	Generic Data Link Control
GDP	Graphic Draw Primitive
GDS	Generation Dataset
GDT	Global Descriptor Table, Graphics Development Toolkit
GECOS	General Electric Comprehensive Operating System
GEIS	General Electric Information Service

GEM	Graphics Environment Manager
GENIE	General Electric Network for Information Exchange
GEOS	Graphic Environment Operating System
GGP	Gateway-Gateway Protocol
GHZ	Gigahertz
GIF	Graphics Interchange Format
GIG	Gigabyte
GIGO	Garbage In Garbage Out
GII	Global Information Infrastructure
GINA	Graphical Identification and Authentication
GIS	Geographic Information System, Global Information Solutions
GIX	Global Internet Exchange
GKS	Graphical Kernel System
GL	Graphics Language
GLM	General Linear Models
GML	Generalized Markup Language
GMP	Global Mobile Professional
GMR	Giant Magneto-Resistive
GMS	Global Messaging Service
GMT	Greenwich Mean Time
GND	Ground
GNN	Global Network Navigator
GNOME	GNU Network Object Model Environment
GNU	Gnu's Not Unix
GOES	Geosynchronous Orbital Earth Satellite
GOSIP	Government Open Systems Interconnection Profile
GP	Gas Plasma, General Purpose
GPF	General Protection Fault
GPI	Graphics Programming Interface
GPIB	General Purpose Information/Interface Bus
GPR	General Purpose Register
GPRC	Glass Passivated Rectifier Chip
GPS	Global Positioning Satellite/System
GPSS	General Purpose Systems Simulator
GPU	Graphics Processing Unit
GRADD	Graphics Adapter Device Driver
GRE	Generic Routing Encapsulation Graphics Engine
GREP	Global Regular Expression Print
GRP	Group, Gruppe

GS	Group Separator
GSI	General Server Interface
GSM	Global Shared Memory, Global System for Mobile-Communications
GSNW	Gateway Service for NetWare
GSO	Geostationary Orbit
GSP	Generic Server Passer, Global Service Provider
GSTN	General Switched Telephone Network
GTF	Generalized Timing Format
GTO	Guide To Operations
GTPNet	Global Trade Point Network
GUI	Graphical User Interface
GUID	Globally Unique Identifier, Global Universal Identifier
GW-BASIC	Gee Whiz BASIC
GZIP	GNU Zip

H

H/V	Horizontal / Vertical
H/W	Hardware
HACMP	High Availability Cluster Multi-Processing
HAL	Hard Array Logic, Hardware Abstraction Layer
HAM	Home Amature Mechanic
HAP	Host Access Protocol
HBA	Host Bus Adapter
HCL	Hardware Compatibility List
HCSS	High Capacity Storage System
HD	Hard Disk, High Density
HDA	Head Disk Assembly
HDCD	High Definition Compatible Digital
HDF	Hierarchical Data Format
HDI	Head to Disk Interference
HDL	Hardware Description Language
HDLC	High-Level Data Link Control
HDM	Hardware Device Module
HDML	Handheld Device Markup Language
HDR	Header
HDSC	High Density Signal Carrier
HDSL	High-Data-Rate Digital Subscriber Line, High-Speed Digital Subscriber Loop

HDSS	Holographic Data Storage System
HDT	Host Digital Terminal
HDTV	High Definition Television
HDVD	High Definition Volumetric Display
HDW	Hardware
HDX	Half Duplex
HEPNET	High Energy Physics Network
HEX	Hexadecimal
HFC	Hybrid Fiber-Coaxial
HFS	Hierarchical File System
HFT	High Function Terminal
HGA	Hercules Graphics Adapter
HGC	Hercules Graphics Card
HGCP	Hercules Graphics Card Plus
HH	Hour
HIC	Headend Interface Converter
HIF	Hyper-G Interchange Format
HIFD	High-Density Floppy Disk
HIL	Human Interface Link
HIMEM	High Memory
HIPPI	High Performance Parallel Interface
HLF	High-Level Formatting
HLL	High Level Language
HLLAPI	High Level Language Application Programming Interface
HLP	Help
HLQ	High Level Qualifier
HLS	Hue Luminance Saturation (Farbton Helligkeit Sättigung)
HLT	Halt
HMA	High Memory Area, Hub Management Architecture
HMD	Head Mounted Display
HMM	Hidden Markov Model
HMMP	Hyper-Media Management Protocol
HMMS	HyperMedia Management Schema
HMOS	High Density Metal Oxide Semiconductor, High Speed Metal Oxide Semiconductor
HMP	Host Monitoring Protocol
HOLAP	Hybrid OLAP
HP	Hewlett-Packard
HPC	Handheld Personal Computer
HPCC	High Performance Computing and Communications

HPFS	High-Performance File System
HPG	Hewlett-Packard Graphics
HPGL	Hewlett-Packard Graphics Language
HPIB	Hewlett-Packard Interface Bus
HPPI	High Performance Parallel Interface
HPR	High Performance Routing
HPSB	High Performance Serial Bus
HPT	High-Pressure Tin
HPUX	Hewlett-Packard Unix
HPW	High Performance Workstation
HR	Horizontal Rule
HRD	High Resolution Diagnostic Diskette
HRG	High Resolution Graphics
HRIS	Human Resource Information System
HRMS	Human Resource Management System
HRSC	High Resolution Stereo Camera
HRTF	Head Related Transfer Function
HS	High Speed
HSC	Hierarchical Storage Controller, High Speed Channel
HSM	Hierarchical Storage Management
HSP	High Speed Printer / Processor
HSSI	High Speed Serial Interface
HST	High Speed Technology
HSV	Hue Saturation Value
HTML	HyperText Markup Language
HTTP	HyperText Transfer Protocol
HTTP-NG	HTTP Next Generation
HTTPS	HyperText Transfer Protocol Secure
HUD	Heads Up Display
HVP	Horizontal and Vertical Position
HW	HRSC / WAOSS
HWCP	Hardware Code Page
HWD	Height-Width-Depth
Hz	Hertz

I

I/F	Interface
I/O	Input / Output
I2O	Intelligent Input / Output

IA	Intel Architecture
IAB	Internet Architecture Board
IAC	Inter-Application Communication
IAD	Integrated Access Device
IAG	Instruction Address Generation
IAK	Internet Access Kit
IAL	International Algebraic Language
IANA	Internet Assigned Numbers Authority
IAP	Internet Access Provider
IAS	Internet Access Server
IAT	Import Address Table
IAUP	Internet User Account Provider
IBC	Instrument Bus Computer
IBCS	Intel Binary Compatibility Specification
IBM	International Business Machines
IBM-GL	IBM Graphics Language
IBS	IntelSat Business Service
IC	Input Circuit Integrated Circuit Interrupt Controller
ICA	Intelligent Console Architecture, Intra-Application Communications Area
ICAP	Internet Calendar Access Protocol
ICAS	Intel Communicating Applications Specifications
ICD	International Code Designator
ICE	In-Circuit Emulator, Integrated Computing Environment
ICI	Image Component Information
ICL	Interface Clear
ICLID	Incoming-Call Line Identification
ICM	Image Colour Management, Image Colour Matching, Incoming Message
ICMP	Internet Control Message Protocol
ICO	Icon
iCOMP	Intel Comparative Microprocessor Performance
ICP	Image Coprocessor, Integrated Channel Processor
ICQ	I Seek You
ICR	Intelligent Character Recognition
ICRIS	Integrated Customer Record Information System
ICS	Internet Connection Sharing, Intuitive Command Structure
ICSAPI	Internet Connection Services API
ICU	Instruction-Cache Unit, Intel Configuration Utility, ISA Configuration Utility

ID	Identification, Identifier
IDA	Integrated Digital Access, Intelligent Disk Array, Intelligent Drive Array
IDAPI	Integrated Database Application Programming Interface
IDC	Integrated Database Connector, Integrated Desktop Connector, Internet Database Connector
IDDE	Integrated Development & Debugging Environment
IDE	Integrated Development Environment, Integrated Device Electronics
IDEA	International Data Encryption Algorithm
IDEN	Integrated Data Enhanced Network
IDF	Intermediate Distribution Frame
IDI	Initial Domain Identifier
IDIV	Integer Divide
IDL	Interactive Data Language, Interface Definition Language
IDM	Integrated Document Management
IDMS	Integrated Database Management System
IDNX	Integrated Digital Network Exchange
IDP	Integrated Data Processing
IDR	Intelligent Document Recognition
IDSL	ISDN Digital Subscriber Line
IDT	Interface Design Tool, Interrupt Descriptor Table
IDX	Index
IE	Internet Explorer
IEC	International Electrotechnical Commission
IEEE	Institute of Electrical and Electronics Engineers
IEF	Information Engineering Facility
IEMSI	Interactive Electronic Mail Standard Identification
IEN	Internet Engineering Notes
IESG	Internet Engineering Steering Group
IETF	Internet Engineering Task Force
IFC	Internet Foundation Classes
IFD	Image File Directory
IFF	Interchangeable File Format
IFG	Incoming Fax Gateway
IFM	Intelligent Flow Management
IFP	Instruction Fetch Pipeline
IFS	Installable / Integated File System
IFSM	Information Systems Management
IGA	Integrated Graphics Array

IGC	Integrated Graphics Controller
IGES	Initial Graphics Exchange Standard
IGFET	Insulated-Gate Field Effect Transistor
IGMP	Internet Group Multicast Protocol
IGP	Interior Gateway Protocol
IGRP	Interior Gateway Routing Protocol
IGS	Internet Go Server
IHD	Integrated Help Desk
IHV	Independent Hardware Vendor
IIF	Immediate Interface
III	Interstate Identification Index
IIOP	Internet Inter-ORB Protocol
IIR	Immediate Impulse Response
IIS	Internet Information Server
IITF	Information Infrastructure Task Force
IKMP	Internet Key Management Protocol
IKP	Internet Keyed Payments
ILA	Image Light Amplifier
ILE	Integrated Language Environment
ILP	Instruction-Level Parallelism
ILS	International Language Support
IM	Instant Messenger
IMAC	Internet Macintosh
IMACS	Image Management and Communication System
IMAP	Internet Message Access Protocol
IMC	Initial Microcode Load
IMDB	In-Memory Database
IMDS	Image Data Stream
IME	Input Method Editor
IMG	Image
IML	Initial Microcode Load
IMP	Information / Interface Message Processor
IMPA	Intelligent Multi-Port Adapter
IMS	Information Management System, Intermediate Maintenance Standards
IMSP	Internet Message Support Protocol
IMTC	International Multimedia Teleconferencing Consortium
IMTV	Interactive Multimedia Television
IMUL	Integer Multiply
IMUX	Inverse Multiplexer

IN	Input
INC	Increment
IND	Index
INF	Information
INFS	Internet Network File System
INI	Initialize
INIT	Initialisation, Initialise
INM	Integrated Network Management
INND	Internet News Daemon
INS	Input String Integrated Network Server
INT	Integer, Internal, Interrupt, International
INTA	Interrupt Acknowledge
INTELSAT	International Telecommunications Satellite Organization
InterNIC	Internet Network Information Center
INTO	Interrupt if Overflow occurs
INWG	International Network Working Group
IOC	Inter-Office Channel
IOCC	Input / Output Channel Converter, Input / Output Controller Chip
IOCS	Input / Output Control System
IOCTL	Input / Output Control
IODE	Integrated Development and Debugging Environment
IOP	Input / Output Processor
IOPL	Input / Output Privilege Level
IOR	Interoperable Object Reference
IOS	Inter-Network Operating System
IOSGA	Input / Output Support Gate Array
IP	Instruction Pointer Intellectual Property, Internet Protocol
IPBF	Installed Peripheral Base Flexibility
IPC	Instructions Per Clock Interprocess Communication
IPCMOS	Interlocked Pipeline CMOS
IPCP	Internet Protocol Control Protocol
IPCS	Integrated PC Server
IPDC	Internet Protocol Device Control
IPDS	IBM Personal Dictation System, Intelligent Printer Data Stream
IPFC	Information Presentation Facility Compiler
IPI	Intelligent Peripheral Interface
IPL	Information Programming Language, Initial Program Load / Loader, Ion Projection Lithography
IPM	Images Per Minute Interpersonal Message

IPMI	Intelligent Platform Management Interface
IPN	Internet Protocol Number
IPng	Internet Protocol next generation
IPP	Internet Printing Protocol
IPR	Intellectual Property Rights
IPSE	Integrated Project Support Environment
IPSEC	Internet Protocol Security
IPTC	International Press Telecommunications Council
IPX	Internetwork Packet Exchange
IQL	Interactive Query Language
IR	Infrared
IRC	Internet Relay Chat
IRD	Integrated Receiver / Descrambler
IRDA	Infrared Data Association
IRDS	Information Resource Dictionary System
IRET	Interrupt Return
IRF	Intermediate Routing Function, Inheritance Rights Filter
IRL	Interactive Reader Language Inter-Repeater Link
IRLAP	Infrared Link Access Protocol
IRLED	Infrared Light Emitting Diode
IRM	Information Resource Management, Inherent Rights Mask
IRQ	Interrupt Request
IRQL	Interrupt Request Level
IRTF	Internet Research Task Force
IRTOS	I2O Real-Time Operating System
IRX	Information Retrieval Experiment
IS	Information System Interrupt Status
ISA	Industry Standard Architecture, Instruction-Set Architecture
ISAM	Indexed Sequential-Access Management / Method
ISAPI	Internet Server API
ISBN	International Standard Book Number
ISC	Instruction Set Computer Inter-Systems Communication
ISD	Image Section Descriptor, Instructional Systems Design
ISDN	Integrated Services Digital Network
ISH	Information Super Highway
ISI	Internally Specified Index
ISIS	Integrated Systems and Information Services
ISKM	Internet Starter Kit for the Macintosh
ISL	Interactive System Language

ISM	Integrated Services Model, Internet Service Manager
ISMF	Interactive Storage Management Facility
ISO	International Organisation for Standardisation
ISOC	Internet Society
ISP	Internet Service Provider Interrupt Stack Pointer, Interrupt Status Port
ISPA	Inverted Socket Process Architecture
ISPF	Interactive System Programming Facility
ISPF/PDF	Interactive System Productivity Facility / Program Development Facility
ISR	Information Storage and Retrieval, Interrupt Service Routine, Interrupt Status Register
ISSN	International Standard Serial Number
ISV	Independent Software Vendor
IT	Information Technology
ITB	Information Technology Branch, Intermediate Text Block
ITC	International Typeface Corporation
ITE	Information Technology Equipment
ITF	Interactive Test Facility
ITN	Identification Tasking and Networking
ITS	Internet Telephony Server
ITT	International Telephone & Telegraph
ITTA	Information Technology Training Association
ITU	International Telecommunication Union
ITUG	International Telecommunications User Group
ITU-TIES	ITU-Telecom Information Exchange Services
ITU-TSS	ITU-Telecommunication Standards Section
ITV	Interactive Television
ITX	Intermediate Text Block
IU	Integer Unit
IUAP	Internet User Account Provider
IV&V	Independent Verification and Validation
IVDS	Integrated Voice and Data Systems
IVIS	Interactive Video Information System
IVL	Intel Verification Lab
IVR	Interactive Voice Response
IVS	Interactive Videodisk System
IVT	Interrupt Vector Table
I-WAY	Information Highway

IWM	Integrated Woz Machine
IXC	Interexchange Carrier

J

JA	Jump Address, Jump if Above
JAD	Joint Application Design
JAE	Jump if Above or Equal
JANET	Joint Academic Network
JAR	Java Archive
JBE	Jump if Below or Equal
JC	Jump if Carry set
JCL	Job Control Language
JDBC	Java Database Connectivity
JDK	Java Development Kit
JE	Jump if Equal
JEDEC	Joint Electronic Devices Engineering Council
JEPI	Joint Electronic Payment Initiative
JES	Job Entry System
JFC	Java Foundation Classes
JFET	Junction Field Effect Transistor
JFIF	JPEG File Interchange Format
JFS	Journalised File System
JG	Jump if Greater
JGE	Jump if Greater or Equal
JIPS	JANET Internet Protocol Service
JIT	Just-In-Time
JL	Jump if Less
JLE	Jump if Less than or Equal to
JLIP	Joint Level Interface Protocol
JMAPI	Java Management Application Program Interface
JMF	Java Media Framework
JMP	Jump
JMS	Java Message Service
JNA	Jump if Not Above
JNAE	Jump if Not Above or Equal
JNB	Jump if Not Below
JNBE	Jump if Not Below or Equal
JNDI	Java Naming Directory Interface
JNET	Japanese Network

JNG	Jump if Not Greater
JNGE	Jump if Not Greater or Equal
JNI	Java Native Interface
JNK	Junk
JNLE	Jump if Not Less or Equal
JNO	Jump if No Overflow
JNP	Jump if No Parity
JNS	Jump if No Sign
JNZ	Jump if Not Zero
JOE	Java Objects Everywhere
JOVIAL	Jule's Own Version of the International Algorithmic Language
JPE	Jump if Parity Even
JPEG	Joint Photographic Experts Group
JPO	Jump if Parity Odd
JRE	Java Runtime Environment
JS	Jump if Sign
JSS	Java-Script Style Sheet
JTAPI	Java Telephony Application Programming Interface
JTS	Java Transaction Services
JVM	Java Virtual Machine
JZ	Jump if Zero

K

K	Kilobyte
KB	Keyboard, Kilobyte, Kilobit
KBD	Keyboard
KBE	Knowledge Based Engineering
KBps	Kilobytes Per Second, Kilobits Per Second
KDT	Key Definition Table
KHz	Kilohertz
KIF	Knowledge Interchange Format
KIS	Knowbot Information Service
KnU	Knowledge Utility
KPI	Kernel Programming Interface
KQML	Knowledge Query and Manipulation Language
KRS	Knowledge Retrieval System
KSR	Keyboard Send Receive

L

L2F	Layer Two Forwarding
L2TP	Layer Two Tunnelling Protocol
LADDR	Layered Device Driver Architecture
LALL	Longest Allowed Lobe Length
LAN	Local Area Network
LANACS	Local Area Network Asynchronous Connection Server
LANDP	LAN Distributed Platform
LANE	Local Area Network Emulation
LANG	Language
LAP	Linux Application Platform
LAPB	Link Access Procedure Balanced
LAP-B	Link Access Procedure – Balanced
LAPD	Link Access Procedure on the D-Channel
LAPM	Link Access Procedure for Modems
LAR	Load Access Rights
LASER	Light Amplification by Stimulated Emission of Radiation
LASTport	Local Area Storage Transport
LAT	Local Access Terminal, Local Area Transport
LATA	Local Access and Transport Area
LAV	Load Average
LAVC	Local Area VAX Cluster
LAWN	Local Area Wireless Network
LB	Left Button
LBA	Logical Block Addressing
LBL	Label
LBR	Library
LBX	Local Bus Accelerator
LCC	Leadless Chip Carrier
LCD	Liquid Crystal Display Lowest Common Denominator
LCF	Low Cost Fiber
LCK	Library Construction Kit
LCP	Link Control Protocol
LCR	Least Cost Routing, Line Control Register
LCSD	Laminate Chip Signal Diode
LCU	Last Cluster Used
LDA	Logical Device Address
LDAP	Lightweight Directory Access Protocol
LDC	Lotus Development Corporation

LD-CELP	Low-Delay Code Excited Linear Prediction
LDDS	Long Distance Discount Services
LDM	Long Distance Modem
LDT	Local Descriptor Table
LE	Less or Equal
LEA	Load Effective Address
LEC	Local Area Network Emulation Client, Local Exchange Carrier
LED	Light Emitting Diode
LEL	Link Embed and Launch-to-edit
LEM	Language Extension Module
LEN	Low Entry Networking
LES	Local Area Network Emulation Server
LF	Line Feed
LFAP	Lightweight Flow Admission Protocol
LFI	Last File Indicator
LFN	Long File Name
LFT	Low Function Terminal
LFU	Least Frequently Used
LGA	Leadless Grid Array
LGDT	Load Global Descriptor Table
LHB	Line History Block
LI	List Item
LIAS	Library Information Access System
LIB	Library
LibOp	Libraries Operator
LIC	Line Interface Coupler
LICS	Lotus International Character Set
LIDT	Load Interrupt Descriptor Table
LIEP	Large Internet Exchange Packet
LIF	Low Insertion Force
LIFO	Last In First Out
LILO	Last In Last Out
LIM	Lotus-Intel-Microsoft
LIMDO	Light Intensity Modulation Direct Overwrite
LIMM	Light Intensity Modulation Method
LIMS	Library Information Management System
LIP	Large Internet Packet
LIPS	Logical Inferences Per Second
LIS	Lithium Ion Storage

LISP	List Processing
LISTSERV	List Server
LIU	LAN Interface Unit
LIW	Long Instruction Word
LLC	Logical Link Control
LLDT	Load Local Descriptor Table
LLF	Low Level Format
LMB	Left Mouse Button
LMBCS	Lotus Multi-Byte Character Set
LMD	Last Modification Date
LMDS	Local Multipoint Distribution Service
LMI	Link/Local Management Interface
LMS	Lotus Messaging Switch
LMSW	Load Machine Status Word
LMU	LAN Management Utilities, LAN Manager for Unix
LN	Load Number Logarithm
LNA	Low Noise Amplifier
LNB	Low Noise Block Deconverter
LNK	Link
LOB	Line of Business
LOC	Lines Of Code, Loop Online Control
LOCIS	Library of Congress Information System
LOD	Letter Of Destruction, Level Of Detail
LODSB	Load String Byte
LOG	Logarithm
LON	Local Operating Network
LOOPE	Loop while Equal
LOOPNE	Loop while Not Equal
LOOPNZ	Loop while Not Zero
LOOPZ	Loop while Zero
LPAR	Logic Programming and Automated Reasoning
LPC	Local Procedure Call
LPD	Line Printer Daemon
LPI	Lines Per Inch
LPL	Lotus Programming Language
LPM	Lines Per Minute
LPN	Logical Page Number
LPR	Line Printer Line Printer Remote
LPS	Low-Power Schottky

LPT	Line Printer
LPT1	Parallel Printer Port 1
LPT2	Parallel Printer Port 2
LQ	Letter Quality
LQM	Link Quality Monitoring
LR	Link Register
LRC	Local Register Cache
LRL	Least Recently Loaded
LRM	Language Reference Manual
LRS	Language Resource
LRU	Least Recently Used
LSAPI	License Services Application Program Interface
LSB	Least Significant Bit
LSC	Least Significant Character
LSD	Least Significant Digit
LSI	Large Scale Integration
LSL	Link Support Layer, Load Segment Limit
LST	List
LT	Line Termination
LTR	Left-To-Right Letter, Load Task Register
LU	Logical Unit
LUA	Logical Unit Application
LUI	Local User Input
LUIS	Library User Information Service
LUN	Logical Unit Number
LUT	Lookup Table
LV	Logical Volume
LVDS	Low-Voltage Differential Signaling
LVM	Logical Volume Management
LZW	Lempel-Ziv-Welch

M

M	Megabyte
MAC	Macintosh, Medium Access Control, Message Authentication Code, Multiple Access Computers
MACH	Multilayer Actuator Head
MAE	Merit Access Exchange Metropolitan Area Ethernet
MAI	Multiple Applications Interface
MAJC	Microprocessor Architecture for Java Computing

MAN	Manual, Metropolitan Area Network
MANPAGE	Manual Page
MAP	Maintenance Analysis Procedures, Manufacturing Automation Protocol, Memory Allocation Map
MAPI	Mail / Messaging Applications Programming Interface
MAPICS	Manufacturing, Accounting and Production Information Control System
MARC	Machine Readable Cataloguing, Multi-Technology Automated Reader Card
MARVEL	Machine-Assisted Realisation of the Virtual Electronic Library
MASM	Macro Assembler
MASS	Maximum Availability and Support Subsystem
MAT	Maintenance Access Terminal
MATV	Master Antenna Television
MAU	Media Access / Adapter Unit, Multistation Access Unit
MAVDM	Multiple Application VDM
MAX	Maximum
MB	Megabyte, Middle Button
MBASIC	Microsoft BASIC
MBCS	Multi-Byte Character Set
MBONE	Multicast Backbone
MBps	Megabytes Per Second, Megabits Per Second
MBR	Master Boot Record
MBS	Master Boot Sector
MBX	Mailbox
MC	Mini-Cartridge
MCA	Micro Channel Adapter / Architecture
MCAD	Mechanical Computer Aided Design
MCB	Memory Control Block
MCF	Meta Content Framework
MCGA	Multicolour Graphics Array
MCI	Media Control Interface
MCL	Microsoft Compatibility Labs
MCM	Multi-Chip Module
MC-PGA	Metalled Ceramic-Pin Grid Array
MCPS	Microsoft Certified Product Specialist
MC-QFP	Metalled Ceramic-Quad Flat Pack
MCR	Modem Control Register
MCSD	Microsoft Certified Systems Developer
MCSE	Microsoft Certified Systems Engineer

MCU	Microcontroller Unit Multi-Chip Unit, Multipoint Control Unit
MD	Make Directory, Mini Disk, Monochrome Display
MDA	Monochrome Display Adapter, Multidimensional Analysis
MDC	McAfee Development Center
MDDBMS	Multidimensional Data Base Management System
MDI	Memory Display Interface, Multiple Document Interface
MDIC	Manchester Decoder and Interface Chip
MDK	Multimedia Developers Kit
MDLP	Mobile Data Link Protocol
MDR	Minimum Design Requirement
MDRAM	Multibank Dynamic Random Access Memory
MDX	Multi-Dimensional Expressions
MDY	Month Day Year
MEB	Memory Expansion Board
MEG	Megabyte
MEM	Memory
MES	Manufacturing Execution System
MET	Memory Enhancement Technology, Metafile
MF	Modulated Frequency
MFC	Microsoft Foundation Class
MFFS	Microsoft Flash File System
MFI	Multifunction Interpreter
MFIOP	Multifunction I/O Processor
MFLOPS	Million Floating Point Operations Per Second
MFM	Modified Frequency Modulation
MFP	Multi-Function Peripheral/Product
MFPI	Multifunction Peripheral Interface
MFS	Macintosh File System, Magnetic Tape Field Search, Memory File System
MFT	Master File Table
MFTP	Multi-Cast File Transfer Protocol
MGA	Monochrome Graphics Adapter
MGCP	Media Gateway Control Protocol
MGE	Modular GIS Environment
MGET	Multiple Get
MGML	Minimal Generalized Markup Language
MGR	Manager
MHS	Message Handling Service, Message Handling System
MHz	Megahertz
MI	Management Interface

MI/MIC	Mode Indicate / Mode Indicate Common
MIB	Management Information Base
MIC	Message Integrity Check
MICA	Modem ISDN Channel Aggregation
MICR	Magnetic Ink Character Recognition
MICROTEL	Microsoft / Intel
MICS	Macro Interpretative Commands
MIDI	Musical Instrument Digital Interface
MIDR	Mosaicked Image Data Record
MIF	Management Information Format
MIG	Metal In Gap
MIL	Machine Interface Layer
MILES	Merisel's Information and Logistical Efficency System
MILNET	Military Network
MIM	Map Image Metafile, Metal-Insulator-Metal
MIMD	Multiple Instruction Multiple Data Stream
MIME	Multipurpose Internet Mail Extension
MIN	Minimum, Mobile Identification Number
MIPL	Multimission Image Processing Laboratory
MIPS	Million Instructions Per Second
MIS	Management Information System, Multimedia Information Sources
MISC	Miscellaneous
MIX	Member Information Exchange
ML	Machine Language, Meta Language
MLAPI	Multilingual Application Programming Interface
MLC	Multilayer Ceramic, Multilevel Cell
MLE	Multi-Line Editor
MLID	Multi-Link Interface Driver
MLM	Mailing List Manager
MLPPP	Multilink PPP
MM	Minutes Month
MMA	Microcomputer Managers Association
MMC	Matched Memory Cycle
MMCD	MultiMedia Compact Disk
MMCX	Multimedia Communication Exchange
MMDS	Multipoint Multichannel Distribution Service
MMI	Man / Machine Interface
MMIS	Materials Manager Information System
MMPM	Multi Media Presentation Manager

MMU	Memory Management Unit
MMVF	Multimedia Video File
MMX	Matrix Manipulation Extensions, Multimedia Extensions
MNOS	Metal Nitride Oxide Semiconductor
MNP	Microcom Networking Protocol
MO	Magneto-Optical
MOB	Memory-Order Buffer
MOCA	Merisel Open Computing Alliance
MOD	Module
MODEM	Modulator / Demodulator
MOHLL	Machine Oriented High Level Language
MOL	Microsoft Open License
MOLAP	Multidimensional On-Line Analytical Processing
MOM	Microsoft Office Manager
MONET	Multiwavelength Optical Networking
MOO	MUD Object Oriented
MOP	Maintenance Operations Protocol
MOPS	Million Operations Per Second
MOS	Magneto-Optic Storage, Metal Oxide Semiconductor
MOSFET	Metal Oxide Semiconductor Field Effect Transistor
MOVS	Move String
MP	Massively Parallel, Multiple Processor
MP3	MPEG Audio Layer 3
MPC	Multimedia Personal Computer, Multipath Channel
MPCS	Mission Planning and Control Station
MPD	Mini Port Driver
MPE	Multiple Programming Executive
MPEG	Moving Picture Experts Group
MPI	Message Passing Interface, Multiprecision Integer
MPM	Message Passing Library
MPMD	Multiple Processor / Multiple Data
MPOA	Multi-Protocol over Asynchronous-Transfer-Mode
MPP	Massively Parallel Processing, Message Posting Protocol, Message Processing Program
MPQP	Multi-Protocol Quad Port
MPR	Multipart Repeater, Multi Protocol Router
MPS	Multiprocessor Specification
MPTN	Multi-Protocol Transport Network
MPTS	Multi-Protocol Transport Services
MPU	Microprocessor Unit

MQI	Messaging and Queuing Interface
MR	Magneto Resistive, Modem Ready
MRCF	Microsoft Realtime Compression Format
MRCI	Microsoft Realtime Compression Interface
MRI	Magnetic Resonance Imaging
MRO	Multi-Region Operation
MRP	Materials Requirement Planning
MRPL	Main Ring Path Length
MRS	Media Recognition System
MRT	Mean Repair Time
MRU	Maximum Receive Unit
MS	Memory System, Message Store, Microsecond, Microsoft
MSACM	Microsoft Audio Compression Manager
MSAU	Multi-Station Access Unit
MSAV	Microsoft Anti Virus
MSB	Most Significant Bit
MSBF	Mean Swaps Between Failures
MSCDEX	Microsoft Compact Disc Extensions
MSCHAP	Microsoft Challenge Handshake Authentication Protocol
MSCS	Microsoft Cluster Server
MSD	Mass Storage Device, Most Significant Digit, Microsoft System Diagnostics
MSDE	Microsoft Data Engine
MSDN	Microsoft Developer Network
MS-DOS	Microsoft Disk Operating System
MSDR	Multiplexed Streaming Data Request
MSDS	Microsoft Developer Support
MSFR	Minimum Security Function Requirements
MSG	Message
MSI	Medium Scale Integration
MSIE	Microsoft Internet Explorer
MSL	Map Specification Library, Mirrored Server Link
MSMQ	Microsoft Message Queue-Server
MSN	Microsoft Network
MSO	Multiple-Systems Operator
MSS	Mass Storage System, Multiprotocol Switched Services
MSTP	Multimission Software Transmission Project
MSTS	Microsoft Terminal Server
MSW	Machine Status Word
MTA	Message Transfer Agent, Multiple Terminal Access

MTBB	Mean Time Between Breakdowns
MTBF	Mean Time Between Failures
MTBJ	Mean Time Between Jams
MTF	Microsoft Tape Format, Modulation Transfer Function
MTRP	Maximum Transfer Rate Performance
MTS	Message Transfer Service / System, Microsoft Transaction Server
MTST	Magnetic Tape Selectric Typewriter
MTT	Multi-Transaction Timer
MTTD	Mean Time To Diagnose
MTTF	Mean Time To Failure
MTTR	Mean Time To Repair
MTU	Maximum Transmission Unit
MUA	Mail User Agent
MUD	Multi-User Dialogue / Dimension / Domain / Dungeon
MULTICS	Multiplexed Information and Computing Service
MUSE	Multi-User Shared Environment
MUT	Markt & Technik, Monitor Under Test
MUX	Multiplexer
MVB	Multimedia Viewer Book
MVC	Multimedia Viewer Compiler
MVDM	Multiple Virtual DOS Machines
MVGA	Monochrome Video Graphics Array
MVIP	Multi-Vendor Integration Protocol
MVP	Multimedia Video Processor
MVS	Multiple Virtual Storage
MVS/ESA	Multiple Virtual Storage / Enterprise Systems Architecture
MVS/SP	Multiple Virtual Storage / System Product
MVS/TSO	Multiple Virtual Storage / Time Sharing Option
MVS/XA	Multiple Virtual Storage / Extended Architecture
MVT	Multiprogramming with a Variable number of Tasks
MWI	Message Waiting Indicator
MWN	Message Waiting Notification
MX	Mail Exchanger
MXS	Microsoft Exchange Server
MZR	Multiple Zone Recording

N

N/I	Non-Interlaced
NAC	Network Adapter Card
NACK	Negative Acknowledgement
NACS	National Advisory Committee on Semiconductors
NAK	Negative Acknowledgment
NAM	Number Assignment Module
NAND	Not And
NAP	Network Access Point
NAS	Network Access Server, Network Application Support, Network Attached Storage
NASI	NetWare Asynchronous Services Interface
NAT	Network Address Translators
NAU	Network Addressable Unit
NAWS	Negotiate About Window Size
NBB	Number of Bytes of Binary
NBE	Not Below or Equal
NBMA	Non-Broadcast Multi Access
NBS	Narrowband Socket, National Bureau of Standards, Numeric Backspace
NC	Network Computer, No Carry, Numerical Control
NCA	Network Communications Adapter, Network Computing Architecture
NCC	Network Control Center
NCD	Network Computing Device
NCF	Netware Command File
NCGA	National Computer Graphics Association
NCIC	National Crime Information Computer
NCM	Node Controller Module
NCMT	Numerical Control for Machine Tools
NCOS	Network Computer Operating System
NCP	NetWare Core Protocol, Not Copy Protected, Network Control Processor / Program / Protocol
NCPS	Netware Cross-Platform Services
NCSA	National Center for Supercomputing Applications
NCSC	National Computer Security Center
NCSI	Network Communications Services Interface
NDB	Non-Directional Beacon
NDDK	Network Device Development Kit
NDIAG	Norton Diagnostics

NDIS	Network Device / Driver Interface Specification
NDL	Network Data Language
NDMP	Network Data Management Protocol
NDP	Numeric Data Processor
NDR	Network Data Representation
NDRO	Non-Destructive Read Out
NDS	NetWare Directory Service
NEARNET	New England Academic and Research Network
NEAT	Novell Easy Administration Tool
NEC	Nippon Electric Company
NEG	Negative, Negate
NEP	Network Entry Point
NES	National Education Supercomputer
NET	Networks
NetBEUI	NetBIOS Extended User Interface
NetBIOS	Network Basic Input/Output System
NETMON	Network Monitor
NEWS	Novell Electronic Webcasting Service
NEXT	Near-End Crosstalk
NFF	No Fault Found
NFS	Network File System
NGE	Not Greater or Equal
NGI	Next-Generation Internet
NHRP	Next Hop Resolution Protocol
NIA	Next Instruction Address
NIC	Network Information Center, Network Interface Card
NICAD	Nickel-Cadmium
NiCD	Nickel Cadmium
NID	New Interactive Display, Next ID
NII	National Information Infrastructure
NIM	Network Installation Management
NIMH	Nickel-Metal Hydride
NIMS	Near Infrared Mapping Spectrometer
NIO	Native Input/Output
NIPS	Network I/Os Per Second
NIR	Network Information Retrieval
NIS	Network Information Service
N-ISDN	Narrowband ISDN, Nationales ISDN
NISO	National Information Standards Organisation

NISP	Networked Information Services Project
NIST	National Institute for Standards and Technology
NITC	National Information Technology Center
NIU	Network Interface Unit
NJE	Network Job Entry
NL	New Line
NLB	Number of Lines of Binary
NLE	Not Less or Equal
NLM	NetWare Loadable Module
NLP	Natural-Language Processing
NLQ	Near Letter Quality
NLS	Online System
NLSFUNC	National Language Support Function
NMI	Non-Maskable Interrupt
NMM	NetWare Management Map
NMOS	Negative Channel Metal-Oxide Semiconductor
NMP	Network Management Protocol
NMS	Network Management System
NN	Network Node
NNI	Network to Network Interface
NNM	Network Node Manager
NNTP	Network News Transfer Protocol
NOC	Network Operations Center
NOF	Not On File
NOP	No Operation
NOR	Not Or
NORAD	North American Defense Command
NOS	Network Operating System
NPA	Network Printer Alliance, Numbering Plan Area
NPI	Network Printer Interface
NPL	Nonprocedural Language
NPN	Notes Public Network
NPR	Network Process Engineering
NPS	Novell Productivity Specialist
NPT	Non-Programmable Terminal
NPU	Natural Processing Unit
NPX	Numeric Processor Extension
NQS	Network Queuing System
NREN	National Research and Education Network

NRM	Network Resource Manager
NRN	Novell Remote Network
NRZ	Not Return to Zero
NRZI	Non Return to Zero Inverted
NSA	National Security Agency
NSAP	Network Service Access Point
NSAPI	Netscape Server API
NSERC	National Sciences and Engineering Research Council
NSF	National Science Foundation
NSFNET	National Science Foundation Network
NSI	Network Solutions Inc.
NSLOOKUP	Name Server Lookup
NSM	Netscape Server Manager
NSP	Native Signal Processing, Network Service Provider
NSTC	National Science and Technology Council
NSTL	National Software Testing Labs
NT	New Technology
NT-1	Network Terminator Type 1
NTAS	NT Advanced Server
NTF	No Trouble Found
NTFS	New Technology File System
NTIA	National Telecommunications and Information Administration
NTIS	National Technical Information Service
NTP	Network Time Protocol
NTRAS	NT Remote Access Services
NTSA	NetWare Telephony Services Architecture
NTSC	National Television Standards Committee
NTT	Numbered Test Trunk
NTU	Network Termination Unit
NUI	Network User Identification, Network User Interface
NUMA	Non-Uniform Memory Access
NV	No Overflow
NVM	Non-Volatile Memory
NVRAM	Non-Volatile Random Access Memory
NWG	Network Working Group
NWS	NetWare Web Server
NYM	Anonymous
NYNEX	New York – New England Exchange
NYSERNET	New York State Education Research Network

O

O	Organization
OA&M	Operations Administration & Maintainance
OAB	One-to-All Broadcast
OAD	Open Architecture Driver
OAG	Open Applications Group
OAI	Open Applications Interface
OBD	On Board Diagnostics
OBEX	Object Exchange
OBJ	Object
OC	Optical Carrier
OCE	Open Collaborative Environment
OCF	Objects Components Framework
OCIS	Organized Crime Information Systems
OCL	Operation Control Language, Operator Control Language
OCR	Optical Character Recognition
OCS	On-Card Sequencer
OCX	OLE Custom Control
ODA	Open Document Architecture
ODAPI	Open Database Application Programming Interface
ODBC	Object-Oriented Database Connectivity, Open Data Base Connectivity
ODBMS	Object-Oriented Database Management System
ODI	Open Datalink Interface, Open Device Interconnect
ODIF	Open Document Interchange Format
ODL	Object Definition Language
ODM	Object Data Manager, Optimised Distribution Model
ODMA	Open Document Management API
ODN	OutDial Notification
ODP	Open Distributed Processing
ODS	Open Data Services, Operational Data Store
ODSI	Open Directory Service Interface
ODT	Open Desktop
OEM	Original Equipment Manufacturer
OEP	Operand Execution Pipeline
OF	Overflow Flag
OFB	Output Feedback
OFDM	Orthogonal Frequency Division Multiplexing
OFMT	Output Format for Numbers

OFS	Object File System, Output Field Separator
OFX	Open Financial Exchange
OH	Off Hook
OHCI	Open Host Controller Interface
OIDL	Object Interface Definition Language
OIS	Office Information System
OL	Ordered List
OLAP	Online Analytical Processing
OLCP	Online Complex Processing
OLE	Object Linking and Embedding
OLI	Optical Line Interface
OLMC	Output Logic Macrocell
OLSP	Online Service Provider
OLTP	Online Transaction Processing
OM	Object Manager
OMA	Object Management Architecture
OME	Open Messaging Environment
OMF	Object Module Format, Open Media Framework, Open Message Format
OMG	Object Management Group
OMI	Open Messaging Interface
OML	Object Manipulation Language
OMR	Optical Mark Recognition
ONC	Open Network Computing
ONDS	Open Network Distribution Services
ONE	Open Network Environment
ONMS	Open Network Management System
ONU	Optical Network Unit
OODB	Object-Oriented Database
OODMS	Object-Oriented Database Management System
OOL	Object-Oriented Language
OOOS	Object-Oriented Operating System
OOPL	Object-Oriented Programming Language
OOPS	Object Oriented Programming and Systems
OOS	Object-Oriented Systems
OOT	Object-Oriented Technology
OOUI	Object Oriented User Interface
OP	Operation Optical Output
OPAC	Online Public Access Catalogue
OPC	Organic / Optical Photoconductor

OPCODE	Operational Code
OPD	Operand
OPI	Open Prepress Interface
OPM	Operations Per Minute
OPS	Open Profiling Standard Operations
OPT	Open Protocol Technology, Options
OQL	Object Query Language
ORACLE	Online Inquiry and Report Generator
ORB	Object Request Broker
ORI	Online Retrieval Interface, Original
ORMS	Operating Resource Management System
OROM	Optical Read-Only Memory
ORS	Output Record Separator
OS	Operating System
OS/2	Operating System/2
OS/E	Operating System / Environment
OSA	Open Scripting / System Architecture
OSD	Open Software Description / Distribution
OSE	Office Server Extensions
OSF	Open Software Foundation
OSI	Open Systems Interconnection
OSP	On-Screen Programming, Optical Storage Processor
OSPF	Open Shortest Path First
OSQL	Object Structured Query Language
OSR	OEM System Release
OSR2	OEM Service Release 2
OSS	Open Source Software
OT	Object Technology
OTA	Operation-Triggered Architecture
OTP	One-Time Programmable
OU	Organizational Unit
OUI	Organisationally Unique Identifier
OURS	Open Users Recommended Solutions
OUTS	Output String
OV	Overflow
OVAL	Object-Based Virtual Application Language
OWL	Object / Open Windows Library

P

P/N	Part Number
P/T	Part Time
PAB	Personal Address Book
PABX	Private Automatic Branch Exchange
PACE	Priority Access Control Enabled
PACS	Picture Archiving and Communication System
PACSLI	Public Access Computer Systems List
PAD	Packet Assembler / Disassembler
PADS	Pen Application Development System
PAIH	Public-Access Internet Host
PAIS	Public-Access Internet Site
PAL	Phase Alternating Line, Programmed Array Logic, Programming Assembly Language
PALC	Plasma-Addressed Liquid Crystal
PAM	Pulse Amplitude Modulation
PAP	Packet-level Procedure, Password Authentication Protocol, Printer Access Protocol
PAR	Personal Animation Recorder, Parallel
PARC	Palo Alto Research Center
PA-RISC	Precision Architecture-RISC
PAW	Peachtree Accounting for Windows
PAX	Portable Archive Exchange
PBA	Printed Board Assembly
PBE	Prompt By Example
PBGA	Plastic Ball Grid Array
PBIS	Peachtree Business Internet Suite
PBMS	Pacific Bell Mobile Services
PBS	Portable Base Station
PBX	Private Branch Exchange
PC	Personal Computer, Printed Circuit, Program Counter
PCA	Peachtree Complete Accounting, Performance and Coverage Analyzer
PCB	Printed Circuit Board, Program Control Block
PCBC	Plain / Propagating Cipher Block Chaining
PCD	Photo Compact Disk
PCDOS	Personal Computer Disk Operating System
PC-DOS	Personal Computer-Disk Operating System
PCEB	PCI to EISA Bridge

PCI	Peripheral Component Interconnect / Interface
PC-I/O	Program Controlled I/O
PCIC	PC-Card Interrupt Controller
PCL	Printer Command Language, Process Control Language
PCM	Printer Cartridge Metric, Pulse Code Modulation
PCMA	Paired Carrier Multiple Access
PCMC	PCI Cache Memory Controller
PCMCIA	Personal Computer Memory Card International Association
PCMIM	Personal Computer Media Interface Module
PCN	Personal Computer Network
PCNFS	Personal Computer Network File System
PCS	Personal Communication System, Proxy Cache Server
PCT	Picture, Private Communications Technology
PCX	Picture Image
PD	Phase-Change Dual, Public Domain
PDA	Personal Digital Assistant
PDC	Primary Domain Controller
PDD	Physical Device Driver, Portable Digital Document
PDF	Package Definition File, Portable Document Format, Portable Document File
PDIAL	Public Dialup Internet Access List
PDL	Page Description Language, Program Description Language
PDM	Product Data Management
PDN	Public Data Network
PDO	Portable Distributed Objects
PDP	Parallel Data Processing, Plasma Display Panel, Programmable Data Processor
PDQ	Peachtree Data Query
PDS	Packet Driver Specification, Partitioned Data Set, Portable Document Software
PDSS	Post Development and Software Support
PDT	Performance Diagnostic Tool, Programmable Drive Table
PDU	Plug Distribution Unit, Protocol Data Unit
PE	Parity Even, Processing Element, Protect Enable
PEA	Pocket Ethernet Adapter
PEL	Picture Element
PEM	Privacy-Enhanced Mail
PEP	Packet Exchange Protocol
PERC	Power Edge RAID Controller
PERL	Practical Extraction and Report Language

PERT	Program Evaluation and Review Technique
PES	Positioning Error Signal, Processor Enhancement Socket
PET	Print Enhancement Technology
PF	Program Function
PFA	Peachtree First Accounting
PFN	Page Frame Number
PFR	Power-Fail Restart
PGA	Pin Grid Array Professional Graphics Adapter
PGC	Program Group Control
PGDN	Page Down
PGM	Program
PGML	Precision Graphics Markup Language
PGP	Pretty Good Privacy
PGUP	Page Up
PHIGS	Programmers Hierarchical Interactive Graphics Standards
PI	Program Interruption
PIA	Peripheral Interface Adapter
PIC	Personal Information Carrier, Priority Interrupt Controller, Program Interrupt Controller
PICS	Platform for Internet Content Selection
PICT	Picture
PID	Process Identification Number
PIER	Procedures for Internet / Enterprise Renumbering
PIF	Picture Interchange Format File, Program Information File
PIG	Product Information Guide
PII	Program Integrated Information
PIM	Personal Information Manager, Primary Interface Module, Protocol-Independent Multicast
PIN	Personal Identification Number, Process Identification Number
PING	Packet Internet Groper
PIO	Parallel Input/Output, Processor Input/Output
PIP	Pattern and Information Processing, Picture In Picture, Problem Isolation Procedure
PIPO	Parallel In Parallel Out
PIR	Protocol Independent Routing
PIT	Programmable Interval Timer
PIXEL	Picture Element
PJPEG	Progressive JPEG
PK	Primary Key
PKC	Public Key Cryptography

PKI	Public Key Infrastructures
PL	Plus
PL/1	Programming Language One
PL/M	Programming Language for Micros
PLA	Programmable Logic-Array
PLC	Programmable Logic Controller
PLCC	Plastic Leadless Chip Carrier
PLD	Programmable Logic Device
PLE	Public Local Exchange
PLL	Phase Locked Loop, Prelinked Library
PLP	Packet Level Procedure
PLS	Primary Link Station
PLV	Production Level Video
PM	Presentation Manager, Preventative Maintenance, Process Manager
P-MAIL	Paper Mail
PMD	Packet Mode Data
PMMU	Paged Memory Management Unit
PMOS	Positive Channel Metal Oxide Semiconductor
PMR	Problem Management Report
PMS	Policy Management System
PN	Processing Node
PNA	Programmable Network Access
PNG	Portable Network Graphics
PNNI	Private Network to Network Interface
PNP	Plug And Play
PO	Parity Odd
POA	Power Open Association
POE	Power Open Environment
POH	Power On Hours
POL	Problem Oriented Language
POP	Point Of Presence, Post Office Protocol
POP3	Post Office Protocol Version 3
POR	Power-On-Reset
POS	Point Of Sale, Positive Programmable Object Select
POSIX	Portable Operating System Interface for Unix
POST	Power-On Self Test
POSTNET	Postal Numeric Encoding Technique
POTS	Plain Old Telephone Service

PowerPC	Performance Optimisation with Enhanced RISC-Performance Computing
PP	Parallel Port
PPA	Pixel Processing Accelerator
PPD	Post-Script Printer Description
PPDS	Personal Printer Data Stream
PPGA	Plastic Pin Grid Array
PPI	Precise Pixel Interpolation
PPM	Pages Per Minute
PPN	Project-Programmer Number
PPP	Point-to-Point Protocol
PPS	Packets Per Second
PPTP	Point-to-Point Tunnelling Protocol
PQA	Palm Query Application
PQFP	Plastic Quad Flat Pack
PRACSA	Public Remote Access Computer Standards Association
PRAM	Parallel Random-Access Machine, Parameter Random Access Memory
PRD	Printer Driver
PRE	Preformatted
PREP	Power PC Reference Platform
PRF	Preferences, Pulse Repetition Frequency
PRG	Program
PRI	Primary-Rate Interface
PRIMOS	Prime Operating System
PRINTF	Print with Formatting
PRISM	Photo-Refractive Information Storage Material
PRJ	Project
PRML	Partial-Response Maximum-Likelihood
PRN	Printer
PRO	Profile
PROC	Procedure
PROFS	Professional Office System
PROG	Program Programmer
PROLOG	Programming In Logic
PROM	Programmable Read Only Memory
PRTSC	Print Screen
PS	Proportional Spacing, PostScript
PS/2	Programming System 2
PSAPI	Presentation Space Application Programming Interface

PSC	Print Server Command
PSDN	Packet-Switched Data Network
PSDS	Packet-Switched Data Service
PSERVER	Print Server
PSF	Permanent Swap File
PSID	PostScript Image Data
PSM	Printing Systems Manager
PSN	Packet Switching Network, Processor Serial Number
PSP	Personal Software Products, Program Segment Prefix
PSPDN	Packet-Switched Public Data Network
P-SRAM	Pseudo-Static Random Access Memory
PSRT	PostScript Round Table
PSS	Process Status Structure
PSTN	Public Switched Telephone Network
PSU	Power Supply Unit
PT	Page Table
PTD	Parallel Transfer Disk Drive
PTE	Page Table Entry
PTF	Problem Temporary / Trouble Fix
PTI	Packet Type Identifier
PU	Physical Unit
PUB	Public, Publish
PUN	Physical Unit Number
PUP	PARC Universal Packet
PUS	Processor Upgrade Socket
PUSHA	Push All Registers
PUSHF	Push Flags
PVC	Permanent Virtual Circuit
PVM	Parallel Virtual Machine
PVP	Parallel Vector Processing
PVS	Parallel Visualisation Server
PW	Password
PWD	Print Working Directory
PWR	Power
PWS	Peer Web Services
PWSCS	Programmable Workstation Communication Services
PX	Primary Index

Q

QA	Quality Assurance
QAM	Quadrature Amplitude Modulation
QBE	Query By Example
QBF	Query by Form
QBIC	Query By Image Content
QBP	QuickBooks Pro
QC	Quality Control
QDA	Qualitative Data Analysis
QDN	Query Direct Number
QDOS	Quick and Dirty Operating System
QEMM	Quarterdeck Expanded Memory Manager
QFA	Quick File Access
QFE	Quick-Fix Engineering
QFP	Quad Flat Pack
QIC	Quarter-Inch Cartridge
QIO	Queue Input / Output
QOS	Quality Of Service
QPG	Quantum Phase Gate
QPSK	Quadrature Phase Shift Keying
QTW	Quick-Time for Windows

R

R/O	Read Only
R/T	Receive / Transmit
R/W	Read / Write
R/WM	Read-Write Memory
RA	Return Authorisation
RACF	Resource Access Control Facility
RAD	Rapid Application Development
RAD/RASP	Remote Antenna Driver / Remote Antenna Signal Processor
RADAR	Radio Detection And Ranging
RADB	Routing Arbiter Data Base
RADIUS	Remote Authentication Dial-In User Service
RADSL	Rate Adaptive Digital Subscriber Line
RAG	Row Address Generator
RAID	Redundant Arrays of Independent Drives
RALU	Register Arithmetic Logic Unit

RAM	Random Access Memory
RAMDAC	Random Access Memory Digital-to-Analog Converter
RAMP	Remote Access Maintenance Protocol
RAND	Random
RAP	Rapid Application Prototyping
RARP	Reverse Address Resolution Protocol
RAS	Random Access Storage, Remote Access Service
RASP	Remote Antenna Signal Processor
RAVE	Rendering Acceleration Virtual Engine
RAW	Raw Data
RBBS	Remote Bulletin Board System
RBCS	Remote Bar Code System
RBOC	Regional Bell Operating Companies
RCF	Remote Call Forwarding
RCL	Rotate Carry Left
RCP	Remote Control Panel, Remote Copy, Restore Cursor Position
RCR	Rotate Carry Right
RCS	Records Communications Switching System
RD	Receive Data, Remove Directory
RDA	Remote Database Access
RDB	Receive Data Buffer, Relational Database
RDBMS	Relational Database Management System
RDCLK	Received Timing Clock
RDF	Resource Description Framework
RDM	Report Display Manager
RDN	Relative Distinguished Name
RDO	Remote Data Object
RDP	Reliable Datagram Protocol, Remote Desktop Protocol
RDRAM	Rambus DRAM
RDSR	Receiver Data Service Request
RDTO	Receive Data Transfer Offset
REC	Recorder
RECS	Reseller Electronic Communication System
REF	Reference
REG	Register
RELSECT	Relative Sector
REM	Remark, Remote
REMOB	Remote Observation
REN	Rename

REP	Repeat
REPE	Repeat while Equal
REPNE	Repeat while Not Equal
REPNZ	Repeat while Not Zero
REPZ	Repeat while Zero
REQ	Request
RES	Remote Execution Service, Reset, Resolution, Resource
RET	Resolution Enhancement Technology, Return
RETR	Retrieve
REX	Relocatable Executable
REXEC	Remote Execution
REXX	Restructured Extended Executor
RF	Radio Frequency
RFC	Request For Comments
RFD	Request for Discussion
RFI	Radio Frequency Interference, Request for Information
RFID	Radio Frequency Identification
RFNM	Request For Next Message
RFP	Request for Proposal
RFQ	Request for Quotation
RFS	Remote File Sharing, Remote File System
RFT	Revisable Form Text
RGB	Red-Green-Blue
RI	Referential Integrity, Ring Indicate
RID	Relative Identifier
RIFF	Resource Interchange File Format
RIM	Remote Installation and Maintenance
RIME	RelayNet International Message Exchange
RIP	Raster Image Processor, Remote Imaging Protocol, Routing Information Protocol
RIPS	Raster Image Processing System
RISC	Reduced Instruction Set Computing
RIT	Raw Input Thread
RJE	Remote Job Entry
RLD	Received Line Detect
RLE	Run Length Encoded
RLL	Run Length Limited
RLN	Remote LAN Node
RLOGIN	Remote Login
RLSD	Received Line Signal Detected

RM	Reset Mode
RMA	Return Material Authorisation, Return to Manufacturer Authorisation
RMB	Right Mouse Button
RMDIR	Remove Directory
RMI	Remote Messaging Interface, Remote Method Invocation
RMON	Remote Monitor / Monitoring
RMP	Remote Maintenance Processor
RMS	Record Management Services
RMW	Read-Modify-Write
RN	Read News
RNA	Remote Network Access
RND	Random
RNG	Random Number Generator
RNP	Regional Network Provider
RO	Receive Only
ROB	Reorder Buffer
ROL	Rotate Left
ROLAP	Relational On-Line Analytical Processing
ROM	Read Only Memory
ROOM	Real-Time Object-Oriented Modeling
ROP	Raster Operation RISC Operation
ROPES	Rapid Object-Oriented Process for Embedded Systems
ROR	Rotate Right
ROS	Read-Only Storage
ROT	Running Object Table
RPC	Remote Procedure Call
RPG	Report Program Generator
RPL	Resident Programming Language
RPM	Revolutions Per Minute
RPN	Real Page Number, Reverse Polish Notation
RPPROM	Reprogrammable PROM
RPR	Relative Performance Rating
RPRINTER	Remote Printer
RPT	Repeat
RQBE	Relational Query By Example
RS	Recommended Standard, Record Separator, Request to Send
RSA	Rivest Shamir Adleman
RSAC	Recreational Software Advisory Council
RSCS	Remote Spooling Communications System

RSD	Route Server Daemon
RSEXEC	Resource Sharing Executive
RSH	Remote Shell
RSL	Request-and-Status Link
RSP	Required Space Character
RSPX	Remote Sequenced Packet Exchange
RST	Reset Restart
RSTS	Resource Sharing Time Sharing
RSVP	Resource Reservation Protocol
RT	Real Time, RISC Technology, Run Time
RTAM	Remote Terminal Access Method
RTC	Real-Time Clock
RTCP	Real-Time Transport Control Protocol
RTDM	Real-Time Data Migration
RTEL	Reverse Telnet
RTF	Rich Text Format
RTFM	Read The F***ing Manual
RTL	Register Transfer Language / Level, Resistor Transistor Logic, Right-To-Left, Run Time Library
RTM	Response Time Monitor, Runtime Manager
RTMP	Routing Table Maintenance Protocol
RTOS	Real-Time Operating System
RTP	Rapid Transport Protocol, Real-Time Protocol
RTS	Remote Takeover System, Request to Send
RTSP	Real-Time Streaming Protocol
RTTI	Runtime Type Information
RTTY	Radio Teletypewriter
RTV	Real Time Video
RTX	Run Time Extension
RU	Request Unit, Response Unit
RUN	Rewind / Unload
RVA	Relative Virtual Address
RVD	Remote Virtual Disk
RVI	Reverse Interrupt
RWIN	Receive Window
RX	Receiver
RXD	Receive Data

S

S/H	Sample and Hold
S/TK	Sectors Per Track
S/W	Software
SA	Selective Availability
SAA	Systems Application Architecture
SABRE	Semi-Automatic Business Research Environment
SAC	Single Attachment Concentrator
SACL	System Access Control List
SADL	Synchronous Data Link Control
SAFE	Security And Freedom through Encryption
SAINT	Symbolic Automatic Integrator
SAL	Shift Arithmetic Left
SAM	Serial Access Memory, Sequential Access Method, Security Accounts Manager, Single Application Mode
SAN	Storage / System Area Network
SANE	Standard Apple Numeric Environment
SAP	Service Access Point
SAPI	Speech Application Program Interface
SAR	Segmentation and Reassembly, Shift Arithmetic Right
SARC	Symantec Antivirus Research Center
SARG	Search Argument
SAS	Statistical Analysis System
SASI	Shugart Associates System Interface
SATAN	Security Administrator Tool for Analysing Networks
SATNET	Satellite Network
SAV	Save
SAVDM	Single Application VDM
SB	Sound Blaster, Sound Board
SBA	Scene Balance Algorithms
SBC	Single-Board Computer
SBCS	Single-Byte Character Set
SBS	Small Business Server, Smart Battery Specification
SC	Script
SCADA	Supervisory Control and Data Acquisition
SCAM	SCSI Configuration Automatically
SCAS	Scan String
SCB	Subsystem Control Block

SCC	Serial Communications Controllers, Serial Controller Chip, Synchronous Channel Check
SCCS	Source Code Control System
SCD	Standard Color Display
S-CDMA	Synchronous Code-Division Multiple Access
SCE	Service Creation Environment
SCF	System Control Facility
SCI	Scalable Coherent Interface, Serial Communications Interface
SCIL	Serial Control Interface Logic
SCLM	Software Configuration and Library Management
SCO	Santa Cruz Operation
SCOPE	Simple Communications Programming Environment
SCP	Save Cursor Position, Subsystem Control Port, System Control Program
SCPC	Single-Channel Per Carrier
SCRN	Screen
SCRS	Scalable Cluster of RISC Systems
SCSA	Signal Computing System Architecture
SCSI	Small Computer Systems Interface
SD	Send Data, Super Density
SDA	Software Disk Array, Source Data Automation, System Display Architecture
SDAM	Single DOS Application Mode
SDB	Symbolic Debugger
SDD	Software Description Database, Subscriber Data Document, System Distribution Directory
SDF	Space Delimited File, Space Delimited Format
SDH	Synchronous Digital Hierarchy
SDI	Selective Dissemination of Information, Single Document Interface
SDK	Software Development Kit
SDL	Specification and Description Language
SDLC	Synchronous Data Link Control
SDM	System Development Multitasking
SDMS	SCSI Device Management System
SDN	Software Defined Network
SDNS	Secure Data Network Service
SDR	Streaming Data Request
SDRAM	Synchronous DRAM
SD-ROM	Super Density ROM

SDSC	San Diego Supercomputer Center
SDSF	System (Spool) Display and Search Facility
SDSL	Symmetric Digital Subscriber Line
SDV	Switched Digital Video
SDX	Storage Data Acceleration
SEA	Standard Extended Attribute
SEAL	Segmentation and Reassembly Layer, Screening External Access Link
SEC	Single Error Correction
SECAM	Séquentiel Couleur Avec Mémoire
SECC	Single Edge Contact Cartridge
SED	Stream Editor, Stream-Oriented Editor
SEG	Segment
SEH	Structured Exception Handling
SEL	Select
SEM	Standard Electronic Module
SEPP	Secure Encryption Payment Protocol
SER	Serial
SERCOS	Serial Real-Time Communications System
SET	Secure Electronic Transaction
SETEXT	Structure Enhanced Text
SEU	Smallest Executable Unit
SF	Sign Flag
SFA	Sales Force Automation
SFC	System File Checker
SFD	Start Frame Delimiter
SFDR	Spurious-Free Dynamic Range
SFN	Short File Name
SFQL	Structured Full-text Query Language
SFS	System File Server
SFT	System Fault Tolerance
SFX	Sound Effects
SGA	Shared Global Area
SGCP	Simple Gateway Control Protocol
SGDT	Store Global Descriptor Table
SGEN	Signal Generator System Generator
SGI	Silicon Graphics Incorporated
SGM	Shaded Graphics Modeling
SGML	Standard Generalized Markup Language
SGR	Set Graphics Rendition

SGRAM	Synchronous Graphics RAM
SHA	Secure Hash Algorithm
SHAR	Shell Archive
S-HDSL	Single-Line – High-bit-rate Digital Subscriber Line
SHED	Segmented Hypergraphic Editor
SHG	Segmented Hypergraphics
SHL	Shift Logical Left
SHR	Shift Logical Right
S-HTML	Secure Hypertext Markup Language
S-HTTP	Secure Hypertext Transfer Protocol
SHV	Standard High-Volume
SI	Shift-In, Source Index, System Information, System Integration
SI/O	Serial Input/Output
SI/SO	Serial In / Serial Out, Shift In / Shift Out
SIC	Standard Industrial Code
SID	Security Identifier, Serial Input Data
SIDF	System Independent Data Format
SIDT	Store Interrupt Descriptor Table
SIF	Standard Input Format
SIFT	Stanford Information Filtering Tool
SIG	Special Interest Group
SIM	Simulator
SIMD	Single Instruction Multiple Datastream
SIMM	Single In-line Memory Module
SIMTEL	Simulation and Teleprocessing
SIMULA	Simulation
SIP	Session Initiation Protocol, Single In-line Package
SIPC	Simply Interactive Personal Computer
SIPO	Serial In Parallel Out
SIPP	Single In-line Pin Package
SIR	Serial Infrared
SIRDS	Single-Image Random Dot Stereogram
SIU	System Interface Unit
SKIP	Simple Key-Management for Internet Protocols
SLC	Subscriber Line Concentrator
SLDT	Store Local Descriptor Table
SLED	Single Large Expensive Disk
SLIC	System Level Integration Circuit
SLIM	Structured Language for Internet Markup

SLIP	Serial Line Interface Protocol
SLM	Spatial Light Modulator
SLMR	Silly Little Mail Reader
SLP	Service Location Protocol
SLSI	Super Large-Scale Integration
SM	Set Mode, Shared Memory
SMART	Self-Monitoring Analysis and Reporting Technology
SMB	Server Message Block
SMCC	Sun Microsystems Computer Company
SMD	Surface Mounted Device
SMDR	Station Message Detail Recording
SMDS	Switched Multimedia / Multi-Megabit Data Service
SMF	Single Mode Fiber, System Manager Facility
SMI	System Management Interrupt
SMIF	Standard Mechanical Interface
SMIL	Synchronised Multimedia Integration Language
S-MIME	Secure MIME
SMIT	System Management Interface Tool
SMK	Software Migration Kit
SML	Standard Meta Language
SMM	System Management Mode
SMP	Simple Management Protocol, Symmetrical Multiprocessing
SMPC	Shared Memory Parallel Computer
SMPS	Switching Mode Power Supply
SMPTE	Society of Motion Picture and Television Engineers
SMRAM	System Management Random Access Memory
SMS	Small Messaging System, Storage Management Services
SMT	Station Management, Surface-Mount Technology
SMTP	Simple Mail Transfer Protocol
SMU	System Management Utility
SN	Serial Number
SNA	Systems Network Architecture
SNADS	Systems Network Architecture Distribution Services
SNAP	Sub-Network Access Protocol
SNEWS	Secure News Server
SNMP	Simple Network Management Protocol
SNP	Serial Number / Password
SNR	Signal-to-Noise Ratio
SOA	Start Of Authority

SOAP	Simple Object Access Protocol
SOC	System On a Chip
SOCKS	Socket Secure
SO-DIMM	Small Outline DIMM
SOE	Standard Operating Environment
SOH	Start of Header
SOHO	Small Office / Home Office
SOI	Silicon-On-Insulator
SO-J	Small Outline J-lead
SOL	Simulation Oriented Language
SOM	Start of Message, System Object Model
SONET	Synchronous Optical Network
SOP	Small Outline Package, Standard Operating Procedures
SOS	Sophisticated Operating System, Standards and Open Systems
SP	Service Pack, Stack Pointer
SPA	Secure Password Authentication
SPARC	Scalable Processor Architecture
SPC	Small Peripheral Controller, Statistical Process Control
SPCL	Spectrum Cellular Corporation
SPCS	Stored Program Controlled Switch
SPD	Serial Presence Detect
SPEC	Systems Performance Evaluation Cooperative
SPF	Shortest Path First, System Programming Facility
SPGA	Staggered Pin-Grid Array
SPI	Security Parameters Index, SCSI Parallel Interface
SPID	Service Profile / Provider Identifier
SPIKE	Science Planning Intelligent Knowledge-Based Environment
SPL	System Programming Language
SPLD	Simple Programmable Logic Device
SPM	System Performance Monitor
SPOOL	Simultaneous Peripheral Operations On Line
SPOT	Shared Product Object Tree
SPP	Sequenced Packet Protocol, Standard Printer Port
SPPS	Scalable Power Parallel System
SPR	Special Purpose Register, Statistical Pattern Recognition, Symmetrical Phase Recording
SPREAD	Systems Programming Research Engineering and Development
SPS	Secure Packet Shield, Shock Protection System, Standby Power System
SPSS	Statistical Package for the Social Sciences

SPT	Sectors Per Track
SPX	Sequenced Packet Exchange
SQE	Signal Quality Error
SQL	Structured Query Language
SQL/DS	Structured Query Language / Data System
SQOS	Secure Quality Of Service
SQRT	Square Root
SR	Shift Register
SRAM	Shadow Random Access Memory, Static Random Access Memory
SRAPI	Speech Recognition API
SRB	Source-Route Bridge
SRC	System Resource Controller, Source
SRD	Screen Reader System
SRDRAM	Self-Refreshed DRAM
SRGB	Sustained RGB
SRM	Security Reference Monitor
SRO	Sharable and Read Only
SRPI	Server-Requester Programming Interface
SRQ	Service Request
SRR	Serially Reusable Resource
SRS	Sound Retrieval System
SS	Stack Segment Single Sided Seconds
SS6	Signaling System 6
SS7	Signaling System 7
SSA	Serial Storage Architecture
SSAP	Source Service Access Point
SSB	Single Side Band
SSCP	Systems Service Control Point
SSD	Solid State Disk
SSEC	Selective Sequence Electronic Calculator
SSFD	Solid State Floppy Disk
SSGA	System Support Gate Array
SSH	Secure Shell
SSI	Server Side Includes, Single System Image, Small Scale Integration
SSL	Secure Sockets Layer
SSPA	Solid State Power Amplifier
SSPI	Security Service Provider Interface
SSRP	Simple Server Redundancy Protocol

SST	Spread-Spectrum Technology, Systems Services and Technology
STA	Spanning Tree Algorithm
STAR	Self Defining Text Archival
STC	Set Carry Flag
STD	Standard
STI	Set Interrupt Flag
STL	Standard Template Library
STN	Super-Twist Nematic
STOS	Store String
STP	Secure Transfer Protocol, Shielded Twisted Pair, Signal Transfer Point
STR	Store Task Register, Synchronous Transmitter Receiver
STT	Secure Transaction Technology
SUB	Subroutine, Substitute, Subtract
SUBLIB	Subroutine Library
SUE	Stupid User Error
SUN	Stanford University Networks
SVC	Switched Virtual Circuit
SVF	Simple Vector Format
SVG	Scalable Vector Graphics
SVGA	Super Video Graphics Array
SVM	System Virtual Machine
SVN	Switched Virtual Network
SVR	Server
SWAIS	Simple Wide Area Information Server
SWAP	Shared Wireless Access Protocol
SWIG	Simplified Wrapper and Interface Generator
SWIM	Super Woz Integrated Machine
SWISH	Simple Web Indexing System for Humans
SWP	Simple Web Printing, Swap
SYM	Symbol
SYN	Synonym
SYNC	Synchronous
SYS	System
SYSOP	System Operator
SYSREQ	System Request

T

T	Terabyte
T/R	Transmit/Receive
TA	Terminal Adaptor
TACS	Total Access Communication System
TAD	Telephone Answering Device
TAE	Transportable Applications Environment
TAP	Telelocator Alphanumeric Protocol
TAPI	Telephony Applications Programming Interface
TAR	Tape Archive
TAS	Telephone Access Server
TASM	Turbo Assembler
TB	Terabyte
TBD	To Be Determined
TBGA	Tape Ball Grid Array
Tbps	Terabits Per Second
TBU	Tape Backup Unit
TC	Test Control, Transmission Control
TCAM	Telecommunications Access Method
TCC	Telegraph Consultative Commitee
TCG	Teleport Communications Group
TCL	Tool Command Language
TCL/TK	Tool Command Language/Toolkit
TCM	Trellis-Coded Modulation
TCP	Tape-Carrier Package
TCP/IP	Transmission Control Protocol/Internet Protocol
TCQAM	Trellis Coded Quadrature Amplitude Modulation
TD	Transmit Data
TDC	Tabular Data Control
TDE	Terminal Display Editor
TDI	Transport Device Interface
TDM	Technical Document Management, Time Division Multiplexing
TDMA	Time Division Multiple Access
TDMS	Terminal Display Management System
TDP	Tag Distribution Protocol, Telelocator Data Protocol
TDR	Time Domain Reflectometry
TDSR	Transmitter Data Service Request
TEB	Thread Environment Block
TEC	Tokyo Electronics Corporation

TED	Tiny Editor Transient Electromagnetic Device
TEI	Terminal Endpoint Identifier
TELCO	Telephone Company
TelOp	Teleconference Operator
TEML	Turbo Editor Macro Language
TEMP	Temporary
TEMPEST	Transient Electromagnetic Emanations Standard
TER	Thermal Eclipse Reading
TERMPWR	Terminator Power
TFDD	Text File Device Driver
TFEL	Thin-Film Electroluminescent
TFM	Tagged Font Metric
TFT	Thin-Film Transistor
TFTP	Trivial File Transfer Protocol
TG	Technical Guide
TGID	Trunk Group Identification Number
TH	Table Header
THD	Thread, Total Harmonic Distortion
THENET	Texas Higher Education Network
THOR	Tandy High-Performance Optical Recording
THR	Transmit Holding Register
THS	Thesaurus
TI	Texas Instruments
TIA	Telecommunications Industry Association
TIC	Token-Ring Interface Coupler
TID	Target ID
TIES	Time Independent Escape Sequence
TIF	Tagged Image File
TIFF	Tagged Image File Format
TIGA	Texas Instruments Graphics Architecture
TIGER	Topologically Integrated Geographic Encoding and Referencing
TIIAP	Telecommunications and Information Infrastructure Assistance Program
TIM	Technical Information Memo
TIMI	Technology Independent Machine Interface
TIMS	Text Information Management Systems
TINA	Telecommunication Information Networking Architecture
TIP	Terminal Interface Processor, Transaction Internet Protocol
TITOFET	Tunneling-In, Tunneling-Out Field Effect Transistor
TK/TK	Track to Track

TLA	Three Letter Acronym
TLB	Table, Translation Lookaside Buffer
TLD	Top Level Domain
TLI	Transport Layer Interface
TLS	Transport Layer Security
TLU	Table Lookup
TLX	Telex
TM	Trademark
TMDS	Transition Minimized Differential Signaling
TML	Template
TMN	Time Management Networking
TMP	Temporary
TMS	Traffic Management System
TN	Twisted Nematic
TNC	Terminal Node Controller
TNEF	Transport Neutral Encapsulation Format
TOC	Table Of Contents
TOD	Time Of Day
TOP	Technical and Office Protocol
TP	Twisted Pair
TP-4	Transport Protocol 4
TPA	Third Party Application
TPD	Third Party Developer
TPF	Transactions Processing Facility
TPI	Tracks Per Inch
TPL	Table Producing Language, Transaction Processing Language
TPM	Transactions Per Minute
TPORT	Twisted Pair Port Transceiver
TPPD	Twisted Pair – Physical-Media Dependent
TPS	Transactions Per Second, Transaction Processing System
TPW	Turbo Pascal for Windows
TQFP	Thin Quad Flat Pack
TR	Terminal Ready
TRACERT	Trace Route
TRM	Terminal
TRN	Threaded Read News, Token Ring Network
TRON	The Real-Time Operating System Nucleus
TRPC	Transaction Remote Procedure Call
TRS	Tandy Radio Shack

TS	Top Secret
TS/SI	Top Secret/Sensitive Information
TSA	Target Service Agent, Technical Support Alliance, Telephony Services Architecture
TSAPI	Telephony Services Application Program Interface
TSB	Termination Status Block
TSD	Type-Specific Driver
TSO	Time Sharing Option
TSO/E	Time Sharing Option / Extensions
TSP	Telephony Service Provider
TSPS	Traffic Service Position System
TSR	Terminate and Stay Resident
TSS	Task State Segment Time Sharing System
TST	Test
TSU	Time Sharing User
TSV	Tab Separated Values
TT	Typewriter Text
TTA	Transport-Triggered Architecture
TTCN	Tree and Tabular Combined Notation
TTF	TrueType Font
TTL	Transistor-Transistor Logic
TTP	Thermal-Transfer Printing
TTS	Text-To-Speech Transaction Tracking System
TTT	Trunk-to-Trunk Transfer
TTY	Teletype
TUCOWS	The Ultimate Collection of Winsock Software
TUI	Text-Based User Interface
TUMS	Table Update and Management System
TUT	Tutorial
TV	Television
TVI	Television Interference
TVRO	Television – Receive Only
TWAIN	Technology Without Any Interesting Name
TWTA	Traveling Wave Tube Amplifier
TWX	Teletypewriter Exchange Service
TXD	Transmit Data
TXT	Text
TZ	Time Zone

U

UA	User Agent, User Area
UAE	Unrecoverable Application Error
UAM	User Authentication Method
UART	Universal Asynchronous Receiver/Transmitter
UBR	Unspecified Bit Rate
UCE	Unsolicited Commercial Email
UCL	Universal Communications Language
UCM	Universal Cable Module
UCS	Unicode Conversion Support Universal Character Set
UCT	Universal Coordinated Time
UDA	Universal Data Access
UDB	Universal Data Base
UDC	Universal Decimal Classification, User Defined Commands
UDD	User Data Document
UDE	Universal Data Exchange
UDEC	Universal Digital Electronic Computer
UDF	Universal Disk Format, User Defined Functions
UDG	User Defined Gateway
UDMA	Ultra Direct Memory Access
UDP	User Datagram Protocol
UDT	Uniform Data Transfer, User-Defined Type
UFS	Unix File System
UG	User Group
UHCI	Universal Host Controller Interface
UHF	Ultra-High Frequency
UHL	Universal Hypertext Link
UI	Unix International, User Interface
UIC	User Identification Code
UID	User Identifier
UIMS	User Interface Management System
UL	Unordered List, Upload
ULA	Uncommitted Logic Array
ULN	Universal Link Negotiation
ULSI	Ultra Large Scale Integration
UMA	Unified Memory Architecture
UMB	Upper Memory Block
UML	Unified Modeling Language
UMS	User Mode Scheduler

UMTS	Universal Mobile Telecommunications System
UNC	Universal Naming Convention
UNCOL	Universal Computed Oriented Language
UNI	User-Network Interface
UNICOM	Universal Integrated Communication
UNICOS	Universal Compiler FORTRAN compatible
UNII	Unlicensed National Information Infrastructure
UNIVAC	Universal Automatic Computer
UNMA	Unified Network Management Architecture
UP	Uniprocessor
UPC	Universal Product/Program Code, User Parameter Control
UPG	Upgrade
UPL	User Program Language
UPM	Unix Programmers Manual, User Profile Management
UPS	Uninterruptible Power Supply / System
URC	Uniform Resource Characteristics, Uniform Resource Citation
UREP	Unix RSCS Emulation Protocol
URI	Uniform Resource Identifier
URL	Uniform Resource Locator
URN	Uniform Resource Name / Number
US	Unit Separator
USART	Universal Synchronous-Asynchronous Receiver/Transmitter
USB	Universal Serial Bus
USENET	Users Network
USERID	User Identification
USL	Unix System Laboratory
USOC	Universal Service Ordering Code
USR	US Robotics
USRT	Universal Synchronous Receiver/Transmitter
USSA	User Supported Software Association
UT	User Terminal
UTI	Universal Text Interchange / Interface
UTP	Unshielded Twisted-Pair
UU	Uuencode/Uudecode
UUCP	Unix-to-Unix Copy Program
UUD	UUDecoding
UUDECODE	Unix-To-Unix Decoding
UUE	UUEncoding
UUENCODE	Unix-To-Unix Encoding

UUI	User-To-User Information
UUID	Universal Unique Identifier

V

V&V	Verification and Validation
V.FC	Version.First Class
VA	Virtual Address
VAC	Volts – A/C Current
VADD	Value Added Disk Driver
VAL	Validity, Value, Voice Application Language
VAM	Virtual Access Method
VAN	Value-Added Network
VAP	Value Added Process
VAR	Value Added Reseller, Value Added Retailer, Variable
VAST	Variable Array Storage Technology
VAX	Virtual Address Extension
VAX/VMS	Virtual Address Extension / Virtual Memory System
VB	Variable Block, Visual Basic
VBA	Visual Basic for Applications
VBE/AI	Vesa Bios Extension / Audio Interface
VBI	Vertical Blanking Interval
VBNS	Very High Speed Backbone Network Service
VBR	Variable Bit Rate
VBRUN	Visual Basic Runtime
VBS	Visual Basic Script
VC	Virtual Circuit
VCC	Virtual Channel Connection
VCD	Virtual Communications Driver
VCI	Virtual Circuit Identifier
VCL	Visual Component Library
VCN	Virtual Cluster Number
VCOS	Visual Caching Operating System
VCPI	Virtual Control Program Interface
VCR	Video Cassette Recorder
VCRI	Virtual Control Program Interface
VDC	Volts – Direct Current
VDD	Virtual Device Driver
VDDM	Virtual Device Driver Manager
VDE	Video Display Editor, Visual Development Environment

VDISK	Virtual Disk
VDM	Virtual DOS Machine
VDMAD	Virtual Direct Memory Access Device
VDS	Virtual DMA Services
VDSL	Very-high-bit-rate Digital Subscriber Line
VDT	Video Display Terminal
VDU	Video Display Unit
VEGA	Video-7 Enhanced Graphics Adapter
VEMM	Virtual Expanded Memory Manager
VEMMI	Versatile Multimedia Interface
VER	Verify, Version
VERONICA	Very Easy Rodent-Oriented Net-Wide Index to Computer Archives
VERR	Verify Read Access
VERW	Verify Write Access
VES	Video Encoding Standard
VESA	Video Electronics Standards Association
VF	Virtual Floppy
VFAT	Virtual File Allocation Table
VFC	Vector Function Chainer, Video Feature Connector
VFD	Vacuum Fluorescent Display
VFW	Video For Windows
VGA	Video Graphics Array
VGC	Video Graphics Controller
VHDL	VHSIC Hardware Description Language
VHF	Very-High Frequency
VHS	Virtual Host Storage
VHSIC	Very High Speed Integrated Circuit
VI	Visual Interactive
VIA	Virtual Interface Architecture
VICAR	Video Image Communication And Retrieval
VIDS	VICAR Interactive Display Subsystem
VIE	Virtual Information Environment
VIF	Virtual Interface, Virtual Interrupt Flag
VIM	Vendor Independent Mail, Video Interface Module
VINES	Virtual Networking System
VIO	Video Input/Output, Virtual Input/Output
VIP	Visual Programming, Variable Information Processing
VIPER	Verifiable Integrated Processor for Enhanced Reliability
VIS	Video Information System, Visual Instruction Set

VL	VESA Local
VLA	Volume Licensing Agreement
VLAN	Virtual Local Area Network
VLB	VESA Local Bus
VL-BUS	Vesa Local-Bus
VLD	Variable-Length Decoder
VLF	Very Low Frequency
VLM	Virtual Loadable Module
VLSI	Very Large Scale Integration
VLSIPS	Very Large Scale Immobilised Polymer Synthesis
VLT	Variable List Table
VM	Virtual Machine Virtual Memory
VMA	Virtual Memory Address
VMB	Virtual Machine Boot
VMC	VESA Media Channel
VME	Virtual Memory Environment
VML	Vector Markup Language
VMM	Virtual Machine/Memory Manager
VMOS	Vertical MOS
VMP	Virtual Modem Protocol
VMS	Virtual Machine Storage Virtual Memory System
VMT	Virtual Memory Technique
VNA	Virtual Network Architecture
VOD	Video On Demand
VOIP	Voice Over Internet Protocol
VOL	Volume
VOS	Verbal / Voice Operating System
VP	Virtual Path
VPD	Virtual Printer Device
VPDN	Virtual Private Data Network
VPDS	Virtual Private Data Service
VPE	Video Port Extensions, Visual Programming Environment
VPL	Virtual Programming Language
VPM	Video Port Manager
VPN	Virtual Page Number, Virtual Private Network
VPS	Voice Processing System
VPT	Virtual Print Technology
VQ	Vector Quantication
VR	Virtual Reality, Voltage Regulated / Regulator

VRAM	Video Random Access Memory
VRD	Virtual Retinal Display
VRDI	Virtual Raster Display Interface
VRE	Voltage Regulated Extended
VRM	Voltage Regulator Module
VRML	Virtual Reality Modeling Language
VROOMM	Virtual Real-time Object Oriented Memory Manager
VRT	Voltage Regulation Technology
VRU	Voice Response Unit
VS	Virtual Storage
VSAM	Virtual Storage Access Method
VSAT	Very Small Aperture Terminal
VSE	Virtual Storage Extended
VSF	Vertical Scanning Frequency
VSI	Virtual Socket Interface
VSIO	Virtual Serial Input Output
VSM	Virtual Shared Memory, Virtual Storage Management
VSN	Volume Serial Number
VSOS	Virtual Storage Operating System
VSWR	Voltage Standing Wave Radio
VSYNC	Vertical Sync
VT	Vertical Tab
VTAM	Virtual Telecommunications Access Method
VTNS	Virtual Telecommunications Network Service
VTS	Volume Tracking Driver
VUI	Video User Interface
VUP	VAX Unit of Performance
VWB	Visual WorkBench
VWM	Virtual Window Manager
VXA	Variable-Speed Architecture
VxD	Virtual Extended Driver

W

W/O	Without
W3A	World Wide Web Applets
W3C	World Wide Web Consortium
W4WG	Windows For Workgroups
WAAS	Wide Area Augmentation System
WABI	Windows Application Binary Interface

WAI	Web Accessibility Initiative, Web Application Interface
WAIS	Wide Area Information Server
WAITS	Wide Area Information Transfer System
WAN	Wide Area Network
WAOSS	Wide Angle Optoelectronic Stereo Scanner
WAP	Wireless Application Protocol
WATS	Wide Area Telecommunications Service
WAV	Waveform
WC	Word Count
WCS	Wireless Communication Service(s)
WDL	Windows Driver Library
WDM	Wavelength Division Multiplexing, Windows Driver Model
WDRAM	Windows Dynamic Random Access Memory
WebNFS	Web Network File System
WELL	Whole Earth Electronic Link
WFM	Wired For Management
WFW	Windows For Workgroups
WGS	Work Group System
WHAM	Waveform Hold and Modify
WHC	Workstation Host Connection
WIN ME	Windows Millennium
WINDBG	Windows Debugger
WINE	Windows Emulator
WINForum	Wireless Information Networks Forum
WinHEC	Windows Hardware Engineering Conference
WINS	Windows Internet Naming Service
WINSOCK	Windows Open Systems Architecture
WINTEL	Windows / Intel
WISE	WordPerfect Information System Environment
WIT	Web Interactive Talk
WL	Word Line
WLL	Wireless Local Loop
WMC	Workflow Management Coalition
WMF	Windows Metafile Format
WML	Wireless Markup Language
WMP	Windows Media Player
WMRM	Write Many Read Many
WNIC	Wide-Area Network Interface Co-Processor
WNIM	Wide-Area Network Interface Module

WORM	Write Once Read Many
WOS	Workstation Operating System
WOSA	Windows Open Services / Systems Architecture
WP	WordPerfect, Word Processing, Write Protected
WPHD	Write-Protect Hard Disk
WPOS	Workplace Operating System
WPS	Workplace Shell
WPVM	Windows Parallel Virtual Machine
WRAM	Windows Random Access Memory
WRI	Write
WRK	Windows Resource Kit
WS	WordStar, Workstation
WSAPI	Web Site Application Program Interface
WSH	Windows Scripting Host
WT	Write Through
WTM	Wired For Management
WTOR	Write To Operator with Reply
WWAN	Wireless Wide Area Network
WWIS	World Wide Information System
WWW	World Wide Web
WYSIWYG	What You See Is What You Get

X

X2B	Hexadecimal to Binary
X2C	Hexadecimal to Character
X2D	Hexadecimal to Decimal
XA	Extended Architecture Extended Attribute
XAPIA	X.400 Application Program Interface Association
XCHG	Exchange
XCMD	External Command
XCOPY	Extended Copy
XDF	Extended Density Format
XDR	Extended/External Data Representation
XFCN	External Function
XFDL	Extensible forms Description Language
XGA	Extended Graphics Array
XHTML	Extensible Hypertext Markup Language
XID	Exchange Identifier
XIOS	Extended Input/Output System

XLAT	Translate
XLF	Exceptional Fortran
XLL	Extensible Link Language
XMIT	Transmit
XMM	Extended Memory Manager
XMS	Extended Memory Specification
XNS	Xerox Network System
XOFF	Transmitter Off
XON	Transmitter On
XOR	Exclusive OR
XPRM	Xerox Print Resources Manager
XRT	Extensions for Real-Time
XSL	Extensible Style Language
XSMD	Extended Storage Module Drive
XSSI	Extended Server Side Includes
XT	Extended
XTCLK	External Transmit Clock

Y

YAHOO	Yet Another Hierarchically Officious Oracle
YAM	Yet Another Modem
YMS	Young Micro Systems
YP	Yellow Pages

Z

ZAI	Zero Administrative Initiative
ZAK	Zero Administration Kit
ZAW	Zero Administration for Windows
ZBR	Zone-Bit Recording
Z-CAV	Zoned Constant Angular Velocity
ZD	Ziff-Davis
ZDL	Zero Delay Lockout
ZDS	Zenith Data Systems
ZF	Zero Flag
ZIF	Zero-Insertion Force
ZIP	Zigzag In-Line Package
ZSL	Zero Slot LAN

Dateiendungen

.##	die neuen PLZ-Dateien der BP im ASCII-Format
.$$$	Temporär-Datei
.$$A	OS/2
.$$F	Datenbankdatei
.$$P	Haftnotizen
.$$S	Tabellenkalkulationsdatei
.$**	Temporär-Datei (dBASE IV)
.D	Planerdatei
.$DB	temporäre Datei
.$ED	temporäre Editordatei
.$VM	temporäre Datei des Virtual Managers
.**_	MS-Archiv (DECOMP)
.~	Sicherungskopie
.~*	Backup-Datei des Norton Editor
.~MN	Menü Backup
.001	Sicherungskopie/Faxdatei div. Faxprogramme
.075	75x75 dpi Bildschirmzeichensatz
.085	85x85 dpi Bildschirmzeichensatz
.091	91x91 dpi Bildschirmzeichensatz
.096	96x96 dpi Bildschirmzeichensatz
.0B	Drucker Schriftart LineDraw erweiterter Zeichensatz
.15U	Drucker Schriftart
.1ST	README.1ST :-)
.286	Treiber Standardmodus
.2GR	Steuerungsdatei (Grafik) für Windows
.2ND	Textdatei mit weiteren Hinweisen (z.B. readme2nd)
.301	FAX Datei (Super FAX 2000)
.386	386-Treiber
.3CM	Backupdateien 3COM-Netzwerkkarte
.3D	3B2-Datei (DTP/Satzprogramm)
.3DS	Grafik

.3FX	Effekt
.3GR	Datei (Video Grabber)
.4SW	Swap File
.4TH	FORTH Quelltext
.669	Musikmodul mit Samples (DualModulPlayer)
.8	A86 Assembler-Quelltext
.8M	Drucker Schriftart Math 8 erweiterter Zeichensatz
.8U	Drucker Schriftart Roman 8 erweiterter Zeichensatz

A

.A	Assember-Quelltext, Library (Object code)
.A##	Teilarchiv (ARJ/Option -v), NodeDiff/PointDiff-Archiv (ARC/Fido)
.A_T	A-TRAIN
.A11	Grafik
.AB6	Datendatei
.AB8	Datendatei
.ABC	Flowchart
.ABK	Automatisches BacKup
.ABS	Informationen (Abstracts)
.ACB	ACMB-Grafik
.ACC	Programm (GEM/resident)
.ACE	Gepackte Datei des Ace-Archivers (Ace und WinAce)
.ACL	Access Code-Library, MS Office (Autokorrektur-Datei)
.ACM	Treiber (Audio Compression Manager)
.ACT	ACTOR Quelltext, FoxDoc Action Diagram
.AD	Screen-Saver-Datei (After Dark)
.ADA	ADA Quelltext
.ADB	Ada Package Body
.ADC	Bitmap/16 Farben (Scanstudio)
.ADD	Treiber
.ADF	PS/2 Microchannel-Adapterbeschreibung (adapter description file)
.ADI	Plotterdatei
.ADL	MCA Adapter Description Library
.ADM	Bildschirmschoner-Modul
.ADN	Add-In (Lotus 1-2-3)
.ADR	Random-Bildschirmschoner-Modul
.ADS	Ada Package Specification

.ADX	Lotus Approach (Indexfile)
.AF2	Flowchart
.AF3	Flowchart
.AFL	Fonts für Allways (Lotus)
.AFM	Postscript Font Metrics (Adobe)
.AFP	Symbolpalette
.AFT	Vorlage
.AFW	Arbeitsbereich
.AI	Adobe Illustrator (Bilddatei)
.AIF	Internet Audio File
.AIO	APL File Transfer Format
.AIS	Grafik (Array of Intensity Samples)
.ALL	Formatdatei für Arbeitsblätter (Always), Druckertreiber (WordPerfect)
.ALT	Menüdatei
.ANI	Film/zusätzliches NEO-Bild nötig (NeoChrome)
.ANM	Animation
.ANN	Hilfe-Anmerkungen
.ANS	ANSI-Grafik
.ANT	SIM ANT
.APC	Druckertreiber
.APD	Druckertreiber
.APF	Druckertreiber
.API	Druckertreiber
.APP	Applikation (GEM), Programmdatei des Programmgenerators (dBASE IV), Applikation (NeXTstep)
.APR	Lotus Approach
.ARC	Archiv (ARC I PKARC/PKXARC/PKPAK)
.ARJ	Archiv (ARJ)
.ARR	Arrangement (Cubase)
.ART	Rasterfile Graphic (Art Director)
.ASC	ASCII-Textdatei
.ASD	Automatische Sicherung, Bildschirmtreiber
.ASF	Stark komprimierte Videodatei unter Windows 9x/NT (Windows Media Player)
.ASH	Assembler-Headerdatei
.ASI	Assembler-Includedatei
.ASM	Assembler-Quelltext
.ASO	Assembler-Objekt
.ASP	Active Server Page (erweiterte HTML-Seite von Microsoft (IIS))

.ATT	Rasterbild (AT&T Group 4)
.AU	Sounddatei
.AUX	Hilfsdatei (LaTeX)
.AVI	Audio/Video-Datei/RIFF (Video for Windows)
.AW	HP Advance Write
.AWK	AWK Script/Programm
.AWS	STATGRAPHICS

B

.B	Batch List
.B&W	Grafik (Imagelab Image)
.B_W	Grafik (Imagelab Image)
.B30	Drucker-Schriftart (JLaser – Cordata)
.B44	Netzplan
.B8	PicLab – Farbwerte eines 24-bit-Bildes
.BACH	dBASE
.BAK	Sicherungskopie
.BAR	Applikationsgeneratorobjekt (dBASE/horizontales Menü)
.BAS	Basic-Quelltext
.BAT	Batch-File
.BB	Datenbank-Backup
.BBM	IFF-Brush (Deluxe Paint)
.BBS	Bulletin Board System/Mailbox-Liste-Werbung
.BCH	Applikationsgeneratorobjekt (dBASE IV/Batch)
.BCO	Outline-Schriftart
.BEZ	Micrografx Bitfont (Designer)
.BFC	Briefcase-Datei (Win95/NT-Aktenkoffer)
.BFX	Fax-File (BitFax)
.BGI	Borland Grafiktreiber
.BIB	Bibliografie (ASCII)
.BIF	Binary Image File
.BIN	Binärcode nach Compiler, sonstige Binärdaten, MacBinary-Format (8-bit-Format)
.BIO	OS2 BIOS
.BIT	Ausgabeformat (Druck) unter TeX
.BK	Backupfile (Word Perfect)
.BK!	Backup
.BK1	Backup
.BK2	Backup

.BK3	Backup
.BK4	Backup
.BK5	Backup
.BK6	Backup
.BK7	Backup
.BK8	Backup
.BK9	Backup
.BKI	Bücherindex
.BKP	Sicherungskopie (DialogDesigner f. TVision)
.BKS	Bücherregal (Bookshelf)
.BL	Brettliste einer Mailbox (Crosspoint)
.BLD	BASIC-Datei im BLOAD-Format
.BLK	Temporäre Datei
.BM	Grafik (BitMap)
.BMK	Lesezeichen in Hilfedateien (Bookmarks)
.BMP	Bitmap
.BNK	Adlib instrument bank
.BOO	Buch, komprimierte Archivdatei
.BPT	Bitmap Füllmuster
.BRD	Eagle Layout File
.BRSH	IFF-ILB-Brush (DPaint)
.BTM	Batch Files
.BTN	Button File (ButtonWare)
.BUP	Backup
.BV1	Überlaufdatei
.BV2	Überlaufdatei
.BV3	Überlaufdatei
.BV4	Überlaufdatei
.BV5	Überlaufdatei
.BV6	Überlaufdatei
.BV7	Überlaufdatei
.BV8	Überlaufdatei
.BV9	Überlaufdatei

C

.C	C-Programm, C-Quelltext, C++-Programm
.C00	Druckdatei
.C86	C86-C-Quelltext
.CA7	Jobdatei

.CAB	Windows Installationsdatei (gepackt)
.CAG	Corel Art-Gallery
.CAL	Kalenderdatei
.CAP	Capture-File (Telix)
.CAT	Katalog (dBASE IV)
.CBF	Chessbase-File
.CBI	Chessbase Index
.CBL	Cobol-Quelltext
.CBT	Computer Based Training (Lernprogrammdatei)
.CC	C++-Quelltext
.CCH	Corel-Bilddatei
.CCO	BTX-Grafik (XBTX)
.CDA	Dokumentenaustauschformat (Digital Equipment)
.CDB	Datenbank
.CDK	Dokument (Calamus)
.CDR	Vektorgrafik (Corel Draw)
.CDT	Corel-Draw-Datei
.CDX	Daten von FileAssist (Norton Desktop 3.0)
.CEG	Grafik, Edsun Continuous Edge Graphics
.CEL	Grafik
.CF	Norton Utilities
.CF#	Konfigurationsdateien (BiModem)
.CFG	Konfigurationsdatei/programmspezifisch
.CFN	Font-Datei (Calamus)
.CGA	CGA-Bildschirmtreiber, CGA-Grafikdatei, diverse Spiele
.CGM	Computer Graphics Metafile (Freelance/Vektor)
.CH	Headerdatei
.CH3	Chart-Datei
.CHI	Dokument
.CHK	Backupdatei (DOS ChsDsk /F), Clusterdatei (CHKDSK), Borland BGI Stroked Font
.CHP	Chapter
.CHR	Zeichensatz
.CHT	Chart (Harvard Graphics), Schnittstellendatei zu Chartmaster (dBASE)
.CIF	Chapter Information, Grafik (Caltech-Intermediate-Format)
.CIM	Sicherungsdatei von CompuServes WINCIM
.CIX	Datenbank-Index
.CKO	Mittelspielschlüssel (Chessbase)
.CL	COMMON-LISP-Quelltext

.CLP	Clip-Art (Quattro Pro/Grafikdatei), Zwischenablage-Datei (clipboard)
.CLS	C++-Klassendefinition
.CLW	Steuerdatei für ClassWizard (Visual C++)
.CM	Makro ausführbar
.CMD	Waffle-Command-File, Batch-Datei
.CMF	Creative Musik-File
.CMP	Benutzer-Wörterbuch (MS Word für DOS)
.CMV	Corel-Draw-Datei
.CMX	Bilddatei (Corel)
.CMY	Farbpalette
.CNC	CNC-Programmdateien Allgemein/ASCII
.CNF	Konfigurationsdatei
.CNT	Hilfe-Index
.CNV	MS-Konvertierungsmodul
.COB	Cobol-Quelltext
.COD	Programmiermodul-Quelldatei (dBASE)
.COL	Farbpalette (Autodesk Animator)
.COM	Programm bis 64kB
.CON	Consolidation-Datei
.COR	Sicherungsdatei von Corel Draw
.COV	Cover-Datei (VIP-Fax)
.CPI	Schrift
.CPL	Controlpanel
.CPP	C++-Quelltext
.CPR	Rasterbild (Knowledge Access)
.CPS	Checksummen und Viruschecker
.CPT	verschlüsselte Memo-Datei (dBASE), Archiv (CompactPro)
.CPX	Applet Control PaneL
.CRD	Cardfile-Karteiablage
.CRF	Cross-ReFerence
.CRG	Raster-Grafik (Calamus)
.CRP	Kennwortdatei (dBASE)
.CSQ	Queries
.CSV	Comma Seperated Values (durch Kommata getrennte Werte), Text
.CT	Rasterbild (Scitex CT)
.CTF	Character code Translation File
.CTL	Setup-Informationen
.CTX	Signaturdatei (PGP-RSA-Verschlüsselungsprogramm)

.CUF	C Utilities Form definition
.CUR	Cursor-Grafikdatei
.CUT	Bitmap (Dr.Halo/externe Palette:PAL)
.CV4	Codeview-colorfile (Visual C++)
.CVG	Vektorgrafik (Calamus)
.CVP	Delrina Winfax Pro (Fax Deckblatt)
.CVR	Fax-Deckblatt oder cover (Winfax)
.CVT	Datenbank (dBASE IV/Backup nach CONVERT)
.CVW	Farben
.CWA	Form File (C-Worthy)
.CWEB	C – Web (Programmiersystem fuer C)
.CXX	C++ Quelltext (SAS/C)

D

.DAT	diverse Daten, Grafik (Framegrabber Video 1000/2000)
.DB	Datenbank (Paradox), Konfigurationsdatei (dBASE)
.DB#	Datenbank (dBASE #/von dBASE IV umbenannt)
.DB$	Temporärdatei (dBASE)
.DB2	Datenbank
.DB3	Datenbank
.DBA	Datendatei
.DBD	Debug Information
.DBF	Datenbank (dBASE)
.DBG	Symbolische Debug-Information
.DBK	Kopie einer DBF-Datei nach Strukturänderung (dBASE IV)
.DBM	Datendatei
.DBO	Programm (dBASE IV/kompiliert)
.DBS	Datenbank-SQL-Windows-Format, Druckerbeschreibungsdatei (Word|Works)
.DBT	Memodatei zur DBF-Datei (Clipper|dBASE|FoxPro)
.DBX	Rasterbild (DataBeam)
.DCA	Document Content Architecture (Textaufzeichnungsformat von IBM)
.DCP	Data CodePage
.DCS	Desktop Color Separation (eine einem 4-Farb-Auszug im EPS-Format übergeordnete Datei)
.DCT	Dictionary, Lexikondatei
.DCX	FAX/enthält mehrere PCX-Dateien (PCC)
.DD	Archiv (DiskDoubler)

.DDI	DiskDupeImagefile
.DDP	Gerätetreiber-Profildatei (Device Driver Profile)
.DEF	Definitionsdatei
.DEL	Verzeichnis gelöschter Dateien
.DEM	Demonstration
.DEV	Gerätetreiber
.DFD	Data-Flow-Diagram-Grafik
.DFM	Data Flow Diagram model
.DFV	Druckformatvorlage (Word)
.DHP	Rasterbild (DR halo II)
.DIB	Bitmapdatei?
.DIC	Dictionary, Lexikondatei
.DIF	Data Interchange Format (VisiCalk Vers. 1.0)
.DIL	Lotus-Library für Grafikimport (Approach)
.DIR	Katalogdatei für einen Backupsatz (CP Backup), Telefonverzeichnis (diverse Terminalprogramme), Directory-Datei für dbm-Datenbankformat
.DIS	Thesaurus
.DIZ	Beschreibungstext
.DL	Animation (DL-View)
.DLD	LOTUS 1-2-3
.DLG	Dialog-Ressourcenscript
.DLL	Dynamic Link Library
.DMD	Devicemanager
.DMO	Demo
.DMP	Dump (Speicherauszug)
.DMS	Diskettenpacker/trackweise (DMS)
.DOC	Dokument (1st Word I Word Plus), Text (Word I Lotus Manuscript I WordPerfect I Framemaker für Windows)
.DOK	Dokument (zumeist im ASCII-Format)
.DOS	Textdatei mit DOS-spezifischen Infos
.DOT	Dokumentvorlage (Word)
.DOX	Textdatei
.DP	Common ground document
.DPR	default project
.DRM	Steinberg Cubase (Sounddatei)
.DRS	Display Resource
.DRU	Druckertreiber (zumeist von DOS-Programmen)
.DRV	Treiber
.DRW	Micrografx Drawing (Designer I Draw), Drawing (AutoCAD)

.DSK	Desktop-Datei (C I Pascal/Borland)
.DSP	Grafiktreiber (Dr.Halo)
.DSR	Treiber
.DSS	Screensaver für DCC
.DTA	Daten
.DTF	Datenbankfile (zB F&A)
.DVC	LOTUS 1-2-3
.DVI	Ausgabefile (TeX/device independent)
.DVP	Programmkonfigurations-Files (Desqview)
.DWC	Archiv (DWC – Dean W. Cooper's Packer)
.DWG	Drawing Datenbank
.DXF	Drawing Exchange Format (AutoCAD I AutoSketch)
.DYN	LOTUS 1-2-3

E

.E	Quellcode (AmigaE)
.ED5	Vektorbild (EDMICS)
.EEB	button bar for Equation Editor
.EFT	High-resolution-Bildschirmzeichensatz
.EGA	EGA-Bildschirmtreiber, EGA-Grafikdatei, diverse Spiele
.EL	EMACS lisp
.ELC	compiled EMACS lisp
.ELT	Event LisT Textdatei
.EMS	Windows Enhanced Metafile
.EMU	Emulation
.ENC	Encyclopedia
.END	Pfeil-Definition
.ENG	Wörterbuch engine
.ENV	Environment
.EPIC	Latex Picture und Epic Macro
.EPS	Encapsulated Postscript
.EQN	Equation file
.ERD	Entity Relationship Diagram graphic file
.ERM	Entity Relationship Diagram model file
.ERR	Fehlerprotokoll
.ESH	Extended-Shell-Batchdatei
.EVT	EVvenT Datei Scheduler
.EX3	Gerätetreiber
.EXC	Excludedatei für Optimierung, REXX-Quelltext (VM/CMS)

.EXE	Programm, Gerätetreiber
.EXP	Druckertreiber/AutoCAD
.EXT	Erweiterungsdatei (Norton Commander)

F

.F	FORTRAN-Quellcode mit C-Präprozessor-Direktiven, komprimierte Datei (freeze), FORTRAN-Programm
.F01	Rasterbild (von diversen Fax-Programmen)
.F77	FORTRAN-77-Quelltext
.FAC	Usenix FACE-Grafik
.FAM	Liste aufeinander bezogener Daten (Paradox)
.FAQ	Frequently Asked Questions (Textdatei)
.FAX	FAX-Datei (PC Tools)
.FC	Wörterbuch
.FCL	Script (FirstClass)
.FCP	Parameterdatei (FirstClass)
.FCT	Catalog
.FD	Feldoffsets für den Compiler (DataFlex), Konfigurationsdatei (Frontdoor)
.FDF	Adobe Acrobat (Forms)
.FDL	Formular/weitergegeben (Paradox)
.FEX	FocExec
.FFA	Microsoft Office (Indexfile)
.FFL	Microsoft Office (Indexfile)
.FFT	Final Form Text (Datenaustauschformat von IBM), Microsoft Office (Indexfile)
.FI	Interface file
.FIF	Fractal Image Format (Bilddatei)
.FIG	Vektorgrafik
.FIL	Overlaydatei (WordPerfect), Applikationsgenerator (dBASE IV/Dateiliste)
.FIN	Druckformatierte Textdatei
.FIT	FITS Grafik
.FKY	Makrodatei
.FL	Fileliste einer Mailbox (Crosspoint)
.FLA	Shock-Wave Flash (Quelltext)
.FLB	Format library
.FLC	Animation (Autodesk Animator pro/FLIC)
.FLD	Folder

.FLI	Animation (Autodesk Animator/FLIC), TeX-Fontlib (EmTeX)
.FLL	Bibliothek
.FLM	Unkomprimierte Bilder (Fast/Screenmachine)
.FLO	Fido Send Datei
.FLT	Filter-Dateien (Micrografx Picture Publisher)
.FLU	Scriptdatei für Flu (Windows Interpreter)
.FLX	Compilat (DataFlex)
.FM	Datenbankdatei von Claris Filemaker
.FM1	Tabellenkalkulationsdatei
.FM3	Gerätetreiber, Tabellenkalkulationsdatei
.FMB	File Manager Button bar
.FMO	Eingabemaske (dBASE/kompiliert)
.FMT	Bildschirmmaske (dBASE)
.FN3	Schriftart
.FND	Windows 9x/NT: gespeicherte Suche vom Explorer
.FNT	diverse Zeichensatzformate
.FNX	Inactive font
.FO1	Schriftart
.FO2	Schriftart
.FOC	FOCUS
.FON	Zeichensatz, Bitmap (Windows)
.FONT	Fontdatei
.FOR	Fortran-Quelltext
.FOT	Zeichensatz, TrueType (Windows)
.FP	Konfiguration
.FP3	Datenbankdatei (Claris Filemaker)
.FPC	Catalog
.FPQ	FoxPro queries
.FPT	Memofeld-Liste (Foxpro)
.FPW	Konfiguration
.FR3	Umbenannte dBASE III+-Formatdatei (dBASE IV)
.FRG	Berichtsdatei (dBASE/unkompiliert)
.FRM	Shareware-Formular, Reportformulardatei (dBASE), Formdatei (Visual Basic)
.FRO	Reportformulardatei (dBASE IV/kompiliert)
.FRS	Font Ressource (WordPerfect)
.FRT	Report Memo
.FRX	Formulardatei (Visual Basic)
.FSL	Formular/gespeichert (Paradox)
.FST	Linkable program

.FSX	LOTUS 1-2-3
.FT	File Transfer Konfiguration
.FTL	Formulat/temporär (Paradox)
.FTM	Schriftart
.FTP	FTP-Konfiguration
.FUL	Komplettes Backup
.FW	Datenbank
.FW2	Datei (Framework II)
.FW3	Datenbank
.FWEB	FORTRAN – Web
.FXD	Faxdatei (Winfax)
.FXP	Kompilierte Datei
.FXR	Empfangene Faxdatei (Winfax)
.FXS	FAX-Transmit-Format (Winfax)
.FXT	Faxdatei (Delrina Winfax)

G

.G	Grafikbeschreibung (Paradox)
.G8	PicLab – Farbwerte eines 24-bit-Bildes
.GCA	Vektorbild (IBM-GOCA-Format)
.GDF	Wörterbuch
.GE	Konfigurationsdatei (GEcho)
.GED	Vektorgrafik (Arts & Letters)
.GEM	Metafile (GEM), Metafile (Ventura Publisher)
.GEN	Kompilierte Datei des Programmgenerators (dBASE IV)
.GEO	Applikation/Treiber (Geoworks)
.GFB	Komprimiertes GIF-Bild
.GIF	Graphics-Interchange-Format von CompuServe
.GL	Animation (GLView/320x200x256)
.GLY	Glossary
.GMF	CGM Grafik
.GR2	Bildschirmtreiber-Datei (Windows/Grabber-Datei)
.GR3	Windows 3.0 Screen Grabber
.GRA	MS FLUGSIMULATOR
.GRB	MS DOS Shell Monitor
.GRF	Graph
.GRP	Gruppendatei (Windows)
.GZ	komprimierte Datei (GNU-ZIP)

H

.H	Header File/C
.HA	Komprimierte Archivdatei
.HAM	Novell Netware (Hardware-Treiber)
.HBK	Handbook
.HDL	Alternate download file listing
.HDR	Message Header, PC-File+ Datenbank Header
.HDX	Hilfeindex
.HEX	Hexdump
.HFI	HP Font Info
.HGL	HP Graphics Language
.HH	C++-Header
.HHH	Precompiled Header
.HHP	Hilfedaten
.HLP	Hilfedatei
.HMM	Alternate Mail Read option menu
.HNC	CNC-Programmdateien Heidenhain-Dialog/ASCII
.HOF	Hall Of Fame (verschieden Spiele)
.HPF	HP-LaserJet-Schriftarten
.HPG	Druckausgabe-Plotter (Harvard Graphics)
.HPI	Schriftarteninformationen
.HPJ	Help ProJect
.HPK	Komprimierte Archivdatei
.HPM	Alternate Main menu for privileged users
.HPP	Header File/C++
.HQX	Textdecodiertes Binärfile/BinHex 7bit
.HRM	Alternate Main menu for limited/normal users
.HST	History
.HT	Eintrag vom Hyperterminal (Win)
.HTM	WWW-Dokument (ASCII-Datei mit entsprechenden Tags)
.HTML	WWW-Dokument (ASCII-Datei mit entsprechenden Tags)
.HTX	Hypertext file
.HXM	Alternate Protocol Selection menu for all users
.HXX	C++-Header
.HYC	WORDPERFECT
.HYD	hyphenation-Wörterbuch
.HYP	Archiv (Hyper)

I

.I	Header File Assembler, C-File, das schon durch den Präprozessor lief
.ICA	Rasterbild (IBM IOCA-Format)
.ICB	Bilddatei (Variante von TGA)
.ICL	Icon Library
.ICN	Icon Quelltext
.ICO	Icon
.ID	Disk-ID auf Originaldisketten
.IDF	Instruments drivers file
.IDX	Datenbank Index (Foxpro)
.IFF	Interchange File Format – universelles Dateiformat, IFF-ILBM (InterLeaved BitMap Grafik), IFF-8SVX (8 Samples Voices:Digi Sound)
.IFS	HPF.IFS-Systemdatei
.IGF	Vektor- oder Rasterbild (Hijaak)
.IGS	IGES-Format
.IM	KO-23 Satellitenbild mit 109-Block-Fehlerkorrektur
.IM8	Sun-Raster-Grafik
.IMG	Bitmap, compressed (GEM), compressed (Ventura Publisher), Diskimage (Diskcopy)
.IMP	Datei (Lotus Improv)
.IN	Includefile div. Programmiersprachen
.IN3	Eingabegerätetreiber
.INC	Include-Datei/Pascal-Quelltext o.ä.
.IND	index
.INF	Info-Datei, Hilfe-Datei
.INFO	Icon Datei, Bild mit Programmoptionen, GNU-info – reader (output von texinfo)
.INI	Initialisierungsbatch (ASCII) für entspr. Prg.
.INK	Pantone-Reference-Füllung
.INS	WORDPERFECT
.INT	Borland Unit Interface
.INX	Indexdatei (Foxbase)
.IO	Komprimierte Archivdatei
.ION	Dateiinfos
.IPL	Corel Draw-Datei
.IRS	WORDPERFECT
.ISD	Wörterbuch
.ISH	Komprimierte Archivdatei

.IW	Iconware Anwendung
.IWA	Textdatei
.IWP	Textdatei (Wang)

J

.JAS	Grafik
.JBF	Paintshop Pro (Browser)
.JFF	Bilddatei (Variante von jpg)
.JIF	JPEG-File-Interchange-Format (JFIF) – JPEG-Subformat
.JOB	Win-NT Scheduler-Job
.JOR	Journaldatei SQL
.JPG	JFIF-komprimierte Grafik (Handmade Software)
.JRR	Send/Receive-Datei (VIP-Fax)
.JS	Java-Script
.JTF	TIFF-Grafik mit JPEG Kompression
.JW	Textdatei
.JWL	Textdatei Library
.JZZ	Tabellenkalkulationsdatei

K

.K##	Indexdatei (DataFlex)
.KBD	Modul zur Tastaturbelegung
.KBM	Tastaturlayout
.KEX	KEDIT Profildatei
.KEY	interne Makrodatei
.KFX	Rasterbild (Kofax Group 4)
.KRS	Kursdatei (Depotmaster)
.KYB	Tastaturlayout, LEX Quelltext, Linkanweisungen

L

.L	lex-Quelltext
.LAB	Mailing Labels
.LAY	Word chart layout
.LBG	Labelgeneratordatei (dBASE IV)
.LBL	Labeldatei (dBASE)
.LBM	Grafik (Deluxe Paint/IFF-Standard)
.LBO	Labeldatei (dBASE IV/kompiliert)
.LBR	Archiv (LU.EXE)

.LBT	Label Memo
.LBX	Label
.LCF	Linker Control File
.LCN	Wörterbuch
.LD	Long Distance codes
.LD1	Overlay-Datei (dBASE)
.LDA	Microsoft Access (temporäre Datei)
.LDB	Microsoft Access (temporäre Datei)
.LDL	Bibliothek/weitergegeben (Paradox)
.LES	Lernprogramm (Word)
.LEX	MS-Lexikondatei
.LFT	Laserdrucker-Schriftart
.LGO	Grafik-Logo
.LHA	Archiv (LHA bzw. LHArc)
.LHW	Diskettenpacker/trackweise (LhWarp)
.LIB	Code-Library, nicht unbedingt sprachengebunden
.LIF	Komprimierte Archivdatei, Logical Interchange Format Datendatei (Hewlett-Packard)
.LIN	Linienarten
.LJ	Textdatei für HP-LJ-II-Drucker
.LNK	Link auf ein Objekt
.LOF	List of Figures – Abbildungsverzeichnis (TeX)
.LOG	Logbuch-File
.LOT	List of Tables – Tabellenverzeichnis (TeX)
.LRF	Linker Response File
.LRS	Language Resource File
.LSL	Biblithek/gespeichert (Paradox)
.LSP	LISP-Quelltext
.LST	Liste
.LTL	Bibliothek/temporär (Paradox)
.LWP	Lan WorkPlace (Novell), Lotus WordPro
.LZH	Archiv (LHA bzw. LHArc)
.LZS	Komprimierte Archivdatei
.LZW	Komprimierte Archivdatei Amiga

M

.M	Funktion, Makro Sourcecode, MATHEMATICA
.M3	MODULA-3-Quelltext
.M3D	3D-Animationsmakro

.M4	m4-Präprozessor-File
.M65	6502er Code (6502-Emulator PdL)
.MA3	Makro
.MAC	Grafik (MacPaint), Makrodatei (MASM)
.MAD	Microsoft Access
.MAF	Microsoft Access
.MAK	Make-Datei/Kompiler- und Linkanweisungen
.MAM	Microsoft Access
.MAN	Manual
.MAP	Pascal Debugger-MAP-File, Formatdatei (Micrografx Picture Publisher), Pathalias-Mapfile für Netzrouting
.MAQ	Microsoft Access
.MAS	Masterdateibeschreibung
.MAT	Microsoft Access
.MAX	MAX Quelltext
.MB	Memos für einen Tabelle (Paradox)
.MBK	Kopie eines Mehrfach-Indexes nach Strukturveränderung(dBASE IV)
.MBOX	Mailbox-Datei
.MBX	interne Dateien des ZERBERUS-MailBox-Programms
.MCC	Konfiguration
.MCD	Text (MathCad)
.MCF	Schriftart
.MCI	MCI Command Set
.MCP	Druckertreiber
.MCS	Vektorbild (MathCAD)
.MCW	Textdatei
.MD	Komprimierte Archivdatei
.MDA	Microsoft Access
.MDB	Datenbankfile (MS Access/enthält alles)
.MDM	Modemdefinition
.MDN	Microsoft Access
.MDT	MS Access
.MDW	Microsoft Access
.MDX	Multiple Indexdatei (dBASE IV)
.MDZ	Microsoft Access
.ME	READ.ME :-)
.MEB	Macro Editor bottom overflow file
.MED	Macro Editor delete save
.MEM	Speichervariablendatei (Clipper I dBASE I Foxpro)

.MEQ	Macro Editor print queue
.MER	Macro Editor resident area
.MES	Macro Editor work space
.MET	Vektorbild (PM Metafile)
.MEU	Menügruppe (DOS-Shell)
.MEX	MEX file (executable command)
.MF	MetaFont Textdatei
.MFL	Grafik
.MGF	Schriftart
.MID	MIDI-File (Instrumentensteuerung)
.MIF	MIDI Instrumente
.MIX	Steinberg Cubase (Sounddatei)
.MK	Makefile
.MKE	Makefile
.MKF	System-Makefile (Visual C++)
.MLB	Makrobibliothek
.MMM	Medien-Clip
.MND	Menü-Quelltext
.MNT	Menü-Table (Foxpro)
.MNU	Menüdatei (Norton Commander)
.MNX	compiled menu file, Menü
.MOB	PEN-Windows/Geräte-Definitionsdatei
.MOD	Musikformat/mit Samples, Modula-2/Oberon Quelltext, Kernel-Modul
.MOOV	Movie (Qicktime) auch MOV
.MOV	Movie (Qicktime) auch MOOV
.MP	Multiplan
.MP3	Komprimierte Digital-Audio/Video-Datei
.MPC	Kalender
.MPD	Mini port driver
.MPG	Filmdatei
.MPM	MathPlan Makro
.MPP	Projektdatei
.MPR	Menüprogramm (Foxpro)
.MPT	Bilddatei (zB von Photoshop)
.MPV	Ansicht
.MPX	Kompiliertes Menü
.MRB	Multiple-Resolution-Bitmap-Grafik
.MRS	Macro resource file
.MS	Directory-Info

.MSG	Message: Meldungen
.MSP	Grafik (Microsoft Paint/monochrom)
.MST	Minispecification, Setup script
.MSW	Textdatei
.MTH	Math
.MTW	Datendatei
.MU	Menüdatei (Quattro Pro)
.MUS	Audiodatei
.MVB	Datenbank
.MVF	Stop frame file
.MVI	Movie command file
.MWF	Corel Draw
.MXT	MS C

N

.NAM	Novell Netware: Namespace
.NB	Textdatei
.NC	Norton (Commander)
.NCD	Directory-Datei (Norton Change Directory)
.NCF	Netware Command File
.NDX	Indexdatei (dBASE)
.NEO	Rasterfile (Neochrome)
.NET	Netzwerkkonfiguration
.NEW	New info
.NFB	Bildschirmschoner (MS Scenes)
.NFO	Bildschirmschoner (MS Scenes)
.NG	Hypertext-Datenbank (Norton Guide/ExpertHelp u.a. Clones)
.NLM	Netware Loadable Module (Client/Server-File von Novell)
.NLS	Sprachunterstützungsdateien
.NOT	Notizen
.NOW	Textdatei mit Hinweis (z.B. READMENOW)
.NPI	Objekt-Dateien des Modulinterpreters (dBASE)
.NSF	Lotus Notes
.NST	Amima MOD Audiodatei
.NTF	Lotus Notes
.NTS	Tutorialdatei (Norton)
.NTX	Indexdatei (Clipper)
.NWS	Info Textdatei (latest news) (ASCII)

O

.O	Objektcode-Modul vor Linker/u.U. sprachen-unabhängig, Objectcode (GCC), Object File
.O$$	Outfile
.OAB	Gruppendatei (Norton Desktop)
.OAG	Gruppendatei (Norton Desktop)
.OBJ	Intel Relocatable Object Module/vor Linker, Objectcode
.OCX	OLE Control Extension
.OFF	Vektorgrafik (Object File Format)
.OFM	Schriftart (Adobe)
.OLB	Import-Bibliothek VBA (Office)
.OLD	Backup-Datei
.OLI	Textdatei (Olivetti)
.OPC	Jobdatei
.OPT	Optimize
.OPX	Organisationsdiagramm
.OR2	Lotus Organizer
.ORG	Terminplanerdatei (Lotus Organizer)
.OTX	Olitext Plus (alte Textverarbeitung von Olivetti)
.OUT	Outputdatei
.OV#	Overlay-Dateien (PC-Tools)
.OV1	Programmdatei-Overlay
.OV2	Programmdatei-Overlay
.OV3	Programmdatei-Overlay
.OVL	Programmcode-Overlay
.OVR	Programmcode-Overlay

P

.P	Pascal-Quelltext
.PAC	STAD Image
.PAD	Keypad-Definitionen (Telemate)
.PAG	Daten-Datei fuer dbm-Datenbankformat
.PAK	Archiv (PAK)
.PAL	Paletten-File (Dr.Halo/zu CUT-File)
.PAN	Corel Draw
.PAR	Parameterdatei, permanente Auslagerungsdatei
.PAS	Pascal-Quelltext
.PAT	Corel Draw (Patternfile)

.PBI	Profiler Binary Input
.PBK	Telefonbuch-Datei (Winfax)
.PBM	PBM Portable Bit Map Grafik
.PBO	Profiler Binary Output
.PBT	Profiler Binary Table
.PC	Textdatei IBM PC spezifische Infos
.PC3	Custom palette
.PC8	ASCII Text IBM8
.PCD	Kodak Photo CD Grafik/Format 768x512
.PCF	Profiler Command File
.PCH	Patch Datei, Precompiled Header
.PCK	Pickfile (Turbo Pascal)
.PCL	Druckdatei (HP printer communication language)
.PCP	Plotter-Scriptfile/AutoCAD
.PCT	Bitmap Grafik
.PCW	Textdatei
.PCX	Z-Soft Image File (PC Paintbrush)
.PDB	Programm Database (Visual C++)
.PDF	Portable document format (Adope Acrobat)
.PDI	Übersetzer
.PDR	Druckertreiber, Port driver
.PDS	PDS Grafik
.PDV	Druckertreiber
.PEB	Program Editor bottom overflow file
.PED	Program Editor delete save
.PEM	Program Editor macro
.PEQ	Program Editor print queue file
.PER	Program Editor resident area
.PES	Program Editor work space file
.PET	Program Editor top overflow file
.PF	Profildatei (Monitor oder Drucker)
.PFA	Outline-Schriftart
.PFB	Schriftart (Adobe Type Manager)
.PFK	Programmable function keys
.PFM	Font Metric (Adope Type Manager)
.PFT	Drucker-Schriftart
.PGM	PBM Portable Gray Map Grafik
.PGP	codierte Datei (PGP-Codierprogramm)
.PH	Perl Header Datei

.PIC	Grafik (PC Paint), Grafik (Lotus 1-2-3)
.PIF	Program-Information-File
.PIT	Archiv (Packlt/veraltet)
.PIX	Vektor- oder Rasterbild (Hijaak)
.PJT	Project memo
.PJX	Project
.PK	TeX-Font/PK-Format
.PKA	Komprimierte Archivdatei
.PKG	Installer Programm-Package, Applink Package – FileAttachment, Newton-Programm
.PKT	Nachrichtenpaket/Fido
.PL	Perl include Datei/Perl-Programm
.PL3	Chart Palette
.PLB	Bibliothek
.PLC	Add-In
.PLN	Tabellenkalkulationsdatei
.PLT	Plot File (Autographics)
.PM	Perl (Modul)
.PM#	Datei (Pagemaker Version Nr.#)
.PM3	Dokument
.PM4	Dokument
.PMA	Win-NT Systemmonitor/Performance-Monitor
.PMC	Grafik, A4TECH Scanner
.PML	Win-NT Systemmonitor/Performance-Monitor
.PMM	Programmdatei (Amaris BTX/2)
.PMR	Win-NT Systemmonitor/Performance-Monitor
.PMW	Win-NT Systemmonitor/Performance-Monitor
.PN3	Druckertreiber
.PNM	Bitmap 1, 8, 24 Bps
.PNT	Macintosh painting
.POL	Policy/Richtliniendatei von Windows (NT/95)
.POP	Pop-Up-Objekt des Programmgenerators (dBASE IV/vertikales MenÜ)
.POT	Microsoft PowerPoint
.POV	Szenendatei des Raytracers PovRay (Persistence of vision)
.PP	Pollpuffer (Crosspoint)
.PPD	PostScript Printer Description
.PPL	PolaroidPalettePlus ColorKey Gerätetreiber
.PPM	PBM Portable Pixel Map Grafik
.PPO	Preprocessor output

.PPS	Microsoft PowerPoint
.PPT	Microsoft PowerPoint
.PR2	Druckertreiberdatei (dBASE)
.PR3	PostScript-Druckertreiber
.PRD	Druckertreiberdatei
.PRE	Präsentation (Lotus Freelance Graphics)
.PRF	Druckmaskendatei (dBASE)
.PRG	Programm, Programmquelltext (Clipper|dBASE|Force/FCO|Foxpro)
.PRJ	Project-File (Borland Compiler)
.PRL	Perl (Script)
.PRM	Parameter
.PRN	Druckdatei
.PRO	Prolog-Quelltext
.PROJ	Project File (Interface Builder)
.PRS	SQL-Befehls-/Prozedurdatei (dBASE), Printer Resource (WordPerfect), Präsentation (Lotus Freelance Graphics)
.PRT	Druckertreiber (Dr.Halo)
.PRX	Kompiliertes Programm
.PS	PostScript-Druckdatei
.PSD	Bilddatei (Photoshop)
.PSF	PostScript-Drucker-Schriftart
.PSM	Symbol-Table der IDE (Turbo Pascal)
.PSP	Paintshop Pro
.PST	Corel (PostScript-Font)
.PT#	Mustervorlage (PageMaker-Version Nr.#)
.PT3	Gerätetreiber, Vorlage
.PT4	Vorlage
.PT5	PageMaker 5: Textabschnitt
.PT6	PageMaker 6: Textabschnitt
.PUB	Corel Ventura
.PVT	lokale Pointliste/Fido
.PW	Textdatei
.PWL	Password List
.PWZ	Microsoft PowerPoint
.PX	Primärindex (Paradox)
.PX1	Bilddatei (z.B. Photoshop)
.PXR	Bilddatei (z.B. Photoshop)
.PY	PYTHON script
.PYC	Kompiliertes PYTHON Script

.PZD	PIZAZZ PLUS
.PZO	PIZAZZ PLUS

Q

.Q65	6502er Quelltext (6502 Emulator PdL)
.QAB	Gruppendatei (Norton Desktop)
.QAG	Gruppendatei (Norton Desktop)
.QBD	Tastaturlayout
.QBE	Abfrage (dBASE IV｜Paradox/Query by entry)
.QBO	Abfrage (dBASE IV/kompiliert)
.QDK	Sicherheitskopie (QEMM/z.B. AUTOEXEC.QDK)
.QEF	Abfrage
.QEP	IRMA WORKSTATION FOR WINDOWS
.QFX	Faxdatei (QuickLink)
.QLB	Quick Library
.QLC	Schrift-Steuerung (Adope Type Manager)
.QLP	Druckerdefinition (QuickLink)
.QPR	Generierte Abfrage, Treiber für Druckerwarteschlange
.QPX	Kompilierte Abfrage
.QRS	Equation Editor
.QRT	QRT ray tracing Grafik
.QRY	Auswahlbedingungsdatei (dBASE/Query)
.QST	Quickstartdatei (AmiPro)
.QUE	Win NT Scheduler, Warteschlange

R

.R	RATFOR (FORTRAN – Präprozessor)
.R8	PicLab-Farbwerte eines 24-bit-Bildes
.RAR	Archiv (RAR)
.RAS	Sun Rasterfile
.RAW	unkomprimierte(r) Grafik/Sound
.RBF	Datendatei
.RC	Resourcenscript
.RC2	Resourcenscript (AppStudio Visual C++)
.RCV	Version-Resource (Visual C++)
.RDL	Report/weitergegeben (Paradox)
.RDX	Datendatei
.REC	Makrodatei (Recorder)

.REF	Crossreferenzen
.REG	Registration Script (Visual C++)
.REM	Remarks-File/Sourcer
.REP	Reportfile/Ereignisprotokoll (meist ASCII)
.REQ	Filerequest-Datei/Fido
.RES	Ressourcendatei
.REX	REXX Quelltext
.REZ	Resourcen
.RF	Sun Raster Grafik
.RFT	Revisable Form Text (Aufzeichnungsformat für Bilddateien von IBM)
.RI	LOTUS 1-2-3
.RIP	Metagrafik (RIPTerm)
.RIX	Datei (Colorix|Winrix|RIX-Present)
.RLE	Run-length komprimierte Bitmap
.RMI	Medien-Clib
.RMK	Makefile
.RND	Rendering Slide
.RNK	Verknüpfung mit DFÜ-Verbindung (RAS)
.ROL	Roland Midi File
.RPD	Rapidfile
.RPT	Source/Report (DataFlex)
.RR	RAILROAD TYCOON
.RS	Datenfile (Resource/Reassembler)
.RSC	Resource-Datei (GEM/FoxPro)
.RSL	Report/gespeichert (Paradox)
.RSP	ReSPonce (Textdatei mit Eingaben)
.RTF	Rich-Text-Format
.RTFD	RTF-Paket
.RTL	Report/temporär (Paradox)
.RUN	Script-Tools-Programm

S

.S	Assembler-Quellcode mit C-Präprozessor-Direktiven
.S$$	Temporäre Sortdatei
.S3M	Musik-Modul (StreamTracker 3.##)
.SAM	Text (Ami Pro)
.SAV	Sicherungskopie einer Datei
.SB	Audiodatei

.SBP	Bilddatei (HiJaak Pro)
.SC	Script-Makro (Paradox)
.SC*	Grafik (ColorRIX EGA Paint)
.SC3	Umbenannte dBASE III-Bildschirmmaskendatei (dBASE IV)
.SCC	Textdatei
.SCD	Grafik (SCODL Scan Conversion Object Description Language)
.SCH	MS SCHEDULE
.SCI	Bilddatei (HiJaak Pro)
.SCN	Komprimiertes Bildschirmformat
.SCO	High Score (div. Programme)
.SCP	Scriptdatei (ZB von WINCIM)
.SCR	Script-Datei, Maskengeneratordatei (dBASE IV), Bildschirmschoner (Windows)
.SCT	Bilddatei (Photoshop und Corel)
.SCX	Screen
.SDF	Standard-Daten-Format, Clipart (AmiPro)
.SDI	Super-Data-Interchange-Format (erweitertes DIF-Format)
.SDL	Programm/weitergegeben (Paradox)
.SDO	Dokument (Signum)
.SDW	Dokument (StarWriter für Windows 2.0), Symboldatei (AmiPro)
.SEA	Self-extracting archive
.SEC	Komprimierte Archivdatei, Secret key ring
.SEQ	Animation (Atari)
.SET	Konfiguration (diverse Backups)
.SF	WPS attribute storage
.SFI	Grafik (SIS Framegrabber)
.SFL	Drucker-Schriftart (HP LaserJet landscape)
.SFP	Drucker-Schriftart (HP LaserJet portrait)
.SFT	Bildschirmschriftart
.SGF	Textdatei mit Grafik (StarWriter)
.SGI	Grafik
.SGM	Datei im SGML-Format
.SH	BOURNE-shell-script
.SH3	presentation
.SHAR	Shell-Archiv
.SHB	Hintergrund
.SHG	Hypergraphics (MS-Hotspot-Editor)
.SHK	Komprimierte Archivdatei Apple II
.SHM	Shell Makro
.SHR	Corel-Show

.SHW	Corel-Show
.SIK	Sicherungskopie (MS Word)
.SIM	Simulation
.SIT	Archiv (StuffIt)
.SL	S-Lang Quelltext
.SLB	Slide library
.SLC	Salt-Code (Telix)
.SLD	Scholax (Schulverwaltungssoftware)
.SLK	SYLK/SYmbolic LinK
.SLT	Salt-Programmtext (Telix)
.SLX	Scholax (Schulverwaltungssoftware)
.SM	SMALLTALK Quelltext, Textdatei
.SMI	Smarticondefinition (Lotus)
.SMM	Makro (Ami Pro)
.SMP	Sample (diverse)
.SND	Sample (diverse)
.SNG	Midi-Song (Cubase)
.SNO	SNOBOL Quelltext
.SP	Komprimierte Archivdatei
.SPC	Programm, temporäre Datei
.SPD	Micrografx Font
.SPG	Glossar
.SPL	Drucker-Spooldatei, Druckertreiber, komprimierte Archivdatei, SamPLe(Beispiel)
.SPP	Druckerdatei
.SPR	Document letter, Generated screen program
.SPS	Bildschirmtreiber
.SPT	SPITBOL Quelltext
.SPX	Kompiliertes Screen-Programm
.SQL	SQL-Daten
.SQZ	Archiv (SQUEEZE)
.SRC	Sourcefiles (DataFlex)
.SRF	Grafik (Sun Raster File)
.SRP	Scriptdatei (QuickLink/Terminal, Fax)
.SSL	Programm/gespeichert (Paradox)
.ST	SMALLTALK Quelltext
.STD	State-Transition-Diagram-Grafik
.STF	Komprimierte Archivdatei, Setup-Informationen
.STL	Programm/temporär (Paradox)
.STM	Musik-Modul (StreamTracker 2.##)

.STR	Felderlisten Erstellungsobjekt (dBASE IV)
.STS	Project status info
.STY	Druckformatvorlage (Word), Stylesheet (Ami Pro), Style-Datei (Latex)
.SUN	Sun Rasterfile
.SUP	supplementary-Wörterbuch
.SVD	Sicherungsdatei
.SVG	Sicherungsdatei
.SVS	Sicherungsdatei
.SW	Audiodatei (signed word)
.SWF	Shock-Wave Flash (Browser-Plugin)
.SWP	Swapfile
.SY3	Symbol file
.SYD	Sicherkeitskopie einer *.INI (SYSEDIT)
.SYM	Symboldatei (Harvard Grafik), vorkompilierte Headerdateien (Borland C++)
.SYN	Synonyme
.SYS	Systemtreiber, CONFIG.SYS (ASCII-Batch)
.SYW	Grafik (Symbole)

T

.T	Tape-Archiv (tar/ohne Kompression)
.T44	Temporäre Datei von SORT oder INDEX (dBASE IV)
.TAB	Table-Datei (V2K)
.TAG	Feldnamen für Query (DataFlex)
.TAH	Hilfedatei für Turbo Assembler
.TAR	Tape-Archiv
.TAZ	File, das mit TAR und Compress behandelt wurde
.TB1	Schriftart
.TB2	Schriftart
.TBK	Kopie der Memodatei nach Strukturveränderung (dBASE IV)
.TBS	Textbausteine (Word)
.TC	Konfigurationsdatei
.TCH	Hilfedatei
.TD	Konfigurationsdatei (Turbo Debugger)
.TD0	Archiv (Teledisk/komprimierte Disk in einer Datei)
.TDB	Datenbank
.TDF	Outline-Schriftart
.TDH	Help File (Borland Turbo Debugger)

.TDK	Tastaturaufzeichnung
.TDS	Symboltabelle
.TEM	Borland TEML-Datei: IDR-Editor-Makroscript
.TEX	Dokument (TeX-Source)
.TF	Konfigurationsdatei (Turbo Profiler)
.TFA	Area-Definitionsdatei (Turbo Profiler)
.TFH	Help-File (Turbo Debugger)
.TFM	TeX-Font-Metrics-File
.TFS	Statistik
.TGA	Grafik/Truevision Targa-Format
.TGZ	Archiv, Tar und GNUzip (tar.z)
.THB	Grafik (BitMap)
.THM	Datenbank der Grafiken
.THN	Thumbnail (Graphics Workshop)
.THS	thesaurus-Wörterbuch
.TIC	Fido-Tick-Datei (Information zu eingespielten Files)
.TIF	Tagged Image File Format
.TIFF	Tagged Image File Format
.TMF	Tagged Font Metric file
.TMO	ZTG global optimizer default output file
.TMP	Temporär-Datei
.TMS	Script (Telemate)
.TOC	Inhaltsverzeichnis (LaTeX/Table of contents)
.TOS	Programm
.TP	Konfigurationsdatei (Turbo Pascal)
.TP3	Vorlage
.TPH	Help-File (Turbo Pascal)
.TPL	System-Library (Turbo Pascal/ab V4.0)
.TPP	Protected Mode Units's (Borland Pascal 7.0)
.TPU	Library/Turbo Pascal Unit (Turbo Pascal/ab V4.0)
.TPW	Units (Turbo Pascal)
.TRE	Verzeichnisbaumdatei (PC-Tools)
.TRM	Terminal Einstellungen
.TRN	Translation
.TSK	Background-Task-Modul
.TSP	Windows Telephony Service Provider
.TST	Drucker-Testdatei
.TTF	True-Type-Font
.TTO	Filetransfer-Beschreibung (PC-Support und CA/400)

.TUT	Tutorial
.TV	Tabellensichteinstellung Paradox-Tabelle (Paradox)
.TVL	Tabellensichteinstellung dBASE-Datei (Paradox)
.TVR	Turbo Vision Resource (Borland)
.TX8	DOS-Text
.TXF	Komprimiertes Tar-Archiv (freeze/eigentlich .tar.F)
.TXT	ASCII-Text/trivialer Text, Word für DOS-Text (3.0 4.0 5.0 5.5)
.TYM	Time Stamp
.TZ	File, das mit TAR und Compress behandelt wurde

U

.UB	Audiodatei (unsigned byte)
.UDF	uniqueness database file (für automatisches NT Setup)
.UI	User Interface
.UL	uLAW Audiodatei
.ULD	Uploaded files
.UNL	Unload File (ASCII Datei für/von Datenbanken)
.UNX	Textdatei – UNIX spezifische Infos
.UPD	Aktualisierungsdatei (dBASE)
.UPO	Kompilierte Aktualisierungsdatei (dBASE)
.URL	Verknüpfung mit einer Internetseite/-adresse
.USP	Drucker-Schriftart USASCII erweiterter Zeichensatz
.USR	User-Datenbank
.UU	Komprimierte Archivdatei ASCII
.UUE	UU-codierte Datei (nur ASCII)
.UW	Audiodatei (unsigned word)

V

.VAL	Applikationsgeneratorobjekt (dBASE IV/Auswahlliste mit Feldwerten), Gültigkeitsprüfungsdatei (Paradox)
.VAR	Variable
.VBP	Projectfile von Visual Basic
.VBX	Custom Control (Visual Basic/Dialogelement)
.VC	Tabellenkalkulationsdatei
.VCF	VCard-File Elektronische Visitenkarte
.VCP	Disketten-Image (VGACOPY)
.VCX	Tabellenkalkulationsdatei
.VDA	Bilddatei (Variante von .tga)

.VEW	Datenbank (Lotus Approach)
.VGA	VGA-Grafikdatei, diverse Spiele
.VGR	Grafik
.VI	Grafik, Jovian
.VID	Bildschirmtreiber-Datei (Word)
.VLM	Virtual Loadable Module (Novell Netware-Client)
.VMF	font characteristics
.VOC	Creative Voice File/Sample
.VOR	Dokumentvorlage (StarWriter2.0 Windows)
.VQF	Komprimierte Digital-Audio-Datei
.VRM	Overlay-Datei (QuattroPro)
.VRS	Video Resource (WordPerfect)
.VSD	Zeichnung (VISIO)
.VSS	Schablone (VISIO)
.VST	Bilddatei (Variante von .tga)
.VUE	Sichtendatei (dBASE IV)
.VW	Textdatei
.VWR	file viewer file
.VXD	Windows-Treiber-Datei

W

.W	Word chart
.W30	Drucker-Schriftart (AST TurboLaser)
.W40	Sicherungsdatei von MS Windows 95
.W44	Temporäre Datei von SORT oder INDEX (dBASE)
.WAD	Welt-Datei (Doom I Rise of Triad)
.WAV	Klangdatei/RIFF
.WBF	Windows Batch File
.WBK	Microsoft Word
.WCD	Macro token list
.WCM	Datenübertragung (Works)
.WDB	Datenbank (Works)
.WEB	Web, Donald E. Knuth's Programmiersystem für Pascal
.WFN	Grafiken oder Symbole und Schriftarten
.WFX	Datei (Winfax)
.WID	width table
.WIN	Sicherungsdatei für logische Fenster (dBASE)
.WIZ	Wizard-Datei (MS Word/Makro)
.WK*	gehört zu Lotus 1-2-3

.WK1	Tabellenkalkulationsdatei
.WK3	Tabellenkalkulationsdatei
.WKB	Dokument
.WKE	Tabellenkalkulationsdatei
.WKQ	Tabellenkalkulationsdatei
.WKS	Tabelle (MS Works)
.WLL	Microsoft Word
.WMA	Audio-Datei unter Windows 9x/NT (Windows Media Player)
.WMC	Makro, Textdatei
.WMF	Metafile/Vektor
.WN	Text (WriteNow)
.WNF	Outline-Schriftart
.WOA	Swapdatei
.WP	Office Writer
.WP4	WordPerfect 4.0
.WP5	WordPerfect 5.0
.WP6	WordPerfect 6.0
.WPD	WordPerfect (Dokument)
.WPF	Textdatei
.WPG	Grafik (DrawPerfect | WordPerfect)
.WPK	Makros (WordPerfect)
.WPM	Makro (WordPerfect)
.WPS	Text (Works)
.WPT	WordPerfect (Vorlage)
.WQ!	Komprimierte Tabellenkalkulationsdatei
.WQ1	Arbeitsblatt (Quattro Pro)
.WR1	Tabellenkalkulationsdatei
.WRD	Vorlage
.WRI	Text (Write)
.WRK	Tabellenkalkulationsdatei
.WRP	Disk-Archiv (Warp)
.WRS	Windows-Druckertreiber
.WS	WordStar/HP Executive MemoMaker
.WS2	Textdatei
.WSD	Datendatei
.WST	Textdatei

X

.X	LEX-Quelltext
.X##	Sekundärindex/einfach (Paradox)
.X#0	Overlay-Dateien (XTree)
.X01	Sekundärindex
.X02	Sekundärindex
.X03	Sekundärindex
.X04	Sekundärindex
.X05	Sekundärindex
.X06	Sekundärindex
.X07	Sekundärindex
.X08	Sekundärindex
.X09	Sekundärindex
.XAB	Adressbuch
.XBM	X11-s/w-Bild im Rasterformat
.XFN	Drucker-Schriftart
.XFT	24-Nadel-Drucker-Schriftart
.XG#	Sekundärindex/zusammengesetzt (Paradox)
.XIF	Bilddatei
.XL*	gehört zu Excel
.XLA	Makro-Vorlage (Excel)
.XLB	Excel
.XLC	Diagramm (Excel/Chart)
.XLD	Excel: Dialog-Datei
.XLK	Excel
.XLL	DLL (Excel)
.XLM	Makro-Vorlage (Excel)
.XLS	Tabelle (Excel)
.XLT	Mustervorlage (Excel)
.XLV	Excel: Visual Basic-Modul
.XLW	Arbeitsmappe (Excel)
.XPM	X11-s/w-Bild im Rasterformat
.XPS	Signatur/ASCII (Crosspoint)
.XQT	Execute Datei (Waffle)
.XRF	Crossreferenz
.XTG	Quark XPress
.XTK	Parameter-Steuerfile (X-Talk)
.XTP	Programmoverlay (XTree Pro)
.XWD	X-Window-Dump

.XY	Textdatei
.XY3	Textdatei
.XYW	Textdatei

Y

.Y	yacc-Quelltext (Parsergenerator)
.Y##	Sekundärindex/einfach (Paradox)
.Y01	Sekundärindex
.Y02	Sekundärindex
.Y03	Sekundärindex
.Y04	Sekundärindex
.Y05	Sekundärindex
.Y06	Sekundärindex
.Y07	Sekundärindex
.Y08	Sekundärindex
.Y09	Sekundärindex
.YG#	Sekundärindex/zusammengesetzt (Paradox)

Z

.Z	komprimierte Datei (GNU-Zip/neu), Archiv (Pack/alt), komprimierte Datei (compress)
.Z##	NodeDiff/PointDiff-Archiv (ZIP/Fido)
.ZER	interne Dateien des ZERBERUS-MailBox-Programms
.ZIP	Archiv (PKZIP I PKUNZIP)
.ZOM	Diskettenpacker/trackweise (Zoom)
.ZOO	Archiv (ZOO)
.ZVD	ZyXEL Voicefile (Z-Fax)

Windows Me

Mehr Multimedia • Ein einfaches Netzwerk zu Hause • mehr Sicherheit

M. Borges / J. Schumacher
Windows Me

M+T TRAINING INTENSIV
ISBN 3-8272-**5836**-7, DM 29,95

Ignatz Schels
Windows Me

M+T DURCHBLICK!
ISBN 3-8272-**5823**-5, DM 44,00

Peter Monadjemi
Windows Me

TASCHENBUCH
ISBN 3-8272-**5832**-4, DM 19,95

Giesbert Damaschke
Windows Me

M+T TEMPO
ISBN 3-8272-**5871**-5, DM 36,00

Peter Monadjemi
Windows Me

KOMPENDIUM
ISBN 3-8272-**5831**-6, DM 79,95

Markt+Technik

Markt+Technik-Produkte erhalten Sie im Buchhandel, Fachhandel und Warenhaus.
Markt+Technik · Martin-Kollar-Straße 10–12 · 81829 München · Telefon (0 89) 4 60 03-0 · Fax (0 89) 4 60 03-100
Aktuelle Infos rund um die Uhr im Internet: **www.mut.de** · E-Mail: **bestellung@mut.de**

Markt+Technik *Taschenbücher*
Schnell und sicher zum Ziel!

Windows 2000
Peter Monagjemi/Eric Tierling
500 Seiten
ISBN 3-8272-5710-7

Windows 98 – Zweite Ausgabe
Peter Monagjemi
528 Seiten
ISBN 3-8272-5682-8

LINUX
Marc André Selig
528 Seiten
ISBN 3-8272-5627-8

PC-Wissen
A. Dickschus/J. Brebeck
608 Seiten
ISBN 3-8272-5792-1

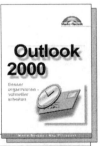

Outlook 2000
Malte Borges/Kay Pitzschel
352 Seiten
ISBN 3-8272-5785-9

Je DM 19,95

Markt+Technik

Markt+Technik-Produkte erhalten Sie im Buchhandel, Fachhandel und Warenhaus.
Markt+Technik · Martin-Kollar-Straße 10–12 · 81829 München · Telefon (0 89) 4 60 03-0 · Fax (0 89) 4 60 03-100
Aktuelle Infos rund um die Uhr im Internet: www.mut.de E-Mail: bestellung@mut.de

Markt+Technik **Taschenbücher**
Schnell und sicher zum Ziel!

Access 2000
Said Baloui
440 Seiten
ISBN 3-8272-5757-3

Word 2000
Rudi Kost
464 Seiten
ISBN 3-8272-5756-5

Excel 2000
Said Baloui
480 Seiten
ISBN 3-8272-5754-9

Office 2000
Oliver Bouchard u.a.
848 Seiten
ISBN 3-8272-5755-7

Outlook 2000
Malte Borges/Kay Pitzschel
352 Seiten
ISBN 3-8272-5785-9

Je DM 19,95

Markt+Technik

Markt+Technik-Produkte erhalten Sie im Buchhandel, Fachhandel und Warenhaus.
Markt+Technik · Martin-Kollar-Straße 10–12 · 81829 München · Telefon (0 89) 4 60 03-0 · Fax (0 89) 4 60 03-100
Aktuelle Infos rund um die Uhr im Internet: **www.mut.de** · E-Mail: **bestellung@mut.de**

Markt+Technik *Taschenbücher*
Schnell und sicher zum Ziel!

Internet
Eric Tierling
512 Seiten
ISBN 3-8272-5618-6 · DM 19,95

11.111 Internetadressen
Dirk Jasper
1032 Seiten
ISBN 3-8272-5673-9 · DM 29,95

M+T-Computerlexikon
Peter Winkler
944 Seiten
ISBN 3-8272-5929-8 · DM 19,95

Markt+Technik-Produkte erhalten Sie im Buchhandel, Fachhandel und Warenhaus.
Markt+Technik · Martin-Kollar-Straße 10 –12 · 81829 München · Telefon (0 89) 4 60 03-0 · Fax (0 89) 4 60 03-100
Aktuelle Infos rund um die Uhr im Internet: **www.mut.de** · E-Mail: **bestellung@mut.de**

Thomas Feibels große Ratgeber

jährlich aktualisierte Ausgaben!

Thomas Feibels großer Lernsoftware-Ratgeber 2001
Der unverzichtbare Ratgeber für alle Eltern, Lehrer und Schüler: Rund 400 aktuelle Lernprogramme für alle Unterrichtsbereiche haben die Autoren in Zusammenarbeit mit Pädagogen, Lehrern und Fachexperten einschlägig getestet. In die Bewertung sind neben der inhaltlichen Qualität und mediengerechten Umsetzung auch didaktische Kriterien wie Motivationsfaktor und Lernzielkontrolle eingeflossen. Für ein schnelles und gezieltes Nachschlagen wurden die wichtigsten Angaben zum Produkt mit Wertung und Altersangabe übersichtlich angeordnet.
ca. 352 Seiten
ISBN 3-8272-5891-X
DM 33,00/öS 241,00/sFr 31,00

Thomas Feibels großer Kindersoftware-Ratgeber 2001
Thomas Feibels anerkanntes Standardwerk mit den berühmten Mäusen. Für alle, die sich im Bereich Kindersoftware einen Überblick verschaffen wollen. Kompetent, übersichtlich und witzig geschrieben.
ca. 432 Seiten
ISBN 3-8272-5892-8
DM 33,00/öS 241,00/öS 31,00

Unverzichtbare Nachschlagewerke für Eltern und Pädagogen

Markt+Technik

Markt+Technik-Produkte erhalten Sie im Buchhandel, Fachhandel und Warenhaus.
Markt+Technik · Martin-Kollar-Straße 10–12 · 81829 München · Telefon (0 89) 4 60 03-0 · Fax (0 89) 4 60 03-100
Aktuelle Infos rund um die Uhr im Internet: **www.mut.de** · E-Mail: bestellung@mut.de